장칭

장칭

정치적 마녀의 초상

로스 테릴 | 양현수 옮김

교양인
GYOYANGIN

| 일러두기 |

1. 이 책은 1999년에 발행된 로스 테릴의 *Madame Mao : The White-Boned Demon*을 우리말로 옮긴 것이다. (원서 초판은 1984년에 발행되었다.)
2. 외국 고유명사는 '외래어표기법'(1986년 문교부 고시)을 기준으로 삼았다. 단, 중국 지명 표기에서 거리와 건물명은 한자 발음으로 표기했고, 신문과 잡지명도 한자 발음으로 표기했다.
3. 본문에 일련 번호로 표시된 저자의 주석은 후주로 실었다. 본문 하단 각주는 저자의 주석과 옮긴이의 주석('역주'로 표시)으로 나뉜다. 원 저자의 주석은 따로 표시하지 않았다.
4. 본문 뒤에 실은 〈장칭 연보〉와 〈주요 인물〉은 편집부에서 작성했다.

"오직 장칭만이 나를 완전히 지지합니다."
마오쩌둥은 가끔 말했다. 맞는 말이었다.
장칭은 마오가 하는 모든 일에서
언제나 그를 지지했다. 장칭은 그럴 수밖에 없었다.
― 마오쩌둥의 주치의 리즈수이 박사

차 례

"나는 마오쩌둥의 개였다"

헬머 : (집을 떠나겠다는 아내 노라에게) 참으로 당치 않은 일이오! 당신은 자신
　　　의 가장 신성한 의무를 이런 식으로 저버리겠단 말이오?
노라 : 신성한 의무라니요?
헬머 : 내가 꼭 일러주어야 알겠소? 남편에 대한 의무, 아이들에 대한 의무가 있
　　　잖소!
노라 : 내게는 그에 못지않은 다른 신성한 의무도 있어요.
헬머 : 무슨 말이오? 도대체 그게 뭐요? 어디 말해봐요!
노라 : 나 자신에 대한 의무입니다.
– 헨리크 입센, 《인형의 집》

　1980년 11월의 어느 추운 오후. 베이징 호텔 근처, 커튼으로 창을 가린 검은색 차량 행렬이 매미 울음 소리처럼 요란하게 경적을 울려대는 자전거들의 흐름을 뚫고 이리저리 뱀이 기어가듯 천천히 전진하고 있었다. 자동차 행렬은 호화로운 저택이 양편에 늘어선 좁고 오래된 거리 '정의로(正義路)'를 지났다. 이윽고 차량 행렬이 회색 벽돌로 된 아치형 입구에 들어섰다. 묵직한 강철 대문은 아주 가끔씩만 열렸다. 외부와 단절된 채 먼지와 돌과 관청 냄새를 풍기는 이곳은 베이징 공안국 산하의 한 기관이었다.
　이 기관은 평상적 업무를 하는 주중에는 새로운 중국식 '정의(正義)'를 집행하는 장소이지만, 주말 저녁이 되면 기관 부지 내 공안국 강당

건물에 법 집행관들이 모여, 강철 대문 바깥 인민들에게 보여주기엔 안전하지 않은 영화를 보곤 했다. 이것은 정의와는 거리가 먼 일이었다.

자동차들이 멈추자 아홉 남자가 비틀거리는 불안정한 발걸음으로 차에서 내렸다.[1] 이들 대부분은 카키색 군복을 입었으나, 군복의 깃에 현역 복무를 의미하는 적색 띠가 없었다. 이들은 순한 염소떼처럼 호송원들의 인도에 따라 건물 입구의 석조 계단 위로 올라갔다. 여자 한 명이 그 뒤를 따랐다. 검은 옷, 상앗빛 얼굴에 큼직한 안경, 단정하게 뒤로 빗어 넘긴 윤기 나는 검은 머리에 입가에는 일부러 지은 듯한 옅은 미소를 머금고 있었다. 여자는 꼿꼿하게 허리를 세우고 천천히 여유롭게 마치 여왕처럼 강당으로 들어왔다. 공안국 강당은 재판정으로 꾸며져 있었다. 바닥에는 녹색 카펫이 깔렸고 피고석 열 개가 준비되었으며, '방청객' 역할로 초대받은 600명이 자리 잡고 있었다.

마오쩌둥(毛澤東)의 마지막 부인이며 한때 영화배우였던 장칭(江靑)이 재판을 받으려고 지금 여기 반혁명 특별 법정에 선 것이다. 무고한 사람에게 죄를 덮어씌웠고, 남편이 이끄는 정부에서 고위 인사로 행세하면서 이런저런 부당한 영향력을 과시한 죄와 마오쩌둥 이후 중국을 이끌 새로운 실용주의 지도자들을 모욕했다는 것이 결코 가볍지 않은 장칭의 죄목이었다. 장칭은 "덩샤오핑(鄧小平)은 매국노, 파시스트다!"라고 외친 적도 있었다.

피고는 이른바 '사인방(四人幇)'과 전 국방부장 린뱌오(林彪)의 동료들, 마오쩌둥의 전 비서 천보다(陳伯達)까지 모두 열 명이었다. 장칭이 제일 끝에 입장했는데, 이는 열 명 가운데 재판 전 조사 과정에서 가장 부적절하게 처신했기 때문이었다. 장칭은 조사관이 질문을 하면 대답 대신 오히려 조사관에게 질문을 던졌다. 한번은 옷을 다 벗어버려 남성 조사관들이 조사실 밖으로 나갈 수밖에 없었다. 재판부는 열 명의 피고 가운데 장칭을 마지막에 세우는 것으로 가벼운 벌을 주었다. 여기에는 안전 조치의 의미도 있었다. 첫 번째 피고로 지정된 왕훙원(王洪文)은 사인방 가운데 가장 젊었으며, 재판 전 조사 과정에서 자신이 짓지도 않은 죄까지 자백하여 재판에 순응할 것임을 이미 보여주었다. 반면에 장칭은 위험한 피고였다. 장칭은 첫 번째 피고로 재판정에 섰을 경우 분명 첫 번째라는 위치를 활용하여 재판부와 현 중국 정부, 그리고 감히 자신에게 반대하는 사람들에게 느끼는 철저한 경멸감을 요란스럽게 표출할 위험이 있었다.

장칭은 예순여섯 살이었다. 그러나 10년은 젊어 보였고, 나머지 아홉 명을 모두 합친 것보다 더 많은 활력과 자신감이 넘쳐흘렀다. 재판정 곳곳에 배치된 경비병들의 표정에는 부끄러움과 당혹스러움, 심지어 죄책감까지 배어 있었다. 장칭의 얼굴에 나타난 아무것도 두려울 것이 없다는 오만에 가까운 자신감은 경비병들의 표정과 뚜렷한 대조를 이루었다. 이목구비가 뚜렷한 장칭의 얼굴에는 잔주름 하나 없었다. 장칭의 머리가 가발이라는 소문은 이제 완전히 사라졌다. 어떤 가발 제조자가 저렇게 '꼭 가발처럼 보이는' 가발을 만들겠는가? 장칭은 중국의 '퍼스트 레이디'로 있는 동안, 자기 관리를 철저하게 했던 것이다. 닭 여덟 마리를 푹 곤 국물을 하루도 거르지 않고 마신 것이 피부와 머릿결을 유지하는 데 도움이 되었다.

재판 도중 주심판사가 어떤 주장을 하자 장칭은 "그렇지 않소."라고 즉시 반박했다. 목소리는 깊은 울림과 함께 여성적 매력도 있었고 당당함이 묻어났다. "무슨 말인지 전혀 모르겠소." 장칭은 난처한 질문을 받으면 그런 식으로 딱 잘라 대답했다. 재판정의 청중들은 관례를 아무렇지도 않게 무시하는 장칭이 또 어떤 행동을 할지 숨을 죽였으며, 그녀는 마치 이런 긴장된 분위기를 맘껏 즐기는 듯 머리를 꼿꼿이 세웠다.

"피고 장칭, 이상의 기소 내용에 대한 당신의 답은 무엇입니까?" 주심판사가 목소리가 잘 나오지 않는 듯 거칠고 답답한 목소리로 물었다. 재판정 한쪽에 설치된 영사기를 통해 장칭이 저우언라이(周恩來)를 모함한 사실이 있음을 시사하는 문서 복사본을 화면으로 확인한 뒤였다. 장칭은 두 눈썹을 찌푸려 미간에 작은 주름을 만들고, 진중한 태도로 앞으로 몸을 기울인 채 두 귀에 끼운 이어폰을 양손으로 누르면서, 주심판사를 올려보았다. "약간 귀가 먹어서 뭐라 했는지 알아듣지 못했소." 마치 연극배우가 대사를 운율에 맞추어 읊조리는 것처럼, 장칭은 소리 높여 낭랑하게 대답했다.

잠시 후 장칭은 화장실에 가고 싶다고 말했고, 여군 두 명과 함께 천천히 여유 있는 걸음으로 재판정에 딸린 곁방으로 갔다. 화장실에 들어간 장칭은 시간이 한참 흘러도 나오지 않았다. 호위병들은 물론이고 재판정에 있는 사람 모두가 불안해졌다. '예측 불가능한 이 여자, 혹시 영영 안 나오는 것은 아닐까?' 당시 공산당 관영 언론으로부터 '백골정'*이라고 불리던 장칭은, 좀 이상한 방식이긴 하지만 이런 절망적 상황에서도 여전히 자기 마음대로 상황을 주도하는 여주인공 노릇을 하고 있던 것이 아닐까?

"내가 한 모든 일은 마오쩌둥이 시킨 것이다. 나는 마오쩌둥의 개였다. 그가 물라고 하면 물었다." 최후 진술에서 장칭이 자기 앞에 쌓여 있는 혐의들을 이렇게 강력하게 부인하자, 순간 재판정 안에 당황한 사람들의 어색한 웃음소리가 흘렀다. (당시 중국에는 이 재판과 유사한 재판이 여러 지방에서 벌어지고 있었는데 그런 재판정마다 참석한 방청객들과 마찬가지로, 이번 재판의 방청객 600명은 징시京西 초대소에서 베이징의 다른 지역과는 철저히 격리된 상태로 편안하게 숙박하고 있었다.) 정부의 고위급 인사들은

---

* **백골정(白骨精)** 중국 고전 소설 《서유기》에 나오는 요괴 이름이다. 삼장법사가 진원대선의 인삼과를 먹은 뒤로 요괴들 사이에 "삼장을 잡아먹으면 수명이 늘어난다."는 소문이 퍼져서 많은 요괴들이 삼장을 노렸는데 백골정도 그중 하나였다. 백골정은 처음엔 변신술을 써서 여자로 변신해 삼장에게 다가가지만 요괴를 알아볼 수 있는 손오공의 공격을 받아 실패한다. 하지만 손오공은 삼장에게 살생을 했다고 꾸지람을 받는다. 이후 백골정은 죽은 여자의 어머니와 아버지로 변신해 두 차례 더 삼장법사에게 접근했다가 손오공에게 또 죽는다. 하지만 손오공은 살생을 했다는 죄로 삼장법사로부터 쫓겨난다. (역주)

재판정에 선 장칭. 1980년 11월, 마오쩌둥의 부인이자 문화혁명의 주역이었던 장칭은 '린뱌오·장칭 반혁명 집단'의 일원으로 특별법정에 섰다. 재판 과정은 국영 방송을 통해 전국에 방영되었다.

공안국 건물 안에 있는 다른 작은 방에 둘러앉아, 재판 과정을 다양한 각도로 비추어주는 여러 대의 폐쇄회로 텔레비전으로 백골정을 지켜보고 있었다. 또 수백만 명의 중국인들은 매일 저녁 텔레비전으로 엄선된 일부 재판 장면을 시청하면서, 장칭이 자신을 평생 동안 괴롭히던 '적'들과 다시 한 번, 아니 어쩌면 마지막으로 투쟁하는 모습을 지켜보았다.

장칭은 어린 시절부터 자신이 족쇄에 묶여 있다고 느꼈다. 재판정에서 장칭은 비록 수갑을 차고 피고석의 울타리에 갇힌 신세지만 어느 때보다 품위 있는 모습으로 마지막 족쇄를 끌고 가고 있었다. 장칭은 자신이 공안국 강당에서 연출된 법정에 서 있다고 생각하지 않았다. 그녀는 수백만 군중이 운집한 톈안먼 광장에 서서 여러 카메라의 위치를 살피면서 행사 진행자의 신호에 따라 멋진 연설을 하는 듯 보였다. 지금 눈앞에는 보이지 않지만, 자신을 인정해주고 알아주는 수백만 관중을 향해, 정치를 초월한 관중을 향해.

세상과 도무지 화해하지 못하는 사람들이 있는데, 장칭이 바로 그런 사람이었다. 사회에 그녀를 위해 마련된 지정석 따위는 처음부터 없었다. 장칭이 감정 깊은 곳에서 우러나는 이야기를 할 때 그 말을 알아듣는 사람도 거의 없었다. 삶은 논리적이지도 공정하지도 않았다. 어째서 사람들은 서로 죽일까? 장칭은 자신에게 물었다. 장구한 세월의 위대함을 자랑하는 중국은 어째서 이렇게도 야만스러운가? 어째서 여성은 남성보다 더 많이 참고 견뎌야 하는가?

자신이 꿈꾸는 이상적인 세계와 현실은 달라도 너무 달랐고 그 점이 장칭에게는 가장 큰 수수께끼였다. 그 문제 중 어떤 부분은 자신의 책임이라는 것을 인정하기엔 장칭은 너무나 자신감에 차 있었다. 하지만 장칭은 세상과 자신의 격차를 솔직하게 받아들였고, 그 차이를 좁히기 위해 평생을 끊임없이 노력했다. 장칭은 연극 무대라는 환상의 세계 속에서 자신의 인격체를 우주처럼 거대하게 확장하고자 했으며, 마침내 자신의 가슴이 명령하는 바에 따라 폭발적인 정치 활동을 펼쳤다.

"어린애처럼 말하는군." 장칭이 어린 시절에 읽고 크게 영향을 받은 입센의 희곡 《인형의 집》에서 남편은 노라에게 이렇게 말한다. "당신은 지금 당신이 살고 있는 이 세계를 이해하지 못하고 있소." 노라는 몹시 혼란스러웠지만 동시에 자신의 느낌을 강하게 주장하고 싶었다. "맞아요. 난 이 세상을 이해하지 못하겠어요. 그래서 그 세상 속으로 직접 들어가 봐야겠어요. …… 도대체 어느 편이 옳은 것인지 알아야겠어요. 이 세상이 옳은지, 아니면 내가 옳은지."

'백골정'은 사형을 선고받았다. '개전의 정'을 보이는지 확인하기 위해 2년간 사형 집행이 유예되었다. 이런 공식 절차를 밟기 훨씬 전에 이미 중국의 정치 선전 기관의 작가들과 만화가들, 행실 바른 어머니들과 책임감 깊은 아버지들, 효성 깊은 아이들은 장칭을 '배신자', '요녀', '살인자', '창녀'라고 규정했다. 장칭은 이런 비난을 전혀 받아들이지 않았다.

"그 여자가 나쁜 여자라는 것은 이미 설명해드리지 않았습니까?"[2] 필자와 이야기하던 중국의 고위급 관리는 다소 짜증 섞인 목소리로 이렇게 말했다. "어째서 당신은 여전히 그런 나쁜 여자에게 관심을 두십니까? 훌륭한 여성에 대해 쓰십시오!" 하지만 장칭은 평생 단 한 순간도 자신이 나쁜 짓을 한다고 생각하지 않았을 것이다.

복잡한 문제가 있는 집에서 태어난 장칭은 폭력을 휘두르던 아버지와 그런 아버지의 두 번째 아내로 들어와 하녀처럼 살던 어머니의 기억을 지워버리려고 애썼다. 장칭은 자신을 위해 환상의 세계를 만들었고, 그런 그녀가 연극계로 간 것은 자연스러운 일이었다. 장칭이 한때 자신을 맡겼던 남자들은 모두 그녀의 강인한 의지에 끌렸다. 지난(濟南) 출신의 평범하고 건실한 젊은 사업가, 칭다오(靑島) 명문가 출신의 명민한 급진주의자, 낭만적인 성격에다 상하이 코스모폴리탄 문화를 체현한 극작가가 바로 그런 이들이었다.

1937년 일본군의 공격으로 상하이 예술계가 무너졌을 때 장칭은 다시 한 번 모험을 선택한다. 장칭은 공산당이 피신해 있던 황무지로 떠났다. 당시 중국공산당은 항일전쟁에서 중국 민족주의의 깃발을 수호하면서 미래를 준비하고 있었다. 농민의 아들이었던 마오쩌둥은 상하이라는 밝은 빛의 세계에서 갓 도착한 이 여인과 사랑에 빠졌고, 마침내 두 사람은 결혼한다. 장칭은 자유분방한 삶을 버리고 자신보다 21살이나 나이 많은 남자, 이미 세 번의 결혼으로 자녀를 여덟이나 둔 남자, 중국 혁명 운동의 최고 지도자인 남자를 택한 것이다. 마오쩌둥은 장칭을 '노라'처럼 자신의 외로움을 달래주는 여인이자 단순한 조력자로 대했다. 장칭은 그 역할을 받아들였고 조용히 자신의 시대가 오기를 기다렸다.

연극 무대와 정치, 장칭은 두 영역이 그다지 다르지 않다고 생각했다. 그녀는 항상 자신의 삶을 자신의 예술보다 중시했다. 시간이 흐르고 여건이 무르익어 마침내 마오쩌둥이 그녀의 도움이 필요하다는 것을 깨닫는 순간이 왔을 때—마치 프랭클린 루스벨트(Franklin Roosevelt) 대통령이 아내 엘리너*의 도움을 필요로 했듯이—장칭은 과거 상하이 공연 예술계에서 성공을 거두었던 방식을 고스란히 베이징의 정치권으로 옮겨 왔다. 그녀는 누군가 말을 걸어 오기를 기다리지 않고 상대방에게 먼저 다가갔다. 장칭은 매혹적이면서도 수수께끼 같은 미소를 지으며 할 말을 분명하게 했고, 종종 상대방은 그녀의 뜻대로 행동할 수밖에 없었다.

마오쩌둥의 죽음을 앞두고 장칭은 자신이 여제(女帝)의 길을 가는 것이 세상에서 가장 자연스러운 일이라고 생각했다. 이미 1,300년 전 측천무후**가 여인의 몸으로 중국을 잘 다스릴 수 있다는 것을 증명하지 않았던가? 명민하고 종종 말을 돌려서 하는 데다 고압적인 인물인 마오쩌둥 곁에서 38년이란 긴 세월 동안 견습 기간을 거치지 않았던가? 평생 그녀는 권세 있고 똑똑한 사람들에게 무시당하면서 살아왔다. 이제야말로 그런 사람들에게 자신의 진짜 모습을 보여줄 때가 아닌가? 자신을 완성하기 위한 장칭의 마지막 연기는, 우매하지만 자신을 흠모하는 중국의 인민들에게 자비로운 통치를 베푸는 여제의 역할이었다.

그러나 장칭은 가장 중요한 시험에서 실패했다. 그리고 어느 순간 놀랍게도 자신이 중국 요괴들의 대열에 확실하게 자리잡고 있다는 쓸쓸한 사실을 발견했다. 중국의 인민 대중은 바로 어제까지만 해도 그렇게 존경해 마지않던 여인에게 저주의 말을 퍼붓기 시작했다. 장칭은 말했다. "중국인은 그리 문명화된 민족은 아니야."[3]

내부 폭력으로 스스로를 발기발기 찢어버린 나라가 우리 시대에 몇 있었다. 폴 포트(Pol Pot)가 정권을 잡은 뒤의 캄보디아가 그랬고, 이디

아민(Idi Amin) 치하의 우간다가 그랬다. 하지만 20세기 후반에 강대국 가운데 나라 전체가 권력과 정책과 개인 숭배의 광기 속으로 휩쓸려 들어가, 수많은 사람들이 목숨을 잃고, 수년간 합리적인 목표에서 벗어났으며, 이 모든 것이 보복을 위한 집착에서 비롯된 경우는 오직 한 곳, 문화혁명 시기의 중국밖에 없다.

앞으로 펼쳐질 장칭의 삶에서 우리는 여러 부류의 인간을 만나게 되는데, 이들이 추구한 목표가 결국 이 같은 중국의 혼란과 고통을 불러왔음을 알 수 있을 것이다. 우리는 정치인들의 말과 언론이 전해주는 소식을 통해 중국과 서구 사회가 서로 가까워지고 있다는 이야기를 자주 듣는다. 하지만 이 책에서 중국이 여전히 서구와는 전혀 다른 세계라는 것을 느끼게 하는 사건들과 관습을 보게 될 것이다. 중국에서는 자식들이 부모의 죗값을 대신 치러야 하고, 관행에 비한다면 진실은 거의 아무 의미가 없으며, 훌륭한 자질이 연줄을 이길 수 없고, 복수가 삶의 한 방식이며, 같은 무리에서 한 걸음 밖으로 걸어 나오는 행동은 가장 큰 죄악이다.

중국에서는 자기 주장이 강한 여성이 정치적으로 높은 위치에 있는 경우, 그 여성이 권력을 잡는 데 성적 매력을 활용했을 것이라고 보는 경향이 있다. 장칭은 마오쩌둥이 권력을 잡는 과정에서 그와 함께 권력의 가도를 달렸고, 마오를 타락시켰다고 비난받았으며, 마오가 죽자 권력에서 추락했고, 덩샤오핑에 의해 감금되었다가 1991년에 죽었다. 장칭이 휘둘렀던 권력은 한 번도 장칭 자신의 노력과 능력으로 손에 넣은 것으로 인정받지 못했다.

장칭 세대에 여성이 권력을 잡을 수 있는 사실상 유일한 길은 성적 매력을 발휘하는 것이었는데, 이것은 아주 위험한 방법이었다. 여성의 권력은 오로지 남성이 지닌 권력의 부속물로만 보일 수 있기 때문이었다. 중국 역사에 여러 번 그런 일이 있었듯이, 실제로 성을 무기로 삼은 여성이 권력의 전당에 들어간 적이 있었으며 또 그 권력을 사용하여 위대한 업적을 남기기도 했다. 하지만 후대 역사가들은 그런 여성들이 권력을 획득한 방식을 결코 잊지 않았다. 그리하여 권력을 잃은 장칭은 재판정에서 한낱 창녀로서 피고석에 앉게 된 것이다.

장칭의 삶은 곧 비범한 의지력에 관한 이야기이다. 사나운 늑대, 남자, 질병 등 장칭은 항상 적과 싸웠다. 열아홉 살의 장칭은 자신의 과거와 완전히 결별하고 홀로 세계에서 가장 크고 위험한 도시 가운데 하나인 상하이에 가서 예술계에서 자신의 운을 시험해본다. 언제나 장칭은 자신의 의지라는 외줄을 타고 있었다. 이 외줄의 한편에는 명성과 권력이 있었고, 다른 한편에는 치욕과 굴종이 기다리고 있었다.

잔 다르크(Jeanne d'Arc)와 마찬가지로 장칭은 오롯이 자기 자신에게 집중했으며 이상향을 꿈꾸었다. 에바 페론(Eva Peron)과 마찬가지로 장칭은 대중 앞에서 펼치는 자신의 연기를 거의 관객의 태도로 바라보았다. 엘리너 루스벨트와 마찬가지로 장칭은 강한 집중력과 자신감으로 병약해진 남편에게서 멀어져 가는 권력을 자신의 손으로 꽉 붙잡았다.

서양인들은 동양의 유서 깊은 문명들을 현실의 시공간과 동떨어진 채 존재하는 진기하고 이국적인 유물로 보곤 한다. 하지만 장칭에게서 우리는 동서양 어디에나 존재하는 하나의 살아 있는 인격을 만나게 된다. 세계 어디에나 존재하는 야망을 품은 여성들—물론 남성도 많다.—에게 장칭은 가슴을 뒤흔드는 영혼으로 다가갈 것이다.

"우리 그 이야기는 더 깊게 하지 맙시다."[4] 1980년대 중국 정치 지도자 후야오방(胡耀邦)은 마오쩌둥과 장칭의 관계를 두고 이렇게 말했다. 그리고 한마디 덧붙였다. "공산당원이 성인(聖人)은 아닙니다." 물론 공산당원이 성인은 아니다. 하지만 잠시 후 그는 캉성(康生)과 장칭 관계의 '추악함'에 분노를 퍼붓기 시작했다. "그들의 사적 관계에 대해 나는 어떤 식으로 여러분께 이야기해야 할지 할 말을 찾지 못하겠소. ……"

진실 창조자의 역할을 자처하는 공산당의 입장에서 본다면, 당 지도자들의 사생활은 결코 대중들에게 알리기에 적절한 사항이 아니다. 하지만 일단 어떤 지도자가 당의 비판을 받으면 그 사람의 '추악한' 사생활은 생생하게 대중에게 전달된다. 이것은 분명 위선적 행동이긴 하지만 극히 표면적인 작은 문제에 불과하다. 정말로 추악한 일은 중국공산당이 대내외적으로 중국 정치의 기본 작동 과정을 외국 사람에게뿐 아니라 중국 사람에게도 숨기기 위해 치밀하게 계산된 조치를 취한다는 사실이다.

"개인적 특성은 우리의 정치 세계에서 전혀 중요하지 않습니다." 한 중국 관료는 필자에게 이렇게 말했다. 하지만 지난 몇 년간 밝혀진 내용을 보면 지도부 내의 사적 관계야말로, 사실은 중국 정치에서 가장 중요한 요소라고 할 수 있다. 중국 공산주의 정치사에서 어떤 여성보다도 막강한 권력을 휘둘렀던 매우 특이한 한 개인을 다루는 이 책에서 우리는 마오쩌둥과 장칭의 결혼이 세계 인구의 4분의 1에 이르는 중국 인민들의 삶을 어떻게 변화시켰는지, 또 그들의 가정사와 개인적 원한이 주요한 정책 이슈를 어떻게 변질시켰는지 알게 될 것이다.

"모두 지나간 일들입니다."[5] 또 다른 중국 관료가 화가 난 목소리로 말했다. "지금 우리의 관심은 온통 경제 개발에 쏠려 있습니다." 하지만 그렇지 않다. 중화인민공화국에서는 여전히 경제보다 정치가 우선이다. 과거는 언제나 현재의 세계관에 맞추어져 있어야 한다. 현재 권력자들의 정통성이 (선거 제도가 없기 때문에) 과거의 '진실' 위에 자리 잡고 있기 때문이다. 만일 현재 공산당 정부가 장칭에 대해 이야기하는 것이 거짓이라면, 이것은 곧 오늘날 중국 정부가 거짓 위에 자리 잡고 있다는 것을 의미한다.

서양의 의사소통 방식과 다르긴 하지만, 중국인들은 나름대로 서로 의견을 교환하는 방법이 있다. 중대한 사건에 대해 겉으로 잘 표현하지 않는 중국인들의 성향은 '역사에 귀먹고 눈먼'[6] 중국인이라는 인상을 준다. 장칭이 권력을 쥐고 있을 때에는 언론에서 그녀의 과거 경력이나 이전의 결혼 사실, 자녀들에 대해 한마디도 하지 않았다. 장칭이 체포되었을 때에도 그 사건을 다룬 기사를 찾아볼 수 없었고 또 장칭이 공격자들을 상대로 어떻게 자신을 변호했는지도 전혀 보도되지 않았다. 재판이 진행되는 동안 문화혁명 과정에서 그녀가 지은 죄목을 열거한 장문의 기소장에는 문화혁명의 최전방 선봉 부대로 활약한 홍위병들에 대한 언급이 전혀 없었다.

물론 아주 순진한 외국인이 아니고서야 누구도 이런 침묵을 액면 그대로 받아들이지 않을 것이다. 지하 정보 네트워크가 이런 공백을 메워준다. 중국 역사에서는 항상 그래 왔다. 이처럼 공식 역사의 빈틈을 메우는 비공식적 이야기를 '외사(外史)' 혹은 '야사(野史)'라고 부른다. 중국의 과거 왕조 시대에 그랬듯이 공산당이 지배한 시대에도 실제로 있었던 일은 결코 지상의 언론에 공개되지 않는다.

이 책은 장칭의 이야기를 매우 설득력 있는 '비공식적' 역사를 토대로 썼다. 보통 사람들이 자신이 본 것을 있는 그대로 말해준 것, 장칭을 만났고 미워했거나 혹은 사랑했던 중국인 중에 지금은 중국을 떠난 이들의 증언, 베이징 엘리트 내부에서만 제한적으로 읽히던 문서가 결국 서구로 흘러나와 필자의 손에 들어온 것 등이 바로 이런 비공식 역사 자료다.

중국 정부 관료들의 입장에서 볼 때 역사란 도덕적 심판이다. 하지만 이 책에서 역사란 실제로 일어난 일―전부는 아니라도 최소한 한 부분―에 대한 이야기다.

1장

집을 나온 '노라'

—

1914~1933

1911년 10월 신해혁명 발발.

1912년 1월 중화민국 출범(임시대총통 쑨원). 국민당 결성.

2월 청의 선통제가 퇴위하면서 청조 멸망.

1913년 군벌 위안스카이가 중화민국 대총통에 취임한 뒤 독재와 전제로 일관함.

1916년 위안스카이 사망. 리위안훙이 2대 총통에 취임. 제국주의 열강의 지원을 받는 지방
군벌들과 혁명파의 대립이 격화됨.

1919년 5월 베이징에서 반제국주의·반봉건주의 혁명 운동인 5·4운동 발발.

10월 국민당 재건.

1921년 중국공산당 성립.

1924년 군벌과 제국주의를 타도하기 위한 국민당과 공산당의 합작(제1차 국공합작).

1925년 쑨원 사망. 장제스가 쑨원의 후계자로서 국민당을 이끌게 됨.

1926년 장제스, 국민혁명군 총사령관이 되어 북벌 개시.

1927년 4월 국민당의 상하이 노동자 봉기 무력 진압. 국공합작 결렬.

10월 마오쩌둥, 후난성과 장시성의 경계인 징강산에 근거지 건설.

1930년 장제스, 1934년까지 이어지는 공산당 토벌 작전 시작.

1931년 9월 일본 관동군의 만주 침략(만주사변).

11월 마오쩌둥, 장시 소비에트(중화소비에트공화국) 건설.

나는 속옷 한 벌도 없었다.[1]

– 리원허(장칭)

중국 북부의 어느 현청 소재지, 먼지가 날리고 개들이 어슬렁거리고 아낙네들이 소문을 옮기느라 항상 시끌시끌하고 손수레에 실려 가는 채소 냄새가 풍기는 어느 골목에서 매력적이지만 무척 지쳐 보이는 서른 살가량의 여인이 딸을 낳았다. 벽돌과 목재로 지은 낮은 상점들이 늘어선 큰 거리에서 다시 안쪽으로 들어앉은 좁은 골목에 자리 잡은 이 집에서는, 아기가 태어났을 때 있을 법한 떠들썩한 분위기는 전혀 찾아볼 수 없었다. 여인의 친구가 산파 노릇을 했다. 아기 아버지는 곁에 없었다. 아기를 낳은 여인은 호밀죽과 갈색 설탕을 조금 먹었다. 새로 태어난 아기에게 의식 절차에 따라 물 몇 방울을 입에 넣어주자 아기가 힘차게 울음을 터뜨렸다.[2]

1914년이었다. 공자의 철학이 지배하던 청나라는 3년 전에 무너졌지만 새로운 질서는 아직 확립되지 않았다. 전통주의자들은 안정된 세계가 사라진 것을 슬퍼했고, 근대주의자들은 좀 더 자유로운 세상으로 가는 길이 장애물로 가로막혀 있음에 분노했다. 중국 대륙 전체가 혼란에 빠져들었고 전쟁의 불길한 기운이 감돌았다. 나라의 큰일에 아무것도 할 수 없었던 보통 사람들은 가족을 돌보는 일과 경제 활동에 열중하는 수밖에 없었다. '혁명'이라는 낯선 단어가 돌아다녔지만 하루하루 먹고사는 일만으로 벅찬 이들에겐 그 말을 이해하기 위해 들일 시간도 여력도 없었다.

하지만 세상에 막 첫발을 내디딘 이 여자 아이는 장래에 중국 혁명과 얽히고설킬 운명이었다. 오늘 이 아이는 순수하게 개인적인 울음을 터뜨렸지만, 앞으로 언젠가 정치 투쟁의 장에서 커다란 외침을 내지를 터였다.

아이가 태어난 곳은 산둥성(山東省)의 주청(諸城)이었다. 3만 명 남짓한 주민이 사는 한가로운 분위기의 도시였다. 오래된 성벽과 성문으로 둘러싸인 도시 인근에는 옥수수, 땅콩, 담배, 밀 따위가 풍부했다. 산둥 지방 사람들은 키가 크고 이목구비가 뚜렷하며 말씨나 행동거지가 무뚝뚝했다. 그들은 자신들이 살아온 방식을 고수하는 편이었으며, 공자와 맹자가 살았던 이 지역의 오랜 역사와 찬란했던 과거를 잊지 않았다.

인구 밀도가 높고 빈곤한 이 산둥성에 있는 대부분의 다른 도시와 비교해보면, 주청의 삶은 풍요로운 편이었다. 하지만 20년 전에 산둥성의 성도(省都)인 지난(濟南)과 해안을 잇는 철도에서 주청이 제외된 뒤로는 서서히 내리막길을 걷는 중이었다. 주청은 황해와 가까워서 대외 무역의 영향을 많이 받았다. 19세기 말 세계 열강이 중국을 마치 수박 쪼개듯 나누어버렸을 때 주청은 일본의 세력 아래 놓였다. 이 여자 아이가 태어난 1914년 이후 일본은 산둥 지역 전체에서 독일을 완전히 몰아낸다.

아이의 이름은 수멍(淑蒙, 정숙하고 순박하다는 뜻)*이었다. 수멍의 가족은 특이했으며 문제도 많았다. 수십 년의 세월이 흐른 뒤 이 아이가 권력자가 되고 마치 살아 있는 전설 같은 존재가 되었을 때 가족에 문제가 많았다는 사실은 신화에 가려진다. 톈진(天津) 시를 방문했을 때 장칭은 어느 노동자와 대화하면서, "당신 아버지는 석유 노동자였군요. 우리 아버지는 목수였습니다. 우리는 둘 다 노동 계급 출신이군요."[3]라고 말했다. 하지만 이 말은 정확히 사실에 들어맞는 발언은 아니다. 장칭의 아버지는 처음에는 그저 목수였지만 곧 수레바퀴를 만들고 수리하는 목공소를 운영하였고, 여행자를 대상으로 하는 작은 여인숙을 소유

---

* '수멍'은 장칭의 아명(兒名)인데, 그녀가 학교에 들어가서 '학명(學名)'을 쓰기 이전에 사용한 이름이다.

신해혁명 시기에 우한(武漢)에 세워진 중화민국 정부. 1911년 10월에 일어난 신해혁명으로 청나라가 멸망했지만, 이후 중국의 패권을 놓고 제국주의 열강, 군벌, 공화주의 혁명 세력 등이 각축을 벌이면서 대륙 전체가 혼란에 빠졌다.

했으며, 나중에는 농토를 사들이기도 했다.

　아버지 리더원(李德文)은 무뚝뚝하고 술을 많이 마셨으며 주청에서 그다지 평판이 좋지 않았다. 수멍이 태어났을 때 예순 살이었던 아버지는 아이에게 아무런 관심을 보이지 않았고 결국 딸에게 좋지 않은 인상만 남겨주었다. 아버지와 어머니의 관계는 처음부터 모호했다. 수멍이 태어난 뒤에도 아버지는 어머니를 별로 가까이하지 않았고 어쩌다 만날 때면 항상 싸움이 벌어졌다.

　수멍의 어머니는 아버지보다 훨씬 젊었다. 어머니는 주청에서 서쪽 내륙으로 300킬로미터 정도 들어간 산둥성의 성도 지난 출신이었다. 학교 간부였던 외할아버지는 딸만 둘을 두었다. 어머니는 수멍을 악착스러울 정도로 잘 돌보아주었으며, 그랬기 때문에 수멍에겐 자연히 아버지보다 어머니가 좋은 기억으로 남았다. 하지만 어머니는 딸에게 수수께끼 같은 존재로 느껴졌다. 훗날 딸이 어머니 이야기를 할 때도 애틋한 정은 느껴지지 않고 어머니의 성격을 자세히 언급한 적도 없었다. 주청에서 수멍의 어머니를 기억하는 사람들은 그녀가 성품이 착했지만 힘든 삶에 지친 여인이었다고 회고했다.*

어머니는 아버지의 첫 번째 부인이 아니었다. 어머니는 아버지보다 30살 가까이 어렸기에 수밍은 배다른 형제자매들과 나이 차이가 많이 났다. 바로 위의 형제가 수밍보다 12살이나 많았다.

한때는 식구가 모두 아홉 명이었는데, 물론 수밍이 가장 어렸다. 수밍이 소학교를 다닐 무렵 이복 오빠인 리간칭(李幹卿)은 고위급 경찰이었고 이복 언니 한 명은 이미 결혼한 상태였다. 지난 시 학교 간부였던 수밍의 외할아버지가 300킬로미터나 떨어진 작은 도시에서 고작 기술자로 일하는 사람과 딸이 함께 사는 것을 허락했다는 점이 놀라울 뿐이다.

수밍의 어머니는 이따금 밤에 외출하곤 했다. 어머니의 외출은 수수께끼였지만 수밍은 어머니가 외출하는 이유를 좋은 방향으로 해석하려 했다. 어린 아이로서 자연스러운 반응이라고 이해할 수 있다. 어머니는 아버지의 첩, 혹은 '작은댁'이었다. 오늘날까지 어머니의 이름은 알 수 없으며 언제 어떻게 죽었는지도 알려지지 않았다.

집은 가난하지 않았다.[4] 아버지는 상근 노동자 한 명과 맹인 두 명을 고용했는데, 이들은 절삭 작업을 하면서 종종 다른 잡일도 했다. 수밍이 어릴 때 목공소 운영이 잘되어 돈을 많이 번 아버지는 몇 년 뒤 목공소를 팔아 도시 외곽에 꽤 넓은 땅을 사들였다.

이복 형제자매들이 모두 있을 때는 집이 약간 붐비긴 했지만 그래도 안락했다. 흰색 회칠을 한 벽에 갈색 통나무 기둥이 있었으며 창문에는 창호지를 발랐다. 침실이 서너 개 있었고 큼직한 부엌에는 항상 불을 지핀 화덕, 기름기 흐르는 검은 가마솥 몇 개, 선반에는 말린 채소가 널려 있었다. 바닥은 진흙을 다져 만들었고, 주청 지역의 나무로 만든 가구는 소박하지만 단단했고, 호롱불을 사용했다.

수밍은 이따금 음식이나 옷이 모자라 고생한 적이 있었는데, 수입이

---

* 최근 한 자료에 따르면, 수밍의 어머니 이름은 '리롼(李欒)'이었다고 한다.(역주)

부족해서가 아니라 집안에 싸움이 벌어졌거나 산둥 지방 전체를 위협하는 사회적 혼란이 일어났기 때문이었다.

중국어에서 '가(家)'는 영어의 'family', 즉 가족이라는 의미와 'home', 즉 가정이라는 의미를 모두 포함한다. 중국 전통에서는 가족이 한 집에서 물리적으로 함께 사는 것을 매우 중시한다. 또 중국에서는 어린 시절을 인생의 황금기로 여긴다. 한 사람의 인생은 가족 관계를 떠나서는 존재하지 않는다. 젊은 사람은 보통 부모가 정해준 사람과 결혼을 하는데, 이때 긴밀하게 묶인 하나의 가족 관계가 또 다른 긴밀한 가족 관계와 연결되는 것이다. 중국의 전통적 가족 관계에서 보면 훗날 수명의 인생은 이 모든 전통에서 크게 벗어나는 것이었다.

전족을 풀어버린 아이

수명이 맞닥뜨린 첫 번째 문제는 바로 여자로 태어났다는 사실이었다. 과거에 중국인들은 남아 선호가 강해서 딸을 낳으면 실망한 나머지 '샤오춰(小錯, 작은 실수)'라는 이름을 붙이는 경우도 드물지 않았다. 아들과 달리 딸은 키워봤자 결혼해서 집을 떠난다. 딸은 잠시 동안 피어난 꽃이며 때가 되면 원하는 남자에게 꺾이게 마련이다. 그리고 남편의 집으로 떠나간다.[5] 언젠가 어린 수명은 아버지가 운 나쁘게도 딸들이 태어났다고 욕설을 내뱉는 것을 들었다.[6] 수명은 이해할 수 없었다. 아버지 자신도 여자의 몸에서 나왔는데 어떻게 여자로 태어난 것을 잘못이라고 할 수 있단 말인가?

수명은 전족을 하기 위해 발을 묶었다. 1920년 이전에 주청에서는 전족이 흔한 일이었다.** 소녀의 발을 꽁꽁 묶어 성장을 멈추게 하는 것은 앙증맞고 연약하게 보이기 위함이었고, 장차 노동을 할 사람이 아니라 남자를 돌보는 역할만을 할 것이라고 선언하는 행동이었다.[7] "수명은

** 필자는 만년에 장칭을 진찰했던 의사에게서 장칭의 발이 과거에 "부분적으로 전족 처리를 했던 적이 있"으며 그녀의 왼발 발가락이 여섯 개였다고 들었다.

전족을 매우 혐오했어요. 그래서 그냥 끈을 풀어버렸지요. 우리는 늘 수 멍을 '해방된 발(解放脚)'이라고 불렀습니다. 하지만 전족 탓에 발이 괴상한 모양으로 비틀어져버렸고 수멍은 평생 걸음걸이가 어색했습니다." 수멍의 학교 친구는 이렇게 증언했다.[8]

부모가 아들을 선호한 것이 수멍의 첫 번째 문제였다면, 어머니가 아버지의 첩이었다는 사실은 훨씬 더 심각한 두 번째 문제였다. 어머니는 집안에 갑자기 나타난 훼방꾼으로 비쳤다. 특히 당시로서는 아주 중요한 문제인 유산 상속을 둘러싸고 작은댁의 존재는 복잡한 문제를 일으킬 수 있었다. 수멍의 어머니가 리더원의 첫째 자식과 나이가 엇비슷했다는 점 역시 그녀에게 (그리고 딸인 수멍에게) 난처한 문제였다.

어린 수멍은 얻어맞기도 했지만 가끔 남을 때리기도 했다. 아버지에게 얻어맞거나 엄격한 이복 언니에게도 맞았다.[9] 수멍보다 훨씬 나이가 많았던 이복 언니 리원루는 수멍처럼 얼굴이 길고 강인한 인상을 풍겼다. 하지만 수멍처럼 성격이 제멋대로는 아니었다. 수멍은 언니에게 버릇없이 굴었고 엉뚱한 상상력을 동원하여 언니를 놀리는 짓궂은 장난을 많이 쳤다. 언니는 화가 나서 먼지를 떠는 총채를 들고 수멍을 쫓아 온 집안을 뛰어다녔고 동생의 엉덩이를 총채로 후려치곤 했다.

수멍이 다섯 살 나던 해였다. 별명이 '도둑 늑대(狼敵)', '욕쟁이(罵人能手)'였던 아버지가 어느 날 저녁 평소보다 더 과격하게 행동했다. 그때는 원소절(元宵節, 음력 정월 대보름) 축제 기간이어서 도시 전체에 등불을 환하게 밝혔고 사람들은 술을 마시고 특별한 음식을 즐겼다. 두 사람이 맞들어야 할 만큼 커다란 떡도 축제 때 즐기는 특별한 음식이었다.

어쩌면 리더원은 이제 첩에게 싫증을 느꼈을지도 모른다. 또는 첩과 본댁 식구들 사이에 긴장이 너무 커져서 더는 감당할 수 없었는지도 모른다. 훗날 중국 정부가 주장하는 공식 설명만큼 수멍의 어머니가 '부도덕한' 사람은 아니었을지도 모르지만, 여하튼 남편보다 훨씬 젊은 이 여인이 좀 더 친절하고 젊은 다른 남자를 만났는지도 모른다. 이유야 어떻든, 리더원이 벌컥 화를 내며 삽을 들고 수명의 어머니에게 달려들어 등과 손을 세차게 때렸다. 그 바람에 어머니의 새끼손가락이 부러졌다. 훗날 장칭(수명)이 밝힌 바에 따르면, 어린 수명은 어머니를 보호하려고 아버지 앞을 막아섰다. 순간 아버지가 휘두르던 삽날이 수명의 입에 박혔고 이 하나가 부러졌다.[10]

이 일은 다른 사람들이 다 쳐다보는 시내 거리에서 벌어졌고 어머니는 어린 딸을 업고 이 끔찍한 악몽과 '도둑 늑대'로부터 도망쳤다.

"가족들이 수명의 아버지에게 첩에게 돈을 주어 내쫓아버리라고 압력을 가했죠." 당시 수명의 가족을 곁에서 지켜보았던 사람의 말이다.[11] 본처 가족의 압력이 원소절 축제 밤에 벌어진 싸움의 배경이었는지도 모른다. 하지만 젊은 첩과 늙은 남편의 관계는 그렇게 쉽게 끝나지 않았다. 1920년에 아버지가 농장을 사들였을 때 그 농장에서 수명이 살았던 적이 있기 때문이다.[12] 어머니는 리더원의 가족과 관계를 끊지 않았는데, 이것은 '유산 상속'을 바라는 마음에서 비롯된 것이 틀림없다.

이제까지 수명의 삶에서는 종종 어머니와 수명 단 둘만 존재하는 것처럼 보일 때가 있었다. 예를 들어 원소절에 벌어진 충돌에서 이복 오빠나 언니는 보이지 않는다. 점차 수명의 삶은 확실하게 어머니와 자신, 둘밖에 없는 삶이 되어 갔다.

어머니는 서서히 생의 내리막길로 접어들었다. 수명 아버지의 가족과 가끔 연락하기는 했지만, 어머니는 여생의 대부분을 남의집살이로 살아갔다. 어린 수명을 데리고 한 집에 들어가서 한동안 살다 보면 결국에는 무슨 이유에서인지 모르는 소동이 일어났고, 그렇게 되면 다시 다른 집에 가서 사는 식이었다. 이제 수명에게 폭력은 사라지고 슬픔이 남았으며, 아버지의 가족과 겪는 갈등이 사라진 자리에는 외로움이 남았다.

당시에는 남편이 부인을 쫓아낸다거나 부인을 혼자 두고 남편이 집을 나가버린다거나 하는 일이 흔하지는 않았다. 수명의 어머니는 매우 어려운 처지가 되었다. 부모와 고향에서 멀리 떨어져 홀로 아이를 키우는 수멍의 어머니는 남에게 착취당할 위험에 노출되었으며, 혼자 떠돌며 사는 여자에게 따라붙기 마련인 소문의 대상이 되기 쉬웠다. 수멍의 어머니는 남편으로부터 도망치자마자 아이를 데리고 서둘러 지난의 친정으로 돌아갔다.

하지만 두 사람은 곧 주청으로 되돌아왔다. 어머니는 미미하긴 하지만 유산 상속권(즉 금전적 지원)을 포기할 수 없었다. 그렇지만 수멍의 아버지와 유산 상속권을 놓고 이야기하는 것은 너무나 힘들었다. 돈을 약간 받았는지는 모르지만 여하튼 어머니는 끊임없이 일자리를 구하기 위해 주청을 떠나야만 했다.

수멍은 두 군데 소학교에 다녔는데 가정 형편이 어려워 결석이 잦았다.[13] 수멍의 외모와 성격은 그 시절부터 조금씩 자리를 잡았다. 수멍은 키가 컸고 조금 말랐으며 입이 약간 큰 편이었지만 미소가 밝았다. 당시에는 흔히 한 가닥으로 머리를 땋았기 때문에 아이들은 양 갈래로 땋은 수멍의 머리 모양을 이상하게 여겨 수멍의 머리를 잡아당기며 괴롭히곤 했다.

수멍을 더 곤란하게 만든 것은 옷이었다. 이복 오빠에게 물려받은 낡은 남자 옷을 입고 다녔기 때문이다. 두 번째로 다닌 학교는 부유한 아이들이 많아서 수멍의 다 떨어진 신발이 조롱거리가 되곤 했다. 아이들은 너덜너덜한 신발 앞쪽으로 툭 튀어나온 수멍의 엄지발가락을 '큰형'이라고 놀렸고, 뒤로 튀어나온 발꿈치는 '거위 알'이라고 부르며 조롱했다.[14]

수멍은 평소에는 말이 없었지만 어쩌다 한마디 할 때면 다른 아이들에게 강렬한 인상을 남겼다. 그녀는 쉽게 기분이 상했으며, 하고 싶은 말은 무엇이든 빠른 말투로 쏟아냈고, 와락 울음을 터뜨렸다. 감정이 몸을 지배했기 때문에 수멍은 단 하루 만에 겉모습이 크게 달라지곤 했다. 이때부터 수멍은 평생 동안 감정의 변화가 그대로 몸 상태나 질병으로 나타나기 시작했다. 학교 밖에서나 안에서나 수멍은 '아버지 없는 아이'라는 놀림을 받았다.

특히 현(懸) 자치단체가 운영하던 두 번째 학교에서 문제가 많았다. 학교에는 수멍 같은 '장학생'도 몇 명 있었지만 비교적 잘사는 집 여자아이들이 대부분이었다. 수멍은 학교에 잘 적응하지 못하고 문제를 자주 일으켰다. 아마도 가정 형편 탓에 다른 여학생들처럼 학교에서 기대하는 대로 옷을 입거나 행동하지 못했기 때문이리라.

수멍은 다른 학생들과 자주 싸웠다. 아마도 겉모습과 특이한 가정환경을 이유로 괴롭힘을 당했기 때문일 것이다. 몇몇 선생님은 체벌을 가하기도 했다. 한번은 수멍이 수업 시간에 멍하게 공상에 빠져 있는 것을 선생님이 발견하고는 화장실로 끌고 가서 막대기로 손바닥을 다섯 대 때린 적이 있다고 한다.

당시 중국 사회는 폭력과 잔인성이라는 면에서 좋은 모범을 보이지 못했다. 매일 밤 도시의 성벽에 울려 퍼지는 총소리를 세보면 그날 총살당한 죄수가 몇 명인지 알 수 있었다. 집 바로 옆에 있는 동소문(東小門)에서 공개 참수형을 한 적이 있는데, 수멍은 하교 길에 피가 뚝뚝 떨어지는 죄수의 머리를 긴 꼬챙이에 꽂아 들고 가는 모습을 공포에 떨며 쳐다보았다고 한다. 이 모든 일들이 국가의 공권력으로 집행되었고, 과연 이런 국가 체제가 얼마나 오래 갈 수 있을지 의문을 제기하는 사람들이 늘어났다.

현이 운영하는 학교에서 수멍은 한 학기 만에 퇴학당했다. 아마도 다른 학생과 싸웠기 때문일 것이다.* 훗날 장칭(수멍)은 학교 생활을 돌아보면서 이렇게 말한 적이 있다. "누가 위협하더라도 이제는 겁먹지 않겠다고 결심했습니다." 자신이 처한 힘든 사회적 상황을 개인적 차원의 불평으로 전환했던 것이다.

---

* 교사와 충돌했기 때문에 퇴학당했다는 주장도 있다.(역주)

한편 장칭의 어머니는 부유한 가정을 전전하면서 정처 없이 떠도는 생활을 이어갔다. 오늘날 중국 정부는 장칭의 어머니를 '부도덕'했다고 비판하지만,[15] 이것은 정치적 패배자에게 자동적으로 따라오게 마련인 비판으로 신빙성이 떨어진다고 할 수도 있다. 그렇더라도 장칭이 훗날 어머니 이야기를 한 내용을 보면, 이때 남의집살이에 성적 봉사도 포함되어 있었다는 결론으로 가까이 가게 된다.

훗날 장칭은 인터뷰에서,[16] "부인도 있고 첩도 여러 명 있는데 아직 아들을 보지 못한 시골의 어느 지주가 어머니에게 하녀로 들어오라고 제안"했을 때 어머니가 그 제안을 받아들여서 마음이 착잡했다고 말한 적이 있다. 또 장칭은 다음과 같은 말을 여러 번 했다. "다섯 살인가 여섯 살 때 나는 밤에 어머니를 찾으러 자주 어두운 밖으로 나가곤 했다." (눈치 빠른 인터뷰 진행자라면 이 말을 듣고 "도대체 장칭 어머니는 밤중에 무슨 일을 했을까?" 하는 의문을 품을 것이다. 가사를 돌보는 하녀가 밤늦은 시간에 습관적으로 밖에 나가는 것은 흔한 일이 아니다.) 또 장칭은 어머니와 함께 이곳저곳 시골 마을에 머물렀던 기억과 자기만 혼자 주청에 남고 어머니만 '멀리' 떠났던 기억이 있다고 말한 적도 있다.

도대체 왜 수멍의 어머니는 밤에 자주 외출을 했을까? 홀로 사는 가난한 여인이 무엇 때문에 주청 밖으로 자주 여행을 했을까? 한 가정에서 다른 가정으로 자주 옮겨 다닌 까닭은 무엇일까? 수멍의 어머니가 단순히 식모였다면 이런 의문을 푸는 것은 쉽지 않은 일이다.

수멍의 어머니는 짐작건대 가사일을 하면서 동시에 성적으로도 봉사를 하지 않았나 싶다. 당시 시골 지주 집에서는 흔하게 있던 일이다. 어쩌면 수멍의 어머니는 이런 생활을 오랫동안 해오다 수멍의 아버지를 만난 것인지도 모른다.

1920년대 중반이 되자 주청 시에서 모녀의 삶은 도저히 견딜 수 없는 지경에 이르렀다. 수멍의 아버지는 티푸스로 사망했으며 이제 아버지의 가족에게서 받을 수 있는 특별한 혜택도 없었다. 남편도 없고 부모와도 같이 살지 않는 수멍 어머니의 사회적 상황은 매우 심각했으며 주위의 부정적 시선 또한 끊임없이 어머니를 괴롭혔다.

시골 지주 집에서 지내는 생활 역시 별로 안정되지 않았다. 수멍은 자신의 머리채를 잡아당긴 지주의 딸과 싸운 적도 있고, 또 다른 지주의 여동생이 모욕적인 말을 퍼붓자 그녀의 가슴을 때린 적도 있었다. 또 수멍은 지주의 개를 못살게 굴다가 결국 개에게 물린 적도 있었다. 수멍은 개에게 물린 이때의 충격으로 늑대들이 항상 자신을 노린다는 환상에 사로잡히게 되었다.[17]

몸까지 약해진 수멍의 어머니는 혼자 살기를 단념했다. 어머니는 지난에 있는 부모에게 편지를 썼다. 수멍의 미래를 걱정하면서 가족의 품으로 돌아가고 싶다는 바람을 적어 보냈다.[18] 부모는 딸과 손녀를 돌보겠노라는 답을 보냈다. 딸과 손녀를 부양하는 부모는 그리 흔치 않았다. 하지만 부모도 이제 늙었고 자신들을 돌봐줄 누군가와 함께 살기를 원했다. 부모는 당시에 다른 딸 한 명과 함께 살고 있었는데, "배 대신에 복숭아라도 집어 들겠다."라고 했다고 한다. 이 말은 인연이 끊겼던 사람이라도 받아들여 가족으로 같이 살겠다는 뜻이다. 4년 동안 보지 못한 수멍이 얼마나 자랐는지 궁금한 것 역시 할아버지와 할머니로서 당연한 감정이었다.

어머니는 지니고 있던 약간의 물건을 팔았다. 그중에는 리더원의 유산 명목으로 받은 가옥 일부의 권리금도 있었던 것으로 보인다. 어머니는 기차표를 사고, 짐을 싸고 나르는 것을 도와줄 남자를 한 명 고용한 다음 수멍을 데리고 주청에서 알고 지냈던 사람들에게 작별 인사를 했다. 그리고 두 사람은 주청 북동쪽에 위치한 쟈오셴 역을 향해 긴 도보 여행에 나섰다.

도보 여행 중에 호화로운 마차 한 대가 지나가다가 모녀를 거의 칠 뻔했다고 한다. 그때 뚱뚱한 남자가 마차 창문 밖으로 고개를 내밀더니 "죽고 싶어?" 하고 소리쳤다. 남자는 음흉한 눈으로 어머니와 수멍을 불쾌하게 훑어본 다음 이렇게 말했다. "꼭 길바닥에 돌아다니는 개들 같구먼." 그러고는 곁에 앉아 있던 자식에게 조롱하는 투로 말했다. "암캐 한 마리가 새끼 개 한 마리를 낳아 데리고 다니네?"* 수모를 당한 어머니는 눈물을 흘리면서 수밍에게 슬프게 말했다. "도대체 누가 너를 딸로 태어나게 했니?"

쟈오셴에서 수밍과 어머니는 밤 9시 30분에 기차를 탔다. 만두와 약간의 채소로 끼니를 때운 모녀는 다음 날 저녁 할아버지, 할머니 집에 무사히 도착했다. 산둥의 성도였던 지난은 주청보다 훨씬 크고 화려했다.

배우가 되고 싶은 소녀

황허로부터 남쪽 9킬로미터 지점에 자리 잡은 지난은 오래된 중국식 주택과 벽돌로 만들어졌으며 건물 전면이 개방된 상점들이 많은, 안정된 느낌을 주는 도시다. '형부아문가(刑部衙門街)', '성재청가(省財廳街)', '서장관가(西長官街)' 같은 거리 이름에서 이 도시의 정치적 역할(즉 성도)을 짐작할 수 있다. 도시 여기저기에는 절과 극장, '꽃집' 즉 화류계 여성들의 일터가 있었다. 이 도시는 멋진 자연 환경을 배경으로 삼아 세워졌다. 지표면에 노출된 사암 지대에서 자연 온천이 솟아 나오고, 중국에서 가장 아름다운 도심 호수로 꼽히는 '다밍 호수'가 있다.

당시 안내 책자는 지난 시를 "활기찬 도시, 상업과 정치 중심지이며 도시 곳곳에 아직 청 왕조의 호화로운 분위기가 남아 있다."라고 묘사했다.[19] 틀린 설명은 아니지만, 군벌 세력이 도시의 삶을 불안하게 만들었다는 사실과 중국의 다른 도시들이 근대화의 길에 들어선 데 비해 수공업 위주의 경제가 이 도시를 경제적으로 낙후시키고 있었다는 사실, 지난 시민 40만 명 가운데 일본인이 5천 명에 달하던 사실이 빠져 있었다.

벽돌로 나지막하게 지어 안락한 외할아버지의 집은 '안찰사가(按察司

---

* 이 발언의 중국어 원문은 다음과 같다. 这是一只母狗和一只狗崽.

街)'에 있는 작은 광장 곁에 있었다.** 그곳은 도시 중심부이면서도 조용한 지역이었다. 수명은 제1사범대 부속 제2소학교로 전학했다. 학교는 외할아버지 집과 같은 거리 한쪽 구석에 우아한 자태로 자리 잡고 있었다. 수명은 새 이름을 얻었다. 가족이 지어준 것인지 학교에서 지어준 것인지는 확실하지 않지만 새로운 출발을 기념했던 것 같다. 윈허(雲鶴, 구름 속의 학)***라는 단아한 느낌을 주는 이름이었다.[20]

"그 이름은 그 아이와 어울리지 않았어요. 그 아이에게는 '구름 속의 학'이라는 이름에 걸맞은 조화로움과 평온함이 거의 없었거든요." 장칭의 소학교 동창생은 이렇게 말했다. 그 동창생은 '윈허'라는 이름이 어린 수명의 작은 정신 세계를 훨씬 넘어서는 문학적 취향을 보여주며, 아마도 외할아버지가 지어주신 것으로 짐작한다고 말했다.

외할아버지는 여러 면에서 큰 도움을 주었다. 윈허는 과거 주청에서 겪었던 혼란과 폭력과 가족을 둘러싼 수군거림에서 벗어날 수 있었으며 문화와 교양이 넘치는 도시에서 안정된 새로운 삶을 향한 출발선에 설 수 있었다. 지난의 전체 주민 40만 명 가운데 중학생은 2,500명, 소학교 학생 수는 겨우 12,000명에 불과했다. '구름 속의 학'은 지난의 아이들 가운데 운 좋은 소수에 들었다.

장칭은 자신이 이 학교에서 공부를 열심히 했다고 말했지만, 여전히 개인적 시련과 좋고 싫음이 확실한 성향이 그녀의 삶을 지배하는 것 같았다. 한번은 어떤 소년이 윈허를 때릴 때 곁에 있던 다른 소녀들이 소년 편에서 박수를 쳤다고 한다. 윈허는 치욕스러웠지만 반격하지는 않

***

** 당시 윈허 모녀가 간 곳이 외할아버지의 집이 아니라 당숙 리쯔밍(李子明)의 집이었다는 설도 있다.(역주)
*** 중국인은 아이의 이름을 짓는 일을 매우 중요하게 생각한다. 서양처럼 흔히 쓰는 이름의 목록(조앤, 빌, 메이비스, 호러스 등) 따위가 없고, 한자 두 개(때로는 하나)를 선택해 이름을 짓는다. 중국인의 이름은 시나 고전 작품, 가족 전통에서 비롯된다. 때로 아이의 생김새나 아이가 태어났을 때 상황에서 영감을 얻기도 한다. 즉 서양인들보다 작명에서 더 자유로운 편이며, 이런 이유로 이름을 고르는 데 더 큰 의미를 둔다.

았다. 자기편이 전혀 없다는 것을 알았기 때문이다. 소년은 계속 때렸지만 원허는 끝까지 굴복하지 않았다. 원허는 이를 악물고 그저 땅바닥만 쳐다보았다. 그날 밤 집에 돌아오자 어른들은 집에 늦게 들어왔다고 원허를 야단쳤다. 어른들이 원허의 얼굴에 멍이 있고 가방 끈이 떨어진 것을 알아차렸지만 원허는 끝까지 아무 말도 하지 않았다. 어른에게 일러바치는 것은 자존심이 허락하지 않았다. 부적응의 고통을 침묵 속에서 참기로 했던 것이다.[21]

원허는 규율을 싫어했다. 특히 유교의 '삼종사덕(三從四德)'은 자기 표현을 가로막으려고 악마가 발명해낸 것이 아닌가 싶을 정도였다. (원허의 생각에도 일리가 있었다. 삼종사덕에서 삼종이란 어려서는 아버지에게 복종하고 결혼하면 남편에게 복종하고 남편이 죽은 뒤에는 자식에게 복종하라고 강요하는 것이기 때문이다.) 어른들은 원허에게 당시 관습에 따라 가족에게 고마움을 표시하기 위해 공부를 열심히 해야 한다고 가르쳤지만, 원허는 가족에게 감사하고 복종하는 마음이 별로 없었다. 또한 아들의 경우와 비교해볼 때 딸이 가족에게 명예를 가져다주는 것은 어차피 극히 힘든 일이었다.

1926년 아니면 1927년에 원허의 삶에 또다시 변화가 생겼다. 원허는 어머니와 함께 북쪽의 항구 도시인 톈진에 가서 이복 언니와 잠시 동안 같이 지냈다.[22] 이복 언니 집에 있는 동안 원허는 학교에 다니지는 않고, 청소와 빨래를 하고 장을 보는 등 집안일을 도왔다. 이미 오래 전부터 집안일을 싫어했고 중국 여성들의 삶이 속박당하는 것을 증오했던 원허는 담배 공장에 취직하려고 했다. 그녀는 작업대에 둘러앉아 담배 마는 일을 하는 아이들 틈에 끼려고 했다. 하지만 이 계획은 가족들의 반대로 좌절되었다.*

---

* 1926년에서 1928년까지 원허 모녀의 행적은 뚜렷하지 않다. 한 자료에 따르면, 원허 모녀가 톈진에 간 것은 1926년이었으며 이복 언니 부부 집에서 1928년까지 살았고 원허는 3개월간 담배 공장에서 일했다고 한다.(역주)

모녀는 1928년에 지난으로 돌아왔는데, 어머니는 그때부터 윈허의 삶에서 사라져버렸다. 주위 사람들이 윈허의 어머니가 사망했다고 생각했을 정도였다. 아마도 어머니는 다른 남자를 만나 재혼한 것으로 보인다. 여하튼 윈허는 어머니와 연락을 완전히 끊은 것은 아니었으나 (훗날 윈허가 직업을 가졌을 때 어머니에게 돈을 보낸 적이 있다) 친밀했던 모녀의 관계는 막을 내렸다.[23)]

오랜 세월 동안 어머니는 윈허의 보호자였다. 종종 윈허는 집에 홀로 앉아 쓸쓸히 어머니가 돌아오기를 기다렸다. 혹시 어머니가 나쁜 남자를 만나 무슨 일을 당한 것은 아닌지, 영영 안 돌아오는 것은 아닌지 공포에 사로잡힌 적도 있었다. 어린 윈허는 어머니의 세계를 제대로 이해할 수 없었으며 설사 어느 정도 이해한 부분이 있었다 하더라도 그 부분을 존경의 눈으로 보지 않았다. 윈허는 다른 사람에게 어머니를 향한 진심 어린 연민을 드러낸 적이 없었다. 아마도 1928년에 어머니가 재혼하면서 친구들에게 어머니 이야기를 하는 일이 더 줄었을 것이다. 어머니는 딸에게 어머니의 의무를 다하려고 끈질기게 노력했다. 하지만 윈허가 훗날 어린 시절을 돌이켜 보며 이야기할 때 어머니와 함께했던 좋은 기억은 거의 없었다. 어머니는 낡은 중국 사회에 희생된 여성이었으며, 윈허가 꿈꾸었던 진정으로 자유로운 인간이 될 수 없었다. 어머니의 고통을 보면서 윈허는 자신만은 반드시 어머니를 속박한 이 세계에서 탈출하겠다고 마음을 다잡았다. 윈허는 무언가 새롭고 전혀 다른 일에 자기 자신을 던져 넣기로 했다.

열네 살이 되었을 때 윈허는 사실상 고아나 다름없는 처지로 낯선 도시, 혼란스러운 시대의 한복판에 서 있었다. 윈허는 현재 자신이 속한 세계에 어떻게 적응해야 할지 계획도 없었고 전망도 불투명했지만 온갖 환상이 머리에 가득한 소녀였다. 외할아버지는 윈허가 공부를 더 하기를 바랐다. 하지만 윈허는 얌전하게 훈련받는 것을 좋아하는 아이가 아니었다. 게다가 여자 아이가 중등학교 입학 허가를 받기는 매우 어려웠다.

산둥은 원래 연극이 발달한 곳이었다. 그래서 산둥에는 확실하게 자리를 잡은 명망 높은 대규모 극단뿐 아니라 소규모 비공식 극단도 많았다. 작은 극단들은 산둥 지방에서 발달한 가극에서 몇 장면을 뽑아 관객에게 보여주는 공연을 하곤 했다. 이러한 소규모 극단들은 종종 여러 종류의 비밀 조직과 연결되어 있었는데, 그중에는 극단에서 필요로 하는 인력을 대주는 조직도 있었다. 길거리를 방황하는 청소년들을 납치해 극단에 공급하는 조직이었다. 이렇게 납치된 아이들 가운데 가장 매력 있는 남자 아이와 여자 아이는 '금동옥녀(金童玉女)'라고 불렸다. 아이들은 하녀를 구하거나 잘생긴 양자를 구하는 집, 다밍 호수 지역의 사창가, 그리고 작은 극단들에 적당한 가격으로 팔아넘겨졌다.*[24]

1928년에 원허는 비공식 극단에 들어갔다. 극단은 지난 시 교외인 리청(歷城)에 있었다. 원허가 납치를 당했는지, 아니면 외롭고 혼란스러운 상태에서 모험을 찾아 제 발로 극단에 걸어 들어간 것인지는 확실하지 않다. 여하튼 원허는 자신의 운을 시험해보고 싶었고, 조부모로부터 독립해서 살기를 원했기에 기꺼이 소규모 비공식 극단에 들어갔다.[25]

수개월 동안 (어쩌면 1년 넘게) 극단에 있으면서 원허는 작은 배역을 맡았고 신참이 해야 할 단순 노동을 했다. 이제 원허는 새로운 부류의 사람들과 같이 살았는데, 그들은 거칠기는 했지만 그녀가 일찍이 만났던 사람들과는 전혀 다르게 호기심을 불러일으키는 사람들이었다.

연극을 하면서 연기를 한다는 핑계로 소년, 소녀들은 상대방의 몸에 슬며시 손을 갖다 대지 않는가? 화려한 의상을 입고 벗는 동안 이들은

---

* 당시 기록 중에 첩, 창녀, 연극단 신입 단원, 하녀 등을 선발하는 방법을 설명한 자료가 있다. "그 다음, 자신들이 방문한 목적이 마지막으로 거론되고, 여자 아이들을 방 안으로 불러들인다. 여자 아이들은 옷을 예쁘게 입고 얼굴은 아름답게 분칠하고 화장했다. 하지만 매입자는 매우 노련한 비즈니스맨이어서 속일 수 없다. 매입자들은 여자 아이들에게 길고 넓은 바지나 치마를 들어 올리라고 지시한 다음 다리의 피부를 직접 확인했다. 때때로 매입자는 헝겊 조각에 물을 묻혀 얼굴에 문질러 분칠을 벗겨낸 다음 피부가 얼마나 좋은지 직접 확인하기도 했다. 심지어 몸을 이곳저곳 만져보기도 했다."

20세기 초 중국의 극단. 장칭은 열네 살 무렵 소규모 극단에서 생활하면서 미래를 발견했다. 독립적이고 자유로운 삶을 갈망했던 장칭은 봉건적 관습에 얽매인 집이나 학교와 달리 내면의 충동과 감정을 발산할 수 있는 연극 무대에 매혹되었다.

보통 중국인 남녀가 결혼하고 수십 년 동안 상대방의 몸을 보는 것보다 더 많이 이성의 몸을 관찰하지 않는가? 관객들의 갈채를 받는 순간 소년, 소녀들은 이제까지 덕성으로 알고 지내던 겸손과 겸양을 한순간에 내던져버릴 정도로 흥분하지 않는가? 그것은 모두 사실이었고, 원허의 삶을 바꾸어버렸다.

원허는 새로운 것들을 사랑했고, 환상 속으로 깊이 빠져들었다. 극단 시절은 원허에게 그녀가 이제까지 경험하지 못한 다른 세계가 분명히 존재한다는 것을 증명해주었다. 이 세계에는 집이나 학교와는 달리 제약과 구속이 거의 없었다. 새로운 세상에서 원허는 자기 안에 숨어 있던 충동을 마음껏 드러낼 수 있었다. 바깥 세상에서 사회 관습의 틀 때문에 힘들어했던 원허는, 새로운 연극의 세계에서는 한결 자연스럽게 행동할 수 있었다.[26]

'완전히 익지는 않았지만 곧 무르익을 멜론'처럼 원허는 이제 여성적 매력이 풍기면서도 동시에 아직은 어린아이 같은 순진한 모습이었다. 윈허는 '말을 잘하는' 소녀였고 이따금 충동적으로 행동할 때를 빼면 우아하게 행동할 줄 아는 소녀였다. 열네 살 난 소녀치고는 가슴이 큰 편이었고, 눈은 '유리알같이 맑게 빛났다.' 사람들은 종종 윈허를 열여덟 살로 착각했다. "윈허는 자신의 매력에 자신이 있었기 때문에 당당했고 콧대가 높았습니다." 당시 곁에서 윈허를 본 사람이 말했다. "동시에 윈허는 자신의 보잘것없는 성장 배경에 민감했던 만큼 조금은 비굴한 구석이 있었고, 이 세상에 대한 분노를 점점 더 자주 표출했습니다."[27] 극단의 몇몇 남자들은 윈허가 굉장히 매력적이라고 느꼈다. 반면에 윈허가 너무 적극적이라 싫어하는 남자도 있었다. 모름지기 꽃은 벌과 나비가 날아들 때까지 기다려야 하는데 이 꽃은 벌과 나비들을 만나려고 스스로 몸을 높이 뻗어 흔들고 있지 않은가?

윈허는 무대를 사랑했다. 분장을 하고 무대 의상을 입고 조명 아래 서는 것이 좋았다. 계속 이 일을 직업으로 삼아도 되겠다 싶었다. 그러나 이런 비공식 극단에는 매매춘의 악취가 풍기곤 했다. 가족의 속박으로부터 탈출한 '옥 같은 소녀들(玉女)'의 운명은 이제 돈벌이를 노리는 사장의 변덕스런 기분에 좌우되었다. 겉보기에 아무리 매력적인 세계일지라도 그곳에서 여성이 완전히 무력한 약자의 입장일 때 겪게 되는 곤경을 윈허는 다시 한 번 경험하게 되었다.

실종된 윈허를 기다리며 불안감에 휩싸여 지내던 외할아버지와 외할머니는 어느 날 저녁 기분 전환 삼아 〈타금지(打金枝)〉라는 가극을 구경하러 집을 나섰다. 당나라 때, 시아버지의 생일잔치에 참석하지 않았다는 이유로 남편에게 매를 맞은 어느 공주의 이야기를 그린 작품이었다. 무대를 바라보던 조부모는 얼굴에 하얀 분칠을 한 채 진주로 장식한 모자를 쓰고 멋진 푸른색 비단옷을 입은 아름답고 가엾은 여주인공이 바로 손녀라는 사실을 알아차렸다!

윈허는 정말 조부모의 집으로 돌아가고 싶었을까? 이때는 마침 극단을 통제하던 거친 사내들이 원허를 못살게 굴기 시작하던 때였다. 이런 밑바닥 세계에서 자유가 없는 어린 소녀에게 미래의 전망은 절망적이었다. 원허는 처음 경험한 연극에 강한 매력을 느꼈지만 극단이 성과 돈과 남자들의 힘이 격돌하는 전쟁터라는 것도 알았다. 원허는 혼란스러웠지만 외할아버지가 설득하자 지난으로 돌아가기로 했다.

외할아버지는 원허를 풀어주는 대가로 극단 사장이 요구한 많은 액수의 돈을 급히 마련했다. 사장은 자신이 데리고 있는 어린 소년과 소녀들을 '돈이 열리는 나무'로 여겼다. 원허는 이 추악한 인물에게 세 번이나 고개 숙여 작별의 예를 표한 다음, 아무 말 없이 외할아버지를 따라나섰다. 외할아버지는 손녀가 평범한 일반 학교에 다니기를 바랐지만, 벌과 나비의 영향을 받은 탓인지 꽃의 눈길은 새로운 수평선을 향하고 있었다. 원허는 삶의 쓰라린 좌절을 환상의 힘으로 이겨낼 수 있음을 알았다.

예술학교에 들어가다

원허는 다시 지난 시에서 살게 되었다. 당시 지난은 개혁의 도전에 직면해 있었다. 좌익 사상, 구습 타파 운동, 여성주의의 새로운 물결이 일어나면서, 이제까지 주변부에 머물러 있던 지난의 진보 세력이 기득권 세력과 대결을 벌이게 된다. 이 사회적 충돌은 원허에게 개인적으로 중요한 의미가 있었다.[28] 조부모는 손녀를 젊은 남자에게 시집 보내려고 했다. 그래야 손녀딸이 안정된 가정에 정착할 수 있다고 믿었다. 하지만 원허는 그런 운명에서 벗어나고 싶었다. 지난에 밀어닥친 근대의 물결을 따라가면 이 운명에서 벗어날 길이 열리지 않을까?

원허는 새로운 학교가 설립되었다는 소식을 들었다. 산둥성 정부의 후원으로 예술 학교가 세워졌는데, 그곳에서 젊은이들이 예술, 음악, 연극 분야에서 교육을 받을 수 있다는 것이었다. 원허는 '산둥성립실험극원(山東省立實驗劇院)' 입학 시험에 지원서를 냈다. "어차피 잃을 것도 없잖아." 원허는 친구들에게 이렇게 말했다. 국가 관리가 되기 위한 시험에 떨어지는 것은 체면을 구기는 일이지만 예술학교 시험에 떨어진다고 해서 체면이 깎이지는 않는다. 또 남자가 시험에 떨어지면 큰일이지만 여자가 떨어지는 것은 그렇게 큰일이 아니었다. 어차피 여자에게 거는 기대는 크지 않았다. 원허는 1929년 봄에 합격 통지를 받았다. 기쁘면서도 놀라운 일이었다.

"등유는 등유 통에 담아야지." 할아버지는 비관 섞인 한숨을 내쉬며 말했다. 할아버지는 원허가 성격의 결함 때문에 어쩔 수 없이 열등한 삶의 길로 스스로 빠져 들어간다고 생각했던 것이다.

배우들은 중국에서 오랫동안 사회적으로 멸시당해 왔지만 5·4운동 이후 이런 편견은 점차 사라졌다. 산둥실험극원은 평판이 좋고 진지한 학교였다. 상급생들은 주말에 대중 공연을 했는데, 이 공연은 지난 주민들의 눈길을 끌었다. 산둥성 교육청에서 이 학교를 지원한다는 것 자체가 새로운 시대가 열렸음을 상징적으로 말해주었다. 학생들은 한 달에 6위안*을 용돈으로 받았으며 수업료와 식사가 무료였다. "우리는 닭, 오리, 생선, 고기 같은 음식들을 모자라지 않게 아주 잘 먹었다."고 한 학생은 회고했다.[29] 이런 혜택이 없었다면 원허는 이 학교에 다니지 못했을 것이다. 산둥실험극원에 다니겠다는 결정은 조부모에게서 벗어나겠다는 뜻이며 이것은 곧 조부모에게 받는 금전적 지원을 포기한다는 의미였다.

공자를 모시던 옛 사당에 자리 잡은 학교는 전통 음악과 전통극을 가르쳤지만, 당시 국민당의 영향 아래 있던 산둥 지방의 공연 예술계에 새로운 접근법을 소개하는 선구적인 역할을 했다. 예술계에서 유명한 자오타이머우**가 교장이었으며, 왕보성***이 연극을 가르쳤다. 원허는 왕보성의 연극 수업에서 크게 영향을 받는다. 자오타이머우와 왕보성은

---

* 장칭이 산둥과 상하이에서 지낼 당시 1위안은 미화로 약 30센트에 해당했다.

서구 문화를 직접 경험했으며 중국이 진보하려면 동양과 서양의 가치가 조화를 이루어야 한다고 믿었다.

"등교 첫날 원허는 활기차고 즐겁게 여기저기를 뛰어다녔습니다."라고 당시 원허를 보았던 사람이 말했다. "흰색 셔츠에 검은 치마를 입었고 머리는 두 가닥으로 길게 땋았어요. 귀엽고 천진난만한 소녀 같았습니다. 그래서 '작은 토끼'라는 별명을 얻었죠." 입학하고 얼마 지나지 않아 원허는 새벽부터 발성 연습을 했고 연습실에 있는 큰 거울 앞에서 열심히 동작과 표정 연기를 연습했다.

실험극원 입학생은 중등학교 졸업생이거나 '그에 준하는' 자격을 갖추어야 했다. '작은 토끼'는 중등학교 졸업생이 아니었고 '그에 준하는' 자격으로 입학했다. 왕팅수(王庭書)라는 동급생은 이렇게 회고했다. "여학생은 모두 세 명이었습니다. 원허가 그중 하나였죠. 그 당시는 공연 예술 쪽에 지원하는 여학생이 별로 없어서 입학 기준이 남학생에 비해 낮았습니다." 입학 시험은 지난과 베이징 두 군데서 치러졌다. 가장 뛰어난 학생들은 베이징에서 시험을 치르고 들어온 학생들 중에 있었는데, 베이징의 지원자들은 지난 출신 지원자들보다 당시 연극계가 요구하던 중국 표준어, 즉 만다린을 더 정확하게 구사했다.

왕팅수가 계속해서 말했다. "원허는 지난에서 시험을 쳤어요. 만약 한 가지 우연한 상황이 없었다면 합격하지 못했을 겁니다." 원허는 머리가 길고 치렁치렁했는데, 중국 남부에서는 긴 머리가 흔했지만 북부에는 드물었다. 교사인 우루이옌****은 여성적 매력을 풍기는 배역을 맡을 만한 머리가 긴 여학생이 없어서 고민하던 참이었다. 원허의 긴 머리를 보고

** **자오타이머우**(趙太侔, 1889~1968) 중국의 교육자. 미국 컬럼비아대학에서 공부했다. 지난의 '산둥실험극원' 교장 직을 맡은 뒤, 칭다오대학 학장을 2회(1932~1936, 1946~1949) 역임했다.(역주)

*** **왕보성**(王泊生, 1902~1965) 중국의 연극 예술 교육가.(역주)

**** **우루이옌**(嗚瑞燕, 1904~1981) 왕보성의 아내. 열다섯 살 때 톈진에서 저우언라이, 덩잉차오 등과 함께 '각오사'라는 청년 진보 단체에서 활동했다. 이후 연극계에서 활동하였다.(역주)

우루이옌은 매우 기뻐했고, 결국 원허는 긴 머리 덕분에 시험을 '통과'했다는 것이 동급생의 증언이다.

하지만 원허는 일단 입학하자마자 머리카락을 짧게 잘라버렸다. 당시 지난에 불어닥친 근대적 사고방식에 영향을 받은 원허는, 삶의 방관자처럼 남자가 자신을 선택하러 와주기만을 기다리는 무력한 존재로 보이고 싶지 않았다. 예쁘게 보이고 싶지도 않았다. 그녀는 남자 배우들과 마찬가지로 전문 연기자로 보이고 싶었다.

매력적이고 멋진 남성인 왕팅수는 날씬하고 에너지가 넘쳤다. 그는 베이징에서 시험을 치르고 입학했다. 그는 원허에 대해 계속 이야기했다. "우루이옌 선생님은 무척 안타까워했습니다. 하지만 리원허는 자신이 타당하다고 여길 때는 복종하지만 그렇지 않으면 절대 굽히지 않는 성격이었습니다." 원허가 현대극에서 예쁘고 순박한 여성을 연기했더라면 안성맞춤이었을 것이다. 하지만 머리카락을 자른 원허는 당분간 적당한 역할을 맡을 수 없었다.

옛 중국에서는 예술이 특정한 기능을 수행한다고 여겼다. 예술은 유교적 사회 질서라는 벽돌들을 서로 붙여주는 시멘트 역할을 했다. 예를 들어 가극의 줄거리는 효 사상을 강조하는 경우가 많았다. 이야기꾼은 일반 민중에게 역사 교사와 마찬가지였다. 노래는 노동을 할 때 흥을 돋우는 용도로 쓰였다.

하지만 실험극원에서는 연극을 사회 변혁을 위한 투쟁에서 긴요한 무기로 여겼다. 훗날 공산당의 반(反)봉건 연극과 맥을 같이한다. 원허는 중국 전통과 달리 개인 의지를 강조하는 외국 문학을 읽었다. 입센이 쓴 《인형의 집》은 원허가 삶을 대하는 태도에 큰 영향을 끼쳤다. "원허는 《인형의 집》을 읽자마자 노라 역할을 맡고 싶어 했습니다. '인형의 집'의 문을 부수고 나가겠다는 의지를 분명하게 밝히는 노라, 원허는 자신이 바로 노라라고 생각했습니다." 어느 동급생의 회고다.

원허는 외국어를 배운 적이 없으며 대학에서 사회과학이나 자연과학

교육을 받은 적도 없었다. 하지만 실험극원에서 윈허가 받은 교육은 강력했고 흥미진진했다. 차별화된 교육 덕분에 학생들은 현실에 눈을 떴으며 평범한 젊은이에서 스타의 자질을 갖춘 연기자로 변모했다. 당시 허물어져 가는 전통의 굴레와 개혁을 향한 불타는 열정 사이에서 망설이고 있던 중국 사회에서 학생들은 '보헤미안 아방가르드', 즉 예술인 선봉대의 역할을 맡았다.

학교는 서구의 교육을 따랐다. 연기과, 희곡 창작과, 음악과로 나뉜 3개의 학과가 있었는데, 음악과에서는 모든 학생이 서양 악기나 중국 악기 중 하나를 선택해야 했다. 윈허는 피아노를 선택했다. 이 선택은 곧 중국 전통에서 한 발 바깥으로 나가는 것을 의미했다. 윈허는 음악을 개인의 자기 표현 방식으로 배운 것이다. 연극에 대해서 말하자면, 시골 소녀가 무대 의상을 차려입고 무대에 선다는 것 자체가 왕보성이나 자오타이머우가 중국에 들여온 서구 문화의 영향이 없었다면 상상조차할 수 없는 일이었다.

왕팅수에 따르면 윈허는 그리 뛰어난 학생은 아니었다. "경극* 무대에서 윈허는 박자를 놓치곤 했습니다. 또 어떤 음정에 도달하긴 했지만 그걸 유지하지는 못했어요. 게다가 밋밋한 산둥식 발음은 마치 저주처럼 그녀의 연기를 따라다녔습니다." 왕팅수는 겸연쩍은 웃음을 지으며 이렇게 말했다. "미안한 이야기지만 우리는 윈허의 연기를 보고 웃음을 터뜨렸습니다." 피아노를 연주할 때도 윈허는 박자를 맞추지 못했고, 그럴 때면 선생님이 대나무 막대기로 손목을 쳐서 좀 더 안정된 연주를 하도록 했다.

윈허는 그다지 세련되지는 않았지만 그래도 많은 남성들에게 여성으

---

* **경극(京劇)** 중국의 대표적인 전통 연극. 18세기 중엽부터 19세기 중엽 사이에 베이징(北京)에서 형성되었다 하여 경극이라는 이름이 붙었다. 춤, 음악, 연극이 합쳐진 종합예술 성격의 공연이며, 정형화된 동작, 화려한 의상, 짙은 화장이 특색이다. '베이징 오페라'라고 불리기도 한다.(역주)

로서 매력 있는 존재였다. "분명히 원허는 제일 예쁜 여학생이었어요." 왕 팅수는 아주 진지하게 말했다. "원허는 탄원(譚文)이라는 음악과 학생과 친했고, 웨이허링(魏鶴齡)이라는 경극을 전공하는 학생과 잠깐 사귀기도 했습니다." 현대극을 전공했던 가오융후이(高永輝)을 포함한 몇몇 남학 생과는 소란스럽게 말다툼을 벌였는데, 이런 소란은 원허가 말괄량이였 든지 아니면 성적 매력이 있었다는 의미였다.

앞서 말했듯이 학교는 옛 유교 사당을 사용했는데, 사당 가장 깊숙 한 방에는 큼직한 공자상이 서 있었고 그 주위에는 72명의 제자 그림이 그려져 있었으며 공자의 머리에는 의식용 두건이 씌워져 있었다. 왕팅수 의 회상이다. "우리는 모두 어렸기 때문에 오래된 사당 건물을 무서워했 습니다. 사당에서는 미신의 냄새가 짙게 풍겼고 건물들은 으스스한 분 위기를 띠었습니다. 우리는 스스로 '근대적 인간'이라고 생각했지만 분 명 그 건물들을 어느 정도는 두려워했죠." 공자상이 있는 깊은 밀실에는 아무도 들어가지 못했으며 특히 밤이 되면 밀실은 귀신이 나올 것처럼 무섭게 느껴졌다. "어느 날 한 학생이 정말 무서운 시합을 제안했습니 다. 누가 제일 용기가 있는지 알아보자는 거였죠. 자정이 지난 한밤중에 밀실에 들어가 공자상 머리에 씌어 있는 의식용 두건을 벗겨 가져오는 내기였습니다. 성공한 사람이 가장 용기 있는 사람이 되는 거였죠." 며칠 이 지나도록 그런 대담한 행동을 하겠다고 나서는 사람은 아무도 없었 다. 그만큼 두려운 일이었다. 그러던 어느 날 밤, 기숙사 전체가 놀라서 뒤집어졌다. 한 여학생이 공자상에 씌워 있던 의식용 두건을 손에 들고 밀실에서 나왔던 것이다. 학생의 얼굴에는 자랑스러운 웃음이 가득했다. 바로 원허였다.

"이 사건을 계기로 원허는 누구도 잊을 수 없는 존재가 되었죠." 왕 팅수가 말했다. "여자가 그런 일을 하다니 정말이지 우리 모두 깜짝 놀 랐습니다. 우리 남자들도 너무나 무서워했는데 여자가 그런 일을 할 수 있다는 것은 아예 생각조차 하지 못했습니다. 다른 동상도 아니고 공자상 아닙니까? 하지만 윈허는 그 일을 해냈습니다. 그녀는 충격을 주었고, 폭풍을 일으켰습니다. 모두가 그녀를 주목하지 않을 수 없었죠."

윈허는 산둥실험극원에서 1년 가량 공부하면서 많은 것을 배웠다. 자신을 표현하는 법을 배웠고 좀 과장되긴 했지만 강렬한 연기로 찬사를 받기도 했다. 중국 전통극에서 윈허는 '칭이(靑衣)' 역할을 맡았다. '칭이'란 양갓집 규수나 정숙한 부인 역할을 가리킨다. (하녀나 어린 소녀, 장난기 있는 소녀 역은 '샤오단(小旦'이라고 한다.) 모든 사람이 윈허의 연기를 좋아한 것은 아니지만 그녀의 연기를 좋아한 사람들은 그녀가 '칭이' 역할을 연기하면서 강렬하고 생동감 넘치는 분위기를 연출한 점을 높이 평가했다.

하지만 윈허는 앞으로 나아갈수록 자신이 항상 투쟁을 준비해야 하는 정글에 살고 있음을 깨달았다. 매일 새로운 모욕을 당할 마음의 준비를 해야 했고 거기에 대처할 방법을 생각해내야 했다. 당시 중국에서 재능을 지닌 여느 소녀들과 마찬가지로 윈허는 모순에 직면했다. 가족은 소녀가 돈을 많이 벌어 오거나 집안에 명예를 가져오리라고 기대하지 않았다. 다만 남자를 잡기를 기다릴 뿐이었다. 따라서 소녀에게는 예쁘게 꾸미고 애교를 부리기를 요구했다. 하지만 어떤 소녀가 고집과 자존심이 대단히 강하다면 그 소녀가 애교를 부리는 것이 다른 사람에게는 오히려 오만한 태도로 느껴질 수 있다. 이런 경우에 소녀의 재능은 남에게 해를 끼치는 해로운 재능으로 비쳤고 결국 창녀의 재능으로 여겨졌다. 윈허가 남들 눈에 모나게 보였다면 그것은 원래 타고난 성격 탓도 있었지만 대부분 부유한 소년들이 다니는 학교에 다니는 가난한 소녀로서 그녀가 놓인 상황 때문이기도 했다. 윈허는 학교에서 자신의 처지를 잘 알았다.

왕팅수가 말했다. "윈허가 정말 가난한 집 출신이라는 건 누구나 알 수 있었습니다. 학생들은 대부분 매달 부모로부터 용돈을 받았습니다. 윈허는 아니었죠. 윈허의 가족에 대해서는 아무도 묻지 않았습니다. 가난한 집안인 것이 뻔했으므로 우리는 원허의 가족에 대해 알고 싶지 않았습니다."

기숙사에서는 여학생 세 명이 한 방을 썼다. 기숙사도 오래된 유교 사당 건물이었다. 원허는 다른 여학생 둘과 다툼이 많았다. 연극 배역을 두고 다투는가 하면, 옷이 괴상하다는 말에 무시당했다고 느낀 원허가 화를 낸 적도 있었다. 여학생 중 한 명이 왕보성 교수의 친누이라는 사실과[30] 원허가 두 여학생보다 더 많은 남학생을 만난다는 사실 때문에 긴장이 감돌곤 했다.

어느 날 저녁 원허는 한 여학생에게 복수할 기회를 잡았다. 상하이의 극작가 톈한*이 쓴 희곡 〈호숫가의 비극(湖上慘事)〉을 당시 인기가 많았던 주말 대중 공연에 올리게 되었는데, 왕보성의 누이 동생이 여주인공을 맡았다. 그런데 월요일에 추가 공연을 하게 되었고 월요일 공연의 주역은 원허에게 돌아갔다. 주말 공연 때보다 관객은 적었지만 원허는 자신의 연기력을 뽐낼 기회를 잡았다.

원허는 비극적인 여주인공 역할에 완전히 몰입했고 강당에 있던 거의 모든 관객들이 눈물을 흘릴 정도로 감동했다. 순간 북받친 감정 때문이었는지 아니면 성공적인 공연으로 적들에게 멋지게 복수했다는 쾌감 때문이었는지 원허의 눈에서 눈물이 흘러내리기 시작했다. 공연이 끝난 뒤 무대 뒤에서 분장을 지우고 있을 때, 학교 교장과 연극 교수가 원허를 칭찬하려고 분장실로 걸어 들어왔다. 이런저런 복잡한 감정이 소용돌이쳤는지 원허는 다시 와락 울음을 터뜨리며 분장실 밖으로 뛰쳐나갔다. 교장과 교수는 어안이 벙벙해 멍하니 서 있을 수밖에 없었다.

중등학교 졸업생이며 경극과 현대극을 좋아했던 페이밍룬(裴明倫)[31]이란 청년이 어느 날 산둥실험극원에서 공연하는 〈호숫가의 비극〉을 보

---

* 톈한(田漢, 1898~1968) 중국의 극작가, 시인. 현 중국 국가의 작사가이다. 1930년대에 장칭과 상하이에서 처음 만났고 1968년 문화혁명 과정에서 탄압을 받아 감옥에서 사망했다.(역주)

러 갔다. 바로 윈허가 여주인공으로 등장한 날이었다. 지난 시 상인 집안의 아들인 페이밍룬은 〈호숫가의 비극〉에 출연한 윈허의 자태와 아름다움에 매혹되었다. 그는 윈허보다 몇 살 더 많고 점잖은 풍모에 효심이 깊었으며 현실적인 사람이었다. 윈허는 자신이 출연한 연극에 깊이 감명받은 청년을 보고 무척 기분이 좋았다. 이후 두 사람은 여러 차례 만났다.

그러던 중 1930년 후반 학교가 문을 닫았다. 정치적 변화로 예산이 삭감되었던 것이다. 절반쯤 훈련받은 학생들은 불안한 미래를 맞게 되었다. 지난 시에서는 군벌과 일본인들이 예술을 탄압했다. 몇몇 학생은 베이징 극단에 채용되었고, 몇몇은 좀 더 근대화된 상하이 영화계로 진출했다. 나머지 많은 수의 학생들은 공연 예술을 포기하고 평범한 직장을 찾았다.

왕팅수의 회고다. "윈허와 저를 비롯한 몇 명은 베이징으로 갔습니다. 왕보성 교수가 우리를 데리고 갔죠. 그는 해명극사(海鳴劇社)라는 극단을 조직해 우리를 넣어주었습니다. 그리고 베이징의 연극 무대에서 우리가 작은 역할을 연기할 수 있도록 도와주었습니다." 윈허는 〈타금지〉와 야심만만한 창녀 이야기를 담은 가극에서 작은 역할을 맡았지만 주목을 끌지는 못했다. 그녀는 베이징에서 성공하지 못했다. "윈허는 베이징 연극 스타일에 도저히 적응할 수 없었죠. 산둥 지방 특유의 말투와 행동 때문에 베이징의 관객들이나 극단들이 그녀를 받아들일 수 없었던 겁니다."

결국 윈허는 지난으로 돌아왔으나 직장을 구할 수 없었다. 그렇다고 마음 편하게 돌아갈 가족도 없었다. 이때 윈허는 자신이 정식 중등 교육을 받지 못했고 좋은 집안 출신이 아니라는 사실이 불리하게 작용한다는 것을 뼈저리게 느꼈다. 그리고 오로지 자신의 재능과 개성과 노력으로 자기 손 안에 움켜쥔 것만이 자신의 소유물임을 깨달았다.

16살의 신부

학교가 문을 닫자 원허는 정말로 오갈 데가 없었으며 돈도 없었다. 또한 학교에 다닌 이후로는 가족들과의 관계가 훨씬 더 멀어졌다. 원허의 마음은 자신을 좋아했던 젊은 청년 페이밍룬에게 향했다. 친구들은 하나같이 맞부는 바람, 즉 현실의 곤란 앞에서는 일단 몸을 숙여야 하며 생활의 안정을 찾아야 한다고 충고했다. "황금 거북이가 도망가도록 내버려 두면 안 된다."라는 속담은 '좋은 혼처'를 앞에 둔 여자를 두고 하는 말이다. 1930년 말에 원허는 페이밍룬과 결혼했다. 그리고 당시 관습대로 상인인 시아버지 집에 들어가 살게 되었다. 결혼은 원허에게 매우 전통적인 선택이었고 일종의 퇴보였다. 아마도 원허의 조부모가 다시 영향력을 행사하여—원허는 그때 겨우 열여섯 살이었다.—페이밍룬을 설득했을 수도 있다. 왕팅수의 회고다.[32] "당시에 신부들은 대부분 결혼 지참금을 들고 시집을 가야 했습니다. 그래서 그때 학교 친구들은 원허가 시집가는 것은 불가능하다고 생각했죠. 아마도 원허의 가족이 지참금을 지불한 듯싶습니다."

어쩌면 원허가 스스로 결정을 내렸는지도 모른다. 당장 대안이 없으니 예술 쪽에 기회가 생길 때까지 기다리려고 했을 수도 있다.

결혼은 몇 달밖에 이어지지 못했다. 마지막 몇 주 동안은 온갖 소란과 비방이 난무했다. 소문에 따르면 원허는 게으르고 "해가 석 자나 올라갈 때까지(약 오전 10시까지) 잠을 잤으며 다른 사람이 부엌에 가서 음식을 가져오길" 기다리는 '부잣집 마나님'처럼 아무 일도 하지 않은 채 앉아만 있었다고 한다. 원허는 시어머니를 존중하지 않았으며 집안의 규범도 따르지 않았고 항상 파티에 가거나 아니면 미심쩍은 친구들과 어울리느라 집 밖으로 나돌았다고 비난받았다. 원허는 자신이 무대를 떠났으며 지금은 페이 집안에서도 가장 낮은 지위인 갓 들어온 며느리에 불과하다는 현실을 받아들일 수 없었다.

페이밍룬의 집에서 사는 동안 경제적으로는 안락했지만 돈은 원허에게 가장 중요한 문제가 아니었다. 긴장 상태가 고조되던 어느 날, 페이밍룬이 원허에게 화를 내며 이렇게 말했다고 한다. "당신 같은 여자라면 닭도 날아서 도망가고 개도 뛰어 도망갈 거요!" 결혼 전에 페이밍룬은 여배우와 결혼하는 것이 무척 흥미로운 일이라고 믿었다. 그리고 결혼하고 나서 자신이 아내의 몸과 마음을 지배하는 입장이 되면, 원허의 변덕스러움이 없어지고 가정에 충실할 것이라 기대했다. 원허는 첫 결혼에서도, 그리고 나중에 한 결혼에서도 어째서 결혼을 하면 자신의 개성을 감추어야 하는지 알 수 없었다. "닭과 결혼하면 닭과 같이 움직여야 하고, 개와 결혼하면 개와 같이 움직여야 한다."는 중국 속담은 원허의 본성에 어긋나는 지나치게 엄격한 요구 사항이었다.[33]

푸른 도자기 빛으로 청명하게 빛나는 호수 위로 유람선이 미끄러지고 오리들이 시끄럽게 울어대는 다밍 호숫가 돌 벤치에 두 사람이 앉아 있었다. 불행한 커플 리원허와 페이밍룬은 화를 내며 싸우기를 포기하고 우울한 협상에 들어갔다. 원허는 아버지와 함께 사는 대가족에서 빠져나와 둘만의 '소가족'을 만들자고 제안했다.[34] 원허는 남편에게 아내와 본가의 가족 가운데 하나를 선택하라고 말했다.

1930년대에 중국에서는 핵가족을 찾아보기 어려웠다. 그리고 혹시나 시부모가 분가를 시킨다면 모를까 며느리가 요구한다는 것은 터무니없는 일이었다. 페이밍룬은 아내의 요구를 의심의 여지 없는 일종의 전술이라고 결론 내렸다. 아내가 이제 더는 '그'의 여배우이기를 거부하고 사실상 이혼을 원하는 것이라고 생각했다. 아마도 원허는 남편이 먼저 이혼 이야기를 꺼내기를 바랐을 것이다. 그래야 나중에 재산을 분할하는 데 유리하다고 생각했을 것이다.

당시 지난의 근대적 사고방식을 지닌 일부 주민들 사이에서는 교육받은 젊은 여성이 이혼을 요구하는 것은 상당히 과감한 일이면서 동시에 세련된 행동으로 여겨졌다. 여성이 이혼을 요구하는 것은 전족이나 성매매, 지참금 같은 구습을 타파하는 행동으로 인식되었으며 자유 결혼이라든가 3월 8일 세계 여성의 날을 기념하는 것과 같이 해방의 상징으로 여겨졌다.

원허는 근대적이고 보헤미안 기질이 있는 친한 여자 친구와 의논했다. 그 친구가 원허를 대신하여 페이밍룬을 만나 이혼 조건을 협의했다. 결국 남편은 아내에게 아무런 요구를 하지 않는 '무조건적 이혼'에 합의했다. 이혼이 결정되자, 혼란에 빠져 있던 원허는 안정을 되찾았다. 결혼이라는 실수를 저지른 뒤 곧바로 바로잡은 것이다. 그녀는 이제 자신이 보통 사람이 가지 않는 금지된 길에 매력을 느낀다는 점을 분명하게 깨달았다. 이혼 뒤에 원허는 잠시 동안 자유를 누렸지만, 그 자유는 우울한 자유였다. 이혼은 조부모에게 엄청난 충격을 주었고, 이후 원허는 더욱 가족과 멀어졌다.

원허는 당시 중국 최대 도시이자 연예 산업의 중심지였던 상하이로 마음을 돌렸다. 학교 친구였던 탄원이 이미 상하이에 가 있었는데 원허는 탄원을 좋아했다. 왕팅수 역시 상하이에 있었다. 원허는 왕팅수가 자기를 좋아한다는 것을 알고 있었고 만일 자신이 왕팅수에게 관심을 쏟는다면 아마도 그를 좋아하게 될지 모른다고 생각했다. 하지만 상하이는 560킬로미터 남쪽에 있었고, 원허는 산둥 지방 바깥에는 아는 사람이 전혀 없었으며 돈이 없어 멀리 여행할 수도 없었다. 원허는 열여섯 살 소녀치고 많은 일을 겪었다. 하지만 여전히 확실한 길을 찾지 못한 채 지난에서 자신의 일상과 자신이 꿈꾸는 미래 사이에 엄청난 거리가 있다는 점을 다시 한 번 절감했다.

원허는 산둥실험극원의 교장이던 자오타이머우가 어디에 있는지 수소문했다. 그는 〈호숫가의 비극〉에서 원허의 연기를 칭찬한 적이 있었다. 원허는 자오타이머우가 새로 설립된 칭다오대학 학장으로 있다는 것을 알아냈다. 동창생들은 원허에게 항구 도시인 칭다오가 그녀의 고향인 주청에서 80킬로미터 동쪽에 있으며 예술과 정치가 활발한 도시라고 알려주었다. 원허는 어쩌면 자오타이머우가 자신을 도와줄지도 모른다고 생각했다.

원허는 기차표를 사고 얼마 되지 않는 짐을 쌌다. 이혼할 때 페이밍룬에게 받아낸 돈은 옷 속에 깊이 감추었다. 원허는 지난에 더는 아무 미련이 없다는 심정으로 칭다오행 열차에 몸을 실었다.

앞으로도 원허는 사랑하는 사람과 이별할 때마다 그 도시를 떠나 다른 곳으로 가서 새 삶을 시작할 터였다. 페이밍룬과 그랬듯이, 두 번째, 세 번째 남편과도 그렇게 헤어진다.*

공산주의에 눈뜨다

칭다오는 지난보다 신식 도시였다. 면직물 공장이 들어섰고 조약돌로 포장한 독일식 도로가 있었던 칭다오는 대양을 향해 열린 공업 도시였고 인구는 40만 명이었다. 이 도시는 중국과 서양이 때로는 거칠게 때로는 유혹하듯이 서로 접촉했던 조약항** 시대의 창조물이었다. 지난이 국민당의 영향으로 뒤늦게 근대화한 도시라면 칭다오는 뼈대부터 근대 도시였다. 전위 예술에서나 사회주의 사상에서나 일본의 침략에 맞선 민족주의 운동에서나 칭다오는 산둥의 성도인 지난보다 앞선 곳이었다. 칭다오는 도시의 분위기와 설계가 거의 서양 도시에 가까웠다.[35]

원허는 학장이자 문학부 교수인 자오타이머우에게 엽서를 보내 짧막하게 자신이 지난에서 그에게 공연 예술을 배운 학생이라는 사실을 미리

---

* 훗날 나이가 들었을 때 원허는 네 번째 남편인 마오쩌둥이 자신에 비해 얼마나 안정된 어린 시절을 보냈는지를 씁쓸한 심정으로 회고한 적이 있다. 마오쩌둥은 열여섯 살까지 고향인 후난 지방을 떠나지 않았던 반면, 열여섯 살 때까지 원허는 이미 세 도시에서 살았고 여러 집을 옮겨 다녔으며 가족과 헤어졌고 남자 친구들에 남편까지 있었다. 또한 마오의 아버지는 엄격한 사람이었지만 원허의 아버지처럼 폭력적이고 냉담하지 않았다. 또 마오의 어머니는 독실한 불교 신자였으며 원허의 어머니에 비해 소박하고 조용한 여인이었다. 또한 1900년대 후난 지방은 1920년대 산둥 지방과 달리 사회적 혼란과 제국주의 침탈이 없었다고 말했다.
** 조약항(條約港) 조약에 의한 개항장이란 뜻으로 19세기 후반 중국, 일본, 조선 등에서 무역을 위해 외국인의 출입과 거주가 허용되었던 항구를 칭한다.(역주)

알렸다. 칭다오에 도착한 윈허가 자오타이머우의 책상 앞에서 눈물을 흘리며 사정했지만, 그는 윈허에게 일자리를 주지도 않았고 칭다오대학에 입학하라고 권하지도 않았다. 둘 중 어느 쪽이든 윈허는 망설임 없이 받아들였을 것이다. 학장은 윈허에게 고작 기숙사에 임시 거처를 마련해 주었을 뿐이었다. 기숙사에 잠시 머물면서 윈허는 어떻게 하면 칭다오의 문화계로 파고 들어갈 수 있을까 궁리했다.*

윈허는 '뒷문'으로 들어가기로 결심하고 자오타이머우의 아내에게 접근했다. 윈허는 과감하게도 마차를 불러 타고 자오타이머우의 아내인 위산(俞珊)을 찾아갔다. 경극 전문가인 위산은 남편 못지않게 저명한 인물이었는데, 윈허의 가족에 비하면 사회적 지위도 몇 단계 높고 개신교의 영향을 받은 집안 출신이었다. 위산은 소녀의 용기에 감동했으며 가족 중심 사회에서 벗어나 방황하는 젊은 이혼녀의 어려운 처지에 동정심을 느꼈다. 자오타이머우의 아내는 윈허에게 두 가지 도움을 주었다.

보통 도서관들과 마찬가지로 칭다오대학의 도서관도 상당히 많은 하급직 서기를 고용하고 있었다. 윈허는 위산이 남편에게 부탁한 덕분에 하급직 서기 자리를 얻었다.[36] 도서관은 언덕 위에 바다를 바라보며 서 있는 독일식 콘크리트 건물이었다. 대학 캠퍼스는 원래 독일군의 군사 기지였다. 지붕은 빨간색 타일로 기와를 얹었고 창문에는 아름다운 격자 무늬 창틀을 달았는데 창틀 역시 지붕 타일 색깔과 마찬가지로 빨갛게 칠해져 있었다. 윈허는 면으로 만든 서양식 드레스를 입고 중앙 출입구 바로 안쪽에 놓인 작은 나무 책상에 앉아 멋진 글씨체로 도서 대출 카드를 작성하는 일을 했다. 도서관은 캠퍼스 중앙에 있었는데 한쪽에는 강의실이 있었고 다른 한쪽에는 서양식 기숙사가 있었다. 윈허는

---

* 많은 세월이 흐른 뒤 윈허는 자오타이머우와의 만남에서 실망하게 된 정황을 이야기하면서 자신이 자격이 부족했음을 이야기하지 않는다. 그 대신에 자오타이머우가 소심한 개혁주의 성향이었고 자신은 확실한 혁명 노선을 견지하고 있었기 때문에 두 사람이 충돌할 수밖에 없었노라고 설명한다. 칭다오대학은 후에 산둥대학이 되었다.

새로운 사람들을 만났고 대학 캠퍼스의 활기를 느꼈다. 윈허는 사람들의 이목을 끄는 타입이었다. 이런저런 소문을 듣고 옮기는 데도 능숙해 새로운 소식이 귀에 들어오면 곧바로 입으로 나갔다.

　도서관 직원은 청강을 할 수 있었다. 윈허는 중국문학사와 서양문학사, 문예창작 수업을 들었다. 그녀가 수업을 들은 교수들은 대부분 미국에서 공부했고 좌익 성향이 강했으며 당시 새로운 것을 추구하는 젊은 지식인들에게 막강한 영향력을 행사했다. 윈허는 당시 유행하던 격정적 문체로 소설과 시를 써보기도 했다. 〈누구의 죄인가?〉라는 희곡을 쓰기도 했는데, 한 좌파 청년이 자신의 정치 활동 때문에 어머니가 사망하고 그 자신도 체포된다는 이야기였다. 하지만 윈허의 작품은 그다지 뛰어난 것이 아니어서 그녀가 앞으로 작가가 될 가능성이 있다고 생각한 사람은 없었다. 윈허가 문학 분야에서 이렇게 노력하는 모습은, 아무리 자기 힘에 부치는 것처럼 보여도 일단 자신이 원하는 것이면 그 문을 용기 있게 두들겨보는 윈허의 행동 방식을 잘 보여준다.

　항상 그렇듯이 윈허는 몇몇 사람들에게 강렬한 인상을 주었지만 동시에 다른 사람들과 다투고 작은 좌절에 과잉 반응함으로써 스스로 평판을 깎아내렸다. 윈허는 다른 사람들에게 부당하게 화를 폭발하거나 아니면 스스로에게 부당하게 상처를 입힌 다음 뒤로 물러나버리곤 했다. 그녀는 이 양극단 사이에서 중도를 찾을 수 없었다. 윈허의 회고에 따르면, 유명한 소설의 저자 양전성**은 자신을 '모욕했으며', 연극 교수였던 자오빙어 선생은 그녀를 정치적 바보라고 비웃었고, 자오타이머우 학장은 그녀를 말썽꾼으로 낙인찍었다고 한다. 많은 동료 학생들은 윈허가 종종 공격적이고 잘 어울리지 못하며 예측 불가능한 사람이라고 알았다. 하지만 윈허는 주위 평판에 신경쓰지 않았다. 윈허가 다니던 시절에 칭다오대학은 학업과 관련된 일들보다 훨씬 즐겁고 중요한 일들이

** **양전성(揚振聲**, 1890~1956) 중국의 교육자. 칭다오대학 학장(1930~1932)을 역임했다.(역주)

넘쳐났다.

위산이 준 두 번째 도움은 원허를 명석한 학생이자 정치 활동가인 위치웨이(兪啓威)에게 소개한 일이었다.[37] 위치웨이는 위산의 남동생이었다.* "위치웨이는 중국인치곤 키가 상당히 큰 편이었습니다." 에드거 스노**의 아내 님 웨일스***의 말이다. "긴 중국식 옷을 허름하게 입고 다녔죠. 잘생긴 얼굴에 사람을 편하게 해주는 미소가 인상적이었습니다." 님 웨일스는 다른 많은 사람들과 마찬가지로 위치웨이의 인격과 능력에 깊이 감명받았다. "위치웨이는 냉철하고 조용하고 점잖고 또 너그러웠어요. …… 지도자의 자질을 갖추었죠. 태도가 항상 조용했고 조금 부끄러워하는 편이었는데도 그가 방에 걸어 들어오면 그런 느낌이 들었어요."[38] 여자들은 그를 좋아했다.

위치웨이는 공산주의 지하 운동을 이끄는 지도자였다. 다른 곳과 마찬가지로 칭다오에서도 공산주의 지하 운동은 공개 활동 분야인 공연 예술과 문학에 복잡하면서도 모호하게 얽혀 있었다. 위치웨이는 상류 계급 출신이었지만 사회적으로 자신의 몸을 낮추어 공산주의 대의를 위해 일했다. 반면에 원허는 가난한 집 출신이었지만 사회적으로 높은 자리에 올라 자신의 가능성을 실현하고자 하는 사람이었다.

---

* 위산이 이런 행동을 취한 것은 자신의 남편과 원허가 처음에는 그렇지 않았지만 점차 위산이 불편하게 느낄 정도로 친해졌기 때문이며, 또한 이 문제로 자신과 남편 사이에 소동이 벌어지면 남편이 학장 직책을 상실할 수 있고 그럴 경우 자신과 남편에게 너무나 큰 피해가 올 것을 두려워했기 때문이라는 설명도 가능하다.

** 스노(Edgar Snow, 1905~1972) 미국의 신문 기자, 작가. 중국공산당에 관한 보도와 저서로 잘 알려져 있다. 1936년 쑨원의 부인인 쑹칭링의 소개로 서방 기자로는 처음으로 공산당 근거지인 옌안 지구에 들어가 마오쩌둥과 회견하고 《중국의 붉은 별》을 써서 중국공산당의 실상을 세계에 소개했다.(역주)

*** 웨일스(Nym Wales, 1907~1997) 미국의 저널리스트, 작가. 1932년 에드거 스노와 결혼한 뒤 중국 각지를 10여 년간 답사했다. 국민당과 공산당의 분열 후 중국의 실상을 최초로 서방 세계에 알림으로써 주목받았다. 특히 조선의 독립 운동가이자 공산주의자인 김산(본명 장지락張志樂)의 전기 《아리랑》(1941)을 써서 일제의 한반도 식민 지배와 한민족의 독립 운동을 널리 알리는 역할을 했다.(역주)

장칭을 공산주의로 이끈 위치웨이. 장칭은 칭다오대학 도서관에서 일하던 시기에 위치웨이를 만나 공산주의 이념과 정치 감각을 익힐 수 있었고, 1933년 2월에 그의 도움으로 중국공산당에 가입하게 된다. 사진은 학생 운동의 선봉에 섰던 시절의 위치웨이.

두 사람은 자오타이머우 학장의 집에 손님으로 왔다가 자주 마주쳤다. 자오타이머우의 집은 나무가 울창한 언덕 위에 자리 잡은 2층짜리 벽돌집이었는데, 빨간 지붕과 높다란 굴뚝, 연두색 창들이 유럽 해안 도시의 집을 연상시켰다. 이 집에서 두 사람은 가까워졌다.

칭다오의 주요 명소는 칭다오 부두였다. 바다에 잇닿아 길게 만들어진 부두는 아주 멋졌다. 가로등과 가로등을 연결하는 쇠사슬이 우아하게 흔들렸고, 부두 끝에는 중국식 정자가 한 채 서 있었다. 윈허와 위치웨이는 비릿한 생선 냄새와 짭짤한 바다 내음을 맡으며 새벽에 곧잘 정자에 가서 해가 뜨는 것을 보았다. 서서히 떠오르는 태양 아래 칭다오 시내가 마치 언덕 위에 그려놓은 독일 화풍의 그림처럼 조금씩 모습을 드러냈다. 두 사람은 밤에 정자에 간 적이 더 많았다. 달빛을 머금은 바닷물은 은빛으로 빛났고 둘은 몸을 꼭 붙인 채 바다 쪽 난간에 기대어

밤바다를 바라보았다. 멀리 바다 위를 지나는 배에서 반짝이는 불빛이 검은 밤하늘에 작은 별처럼 빛났다. 또 두 사람은 해변을 거닐면서 여성운동, 사회주의, 자유연애, 《홍루몽(紅樓夢)》을 비롯한 소설 이야기, 중국에 닥쳐오는 제국주의의 위협 등을 이야기하곤 했다. 위치웨이는 자주 수영을 했지만 원허는 수영을 할 줄 몰랐다. 원허는 칭다오에서 바다를 처음 보았다. 두 사람은 작은 배를 타고 바다로 나가, 원허는 배에 앉아 있고 위치웨이는 물에 뛰어들곤 했다. 원허는 위치웨이가 짧은 서양식 수영복을 입고 헤엄치는 모습을 바라보았다. 둘은 하얀 모래사장 위를 오래 거닐었다. 한편 두 사람은 세미나와 진보적인 문화 행사에 함께 참석하면서 일과 즐거움을 결합시켰다.

"두 사람은 사랑에 빠졌습니다. 그래서 1931년 두 사람은 같이 살기 시작했습니다." 위치웨이의 가까운 친척의 말이다. 두 사람의 결혼은 근대적이었다. 혼인 신고도 안 했고 아마 결혼식도 치르지 않았을 것이다.

위치웨이는 전남편과는 많이 달랐다. 지혜와 지식을 겸비한 젊은이이자, 정치 활동에 많은 시간을 쏟으면서도 좋은 성적을 유지하는 물리학과 학생이었다. 게다가 그는 사회적으로 존경받는 명문가 출신이었다. 남부러울 것 없는 사람이 급진적인 정치 활동을 한다는 것이 원허의 눈에는 신비롭기 그지없었고 사명감을 지닌 인간의 모습으로 보였다. 근대적이며 반봉건적인 칭다오의 분위기에서 위치웨이와 단둘이 사는 동안 원허는 과거처럼 며느리로서 굴종을 느끼거나 집안일에 신경 쓸 필요가 없었다.

위치웨이가 칭다오대학 공산주의 그룹에서 지하 선전부장을 맡은 덕분에 원허는 '공산주의 문화전선'에 참여할 수 있었다. 원허는 또 '좌익 연극인연맹'과 '좌익작가연맹'에 가입했는데, 이전에 쓴 원고 몇 편과 강렬한 열정, 자신보다 나이가 많은 남자들에 대한 과감한 접근, 위치웨이의 영향력 덕분이었던 것으로 보인다. 1931년 9월 18일에 일어난 '류탸오후 사건'*으로 만주사변이 시작되었고 일본이 동북 3성(지린성, 헤이룽장성, 랴오닝성)을 침탈했다. 칭다오대학에서는 수업 거부와 함께 교수진이 일본에 얼마나 과격하게 저항하는 것이 옳은가를 두고 내부 투쟁이 벌어졌다. 윈허는 매우 강경한 입장이었던 '반제국주의연맹'에 가입했고, 좌익 문화 단체인 '해안연극협회(海濱劇社)'에서 열정적으로 활동했다. 해안연극협회는 당시로서는 전형적 성격의 연극 단체였는데 극예술의 힘으로 일본의 무력에 저항한다는 취지를 내세웠다. 농촌 지역을 순회하면서 〈채찍을 내려놓아라〉 같은 연극을 공연했는데, 이 작품은 일본의 지배 아래 신음하는 만주 피난민 이야기를 담고 있었다. 윈허는 역사의 일부가 된 느낌이 들었다. 이것은 중국을 새로운 높은 위치에 올리고 윈허 자신 또한 높은 위치에 올려줄 것을 약속하는 운동이었다.

윈허는 진실로 강렬한 민족적 분노를 느꼈지만, 공산당과 국민당의 차이를 제대로 구분하지 못할 만큼 정치 지식은 부족했다. 그녀는 어느 정도 경력이 있는 배우로 성장했으며, 공산당과 내적으로 연결된 전방 조직 내에서 하나의 자산으로 인정받게 되었다. 그러나 연기 활동은 윈허에게 별다른 지위를 가져다주지 못했으며, 그녀가 뛰어나지 못한 분야인 문예 창작과 학술 연구보다 한 수 아래로 여겨졌다. 윈허는 역동적으로 활동하는 위치웨이의 보조 역할을 했다고 봐야 할 것이다.

위치웨이는 윈허를 매혹시켰고 그녀가 눈을 돌려 새롭게 등장한 공산주의 운동이라는 새로운 지평을 바라보게 해주었다. 그는 윈허에게 정치적으로 소외되었지만 사회적으로 엘리트에 속하는 흥미로운 사람들을 소개해주었다. 윈허는 동거하면서 여러 달이 지나도록 위치웨이가 공산주의자라는 사실을 몰랐다. 그래서 그가 밤늦게 귀가하면 다른 여자를 만나고 온 것이 아닌지 추궁했다. 사실 그는 세포 조직 모임에 참여하

---

* **류탸오후(柳條湖) 사건** 일본군이 만주 침략을 구실을 만들려고 1931년 9월 18일 밤에 펑톈(奉天, 지금의 선양瀋陽) 북부 류탸오후에서 남만주철도의 선로를 폭파한 사건. 만주사변의 발단이 되었다. 일본군은 이 사건이 중국인의 소행이라 주장하며 만주로 침공했고 이듬해 괴뢰국인 만주국을 세웠다.(역주)

고 온 것이었다. 점차 시간이 지나면서 확고한 정치 활동가였던 위치웨이는 아직 특별한 신조가 없어 외부의 영향을 쉽게 받을 수밖에 없었던 윈허에게 점점 더 큰 영향력을 행사하게 되었다.

님 웨일스의 회고다. "위치웨이는 정말 훌륭한 인물이었습니다. 그래서 나는 항상 윈허 역시 위치웨이와 많이 다르지 않을 거라고 생각했어요. 그렇지 않았다면 위치웨이가 그녀와 함께하지 않았을 테니까요."[39]

1933년 2월의 어느 추운 날, 항구에는 안개가 자욱했다. 윈허는 어느 마른 남학생의 팔짱을 끼고 공장 지대의 골목길을 걸어가고 있었다. 두 사람은 양조장이나 면직 공장에서 일을 마치고 집으로 돌아가는 창백하고 피곤한 노동자 무리에 섞여 그다지 눈에 띄지 않았다. 그들은 다정한 이야기를 나누는 듯 서로 머리를 가까이 하고 천천히 걸어갔다.

윈허는 오늘 이 순간을 위해 이제까지 열심히 일했고 돈도 지불했다.[40] 하지만 팔짱을 낀 남학생은 잘 모르는 사이였고, 윈허는 오늘 자신이 가는 곳이 어딘지조차 확실하게 알지 못했다. 그들은 나무와 관목 장식이 있는 작은 공원을 지나고 해양 식물 전시관을 지나, 작은 골목으로 들어갔다. 남학생이 뒤쪽을 한번 살핀 다음, 두 사람은 곁에 있는 창고 건물로 재빨리 들어갔다. 30분 뒤 윈허는 중국공산당 칭다오 지부에 등록하고 선서를 한 뒤 당원 자격을 부여받았다.

주요 당 간부들을 만나려면 위장을 해야 할 정도로 공산당에 들어가는 것은 많은 위험이 따랐지만, 윈허는 입당할 때도 여전히 확신이 서지 않은 상태였다. 윈허가 중국의 낡은 사회 질서를 증오한 것은 분명한 사실이다. 그러나 이 사실은 공산주의로 기울 수 있는 자연스러운 조건이기는 해도 충분한 조건은 아니었다. 위치웨이가 아니었다면 윈허는 이렇게 창고 건물에 숨어들어 중국 혁명의 대의에 동참하겠다는 서약을 하지는 않았을 것이다. 이런 중요한 문턱을 넘는 순간에도 윈허의 가슴은 여전히 무대에서 찾을 수 있는 자유와 환상의 세계를 향해 있었다. 당시의 시대적 상황에서는 예술을 한다는 것이 곧 좌익 활동을 하는 것으로 인식되었기 때문에, 열혈 청년이 굳이 무대의 자기 표현과 공산당의 자기 희생 가운데 하나를 선택할 필요는 없었다.

당원 리윈허는 이따금 허수아비 같은 옷차림을 하고 다녔지만 나름대로 멋이 있었다. 당시 젊은 활동가들은 꼭 필요한 때가 아니면 초라하게 옷을 입고 불규칙하게 식사를 하며 낡은 관습이라면 무엇이든 깨부수는 것이 활동가로서 걸맞은 처신이라고 생각했다. 윈허 역시 마찬가지였다. 윈허는 깡마른 두 다리, 짧은 치마, 활달한 걸음걸이 때문에 '작대기 두 개'라는 별명을 얻었다. 하지만 특별 행사 때나 여흥이 있는 저녁이면 윈허는 높은 깃에 옆트임이 있는 푸른색 비단 치파오*를 입고 나타나 특별한 매력을 풍겼다. 그녀는 매혹적인 미소를 지었고, 남성 동지들이 열정적으로 정치적 발언을 할 때면 열심히 귀를 기울이고 발언자를 존경하는 태도를 보였다. 윈허는 가끔 낭랑하고 예쁜 목소리로 겸손한 발언을 짧게 할 뿐이었다.

1933년에 갑자기 위치웨이가 윈허의 곁을 떠날 수밖에 없는 일이 벌어졌다. 국민당 정부가 칭다오에서 '가장 영향력 있는 공산주의자 50명'을 지목하고 이들을 색출하기로 결정했다. 칭다오대학은 공산주의자를 퇴학시키라는 압력을 받았다. 일부 학생은 50위안의 보상금을 받고 학교를 자진해서 떠나라는 제안을 받았다. 경찰의 추적을 받던 위치웨이는 결국 손문로(孫文路)에 있는 공원에서 다른 공산당원 두 명과 이야기를 나누다 체포되었다. 그는 투옥되었고 사람을 시켜 윈허에게 소식을 알렸다. 큰 충격을 받은 윈허는 어찌할 바를 몰라 계속 울기만 했다. 몇

---

* **치파오(旗袍)** 청나라 때 성립된 중국의 전통 의상. 보통 원피스 형태의 여성 옷을 가리킨다. 청나라를 세운 만주족의 기인(旗人)들이 입던 긴 옷에서 유래하였으며, 한족(漢族)이 이를 치파오라고 부르기 시작하였다. 유목 민족인 만주족의 여성들은 활달하고 거친 편이었다. 중국 대륙을 정복하고 왕조를 세우면서 만주족은 자기네 여인들을 좀 더 여성스럽게 만들어야겠다고 느꼈다. 치파오는 그런 필요에서 만들어졌다. 높은 깃, '여자답게' 움직일 수밖에 없도록 만드는 몸에 꼭 맞는 허리선, 성큼성큼 걷지 못하게 하고 미끄러지듯 걸음을 옮기게 만드는 옆트임이 특징이다. 윈허가 입은 치파오의 푸른색은 충성을 의미한다.

주일 동안 윈허는 충격에서 헤어나오지 못했으며 과연 공산주의가 자신에게 맞는 길인지 의심하기 시작했다.

위치웨이의 집안은 이 문제를 해결하는 데 정치적 영향력을 행사할 수 있었다. 위치웨이의 누나 위산은 난징 국민당 정부의 고위 관료인 삼촌 위다웨이(俞大維)에게 연락했다. 위다웨이는 조카인 위치웨이를 위해 힘을 써주었다. 위다웨이는 "마음을 안정시키고 흥분하지 말 것"이라는 공자의 말을 조카에게 전했다. 위다웨이는 이렇게 주장했다. 조카와 친구들은 "단지 열정적인 애국자일 뿐이며 …… 젊은 그들은 단지 외국이 중국을 위협하는 데 반대하는 것이다. 나는 그들이 감옥에 있을 이유가 없다고 생각한다." 위치웨이는 풀려났다.[41]

석방된 후 위치웨이는 칭다오를 떠났다. 공산당 조직에서 그에게 새로운 임무를 맡긴 것으로 보이지만 확실한 것은 알 수 없다. 여하튼 그는 베이징으로 가서 급진적 학생 운동 조직에서 일하기 시작했다. 윈허는 상실감에 빠졌다. 위치웨이가 투옥된 뒤 비로소 자신이 그를 얼마나 깊이 좋아했는지 깨달았던 것이다. 어쩌면 윈허는 위치웨이가 마음만 먹었다면 칭다오에 머무를 수도 있었는데 일부러 떠났다고 느꼈을지도 모른다. 위치웨이가 투옥되어 있는 동안 윈허는 외로움에 지친 나머지 어떤 체육학과 남학생과 만났는데 위치웨이가 이 사실로 화를 냈는지도 모른다. 어쩌면 윈허가 경찰의 심문을 받으면서 자신도 모르는 사이에 정치적으로 위치웨이를 '배신'했는지도 모른다. 어쩌면 윈허는 위치웨이 가족 전체가—공산주의자인 위치웨이, 예술계의 우아한 여인 위산, 장제스(蔣介石) 정부의 고위 관료 위다웨이—자신은 도저히 도달할 수 없는 높은 위치에 있다는 것을 깨달았는지도 모른다.

윈허는 절망감에 빠져 칭다오를 떠나기로 결심한다. 첫 번째 결혼이 실패로 끝났을 때 지난을 떠남으로써 자신의 환경을 송두리째 변화시켰던 것과 똑같은 방식이었다. 이제 칭다오에는 다른 도시로 가서 새 출발을 하려는 그녀를 붙잡을 만한 것이 아무것도 없었다. 완전한 자기

열아홉 살의 리원허(장칭). 칭다오를 떠나 상하이로 향할 무렵의 모습이다.

표현의 도시, 중국의 뉴욕, 화려한 성공을 꿈꾸는 자들이 몰려드는 도시, 상하이로 가지 않을 이유가 무엇이란 말인가?*

　외로운 어린 시절을 보내며 원허는 중국인에게는 매우 이례적인 개인주의 정신을 지니게 되었다. 원허의 어린 시절은 미국 대통령 프랭클린 루스벨트의 아내 엘리너 루스벨트와 비슷하다. 엘리너 역시 외로운 유년 시절을 보냈으며 형제자매들과 소원했다. 열 살 때 고아가 되었으며, 어울리지 않는 이상한 옷을 입고 다녀야 했기 때문에 자주 놀림을 받았다. 두 여성은 유년기의 상처를 이겨내고 그 상처를 창조성과 독립심의 원천으로 삼았다는 점에서 서로 닮았다.[42]

　원허의 주위 사람들은 대부분 다른 사람들과 비슷해지도록 길러졌고 스스로 그렇게 되려고 노력했다. 보통 중국인들은 아기일 때는 완전히 응석받이로 자라지만 청소년기에는 엄격한 규율을 따라야 한다. 원허는 달랐다. 그녀는 불타는 의지를 지녔으며 과거를 돌아보면 극도로 불행

---

* 최근 자료에 따르면, 이때 원허가 상하이에 간 목적 가운데 하나는 위치웨이의 본가 사람들에게 도움을 청하기 위해서였다고 한다. 하지만 그들은 원허를 인정하지 않았다고 한다.(역주)

했던 기억들밖에 없었기 때문에, 다른 소녀들과 비슷하게 되고 싶다는 생각 따위는 전혀 없었다.

딸을 여자다운 여자라는 관습적인 성 역할로 밀어 넣고, 의존적인 어린 소녀로 만들고, 미래 남편의 인형 역할을 하도록 교육하는 아버지가 원허에게는 없었다. 물론 이것은 축복이었을지도 모른다. 원허는 성장기에 남성 보호자에게 보살핌과 사랑을 받은 적이 없으며 친한 형제자매와 사랑이나 미움의 감정을 주고받은 적도 없었다.

원허는 아기 때는 어머니 품에서 애지중지 자랐고, 이후에는 엄격한 규율을 강요당한 적이 없었으며 자기 뜻대로 세상을 살았다. 보통의 중국 어린이는 아버지의 권위나 집단의 압력 앞에 자신감이 꺾이지만 원허는 그렇지 않았다. 결과적으로 장점도 있고 단점도 있었지만, 원허는 보통 젊은이라면 절대 맞닥뜨리고 싶지 않을 정도로 지독하게 외로운 성장기를 보냈다.

원허의 내면에는 독립심과 더불어 맞서 싸우지 않으면 짓밟힌다는 믿음이 자라났다. 원허는 성장기에 경험한 혼란과 긴장 때문에 조심하지 않으면 언제 어느 때 무슨 일이 일어날지 모른다는 불안감에 시달렸다. 우선 나이 든 남자를 조심했다. (아버지, 지난에서 만난 극단 사장, 전남편 페이밍룬이 그런 예다.) 원허는 항상 폭력에 노출되었고 자신도 남에게 폭력을 행사했다. 그녀는 자신이 정의나 미래에 대한 확실성을 보장받을 수 없는 무너진 사회에 살고 있다는 것을 잘 알았다. 어떤 대가를 치르더라도 일단 평화를 유지하는 것과 어떠한 적개심도 '뱃속으로 집어삼키는 것(숨기는 것)'이 중국의 가정과 사회가 지키는 일반적인 준칙이었다. 하지만 원허는 그런 점을 이해할 수 없었다. 원허는 특별한 이유 없이 날카로운 대립각을 세웠으며, 감정을 숨기기는커녕 투쟁의 무기로 삼았다. 가족이 서로 싸우는 것을 무수히 보고 자란 원허는 관용을 베풀 줄 몰랐으며, 항상 남모르게 자기 나름의 계획을 세워 미래의 불안에 대처하는 버릇이 몸에 배었다.

원허는 박탈감에 사로잡혀 복수심으로 가득 찼다. 세 번째 성격은 (자립심과 투쟁심에 이어) 그녀가 산둥에서 성장하며 새로운 변화를 추구하는 과정에서 모습을 드러냈다. 보통의 중국 젊은이는 부모에 복종하는 마음과 일반적으로 권위를 존중하는 마음이 있기에 시련이 닥쳤을 때 인내한다. 하지만 원허는 적에게 되갚아주었다. 그럴 수 없을 경우에는 마음속 깊이 원한을 숨겼다가 나중에라도 반드시 복수했다.

산둥실험극원 동창인 왕팅수가 말했다. "원허의 생애는 참으로 놀랍습니다. 어린 시절 그녀를 매일 곁에서 지켜본 저로서는 정말 놀랍습니다. …… 그녀는 훗날 '중국 무대 예술의 거물'이 되죠. 그래서 중국 예술계를 손가락 하나로 좌지우지할 정도가 됩니다. 하지만 원허는 사실 순진한 사람입니다. 전 알죠. 네, 그녀는 강합니다. 또 굉장히 열정적이죠. 하지만 단순하고 편협합니다." 산둥에서 원허와 같이 지내던 때를 회상하는 왕팅수는 눈을 빛내며 이야기했다. "평범한 물건에 지나치게 훌륭한 상표가 붙은 것을 제가 측은하게 여겨야 하나요? 아니면 제가 알던 원허가 크게 출세해 세상에 이름을 알린 것을 기분 좋게 생각해야 하나요?"

2장

상하이의 스타

—

1933~1937

1934년 3월 일본의 괴뢰 정권인 만주제국 성립.

1935년 1월 마오쩌둥, 쭌이 회의에서 당 지배권 확립.

1936년 12월 만주 군벌 장쉐량이 장제스를 구금하고 항일 전선 구축을 위해 공산당과 합
작을 요구(시안 사건).

1937년 7월 중일전쟁(항일전쟁) 발발. 일본군이 베이핑(오늘날 베이징)과 톈진 점령.

8월 일본군, 상하이 공세.

9월 2차 국공합작으로 항일 민족 통일전선 성립.

먹고살아야 한다는 것과 연극을 사랑한다는 것,
이것이 내가 아는 전부였다.[1]
— 리윈허(장칭)

칭다오를 출발해 해안을 따라 상하이로 가는 배 안에서 리윈허는 좁은 침상에 갇힌 채 불안에 시달렸다. 더 재능 있고 더 아름다운 사람들을 상대로 어떻게 성공할 수 있을까? '돈이면 무엇이든 살 수 있는' 상하이의 거친 생활을 어떻게 감당할 수 있을까? 윈허가 탄 작은 기선은 동중국해를 지나 드디어 황푸강(黃浦江)에 접어들었다. 황푸 강 주변에 상하이가 펼쳐져 있다. 평생 동안 따라다니는 두 가지 재앙인 질병과 남자 문제 때문에 윈허는 상하이에 도착할 무렵 기진맥진한 상태였다.

윈허는 항해 내내 토했다. 바다가 거칠었던 데다 큰 바다를 항해하는 배를 난생 처음 탄 것이었다. 그러나 뱃멀미보다 더 불쾌했던 것은 그녀와 동행한 안내자였다. 이 안내자는 당시 산둥성 지역에 구성되어 있던 연합전선 사람들이 붙여주었는데, 그의 이름은 완라이톈(萬籟天)이었다. 그는 지난의 산둥실험극원에서 윈허를 알았던 사람이며 칭다오의 활동가였다. 그는 항해 내내 윈허에게 지나친 관심을 보였다. 윈허가 뱃멀미 때문에 몸이 허약해진 것을 빌미로 완라이톈은 상하이에 도착하면 같이 호텔에 머물자고 치근댔다.[2]

윈허가 탄 기선은 여러 모양의 돛단배들과 안개경보소 사이를 가르며 상하이의 부두에 다가갔다. 부두에는 여러 가지 물건이 어지럽게 흩어져 있었고 사람들이 종종 걸음을 치며 왔다 갔다 하고 있었다. 윈허는 하이힐을 신어 빨리 움직일 수 없었지만 배가 부두에 닿자마자 최대한 빨리 배와 선착장을 연결하는 널빤지를 건넜다. 1분이라도 빨리 멀미와 부담스러운 안내자에게서 벗어나고 싶었다. 예정대로 스둥산*이 원허를 기다리고 있을까?

원허는 영화감독 스둥산을 애타게 찾았다. 스둥산은 자오타이머우 학장 부부의 친구였는데, 원허는 자오타이머우의 집에서 그를 알게 되었다. 불안 때문에 다시 구토가 나려는 순간, 스둥산이 나타났다. 스둥산은 영국에서 생산한 은색 모리스 택시를 타고 와서 원허를 태우고는 (이 경황 중에 원허는 가방을 하나 빠뜨렸다) 상하이 시내 지역인 훙커우 구(虹口區)에 있는 자신의 집으로 데려갔다.

당시 상하이는 서양 세력이 중국에 진출하는 발판이자 중국 기업가들이 몰려드는 도시로 명성을 떨치고 있었고, 이제 막 정점을 지나는 중이었다. 사람을 한껏 부풀어 오르게 하다가도 순식간에 가슴을 갈가리 찢어놓는 도시, 쾌락을 추구하는 사람들이 넘쳐나지만 동시에 기독교 선교사들이 가득한 도시, 부패한 도시지만 동시에 좌파 이상주의자들의 보금자리, 기회는 많지만 불평등이 만연한 도시, 극동 아시아 지역에서 사업을 하는 거만한 유럽인들에게 안락한 쉼터이자 동시에 일본이 공격한다면 이제까지 누려 온 자유로운 생활 양식이 언제 파괴될지 모르는 위태로운 도시. 상하이는 온갖 모순이 공존하는 도시였으며, 누구나 솔직해질 수 있는 도시였고, 욕망과 모험과 죽음이 한곳에 모인 시대의 만화경 같은 도시였다.

베이징이 정치의 도시라면 상하이는 돈의 도시였다. 국민당 정부의 통치는 야비하고 비능률적이었다. 정치에 관심이 있다는 사람들조차 몇 년 전 상하이에서 국민당 정부가 공산당원들을 학살한 사건**에 별 관심을 보이지 않았다. 공산당 핵심 간부 이외에는, 저 멀리 험악한 장시성

---

* **스둥산**(史東山, 1902~1955) 1920년대에서 1950년대까지 활동한 중국의 영화배우 겸 영화감독.(역주)

(江西省) 산중에서 군대를 조직하고 있던 '농민 공산주의자' 마오쩌둥의 이름을 아는 사람이 거의 없었다.

당시 중국공산당은 끊임없이 내분에 시달렸다. 상하이 지부는 '도시'를 기반으로 정치 권력을 장악하겠다는 입장이었던 반면, 1927년에 군벌과 국민당에 의해 도시에서 쫓겨난 마오쩌둥을 중심으로 한 공산당원들은 '농촌'을 기반으로 권력을 잡겠다는 입장이었다. 마오쩌둥의 게릴라 전술을 부정하고 소련의 지시에 복종했던 상하이 공산당원들은 지하에서 활동했다. 하지만 공산당은 칭다오에서와 마찬가지로—중국 전체에서도 마찬가지였다.—문학과 공연 예술 분야에 비록 간접적이긴 해도 상당한 영향력을 행사했다.

아마추어 혁명가

열아홉 살 소녀가 자신의 운명을 시험해보기 위해 상하이에 막 발을 내디뎠다. 소녀는 상하이가 그러하듯이 과거에 연연하지 않았고 미래의 장기적 전망 역시 염두에 두지 않았다. 오로지 현재, 이 순간만이 중요했다. 윈허에게는 상하이 좌익 운동의 '도시 기반 노선'이 잘 맞았다. 왜냐하면 윈허는 기장이라든가 사탕수수가 무엇인지 몰랐을뿐더러 당나귀와 물소도 구별하지 못했다. 젊고 활력 넘치는 윈허는 배우가 되겠다는 꿈을 안고 이 도시에 왔다. 그녀에게 그럴 만한 능력이 있다면 성공하겠지만, 만일 실패한다면 그녀는 배경이 보잘것없는 여성 예술가 지망생이 대안으로 삼을 수 있는 길인 창녀의 길로 들어설 가능성***이 높았다.[3]

** 상하이에서 국민당 정부가 공산당원을 학살한 사건은 1927년에 일어난 4·12사변을 가리키는 것으로 보인다. 1927년 3월 21일, 상하이에서 중국공산당의 지도 아래 상하이 노동조합의 총파업과 군벌에 반대하는 무장봉기가 일어났다. 그러자 국민당 북벌군 총사령관이었던 장제스는 4월 12일 시위에 참여한 노동자와 공산주의자 진압에 나섰다. 이후 몇 주간 이어진 체포와 처형으로 300여 명의 공산당원과 일반인이 사망했고, 500여 명이 체포되었다고 한다. 이 사건으로 1924년 1월에 이루어졌던 1차 국공합작이 결렬되었고, 이후 공산당은 심각한 위기에 빠졌다.(역주)

1930년대 상하이의 번화가 남경로. 상하이는 19세기부터 서양인들의 거주지가 있는 조계가 설치되면서 국제적인 상업과 문화의 도시가 되었다. 전성기에는 150만 명이 넘는 인구가 조계 안에 살았는데, 당시 세계 최고의 인구 밀도였다.

"그녀가 시골 출신이라는 것은 한눈에 알 수 있었습니다." 원허와 같은 시기에 영화배우로 활동했던 캉젠(康健)의 회고다. "그녀는 검소했습니다. 나중에 사람들이 비난한 것처럼 사치스럽게 옷을 차려 입지는 않았습니다. 꽤 매력이 있었지요. 하지만 옷은 커서 헐렁했고 다리는 지나치게 길어 보였습니다."[4]

상하이에서 크게 성공한 여배우였던 캉젠은 배우로서 원허의 가능성을 별로 높게 평가하지 않았다. 캉젠은 난징 출신이었고 그녀의 남자 친구들은 원허의 미래 남자 친구들과 겹치게 된다. "연극배우로서는 나쁘지 않았어요. 하지만 카메라가 비추기에는 별로 좋은 얼굴이 아니었지요. 턱이 너무 컸고, 이도 너무 튀어나왔어요. 난징 출신인 저도 상하

*** 중국의 일간지 〈신보(申報)〉에 따르면, 1934년 상하이 인구 130명 가운데 1명이 창녀였다고 한다. 당시 런던의 경우 960명 가운데 1명, 베를린의 경우 580명 가운데 1명, 시카고의 경우 430명 가운데 1명꼴이었던 것과 비교된다.

이의 세련미에는 이르지 못했죠. 원허가 처음 상하이에 왔을 때는 수준이 한참 떨어졌어요. 사람들은 상하이 스타일이 아니면 금방 알아차렸죠. 영화에서 주역을 맡으려면 반드시 상하이 분위기가 나야 했어요."

상하이 여자들을 처음 본 원허는 충격을 받았다. 베이징 기준에서 볼 때 원허는 자제심과 품격이 떨어졌는데 그런 원허가 보기에도 이 상하이라는 도시의 여자들은 거칠고, 큰 소리로 거침없이 떠들었으며, 지나치게 까불었다. 또 요란한 옷차림에 화장도 너무 진했다. 거리에서 여자들이 욕하고 할퀴며 서로 싸우고, 남경로(南京路)의 창녀들이 마치 신문팔이 소년들처럼 큰 소리로 손님을 부르는 것을 보고 원허는 놀랐다. 그녀는 자신이 온실 속에서 자란 화초가 아니라는 것을 잘 알았다. 하지만 산둥 지역에서 너무 당돌해서 곤란을 겪었던 원허는 상하이에서는 반대로 너무 얌전한 편이라서 곤란을 겪지 않을까 걱정이 될 정도였다.

상하이는 젊은 여성들에게 일종의 해방구 같은 곳이었다. 미국의 여배우 메이 웨스트*가 극장에 몰려드는 젊은 여성 점원들의 우상이었다. 당시 농촌 대부분 지역에서 여성을 그저 남성의 사유재산 정도로 여기던 것을 생각하면 상하이는 별천지였다. 그러나 상하이의 겉모습은 기만적이었다. 빠른 변화는 변칙을 낳았고 혼란을 가져왔다.

중국에서는 1920년대에 도시에서 여성 운동이 처음 시작되었다. 여성들은 남성용 바지를 입고 다녔고 결혼을 하지 않겠다고 선언했으며 야오쉬에인(姚雪垠) 같은 급진적인 여성주의자도 나타났다. 야오쉬에인은 '증오의 시스템'을 만들자고 촉구했으며 모든 남성을 여성 운동의 적이라고 규정했다. 이러한 주장은 18세기 영국의 여성 운동가 메리 울스턴크래프트**를 연상시켰다. 1920년대 중국에서 '메리 울스턴크래프트 시

---

* **웨스트**(Mae West, 1893~1980) 미국의 배우이자 극작가, 각본가. 본명은 메리 제인 웨스트 (Mary Jane West). 연극배우로 시작해 1930년대 초 할리우드 영화에서 도발적인 금발 미녀로 유명했다. 페미니스트이자 동성애자 인권 운동의 선구자로도 유명하다.(역주)
** **울스턴크래프트**(Mary Wollstonecraft, 1759~1797) 영국의 여성 작가. 여성의 자각을 호소하는 《여성의 권리 옹호》(1792)를 써 여성들의 교육적·사회적 평등을 주장하였다.(역주)

대'를 만든 여성 운동가들은 윈허보다 15~20살 정도 나이가 많았으며 윈허 세대와는 전혀 다른 남성관과 결혼관과 직업관을 지니고 있었다.

1930년대에 들어 최소한 상하이에서만큼은 전반적인 정치적 급진주의의 영향으로 여성 운동이 축소되었다.[5]("주적은 남자가 아니라 자본주의와 제국주의다.") 또한 갑자기 확산된 '메이 웨스트 신드롬'도 여성 운동이 약화되는 데 영향을 끼쳤다. 이 신드롬은 서구 스타일의 해방된 여성이라는 유혹적인 이미지를 퍼뜨렸다. 이 새로운 여성상은 남자들에게 별로 신경을 쓰지 않으며, 가끔은 이성 교제에서 즐거움을 찾지만 대부분의 시간을 남자 없이 지낼 수 있었다. 그렇지만 남자를 결코 윗사람이나 적이라고 여기지는 않았다. 1920년대에 신여성은 남자 바지를 입고 머리를 짧게 자르고 남자처럼 행동했지만, 1930년대 신여성은 치파오를 입고 머리를 길게 기르고 굽 높은 여성용 구두를 신고 다녔다.

윈허는 1930년대의 젊은 여성이었다. 메이 웨스트 신드롬에서 여성들이 남성들을 철저한 투쟁 대상으로 삼지 않았듯이 윈허 역시 남성에게 철저한 미움 같은 것은 없었다. 이전 세대 여성들과 달리 윈허는 약간이나마 근대 교육을 받았으며, 죽을 때까지 '한 남자의 잠자리 상대로 못 박히는'[6] 운명을 경험하거나 여성에게 가해지는 극심한 봉건적 억압을 경험하지 않았기 때문에 남자를 증오하지는 않았다. 윈허는 자유롭고 개방적인 여성으로 상하이에 도착했다. 그녀가 원한 것은, 오직 자신의 힘으로 먹고살면서 연극계에 진출하는 것이었다.

하지만 윈허는 '해방된 1930년대' 여성 앞에 놓인 차가운 현실에 맞닥뜨렸다. 상하이는 중국 내에서 독립적인 도시였지만 중국의 다른 지역에서 일어나는 일의 영향을 전혀 받지 않을 수는 없었다. 상하이 역시 사회적으로나 경제적으로 정글이었다. 모두가 평등한 위치에 있지는 않았다. 많은 젊은 여성들이 '자유'를 즐겼지만, 그 즐거움은 어디서나 부딪히는 남성 우월주의 때문에 흐려졌다. 특히 여배우가 된다는 것은 '스타(자신이 주도권을 잡는 것)'와 '인형(개인 후원자나 감독의 노리개)' 사이에서 아슬아슬하게 곡예를 하는 위험한 일이었다. 여성이라면 내심 결국에는 한 남자의 보살핌을 받기를 원하지 않겠는가?*

상하이에 도착한 첫날 저녁에 원허는 스둥산과 둘이 저녁을 먹었다. 당시 30대였던 스둥산은 감독 겸 극작가로서 1921년부터 상하이 연극계에서 일해 왔다. 스둥산은 공산당원은 아니었지만 좌익 문화 그룹 안에서 활발하게 활동했다.

두 사람은 번화한 남경로에서도 멋진 건물인 대신백화점(大新公司) 안에 있는 큼직한 식당 한쪽에서 작은 갈색 테이블을 사이에 두고 식사를 했다. 이 경험 많은 감독은 상하이에 막 도착한 희망에 부푼 신인 배우를 앞에 두고 '좌익연극인연맹'을 설명하면서 연맹에 어떤 인물들이 있는지 이야기해주었다. '좌익연극인연맹'은 원허와 같은 관심을 가진 사람들에게 매우 중요한 단체로서 상하이의 자유분방한 좌익 예술가 사회에서 일어나는 예술, 정치, 사랑, 개인적 대결 등에 대한 엉켜 있는 실타래 같은 이야기를 따라잡으면서 이해할 수 있게 도와주는 바늘귀 역할을 했다.

두 사람은 중국 취향이 다소 가미된 서양 요리를 먹으면서 대화를 나누었는데, 톈한이라는 사람이 계속 대화에 오르내렸다. 일본 유학파 극작가인 톈한은 원허가 산둥실험극원에 다닐 때, 여전히 기억에 생생한 그날 저녁에 원허가 여주인공을 맡았던 작품인 〈호숫가의 비극〉을 썼다. 예술학교에서 원허를 가르쳤던 왕보성과 우루이옌은 톈한의 동료이자 숭배자였다. 식사를 끝내고 거리로 나섰을 때, 신인 여배우는 난생

---

* 린위탕(林語堂)은 1935년에 쓴 글에서 다음과 같이 당시 여성들의 모순된 심리를 그렸다. "오늘날 백화점에서 일하는 판매원 아가씨들은 돈이 두둑하게 든 핸드백을 들고 쇼핑하는 기혼 여성을 여전히 선망의 눈으로 바라본다. 자기들도 언젠가는 판매원이 아니라 구매자가 되고 싶은 것이다. 몇 시간씩 쉬지 못하고 굽 높은 구두를 신고 잔돈이나 헤아려야 하는 그녀들은 이런 일을 그만두고 자기 아기의 스웨터나 짤 수 있으면 하고 바랄 때가 있다. 이들 대부분은 본능적으로 자기가 어느 쪽을 원하는지 안다. 물론 이들 중 몇몇은 독립을 선호한다. 하지만 남성 지배 사회에서 이른바 (여성의) 독립이라는 것은 사실상 큰 의미가 없다."

처음 보는 활기 넘치는 거리 풍경에 넋을 잃은 채 톈한을 찾아가야겠다고 결심했다.*

톈한은 두뇌가 명석하고 고집이 센 사람이었다. 그는 연극계에 몰려들던 젊은 보헤미안들보다 나이가 많았고 이미 극작가로서 명성이 확고했다. 톈한은 낭만주의자였다. "술과 음악과 영화가 인류의 가장 위대한 세 가지 발명품"이라고 말하곤 했다. 한편 톈한은 공산당 비밀 당원이기도 했다. 원허는 톈한 집안이 소유한 대저택의 구석방에 며칠간 머물렀다. 저택은 홍커우 구 초입에 있는 '중국서점' 반대편에 있었다. 톈한이 원허를 자신의 집에 잠시 머물게 한 것은 톈한의 측근 인물들이 그녀의 재능과 신뢰성을 판단하게 하기 위한 조치였다. 그러나 정작 톈한 본인은 원허에게 거의 관심을 보이지 않았다. 톈한은 한번에 백 가지나 되는 계획을 진행하는 사람이었다. 한번은 자신이 쓴 희곡 제1장이 무대에서 공연되는 순간에 제3장 대본을 수정하고 있었다고 한다. 톈한은 남동생 톈윈(田沅)에게 원허의 일을 도와주라고 했다.

원허는 실망스러웠다. 그녀는 노동 계급 관객을 대상으로 연극을 공연하는 작은 극단에서 역할을 맡았고 한편으로 시간제 교사 일로 생활비를 벌었다. 원허에게 톈윈은 불쾌한 사람이었다. 그는 원허를 그저 예쁜 여자로만 취급할 뿐 예술가로 보지 않았다. "그는 형 톈한을 이용했습니다." 장차 원허의 남편이 되는 탕나**의 말이다. 탕나는 원허가 톈윈을 나쁘게 평가한 데 동의했다. "톈윈은 골칫거리였습니다. 형이 가는 곳이면 어디든지 따라가서는 말도 안 되는 참견을 했죠. 그는 예술가도 아니었고 그냥 멍청이였습니다."[7]

나중에 원허는 남편 탕나 덕분에 톈한과 좀 더 대등한 입장에서 만나

---

* 이때 원허는 산둥실험극원 동창생인 웨이허링(魏鶴齡)의 소개로 톈한을 만났다고 한다.(역주)
** 탕나(唐納, 1914~1988) 1930년대 상하이에서 란핑과 짧은 결혼 생활을 했으며, 로스 테릴과 대담을 통해 많은 정보를 제공했다. 프랑스 파리에서 사망했다.(역주)

게 된다. 여하튼 지금으로서는 상하이 좌익 연극계 주변에서 작은 역할을 하는 데 만족하는 수밖에 없었다. 원허는 용기와 끈기, 자신의 매력을 발휘하여 마치 벌집 속의 수많은 굴과 같이 엄청나게 복잡한 이 세계를 깊숙이 파고들어 나아가고야 말겠다고 결심했다.

훗날 원허는 자신이 상하이에 있는 동안 '당과 접촉'하려고 노력했다고 말했지만 그 말은 사실이 아니다.[8] 공산당은 1927년에서 1930년 사이에 끔찍한 재앙을 겪었고 따라서 이 조직에 들어가는 것은 위험한 일이었다. 1930년대 초에 특히 원허와 같은 관심사와 성격을 지닌 사람이라면 공산당에 거의 접근하려고 하지 않았다. 더욱이 위치웨이와 헤어진 뒤여서 더욱더 공산당에 대한 흥미가 줄었던 것이다.

톈한 입장에서도 역시 조심하는 것이 최선이었다. 장제스의 백색 테러 전술을 고려한다면 지금 새 당원을 들이는 것은 첩자를 불러들일 위험이 있었다. 원허는 좌익 성향의 연극에 배우로 참여함으로써 공산주의의 대의에 봉사할 수 있었다. 그러나 공산당 조직 활동에 적합한 지원자로는 보이지 않았다.

원허에게 공산당원 자격은 자신의 예술이나 개인적 목표에 필수적인 것이 아니었다. 원허는 위치웨이와 만난 뒤로 공산주의를 지지했다. 하지만 지금 상하이에서 공산주의는 원허에게 장차 도움이 될 수 있는 하나의 인연에 불과했다. 원허는 연기에 관심이 쏠려 있었고, 그녀에게는 중요 인물과 친분을 쌓고 도시를 탐험하는 것이 우선이었다.

그렇지만 원허의 내면에는 강한 정치적 본능이 있었다. 원허는 연극뿐 아니라 정치에도 기꺼이 몸을 던지고 싶었다. 원허는 정치에 투신하는 것이 그 시대를 올바르게 사는 방법이라 믿었고, 정치 활동을 하면서 자유롭게 자신을 표현할 수 있다는 점 역시 좋아했다. 만일 톈한이 원허의 진지함과 신뢰성을 확신해주지 않는다면, 원허로서는 열심히 활동하여 장차 톈한이 자신을 진정한 공산주의자로 받아들이는 때가 오기를 기다리는 수밖에 없었다.

윈허는 매일 바쁘게 지냈다. 공연 연습, 반정부 전단 배포, 연극 공연이 계속되었다. 윈허는 당시 중국을 침략한 일본에 대항하는 애국주의 열정을 더욱 강하게 불러일으키는 여러 연극에 참여했다. 공연할 때 주변 여건은 몹시 열악했고 임시변통식이었으며 위험했다. 윈허는 홍커우의 커피숍에서 이상주의적인 젊은 보헤미안들과 예술의 역할을 놓고 자주 열띤 토론을 벌였다. 상하이대학에서 청강을 하기도 했다. 바쁜 혁명 운동 틈틈이 남녀의 자유롭고 혼란스러운 교제가 뜨겁게 진행되었다. 모두들 상하이의 연극계에 흔한 일이었던 복잡한 연애담을 퍼뜨리기도 했고 때로는 소문의 당사자로서 가슴 아픈 사연의 주인공이 되기도 했다.

열아홉 살 신참 윈허는 상하이 연극계라는 탁하면서도 매혹적인 연못에 사는 아주 작은 물고기에 지나지 않았다. 큰 물고기는 대부분 작은 물고기에 눈길도 주지 않았다. 어중간한 크기의 수컷 물고기는 작은 물고기를 위협하거나 장난감처럼 데리고 놀려고 했다. (정치와 연극이 한데 섞인 연못에서 윈허는 질투심과 경쟁심 때문에 다른 여성들과는 친구 관계를 맺지 못했다.) 문화적 일급 물고기가 연못 표면의 깨끗한 물에서 이리저리 헤엄치며 소명을 수행하고 있을 때, 윈허는 연못의 지저분한 바닥에 남아서 재미없는 허드렛일을 했다. 밝은 조명이 일급 물고기들의 지느러미가 하늘거리는 것을 선명하게 비출 때 연못 주변에 모여든 관객들은 환호했다.

1933년에서 1934년 사이에 윈허는 공산주의청년단의 일원으로 정치적 활동을 했던 것 같다. 윈허를 지도한 사람은 쉬이융*이라는 평범하게 생

---

* 상하이 시절에 장칭에게 여러모로 도움을 준 쉬이융은 훗날 쉬밍칭(徐明淸)으로 이름을 바꾼다. 그런데 현재 인터넷에서 중국 쪽 자료를 찾아보면 쉬밍칭의 개명 전 이름이 쉬이빙(徐一冰)으로 되어 있다. 쉬이융과 쉬이빙 가운데 어느 쪽이 맞는지 정확하게 확인할 수 없으므로 한국어 번역본에서는 저자의 표기를 존중해 '쉬이융'으로 하였다.(역주)

긴 여성이었는데, 목소리는 걸걸했고 얼굴은 곰보였다. 윈허는 쉬이융을 '쉬 언니'라고 불렀다. 쉬 언니는 이 신참이 흥미롭기는 했지만 늘 통제에서 벗어나려는 사람이라고 생각했다. 앞으로 오랜 세월 동안 이 두 사람은 친밀하면서도 우여곡절이 많은 관계를 이어간다.[9]

1933년 가을에 윈허는 여성 노동자들과 농민을 위한 야간학교에서 일했는데,** 이 자리는 톈한이나 좌익 문화계의 다른 거물이 소개해준 것 같지는 않고 쉬 언니와 공산주의청년단이 힘을 써준 것으로 보인다. 흥미로운 이 학교는 YWCA(기독교여자청년회)로부터 재정 일부를 지원받았다. 윈허가 맡은 직무는 보잘것없었고 무척 힘들었으며 연극 일에 대한 윈허의 진정한 사랑과는 너무나 동떨어진 일이었다.

윈허는 기본 중국어와 초급 교양 과목을 가르쳤다. 하루에 두 번 진행된 수업은 2교대로 일하는 노동자들의 시간에 맞춘 것이었다. 상점 보조원, 바느질 일꾼, 양말 공장, 면직 공장, 담배 공장 노동자들이 학생이었다. 이 여성들은 시끄럽게 떠들었고 냄새가 많이 났으며 일을 마치고 녹초가 된 상태여서 수업을 진행하기가 무척 어려웠다.

"합창 수업을 가르칠 사람이 없었어요." 당시 상하이 담배 공장에서 일했던 학생의 회고다. "야간 학교 교사였던 쉬 선생님이 공산당원들에게 도움을 요청했고 리윈허가 우리 합창 교사로 왔습니다. 일 주일에 두 번 왔는데 언제나 정확한 시간에 도착했죠. 새로운 노래를 가르칠 때는 얼후(二胡, 두 줄로 된 중국 전통 현악기)를 타면서 아름답고 풍부한 목소리로 자기가 먼저 노래를 불렀죠."[10]

윈허는 힘들게 살았지만 자신을 다른 여성 노동자들과 같은 '프롤레타리아'라고 생각하지 않았다. 공산주의 대의의 근간인 노동자 계급에 완전히 속하지 못한 채 주변에 머물러 있었던 것이다. 그녀는 높은 수준의 교육을 받지 않았던가? 무대의 화려한 조명 불빛이 그녀에게 손짓하

** 최근 자료에 따르면, 윈허가 처음 교사로 일한 학교는 '신경공학단(晨更工學團)'이었다고도 한다.(역주)

고 있지 않은가?

원허는 학생들처럼 노동자 복장을 하지 않고 상하이의 중간 계급이나 지식인들이 입는 서양식 옷을 입었다. 학교 뒤쪽에는 원허의 방이 따로 있었다. 여성 노동자들은 건물 앞쪽에 있는 방 하나를 여러 명이 함께 썼다.

원허는 가끔씩 돈 문제로 곤란한 지경에 빠졌다.[11] 열아홉 살 여성에겐 드문 경우였는데 원허의 집에서는 전혀 돈을 보내주지 않았다. 원허는 야간학교에서 약간의 돈을 벌었고, 또 시간제 교사 일을 하면서 그보다 더 적은 돈을 벌었다. 아마도 페이밍룬과 이혼하면서 받았던 돈과 청다오대학 도서관에서 2년간 일하면서 번 돈이 조금 남아 있었을 것이다.

하지만 원허는 가끔 전차 표를 살 몇 푼도 없는 경우가 있었는데, 제일 비싼 연극 표를 충동적으로 구매한 뒤였다. (6분의 1 가격으로 나쁜 자리를 사도 연극을 볼 수는 있었다.) 또 시간이 좀 흐른 뒤의 이야기인데, 당시 원허의 친구였던 아구이(阿桂)가 자신이 식모로 일하던 집에서 남은 밥과 계란을 가지고 와서 굶고 있던 원허에게 먹였다고 한다.[12] 바로 전날, 원허는 흰 실로 멋지게 테두리를 수놓은 청색 고급 비단 치파오를 구매했다고 한다. 이때 원허는 YWCA 야간학교 일을 그만두었을 때였다. 어떤 때는 방세를 낼 수 없어서 애인에게 받은 손목시계를 전당포에 맡기고 돈을 구했는데, 그때 역시 직전에 고급 식당의 창문가 자리에 우아하게 앉아 여봐란듯이 값비싼 식사를 즐겼다고 한다.

청다오에서처럼 원허는 몇몇 정치적 인물들과 의무와 권리 관계가 불분명하고 의문스러운 금전 거래를 했다. 원허는 톈한의 집을 떠난 뒤 좌익작가연맹 회원인 랴오모사*의 집에 잠시 동안 머물렀다.[13] 랴오모사의 집에서 원허는 작은 테이블 위에서 잠을 자야 했고 그녀 때문에 랴오

---

* 랴오모사(廖沫沙, 1907~1990) 작가. 1930년에 공산당에 입당했다. 1966년 문화혁명 때 탄압받았다.(역주)

모사 부부는 끊임없이 다툼을 벌였다. 따라서 왜 그녀가 랴오모사의 집에 들어갔는지는 헤아리기 어렵다. 또 이런 불편한 생활을 청산하고 떠나면서 높은 위치에 있는 좌익 운동가인 랴오모사에게 20위안이라는 적지 않은 돈을 지불한 이유도 알 수가 없다. 어쩌면 원허는, 이전의 톈한 형제처럼 랴오모사 역시 자신을 통제하려 할까 봐 두려워서 돈을 주었는지도 모른다. 어쩌면 랴오모사가 시사했던 것처럼 원허가 랴오모사를 좋아해서 톈한의 집을 떠나 그의 집으로 왔고, 그들 부부 사이에 다툼을 일으켰는지도 모른다.**

원허는 자신의 정치적 신념이 무엇인지 확신하지 못했지만 혁명적 이상주의를 분명히 품고 있었으며 그에 따른 정치적 위험을 감수했다. 잠시 동안 원허는 상하이에서 멀리 떨어진 농촌을 계몽하는 활동을 하던 운동 단체에서 사실상 무급으로 비상근 사무원으로 일했다. 이 운동은 러시아 인텔리겐차들이 펼쳤던 '브나로드 운동'의 전통을 따른 것이었는데 지도자는 타오싱즈*** 교수였다.[14] 그는 친절하고 항상 좋은 일을 하려고 노력하는 사람이었다. 원허는 자기 일이 끝나면 몹시 피곤한데도 타오싱즈 교수의 사무실에 가서 서류를 정리하거나 편지를 보냈고, 여행 준비를 돕기도 했다. 이런 원허의 모습을 보고 친구들은 깊은 인상

** 몇 년 뒤 랴오모사는 이렇게 회상했다. "원허와 나는 둘 다 한때 톈한의 집에 머물렀습니다. 하지만 내 방이 리원허의 방보다 크고 가구도 좋았습니다. 그녀는 질투를 했죠." 랴오모사는 톈한의 집을 떠나 자기 집으로 돌아왔다. "이유는 모르겠지만 리원허가 따라왔습니다. 톈한 집의 자기 방이 너무나 작고 시끄러워서 우리 집에 와서 머물고 싶다고 했습니다." 원허가 잘 수 있는 곳은 부엌밖에 없었다. (랴오모사의 말에 따르면 다락방은 아니었다고 한다.) 곧 원허는 랴오모사의 아내와 싸움이 붙었다. 40년 뒤 장칭(원허)은 랴오모사에게 그때 '빌려준 돈'을 아직도 받지 못하고 있다고 불평했는데, 이것은 돈으로 여자를 지배하려는 남자를 증오했던 그녀의 성격을 잘 보여준다. 랴오모사는 문화혁명 기간 동안 정치적으로 탄압을 받는데, 훗날 장칭이 재판을 받을 때 그녀에게 보복의 칼날을 들이댄다.(본서 615쪽을 보라.)

*** 타오싱즈(陶行知, 1891~1946) 중국의 교육자, 사회 개혁 운동가. 명나라 시대 철학자인 왕양명이 설파한 '지행합일(知行合一)'에서 힌트를 얻어 자신의 이름을 '행지(行知)'라고 바꾸었다고 한다.(역주)

을 받았으며* 그 가운데는 장차 윈허의 남편이 될 탕나도 있었다.

어느 날 밤에 윈허는 당시 파업 중이던 담배 공장 노동자들을 응원하는 연극에 출연했다. 〈영아 살해(嬰兒殺害)〉는 사회 정의를 주제로 한 연극이었는데, 윈허는 탄압에 시달리면서도 끝까지 투쟁하는 여성 노동자 역을 맡았다.[15] 공연은 저녁으로 예정되어 있었다. 그날 하루 종일 '영·미담배회사(British-American Tabacco)' 경영진을 규탄하는 군중 시위가 시내에서 벌어져 많은 노동자가 체포되었다. 공연 수익금은 이 담배 회사를 상대로 하는 투쟁 사업에 보낼 예정이었다. 윈허는 분장실에 앉아 공연 준비를 하면서 위험이 다가오고 있다는 것을 느꼈지만 동시에 무척 흥분했다. 이 공연은 연극이면서 동시에 정치였다. 당시 상하이 국제 조계를 담당하던 시크교도** 인도인 경찰이 극장에 진입해 배우와 관객을 모두 체포할 수 있다는 것을 윈허를 포함한 모든 사람이 알고 있었다. 드디어 공연이 시작되었다. 그날 윈허의 연기는 훌륭했다. 위험한 상황을 의식하면서 관객들은 더욱 연극에 집중했고, 윈허는 자신의 예술에 쏟아지는 특별한 관심에 고무되어 더욱 연기에 몰입했다. 윈허는 또한 그녀에게 용기가 부족하다고 생각하는 사람들에게 맞서 그 생각이 틀렸다는 것을 보여주고 싶었다. 공연이 막을 내리자 배우와 관객들은 좁은 골목길을 조용히 빠져나가 큰길에서 점점 더 불어나는 시위 행렬에 합류했다. 윈허는 기진맥진한 데다가 배도 고팠고 돈도 한 푼 없었지만 엄청나게 흥분했다.

---

* 윈허는 훗날 무훈(武訓, 1838~1896)을 극렬하게 비판하는데, 무훈 역시 타오싱즈 교수와 마찬가지로 '브나로드 운동'에 열성적인 이상주의자였다. 젊은 시절 타오싱즈 교수를 존경하던 윈허가 훗날 반대 입장을 취한 것은 역설적이다. 무훈은 청나라 말의 민중 교육자이자 중국에 근대 학교를 도입한 선구자였다. 1950년에 〈무훈전(武訓傳)〉이라는 영화가 만들어져 대중에게 좋은 평가를 받았는데 이듬해 장칭(윈허)은 이 영화를 반대하는 운동을 이끌었다.(본서 305~310쪽을 보라.)
** 시크교도 15세기 인도 펀자브 지방에서 발생한 시크교를 신봉하는 사람들. 19세기 후반에 영국이 펀자브 지방을 식민지로 편입함에 따라 시크교도들이 영국의 군대나 경찰로 충원되기 시작했다. 현재 전세계에 2700만 명이 있다.(역주)

국민당 정부는 가두 시위, 전단 배포, 반정부 연극 모두를 엄벌에 처했다.[16] 당시 국민당 정부는 일본 침략군만큼이나 중국공산당을 적대시했다. 원허는 어떤 면에서는―특히 자신이 다른 사람들에게 끼치는 영향에 대해―놀랄 만큼 순진한 구석이 있었기 때문에 종종 자신이 처한 위험을 알아차리지 못했다. 그러나 원허는 조금씩 1930년대 초 상하이의 좌익 활동가라면 당연히 갖추어야 하는 기만과 은폐의 기술을 익혀 나갔다.

원허는 이른바 '파괴분자'와 동행하거나 '불온 문서'를 지니고 버스나 전차를 타고 가다가 경찰의 불시 검문을 미리 발견했을 경우 태연한 얼굴로 버스나 전차에서 내리는 방법을 배웠다. 또는 갑자기 경찰이 나타나 버스를 세우고 올라탔기 때문에 경찰과의 대면이 불가피하게 되면 일부러 극히 세련되고 점잖은 태도를 보여 경찰의 의심을 벗어나는 법도 배웠다. 어쩌다 완전히 절망적인 상황에 놓인다면 미친 듯이 소리치고 악을 써서 오히려 경찰이 당황하여 어쩔 줄 모르게 하는 방법이 있었다.

생계를 위해 교사로 일하면서 한편으로 정치 활동에 투신한 배우로서 원허는 하루하루를 복잡하고 힘들게 살아갔다. 원허는 상당히 진지했다. 안정과 즐거움을 원했다면 사업가를 애인으로 골랐을 것이다. 그러나 원허는 위험 그 자체보다는 위험한 순간에 펼쳐지는 연극 같은 분위기가 좋았다. 정치적 대의 그 자체보다는 정치적 대의를 위해 몸을 던질 때의 느낌이 좋았다. 정치적 대의는 물론 좌익 정치였고, 많은 인민에게 삶과 죽음의 문제이자 중국의 미래가 걸린 문제였다. 하지만 원허 개인에게는 자기 표현이었다. 세상을 향해 응답을 요구하는 한 인간의 자기 표현이었던 것이다.

상하이에서 원허는―훗날에도 그런 일이 반복되지만―정치적 탄압과 개인적인 모욕을 혼동했다. 훗날 원허가 과거를 회상하면서 혼동한 것인지 아니면 실제 경험을 할 당시에 혼동했던 것인지는 모른다. 예를 들어, 달갑지 않은 한 남자가 원허의 방에 찾아왔는데, 그때 그가 공산주의 대의를 추구하는 데 윈허가 과오를 저질렀다고 질책을 하러 온 것이었는지 아니면 그녀를 성폭행하려 했던 것인지 분명하지 않은 경우가 있다. 또 윈허가 가르치던 야간학교 학생들에게 어떤 문제가 생겼을 때에도, 그 일이 과연 국민당 정부의 탄압으로 벌어진 일인지 아니면 학생들을 곤란하게 함으로써 그들을 지도한 윈허를 간접적으로 공격하려는 좌익 진영 내부의 적들이 공작을 편 것인지 윈허는 잘 구분하지 못했다. 또 만일 좌익 문화 그룹에 갑작스럽게 내분이 일어났을 때, 그 내분이 정치 전략을 둘러싼 의견이 일치하지 않아서 일어난 것인지 아니면 욕정에 사로잡힌 남자 배우들과 감독들과 편집자들이 자신을 차지하기 위해 서로 싸우는 것인지 잘 구분하지 못했다.

윈허는 원래부터 그런 성격이었다. "윈허는 당시에 다른 사람들에게 별다른 인상을 주지 못했습니다." 영화배우였던 캉젠의 회고다. "그녀는 아는 것도 많지 않았어요. 하지만 그녀는 상황을 극적으로 만드는 재주가 있었죠."[17]

당시 윈허를 알던 어느 남자 배우는 이렇게 말했다. "윈허가 저녁 식사 자리에 동석하면, 저녁 식사를 마치고 그녀가 먼저 자리를 뜬 다음에 어김없이 남편과 아내가 말다툼을 벌이곤 했죠."

감옥에서 보낸 시간

1933년 초겨울에 윈허는 상하이를 떠나 베이징에 가서 몇 달을 지냈다. 바쁜 생활로 피로가 쌓였거나, 자신의 초라한 처지에 실망했거나, 손에 닿는 과자라면 무엇이든 일단 입에 넣고 보는 부류의 남자들과 복잡한 관계를 맺느라 지쳤기 때문이었을 수 있다. 아니면 그저 날씨가 추워지자 야간학교의 숙소가 너무나 처량하게 느껴졌을 수도 있다.

베이징에서 몇 달을 지내는 동안 윈허는 연극계는 쳐다보지 않았다. 윈허는 베이징대학을 이리저리 돌아다니며 사회과학 분야의 강의를 들었다. 사회과학은 윈허가 특별히 관심 있는 주제도 아니었고 당시에 진지하게 공부하여 성과를 올렸다는 흔적도 없다. 원허의 목적은 위치웨이였다. 칭다오대학 시절에 애인이었던 위치웨이는 당시 베이징대학 지하 조직에서 주요한 인물로 활동하고 있었다. 어쩌면 원허는 위치웨이가 지난날 인연을 생각해서라도 과거 칭다오에서 그녀를 도와주었던 것처럼 문화의 수도인 상하이 문화계에서 더 나은 기반을 닦을 수 있도록 도와주기를 바랐는지도 모른다.

원허가 위치웨이와 재결합을 생각했는지 모르지만 그런 일은 일어나지 않았다. 직장을 구하려고 했는지도 모르지만 역시 그런 일도 일어나지 않았다. 원허는 6위안으로 한 달을 살았다. 짐작건대 위치웨이가 마련해준 생활비였을 것이다. 형편없는 숙소의 월세를 내고 나면, 돈이 얼마 남지 않았다. 하루에 세 끼를 먹는다고 했을 때 한 끼니를 (오늘날 미국 화폐 단위로 따져) 5센트 이하로 때워야 하는 형편이었다. 원허가 그해 겨울을 베이징에서 보낸 목적은 분명하지 않지만, 여하튼 이렇다 할 성과는 없었다.[18] 당시 베이징 연극계에서 일하던 지난 시절의 예술학교 동창생 몇 명을 만나기는 했다. 하지만 위치웨이와 그녀 사이에 옛 감정이 살아날 가능성이 없다면 베이징에 더 머무를 이유는 전혀 없었다.

어느 중요한 정보 제공자가 말한 것처럼, 어쩌면 원허는 위치웨이와 사랑을 나눈 결과로 아기가 생겼으며 (결국은 유산시켰고) 곧 위치웨이와 싸우고 다시 결별했는지도 모른다. 여하튼 두 사람의 관계는 다시 예전으로 돌아가지 못했다.*

1934년 봄에 원허는 기차를 타고 홀로 상하이로 돌아왔다. 새로운 기회와 더불어 새로운 위험이 그녀를 기다리고 있었다. 위치웨이는 비록 과거에 사랑했던 감정을 되살리지는 못했지만, 상하이에 있는 자신의 동료들에게 원허를 소개하는 편지를 써주었다(그의 가족은 산둥보다 상

* 원허의 베이징 체류를 두고 조금 다르게 설명하는 자료도 있다. 거기에 따르면, 원허는 1934년 12월에 베이징에 가서 1935년 3월까지 동거하다가 상하이로 돌아왔다고 한다. 당시 위치웨이 역시 감옥에서 나온 직후였다고 한다.(역주)

하이에서 더 영향력이 있었다). 그 덕분에 윈허는 상하이 상류 사회에서 몇 계단 더 높이 올라갈 수 있었다. 하지만 좌익 정치 영역에서 윈허는 그리 잘 적응하지 못했다. 특히 충동적인 성향 탓에 1934년 하반기에 큰 위험에 맞닥뜨리게 된다. (상하이에 돌아온 뒤 윈허는 '쉬 언니'가 있는 야간학교에서 일했다.)

윈허에게 닥친 위험은 과거 칭다오 시절에 알고 지내던 남자와 우연히 재회하면서 시작되었다. 그 남자는 두 가지 목적을 품고 윈허에게 접근했던 것 같다. 당시 그는 상하이 우체국에서 출납원으로 일하고 있었는데, 어느 날 거리에서 우연히 윈허와 마주쳤다. 그는 곧 윈허에게 진보적 대의를 위해 도움을 달라고 부탁했다. 또 윈허에게 식사를 하자거나 '조풍 공원'(兆豊公園, 지금의 중산공원)에 산책을 하러 가자고 청하기도 했다.

그가 정치적 목적과 개인적 목적을 동시에 추구했기 때문에 윈허는 문제가 있다고 생각했고, 훗날 그 남자를 크게 신뢰하지 않았다고 회고했다. 그러나 윈허는 그와 여러 번 만났고, 어느 날 결국 〈세계 지식(世界知識)〉이라는 급진적 성격의 잡지를 한 부 건네받았다. 열정과 호기심이 넘치는 이 젊은 여성은 곧잘 자신의 여성적 매력을 인정해주는 남성에게 빠져서 두 사람의 관계가 지금 어디로 향하는지 판단이 흐려졌던 것이다.

그런데 그날 윈허는 옛 친구를 만나고 돌아오는 길에 국민당 사복 경찰 두 명에게 체포되었다. 경찰서로 끌려간 윈허는 지니고 있던 〈세계 지식〉을 압수당했고, 그날 밤 안에 상하이를 떠나야 한다는 통고를 받았다. 이 상황에서 윈허는 두려움이 아니라 형편없는 남자들 손아귀에 꼼짝없이 걸려들고 말았다는 사실에 분노를 먼저 느꼈다. 윈허의 성격을 잘 보여주는 반응이었다. 여하튼 일단 윈허는 경찰서 2층에 있는 여성 전용 유치장에 수감되었다.

마침 지난 시절 예술학교 동창생이자 당시 상하이 극단에서 일하던 왕팅수가 경찰서에 들렀다. 왕팅수의 회고다. "당시는 연극인 중 많은 사람이 좌익이었습니다. 그날 제 친구 한 명이 체포되어서 저는 그 친구를 만나려고 경찰서에 갔지요."

경찰서는 커다란 회색 건물이었는데 내부는 밤에 발생하는 범죄를 처리하느라 환하게 불을 밝혀놓은 상태였다. 방문객 접수처에 앉아 있던 직원 중 한 명이 마침 왕팅수와 산둥에서부터 알고 지낸 지인이었다. 그가 "방금 산둥 출신 젊은 여자가 붙잡혀 들어왔어."라고 왕팅수에게 말해주었다. "저는 순간 분명히 리윈허일 거라고 생각했습니다." 곧바로 신원을 확인해보니 그의 짐작이 맞았다.

왕팅수는 잠시 그 자리에 서서 경찰서 안쪽으로 이어지는 황량하지만 환한 복도를 바라보았다. 그는 망설였다. "저는 윈허와 만나는 것이 두려웠습니다. 윈허가 지난을 떠나 칭다오에 머물던 동안 위치웨이의 영향을 받아 좌파가 된 것을 이미 알고 있었으니까요. 저로서는 위험을 느끼지 않을 수 없었습니다." 왕팅수는 원래 만나려 했던 극단 친구를 만나고 싶었지만 그러려면 길게 이어진 유치장 앞을 지나야 했다. "윈허가 나를 알아볼 것 같아 두려웠습니다. 그러면 큰 소리로 내 이름을 부를 테니까요. 그러고도 남을 사람이죠. 윈허가 내 이름을 부르는 순간 경찰서에 있는 모든 사람이 나를 의심의 눈초리로 쳐다보았을 겁니다." 왕팅수는 결국 아무도 만나지 않은 채 경찰서 건물을 나와버렸다.[19]

훗날 윈허는 그날 벌어진 사건을 묘사하면서 공포와 분노 대신 극적 분위기만을 강조했다. (어쩌면 극적 분위기 때문에 그날 경찰이 자신에게 한 행동을 약간 다르게 기억하는지도 모르겠다.) 도시 밖으로 걸어가기에는 "복장이 적절하지 않다."고 윈허가 항의하자 경찰은 어디서 구했는지 '벨벳으로 만든 촌스럽고 야한 중국식 긴 겉옷'을 한 벌 주었다고 한다. 이로써 윈허와 경찰은 복장에 대해 합의했던 모양이다.

경찰들이 눈을 가리고 있는 동안 윈허는 서양식 옷을 벗고 중국식 겉옷을 입은 다음 다시 그 위에 서양식 옷을 입었다. 그 다음 자기 자신을 어떻게 해서든 크게 보이고 싶었는지 그 위에 털실로 짠 조끼까지 힘겹게 겹쳐 입었다. 경찰은 윈허를 석방했고 윈허는 경찰서에서 나와 상하이 교외에 있는 채소밭까지 밤새도록 걸었다.

경찰은 윈허를 혁명가로 진지하게 생각하지는 않았던 것 같다. 하지만 윈허 자신은 아마도 후대 사람들이 자신을 박해받은 공산주의자로 받아들이지 않을까 봐 걱정했던 모양이다. 윈허는 그날 있었던 일에 믿기 어려운 이야기를 하나 더 보탰다. 훗날 윈허는 그날 밤 어둠 속으로 걸어 나가기 전에 벗어놓은 내복에서 '당 조직에서 발급한 비밀 당원 신청 양식'을 꺼내 조끼 안쪽에 넣었다고 말했다. (많은 사람의 증언에 따르면 1934년 상하이 공산당 조직에는 그런 양식이 없었으며, 당원이든 공산당 동조자든 누구도 그런 증명서 따위를 몸에 지니고 다니지 않았다고 한다.)

그날 밤 윈허는 서쪽을 향해 걸어갔는데 중간에 한 명 이상의 낯선 남자들이 윈허를 '불러 세우려' 했다고 한다. 그때 윈허는 벼를 심은 논에 들어가 당원 신청 양식을 삼켜버렸다고 한다. 윈허는 다시 한 번 국민당 사복 요원들에게 체포되었다. (그날 저녁에 윈허를 석방했던 사람들과 같은 부류였다.)

윈허가 회고한 내용 가운데 어디까지가 진실이고 어디부터 거짓인지는 모르지만 1934년 10월에 그녀가 감옥에 수감되었다는 이야기는 사실이다. 윈허는 국민당 정부에서 위험 인물로 주시하던 사람들과 가깝게 지냈기 때문에 의혹을 샀다. "진짜 공산주의자를 잡는 데 시간을 쓰는 게 좋을 거예요!" 경찰들이 감옥에 넣을 때 윈허는 이렇게 소리쳤다고 한다. 이 발언은 약간 과장된 듯하지만, 어느 정도의 진실도 내포한 것이었다. 여하튼 이렇게 감옥에 수감된 것은 윈허에게 엄청난 충격이자 수치였다.

"갑자기 그녀가 학교에 오지 않았습니다." 야간학교에서 윈허에게 공부를 배우던 담배 공장 노동자의 회고다. "쉬이웅 선생님이 아주 슬픈 얼굴을 하고는 리윈허 선생님이 체포되었다고 말했습니다. …… 우리는 돈을 모아 과자와 음식을 사서 쉬 선생님에게 주면서, 리원허 선생님에게 전해 달라고 부탁했죠. 리원허 선생님에게 우리의 존경심과 슬픔을 표현하려는 행동이었습니다."[20]

원허는 자신이 감옥에서 보낸 시간이 '8개월'이라고 말했으며 이 시간이 폭력과 남성들의 억압과 배신의 시간이었지만 궁극적으로는 자신을 가둔 사람들에게 맞서 승리한 투쟁의 시간이었다고 회고했다. 원허는 생리가 끊겼으며 오후가 되면 오한과 발열에 시달렸다고 한다. 한 교도관은 원허의 오만함에 화가 나서 얼굴을 때렸고 다른 교도관은 여성 죄수들이 울 때마다 채찍을 휘둘렀다. 하지만 원허는 경극에 나오는 아리아를 불렀고(이렇게 하면 자신이 공산주의자가 아니라는 것을 교도관들이 납득할 거라고 생각한 걸까?) 다른 죄수들에게는 심문받을 때 어떻게 답변하는 것이 좋은지 조언을 해주었다고 회고했다. 당 조직으로부터 (한 번도 접촉할 수 없었던 당 조직이다!) 빵과 잠옷과 약간의 돈을 선물로 받기도 했다. 한번은 울면서 "제발 나를 총살해 달라."고 반항하기도 했다. 결국 1935년 봄에 YWCA의 외국인 간부가 와서 무죄를 보증하고 나서야 석방되었다고 훗날 장칭은 회고했다.

원허가 '3개월'간 투옥되었다는 증언도 있는데, 내용은 덜 영웅적이지만 이 증언이 좀 더 사실에 가까운 것 같다.[21] 이 증언에 따르면, 원허가 감옥에서 때때로 승리를 거둔 것은 사실이지만, 그것은 정치적으로 현명하게 행동해서가 아니라 자신의 여성적 매력을 효과적으로 활용했기 때문이라고 한다. 그리고 그녀의 석방 이유는 다른 것이 아니고 그녀가 자신의 죄를 인정하고 자백했기 때문이었다고 한다.

원허는 교도관들과 즐겁게 대화를 나누고 술도 같이 마셨다고 한다. (당시 중국인 정보 제공자의 증언이다.) 원허는 또 자신이 무대에서 공연하던 모습을 찍은 사진도 주었다고 한다. 원허가 자신이 제일 좋아하는 경극에 나오는 노래를 부른 것은 사실이지만, 이 행동은 좌파가 아니라는 것을 증명하기 위해서가 아니라 노래로 감동을 주어 교도관들이 자신을 좀 더 부드럽게 대해주길 바랐기 때문이었다. 윈허가 심문 과정에서 다른 사람들 이야기를 너무 많이 하는 바람에 여러 사람이 공산주의자라는 사실이 발각되어 체포되었다. 간수들은 그녀가 '젊고 아름다우며' 만일 공산주의를 배격하고 국민당의 '삼민주의'를 신봉하겠노라고 선서하면 '그녀의 앞길에 희망'이 있을 거라고 윈허를 설득했다. 그리하여 윈허는 결국 자수서(自首書)*를 작성하고 1935년 봄에 석방되었다는 것이다.

"제가 말했죠. '네 경우는 정말 간단해.'" 당시 윈허를 담당했던 교도관이 말했다. "그냥 새 출발을 하면 돼. 그럼 너는 아무 문제도 없을 거야." 그는 다른 간수들은 윈허를 때렸지만 자신은 때리지 않았으며 대신에 윈허가 알아듣도록 친절하고 자상하게 이야기했다고 자랑스럽게 말했다. "제가 잘못을 인정하면 모든 것을 용서받을 수 있다고 말하자 그녀는 정말 처량한 표정을 지었습니다. 곧 그녀는 자수서를 작성했죠."

윈허가 감옥 경험을 과장되게 기억했다고 해서, 아니면 그녀가 당시 상황을 과장된 극적 순간으로 경험했다고 해서, 윈허가 고통을 전혀 겪지 않았다는 뜻은 아니다. 윈허는 분명 고생을 했고 치욕을 겪었으며 부당한 대우를 받았다. 생리가 끊길 정도였다면 체중이 줄어 몸이 무척 약해졌을 것이다. 자신이 겪은 고난을 한 발 떨어져서 마치 관객의 입장에서 본 듯 묘사했지만, 그렇다고 해서 그녀가 고통을 겪지 않았다거나 현실을 깨닫지 못한 것은 아니었다. 더 정확히 말하면, 그녀는 외부에서 규정한 자신의 정치적 정체성이 자기 내면에 비추어보았을 때 어느 정도나 진짜인지 자신이 없었을 것이다. 그녀는 내면의 느낌과 외부의 상황을 종합하여 무엇이 진실인지를 나름대로 구성해보려고 안간힘을 쓰고 있었다.

---

* 여기서 자수(自首)는 어떤 죄를 저질렀음을 인정하는 자백(自白)의 의미까지 포함하지는 않고, 단지 자신의 잘못을 설명하고 앞으로 처신을 잘하겠다는 약속의 의미를 담고 있었다.

윈허는 먼저 석방되어 나가는 동료 수감자에게 밖에 나가면 자신의 '진짜 정체는 아직 발각되지' 않았다고 당 조직에 보고해 달라고 부탁했다. 윈허의 진짜 정체는 사실 그 자신도 아직 발견하지 못한 상태였다.

'진정한 공산주의자'란 무엇인가? 윈허는 궁금했다. 어렴풋하게나마 윈허는 자신이 진정한 공산주의자라고 믿었다. 민족주의와 가난한 사람들을 향한 연민을 품고 시대의 울분을 표현하고 있었기 때문이다. 윈허가 생각하기에 사람들이 상하이를 소비에트 지역(마오쩌둥이 장악한 지역)**과 비교하는 것은 공정하지 못한 처사였다. 상하이의 공산당 조직이 선전 조직에 불과한 것과 달리 소비에트 지역의 공산당은 이미 정치적, 심지어 군사적 조직으로 성장한 상태였다. 상하이에서 벌어지는 전투는 이념 투쟁이 아니었던가? 그렇다면 윈허 자신보다 더 불의에 맞선 투쟁심에 불타는 사람이 누가 있단 말인가?

한번은 일본의 진보 작가 대표단이 상하이를 방문했다. 윈허는 방문단과 만난 중국 연극계 여성 좌익 인사 그룹에 끼어 있었다. "그녀는 날씬하고 우아했습니다. 그러나 그녀 안에는 강력한 어떤 것이 깃들어 있었습니다." 일본인 작가 니시 세이코(仁志誠子)의 회고다. 중국 대표단은 각각 종이 한 장에 간단한 메모를 적어 일본 대표단에게 하나씩 주었다. 종이에 적힌 내용을 일본에 돌아가 주위 사람들과 공유하라는 뜻이었다. 윈허는 이렇게 썼다. "중국의 명예를 더럽히는 영화를 만들지 말아 주시기 바랍니다."[22]

국민당 경찰과 어떤 식으로 타협했는지는 확실하지 않지만, 여하튼 투옥 사건 뒤로 윈허는 전보다 조심스럽게 행동했고 정치에도 관심을 덜 기울였다. 우선 순위가 바뀐 것이다.[23] 이제는 공적인 일보다 개인의

** 여기서 마오쩌둥이 장악한 소비에트 지역이란 '장시(江西) 소비에트'를 말하는 것으로 보인다. 마오쩌둥은 중국 남동부 장시성(江西省)에 독립적인 소비에트공화국 정부(1931~1934)를 세웠다. 당시 장시 소비에트 이외에 중국 전역에 적어도 10여 곳에 크고 작은 소비에트가 있었다.(역주)

일을 먼저 생각했고 정치 조직보다 공연 예술을 우선했다. 윈허의 정치적 이상주의는 여전했지만 그것을 표현하는 방법에서 더 신중해졌다.

당시에 좌익 정치는 개인과 개인의 관계가 거미줄처럼 이어진 망 형태였다. 모든 개인 관계는 명령과 복종의 규율이 기본인 수직적 관계였다. 서로 긴장을 풀고 만날 수 있는 수평적 관계는 존재하지 않았다. 동지 한 명을 파견하여 다른 동지와 접선할 때는 자기들만의 비밀 신호를 주고받았다. 비밀 신호는 윗옷의 첫 번째와 세 번째 단추를 풀어놓는다든지, 왼손으로 모자를 잡고 있는데 그 팔의 각도를 몇 도로 맞춘다든지 하는 식이었다. 이런 활동을 하다 보면 매사에 조심하게 되고, 비밀이 늘어나며, 자긍심을 느끼게 된다.

그러나 이 세계에는 우정이 존재할 수 없었고, 윈허는 그 사실이 너무 차갑게 느껴졌다. 이제 윈허는 자신의 삶이나 일에서 위험 요소를 적게 두려고 했을 뿐 아니라 감정적으로도 만족을 찾으려 했다.

무대 위의 '노라', 스타가 되다

출소 후 윈허는 야간학교 숙소로 돌아가지 않았다. 야간학교에는 정치 활동가가 주위에 가득했다. 윈허는 프랑스 조계 안에 살던 연극인 친구의 집으로 들어갔다. 새로운 출발을 하려고, 아니 새로운 자기 자신을 만들려고 윈허는 이름을 바꿨다.[24] 란핑(藍蘋), '푸른 사과'라는 뜻이다.

과거 윈허의 선생이었던 완라이톈은 '윈허(구름 속의 학)'라는 이름이 너무 수동적이고 은둔자 같은 느낌을 주어서 그녀의 열정적인 성격에 어울리지 않으며 "도가의 여성 수도자 같은 느낌(道姑氣)"마저 있다고 했다. 지금이야말로 윈허라는 이름을 묻어버리고 좀 더 강력한 사람으로 다시 태어나야 하지 않겠는가.

윈허는 '수멍'이란 옛 이름으로 돌아갈까도 생각했지만, 곧 친구들에게 상하이에서 이런 촌스러운 이름은 곤란하다고 말했다. 그녀의 출생 배경을 말할 때 언급되곤 하던 '롼(欒)' 자를 쓸까도 생각했다.* 하지만 앞으로 그녀가 엄청나게 거느리게 될 팬들 입장에서 생각해보면 곤란한 이름이었다. 왜냐하면 이 글자는 한 번 쓰는 데 22획이나 필요하기 때문이다.

원허는 결국 '란(藍)'을 새로운 성으로 정했다. 아마도 '롼'과 비슷하고 원허가 청색(특히 청색 옷)을 좋아했기 때문인 것 같다. 원허는 '란'에 '핑(蘋)'을 붙였는데, 아마도 고향인 산둥 지방에 있는 옌타이(煙臺)를 생각했는지도 모른다. 옌타이는 싱싱하고 맛 좋은 사과가 나는 고장이다. 스무 살의 '란핑'은 이렇게 탄생했다.**

"그 여배우는 꼭 봐야 해." 홍선(洪深, 1894~1955)은 추이완추***에게 이렇게 말했다. 홍선은 위치웨이 누나인 위산의 절친한 친구이며 미국에서 공부하고 돌아와 지금은 상하이에서 유명한 연극 제작자로 일하고 있었다. 추이완추는 상하이에서 손꼽히는 문예부 기자였다. "그 여배우는 자네 고향 산둥 출신의 신인이야. 칭다오에서 내 강의를 몇 개 들었지. 아주 괜찮은 애야." 영리하고 우아하며 순진한 눈빛의 추이완추는 홍선과 함께 택시를 타고 프랑스 조계 안에 있는 허름한 연극 공연장으로 향했다. 그곳에서는 란핑이 입센의 〈인형의 집〉을 연습하고 있었다.

도착해보니 마침 휴식 시간이었다. 남녀 배우들은 삼삼오오 모여 차를 마시거나 담배를 피웠고, 몇몇은 객석에 편하게 앉아 쉬고 있었다. 홍선이 한 여배우를 가리켰다. 그 여자는 연습장 한쪽 벽을 따라서 천천히 왔다 갔다 하면서 대본을 손에 들고 대사를 중얼거리고 있었다. "저 사

---

* 장칭의 생부의 성이 '롼(欒)'이라는 설이 있다. 장칭이 지은 첫 번째 이름이 '롼수멍'이라는 등 저자는 이 설에 대해 자세히 설명하고 있다. 본서 미주 1장 3번을 보라.(역주)
** 장칭이 이름을 두 번 바꾼 것은 당시 중국의 예술계나 정치계에서 드문 일이 아니었다. (장칭은 임시로 이름을 한두 개 더 쓴다.) 장칭이 결혼했던 네 명의 남자들 모두 이름이 하나인 사람은 없었다.
*** 추이완추(崔萬秋, 1903~1982) 언론인, 일본 전문가. 국민당 정부의 외교관으로 활동하다가 은퇴 후 1971년부터 사망할 때까지 미국에 거주했다. 장칭에 관한 책을 저술했으며 로스 테릴과 면담을 통해 장칭에 관해 많은 정보를 제공했다.(역주)

람이 란핑이라네."

추이완추는 고개를 돌려 홍선이 가리키는 쪽을 바라보았다. 어두운 청색 치파오를 입고 앞머리를 가지런하게 짧게 잘라 이마를 살짝 가린 날씬한 여배우가 보였다. "그녀는 시골 아가씨같이 보였습니다. 상하이 느낌이 전혀 없었죠." 추이완추의 회고다. 홍선은 란핑에게 손짓하여 불렀다. 란핑은 부끄러운 듯 미소를 띠며 대본을 옆에 꼭 낀 채로 재빨리 걸어왔다. "이 사람은 〈대만보(大晩報)〉 편집인인 추이완추 씨란다. 네 고향 산둥 선배지."

"아, 선생님이 쓰신 기사를 읽은 적이 있습니다." 란핑은 존경심을 표하며 말했다. "선생님의 책도 몇 권 읽었습니다." 란핑이 말하는 것을 듣고 추이완추는 곧 그녀가 연극 표준어인 만다린 훈련을 받았다는 것을 알아차렸다. 하지만 고향 '주청'을 발음할 때는 역시 산둥 억양이 남아 있었다. "칭다오대학 도서관에서 일할 때 선생님 이름을 들었습니다."

홍선의 어린 제자이자 친구인 여배우가 보인 공손한 태도와 매력에 빠져 있던 추이완추는 문득 정신을 차리고 말했다. "성공하시길 바랍니다."

"공연이 끝나면 추이 선생님을 찾아 뵙고 싶습니다. 선생님께 많이 배우고, 고향 이야기도 나누고 싶습니다." 란핑이 귀여운 목소리로 말했다.

"나한테 배울 게 있을까요? 하지만 언제든 놀러 오세요. 언제나 환영입니다." 추이완추가 대답했다.

훗날 란핑은 이날의 첫 만남을 친구에게 이렇게 말했다. "그 사람을 만나는 건 나한테 무척 중요한 일이었어." 담담하게 말하고는 한마디 덧붙였다. "게다가 잘생기기도 했고."

추이완추는 이렇게 회고했다. "저는 처음부터 그녀의 진지한 태도에 감동했습니다. 다른 배우들은 쉬거나 잡담을 나누는 동안에도 그녀는 자기 배역을 연습하고 있었습니다." 여자들과 잘 어울리는 사람으로 알려진 추이완추는 란핑의 외모를 이렇게 평가했다. "미인이라고 할 수는 없어요. 하지만 몸매가 날씬했고 얼굴 윤곽이 뚜렷했죠. 눈이 맑았고 붉은 입술이 예뻤습니다. 그리고 똑똑하고 행동이 민첩했지요. 귀여운 여자였습니다." 추이완추는 단점을 찾아냈다. "밝은 눈은 맞습니다. 하지만 하얀 이는 아니었어요. 앞니 하나가 누렇더군요."* 중국에서는 '밝은 눈과 하얀 이'가 미인을 나타내는 기준이다.

홍선은 추이완추와 함께 관객석에 앉았다. 공연 연습이 다시 시작되었다. "자네도 산둥 출신 아닌가. 자네라면 란핑을 도와줄 수 있지 않은가? 좀 응원해주게." 추이완추는 도울 수 있는 일이 있다면 기꺼이 돕겠다고 답했다. 〈대만보〉에 기사를 싣거나 그밖에 다른 방법으로도 도움을 줄 수 있다는 뜻이었다. "란핑에겐 장래가 있어. 그리고 그녀가 무엇인가 해낼 인물이라는 느낌이 든다네."

그때 〈인형의 집〉 감독인 장민(章泯, 1906~1975)이 무대에 신호를 보냈다. 란핑은 자신이 맡은 '노라' 연기를 시작했다. 란핑은 어느새 반항심 가득한 노라의 모습으로 변신했다.[25]

좌익연극인연맹은 정치에 관심 있는 예술인 그룹들을 산하 단체로 둔 상부 조직이었는데, 상하이 특유의 분위기를 비롯해 보헤미아니즘과 민족주의와 젊은이 특유의 낭만주의(란핑이 직업적으로나 개인적으로 만나는 사람들은 거의 모두 20대 젊은이였다), 그리고 공산주의까지 여러 특징이 한데 섞여 있었다.

앞에서 살펴보았듯이 란핑은 '혁명가'이면서 '개인주의자'로 사는 것이 불가능하다는 사실을 알아차리지 못했다. 란핑은 두 가지 모두를 원했다. 란핑뿐 아니라 주위의 젊은이들은 모두 같은 생각이었다. 연극과 정치 사이에 경계선이 분명하지 않았던 젊은이는 란핑 혼자만이 아니었다. 연맹에 속한 사람들도 대부분 마찬가지였다.

---

* 란핑의 설명에 따르면, 어린 시절에 아버지가 어머니를 삽으로 때리는 것을 막으려다가 아버지가 휘두른 삽에 얼굴을 맞아 앞니 하나가 부러졌는데 바로 그 이였다고 한다.

또한 자유분방한 생활 방식은—상하이에서 보낸 4년 기운데 나중 2년 동안 란핑은 특히 매우 자유분방하게 살았다.—공연 예술 분야에서 출세의 계단을 오르려는 20대 젊은 여배우에게 그렇게 특별한 일은 아니었다. 많은 감독들이 '자신의' 여배우가 자신의 섹스 상대가 되어주는 것을 당연하게 여겼다. 예를 들어 란핑과 주변 사람들은 공산당에서 지도적 위치에 있는 저우양*이라는 지식인이 젊은 여배우와 동거하는 사실을 다 알았다. 그래도 동료들은 저우양을 별로 탓하지 않았다. 어떤 여배우가 벌컥 화를 내고 소리를 지른다든지, 남자에게 영원한 사랑을 맹세한다든지, 밤새도록 울다가 싸우다가 한다든지 하는 것은 그 여배우가 연극적 소양이 매우 풍부하다는 것을 보여주는 증거라고 여겼다. 란핑이 종종 그랬듯이 실제 삶과 연극의 구분이 명확하지 않은 것은 그 사람이 자신의 예술에 완전히 몰입했음을 보여주는 바람직한 모습으로 받아들여졌다.

란핑은 축구 스타 '리'를 자주 만났다. 배우와 운동선수는 서로 친하게 지내는 경향이 있었다. 사는 곳 역시 서로 멀지 않았다.

"내가 이위안 경기장이나 자오저우 경기장에서 (둘 다 프랑스 조계령 안에 있는 경기장이다) 시합을 할 때면 란핑은 꼭 나와서 응원을 해주었습니다." 리는 란핑을 귀엽고 꽤 날씬하며 중간 키에, 사람들과 어울릴 때 적절하게 잘 처신하는 여자였다고 기억한다. 친구들은 여배우인 란핑과 축구선수인 리를 '미인과 기사'라고 부르기도 했다.

처음에는 두 사람이 그저 잠시 만나는 데다 별로 친숙한 대화도 없었고, 여러 사람과 같이 어울려서 따로 둘만의 시간을 갖는 것도 아니었다. 하지만 하루는 두 사람이 조풍공원에서 열린 파티에 따로따로 초대받아 우연히 만났다. 남경로에 있는 조풍공원은 유흥과 식사를 즐

---

* **저우양**(周揚, 1908~1989) 상하이에서 문예 이론가, 공산주의 이론가로 활동했다. 나중에 옌안으로 가서 중국공산당 선전부에서 활동했고 장칭과 오랜 세월 동안 다양한 관계로 얽히며 결국 문화혁명 때 탄압받는다.(역주)

길 수 있는 곳이었다. 두 사람은 같은 자리에 배정되었는데, 식사를 같이 한 다음 술을 약간 마셨고 둘만 살짝 빠져나와 정안사로(靜安寺路)에 있는 칼튼 극장으로 영화를 보러 갔다. 칼튼 극장은 매우 인기가 좋았는데 영화보다도 연인끼리 앉아 오붓한 시간을 보낼 수 있는 곳이었다. 두 사람은 뒷자리에 앉아 〈여인의 마음〉이라는 영화를 보았다. 밍싱(明星) 영화제작사에서 만든 영화였는데, 아름다운 여배우 후디에(胡蝶, 1907~1989)와 멋진 남자 배우 구메이쥔(顧梅君, 1915~1989)이 출연했다.

나중에 홍콩으로 망명한 리는 이렇게 회고했다. "영화에 좀 뜨거운 장면이 나왔을 때 …… 란핑이 나를 향해 이상한, 무엇인가를 갈망하는 듯한 눈초리를 보냈습니다. 또 성적으로 흥분되는 장면이 나오면 몸을 내게 바짝 기대 왔습니다."

잘나가는 멋진 축구선수에게 접근하는 데 어느 정도 적극적으로 나가야 하는지 란핑은 잘못 판단했던 것이다. 장소 역시 잘못 선택했다. 리는 이렇게 말했다. "생각해보십시오. 난 이미 상당한 연애 경험이 있었습니다. 여자가 적극적으로 다가온다고 해서 호기심에 불타 충동적으로 행동할 나이는 지났죠. 란핑이 그렇게 나와도 나는 아무 반응을 보이지 않았습니다."

"내가 싫어요?" 란핑은 부드럽게 물어본다고 했으나 리에게는 거의 비난처럼 들렸다.

"쉿, 아니, 무슨 소리야?" 리는 짐짓 태연스레 대답했다. "영화에 빠져 있는 것뿐이라고. 저 후디에의 멋진 연기를 좀 봐." 잠시 후 리는 "잘했어!" 하면서 소리를 쳤다. 당시 중국 관객들은 멋진 장면이 나오면 이렇게 소리를 쳤다. 스크린에서 방금 곤경에 빠져 있던 주인공 후디에가 멋지게 위기에서 벗어났던 것이다.

란핑은 '부드러운 팔'을 리의 탄탄하고 따뜻한 허리에 둘렀다. 영화가 끝나고 밝은 불이 들어오기 전에 이 남자를 좀 더 유혹해야겠다는 듯이.

약간의 시간이 흐르고 드디어 영화가 끝나자 관객이 남경로로 쏟아져 나왔다. 영화 장면을 되새기며 말없이 걷는 사람도 있고 신나게 떠드는 사람도 있었다. "그녀가 어떤 생각을 하고 있는지는 이미 분명했습니다." 리의 회상이다. 리는 란핑을 너무도 잘 이해할 수 있었다. 젊고, 상하이에 새로 왔으며, 지금 예술계에서 상승가도를 달리는 중이지만 더 빨리 정상에 올라가고 싶어 하는 것을 너무나 잘 알 수 있었다. 마치 보석을 손아귀에 빨리 잡아채는 심정으로 명성을 하루라도 빨리 자신의 것으로 만들고 싶은 것이다.

리 자신도 축구 스타여서 명성을 바라는 마음을 전혀 모르는 것은 아니었지만 란핑이 드러내놓고 자신의 목적을 추구하는 것을 보고는 그녀에게 끌리면서도 조금 당황했다. "그녀는 정말 과감했습니다."

황혼이 깔렸다. 남경로에 붉은 조명과 녹색 조명이 켜졌다. 영화를 보고 나온 두 사람의 얼굴은 다소 흥분된 채 밝게 빛나고 있었다. 리와 란핑은 몇 마디 말을 나누면서 남경로를 거닐다가 식당에 들어가 한쪽 구석 테이블에 앉아 이른 저녁 식사를 했다. 중국식 생선과 밥이었고 달콤한 붉은 포도주를 몇 잔 마셨다.

깜깜한 밤중이 되었을 때 두 사람은 후이중 호텔 4층 객실에 들었다. 원목과 비단으로 진중한 분위기를 낸 고급 객실에는 화려한 가구와 넓은 욕실이 있었고, 멋지게 수놓은 램프 덮개에서는 은은하고 부드러운 불빛이 퍼져 나왔다. 남경로에서 사람들이 내는 시끄러운 소리는 아득히 먼 곳에 있었다. "이런 환경과 조건이라면 남자와 여자 둘이서 무얼 해야 할지 뻔한 거 아니겠어요?" 리는 중국인 특유의 건조한 어조로 이렇게 말했다.

"내가 객실 방문을 닫고 소파에 앉자마자 그녀는 곧바로 나에게 몸을 붙여 왔습니다. 부드러운 말과 뜨거운 키스였죠."

"이번 주에는 무슨 시합이 있어요?" 리의 목을 두 손으로 감싸며 란핑은 빠르게 속삭였다. 갓난아이처럼 란핑은 리의 가슴으로 파고들었다. "어느 팀하고 붙어요?" 사실 상황에 어울리지 않는 엉뚱한 질문이었다.

"이번 주는 시합이 없어. 난 쑤저우(蘇州)에 가야 해.(리의 고향이었다)"

란핑은 짐짓 실망한 척하면서 웃음을 터뜨렸다. "그럼 뭐야? 리 없이 한 주일을 보내란 말이야?"

"한 주일이야 금방 지나가잖아? 다음 주 일요일에 시합이 있어."

"축구 경기에서 당신이 힘차게 뛸 때 너무 좋더라. 특히 슈팅할 때 정말 좋아." 란핑은 신나게 말했다. 란핑의 뺨이 발그레해졌다. 란핑은 아까 본 영화 〈여인의 마음〉에 나온 장면을 흉내 냈다. 그녀의 몸은 따뜻한 온기를 뿜어내고 있었다.

"갑자기 란핑이 옷을 벗어 던졌어요. 속옷만 입고는 욕실로 뛰어가더군요." 리는 침대에 누운 채 붉은 포도주를 조금씩 마시면서 란핑이 참으로 적극적이라는 생각을 했다.

란핑이 목욕을 마치고 침대로 왔다. 그리고 '미인과 기사'는 사랑을 나누기 시작했다. 하지만 란핑은 자신의 매력을 과시하는 데 너무나 열중한 나머지 좋은 연인이 되는 데는 실패했다. 사랑을 나누는 남녀 사이에 오가는 따뜻한 감정이 부족했던 것이다. "그녀는 분명 내게 큰 쾌락을 주었지만 마음을 편하고 흡족하게 해주지는 못했습니다."

여하튼 란핑은 축구선수 리의 마음에 잊지 못할 추억을 남겼다. "30년이 넘게 흘렀어요. 후이중 호텔에서 보낸 그 밤 이후로." 홍콩에서 만났을 때 리는 이렇게 말했다. "남자를 유혹하는 매력은 세월과 함께 사라졌겠죠. 하지만 나는 그녀를 절대로 잊지 못할 겁니다."[26]

란핑은 〈인형의 집〉에서 노라 역을 맡아 대성공을 거두었다. 상대역을 맡은 남자 배우는 당시 인기가 높았던 자오단*이었는데, 그는 훗날 공

---

* **자오단**(趙丹, 1915~1980) 배우. 중국공산당 문화 부문에서 활동했으며, 문화혁명 때 5년간 수감된다.(역주)

산당 문화 정치 분야에서 중요한 인물이 된다. 〈인형의 집〉은 란핑에게 배우로서 돌파구가 되었다.

입센의 〈인형의 집〉은 변호사인 토르발트 헬머와 결혼한 주인공 노라가 전통적인 결혼의 여러 구습과 속박으로부터 벗어나 조금씩 인격적으로 놀라운 성장과 변모를 보이는 과정을 그린 작품이었고, 란핑이 지난에서 예술학교를 다니던 시절부터 가장 좋아하는 작품이었다. "나는 노라 역에 완전히 몰입했습니다." 그녀는 연습하던 때를 회상하며 이렇게 말했다. 란핑은 두 달 동안 하루도 빠짐없이 수많은 시간을 연습에 쏟아부었다.

1935년 6월, 연극이 무대에 오른 첫날 금성대극장(金城大戲院) 객석은 만원이었다. 상하이 연극계의 유명 인사는 모두 나타났다. 유명한 감독 스둥산, 주요 연극 비평가들, 유력 일간지 〈대공보(大公報)〉의 미남 기자 탕나도 왔다. 추이완추는 기대에 부풀어 객석에 앉았다. 그날 밤, 란핑은 노라의 입을 빌려 중국의 전통적 관습에 과감히 도전했고 관객들을 흥분시켰다. 란핑은 자신을 이 '여성 반항아'로 변모시키면서 자기 안에 감추어져 있던 새로운 인격을 발견했다. (훗날 그녀는 자신이 "노라라는 인물에 대한 입센의 원래 구상을 넘어섰다."고 자랑스럽게 이야기했다.)

란핑은 무대에서 전 남편 페이밍룬을 향해 소리칠 수 있었다. "우리 두 사람은 각자 완전히 자유로워요. 자, 여기 당신이 내게 준 결혼 반지가 있어요. 내가 당신에게 준 반지를 돌려주세요." 란핑은 또한 남성 감독들에게 분노를 표현할 수 있었다. "내 남편 토르발트, 나는 당신을 위해 온갖 희한한 짓을 하면서 살아왔죠."

란핑이 바로 노라였다. 란핑은 이후 평생 뭔가 좋은 일이 생겼을 때나 혹은 다른 사람 눈에 수수께끼 같은 존재로 보이고 싶을 때면 노라가 그랬던 것처럼 혼자 콧노래를 불렀다.

〈인형의 집〉은 두 달 동안 상연되었다. 좌익 계열 작품으로는 보기 드문 장기 공연이었다. 란핑의 연기는 극찬을 받았다. 물론 노라의 상대역

1935년 연극 〈인형의 집〉에서 '노라'를 연기한 란핑(장칭). 〈인형의 집〉은 좌파 계열 작품으로는 드물게 두 달간 상연되었으며, 장칭의 연기는 극찬을 받았다. "1935년은 노라의 해였다."

인 토르발트를 맡은 자오단의 명성 덕분에 란핑의 이름이 덩달아 올라간 측면도 있었다.

어느 연극 평론가는 이렇게 썼다. "란핑 양의 연기 덕분에 우리는 생전 처음으로 진짜 '노라'를 알게 되었다. 그녀가 울면 우리도 울었고 그녀가 미소 지을 때면 우리 모두 행복한 느낌에 사로잡혔다."

또 다른 저명한 (좌파가 아닌) 평론가는 훗날 이렇게 썼다. "〔상하이 연극계에서〕 1935년은 노라의 해였다."[27]

추이완추의 회고다. "노라 역을 맡으면서 란핑은 유명해졌죠. 정말 굉장했습니다. 란핑은 노라를 극단적 반항아로 연출해냈습니다." 추이완추는 쓸쓸한 미소를 지었다. 란핑을 좋아했지만 그녀의 정치적 성향은 싫어했던 사람의 미소였다. "반항적인 노라를 연기하면서 란핑은 〈인형의 집〉이 무척이나 혁명적인 작품이라고 말했습니다."

원래 란핑에게 관심이 있던 사람들은 '노라'를 통해 잠깐 동안이지만 란핑의 내면을 엿볼 수 있었다. 추이완추는 극장을 떠나면서 같이 갔던 동료에게 이렇게 말했다. "이 젊은 스타는 아마도 좋은 아내가 되지는 못할 것 같군. 그녀와 결혼하는 남자는 상당히 고생할 것 같아." 그로부터 1년이 채 지나지 않은 어느 날 추이완추는 란핑의 〈인형의 집〉 개막 공연을 본 뒤로 그녀와 사랑에 빠진 남자(바로 탕나)와 이야기할 기회가 있었다. 추이완추는 그 남자에게 란핑에 대한 자신의 의견을 다시 한 번 말해주었다. 란핑은 '멋진 반항아'지만 '아내로선 부적합'하니 결혼하지 말라고.

공연이 끝나자 추이완추는 곧바로 〈대만보〉 사무실로 돌아갔다. (〈대만보〉는 제1면에 영어로 'China Evening News'라고 신문 제호를 달아놓았다.) 추이완추는 그날 저녁 란핑과 그녀의 연기를 조명하는 시리즈 기사를 쓰기로 결심했다. 그 다음 날부터 며칠에 걸쳐 〈대만보〉의 연극 소식 면에는 란핑을 칭찬하는 기사가 실렸다. "이런 보도를 보고 란핑은 고맙게 생각했나요?" 훗날 추이완추는 이 질문에 그저 미소만 지었다. 그러자 옆에 앉아 있던 매력적이고 재치 있는 추이완추의 아내 장쥔후이가 질문자에게 한 마디 했다. "너무 긍정적인 말이네요. 란핑은 대단한 여자였다,* 뭐 이 정도로 말해 두지요." 추이완추는 표정이 굳어지면서 한마디 했다. "그 이야기는 이제 그만 합시다."

---

* 이 부분에는 영어 말장난이 숨어 있다. 이 세 사람의 대화는 영어로 진행되었는데 '고맙게 생각하다'는 저본에 'grateful'로 되어 있고 '대단하다'는 'great'이다. 앞 단어 'grateful'(그레이트풀)과 뒤의 'great'(그레이트)는 발음은 비슷한데 그 뜻에서 볼 때 앞의 것은 '누구에게 고맙게 생각하다'는 뜻이고 뒤의 것은 '보통사람과 다르다'는 뜻이니 상당히 재치 있는 말장난이라고 볼 수 있겠다. 굳이 번역하자면, 뒤의 것을 "고맙게 생각하다니요? 그 여자가 어디 보통 사람인가요?" 하는 정도로 번역할 수는 있겠다.(역주)

〈인형의 집〉을 연출한 장민 감독은 국제적 감각을 지닌 인물이었는데, 19세기 러시아의 저명한 연극 이론가 스타니슬라프스키**의 연극 철학을 신봉했다. 장민 감독은 란핑에게 연극배우로서뿐만 아니라 인간적으로도 깊은 인상을 받았다. 원래 란핑을 소개한 것은 홍선이었다. 〈인형의 집〉의 노라 역에는 상당히 많은 일급 여배우들이 물망에 올랐는데, 장민은 당시 신인이던 란핑을 선택했던 것이다. 〈인형의 집〉이 성공한 이후 장민은 홍선 교수가 '발굴'한 산둥 출신의 여배우에게 더 많은 관심을 보였다.

연일 쏟아지는 찬사 속에서 한 비평가가 이견을 내놓았다. 작가이자 감독인 장경(張康)은 란핑이 창조해낸 '여성 반항아' 노라에 대해 전문적인 차원에서뿐만 아니라 사적인 차원에서 반응했다. 이런 일은 란핑의 배우 경력에서 드물지 않았다.

장경은 1933년 란핑이 일과 연기 공부를 병행하던 극단의 지도자였다.[28] 당시 그는 부드러운 매너에 자신감 넘치는 20대 후반의 남자였다. "그녀는 내 거야. 건드리지 마." 그는 산둥에서 온 신인을 자기 소유인 양 말하곤 했다. 소유물로 취급당하는 데 분노한 란핑은 '그가 접근하는 것을 막느라' 전쟁을 치렀다. 저녁에 연극 연습과 정치 집회가 끝나고 나면 장경은 항상 자기 집에 가자고 요구했고 란핑은 계속 거절했다. 아무것도 믿을 것 없는 어린 여배우가 강하게 저항하는 데 놀란 장경은 란핑의 고집을 꺾으려고 결혼하고 싶다고 말했다. 란핑은 곧바로 그 자리에서 딱 잘라 거절했다. 당시 란핑은 청혼을 받고 거절하는 일을 반복하던 때였다.

그 사건 뒤로 1년 넘게 시간이 흐른 지금, 란핑이 연기한 노라를 차가운 눈으로 지켜본 저명한 감독 겸 비평가 장경이 란핑의 연기가 거칠고

** **스타니슬라프스키**(Konstantin Stanislavski, 1863~1938) 러시아의 배우, 연출자, 제작자. 모스크바 예술 극단 창설자이며, '스타니슬라프스키 방식'이라는 연기 방식 또는 연기 이론을 발전시켰다. 그의 연기 방법론은 지금까지도 영향을 끼치고 있다.(역주)

지나치게 적극적이고 불쾌할 정도로 반항적이라고 평했다. 한마디로 "지나치게 사연주의적"이라는 이야기였다.* 란핑이 인간으로서 자존심을 버리고서라도 그저 예술계와 정치계에서 출세하기만을 바랐다면 장경의 요구대로 그와 하룻밤을 보낼 수 있었을 것이고, 그랬다면 이런 비판은 피할 수 있었을 것이다.

란핑을 비난한 두 번째 인물은 유명한 여배우 우메이(吳湄)였다.[29] 그녀는 노라 역을 욕심냈으나 란핑에게 밀려났다. "란핑은 정말 나쁜 여자예요." 아름다운 여배우의 얼굴은 순식간에 증오로 가득 찼다. "처음부터 끝까지 란핑은 장민 감독에게 아부했죠." 톈한이 이끄는 극단 '남국사(南國社)' 소속이었던 우메이는 장민 감독이 자신에게 〈인형의 집〉에서 노라의 이웃집 여자 역을 배정하자 불같이 화를 냈다. 아예 연습장에 나타나지도 않았다. 개막 공연 바로 전날, 친구들이 '전반적인 상황'을 생각해보라며 설득했고, 결국 우메이는 간신히 자존심을 꺾고 개막 공연에서 조연을 맡았다. 란핑에게 또 한 명의 적이 생긴 것이다.**

장경의 부정적인 평가에도 불구하고, 그리고 란핑보다 세련된 여성 경쟁자들의 반감이 갈수록 높아졌지만 란핑은 '노라'를 통해 마침내 그토록 간절히 원하던 영화 진출의 꿈을 이루게 된다.

상하이 영화 배우

〈인형의 집〉의 성공과 스둥산의 끈질긴 노력의 결과로 란핑은 뎬퉁 (電通) 영화제작사와 3개월간 계약을 체결하는 데 성공했다. 한 달 월급으로 25위안 정도를 받는 조건이었다. 스둥산은 란핑을 소개해준 칭다

---

* 훗날 자신이 겪은 모든 개인적 혹은 예술적 다툼에 정치적 색깔을 덧입힐 수 있는 자리에 올랐을 때 장칭(란핑)은 장경이 자신을 트로츠키주의자라고 소문을 퍼뜨렸으며 (당시로서는 공산당 내부에서 아주 강력한 비판) 좌익연극인연맹에서 탈퇴시키려 했다고 주장했다.
** 수십 년이 흐른 뒤 문화혁명이 일어났을 때 홍위병이 대여섯 차례 우메이의 집을 약탈한다. (우메이는 1966년 10월 실종되었는데 홍위병들은 그녀가 자살했다고 발표한다. 괄호 안은 역자 주)

오 친구들에게 의무감도 있었고 개인적으로 란핑에게 매력을 느끼기도 했다.

좌익 성향인 덴퉁 영화제작사는 공산당의 영향 아래 있었다. 덴퉁은 사회 의식과 애국심을 고취할 목적으로 영화를 만들었는데, 이곳에서 만든 작품들은 부족한 예산으로도 상당히 생생한 느낌을 주었다.

"덴퉁 영화제작사는 밍싱(明星) 영화제작사 같은 이윤을 목적으로 하는 영화사와 여러 면에서 달랐습니다." 당시 한 저명한 비평가가 말했다. "덴퉁은 신생 영화사였고 자본이 넉넉하지는 않았습니다. 하지만 예술가들이 직접 운영했고 사회 정의에 헌신하고자 했습니다." 덴퉁에서 만든 영화는 '지적인 영화'였기 때문에 보통 사람들에게는 그다지 인기가 높지 않았다. 대중은 밍싱 영화제작사에서 만드는 '눈으로 먹는 달콤한 아이스크림'을 좋아했다.[30] "아시다시피 란핑은 그저 그런 보통 여배우가 아니었습니다." 당시 젊은 동료 여배우였던 쑤페이(蘇菲)의 말이다. 쑤페이는 훗날 공산주의 운동에서 오랜 경력을 쌓는다. "여느 대중적인 여배우들과 비교하면, 란핑은 덴퉁 여배우답게 소박하고 직설적이고 진지했습니다. 란핑은 밍싱 여배우들처럼 얼굴에 핑크빛 볼화장, 빨간 립스틱, 검은 눈화장 같은 것을 마구 바르는 사람이 아니었어요."[31] 밍싱에서 일했던 여배우 캉젠은 자신이 당시 한 달에 70위안을 받았다고 기억했다.[32] 란핑이 받은 월급의 거의 세 배에 달하는 액수였다.

란핑은 앞으로도 이전과 마찬가지로 자기 역할을 맡기 위해 고생을 해야 할 처지였지만, 이제 막 '진보적인' 여배우로서 경력을 쌓기 시작한 것이었다. 란핑은 덴퉁에서 1935년부터 1936년까지 1년 동안 일했다. 처음 몇 달 동안은 초라한 일을 했다. 영화 의상을 수선하거나 촬영 세트를 만드는 일을 하면서 배역이 돌아오기를 기다렸다. 다른 사람들 눈에 란핑은 단지 예술로만이 아니라 자신의 사는 모습으로 세상의 이목을 끌려고 노력하는 사람으로 보였다. 란핑은 사교성 좋은 어린 신참으로 알려졌다. 감독의 팔에 장난스럽게 매달려 영화사 정문을 장난치며 통과하기도 했고, 칼튼 극장에서 늦은 밤 영화를 보고 24시간 영업하는 국 숫집에 가서 잘생긴 남자 배우와 밤새도록 즐겁게 수다를 떨기도 했다.

어느 날 저녁 란핑은 친구들과 저녁을 먹으러 밖에 나갔다. 일행 중에 는 유명한 여배우 왕잉*과 왕잉의 남자 친구이자 역시 배우인 저우보쉰 (周伯勛)이 있었다. 그들은 러시아 음식점에서 저녁을 먹으면서 보드카를 많이 마셨다. 얼마 후 일행은 대부분 사라지고 저우보쉰은 란핑과 왕잉 만 남아 있는 것을 보았다. 두 여자 모두 술에 잔뜩 취한 상태였다. 저 우보쉰은 왕잉을 데려다주기 전에 우선 란핑을 뎬퉁 영화제작사 정문까 지 데려다주고는, 수위에게 술에 취해 비틀거리는 란핑이 안전하게 잠자 리에 들 수 있게 도와 달라고 부탁했다. 노인이었던 수위는 란핑의 동료 인 젊은 남자 배우를 불러 란핑을 2층으로 데리고 가도록 하는 게 좋겠 다고 생각했다.

이 젊은이는 부탁받은 일을 아주 빈틈없이 잘 처리했던 모양이다. 다 음 날 아침 란핑은 벌거벗은 채 잠에서 깼다. 옷은 한쪽 구석에 수북이 쌓여 있었다. 몸을 살피던 중 란핑은 자기 배에서 붉은색 표시를 발견했 다. 글씨였다! 란핑의 립스틱으로 글씨를 썼는데, 립스틱은 뚜껑이 열린 채 침대 옆에 있는 작은 테이블 위에 있었다. "다음번에는 조심하시오. 엄청난 술꾼에게." 란핑은 서둘러 옷을 입고 왕잉을 찾아갔다.

"애, 어제 나 너무 취했어." 왕잉이 란핑에게 말했다. "러시아 술이 그 렇게 독한지 몰랐다니까."

"왕잉! 내가 어떻게 내 숙소에 돌아왔지?"

"저우보쉰이 수위한테 너를 위층으로 데려다 달라고 했대."

란핑은 늙은 수위가 이런 장난을 칠 리가 없다고 생각했고 수위를 찾아갔다. "위안무즈(袁牧之, 1909~1978)가 널 데리고 갔는데?" 수위가 알려주었다.

---

* **왕잉(王瑩,** 1913~1974) 중국의 영화배우. 작가. 문화혁명 당시 1967년에 수감되어 7년 뒤 옥사하였다.(역주)

란핑은 젊고 영리한 배우이자 감독인 위안무즈를 자기 방으로 불렀다. 문을 닫고 두 사람만 있게 되자 란핑이 소리쳤다. "어떻게 그런 짓을 할 수 있죠?" "이런, 나한테 화를 내는군요. 나한테 고마워해야 하는 거 아닌가요?" 위안무즈가 대답했다. 처음에는 화가 잔뜩 났던 란핑은 위안무즈가 이런저런 이야기를 하자 점차 화가 풀려서 장난스러운 기분이 되었다. 위안무즈는 웃음을 띤 채 이렇게 말했다. "정말 그 말이 싫어요? 그럼 옷을 벗어요. 내가 글씨를 지워줄게요. 그럼 됐죠?" 앞으로도 란핑은 위안무즈와 다양한 인연을 맺게 되는데 이것이 그 시작이었다.[33]

상하이 영화계는 상하이라는 도시의 성격을 반영하듯, 화려하고 거칠지만 감성적이고 거의 '중국이 아닌' 것처럼 느껴질 정도로 국제적이었다.**[34] 중국의 오랜 역사를 비교 기준으로 삼는다면 상하이 영화계는 마치 봄비 뒤에 갑자기 솟아오르는 버섯들처럼 순식간에 발전했다.

상하이에는 재능과 열광이 넘쳤다. 상점 여종업원과 인력거꾼들은 극장에서 자신들의 스타가 연기하는 것을 보면서 감동 어린 탄성을 터뜨렸다. 그 배우가 좌파라도 상관없었다. 그리고 마치 주식 거래인들이 주식 시황표를 열심히 보듯, 온갖 잡동사니 연예가 소식으로 가득 찬 영화 잡지를 눈으로 집어삼킬 듯이 열심히 읽었다. 상하이에서 영화 산업은 이제 막 성장하는 중이었기 때문에 재능만 있으면 배우나 감독들은 몇 달 안에 경력을 쌓을 수 있었다. 제작비도 부족하고 기술 수준도 형편없었지만, 엄청나게 몰려드는 영화 관객의 열정은 부족한 부분을 채우고도 남았다.

예술적 기준은 높지 않았다. 현재의 상황을 정의 내리거나 전망을 제시할 수 있는 확실한 영화적 전통도 없었다. 급박한 정치적 목표를 강조한 나머지 예술이 선동으로 변하는 경우도 종종 있었다. 또한 많은

** 1929년 한 해 동안 상하이에서 상영된 영화의 90퍼센트가 미국 영화였다.

영화들이 중국 전통과 완전히 단절되면서 한편으론 진정으로 국제주의
적이라고 할 수 없을 정도로 지나치게 서양 흉내를 내는 식이었다. 한마
디로 이도 저도 아닌 영화가 많았다.

뿌리내릴 곳도 없고 갈 길도 확실하지 않았던 란핑에게는 안성맞춤
인 세계였다. 그녀의 약점이 이 바닥에서는 오히려 강점이 되었다. 변화
무쌍한 세계에서 다양한 경험을 하면서 란핑의 정신 세계는 활짝 꽃피
게 된다.

영화의 세계에서는 웃는 얼굴과 화난 얼굴이 순식간에 교차한다. 가
난한 자는 더 가난하게, 부유한 자는 더 부유하게 만드는 것처럼 느껴
진다. 혼자 몽상에 젖는다든지 충동적으로 행동한다든지 열정에 찬 하
루 저녁을 보낸다든지, 혹은 스크린 위에 빛나는 그림을 바라보면서 (톈
한은 영화를 '은빛 꿈'이라고 불렀다.) 란핑은 당시 일본이 중국에 가하는
고통과 흔들리는 중국의 사회 질서, 상하이라는 정글 속에 내던져진 자
신의 신세와 같은 현실을 잠시나마 잊을 수 있었다. 아무것도 잃을 것
이 없으며 이제까지 자신의 삶에서 경험하지 못한 만족감을 느껴보고
싶어 하던 란핑에게 영화만큼 완벽한 피신처가 있었을까?

하지만 란핑은 명성과 욕설 사이에서, 자유와 착취 사이에서 외줄타
기를 해야 했다. 특히 여성들은 공연 예술 세계에 존재하는 온갖 모순과
이 세계가 주는 한때의 환상으로 자신의 운명이 어지럽게 흔들리는 것
을 경험했다. 스크린 위에서 여배우는 '옥 같은 여자(玉女)'로서 선망과
질투의 대상이었고 관객들 각자가 꾸는 꿈의 대상이었다. 하지만 조명
이 꺼지고 나면 여배우는 상하이 사회에서 부랑자, 도살업자, 또는 창녀
와 같은 사회적 지위에 있었다.

물론 여배우는 여자들 가운데 가장 해방된 존재였다. 가족의 굴레에
서 벗어난 그들은 남자들과 동등한 위치에서 자기 자신을 마음껏 표현
했다. 하지만 마치 진홍색 비단을 어떤 각도에서 보면 어두운 갈색으로
밖에 보이지 않듯이, 이 자유는 여배우의 삶에서 한 측면에 불과했다. 여

잡지 표지에 등장한 여배우 란핑. 〈인형의 집〉을 성공의 발판으로 삼아 란핑(장칭)은 영화계로 진출한다. 급성장하고 있던 상하이 영화계에서 장칭은 다양한 경험을 하면서 크게 성장할 수 있었다.

배우는 자신에게 배역을 주는 감독에게 항상 '인형' 역할을 해야 했다. 또 여배우는 연예계에서 이 세계의 권력자들이 즐겨 만드는 기묘한 왕국의 노예였다.

란핑은 비단의 두 가지 색깔을 모두 볼 수 있었다. 작가이자 여성 운동가로 활동한 딩링*은 당시 영화계에서 여배우들이 성적으로 착취당하는 것을 보고 잠깐 동안이나마 영화배우가 되려 했던 꿈을 버렸다고 했지만, 란핑에겐 선택의 여지가 없었다. 수단을 가리지 않고서라도 성공하려는 욕망이 너무나 강했기 때문에 란핑은 어떤 모욕적인 대우를 받더라도 참고 견뎠다.

상하이는 전통에 묶인 중국의 농촌에 둘러싸인 고립된 지역이었다. 하지만 그 안을 들여다보면 상업주의에 물든 상하이에서 예술적 낭만주

---

* **딩링**(丁玲, 1904~1986) 중국의 좌파 계열 작가. 토지 개혁 운동에서 소재를 취해 쓴 소설 《태양은 쌍간강에서 빛난다》로 1951년에 중국인으로서 처음으로 스탈린상을 받았다. 1950년대 후반 반우파 투쟁과 문화혁명 시기에 탄압받았다. 1978년에 복권되었다.(역주)

의자인 보헤미안들이 따로 고립된 공간에 살고 있었다.

겉으로 보기에 란핑은 태평스럽고 명랑했다. 하지만 속으로는 누구도 자신을 '통제'하거나 '소유'하도록 허용하지 않겠다고 굳게 결심했다. 장경이 그랬던 것처럼 다른 남자 배우나 감독이 자신의 목표를 가로막는 상황이 벌어지면 란핑의 매력은 순식간에 엄청난 분노로 돌변했다. 만일 어떤 남자가 극장표를 사준다거나 식당에서 음식값을 내주면 란핑은 반드시 다음번에 자신이 돈을 냈다. 지갑을 탈탈 털어서라도.

어떤 사람들은 이 예쁜 소녀의 내면에 존재하는 강력한 의지를 과소평가했다. 여러 남자와 가까이하는 란핑에게 '썩은 사과', 즉 '란핑궈(爛蘋果)'라는 별명을 붙인 사람도 있었다.[35] 란핑이라는 이름과 발음이 같은 것을 이용하여 장난을 친 것이다. 하지만 복잡한 이성 관계 속에서 란핑은 일정한 목적을 유지하고 있는 듯했다.

같이 연기를 하는 동료들은 가끔 란핑이 비싼 카페에서 홀로 차를 한 잔 시켜놓고 앉아 있거나 혹은 밥만 한 그릇 시켜놓고 앉아 있는 모습을 볼 수 있었다. 그런 경우 동료들은 란핑이 남자 친구를 기다리는 것이라고 짐작했다. 실제로 때때로 남자가 나타나곤 했다. 하지만 란핑이 대담하게 행동하는 것이 꼭 남자를 찾기 위해서만은 아니었다. 그녀의 행동은 자신감의 표현이었다. 란핑은 어떤 목적을 노리고 자신감을 표출하는 것이 아니라, 자신감을 내보이는 것 자체를 목적으로 삼았다.

사람들은 흔히 완전히 자유롭기보다는 의무와 일상에 묶여 있는 편이 낫다고 말한다. 아마도 맞는 말일 것이다. 특히 중국인들이 그렇게 말하는 경우가 많다. 하지만 란핑은 예외였다. 그녀는 혼자 있기를 좋아했다. 남자든 감독이든 선생님이든 란핑은 다른 사람에게 의지하는 것을 좋아하지 않았다.

동료나 경쟁자들은 란핑을 자신감 넘치는 여자 또는 뻔뻔한 여자라고 생각했다.[36] 하지만 란핑은 속으로는 주위 사람들이 자신을 깔보고 '품위'도 없고 자격도 없이 벼락출세한 여자로 보는 데 많이 아파했다. 란핑은 충동에 끌리기보다 계산에 밝은 냉정한 사람으로 보였지만, 사실 그녀는 마음이 여려 상처받기 쉬운 꽃이었다. 란핑은 다른 사람들, 특히 여자들과 팀을 이뤄 함께 일하는 데 서툴렀다. 강인한 면이 있었지만, 살면서 겪는 시련에 매우 고통스러워했다.

오후 3시, 전화가 울렸을 때 추이완추는 〈대만보〉 사무실에서 교정지를 살펴보는 중이었다. 란핑이었다. 두 달간 이어진 〈인형의 집〉 공연이 끝나고 얼마 지나지 않은 때였다. 란핑은 〈대만보〉 예술 부록인 〈횃불〉에서 과분한 평을 받았다며 감사 표시를 하러 잠깐 들러도 되겠느냐고 물었다.

추이완추는 그날 저녁에 밍싱 영화제작사의 시나리오 작가인 아잉(阿英)과 저녁 약속이 있었다. 두 남자 모두 란핑이 함께하는 것을 환영했다. 그들은 노라를 연기한 배우에게 관심이 있었다. 아잉은 처리해야 할 일이 남아 조금 늦는다고 했고, 추이완추와 란핑은 상하이 중심가인 회해대로(淮海大路)에서 식사 전에 커피를 마시는 당시 유행에 따라 커피 한 잔을 마시며 아잉을 기다렸다.

란핑은 옅은 청색 치파오를 입었고 단아한 구두를 신었다. 립스틱과 볼화장, 분을 약간 바른 정도로 가볍게 화장을 했다. 란핑은 마치 보헤미안과 프롤레타리아와 놀기를 좋아하는 여자의 특징을 모두 지닌 듯한 묘한 분위기를 자아냈다.

세 사람은 프랑스 조계 안에서 유명한 식당인 금강반점에서 저녁을 들며 이야기를 나누었다. 화제가 경극으로 옮아가자 란핑은 강하게 반(反)전통적 견해를 밝혔다. 란핑은 당시 가장 유력한 경극 배우이자 지도자였던 메이란팡(梅蘭芳)을 '보수적'이라고 비난했다. 추이완추와 아잉은 란핑의 말에 동의하지 않았다. 란핑은 〈천녀산화(天女散花)〉를 비롯해 메이란팡이 만든 경극에서 여성을 어떻게 묘사했는지를 비판하면서 자신의 생각을 밝혔다. "여성을 지나치게 감정적으로 묘사하고 있어요."

란핑은 경멸하는 어조로 말했다. "킥킥대며 웃다가 갑자기 벌컥 화를 내는 식이죠." 린핑은 "너무나 연약한 나머지 바람이 한번 휙 불면 쓰러질 것 같아서 남자가 옆에서 부축해주지 않으면 안 될 것" 같은 여자들이 나오는 것이 싫다고 했다.

"어째서 남자들은 결핵에 걸린 유령처럼 생긴 여자들을 좋아하는 거죠?" 란핑의 결론이었다. 추이완추는 란핑이 이처럼 강한 어조로 말하는 것을 보고 약간 놀랐다.

세 사람은 열띤 토론을 벌이면서 부지런히 먹어치웠고, 빈 접시가 마치 전리품처럼 수북이 쌓였다. 세 사람은 번갈아 가며 경극의 노랫가락을 한마디씩 인용했다. 란핑은 추이완추만큼 많은 가락을 외우고 있지는 못했다. 란핑은 자신이 전문가 수준으로 경극 아리아를 부를 수 있는 듯 이야기했지만 사실은 그럴 능력이 없었다고 회고하는 사람들도 있다.

추이완추는 란핑에게 영화를 자주 보느냐고 물었다. "영화는 우리에게는 교과서와 같지요." 란핑이 대답했다. 란핑은 중국 영화와 외국 영화를 가리지 않고 많이 본다고 말했다. 그리고 당시 가장 유명한 여배우였던 후디에와 롼링위(阮玲玉)에 관해 이야기를 나누었다. 롼링위는 대단히 활기찬 여성이었는데 자신이 장난감 취급을 당한다고 생각해 결국 우울증에 빠져 1935년 스물다섯 살의 젊은 나이로 자살했다. 란핑은 후디에보다 롼링위가 더 좋다고 말했다.

후디에는 '나무로 만든 미인'이라고 란핑이 말했다. "나무로 된 조각품이죠." 추이완추와 아이잉은 부당한 평가라고 생각했다. "게다가 후디에는 9월 18일 사건(류탸오후 사건)이 있던 바로 그날 밤에 장쉐량(張學良)과 밤새도록 춤을 추고 있었습니다." (그 시간에 장쉐량은 만주 군벌로서 일본의 침략에 맞서는 자신의 의무를 다했어야 했다.)

추이완추는 미소를 지으며 옛날을 회상했다. "란핑과 저는 상하이에 정확히 같은 시기에 도착했습니다. 란핑은 칭다오에서, 저는 일본에서 왔지요." 홍선이 두 사람을 소개해준 뒤에 두 사람은 신문 편집인과 새내기 여배우로서 자주 만나 즐거운 대화를 나누었다. 어쩌면 잠시지만 우정이 싹텄을지도 모르겠다. 추이완추는 란핑과 금세 가까워져서 가끔 일본에서 지식인들이 상하이를 방문할 때면 란핑을 일본 친구들에게 자랑스럽게 소개했다. 란핑은 종종 강한 반일 감정을 숨기지 않고 표현했는데도 추이완추는 '고향 후배'인 란핑을 일본 친구와 만나는 자리에 곧잘 초대했다.

"란핑은 내가 발행하는 문학 부록 편에 글을 몇 편 기고했습니다. 그렇게 원숙한 글은 아니었지만 란핑은 자신의 글이 출판된다는 사실에 무척 기뻐했습니다." 추이완추의 말이다. 란핑에게 준 원고료는 1천 글자에 3위안이었다. 궈모뤄(郭沫若, 1892~1978), 샤옌(夏衍, 1900~1995), 랴오모사 같은 유명 작가들은 1천 글자에 10위안을 받았다.

란핑과 추이완추 사이에 정치적 협력은 없었다. 추이완추는 좌파가 아니라 '중국청년당' 당원이었다. 청년당은 국민당에 비판적인 입장이었지만 그렇더라도 공산당보다는 국민당 쪽에 가까웠다. 연극계에서 성공을 거두기 시작한 란핑은 과거, 말하자면 그녀가 체포되고 투옥되었던 시기보다 혁명 정치에 관심을 덜 기울인 것이 사실이었다. 하지만 오늘날 중국 정부가 주장하듯이 추이완추가 실은 '국민당 스파이'였으며, 장제스의 대의를 위해 란핑이 석방된 뒤에 그녀를 설득하여 '비밀 공작'에 끌어들였다는 것은 사실이 아니다. 추이완추는 란핑에게 친절하게 대했다. 하지만 그것은 정치적 계산에 따른 것이 아니라 란핑을 좋아했고 그녀의 연기를 응원해주어야겠다고 마음먹었기 때문이었다.[37]

"나는 혁명가입니다"

란핑의 '노라'를 무척 좋아하는 남자가 있었다. 그는 〈대공보〉에서 예술 비평을 담당하는 똑똑하고 감수성 풍부한 기자인 탕나였다. 탕나의 얼굴은 약간 넙적한 편이지만 시원하게 잘생긴 편이었다. 코와 입 사이가 다소 넓은 편이었으며, 눈은 항상 유머와 호기심으로 빛났다. 가벼운 천으로 만든 양복을 멋지게 치려입고 검은 머리는 깔끔하게 빗어 내렸다. 그는 말할 때 다양한 손짓을 했지만 항상 손가락에는 담배가 꽂혀 있었다. 때로는 입 한쪽에 담배를 비스듬히 문 채로 열심히 무엇인가를 이야기했다. 금성대극장에서 〈인형의 집〉 개막 공연 때 탕나는 란핑의 연기에 도취했다. 그가 보기에 란핑은 강하고 흥미로웠으며 여성적 매력이 넘쳤다. 그녀를 만나는 것은 이제 오로지 시간 문제일 뿐이었다.

어느 더운 날 저녁이었다. 탕나는 덴퉁 영화제작사를 향해 걸어가고 있었다. 그는 신문기자 외에 별도로 덴퉁 영화제작사에서 발행하는 잡지의 편집인이자 영화 감독으로도 일했다. 프랑스 조계의 번화가인 회해대로는 산책하는 사람, 음식을 파는 노점상, 데이트하는 남녀, 동냥하는 거지들로 북적거렸다. 문득 탕나의 눈에 란핑이 보였다. 그녀는 더운 날씨에도 아랑곳하지 않고 어디론가 급하게 걸어가고 있었다. 소녀처럼 가지런히 앞머리를 자른 란핑의 청색 치파오의 비단 무늬가 네온사인에 반짝거렸다. 주의 깊게 봐야만 그녀의 발목이 조금 무거워 보이고 무릎이 약간 바깥쪽으로 휘어 있다는 것을 알 수 있었다. 어린 시절에 전족을 한 탓이었는데, 이것은 란핑이 평생 지니고 가야 할 흔적이었다. 란핑과 탕나는 곧 서로를 알아보았다.

두 사람은 걸음을 멈추고 잠시 서로를 쳐다보았다. 탕나는 잘생긴 고양이처럼 환하게 미소 지었다. 란핑은 손을 내밀어 악수를 청했다. '노라' 연기가 정말 기가 막혔다고 탕나가 말했다. 란핑은 탕나의 글을 잘 읽고 있노라고 대답했다. "나는 혁명가입니다." 상하이 좌익 문화계에서 유명 인사인 탕나에게 란핑이 다짜고짜 던진 첫 마디였다. 그녀는 근사해 보였다. 다소 이상하고 삐걱거리면서도 자기 의견을 똑부러지게 주장하는 란핑이 싫지 않았다. 오히려 매력적으로 보였다.

"산둥에서 온 지 얼마 안 된 매혹적인 젊은 여배우가 북적거리는 회해대로에서 저를 마주 보고 서서 자신은 혁명가라고 선언하는 모습이 매우 강렬한 인상을 남겼습니다." 탕나의 회고다. 사회적으로나 경제적으로, 또 예술계에서도 탕나는 란핑보다 몇 단계 높은 위치에 있었다.

톈진에서 태어난 탕나는 갓난아이 때 아버지를 잃었다. 철도 직원이던 아버지는 피부에 발라야 할 약을 삼키는 바람에 사망했다. 탕나는 생후 14개월에 남편 없이 홀로 사는 부유한 친척 아주머니에게 보내져 쑤저우에서 성장했다. 탕나는 필명이었고 그의 본명은 마지량(馬驥良)이었다. 탕나의 '탕(唐)' 자는 유모 '탕 아줌마'에게서 가져온 것인데, 유모가 그를 아름다운 정원의 도시 쑤저우로 데려왔기 때문이다. 이름의 '나'는 '룽나(容納)', 즉 관대하다는 뜻의 중국어에서 따왔는데, 자신을 키워준 친척 아주머니를 뜻하는 글자였다. 탕나의 어머니와 다른 형제는 톈진에서 그대로 살았다. 란핑과 마찬가지로 탕나 역시 가족이 뿔뿔이 흩어져 살았다.

탕나의 회고. "제가 처음으로 쓴 기사는 쑤저우의 지방 신문에 실렸습니다. 제가 쓴 글을 편집자가 신문에 싣겠다고 알려 왔을 때 얼마나 기뻤는지 모릅니다. 제 글의 주제는 '행운의 편지'였습니다. 저는 그것을 공격했습니다. 완전히 미신이죠. 편지를 받은 사람이 몇 사람에게 그 편지를 써 보내지 않으면 불운을 당하고, 편지를 써서 1위안을 동봉해서 보내면 행운이 오고 부자가 된다니, 말도 안 되는 이야기죠."

활기찬 10대 시절 탕나는 친척 아주머니가 고용한 선생이 가르치는 유학이 너무나 싫었다. "경전을 큰 소리로 낭독해야 했습니다. 한 글자라도 틀리면 선생님은 대나무 회초리로 나를 때렸죠." 어떤 식으로 반항했는지 떠올리면서 탕나는 기분이 좋은 모양이다. "몇 분마다 한 번씩 오줌이 마렵다고 하면서 자꾸 일어나 밖으로 나갔지요. 결국 공부하기 지겨워서 꾀부리는 걸 선생님이 알아차리고는 불같이 화를 냈는데 정말 볼 만했습니다."

"쑤저우에 대해서 네가 좋아하는 게 뭐야?" 훗날 탕나가 친구에게 물었다.

"다리, 정원, 그리고 쑤저우 사람들은 잘생겼잖아."

"사람들이 쑤저우 여자들은 미녀라고 하는데 나는 그렇게 생각하지 않아." 탕나의 대답이다. 탕나는 질문을 받으면 항상 엉뚱한 답을 생각하는 사람이었다. "날 보라고. 나는 쑤저우 여자만 선택하지는 않아." 씩 웃으면서 탕나가 말했다.*

쑤저우 출신의 멋진 반항아 탕나는 상하이에 와서 좌파가 되었다. 하지만 누구의 규제도 받지 않는 좌파였다. 외국인이 운영하는 상하이 소재 '성요한대학(聖約翰大學)'에서 탕나는 미국인 교수에게 중국 문학을 배웠다. "그것은 치욕적이라기보다 그저 바보 같은 한심한 일이었죠." 탕나의 회상이다. "제가 좌파가 된 건 상하이의 두 가지 상황 때문이었습니다. 첫째는 외국인들이 중국인들을 지배하고 있다는 것, 둘째는 빈부 격차 때문이었습니다."

란핑과 달리 탕나는 공산당 정치에 관여하지 않았다. "나는 한 번도 공산당에 입당하겠다는 생각은 하지 않았습니다." 특별한 노력 없이도 쉽게 재능을 펼 수 있었던 보헤미안이 이야기했다. "우리는 다름 아닌 '예술가'들이었습니다. 우리는 같은 생각을 했고, 시대의 쟁점들에 강한 감정을 느꼈습니다. 이미 우리는 펜으로, 목소리로, 온몸으로 중국을 위해 애쓰고 있었습니다. 공산당에 꼭 들어가야 할 필요는 없어 보였습니다." 탕나는 마르크스나 레닌이 쓴 책을 단 한 권도 읽은 적이 없었다. 정치에 한해서는 란핑이 그날 회해대로에서 만난 이 매력적인 비평가보다 강경하고 계산적이고 아마도 더 진지한 자세를 갖추고 있었을 것이다.

그 다음 날 란핑은 뎬퉁 영화제작사로 탕나를 만나러 갔다. 란핑은 새로운 남자를 만날 준비가 되어 있었다. 위치웨이와 헤어진 이후로 동

---

* 탕나는 후일 아름답고 재능 있는 천룬충(陳潤瓊)과 결혼한다. 푸젠성(福建省) 출신인 천룬충은 가족이 베이징으로 이사했으며 아버지가 국민당 정부의 프랑스 파견 대사를 거쳐 나중에는 외교부장까지 지냈다.

거한 남자는 없었다. 상하이의 엄청난 인파 속에서 란핑은 여전히 표류하는 중이었다. 당시 란핑은 탕나를 '미스터 탕'이라고 불렀다. 란핑은 탕나에게 접근하면서 양면 전략을 썼다. 아주 조심스럽고 정성스럽게 존경을 표해 그를 기분 좋게 만드는 한편으로, 틈틈이 예상치 못한 순간에 애교를 떨어 탕나의 감성에서 약한 부분을 건드렸다.

"이미 많은 것을 이룬 분이 무엇 때문에 이렇게 자주 사무실에 나와서 일을 하시죠?" 란핑은 조심스러운 태도로 이렇게 물었다. 탕나는 란핑이 그저 얼굴만 알던 사이에서 좀 더 솔직한 관계를 원한다는 것을 알아차렸고, 곧 자신이 일을 열심히 하는 만큼 놀기도 열심히 한다고 설명했다. "란핑 양도 그렇지 않나요?"

젊은 여배우는 콧소리를 내면서 은근하게 답했다. "저도 그래요. 그런데 저는 일을 너무 열심히 하는 것 같아요." 이렇게 유혹적인 말을 하는 것이 자신으로서는 무척 드문 일이라고 은근히 알리는 것이다. "자신의 한계에 이르기까지 일하지 않는 사람은 쾌락을 느껴도 더없이 완전한 수준에는 이를 수 없죠. 미스터 탕도 그렇게 생각하지 않나요?" 이어서 란핑은 약간 과감하게 승부수를 던졌다. 그녀는 부드러운 미소를 짓다가 살짝 눈썹을 찡그리며 말했다. "일 년 내내 봄은 단 한 번밖에 오지 않아요. 매일매일 날씨가 화창한 것은 아니죠. 기회도 때가 있답니다. 언제든 잡을 수 있도록 우리 앞에서 마냥 기다려주지 않죠. 기회가 다가올 때 확실하게 잡아채지 않으면 안 돼요. 잡지 못하면 그 기회는 곧 사라지고 마니까요."

란핑은 지나치게 적극적이었지만 신선하고 흥미로웠다. 탕나는 자신이 란핑에게 빠져들고 있음을 알았다.

옛 중국에서 여자가 애인을 구할 때는 남자에게 알 듯 모를 듯한 암시만 줄 수 있었다. 집 안에 있는 나무 칸막이 아래로 작은 붉은색 신발을 살짝 내보인다든가, 황혼이 밀려올 때 정원에 홀로 서 있다든가, 길을 지나는 청년이 들을 수 있도록 줄을 퉁기며 악기를 연주한다든가 하는 식이었다. 하지만 1930년대 상하이에서 여자들은 좀 더 과감하게 행동할 수 있었다.

탕나의 회고다. "상하이 여자들 중에서도 란핑은 특별했습니다. 그녀는 겁 많은 중국 여자가 아니었습니다. 어쩌면 당신은 중국 여자들이 수줍어하는 것을 많이 봤는지 모르겠네요. 하지만 란핑은 전혀 그렇지 않았습니다. 그녀는 서슴지 않고 남자에게 다가가 이야기를 건네고 먼저 제안하기도 하고 남자가 가는 길을 가로막을 수 있는 여자였습니다. 정말 대담했죠."

란핑은 홍커우에 있는 덴퉁 영화제작사 정문으로 당당하게 걸어 들어갔다. 허벅지까지 가늘게 트인 푸른색 치파오를 입은 란핑이 긴 머리칼을 오후의 햇살 속에 흩날리는 모습은 멋졌다. 덴퉁 영화제작사는 중등학교 자리에 서양식으로 설계한 건물이었는데, 전문 인력들이 일하는 3층짜리 건물과 농구장과 테니스장, 촬영 세트와 의상 등을 보관하는 창고가 있었다. (좌파라고 해서 좋은 건물을 소유하지 말라는 법은 없다.)*38)

수위가 란핑을 테니스장으로 안내했다. 테니스장에서는 배우 츠자오가 동료 세 명과 함께 복식 테니스 게임을 하고 있었다. 란핑이 물었다. "탕나 씨가 어디에 있는지 아세요?" 란핑이 덴퉁 영화제작사에 들어온 지 얼마 되지 않은 때여서 네 남자는 그녀가 누구인지 몰랐다. 탕나는 테니스장에 없었다. (탕나는 테니스를 칠 줄 몰랐다.) 란핑은 이어서 유명한 여배우인 왕잉과 배우이자 감독인 위안무즈가 어디 있는지 물었다. (위안무즈는 란핑의 배에 립스틱으로 글씨를 썼던 사람이다.) 그러나 그들 역시 테니스장에 없었다. 란핑은 가지 않고 그대로 자리에 앉아 테니스 시합을 구경하기 시작했다. 네 남자의 관심이 쏠릴 수밖에 없었다. 멋진 외모, 알 수 없는 정체, 탕나와 도대체 무슨 일이 있는지 궁금했기 때문이다.

---

* 탕나가 그랬듯이 간부 중에는 상하이 시내에 따로 아파트를 갖고 있는 사람도 있었다.

시합을 보면서 란핑은 끊임없이 매혹적인 미소를 지은 덕분에 몇 분 지나지 않아 츠자오에게서 라켓을 한번 잡아보라는 제안을 받았다.

얼마 지나지 않아 츠자오가 강하게 날린 공이 그만 란핑의 가슴을 쳤다. 란핑은 그물 옆에 푹 쓰러져 몸을 웅크리고 고통스러워했다. 여러 사람이 이리저리 몸을 주무르고 나서야 란핑은 약간 살아난 기색을 보였고, 이후에는 30분 동안 다른 남자들이 경기하는 것을 줄곧 옆에서 지켜보기만 했다. 그날 저녁에 뎬퉁 영화제작사 식당에서 사장인 마더젠이 란핑을 새로 들어온 배우라고 소개했고, 그제서야 테니스를 치던 남자들은 인상적인 방문객의 이름을 알게 되었다.

이후 며칠에 걸쳐 츠자오는 란핑 이야기로 정신이 없었다. 하지만 미안해서 란핑을 똑바로 쳐다보지는 못했다. 테니스 공에 맞아 가슴에 멍이 든 이 여배우를 좀 더 알고 싶어 하는 남자들이 많았다. 이때는 〈자유정신〉이라는 제목의 영화를 찍기 직전 시기로 영화사가 약간 한가롭던 때였다. 〈자유정신〉은 왕잉이 주연을 맡고 란핑이 조연을 맡은 평범한 영화였다.[39] 세상일에 밝으면서도 다소 유치한 구석이 있었던 뎬퉁 영화제작사의 남자 배우들은 란핑에게 큰 관심을 보였다. 하루는 탕나가 란핑을 초대하여 칼튼극장에서 영화를 보고, 하루는 츠자오가 란핑과 공원에서 산책을 하고, 하루는 위안무즈가 란핑과 줄기차게 속삭이며 대화를 나누고, 하루는 몸이 건장한 저우보쉰이 파크호텔 근처 아시장에 가서 간식을 먹자고 란핑에게 조르는 식이었다.

어느 깊은 밤 새벽 2시. 란핑은 침대에 누워 내일 찍을 〈자유정신〉 대본을 읽고 있었다. 그때 갑자기 창밖에 검은 그림자가 나타났고 그녀는 깜짝 놀라 소리를 질렀다. "거기 누구예요?" 다급하게 물었지만 아무 대답이 없었다. 한 시간쯤 뒤 살짝 잠이 들었던 란핑이 이상한 느낌에 눈을 떴을 때, 남자의 손이 방문을 열고 있었다! 란핑이 비명을 지르자 같은 건물에 있던 사람들이 잠옷을 입은 채로 그녀의 방으로 몰려왔다. 란핑이 왜 소리를 쳤는지 조금씩 떨리는 목소리로 설명하자 사람들의 심각했던 표정이 어느새 미소로 바뀌었다. 란핑은 정말 무서워서 소리를 질렀던 걸까? 아니면 그녀의 매력에 끌린 네 남자가 시도 때도 없이 귀찮게 굴어서 그랬던 걸까?

다음날 아침 란핑은 방문 밖에서 누군가 얇은 이불을 둘둘 말고 자고 있는 것을 발견했다. 이불을 들춰보니 저우보쉰이었다. 아침 햇살에 그의 흰 얼굴이 마치 아기 얼굴처럼 빛났다. "여기서 뭐하는 거예요?" 란핑이 소리쳤다. 란핑을 보호한다고 그녀의 방문 앞을 지키느라 너무 피곤했는지 저우보쉰은 푸석푸석한 머리를 긁으며 어색한 웃음을 짓고 자기 방으로 돌아갔다.

화장실에서도 란핑은 네 남자로부터 벗어날 수가 없었다. (정말 벗어나고 싶었는지 모르지만.) 어느 날 란핑이 화장실에 가보니 벽에 이런 괴상한 시가 적혀 있었다. '화장실 문학'이 시작된 것이다.

조그만 츠자오는 한밤이 되면 그 방문을 열고
나이 많은 저우보쉰은 복도에서 자다 보니 이제는 바닥에 달라붙어버렸고
위안무즈는 하룻밤에 세 번씩 살며시 그녀의 방에 기어들어 가고
탕나는 사흘 동안 밥 한 끼 못 먹었다네.

란핑의 여자 동료들이 이렇게 볼품없는 시를 화장실 벽에 쓰며 자신의 수준을 한껏 낮추는 동안—어쩌면 왕잉이 이 시를 썼을지도 모른다.—남자 동료들 역시 얼마든지 수준 낮게 나올 수 있다는 것을 과시하듯 남자 화장실 벽에도 낙서가 적히기 시작했다. "란핑 양 사랑해요."라는 고백이 츠자오, 탕나, 저우보쉰, 위안무즈 네 명의 서명과 함께 화장실 벽에 적힌 적도 있었다. 저우보쉰이 쓴 것으로 보이는 편지가 란핑에게 도착했다. 편지에는 자신이 다른 남자들보다 몸무게가 더 많이 나가므로 그 무게만큼 더 열정적으로 사랑할 수 있다고 써 있었다. 란핑은 자우보쉰이 쓴 편지를 보고 화가 나기도 하고 웃기기도 하고 우쭐

하기도 하고 당황스럽기도 했다. 란핑은 〈자유정신〉 촬영만 끝나면 앞으로는 영화사에서 되도록 멀리 떨어져서 생활해야겠다고 결심했다.

이와 같은 영화 잡지에 실린 기사 내용이 사실이라면, 란핑은 남자들이 자기 뒤를 쫓아다닌다는 사실에 우쭐해했던 것 같다. 단 '헤프다'는 딱지가 붙는 것에 화가 나기는 했다.

란핑에게 관심을 보인 남자들 가운데 란핑이 제일 마음에 들어 했고 또한 란핑을 제일 덜 괴롭힌 사람이 바로 탕나였다.

한동안 영화제작사 밖에서 시간을 많이 보내던 란핑은 어느 날 오후 탕나와 손을 잡고 그에게 어깨를 기댄 채 영화제작사 밖으로 천천히 걸어나갔다. 그날 밤 두 사람은 영화사 숙소에 돌아오지 않았다. 영화사 사람들은 무슨 일인가 모두 궁금해했다. 다음 날 밤에도 두 사람은 돌아오지 않고 란핑을 좋아하던 다른 남자들은 뜬눈으로 고통스러운 밤을 지새야 했다. 그 다음 날 오후 6시에 두 사람은 제작사로 돌아왔다. 서로 몸을 꼭 붙인 채 두 사람의 얼굴은 상기되어 있었다. 다른 동료들에게는 아무 말도 하지 않고 두 사람은 곧장 사장인 마더젠의 방으로 향했다.

저녁 식사 시간에 마더젠 사장은 좋은 소식이 있다면서 자리에서 일어났다. "우리의 동료인 탕나 씨와 란핑 양이 상호 이해와 의견 일치를 기반으로 하여 앞으로 같이 살기로 했답니다." 식당은 환호성으로 뒤덮였다. 란핑을 좋아했던 세 명을 빼고 모든 배우들이 환하게 웃음 짓는 두 사람에게 축하의 말을 건넸다. 그리고는 언제, 어떻게 두 사람이 사랑에 빠지게 되었는지 캐물었다.

그날 밤 위안무즈는 너무 괴로운 나머지 자기 방 소파에 불을 지르는 엉뚱한 짓을 저질렀고, 츠자오는 술을 마시다가 결국 식당에 있는 탁자 아래로 들어가 고래고래 소리를 질렀다. 저우보쉰은 거대한 몸을 들썩이며 울다가 끓어오르는 격정을 이기지 못하고 가까운 창녀촌에 가서 사흘 동안 돌아오지 않았다. 탕나는 아내를―정식 결혼은 아니지만

―상하이 국제 조계에 있는 방 세 개짜리 서양식 아파트인 아르덴 맨션에 데려갔다. 그곳은 란핑이 지난 3년간 시냈던 어떤 장소보다도 훨씬 안락하고 고급스러웠다.

두 사람의 결합은 상하이 보헤미안들 사이에서 상당한 흥분을 불러일으켰다. 탕나는 영향력 있는 비평가였고 란핑은 장래가 유망한 신인 여배우였으며, 두 사람 모두 젊고 똑똑했으며 꿈의 세계인 영화계에 몸담고 있었기 때문이다.

카페의 보헤미안들

탕나를 만나면서 란핑은 단순히 상하이의 젊은 좌파 문화계 인사를 만난 것이 아니었다. 란핑처럼 공산당과 조직적으로 연결되어 있지는 않았지만 탕나는 진보주의자였고 반(反)제국주의자였다.

1930년대에 상하이에서는 공산주의와 공연 예술이 만나는 경우가 종종 있었다. 표현의 자유를 추구하는 예술가들에게 국민당 정부의 탄압은 불쾌한 일이었기에 이런 동반자적 관계는 자연스러운 현상이었다. 또 공산당의 반제국주의 정책은 외국의 지배에 분노하던 사람들 사이에서 인기가 있었다.

공산당의 철천지원수 장제스는 작가들을 총살한 적이 있었다. 민족주의 열정에 휩싸인 예술가들은 공산주의자들과 마찬가지로 '예술을 위한 예술'을 거부했고, 예술을 무기 삼아 일본의 침탈에 맞서야 한다고 생각했다. 그래서인지 란핑과 탕나처럼 공연 예술계의 많은 사람들이 공산주의 교리는 잘 모르면서도 점차 공산주의로 기운 '자연적 공산주의자'인 경우가 많았다.

어느 날 밤 란핑과 탕나가 집으로 돌아가는 길이었다. 카페에서 샤오싱 포도주를 마시고 정안사로의 무도장에서 춤을 춘 뒤였다. 갑자기 싸우는 소리가 들렸다. 탕나는 란핑과 함께 소리가 나는 곳으로 갔다. 엄청나게 몸집이 큰 '백계 러시아인'(러시아혁명 때 혁명에 반대해 국외로 망명한 러시아인)이 중국인 인력거꾼을 발로 차고 주먹으로 때리고 있었다. 탕나와 란핑은 끓어오르는 분노로 얼굴이 벌게졌다. 사람들이 모여들었지만, 러시아인은 발길질과 주먹질을 멈추지 않은 채 중국인이 인력거 삯을 너무 많이 요구했다고 소리쳤다.

영어에 능숙한 탕나가 이 유럽인에게 분노한 사람들을 대표해 앞으로 나섰다. "그럼 공정한 삯을 정합시다." 탕나는 옆에서 분노에 찬 눈으로 쳐다보는 란핑을 의식하면서, 애써 침착한 목소리로 이렇게 제안했다. 이 지역의 지리를 잘 아는 탕나는 러시아인이 주먹질을 멈추고 인력거가 출발한 지점을 말해주자, 그곳에서 여기까지는 1위안이 공정한 삯이라고 말했다.

"무슨 소리야. 10센트지!" 러시아인이 거칠게 대답했다. 10분 동안 인력거를 타고 10센트를 낸다는 것은 말도 안 되는 일이었다. 인력거꾼은 피를 줄줄 흘리면서도 잔뜩 화가 나서 다시 달려들어 싸우기 시작했다. 탕나와 란핑은 군중의 힘을 빌려 싸움을 뜯어말리고 두 사람을 가까운 경찰서로 데리고 갔다. 하지만 경찰서에 도착한 지 몇 분이 채 지나지 않아, 탕나와 란핑은 유럽 조계 안에서 중국인 편을 든다는 것이 얼마나 위험한 일인지 직접 경험하게 되었다. "당신이 무슨 권한으로 유럽 신사를 체포했습니까?" 경찰 간부가 쟁점을 새로운 방향으로 몰고 갔다.

"우리는 중국인입니다." 탕나는 분노를 억누르며 대답했다. "같은 중국인이 억울한 일을 당하는데 옆에 서서 그냥 지켜보라는 말입니까?"

러시아인의 친구가 경찰서에 도착했다. 당시 상하이에는 각 조계지에 비공식 외국인 정보 제공자 네트워크가 있었고 경찰은 그 정보망의 도움을 받고 있었다. 러시아인의 친구로 온 사람은 유럽계 의사였는데 외국인 정보원 중 한 명이었다. 탕나와 란핑은 패배했다. 경찰은 인력거꾼에게 벌금을 물렸다. 탕나를 비롯한 군중이 돈을 보태 벌금을 낼 수밖에 없었다. 분노한 군중을 위해 급진주의의 깃발을 든 젊은 지식인으로서 탕나와 란핑은 사람들에게 조용한 목소리로 격려의 말을 건넸다. 두

상하이 시절 장칭의 남편이었던 탕나. 상하이 예술계에서 비평가이자 언론인으로 활동했던 탕나는 공산당원은 아니었으나 진보적인 좌파로서 장칭과 여러 면에서 뜻이 통했다.

사람은 발걸음을 돌려 집으로 돌아왔다. 화가 나고 침울했지만, 동시에 두 사람의 가슴속에는 이제 상하이에 혁명의 분위기가 무르익었다는 확신이 들었다.

탕나와 란핑은 밤 생활을 즐기는 올빼미족이었다. 두 사람은 프랑스 조계의 조프르 대로 근처에 있는 러시아 음식점에 자주 갔다. 당시는 이미 많은 중국인들이 백계 러시아인이 운영하는 식당에서 견습 요리사로 일한 경력을 살려 따로 러시아 식당을 운영했다. 그런 중국인 요리사 중 많은 사람이 바로 란핑의 고향인 산둥 태생이었는데 이들은 보르시치, 키에프식 치킨과 같은 러시아 요리를 러시아인의 도움 없이 만들 줄 알았다. "일단 값이 쌌죠." 탕나의 회고다. "20센트만 내면 수프와 주요리를 주니 한 끼 식사가 해결됐죠. 차는 공짜였습니다. 1위안을 내면 식권을 여섯 장 살 수 있었으니 한 끼는 공짜인 셈이었죠."

두 사람은 모두 담배를 피웠다. 란핑은 적게, 탕나는 많이 피웠다. 미국 담배인 '워싱턴'을 즐겨 피웠는데 이 담배는 캔에 들어 있었다. 그들은 '바이간'이라는 독주와 '황주(黃酒)'라고 하는 샤오싱에서 생산되는 부드러운 노란색 술을 많이 마셨다. 에너지 넘치는 두 젊은이는 밤마다 토론을 벌였고, 좌익 예술계에 대한 생각을 주고받으며 많은 이야기를 끝없이 이어갔다.

저녁을 먹은 뒤 그들은 가끔 무도장에 가서 춤을 추었다. 가끔은 신시어 백화점 4층에 있는 좀 더 열정적인 무도장에 갔다. (꼭대기 층에 있는 무도장은 창녀들의 집합소였다. 4층에는 창녀들은 없었지만 그래도 깜깜하고 열정 가득한 은근한 분위기가 자주 연출되는 곳이었다.) 보통 여러 명의 친구들과 함께 갔다. "춤을 추러 가면 우리는 아무하고나 어울려서 춤을 췄어요." 탕나의 회고다. "무도장에 가면 1위안을 주고 직업 댄서와 세 번 춤을 출 수 있었죠." 탕나가 그렇게 즐길 때면 아마도 란핑은 다른 쪽에서 쉬고 있었을 것이다. "직업 댄서들은 홀 주위에 줄을 지어 앉아 있었습니다." 탕나는 창백한 얼굴에 화려한 화장을 하고 앉아 있던 직업 댄서들의 모습을 떠올렸다. "좀 서툰 댄서들은 앞줄에 앉아서 기다렸고, 정말 잘 추는 댄서들은 뒷줄에 앉아 있었어요. 중국에서는 그래요."

탕나는 그렇게까지 부자는 아니었지만, 란핑과 그는 자신들이 엘리트 계층에 속한다고 생각했다. 일 주일에 세 번씩 청소하는 사람이 집에 왔다. 두 사람은 보통 버스나 전차를 타고 다녔지만 필요한 경우에는 인력거를 탈 때도 많았다. 가끔은 당시 상하이의 여러 택시 회사들이 운영하는 은색, 갈색, 청색 택시 가운데 하나를 불러 타기도 했다.

탕나에게 상하이 중심가에 있는 '대세계'*에 가보았는지 묻자, 그는 껄껄 웃었다. 어떻게 '예술가'라고 자부하는 사람이 그런 천박한 유흥 시설에 갈 수 있냐는 것이었다. "그곳은 하층 계급을 위한 장소였습니다. 거기서 배울 것은 하나도 없었어요." 란핑과 탕나 같은 사람들은 실내

---

* **대세계(大世界)** 1917년에 들어선 상하이의 복합 오락 시설.(역주)

사격 연습장이나 뱀 부리는 사람의 묘기, 점술 따위에는 관심이 없었다는 이야기다. 보헤미안 그룹 주변에 있던 예쁘고 젊은 여기자는 이렇게 말하기도 했다. "우리 집에 일하러 오는 가정부들이 가는 곳입니다. 거기 가서 곡예사를 보는 걸 좋아하던데요."

어느 뜨거운 토요일 오후, 남경로는 노점상과 산책 나온 젊은이들로 가득 찼다. 란핑과 탕나는 칼튼극장 입구에 도착했다. 그들은 거칠게 인쇄된 전단을 한 뭉텅이씩 들고 있었다. "우리는 시위를 하러 갔습니다. 그때 미국 영화가 상영되고 있었는데, 중국인 관객에게 나쁜 영향을 끼치는 영화였습니다. 폭력이 난무하고, 자본주의 메시지가 가득 담긴 영화였죠." 아시아에서 사업을 하는 미국인의 모습을 그린 영화였다. 란핑과 탕나가 흥분한 이유는 홍선의 말 때문이었다. 당시 홍선은 영국 극작가 오스카 와일드의 작품인 〈윈더미어 부인의 부채〉를 중국어로 번역하여 유명해졌는데, 이 영화가 중국과 중국의 노동 계급을 모독한다고 두 사람에게 말했던 것이다.

"당신이 중국인이라면 이 영화를 보지 마십시오." 란핑이 외치자 사람들이 어리둥절해했다. "당신은 진정한 중국인입니까?" 허름한 옷을 입고 싸구려 헝겊 신발을 신고 있었지만 란핑은 의기양양하고 당당하며 열정적인 모습으로 꾀죄죄한 관객들의 때묻은 손에 전단을 나누어주었다. 란핑도 탕나도 그 영화를 직접 보지는 못했다. 하지만 상관없었다. 1960년대 서구 젊은이들이 베트남전쟁에 반대하는 시위를 할 때도 그들이 베트남전쟁을 직접 목격한 것은 아니었다. "홍선은 우리보다 나이가 많았죠." 탕나의 회고다. "란핑과 저는 홍선의 판단을 무조건 믿었습니다."

터번을 쓴 시크교도 경찰들이 군중을 뚫고 달려왔다. 남경로는 국제 조계에 있었고 시크교도 경찰이 담당했다. 란핑과 탕나, 그리고 같이 있던 동료 몇 사람이 곧 체포되었다. 순식간에 체포되어 별다른 폭력은 없었다. 란핑이 경찰에게 욕을 하자 탕나가 가만히 있으라고 말렸다. 그들은 경찰서에서 하룻밤을 보내야 했지만 성과는 있었다. 이틀 뒤 영화 상영이 중지되었다.

탕나의 회고다. "우리의 생활은 매일 이런 식이었습니다. 그때 나는 우리가 올바른 행동을 하고 있다고 확신했습니다."

"물론 우리는 당시 스둥산 선생님도 자주 만났습니다." 탕나는 당시 몇 달간의 생활을 떠올렸다. 재능 있는 예술가인 스둥산은 란핑이 상하이 연극계에 진출하는 데 큰 도움을 주었다. "어느 날 저녁 스둥산 선생이 희곡 대본을 한 부 가져왔습니다. 여성들 간의 관계를 주제로 한 대본이었는데 제게 한 번 검토하고 작품이 괜찮은지 평가해 달라고 했습니다." 당시 이름 있는 연극 평론가이자 뛰어난 영어 실력 덕분에 외국 문화를 잘 알던 탕나는 이런 식으로 평가를 의뢰받는 경우가 많았다. "어떤 감독이 우리에게 와서 바이양(白楊)을 한 번 보라고 부탁하더군요." 바이양은 곧 유명한 여배우가 되는데, 당시 〈십자로(十字街頭)〉라는 영화 촬영을 앞두고 있었다. "우리는 리허설을 보러 갔습니다. 연기는 좋은데 얼굴이 너무 넙적하다고 평을 해주었죠."

한번은 탕나가 직접 영화에 출연한 적도 있었다. 〈탈출〉이라는 영화였는데 시골에 살던 순진하고 기대에 부푼 한 남자가 상하이에 와서 겪는 이야기를 주제로 한 멜로드라마 같은 이야기였다.* 위안무즈가 대본을 쓰고 감독까지 했다. "위안무즈는 내게 고개를 이쪽으로 돌려라, 웃어라, 담배는 이 방향으로 쥐어라 등을 지시했죠. 전혀 힘들지 않았고, 참 재미있었습니다." 〈탈출〉을 촬영하러 탕나가 잠시 중국 북부에 가 있는 동안, 탕나와 란핑은 서로를 많이 그리워했다. 란핑은 친구들에게 마치 탕나가 머나먼 '변방 지역'에 란핑 자신이 준 임무를 수행하기 위해 파견된 그녀의 병사처럼 느껴진다고 말했다.[40]

어느 날 오후 란핑과 탕나는 톈한의 집에 갔다. 톈한 집의 널찍한 방 하나는 젊은 예술가들이 모여 연극을 논하고 정치를 이야기하고 소문

---

* "정말 별 볼 일 없는 영화였습니다." 탕나의 다음 부인이 평했다. 〈탈출〉은 나중에 〈도시 생활의 모습들〉이란 제목으로 상연되기도 했다.

을 나누는 장소였다.* 이때쯤에는 톈한도 란핑을 잘 알았다. 란핑이 탕나와 찍이 되면서 유명해진 데다 란핑의 사생활이 시끄러운 소문의 대상이었기 때문이다. 란핑은 톈한이 자신을 싫어했다고 생각했지만 그렇지 않았다. 별다른 관심이 없었던 것뿐이다. 하지만 란핑이 노라 역을 맡아 대성공을 거두고 탕나와 살면서 유명해지자, 톈한은 란핑에게 관심을 보이기 시작했다.

"아, 오늘 저녁 약속이 있는데, 시간 있으면 같이 갑시다." 톈한이 젊은이들 사이에서 유능한 주인 역할을 하고 있다가 잠시 중단하고 말했다. 극작가로 활동하던 톈한은 부유한 상인 친구가 많았다. 톈한은 그중 한 명에게 저녁 식사 초대를 받아 그 친구를 비롯한 여럿과 식사를 하면서 문화와 관련한 이야기를 해주기로 했던 것이다. 란핑과 탕나는 톈한을 따라가기로 했다. 자신들이 좋아하는 대아반점이 약속 장소인 것도 끌렸다. 톈한은 인력거 다섯 대를 불렀다. 톈한, 란핑, 탕나와 다른 두 사람, 이렇게 다섯 명이 각자 인력거를 타고 남경로로 달려갔다.

"친구 네 명을 더 데리고 왔습니다." 톈한은 주인에게 가볍게 말했다. 원래 초대한 사람 수만큼 식사 준비가 되어 있었다. 상인은 아무 문제 없다는 듯 환하게 웃으며 잘 정리된 손톱을 자랑하듯 우아한 손짓으로 환영의 뜻을 표했다. 톈한과 네 명의 젊은 보헤미안들은 그날 저녁 '자본주의적' 식사를 즐겼고 식사를 마치고는 상인의 마음에 약간의 좌익의 흔적을 남기고 떠났다.[41]

새로운 연극이 무대에 오르면 탕나와 란핑은 꼭 보러 갔다. 당시 연극은 '인민의 연극(人民戱)'이라는 별칭을 얻었다. 원래 중국에는 자연스러운 대사만으로 진행되는 극 형식이 거의 없었으므로 이는 새로운 형식

* 딩링은 톈한의 이 개방된 저택을 방문한 어느 날의 일을 회고했다. "어느 날 톈한의 집에 갔죠. 그는 당시 중국의 중요한 극작가였죠. 그의 집에서 친구들이 춤을 추고 있는데 상대 여성들이 '모던 걸'이더라고요. 게다가 남자들 몇 명은 여자 옷을 입고 있었지요. 저는 그 광경을 보고 구역질이 나서 뛰어나와버렸습니다."

이었다. 나이 든 중국인들과, 상하이 이외의 지역에 사는 대부분의 중국인들은 이처럼 배우가 무대에서 일상적인 말투로 연기하는 것을 상스럽다고 여겼다. 하지만 란핑과 탕나에게는 이런 연극이야말로 전투적이고 앞선 생활 양식의 상징이었다. 두 사람이 연극 구경을 갈 때 마음가짐은 시골 사람들이 절에 갈 때와 같았다.

"측천무후 연극이 아주 좋을 거라는데요?" 란핑이 탕나에게 말했다. "개막 공연 표를 구할 수 있을까요?" 두 사람은 자주 가는 북사천로(北四天路)의 커피숍에서 커피를 마신 뒤 금성대극장에 가서 개막 공연을 관람했다. 측천무후는 중국 역사에서 유일하게 직접 황제에 오른 여성이다. 명석한 두뇌와 위기 대처 능력, 목적을 달성하기 위해서는 수단과 방법을 가리지 않을 정도로 과감했던 측천무후는 50년 동안 중국을 통치했다. 그날 연극에서 측천무후는 가끔 지나친 행동을 한다는 단점에도 불구하고 위대한 인물로 묘사되었다.

란핑은 탕나보다 훨씬 더 깊이 그 연극에 빠졌다. 그런데 이상하게도 란핑은 연극이 끝난 뒤 몹시 불안한 심리 상태를 보였다. 배우들끼리 파티를 하는 자리에서 란핑은 측천무후 역을 맡은 여배우에게 직접 다가가 비판을 퍼부었다. 처음에는 부드러운 말투였으나 점차 흥분하면서 심한 말로 질책하기 시작했다. 주위 사람은 물론 탕나조차도 도대체 측천무후 역할에서 무엇을 구체적으로 잘못했다는 것인지 알 수가 없었다. 란핑은 단지 자신이 그 역할을 맡지 못했다는 사실에 화가 났던 것이다. 란핑은 자신이 그 역을 맡았다면 훨씬 더 강력하고 설득력 있게 측천무후를 표현할 수 있었을 것이라고 생각했다.

지방 출신인 젊은 란핑은 상하이에서 서양과 관련된 사업 분야에 아무런 연관이 없었기 때문에 미국인이나 유럽인과 가깝게 접촉한 적이 없었다. 란핑은 일생 동안 서양에 간 적도 없었고 서양 언어를 배운 적도 없었으며 서양 사람을 가까운 친구로 사귄 적이 없었다. 하지만 잠시 동안이나마 란핑은 취향과 기질 면에서 당시 서구화된 중국인의 전형적인 모습을 보였다.* 서양식 옷을 입었고 굽 높은 구두를 신었으며 외국 영화를 좋아했다. 또한 앞서 서술한 대로 그녀의 첫 직업은 서양이 추진하는 국제주의를 대표하는 YWCA가 지원하는 야간학교에서 여성 공장 노동자들을 가르치는 일이었다.

란핑은 겉모습으로는 근대적이며 국제주의적인 여성이었지만 실제로는 그렇지 않았다. 할리우드 영화를 좋아했지만 미국에 대해 아는 것은 전혀 없었다. 서양 문학을 좋아했지만 서양 자체에 대해서도, 그 언어에 대해서도 알지 못했다. 연극계에서 란핑은 국제주의적인 겉모습을 갖추게 되었다. (그렇지만 친서구적 정치 성향은 아니었다.) 특히 당시 중국 영화는 할리우드의 정서와 기술을 고스란히 중국 땅에 이식한 형태로 가장 비중국적인 예술이었다. 어린 시절의 경험에서 비롯된 란핑의 철저한 개인주의는 그녀의 성격에서도 매우 도드라지는 특성이었고, 바로 이 점 때문에 란핑은 중국 여성들보다 서양 여성들과 훨씬 더 비슷해 보였다. 평생 침묵으로 복종하며 자식을 낳아 키우는 것을 인생 최대의 목표로 생각하는 중국 여성은 집단 속에서 개성을 억압하며 살아야 했다.

서양인들과 비슷했던 란핑의 또 다른 특성은 뒤를 돌아보는 일이 거의 없고 항상 앞을 바라보았다는 점이다. 사회적 배경을 고려한다면 사실 란핑은 무엇 하나 의지할 것이 없었다. 서양 여성들이 그래야 하는 것처럼 란핑은 자신의 두 발로 서서 완전히 자립해야만 했다. 혼자 행동하기를 좋아했다는 점에서도 중국인보다 서양인과 비슷했다. 란핑은 오로지 철저하게 자신의 노력에만 의지해야 한다고 믿었다. 다른 사람에게 의지하면 결국 바라던 성과를 얻지 못한다고 생각했다.

탕나 역시 란핑이 편협하고 전통적인 사고방식에서 벗어날 수 있도록

---

* 란핑이 서양에 품은 역설적 감정은 문화혁명 때 잘 나타난다. 정치적으로는 반서양적이었던 이 배우 출신 정치인은 공연 예술을 서양식으로 변화시키는 개혁 운동을 추진했다. 피아노 음악과 차이코프스키식 음악을 권했으며, 중국 전통 냄새가 나는 것은 '봉건적 잔재'라는 이름으로 배격했다.

도와주었다. 성요한대학에서 탕나는 서양 문화의 세례를 받았다. 란핑은 외국인이 운영하는 교육 과정을 경험하지 못했다. 둘이 함께 살면서 탕나의 국제주의가 란핑에게 어느 정도 전해졌다. 탕나는 자신이 란핑에게 그런 영향을 끼쳤음을 의식하고 있었으며, 그 덕분에 란핑이 더 넓은 시야를 가진 인물이 되었다고 생각했다.

탕나는 란핑에게 처음으로 유럽인과 친분을 쌓을 기회를 마련해주었다. 영어도 약간 가르쳐주었는데, 덕분에 훗날 란핑은 주위 사람에게 영어 단어 십여 개를 가르쳐줄 수 있었다. 탕나는 서양 문학의 특징인 개인주의를 몸으로 익힌 사람이었기에 란핑이 서양 연극을 깊이 이해하는 데 크게 도움을 주었다.

칭다오에서 위치웨이는 란핑에게 정치 감각과 좌파적 가치관을 심어주었다. 상하이에서는 탕나가 문화 부문에서 위치웨이와 비슷한 역할을 했다. 탕나는 란핑을 중국에서 끌어내 국제화시켰다.

상하이 시절에 란핑은 중국적인 것과 서양적인 것 사이에 뚜렷한 구분이 있다고 생각하지 않았다. 둘 가운데 꼭 하나를 선택해야 할 필요가 없었다. 하지만 란핑은 1949년에 베이징에서 둘 중 하나를 선택하라고 강요받는다. 란핑이 아는 한, 세계는—특히 자신의 세계인 연극계에서는—국가의 경계를 뛰어넘는 문화적 통일성이 존재했다. 자신은 틀림없는 중국인이라고 확신하면서도 1936년의 란핑은 서양 배우 그레타 가르보(Greta Garbo)와 같은 종류의 옷을 입는 것이 자연스럽게 느껴졌다.

어긋난 결혼

이미 1936년에 란핑과 탕나의 관계는 삐걱거리기 시작했다. 눈물을 흘린다든지, 문을 쾅 닫고 나간다든지, 심지어 약간 몸싸움을 하는 시기가 온 것이다. 다투다가 화해하고 다시 다투고 또 화해하면서 둘의 관계가 완전히 깨지지는 않고 유지되고 있었다.

탕나에게서 한 발짝 떨어져 있어야겠다고 생각한 란핑은 국제 조계

안에 위치한 아파트에서 2층에 있는 작은 골방 하나를 얻었다. 란핑이 사는 방 아래쪽에 있는 골방에는 재봉사가 살았다. (이렇게 아파트의 아래 위층 계단 사이에 만든 작은 방을 팅쯔젠亭子間이라고 했는데 주로 하인들이 사용했다.*) 재봉사가 밤늦게까지 일을 하면서 내는 뚝딱거리고 웅웅거리는 재봉틀 소리와 란핑이 밤늦게까지 대본을 낭독하는 소리가 어우러져 리듬을 만들어냈다. 위층 골방에는 여직공이 한 명 살았는데, 처음에는 상하이에 식모로 왔다가 지금은 공장에서 일했다. 란핑과 여직공은 친구가 되었다. '모든 것을 돈으로 살 수 있는' 도시에서 홀로 하염없이 떠도는 신세가 된 두 사람은 동병상련을 느꼈다.

성격이 착하고 궂은일도 마다하지 않는 친구는 란핑의 방 청소와 빨래를 도와주었다. 또 란핑이 불규칙한 일정 때문에 시간도 없고 돈도 없고 잠도 자지 못할 때면 란핑의 방에 와서 음식을 해주는 등 친절을 베풀었다. 한번은 란핑이 배가 고프다고 하자 잠자코 밖으로 나가 토마토 두 봉지를 사다가 씻어서 아무 말 없이 란핑의 방 창문 위에 올려놓고 간 적도 있었다. 그녀만큼 착실한 성격이 못 되는 란핑은 돈보다는 화려함을 추구하는 사람이었다. 도움을 받은 란핑은 친구에게 답례로 연극계에서 있었던 재미있는 이야기를 들려주거나 자신이 무대 위에서 연기하는 모습을 찍은 사진을 선물하기도 했다.

1936년 3월 초로 추정되는 어느 날 밤, 위층 친구는 란핑의 방에서 들려오는 날카로운 비명소리에 깊은 잠에서 깨어났다. 쿵쾅거리며 싸우는 소리에 잠이 달아났다. "살려주세요! 살려주세요!" 란핑의 외침이었다. 친구는 서둘러 일어나 아래층 구석방으로 이어진 비좁은 계단을 다급하게 내려갔다. 서두르다가 몸이 어딘가에 부딪혀 몹시 아팠다. 란핑의 방에 뛰어 들어가 보니 탕나와 란핑이 싸우고 있었다. 친구가 방으로 들어가자(친구의 회고다) 싸움이 멈추었다. 두 사람은 손에 들고 있던 '물건

* 탕나 역시 상하이에 처음 왔을 때 회해대로 근처에 있는 팅쯔젠에서 살았다.

132 장칭

들'을 (란핑의 친구는 이 물건들이 정확히 무엇이었는지는 기억해내지 못했다) 바닥에 내려놓았다. 탕나가 방을 나가버렸고 이로써 란핑은 '구조'되었다.[42]

이 사건이 있고 얼마 되지 않아 3월 8일 '세계 여성의 날'을 기념하기 위해 공산당 조직은 란핑에게 아마추어 연극 공연을 책임지고 준비할 것을 의뢰했다.[43] 공연장으로 호텔 무도장을 빌렸다. 이 일은 사실 귀찮고 힘든 일이었으며 란핑이 전문적인 배우로 자리잡기 전, 좀 더 정치적이던 시절에 했던 일이다. 하지만 이 일은 란핑이 자기 능력을 마음껏 발휘할 수 있는, 선전 연극 사업 조직과 같은 종류의 신나는 일이었다. 한편 당시에 란핑은 피곤하고 지친 데다가 탕나와의 관계에서 아무것도 확실한 것이 없어 힘든 상태였다. 나중에 그녀는 이때 두 사람이 경제적으로 어려움을 겪던 시기라고 회고했다. 하지만 란핑의 회고는 믿기 어렵다. 이 회고를 굳이 믿어준다면, 란핑은 수입이 얼마가 되었건 항상 그 수입을 약간 초과해서 지출하는 버릇이 있어서 그 때문에 두 사람이 경제적으로 어려움을 겪었던 것으로 이해하면 되겠다.

'세계 여성의 날' 기념 공연에 출연할 배우 몇 사람이 공연 당일 리허설에 나타나지 않았다. 그러자 란핑은 예전에 자신에게 구혼을 했다가 퇴짜를 맞아 앙심을 품은 장경이 방해 공작을 펴는 것이라고 생각했다. 그렇게 함으로써 장경은 란핑이 자기 없이 혼자서는 아무 일도 할 수 없다는 것을 증명하려 한다는 것이었다. 이미 약속되어 있던 무대 장치도 도착하지 않았다. 란핑은 리허설 도중에 무언가 좋은 생각이 떠오른 듯 과장되게 행동하면서 대역 배우와 무대 장치를 구해 오겠다며 공연장 밖으로 쏜살같이 달려나갔다. 그러나 란핑은 조급했던 데다 화가 나 있던 터라 그만 계단에서 넘어져 호텔 로비 가운데까지 주르륵 미끄러지는 볼썽사나운 모습을 보이고 말았다.

이런 저런 일이 있은 뒤에 마침내 관객들이 모여들었다. 관객들을 실망시킨다는 것은 란핑에게는 절대로 있을 수 없는 일이었다. 자신의 고난을 거울을 통해 직시하는 사람처럼, 란핑은 고통을 예술로 승화시키려고 노력했다. 설사 그렇게까지는 못했다 하더라도 적어도 자신의 연기를 보러 온 노동 계급 관객들의 눈물을 끌어내는 데는 성공했다. 자신이 맡은 배역을 연기하려고 휘청거리는 걸음으로 겨우 무대에 오른 란핑은 방금 겪은 많은 일 때문에 대사를 한마디도 기억하지 못했다. "그때 내 머릿속은 마치 끓는 납을 쏟아부은 것 같았습니다." 란핑은 무작정 흐느껴 울기 시작했다. 대본 어디에도 없는 장면이었다. 무대 곁에서 대기하고 있던 연극 스태프가 다급하게 대사를 작은 목소리로 알려주었지만 울고 있던 란핑의 귀에는 전혀 들리지 않았다. 란핑이 무작정 울고만 있자 관중들은, 란핑의 회고에 따르면, 연극 자체는 다 잊어버리고 그저 란핑의 설움과 비극에 공감하여 같이 따라 울기 시작했다.

하지만 다른 배우들은 협조해주지 않았다. 란핑의 회고다. "그들은 내 상태가 얼마나 심각했는지 알아차리지 못했어요. 그래서 날 도와주지 않았던 거죠." 남자 배우 하나가 결국 더는 참지 못하고 극중 자신의 역할과는 상관없이 무대 위로 술 취한 척 걸어 나와서는 란핑 곁으로 다가와 란핑의 등을 손으로 한 차례 세게 때렸다. 이제 그만 정신 차리고 연기를 시작하라는 뜻이었다. 연극은 아슬아슬한 분위기 속에서 겨우 진행되었다. 그때 란핑은 40도에 이르는 고열에 시달렸다. 게다가 기분은 최악이었고 엄청나게 침울한 상태였다. 연극 내내 고열이 침울함을 더해주고, 침울함은 열을 더해주었다.

36년이 흐른 뒤 장칭(란핑)의 회고에 따르면, 연극이 끝날 무렵에는 감기가 폐렴으로 악화되어 친구들이 병원으로 급히 옮겨 며칠 동안 입원했다고 한다. 하지만 36년 전 당시 란핑은 그때 상황을 상당히 다르게 기록해놓았다.

"인력거를 타고 집으로 돌아갔다." 란핑이 36년 전에 쓴 내용이다. "그때 우리는 〔란핑과 탕나〕 남양로(南洋路)에서 많은 시간을 함께 보냈다." 남양로에는 탕나가 살던 아르덴 맨션이 있었다. 당시 란핑 본인의 기록에 따르면, 1936년 3월 8일 세계 여성의 날 기념 행사가 끝난 직후에 그녀가 휴식을 취하면서 몸과 마음의 고통을 치유했던 장소는 병원이 아니라 탕나의 아파트였다.

탕나의 아파트에 있는 동안 란핑은 왜 자신이 마음 편한 자신의 골방이나 덴퉁 영화제작사의 기숙사가 아니라 하필이면 탕나의 아파트로 돌아왔는지 혼란스러웠다고 한다. 아무 생각 없이 앉아 있던 란핑은 거실 탁자 위에 놓여 있던 책더미 속에 끼어 있는 편지를 발견했다. 란핑은 별 생각 없이 손을 뻗어 편지를 꺼내 읽었다. 편지 하나는 탕나가 보낸 연애 편지였는데 받는 사람은 예전에 탕나가 란핑을 만나면서 헤어졌다고 한 '젊은 여성'이었고, 또 다른 편지는 그 여성이 (이름이 아이샤였다) 탕나에게 보낸 답장이었는데 사랑의 말이 넘쳤다.

"세상에! 그때 내가 느낀 고통을 어느 누가 이해할 수 있겠습니까?" 란핑은 외쳤다. 신체의 병, 친구들의 오해, 애인의 배신이라는 세 가지 고통이 한꺼번에 밀려들었다. 란핑은 마치 머리를 '강철 막대기'로 얻어맞은 것 같았다. 기절했다가 잠시 후 정신을 차린 란핑은 그래도 살아났다는 안도감 때문이었는지 자신의 고난을 마치 무대 위의 일처럼 바라보면서 감상하듯 이렇게 소리쳤다고 한다. "나는 그래도 아직 란핑이야!"

란핑은 생각에 잠겼다. '탕나에게 짤막한 편지를 쓰고 확실하게 그의 인생에서 떠나버릴까? 아니야. 그렇게 무분별하게 행동하는 것은 내게 어울리지 않아.' 란핑은 잠시 그 자리에 앉아 '아무 데도 갈 데가 없다'고 생각했다. 그런데 사실은 '갈 데'가 있었다. 자신의 골방으로 가면 되었다. 만일 탕나와 결별하는 것이 목적이었다면 갈 곳은 분명히 있었다. 아마도 란핑은 정신적 차원에서 계속 탕나를 붙잡고 씨름하지 않으면 안 될 것 같다고 느꼈던 모양이다.

이윽고 란핑은 정신을 차리고 옷을 갖춰입고 탕나에게 짧은 편지를 쓴 다음 버스를 타고 연극 공연장으로 갔다. 그곳에서 친구들을 만나 위로를 받고 조언을 들을 수 있을 것이라 기대했다. 공연장에는 연습 도중 배우들이 잠시 쉴 수 있는 공간이 있었는데, 란핑은 그곳에 자리를 잡고 앉았다. 얼마나 시간이 흘렀을까, 문이 열리고 탕나가 들어왔다. 사랑과 분노의 춤이 다시 시작되었다. 제발 아파트로 돌아와 달라고 탕나는 애원했다. 현재 상황에서는 도저히 돌아갈 수 없다고 란핑은 대답했다. "같은 일을 되풀이할 수는 없어요." 탕나는 버림받은 아이처럼 심하게 울었다. "일단 돌아갑시다." 울먹이면서 탕나는 호소했다. "일단 돌아가서 찬찬히 이야기를 하고 그런 다음 서로 깨끗하게 마음이 정리된 상태에서 헤어지면 되지 않겠소?"

란핑은 상처 입은 자존심 때문에 끝까지 돌아가지 않겠다고 고집을 피웠다. 다시 한 번 고성이 오가는 몸싸움이 벌어질 것 같은 긴장감이 감돌았다. 란핑이 한 발 물러서서 탕나의 집으로 같이 돌아가기로 했다. "공연장 안에서 그런 끔찍한 장면을 연출하는 것이 두려웠습니다." 란핑의 설명이다. 두 사람은 택시를 타고 아르덴 맨션으로 돌아왔다.

신뢰를 되찾을 수도 없고 그렇다고 이별할 수도 없었던 두 사람은 끝도 없이 말다툼을 반복할 뿐이었다. 절망과 피로가 그들을 휘감았다. 란핑은 후에 이렇게 말했다. "새벽이면 여기를 떠나야겠다고 결심했죠. 하지만 이 가엾은 남자는 정말 서글프게 울었어요. 내 인생의 마지막 날까지 그 가엾은 얼굴은 절대 잊지 못할 거예요." 탕나는 란핑을 자기 인생의 중심에 놓지 못하고 자꾸만 다른 여자를 쫓아다니는 자신을 용서해 달라고 빌었다. 하지만 란핑은 그럴 수 없다고 잘라 말했다. 탕나는 곧바로 몸을 돌려 바깥으로 뛰쳐나갔다.

탕나의 상태가 심상치 않다고 직감한 란핑은 '침대에서 벌떡 일어나' 응접실로 뛰어나갔다. 탕나는 다른 두세 명의 세입자들과 응접실을 공동으로 쓰고 있었다. 응접실 테이블 위에 종이가 한 장 접힌 채 놓여 있었다. 란핑이 종이를 펴 들자 익숙한 탕나의 큼직하고 깨끗한 글씨가 눈에 들어왔다. 탕나가 란핑에게 보내는 마지막 메시지였는데 스스로 목숨을 끊겠다는 내용이었다.

아무 옷이나 걸쳐 입고 란핑은 '죽을 힘을 다해서' 그 남자를 찾아 바깥으로 뛰어나갔다. 더운 여름날이었고 사람들이 길에 가득했다. 곧 탕나를 발견한 란핑은 일단 집으로 돌아가자고 말했다. 하지만 비통에 빠진 탕나는 오직 한 가지만을 생각했다. 그 자리에 붙박인 채로 탕나는 란핑에게 자신의 상처를 바로 치료해 달라고 요구했다. "나를 사랑하오? 아니오?" 수많은 행인이 어깨를 스치며 지나가는 거리 한복판에서 두 사람은 서로 마주보고 서 있었다. "용서해줄 거요, 용서 안 할 거요?"

"세상에! 그는 내 앞에 서서 이렇게 말했고, 말을 안 들어주면 자살할 기세였습니다." 란핑은 도저히 그를 이길 수 없었다. 처참한 비극을 맞기보다는 차라리 불완전하더라도 탕나를 잡아야 했다. 란핑이 굴복했다. "사랑한다고 말했습니다. 용서한다고 말했어요."

란핑이 탕나의 호소를 계속 무시한 것은 그녀가 강한 여자라는 것을 보여준다. 란핑은 남자에게 쉽게 휘둘리거나 남자가 약간 호의를 베푼다고 해서 마음을 주는 여자가 아니었다. 하지만 란핑은 또 탕나를 완전히 자기 인생에서 잘라버리지 못했다. 왜 그랬을까? 한 번쯤 짚고 넘어갈 필요가 있을 것 같다. 그를 바꿀 수 있다는 희망을 여전히 품고 있었기 때문일까? 아니면 영화계에서 성공하려면 아직 그 남자의 도움이 필요했기 때문일까?

일단 큰 위기는 넘겼다. 란핑은 다시 고열에 시달렸고, 헛소리를 했으며, 이유 없이 욕을 해댔고, 침대를 주먹으로 마구 쳤다. 정신적으로나 육체적으로 완전히 황폐해진 상태였다. 탕나는 아주 정성스럽게 란핑을 보살폈으며 그녀가 요구하는 것은 무엇이든 들어주었다. 이렇게 정성을 쏟는 탕나를 보고 란핑은 고마움을 느꼈고 애정 역시 조금 되돌아오는 듯싶었다. 탕나의 제안에 따라 란핑은 상하이를 잠시 떠나기로 했다. 상하이의 온갖 긴장과 소음을 뒤로 하고 탕나의 가족이 살고 있는 쑤저우로 향한 것이다. 기차를 타고 내륙으로 2시간을 달려 고대로부터 이어져 오는 아름다운 정원의 도시 쑤저우에 도착했다. 쑤저우에서 부드러운 버드나무와 우아한 석조 다리를 둘러보았고, 탕나 숙모의 보살핌을 받았으며, 주말이면 탕나가 방문했다. 란핑은 쑤저우에 7주 동안 머물며 곰곰이 이 생각 저 생각을 하며 휴식을 취했다.

란핑이 묘사하는 탕나의 결점이 모두 사실에 바탕을 둔 것은 아니며 어떤 남자도 그녀가 원하는 모든 것을 충족시켜줄 수는 없었을 것이다.

란핑과 탕나 두 사람을 모두 알던 보헤미안들 가운데 많은 이들이 이 결합을 미심쩍은 눈으로 바라보았다. 추이완추의 말이다. "그녀는 정말 강했습니다. 하지만 탕나는 매우 부드럽고 점잖은 사람이었지요(太文雅)." 많은 사람들은 란핑이 탕나를 유혹했을 것이라고 생각했다. 틀림없이 탕나가 영향력 있는 펜과 목소리로 배우로 성공하는 데 도움을 줄 것이라고 기대했을 거라는 이야기다.

"란핑은 분명히 노라처럼 행동할 거야." 탕나에게 직접 말하지는 못했지만 많은 사람들이 그렇게 수군거렸다. 당시 사람들은 거의 모두 탕나를 좋아했다. "란핑은 금성대극장에서 노라 역할을 멋지게 해냈듯이 탕나의 아파트에서도 자신의 역할을 잘 해낼 거야. 때가 되면 노라가 헬머에게 결별을 선언하고 집을 나왔듯이 란핑도 탕나에게 결별을 선언할 거야."[44]

탕나를 알던 보헤미안 그룹이 아닌 사람들은 보헤미안들보다 더 회의적이었다. "탕나는 강한 여자를 만나면 꼼짝 못하는 유형입니다." 천지잉의 회고다. 그는 당시 〈대공보〉에서 예술 계통이 아닌 일반 기자로 일했다. "탕나는 온실에서 자란 화초 같은 사람이죠. 현실 세계와 거리가 먼 사람이기 때문에 한 여자를 향한 열정에 몸을 맡기고 삶을 엉망으로 만들어버리는 사람입니다."[45]

추이완추는 탕나를 만나 사랑과 결혼에 대해 간접적으로 이야기했다. 추이완추는 지나가는 말처럼 결혼에서 중요한 것은 아름다움이 아니라 성격이라고 말했다. 자신도 결혼을 하지 않은 처지였지만 추이완추는 이런 말도 덧붙였다. 아름다운 꽃은 결국 공중에 날아다니는 온갖 벌과 나비를 불러들인다는 사실을 염두에 두어야 한다고.

추이완추의 조언에 탕나는 격정에 차서 이렇게 대답했다고 한다. "한 남자와 한 여자의 위대한 사랑은 다른 어떤 고려 사항보다 앞서는 겁니다." 탕나의 커다란 눈이 자신보다 키도 작고 멋지지도 않은 친구의 눈을 뚫어져라 바라보고 있었다. 이 말을 들은 추이완추는 란핑이 얼마나 변덕이 심한지, 상하이 보헤미안 사이의 사랑이 얼마나 순식간에 변하는지 어린 친구에게 말해주고 싶었다. 하지만 탕나의 순진한 얼굴을 쳐다보고 있자니 그런 말을 하면 크게 상처를 입을 것 같았다. 추이완추는 더 말하지 않고 입을 다물었다.

"란핑과 같이 사는 동안, 나는 그녀가 감옥에 수감된 적이 있었고 자수서를 쓰고 풀려났다는 사실을 전혀 몰랐어." 훗날 탕나가 친구에게 말했다. 란핑의 투옥과 석방의 진실은 정확하게 알려지지 않았지만, 여하튼 란핑은 탕나보다 훨씬 더 정치적 성향이 강했다. 특히 아무리 아마추어 수준이라 해도 공산당에 입당했다는 것은 앞으로 살아가면서 문제를 일으킬 수 있었다.

탕나는 란핑이 자수서를 쓰고 석방되었다는 이야기에 대해 훗날 이렇게 말했다. "배신자는 어디를 가나 또 배신합니다." 물론 란핑이 당시 국민당 경찰 관계자들 앞에서 어느 정도까지 자신의 공산주의 신념을 공식적으로 포기했는지는 현재까지도 분명하지 않다.

탕나는 옛 여자 친구인 아이샤에게 보낸 편지가 '연애 편지'는 아니었다고 주장했다. 란핑은 자신의 출세작인 〈인형의 집〉을 감독한 장민과 밤늦게 여러 번 만났지만 불순한 성격을 띤 것은 아니었다고 주장했다. 두 사람이 어느 정도 잘못했는지는 확실하지 않지만, 두 사람은 서로 다른 이성을 만난 일 때문에 헤어진 것이 아니라 사이가 나빠지면서 자연스럽게 다른 이성을 만나게 된 것으로 보인다. 즉, 각자 다른 사람을 만난 것은 원인이라기보다는 결과였다.

란핑이 순전히 자신의 이익만을 노리고 탕나에게 접근했다고 볼 수는 없다. 탕나가 란핑을 칭찬하는 좋은 평론을 써준 것은 분명 사실이다. 란핑 역시 탕나가 그런 글을 써주기를 기대했을 것이다. 또 탕나의 돈 덕분에 란핑의 경제 사정이 한때나마 나아졌던 것도 사실이다. 하지만 란핑은 탕나와 관계를 맺는 과정에서 처음부터 다툼이 있었다. 이 사실로 미루어 볼 때 란핑이 순전히 기회주의적으로 접근했다는 주장은 말이 되지 않는다. 오로지 자신의 경력을 위해 도움을 원하는 여자라면 남자를 화나게 하는 정신 나간 일 따위는 하지 않을 것이다. 란핑은 탕나를 정말로 사랑했다. 일에서 성공하려고 감정까지 팔아 넘기기엔 란핑은 지나치게 자존심이 강했다. 다만 란핑은 탕나가 자신을 한 사람의 인간으로 온전히 받아주기를 원했다. 자신의 재능뿐 아니라 자신이 느끼는 감정까지 탕나가 모두 인정해주기를 바랐던 것이다.

하지만 란핑은 탕나에게 공정하지 못했다. 왜냐하면 자신은 되갚을 수 없는 충실함을 탕나에게 바랐기 때문이다. 당시 상하이 영화계에 있던 사람들은 란핑의 공정하지 못한 태도를 옆에서 모두 지켜보았다. 탕나는 아주 강렬하게 란핑과 결합하기를 원하는데, 란핑은 그 정도로 절실하게 원하지 않는다고 많은 이들이 느꼈다. 란핑도 스스로 그런 주변의 인식을 인정한 적이 있었다.

란핑은 탕나에게 호의적 평론을 요구한 것도 아니었고 주요 배역을 맡을 수 있도록 도와주기를 원한 것도 아니었다. 다만 자신을 한 사람의 독립된 인간으로 받아 달라고 요구했던 것이다. 한편으로는 자기 남자가 자기 손 안에서 얌전하게 있기를 바랐다. 다른 여자에게는 절대 눈길도 주지 않고.

1936년의 어느 화창한 봄날이었다. 상하이에서 항저우로 가는 아침 열차가 초록 빛으로 가득한 논밭 사이를 달리는 중이었다. 열차 한 칸에 화사하게 옷을 차려 입은 젊은 예술가들이 가득 타 있었다. 모두들 들뜬 기분이었다. 사람들은 영화와 연애에 대해, 그리고 목적지인 우아하고 아름다운 호수 도시 항저우에서 좋아하는 장소들에 대해 즐겁게 이야기를 나누었다. 이들 보헤미안들은 정치에 관심이 많았기에 항상 중국의 많은 문제들이 머리를 짓눌렀지만 오늘만큼은 그런 것을 다 잊어버리고, 13세기 탐험가 마르코폴로가 "마치 천국에 온 것 같다."라고 말한 아름다운 도시를 향해 달려가고 있었다.

탕나의 친구인 정쥔리(鄭君里)는 배우 겸 감독으로 활동했는데 당시 영국의 유명한 영화배우 레슬리 하워드(Leslie Howard)를 닮았다 하여, 국제적 감각을 갖춘 팬으로부터 '중국의 레슬리 하워드'라는 별명을 얻었다. 그는 애인을 데리고 오지 않았다고 동행들에게 놀림을 받았다. "내 애인은 지금 이 엄청나게 많은 인류 가운데 숨어 있어서 찾을 수가 없어."라고 정쥔리는 너스레를 떨었다.*

이런 질문을 던지는 데는 이유가 있었다. 열차 안 친구들이 거의 모두 남녀 커플인 데다가, 모두 함께 세 쌍의 합동 결혼식에 가는 길이었기 때문이다.[46]

첫 번째 커플은 자오단과 예루시(葉露茜)였다. 자오단은 〈인형의 집〉에서 란핑의 상대역을 했던 사람이고, 예루시는 젊고 예쁜 배우였다. 두 번째 커플은 인기 있는 배우이자 감독인 구얼이(顧而已)와 여배우 두루루(杜露露)였다. 마지막 세 번째 커플은 천방지축인 여자를 행복한 신부로 만들어서 흐뭇해하는 탕나와 란핑이었다. 란핑은 쑤저우에서 휴식을 취한 뒤 마음이 한결 여유로워졌으며, 겉으로 볼 때 자신의 감정과 화해한 듯 편안한 모습이었다.

항저우에 도착한 이들은 우선 배를 타고 '서호(西湖)'를 유람했다. 호수에는 중국 도자기의 푸른빛이 감돌았다. 배에서 내린 다음에 호수 근

---

* 그는 얼마 지나지 않아 황천(黃晨)과 결혼한다. 황천은 1980년대까지 상하이에서 살았으며 1936년 란핑의 삶에 대해 증언해주었다.

1936년 봄, 장칭은 항저우에서 탕나와 결혼식을 올렸다. 사진 아랫줄에 보이는 6명이 합동 결혼식을 올렸다. 왼쪽부터 차례로 예루시와 자오단, 장칭과 탕나, 두루루와 구얼이.

처에 있는 높이 솟은 바위산에 올라 '황룽천(黃龍泉)'에서 야외에 준비된 자리에 앉아 식사를 했다. 그 다음 일행은 '육화탑(六和塔)'으로 천천히 걸어갔다. '앞으로 서로 화목하게 지낼 여섯 사람'은 육화탑 안으로 조용하게 걸어 들어가 결혼식을 올리기 위해 나란히 섰다.

결혼식 증인은 탕나와 란핑의 친구이자 변호사인 선쥔뤼(沈鈞儒)가 섰다. 신랑 들러리는 정쥔리가 섰는데, 훗날 〈봄날의 강은 동쪽으로 흐른다〉라는 서사시적 영화를 감독했다. 선쥔뤼와 정쥔리 두 사람은 멋지게 차려입은 친구들에게 이쪽 바위에서 저쪽 언덕으로 이동하라고, 마치 영화감독이 배우에게 지시하는 것처럼 결혼식장에서 사람들의 자리를 정해주고 있었다. 잠시 뒤 세 쌍은 각각 다양한 표현과 서류를 준비하여 앞으로 걸어나와 근대적이면서도 보헤미안에 어울리는 결혼 서약을 했다. 보통 중국에서는 결혼식에서 가족 중심의 가치관을 강조하고 옛 성현의 말씀을 인용한다. 하지만 이날 합동 결혼식은 영화사 홍보 담당자의 전문적 기술과 생활의 대부분을 무대 위에서 보내는 배우들의 판타지가 반영되었다.

그날 저녁 일행은 기차를 타고 상하이로 돌아왔다. 이 결혼식은 상하이 보헤미안 세계에서 한동안 이야깃거리가 되었다. 열흘 뒤 상하이 팔선교(八仙橋)에 위치한 YMCA에서 다시 한 번 파티가 열렸다. 항저우에서 결혼식을 올린 세 쌍의 친구들과 친지들이 다시 모여 축하하는 자리였다.[47]

"우리가 항저우에 간 것은 그저 소풍이었어요." 란핑의 회고다. 하지만 탕나는 다르게 회고했다. "우리 두 사람의 관계가 이제 확고하게 안정되었다는 것을 상징하는 무언가를 하고 싶었어요. 친구들에게도 확실하게 우리 두 사람의 뜻을 전하고 싶었고요."

세 쌍의 부부 가운데 탕나와 란핑 부부만 결혼 증명서를 생략했다. 결혼 증명서에 관해 두 사람은 많은 이야기를 나누었다. 하지만 란핑의 회고에 따르면 두 사람은 결혼 증명서가 두 사람에게 적당하지 않다는 결론을 내렸다고 한다. 란핑의 말이다. "사랑이 없다면 결혼 증명서가 무슨 의미가 있겠어요?"

란핑은 탕나에 비해 결혼에 적극적이지 않았다. 동거하는 동안 탕나는 결혼하자는 이야기를 여러 번 했지만 그때마다 란핑은 거절했다. 결국 세계 여성의 날 행사를 전후해 위기를 겪고, 탕나의 고향인 쑤저우에서 휴식을 취하는 동안 그곳의 여유로운 분위기에 영향을 받아 비로소 마음을 바꾸었다. 란핑의 묘사에 따르면 "최근에 자신을 완전히 미치기 일보 직전까지 몰고 간"[48] 남자와 결혼하기로 결심한 것이다.

"우리는 경제적인 이유로 결혼식을 올린 거예요." 훗날 란핑은 친구들에게 이렇게 말했다. "서로 꼭 결혼해야겠다는 열정은 없었어요." 란핑의 주장에 따르면 두 사람은 '무직 상태와 질병' 탓에 돈이 없었으며 결혼식을 올리면 탕나가 '가족으로부터 약간의 돈을 받을 수' 있기 때문에 결혼식을 올렸다는 것이었다.

란핑은 스물두 번째 생일이 지나고 한 달째 되는 시점에 이 세 번째 결혼을 했다.

몇 년 뒤 구이린(桂林)에서 문학과 연극 계통에 종사하는 한 무리의 친구들이 모여 과거를 회상하고 있었다. 이 가운데에는 톈한도 있었고, 당시 유명한 여배우 왕런메이(王人美)도 있었다. 한 사람이 재치 있는 농담을 했다. "육화탑에서 여섯 개의 불협화음이 나온 셈이죠.*49)" 그날 결혼식을 올린 세 쌍은 모두 곧 헤어졌다. 그중에서도 란핑과 탕나가 가장 먼저 헤어졌다. 사실 란핑은 그때 영원한 결혼이라든가 안정된 생활이라든가 자녀를 갖는 것 등을 원했던 것 같지 않다. 란핑은 미래의 행복이 결혼이라는 길로 오리라고는 믿지 않았다.

탕나에게 란핑을 빼앗긴 구혼자 가운데는 '립스틱'의 사나이 위안무즈도 있었다. 그는 탕나와 란핑의 동거 생활이 온갖 문제로 요동치는 것을 보고 란핑에게 말했다. "둘 중 한 사람이 양보하지 않으면 비극이 벌어질 거야."50) 탕나는 란핑을 몹시 사랑했고, 탕나의 삶은 이 사랑의 열정 때문에 크게 흔들렸다. 하지만 여전히 탕나는 다른 여자를 안 만나겠다는 결심은 하지 못한 상태였고, 또 란핑이 바라는 남성상에 맞추기 위해 자신의 소극성을 뛰어넘겠다는 약속도 지키지 못했다. 란핑은 다른 사람에게 굴복하기에는 의지가 너무 강했다. (그녀는 나중에 다른 결혼 생활에서도 그랬다.) 위안무즈는 두 사람 사이에 심각한 문제가 있으며 해결책이 없다는 것도 알았다.

당시 영화 잡지에는 이런 기사가 실렸다. "장민이라는 이름을 들으면 누구나 란핑을 머리에 떠올린다."51) 장민은 스타니슬라프스키의 이론을 열렬히 전파한 거물 감독이었다. 그는 스타니슬라프스키가 쓴 책 두 권을 번역하기도 했다. 러시아 책을 영어로 번역한 것을 다시 중국어로 번

---

* 중국어 원문은 이렇다. 六和塔前六不和.

역한 것이었다. 자오단을 비롯한 유명한 배우들은 장민을 감독으로서, 연극 이론가로서 매우 높이 평가했다. 장민의 아내는 교사였는데 조용하고 예쁜 여자였지만 남편의 수준을 따라가지 못하는 경우가 많았다. 둘 사이에는 '컬린'이라는 이름의 여덟 살 난 아들이 한 명 있었다. (어쩌면 영어 이름인 콜린을 흉내 낸 중국 이름인지도 모른다.) 1937년 봄이 되자 장민 감독과 란핑이 동거를 시작했는데, 사실 그들이 연애를 시작한 것은 그 전해인 1936년이었다.

덴퉁 영화제작사는 1936년 중반에 문을 닫았다. 정부의 압력이 거세진 데다 영화 내용이 딱딱해서 대중에게 인기가 없었기 때문이다. "갑자기 영화사에서 우리에게 돈을 안 주더군요." 탕나의 회고다. 그 뒤 몇 달 동안 란핑은 연극이나 영화에서 배역을 맡기 위해, 그리고 돈을 벌기 위해 여기저기 뛰어다녔으며, 마침내 규모도 크고 다양한 영화를 만드는 롄화(聯華) 영화제작사와 계약했다. 그러는 사이 그 전부터 자신에게 호감을 보이던 장민 감독에게 도움을 요청했는지도 모른다. 여하튼 란핑은 장민 감독에게 배역을 받았다. 19세기 러시아 극작가 오스트로프스키(Aleksandr Ostrovsky)의 작품 〈폭풍우〉를 중국어로 번역하여 무대에 올렸는데, 공연은 성공을 거두었다.

탕나는 란핑이 공개적으로 장민 감독과 어울리자 그녀가 자신 몰래 바람을 피운다고 의심했다. 이후 탕나는 평생 동안 장민 감독을 차가운 눈으로 지켜보게 된다. 장민의 아내도 배신감을 느꼈다. 그녀의 친구들은 주위에서 응원을 보냈으며 란핑에게는 비록 나지막했지만 맹비난을 퍼부었다. 란핑은 장민과 어울리면서 탕나와의 결혼 생활이 파탄에 이를 것임을 잘 알았다. 란핑은 자신이 장민을 따로 만날 '권리'가 있다고 탕나에게 담담하게 선언했다. 1937년 봄이 되자 장민의 부인이 포기하고 물러섰으며 란핑이 장민의 아파트로 들어갔다. 란핑은 장민 감독의 아들인 컬린과 인사를 나누었다. 자신이 장민의 아들과 잘 지낸다는 말을 자랑스레 공개적으로 하기도 했다.**[52]

육화탑에서 결혼식을 올린 지 겨우 5주 뒤에 란핑과 탕나는 한바탕 크게 싸웠다. 싸움의 불씨는 장민 감독과 탕나의 옛 애인 아이샤 문제였다. 또 다른 불씨는 란핑이 자신에겐 언제든 마음이 내키면 무엇이든 할 수 있는 '권리'가 있다고 선언을 한 것이었다.

그 싸움 직후에 마음이 어수선하고 일거리도 없었던 란핑은 잠시 상하이와 탕나를 떠나기로 했다. 란핑은 기차를 타고 더 조용한 세계인 지난으로 갔다. 그리고 그곳에서 친척과 친구들을 만났다. 어쩌면 첫 남편인 페이밍룬을 만났을지도 모른다. 어느 친구가 묘사했듯이 '사랑에 미친'[53] 탕나는 란핑을 쫓아갔다. 그는 진심으로 란핑을 다시 상하이로 데려오고 싶었고, 란핑에게서 자신을 사랑한다는, 아니 오직 탕나 한 사람만을 사랑한다는 확실한 말을 듣고 싶었다.

"두 사람이 백년해로할 것이라는 기대 따위는 애초에 없었지만 그렇게 빨리 헤어질 줄은 꿈에도 몰랐습니다." 추이완추의 회고다.

탕나는 6월 27일 저녁에 기차를 타고 지난에 도착하여 다밍 호수에서 멀지 않은 '철로 여관'이라는 숙소에 묵었다. 그는 사람을 시켜 란핑의 이모에게 간단한 편지를 전달했다. 란핑이 아마도 이모 집에 머물렀던 모양이다. 란핑은 곧 답장을 했다. 자신의 고통스러웠던 경험을 다소 과장된 어조로 이야기하면서 이런 고통을 준 남자를 더는 만나고 싶지 않다고 통보하는 내용이었다. 거친 말로 쓴 편지를 본 탕나는 절망에 빠졌다. 그날 밤 탕나는 수면제를 입에 털어넣었다. 다행히 여관 주인이 탕나가 혼수 상태에 빠진 것을 일찍 발견하여 목숨을 건졌다. 여관 주인은 저명한 상하이의 예술 평론가가 비극의 주인공이라는 사실에 놀라 급히 란핑을 수소문하여 연락했다. 란핑은 곧 여관에 와서 탕나를 데리고 나왔고 두 사람은 상하이로 돌아왔다.

두 사람은 순조롭게 같이 살 수도 없었고 그렇다고 따로 떨어져 살

** 아마도 이때 장민 감독의 부인이 큰 소동을 일으키지 않고 조용히 물러났기 때문에 훗날 란핑이 상하이를 떠난 뒤에 장민 감독 부부가 재결합할 수 있었는지도 모른다.

수도 없었다.

탕나의 자살 미수 소식으로 란핑은 전에 없이 유명해졌다. 상하이 보헤미안들의 삶을 보도하는 잡지들은 7월이 되자 탕나의 자살 기도 사건을 일제히 기사로 실었다. 아름답고, 종잡을 수 없으며, 남자에게 복종하지 않는 강한 정신의 소유자인 란핑 때문에 예민하고 순정에 빠진 탕나가 스스로 목숨을 끊으려 했다는 식의 내용이었다. 란핑은 아직 예술적 재능으로 최고의 명성을 얻지는 못했지만 파란만장한 인생으로는 상당한 명성을 얻었다.

그러던 어느 날 탕나는 친구인 정쥔리의 집에 가서 둘이서 저녁을 먹었다. 공동주택 안에 있는 매우 지저분한 아파트였다. 정쥔리 감독의 아내는 배우이자 작가인 황천이었는데 마침 외출 중이었다. 한편 란핑은 자기만의 세계에서 혼자 활발하게 활동하고 있었다. 지난에서 일어난 터무니없는 사건으로 일단 이혼은 미루었지만 그렇다고 두 사람의 관계가 안정적으로 회복된 것은 아니었다. 탕나는 정신적으로 크게 상처를 입었지만 항상 그래왔듯이 모든 것을 낙천적으로 생각하려고 노력했으며, 그를 지극히 사랑하는 친구들의 위로와 연극 무대를 향한 사랑으로 하루하루를 살았다.

저녁 식사 후 탕나와 정쥔리는 편한 소파에 앉아 이야기를 나누면서 독한 바이간을 몇 잔 마셨다. 정쥔리는 탕나와 란핑의 결혼 생활에 관해 거의 모든 것을 아는 절친한 친구였다. 그는 탕나가 긴장을 풀고 평소 버릇대로 새로운 연극에 대해 이런저런 감상을 말할 때까지 기다렸다. 친구의 모습을 지켜보던 정쥔리는 이윽고 원래 하려던 이야기를 꺼냈다. "탕나, 뭐 하나 줄 게 있어."

정쥔리는 책상에 가서 편지를 하나 가지고 소파로 돌아왔다. "누가 보냈는지는 알겠지?" 정쥔리는 조용히 말했다. 옅은 청색 편지 봉투 위에는 탕나의 이름이 적혀 있었다. 대담하지만 다소 어린아이 같은 유치함이 느껴지는 란핑의 글씨였다. "란핑이 내게 말했네. 그 말을 그대로 옮기자면, 자네가 기분이 좋을 때 이 편지를 주라더군."[54]

친구와 즐겁게 담소하던 시간은 순식간에 괴로움 넘치는 저녁으로 변했다. 그리고 이 밤이 지나기 전에 탕나는 다시 한 번 결혼에서 극적인 탈출을 시도하게 된다.

"당신은 이 편지를 오랫동안 기다렸을 거예요." 란핑은 2천 자에 달하는 긴 편지에서 이렇게 썼다.[55] "당신은 내가 지금껏 견뎌야 했던 고통을 잘 이해해주리라 믿습니다." 불과 며칠 전 자신 때문에 고통스러워하며 자살을 시도했던 남자에게 란핑은 오히려 자신이 고통받았다고 이야기했다.

란핑은 탕나와 헤어지겠다고 밝히고 또 그에게 자신의 야망을 고백하려고 편지를 썼다. 야망이 있기에 자신은 탕나의 부인으로 안주할 수 없으며 탕나가 사랑하는 상하이 보헤미안 세계에도 완전히 정착할 수 없다는 이야기였다.

"영화계에 들어온 이후 모순을 느끼기 시작했습니다. 나날이 그 모순은 더 고통스러운 것이 되었죠. 말과 행동 사이의 모순입니다." 란핑이 쓴 편지의 일부다. 란핑은 이 모순 때문에 한때 자살 일보 직전까지 갔는데 탕나를 만나면서 이 모순을 '잊게' 되었다고 썼다. 란핑에 따르면, 자신을 배우로서 또 여자로서 긍정적으로 받아들이게 해준 사람은 오직 탕나뿐이었다. 그러나 그가 란핑을 행복하게 해주긴 했지만 그 결과 지금 란핑은 둘의 사랑이 하늘 높이 솟아오르기 전에 알았던 것보다 더욱 끔찍한 곤경에 떨어지게 되었다는 것이었다.

탕나를 사랑해보려고 무진 애를 썼다고 란핑은 주장했다. "지난으로 떠나기 얼마 전, 당신은 다시 한 번 행복하게 살아보자고 제안했고 나는 동의했지요. 그건 순전히 당신의 마음을 기쁘게 하기 위해서였습니다." 하지만 란핑은 두 사람의 싸움을 도저히 떨쳐버릴 수가 없었고 싸움 뒤에 찾아오는 쓰라린 후회 역시 잊을 수 없었다. 어느 비 오는 날 란핑은 형언할 수 없을 만큼 불행한 심정이 되어 쏟아지는 빗속을 무작정

헤매 다녔고, 고통스러운 나머지 거의 쓰러질 지경에 이르렀다고 한다.

"내가 당신을 떠나는 것 외에는 다른 길이 없다는 것을 깨달았습니다." 란핑은 자신이 느꼈던 고통을 한 편의 연극처럼 극적으로 묘사했다. "그리고 당신에게 들었던 모든 말들을 하나씩 곱씹어 보았습니다. 순간 가슴속에서 무언가가 위로 치솟아 올라와 목구멍이 꽉 막혀버려 도저히 숨을 쉴 수가 없게 되었죠. 몸이 부들부들 떨리고 단 한 걸음도 걸을 수가 없었습니다." 란핑은 겨우 택시를 잡아 비틀거리면서 올라탄 뒤 자오단의 집으로 갔다. 머릿속에는 온갖 이미지들이 혼란스럽게 춤을 추었다. 남양로의 아파트에서 탕나와 함께 살던 모습과 자신이 탕나를 고집스러울 정도로 집요하게 사랑했던 일이 떠올랐던 것이다.

'모순'이 자신을 괴롭혔다고 란핑은 편지에 썼다. 자신이 말하는 것과 느끼는 것이 서로 달랐다는 것이다. 마음 깊은 곳에서는 전혀 동의하지 못하는 가치관을 마치 자기 것인 양 이야기하는 데서 오는 모순이었다. 탕나에게는 마치 일생을 같이할 것 같은 인상을 주면서 사실 란핑 자신이 결국에는 다른 곳으로 고개를 돌릴 것임을 느낄 때의 모순이었다.

하지만 란핑은 고통에 굴복하지는 않겠다고 썼다. 자신은 계속 노력할 것이며 그래서 자신의 인생을 확실하게 자신의 손에 넣을 것이라고 했다. 란핑은 '모순을 극복'하며 자신의 삶을 가치 있는 것으로 만들 길을 마침내 찾았다. 그 길은 바로 탕나를 떠나는 것이며, 화려하고 편안한 탕나의 생활 방식에서 떠나는 것이었다.

"우리가 같이했던 마지막 시기, 당신은 정말 지독하게 나쁜 성질을 드러냈지요. 그런데 그것이 내겐 좋은 계기가 되었습니다." 그런 일이 없었다면 아마도 자신은 이렇게 그와 결별하는 마지막 결단을 내리지 못했을 것이며, 또한 상하이 공연 예술의 한계를 뛰어넘어 새로운 인생을 설계하기로 마음먹지도 못했을 것이라고 했다.

란핑이 상하이의 보헤미안 생활과 탕나와 꾸리는 안정된 가정에 '정착해야' 하는지를 두고 두 사람은 자주 싸웠다. "당신 생각이 옳아요.

하지만 내 생각도 옳습니다. 당신의 진실은 당신의 세계 안에서만, 또 자오단과 다른 친구들의 세계에서만 진실이에요. 하지만 나는 다른 세계를 알고 있어요. 3~4년 동안 나는 다른 생활을 경험해본 적이 있습니다." 란핑은 자신의 정치 활동 경험을 떠올렸던 것이다. 그러면서 란핑은 탕나에게 연극의 세계만 아는 그와 달리 자신은 또 다른 세계를 알고 있으며, 또 다른 세계의 존재를 더는 부정할 수 없다고 주장했다.

 "당신은 내가 아주 큰 도약을 했다고 말한 적이 있지요." 란핑은 편지에서 줄곧 '나'라는 일인칭 대명사를 사용했다. 자신의 감정을 직접적으로 표현하기를 꺼리는 중국인들의 전통적 태도와는 거리가 있는 태도였다. "당신은 정확하게 표현해주었어요." 하지만 크게 도약한 다음에 다시 과거로 되돌아가는 것만큼 고통스러운 일은 없다고 란핑은 썼다. 상하이의 보헤미안 세계에 빠른 속도로 진입하면서 란핑은 자신의 능력을 증명했다. 하지만 란핑은 자신의 성격상 '큰 도약을 계속' 해야 한다고 고백했다. 란핑은 탕나에게 결혼과 연극으로부터 탈출하는 '큰 도약'을 하고 싶다고 말한 것이다.

 편지에서 란핑은 한때 탕나를 영화의 세계에서 데리고 나와, 다른 영역에서 둘의 행복을 찾을 수 있지 않을까 하고 궁리했다는 말도 했다. "하지만 당신을 오랫동안 지켜본 결과 그런 일은 불가능하다고 결론 내렸습니다."라고 란핑은 썼다. 란핑은 자신이 다른 무엇보다도 탕나를 가장 중요하게 생각할 수는 없었다는 점을 인정하면서도, 탕나에게도 똑같은 결점이 있었다고 비난했다. "당신은 나를 사랑하는 것보다 훨씬 더 강하게 극장을 사랑했습니다. 당신은 사랑을 그럴듯하게 이야기하지만, 당신의 말에 의문부호를 몇 개 찍지 않을 수 없네요." 란핑은 탕나가 자신을 완전히 책임지겠다는 이야기를 한 적이 있음을 상기시켰다. "당신이 말은 그렇게 해도 과연 나를 완전히 책임질 힘이 얼마나 남아 있죠?"라고 란핑은 편지에 썼다.

 란핑 같은 여자를 사랑하는 것은 탕나만이 아니라 어떤 남자에게도 힘든 일이다. 란핑은 자신의 이야기를 솔직하게 털어놓으면서 그 점을 시인했다. "나는 좋은 아내가 아니었어요. 그리고 좋은 애인도 아니었지요." 이 편지에서 란핑은 탕나에게 온갖 비난을 늘어놓았지만, 가장 핵심적인 문제를 숨기지는 않았다. "나 자신을 말하자면, 나는 애인보다 일을 더 사랑합니다."

란핑은 어떤 강력한 결혼의 굴레도 도달할 수 없는 높은 하늘로 자신의 꿈을 날리고 있었다. (최소한 1930년대 중국에서는 그랬다.) "어쩌면 당신은 내가 이기적이라고 생각할지도 모르겠군요. 하지만 오래 전에 미리 경고하지 않았던가요? 당신이 나를 사랑하기 시작한 그때 내가 말했죠. 나를 사랑하는 것은 곧 고통스러운 일이 될 거라고."

그 시절에 탕나는 란핑을 얻기 위해서라면 어떤 고난도 견뎌 낼 준비가 되어 있다고 대답했다. 그러자 란핑은 이렇게 부탁했다. "내가 만일 앞으로 당신을 떠나게 된다 해도 나를 미워하지 마세요." 탕나는 대답했다. "죽음에 이를 때까지 나는 당신을 미워하지 않을 거요." 작별 편지를 쓰는 동안 란핑은 그때를 돌아보면서 탕나의 그 말에 무척 감동했으며 앞으로도 영원히 그 말을 잊지 못할 것이라고 했다.

분명 탕나를 사랑했으며 탕나와 같이 있으면 얻을 것이 상당히 많은 상황이었지만, 스물두 살의 란핑은 자신의 독립을 지키는 데 놀라울 정도로 단호했다. 일에서 성공하고 여자로서도 행복을 누리는 두 마리 토끼를 잡을 수 있었다면, 특히 영화계에서 그런 것을 원했다면, 탕나와 짝이 되는 것이 절대로 유리했다. 그렇지만 란핑은 그 길을 가지 않겠다고 했다. 란핑의 내면에는 벌써 (직업인으로서, 아내로서) 단순한 성공이 아니라 좀 더 위대한 무엇을 달성하고야 말겠다는 강한 집념이 있었다.

"나는 많은 고난을 겪었지만, 나 자신에게 확신이 있고 명성을 추구하기에 정신 차리고 앞으로 전진할 수 있었어요."

"내가 당신에게 영향을 끼쳤다고 몇몇 친구가 말하더군요. 처음에는 그랬죠. 당신을 약간 변화시킨 것은 사실이에요. 왜냐하면 처음에는 당신이 나를 뜨겁게 사랑했기 때문이죠." 그 다음 란핑은 탕나가 자신에게 어떤 영향을 끼쳤는지 이야기했다. "가끔 나는 당신의 영향을 받아들이려고 노력했고 당신 세계에 나 자신을 맞추려고 노력했어요. 하지만 결과는 오히려 그런 노력을 하지 않은 이전보다 더 나쁜 상황이 되더군요." 탕나의 요구에 따랐을 때 오히려 자신은 두 손과 두 발이 다 묶이는 압박감을 느꼈다는 이야기였다.

편지에서 란핑은 탕나의 결점을 지적했다. 지난일을 돌아보니 그에겐 세 가지 결점이 있었다. '당신들 남자'가 모두 그렇듯이 탕나에게도 바람기가 있었다. "당신은 항상 나를 사랑한다고 말했죠. 하지만 일단 정욕에 불타게 되면 당신은 모든 것을 망각해버렸습니다."

탕나의 두 번째 결점은 소극성이었다. "당신은 그저 일이 흘러가는 대로 손 놓고 바라만 보죠. 그래도 된다면 말이에요. 도대체 당신에게 야망이 있나요? 이상이 있나요? 연극 평론도 글 쓰기를 더는 미룰 수 없는 막다른 골목에 이르러서야 간신히 펜을 들죠. 이것은 당신의 나약함을 보여주는 것이 아닌가요?"

"당신은 자신의 약점을 숨깁니다." 이것이 세 번째 결점이었다. "때에 따라 당신은 당신이 잘못했다는 것을 알죠. 그런데도 자신이 옳다고 우깁니다. 그러고는 내가 당신을 잘못 이해했다고 고집을 피우죠."

"이 세 가지 결점 때문에 우리는 더는 앞으로 나아갈 수가 없습니다." 란핑은 잘라 말한다. 이 결점들을 고칠 수 있을까? "어찌 되었든 앞으로라도 당신이 이 결점들을 고치지 않는다면 *당신은 한때 내 애인이었다는 사실을 말할 자격도 없어요.*"

란핑은 탕나를 난타하던 몽둥이를 내려놓고 마치 얼굴에 미소를 지은 듯한 어조로 글을 계속 이어갔다. 수많은 약점이 있지만 탕나는 '진실되고 마음씨 따뜻한 어린아이'이며 '다른 사람에게 나쁜 감정을 품지 않는' 사람이라는 것이다. 란핑은 계속 말했다. "가끔 당신은 적들에게조차 친절하더군요." 이것은 란핑에게서는 절대로 찾아볼 수 없는 성품이었다.

"만일 당신이 노력한다면, 그리고 내가 말한 것에 귀를 기울인다면 당신은 앞으로 큰일을 해낼 거라고 믿어요." 란핑은 이렇게 선언했다.

"중요한 건 당신이 나를 활달하고 용기 있는 여성으로 기억해주는 일이에요. 남자 앞에서 절대 굴복하지 않는 여성, 남자보다 열등한 존재로 취급받는 것을 절대 참지 않을 여성으로 말이죠." 가엾은 탕나는 이 상황을 일종의 승리로 받아들여야 한다는 요청을 받고 있었다.

"사랑하는 당신, 슬퍼하지 말아요. 지금 우리가 맞닥뜨린 이 모순들은 각자 앞으로 인생에서 다 극복할 수 있을 거예요." 탕나는 다른 여자를 만나 결혼할 수 있으며, 자신은 더 높은 야망을 좇아갈 수 있을 거라고 란핑은 썼다. "미래는 인간을 속이지 않습니다. 노력한 대가는 반드시 받게 되어 있습니다." 란핑 자신은 일단 가르치는 일로 되돌아가겠다고 했다.

란핑은 자기 인생에서 가장 가까웠던 인물, 그러나 좀처럼 언급하지 않았던 어머니에 관해 한마디 했다. "우리 어머니 일이라면, 내가 시골에 어머니가 머물 수 있도록 준비를 다 해놓았어요. (그곳은 란핑의 이복 언니 집이었다.) 그러니 어머니는 걱정할 필요 없어요." 당시 란핑 어머니의 새 남편은 이미 사망한 상태였던 것으로 추정된다.

"이제 나를 잊어주세요. 그리고 당신 길을 가세요. 당신은 이미 길을 선택했잖아요. 당신의 성공을 미리 축하할게요. 안녕히. 핑으로부터."

란핑은 탕나의 만년필과 시계를 기념품으로 갖고 싶다고 썼다. 만년필로는 자신의 삶을 기록해 두겠다고 했다. (시를 쓰거나 희곡을 쓰겠다는 이야기는 없다.) 시계는 앞으로 란핑이 일하면서 좀 더 규칙적인 생활을 하도록 고삐를 당겨줄 것이었다. 란핑은 탕나에게 자신의 사진이 담긴 앨범을 주겠다고 했다. 공연 모습과 휴식을 취할 때 모습을 담은 사진들이었다. 그리고 자신이 좋아하던 흰색 털 스웨터는 '기념물'이자 탕나에게 앞으로 '좀 더 노력'하라는 의미에서 주겠다고 편지에 썼다.

편지를 다 읽었을 즈음 탕나는 깊은 절망에 빠졌으며, 다시 한 번 자살 시도를 했다. 란핑은 이미 지난으로 가서 친척 집에 머물고 있었다. 탕나는 답장을 하지 않았다. "그때 그녀의 주소도 정확하게 알지 못했습니다." 탕나의 말이다. 하지만 탕나가 '사랑에 미쳐' 있었기 때문인지 아니면 란핑이 또다시 자신의 감정을 속이는 데 성공했던 것인지 두 사람의 결혼 생활은 여기서 끝나지 않았다. 1936년의 나머지 시간 동안 두 사람은 그리 뜨거운 관계는 아니지만 어느 정도 안정된 관계를 유지했다. 란핑은 탕나에게 별다른 기대를 하지 않았다. 이 편지를 쓴 뒤로 둘의 결혼은 일시적인 타협의 형태로 유지되었다.

한창 극단으로 치닫던 상황이 가라앉은 것은, 란핑이 이제 장민 감독이나 다른 남성들과 친교를 맺고 있어서 탕나의 연애 행각을 이전처럼 격하게 다그칠 수 없는 입장이었기 때문이다. 하루는 란핑이 탕나가 읽던 책에서 신문에서 오려낸 기사 조각을 발견했다. 그 종이 조각에는 시가 한 편 실려 있었는데, 란핑이 보기에는 탕나가 '옛' 애인인 아이샤에게 쓴 사랑의 시였다. 란핑이 지난에 가 있던 시기에 쓴 것이었는데, 탕나는 특정한 여인을 대상으로 쓴 시가 아니라고 항변했다. 하지만 의심의 검은 구름이 다시 한 번 란핑을 뒤덮었다. 란핑은 절망에 빠져 방바닥에 몸을 던졌다. "나는 넋이 나간 사람처럼 바닥에 누워 있었습니다. 눈을 들어 창 밖을 보니 바람에 나뭇가지가 흔들리고 파란 하늘에 흰 구름이 흘러가고 있더군요." 하지만 란핑은 탕나의 무분별한 처신을 이유로 삼아 이전처럼 집을 뛰쳐나온다든가 탕나와 대판 싸우지는 않았다.

란핑이 당시 친구들에게 말한 바에 따르면, 만일 자신이 탕나를 떠나면 그가 다시 자살 시도를 할 것이고 그러면 탕나를 비통에 빠뜨렸다는 비난을 받게 될까 봐 두려웠다고 한다.

"만일 내가 칼을 들고 이 결혼을 두 조각으로 자르면, 그는 견디지 못하고 다시 자살을 시도할 거라고 [우리는] 생각했어요." 당시 란핑이 쓴 글이다. 한번은 탕나가 자살을 시도하려는 낌새를 채고, 란핑이 '친구 세 명과 함께' 제발 그러지 말라고 빌어서 포기하게 만든 적도 있었다고 썼다. 란핑은 '조금 안정된 시기를 두어 탕나가 희망을 다시 갖게 해야' 한다고 생각했다. 결혼이 이제는 끝을 향해 가고 있다는 것을 란핑은 잘 알았지만 탕나에게 솔직하게 말하지는 않았다. 왜냐하면 탕나가 '두 사람의 사랑이 회복될 수 있는 기회'가 오기를 바랐고 그 희망이 있어야 탕나가 자기 자신을 추스릴 수 있었기 때문이다.

두 사람의 관계가 조금이나마 안정된 또 다른 이유는 란핑이 연기에 열중했기 때문이었다. 란핑은 '올해는 란핑에게 독서의 해'라고 종이에 써서 침실 벽에 붙여놓았다.[56] 1937년 초의 일인데, 연극과 연기에 관한 지식을 더 두텁게 쌓으려고 했던 것이다. 종이를 붙이기 얼마 전, 란핑은 영화에서 중요한 역할을 맡았고 영화는 흥행에 성공했다. 롄화 영화제작사에서 만든 〈늑대산의 핏자국(狼山喋血記)〉에서 란핑은 고통받는 아내 역할을 맡았는데 그녀에게 딱 맞는 역할이었다. 영화에서 아내는 늑대들 때문에 엄청난 공포를 느끼고 결국에는 늑대들에 맞서 영웅처럼 싸워 이긴다. (이 작품에서 늑대는 일본 침략자를 상징했다. 한편 란핑에게 늑대란, 일본인들에 비한다면 덜 구체적이지만, 개인적 차원에서 더욱 강력한 적의 상징이었다.)

몇 달 전에 란핑은 뎬퉁 영화제작사에서 할 일 없이 빈둥거리고 있었다. 그때 탕나에게 상하이 영화계에 관한 불평을 늘어놓고 이런 지저분하고 별 볼 일 없는 영화계를 떠나 어디선가 새롭고 신선한 공기를 마시며 쉬고 싶다고 다시 한 번 말했다. 그 말을 들은 탕나는 정말로 좋은 영화를 한 편 만든 다음에 떠나라고 말했다.

란핑은 잠시 신중하게 생각을 한 뒤, 받아들일 수 없는 제안이라고 대답했다. 그런 좋은 영화를 만들게 되면 절망감과 무명 생활에서 벗어나게 될 테고, 그렇게 되면 영화계를 떠나고 싶은 마음이 사라질 것이라는 이유였다.

〈늑대산의 핏자국〉이 성공하면서 란핑은 바로 그런 상황에 놓였고, 몇 달 뒤에 주연을 맡은 〈노총각 왕(王老五)〉은 더 큰 성공을 거두었다.

〈늑대산의 핏자국〉에서 보여준 생생한 연기에 비평가들과 관객들의 칭찬이 쏟아졌다. 란핑은 행복을 느꼈고, 탕나 역시 란핑의 곁에서 행복해했다.

〈노총각 왕〉은 빈민가를 무대로 벌어지는 비참한 분위기의 영화였다. 주인공은 가난하지만 의지가 강한 젊은 여성이다. 그녀는 '왕'이라는 노총각과 사귀어 결혼한다. 노총각은 여자를 많이 사랑하지만 여자는 그를 그렇게 많이 사랑하지는 않는다. 주인공이 결혼한 이유는 아버지가 죽었을 때 노총각이 자상하게 돌보아주었기 때문이다. 두 사람의 결혼 생활은 가난과 알코올 중독과 일제 침략으로 고통의 연속일 뿐이다. 하지만 주인공은 투쟁한다. 남편은 죽고 혼자 살아남는다. 어쩌면 나약한 남편에게 주인공이 승리한 것일 수도 있다. 주인공처럼 비참한 삶에서는, 어쩌면 살아남는 것만이 유일한 삶의 목적일 것이다. 영화의 마지막 장면에서 죽은 남편의 시체 위에 몸을 굽힌 채 란핑은 눈물과 핏자국 범벅이 된다. 처연하게 그녀는 맹세한다. 나의 적들과 중국의 적들에 맞서 끝까지 싸우겠노라고.

영화를 촬영하는 동안 벌써 란핑이 〈노총각 왕〉의 용기 있는 아내 역할을 탁월하게 잘해내고 있다는 소문이 퍼졌다. "그녀의 연기에 깊이 감동받았습니다." 왕팅수의 회고다. 지난의 산둥실험극원 동창생인 그는 당시 상하이 영화계에 있었다. 란핑은 한껏 기세가 올랐다. 하지만 탕나에게는 불행이 닥쳤다. '정말 좋은 영화 한 편'을 만든 란핑은 상하이 영화계가 아니라 바로 탕나라는 남자를 떠났던 것이다.

탕나는 〈노총각 왕〉과 란핑의 연기를 칭찬하는 평론을 썼다. 하지만 탕나의 승인은 1년 전인 1936년만큼 큰 의미가 없었다. 란핑이 일에서 좌절을 겪고 탕나와 티격태격했던 것이 1936년의 상황이라면, 1937년에는 두 편의 영화에서 화려하게 성공함으로써 란핑에게 이제 탕나라는 '기댈 언덕'이 사회적으로나 개인적으로 필요 없어진 것이다.[57]

1936년 말, 몹시 추운 어느 날 밤에 상하이의 최고 연극 무대인 금성 대극장 앞에는 엄청난 관객이 몰려들었다. 유명한 극작가 샤옌이 만든 연극이 무대에 오르는 날이었다. 샤옌은 톈한의 동료이며 란핑과도 아는 사이였다. 극장 간판에는 이렇게 크게 써 있었다. "조그만 혀 하나로 우리의 여주인공은 베이징에서 수천 명의 사람을 살려냈다."

　　제목이 〈새금화〉*인 이 연극은 19세기 말 의화단 운동 시기에 살았던 어느 용감한 여인의 이야기를 극화한 것이다.[58] 당시 여인들은 '웃을 때 치아를 보이지 않고 걸을 때 발이 보이지 않도록' 조심해야 했다. 주인공은 처음에는 기생이었지만 곧 정치적 인물이 된다. 그러나 나중에는 위세를 잃고 결국 비참한 처지로 떨어진다. 새금화의 일생은 1930년대 중반에 중국에서 하나의 전설이 되었다. 중국인들은 역사와 사랑 이야기가 섞인 이런 종류의 이야기를 좋아한다.

　　새금화는 한 남자의 양순한 부속물로 사는 것보다 기생이지만 독립적인 인간으로 살기를 선택한 여성이었다. 란핑이 지난에서 페이밍룬에게 순종하는 아내로 살기보다 배우라는 위험한 직업에서 자기 길을 찾은 것과 비슷하다. 란핑이 훗날 정치 무대에서 그랬듯이 새금화는 정치적 재능을 타고났다. 정치 이론에는 무지했지만 정치 공작에 능숙했고 정치 쟁점을 극적으로 표현하는 능력이 뛰어났다.

　　마치 란핑처럼, 새금화는 예측 불가능한 중국 정치와 개인을 한 범주에 집어넣는 중국 문화의 속박 속에서 세월의 흐름에 따라 처음에는 방황하는 여인으로 그 다음은 기득권 세력의 인기인으로 결국에는 배신자

---

* **새금화**(賽金花, 1872?~1936) 어린 시절에 기녀가 되었는데, 곧 과거 시험에서 장원으로 급제한 홍균(洪均)을 만나 첩이 된다. 이후 외국 공사로 임명된 남편을 따라 유럽 4개국에서 몇 년간 생활하는 기회를 얻었다. 그러나 중국으로 돌아온 뒤 1893년에 남편이 병사하자, 집을 나와 상하이에서 다시 기녀가 되었다. 1900년 여름, 의화단에게 포위된 8개국 공사관을 구출한다는 명분으로 8개국 연합군(독일, 러시아, 영국, 미국, 프랑스, 오스트리아-헝가리, 이탈리아, 일본)이 베이징을 점령했을 때, 새금화가 자신의 애인이었던 연합군 총사령관 알프레트 폰 발더제(Alfred Graf von Waldersee)를 설득해 중국과 강화조약을 맺고 베이징 시민들을 보호하도록 했다는 이야기가 전설처럼 전해진다.(역주)

로 인식되는 기구한 운명에 놓였다.

란핑은 여주인공 역을 맡기를 원했다. (연극에서 샤옌은 새금화를 위대한 영웅으로 묘사했다.) 당시 란핑은 탕나와 장민 감독에게 그런 바람을 밝혔다. 새금화의 일생과 자신의 삶에 비슷한 부분이 많아서 좀 꺼려지기는 했지만 란핑은 이 다채로운 성격의 여인을 꼭 연기해보고 싶었다. 일생 동안 자신을 헐뜯는 나쁜 평판과 싸웠으며, 살아 있는 동안에는 당대 정치에 영향을 끼쳤고, 죽어서는 사람들의 머릿속에 확실한 인상을 남긴 여성. 그런 여자가 존재한다는 데 크게 감동한 란핑은 그 역할을 맡고 싶었다. 남자 주인공은 상하이 연극계의 '클라크 게이블'이라 불리던 유명 배우 진산(金山)이었다.

하지만 샤옌은 란핑을 그렇게 높이 평가하지 않았다. 일본 유학을 했고 유명한 좌익 인사였던 샤옌은 매혹적인 여배우 왕잉에게 여주인공 역할을 주었다. 왕잉은 샤옌이 만든 연극과 영화에서 여러 번 주연을 맡은 적이 있었다. 란핑이 이 작품에 느꼈던 호감은 순식간에 분노로 바뀌었다. 새금화 같은 '배신자 기생'이 어떻게 연극 주제가 될 수 있단 말인가! 어떻게 그런 천한 여자가 '중국을 대표하여 발언'할 수 있는가? 어떻게 의화단이라는 '영웅적 대중 운동'이 지닌 의미가 한낱 기생 때문에 훼손될 수 있는가? 란핑은 여주인공을 해보았으면 하고 원하던 연극을 극렬하게 반대하는 의사를 밝혔다. 나중에는 그 작품을 준비하던 '1940년대 극단' 단원들이 란핑에게 극단적 발언을 멈추지 않으면 목숨을 잃을 것이라고 위협하는 지경에까지 이르렀다.*

란핑과 탕나는 이제까지 너무나 많은 위기를 겪으면서 서로 숱하게 상처를 입혔다. 그래서인지 두 사람은 아주 조용하게 이혼으로 가는 길을 밟았다. 마치 한 편의 연극을 100회에 걸쳐 반복 공연하면서 매주 약

---

* 1960년대 권력의 중심에 있을 때 장칭은 이 연극이 "부르주아의 독으로 물들었으며" 새금화는 "100퍼센트 반공산주의적 배신자"라고 말했다.

간의 변주만 주는 것처럼, 두 사람은 사랑하고 헤어지는 과정을 되풀이했다.

이제까지는 서로 감정을 쏟아붓는 싸움이었다면 지금부터는 권리에 대한 싸움이었다. 보헤미안들 사이에서 란핑은 탕나가 그녀를 사랑하는 것만큼 그를 사랑하지 않으면서 여전히 그를 놓아주지 않는다고 비난받았다. 하지만 란핑은 탕나 쪽이 나약하고 불안정해서 둘의 관계가 끝나지 않는다고 주장했다. 여하튼 란핑은 탕나를 더는 사랑하지 않으며 장민과 사귄다고 인정했다.

어느 날 탕나가 란핑의 임시 거처에 갑자기 들이닥쳤다. 그는 자신이 심한 고통에 시달리고 있으며 이제 그녀와 '문제를 청산'하고 싶다고 말했다. 탕나는 아이샤가 보낸 편지를 꺼내 보여주었다. 당시 일본에서 막 돌아온 아이샤는 탕나가 (란핑과 결합하려고) 자신을 버렸다고 슬퍼하고 있었다. 탕나는 떨리는 손으로 란핑에게 편지를 읽으라고 주면서 이 편지가 바로 란핑을 향한 자신의 일편단심을 증명한다고 말했다.

하지만 란핑이 탕나에게 '일편단심'을 바칠 가망은 전혀 없었다. 란핑은 분명하게 입장을 밝혔다. "나는 그를 더는 사랑하지 않았습니다." 란핑이 훗날 그때를 회고하면서 한 말이다. 란핑은 탕나와 '좋은 친구'로 남고 싶으며 그럴 준비가 됐다고 말했다.

그 말은 탕나에게 아예 헤어지자는 말보다 더 아프게 다가왔다.

란핑은 탕나에게 두 사람의 결별 사실이 신문에 보도되기를 바라느냐고 물었다. 탕나는 란핑이 원한다면 그리 해도 상관없으나 자신은 그럴 필요를 느끼지 않는다고 답했다. 란핑 역시 그럴 필요를 느끼지 않는다고 말했고, 두 사람은 공식적으로 아무런 발표도 하지 않기로 했다. 탕나는 당분간 상하이를 떠나기로 했다.

몇 주가 지난 뒤 탕나는 다시 란핑의 문 앞에 나타나 욕설을 퍼부었다. 란핑이 '자기 입장만 유리하게 하려고' 했으며 '다른 남자(장민 감독)'와 관계를 가져 자신을 '기만'했다는 것이다.

"우리는 이미 모든 것을 깨끗이 정리했잖아요? 그런데도 내가 다른 남자를 사랑하면 안 되나요?" 그렇게 말한 란핑은 한 걸음 더 나아갔다. "설사 우리가 깨끗이 정리하지 않았다 하더라도 나는 다른 남자를 사랑할 권리가 있어요."

"그는 나에게 욕설을 퍼부었습니다." 란핑의 회고다. "나는 아무 말 않고 잠자코 있었지요. 그 사람은 한참 욕설을 퍼붓더니 떠나버렸어요." 란핑은 만일 그가 다시 돌아오면 그때는 때려주겠다고 결심했다.

탕나는 정말 다시 왔다. 란핑은 훗날 그날을 이렇게 묘사했다. "내 아파트에 무기로 쓸 만한 물건은 작은 과도와 가위 하나뿐이었어요. 그래도 두려울 것이 없었어요. 어디 와보라지! 난 결코 물러서지 않겠다고 결심했습니다."

탕나를 들어오게 한 다음 란핑은 뒤에서 문을 닫은 뒤 먼저 주먹을 날렸다. 탕나가 되받아 쳤다. 주변에 있던 하녀 한 사람과 친구들이 두 사람이 싸우는 소리를 들었지만 란핑이 방문을 잠가서 방 안으로 들어갈 수가 없었다. 얼마 후 탕나가 방에서 나왔다. 란핑은 탕나가 과거에 자신에게 보냈던 편지 몇 장과 자신이 결혼 생활의 추억을 기록한 공책 두 권을 들고 나갔다고 주장했다. 아파트 안은 엉망이 되었지만 란핑은 자존심은 조금도 다치지 않았다.

"그는 우리 둘의 결별을 공개적으로 발표하겠다고 했습니다. 하지만 그러지 않더군요." 란핑의 말이다.

절망감에 사로잡힌 탕나는 황푸강에 뛰어들었다. 하지만 낮이어서 그가 뛰어내리는 것을 사람들이 보았고, 그 덕분에 탕나는 구조되었다. 〈대공보〉와 다른 신문들은 이 사실을 간략하게 보도했지만 란핑의 이름은 기사에 언급되지 않았다.[59]

1937년 5월에 드디어 이혼이 마무리되었다. 법적으로 결혼 증명서를 작성하지 않았기 때문에 힘든 절차는 아니었다. 란핑이 상하이 은행에서 빌린 돈은 탕나가 갚아야 했다. 란핑이 탕나의 시계와 만년필을 담보로

맡겨놓았던 것이다.

잡지에 글을 쓰다

탕나와 연애하고 동거하고 헤어지는 1~2년 동안, 란핑의 삶에서 중심은 연기였다. 결과는 매우 성공적이었다. 경제 상황도 나아졌다. 영화사에서 받는 출연료로 부자는 될 수 없었지만 그래도 가난에서는 탈출했다. 주위 사람들은 란핑이 옷과 화장품에 갈수록 더 많이 돈을 쓰는 것을 볼 수 있었다. 란핑은 이 세상과 화해하지 못하는 데서 비롯되는 근본적 불안을 연기로 승화시켰다. 숱한 심적 고통, 별난 삶의 방식, 고집스러운 성격 때문에 그녀는 그동안 가시밭길을 걸어왔다. 하지만 이제 연극 무대나 카메라 앞에서 그런 모든 고난과 슬픔을 녹여 발산했고 관객들에게 감동을 주었다.

좌익 성향의 중국인들 사이에서 예술과 문학 분야는 언제나 서로 연결된 하나의 표현으로 사용되어 왔지만, 1930년대 상하이에서는 란핑 같은 공연 예술 분야의 일선 연기자들은 문학 분야의 작가들과는 수준 차이가 컸다. 당시 수준 높은 문학 분야를 대표하는 인물이 루쉰이었다.

루쉰은 프로파간다와 문학을 확실하게 구분해야 한다고 주장했다. 하지만 프로파간다와 공연 예술은 구분이 어렵다. 극장을 찾은 관객은 순수한 감정 표출로 사로잡을 수 있지만, 종이 위에 인쇄된 출판물에서는 순수한 감정 표출이 극장에서만큼 중요하지 않다. 란핑은 관객 앞에서 훨씬 더 효과적으로 자기 자신을 표현했다. 자신의 강렬한 개성을 마음껏 발휘할 수 있었기 때문이다. 하지만 칭다오 시절에 란핑이 소설이나 시를 썼을 때에는 그만큼 효과적이지 못했다.*

마찬가지로, 책을 조용히 읽는 게 아니라 대사를 큰 소리로 읊조리

---

* 란핑은 자신의 글쓰기가 성공하지 못한다는 것을 확실하게 알게 되었다. 훗날 란핑이 정치인으로 활동할 때를 보면 '실패한 작가'라는 자의식이 있었다. 이는 마치 독일의 히틀러가 '실패한 화가'라는 자의식을 지니고 있었던 것과 비슷하다.

며, 항상 다른 사람의 시선을 의식하고, 오늘은 이 인물을 내일은 저 인물을 묘사하고, 수많은 종류의 사람들과 어깨를 스치며 생활하는 여배우의 삶이 란핑에게는 어울렸다. 그녀에겐 고독한 시간 속에서 인내심과 일관성을 가지고 글을 써야 하는 작가의 삶이 어울리지 않았다.

'관객'과 '군중'을 동일시하는 특이한 관념이 점차 란핑의 마음속에 뚜렷하게 자리를 잡았다. 이 특이한 관념은 훗날 그녀의 정치관에도 영향을 끼친다. 자신의 공연을 바라보는 관객이 곧 '인민'이라는 생각이었는데, 공산당의 핵심 지지층인 노동자와 농민을 가리키는 '인민'과 같은 뜻이었다. 란핑은 관객과 인민 모두를 영웅적 역할을 수행하는 집단으로 인식했고, 자신이 관객과 인민 두 집단을 이끌 안내자 역할을 해야 한다고 믿었다. 란핑은 훗날 기층 공작(基層工作)을 집요하게 언급하는데, 이것은 정치적 차원에서 사람들을 조직하는 것이 아니라 예술인으로서 열광하는 팬들을 육성하고 관리하는 것을 가리킨다.

연극적 열정과 정치적 열정이 뒤섞인 란핑의 특이한 열정은 이때 형성되었다. 이 열정은 훗날 란핑이 중국의 최고 권력을 획득하고 행사하기 위해서 벌인 운동에서 강한 추진력으로 작용한다. 란핑이 〈늑대산의 핏자국〉에서 고난에 빠진 아내 역을 연기했을 때 그녀를 뒤쫓았던 늑대는 혹시 어린 시절의 어두운 기억 저편에서 나타난 짐승이 아니었을까? 그래서 그렇게 생생한 연기를 할 수 있었던 것이 아닐까? 혹은 란핑은 그 늑대를 일본인과 동일시했던 것은 아닐까? (당시 비평가들은 그렇게 이야기했다.) 혹은 '계급의 적인 자본가들'과 동일시했던 것은 아닐까? 확실한 답을 찾기는 쉽지 않다.

란핑은 본능이 이끄는 대로 행동하는 유형이지 사물을 개념에 의해 파악하는 사람이 아니었다. 란핑은 강렬한 열정을 불태우며 배역에 자기 자신을 완전히 던져 넣었기 때문에, 그 배역들이 그녀가 아내로서 혹은 애인으로서 혹은 1930년대 중국의 한 시민으로서 가치관을 형성하는 데 큰 비중을 차지했다. 〈늑대산의 핏자국〉에 등장하는 늑대들은 란핑 자신의 인생에 나타난 늑대였다. 무대 위에서, 영화 속에서 싸운 적들은 쉽게 '계급의 적들'로 전환되어 훗날 란핑이 정치 투쟁을 할 때 공격 목표가 되었다. 란핑은 자신의 실제 인생에서가 아니라 〈노총각 왕〉에서 연기하면서 경제적 곤란과 일본의 침략에 대한 강렬한 증오심을 경험했다.

물론 란핑은 예술가였기 때문에 실제 경험에서 우러나온 정열을 예술에 쏟아부었다. 하지만 반대로 예술적 경험이 란핑의 인생에 큰 영향을 끼친 것도 사실이었다.

란핑처럼 연기에서 정치로 활동 무대를 옮긴 사람들을 관찰해보면, 연기자 출신 정치인들은 타인의 의견을 정열적으로 표현하는 데 워낙 익숙하기 때문에 자신의 고유한 견해가 무엇인지 정확하게 밝히기 어렵다. 우리는 1960년대에 장칭이 중국 정치에서 했던 역할을 이미 다 아는 상태에서 1930년대에 란핑이 출연한 영화를 볼 수 있다. (이것은 마치 1980년대의 미국 레이건 대통령을 아는 상태에서 1960년대에 그가 출연한 영화를 보는 것과 같다.) 그럴 때 이런 의문이 들 수 있다. "도대체 어느 쪽이 진짜 그 사람이지?" 양쪽 다 진짜 그 사람이다. 란핑이 물리적으로 한 사람이라는 단순한 의미가 아니다. 영화에서든 정치에서든 란핑은 똑같은 정열에 사로잡혀 움직였다. 보복을 하거나, 나쁜 남자나 정욕에 불타는 남자를 밀쳐내거나, 군중을 감동시켜 움직이거나, 강한 의지 하나로 적들을 쳐부수거나, 그곳이 연극 무대든 정치 무대든 그녀의 정열은 같았다는 의미다.

"저 여자는 절대 착한 아내가 될 수 없을 거야." 추이완추는 란핑이 노라 역할을 연기하는 것을 보고 친구에게 이렇게 이야기했다. "저것 봐, 얼마나 강하고 또 얼마나 단호하게 헬머를 비난하는지, 그리고 자신의 독립을 선언하는지." 란핑이 연기한 '노라'를 보고 추이완추는 란핑의 한 부분을 꿰뚫어보았던 것이다.[60]

"더는 참을 수 없습니다." 란핑은 롄화 영화제작사에서 발행하는 잡지에 글을 썼다.[61] "나는 진실을 말하겠습니다." 신문 기사는 물론이고 탕나의 친구들 사이에 란핑이 탕나에게 '잔인하게' 굴었다는 소문이 돌았다. 그녀는 이런 소문에 자극받아 연극과 영화계 인사들과 관객들에게 자신의 입장을 밝히는 글을 썼다. 때는 1937년 5월이었으며, 당시 란핑은 장민 감독과 동거 중이었다. 탕나와는 오랫동안 만나지 않은 상태였다.

란핑의 글이다. "처음에 나는 이런 소란이 있어도 참으려고 했습니다. 도대체 내가 왜 또다시 탕나 때문에 골머리를 앓아야 합니까?" 하지만 란핑은 자신이 침묵하고 있으면 사람들이 자기 잘못이라는 결론을 내릴 것이라고 생각했다. "그렇게 되면 사람들은 오히려 나를 더 강하게 비난할 것입니다."

과거에 란핑은 애인으로서나 아내로서나 부족한 점이 많다고 스스로 인정하곤 했는데, 이제 그런 소리는 찾아볼 수 없었다. 모든 것이 탕나 탓이라고 주장했다. "그가 나를 어떤 식으로 사랑하는지 아십니까? 다른 여자를 뜨겁게 사랑하면서 동시에 나도 사랑(?)한다는 것입니다. 그게 탕나가 사랑하는 방식입니다."

란핑은 자신이 어리석었다고 인정했다. "우리 두 사람이 친구로서 뎬퉁 영화제작사에서 처음 만났을 때 탕나가 이미 다른 여자와 사랑에 빠져 있었다는 것을 모든 사람이 알고 있었습니다." 한참 지난 뒤에 란핑이 탕나에게 다른 여자에 관해 묻자, 탕나는 란핑과 자신 사이에 무르익는 사랑을 주위 사람들이 지나치게 호기심 어린 눈으로 지켜보고 있어서 관심을 딴 데로 돌리기 위한 연막 작전이라고 말했다. "그 일은 마치 별똥별이 곧 사라지듯 내 마음속에서 완전히 잊혀졌습니다." 하지만 탕나는 아이샤와 계속 만났다고 란핑은 독자에게 알렸다. "내 자신감은 무너졌습니다. 왜냐하면 나는 한 남자가 나를 사랑하면 그는 나를 배반하지 않을 것이라고 믿었기 때문입니다."

란핑은 탕나와 결혼한 진짜 이유는 그에게 상처를 주지 않기 위해서였다고 밝혔다. "그 사람도 나도 결혼식을 심각하게 받아들이지 않았습니다." 지난에서 탕나가 처음으로 자살을 시도했던 경우도 마찬가지였다는 것이다. 란핑은 지난 다밍 호수 근처 여관에서 있었던 고통스러운 밤을 이렇게 썼다. "나는 그 사람이 자기 자신을 존중할 수 있게 도와준 다음에 내가 그 사람을 떠날 수 있을 거라고 생각했습니다." 지난에서 자신의 마음이 "믿을 수 없을 만큼 누그러져서" 탕나에게 양보했다는 것이다. "동정심과 연민에 이끌려 나는 내 인생에서 가장 부끄러운 행동을 했습니다. 그 사람과 함께 상하이로 돌아오고 말았습니다."

란핑의 시각에서 볼 때에는 1936년 말에 결혼 생활이 다시 삐걱거릴 때 두 사람 사이에 완전히 똑같은 패턴이 다시 나타났다. "친한 친구들은 탕나와 너무 급작스럽게 헤어지지 말라고 충고했습니다. 그렇게 하면 그 사람이 미쳐버린다는 것이었습니다." 하지만 다소 무관심한 상태에서 거리를 두고 있다 보니 그것 역시 탕나에게 악영향을 끼쳤다. "그 사람은 자기 자신을 바로잡을 수 있을 만큼 야무지고 단단한 사람이 아니었습니다." 란핑의 설명이다. "내 말을 오해하지 마십시오. 혹시라도 그가 자기 자신을 바로잡았다면 내가 그를 다시 사랑했을 것이라고 이야기하는 것이 아닙니다. 나는 그 사람을 더는 사랑할 수가 없었습니다. 상처가 너무 깊었습니다."

란핑이 장민 감독과 동거한 뒤 탕나는 다시 한 번 자살을 기도했다. 이렇게 되자 탕나의 친구 몇몇이 자신에게 폭력을 휘두르려 했다고 란핑은 주장했다. "세상에, 이 사람들이 일본 침략자들에게 이런 용기와 과감성을 보였다면 중국을 구할 수 있을 겁니다. 그러는 대신 고작 가엾은 여자 하나를 상대로 이런 분노를 쏟아붓다니!"

〈탕나와 나는 왜 헤어졌는가?〉는 오만하고 진실성이 없는 글이었다. 란핑은 자신이 탕나에게 잘못한 것이 없다는 이야기를 여러 차례 강조했다. 장민 감독은 이름조차 언급하지 않고 엉뚱하게도 다른 유명한 감독인 페이무(費穆)라는 사람을 들먹이며 그가 자신이 롄화 영화제작사에 들어갈 수 있게 해주었다고 밝혔지만, 이 말은 사실이 아니었다. 란핑은 탕나와 헤어진 것은 오랫동안 생각한 것이며 란핑 자신의 정신적·육체적 건강을 지키려면 어쩔 수 없는 행동이었다고 주장했다. 란핑은 여러 번 자살을 생각했다고 한다. 하지만 실제로 자살을 시도한 사람은, 그것도 여러 번, 란핑이 아니라 탕나였다.

탕나가 세 번째 자살을 시도한 뒤의 상황에 관해 란핑은 다음과 같이 썼다. "내가 탕나에게 말했습니다. '당신이 스스로 목숨을 끊는다면 나는 전보다 훨씬 더 열심히 내 인생을 살아갈 거예요.'"

물론 란핑은 자살을 할 사람이 아니었다. 어떤 시기든, 어떤 상황이든, 어떤 적수를 만나든 "나는 나 자신을 존중해야 해."라는 것이 그녀의 전투 구호였다. 란핑은 "나는 절대로 상대방 공격에 굴복하지 않았습니다. 이것이 내가 내 인생에서 자랑스럽게 생각하는 한 가지 분명한 사실입니다."라고 썼다.

란핑은 자신을 롼링위라는 여배우와 비교했다. 롼링위는 스물다섯 살에 자신의 이혼과 남자 관계 등을 둘러싼 소문에 괴로워한 나머지 스스로 목숨을 끊었다. 란핑이 탕나에게 한 행동과 그녀와 장민 감독의 연애를 두고 소문이 무성해지면서 란핑을 롼링위와 비교하는 사람들이 많아지자 란핑은 이렇게 썼다. "나는 절대로 롼링위 같은 행동은 하지 않을 것입니다. 소문 따위에 겁을 먹고 스스로 목숨을 끊지는 않겠습니다. 나는 굴복하지 않습니다. 단 한 치도 뒤로 물러나지 않을 겁니다." 탕나가 자신을 물리적으로 폭행하든, 혹은 탕나 친구들이 온갖 비난과 욕설을 퍼붓든, 영화 잡지에 자신을 비난하는 글이 실리든, 란핑도 조금도 굴하지 않았다.*[62]

---

* 훗날 나이가 든 뒤에도 장칭은 상하이 시절 자신을 깔본 사람들에게 받은 '모욕'을 상기할 때마다 몹시 흥분하는 모습을 여러 차례 보였다. 한번은 자신을 만나러 온 미국인 방문자에게 루쉰의 에세이 〈소문은 무서운 것이다〉(이 글은 롼링위의 자살로 촉발된 글이었다)를 보여주면서, "이 글을 읽어보시면, 내 삶의 단서들을 발견하실 수 있을 겁니다."라고 말했다고 한다.

"내가 아무나 발로 밟아 죽일 수 있는 하찮은 벌레로 보이나요? 그렇지 않습니다. 나는 한 사람의 인간입니다. 천 년이 지난다 해도 나는 굴복하지 않습니다. 특히 (탕나 편을 들면서 헛소문을 퍼뜨리는 자들의) 치사한 술수에는 절대로 굴복하지 않을 겁니다."

란핑은 의지가 강한 남자를 원했다. 하지만 란핑과 그런 남자는 마치 좁은 찬장 속에 갇힌 호랑이 두 마리와 같을 것이다. 서로 힘이 넘쳐서 도저히 안정될 수 없을 것이다. 란핑은 항상 탕나에게 "자신을 더 높이 평가하라."고 몰아세웠다. 하지만 탕나가 만약 좀 더 자부심이 강하고, 좀 더 과감했다고 해도 과연 란핑과 관계를 원만하게 유지할 수 있었을지는 의문이다.

1937년 여름에 일본군이 상하이를 전면 공격하면서, 상하이는 정치 상황이 악화되었고 영화 산업 역시 급작스럽게 기울었다. 란핑은 롄화 영화제작사에서 반일 색채를 띤 〈20전(兩角錢)〉이라는 단편 영화 한 편을 찍었다. 이 작품에서 여주인공을 맡은 란핑은 비평가들에게 호평을 받았다. 하지만 롄화 영화제작사는 곧 문을 닫았다.

란핑 역시 이 시점에서 매듭 하나를 지었다. 란핑은 탕나와 이혼했다. 〈탕나와 나는 왜 헤어졌는가?〉가 잡지에 실린 이후 란핑은 심지어 보헤미안들 사이에서도 문제 인물로 여겨졌다. 란핑이 장민 감독을 졸라 〈폭풍우〉에서 주연을 맡은 사건을 두고 많은 사람들이 '넘어서는 안 될 선을 넘었다'고 비판했다. 장민 감독이 이끄는 극단에서 란핑은 건방진 사람으로 낙인찍혔다. 장민과 특별한 관계라는 것을 노골적으로 과시하고, 다른 사람들이 식당에서 함께 둘러앉아 식사할 때도 란핑은 자기 방에서 홀로 식사했다.

설사 란핑이 강력하게 그와의 미래를 원했다 하더라도 장민 감독과 연애는 사실상 아무런 미래가 보장되지 않았다. 장민은 복잡한 사람이었으며, 지키지 못할 약속을 남발하는 사람이었다.[63] 다른 무엇보다 상하이는 연극이든 영화든 시시각각 급속하게 무너지고 있는 도시였다. 여기서 배우라는 직업이 무슨 의미가 있겠는가? 공연 예술 계통에 있던 많은 사람들과 마찬가지로 란핑은 이제 정치가 자기 삶에서 절대적으로 중요한 일부임을 싫어도 인정해야만 했다.

상하이는 란핑에게 정치적으로 위험한 곳이 될 가능성이 높았다. 란핑과 가까웠던 어느 여배우의 회고다. "국민당 경찰에 체포된 적이 있는 사람들은 모두 자신들이 국민당 검거 대상 목록에 올라 있다고 생각했고, 1937년이 되자 모두 다른 정치적 환경을 찾아 상하이를 떠나려고 안달하기 시작했죠. 내 생각에는 란핑이 상하이를 떠난 데는 이런 이유도 있었을 것이라고 봅니다."[64]

란핑은 탕나에게 여러 번 작별을 고했다. 한번은 탕나에게 앞으로 이별 때문에 그가 받게 될 따가운 시선을 이겨낼 수 있는 계획을 말해준 적이 있었다. "내가 죽었다고 하세요." 란핑 자신의 극적인 감정과 취약함을 적당히 섞어 만든 판타지였다. "여하튼 내가 보헤미안 세계를 떠나는 거니까 죽었다고 해도 되지 않나요?" 마치 실제 세계와 가상 세계를 연결하려는 듯 란핑은 그렇게 말했다. 계획에 따르면 란핑은 급성폐렴으로 죽은 것이었다. "내가 죽지 않고 살아 있다는 것은 당신과 나만이 아는 비밀이에요." 란핑은 너그러운 마음을 과시하듯 한마디 덧붙였다. "나는 당신이 이 비밀을 지킬 능력이 있다고 확신해요."

이제 그런 판타지를 만들어낼 필요가 없었다. 실제로 상하이 세계에서 란핑이 '죽은' 것이나 다름없는 순간이 왔다. 1937년 7월에 란핑은 공연 사진을 모아 둔 것을 포함하여 짐을 싸서 상하이를 떠났다. 탕나는 란핑이 떠난다는 소식을 전해 들었지만 그 이유는 확실하게 몰랐다. 여하튼 이제 란핑 문제는 장민 감독이 신경쓸 일이지 탕나와는 상관없었다.

란핑이 상하이에서 보낸 4년은 얼핏 보면 수수께끼와 역설로 가득하다. '공산당과 접촉'하기 힘들었다는 주장, 탕나를 비롯한 여러 남자들과 뜨겁고도 차가웠던 복잡한 관계, 제멋대로인가 하면 때로는 용기 있게 행동하는 모습 등. 하지만 수수께끼 같은 겉모습은 내면의 목표를 살펴보면 좀 더 쉽게 이해할 수 있다. 란핑은 '강한 자'가 자신을 이용하지 못하게 하는 것, 환경에 좌지우지되는 나약한 사람이 되지 않는 것, 한 인간으로서 자유롭게 자신의 감정을 표현하는 것을 원했다. 조직이라든가 사상이라든가 인간 관계라든가 하는 것들은 모두 자의식 강한 란핑의 내적 갈등과 투쟁이 펼쳐지는 무대에 불과했다.

4년 동안은 어떤 의미에서 란핑에게 '황금기'였다. "나는 아주 뛰어난 여배우는 아니었습니다." 여러 해가 흐른 뒤 란핑이 말했다. "하지만 신인 여배우 중에서는 꽤 눈에 띄는 존재였죠."[65] 그것은 사실이었다. 물론 스둥산이 도와주었고, 탕나가 좋은 비평을 해주었고, 장민 감독이 주관적으로 배우 선정을 했으며, 공산당이 주도하는 예술가 집단에서 도움을 받았지만, 결국 란핑은 강한 의지와 넘치는 에너지와 재능이 있었으며, 뜨거운 열정으로 치열하게 살았기 때문에 성공할 수 있었다.

란핑의 이후 인생에는 이 같은 찬사를 보내기 힘들다. 훗날 더 높은 지위에 올라 1930년대를 되돌아볼 때 란핑은 다소 어색함을 느끼지 않을 수 없었다. 하지만 상하이의 무대와 스크린에서 활동할 때 란핑은 이런 찬사를 받을 만했다. 어쩌면 란핑이 상하이에서 지냈던 시간이 장칭의 인생에서 가장 빛나는 최고의 순간이었는지도 모르겠다.

상하이를 떠나다

상하이를 떠나기 전에 란핑은 〈우리의 삶(我們的生活)〉이라는 글을 썼다.[66] 이 글에서 란핑은 상하이에서 자신이 받아들였던 가치관을 정리해서 이야기하며, 자신의 성격이 지니고 있는 불변의 몇몇 특징을 드러내 보여준다. 이 글에서 우리는 그녀가 앞으로 네 번째 결혼(마오쩌둥과의 결혼)을 어떻게 이끌어 갈 것인지, 그렇게 해서 뛰어든 정치 세계에서 자신의 경력을 어떻게 이끌어 갈 것인지 약간의 힌트를 미리 얻을 수 있다.

란핑은 평소 자신의 성격대로, 보통 사람들이 하는 생각에 대립적인 태도를 보이면서 다음과 같은 식으로 글을 시작한다. "배우가 되면 얼마나 멋질까, 얼마나 환상적일까."라고 사람들은 말하지만 그런 말은 완전히 핵심을 벗어난 말이며, 사람들은 또 "아 저 여자가 그 부도덕한 여배우들 가운데 한 사람이구면."이라고 말하는데, 그런 말을 들으면 몹시 화가 난다는 말로 글을 시작했던 것이다.

연극과 영화는 사회를 개선하는 한 가지 도구이며, 특히 1937년 상하이 상황에서 볼 때 반제국주의적 성격을 띨 수밖에 없다고 란핑은 주장했다. 바로 그렇기 때문에 연극과 영화 분야에 종사하는 사람들이 사방에서 모욕과 비난을 받았던 것이다. "제국주의 촉수들은 …… 낡은 세계에서 떨어지지 않고 꼭 매달려 있으려 하기 때문에," (이 글 다음 부분에서 그녀는 동물에 빗대고 싶은 충동을 이기지 못하는 듯, "제국주의의 사냥개들"이란 표현을 썼다) '신(新) 연극 운동'과 그 운동의 성과인 '눈부시게 신선한 꽃들'을 공격 목표로 삼는다는 것이다.

이런 냉혹한 상황에서 남자 배우와 여자 배우는 (란핑은 '그 남자'에 해당하는 한자를 쓸 때마다 반드시 그 뒤에 괄호를 치고 '그 여자'에 해당하는 한자를 써서* 자신이 전하려는 내용이 남자뿐 아니라 여자에게도 해당한다는 것을 명확하게 했다) 스스로 훈련하고 단련해야 하며 신체뿐 아니라 철학과 의지력도 만들어 가야 함을 강조했다. 이렇게 해서 '강철봉처럼 부러지지 않는' 사람이 되어야 한다는 것이었다. "*배우들은 인형과 같은 하찮은 존재가 아니다.*"라고 란핑은 마치 소리라도 지를 듯이 강조했다.

란핑은 장경을 생각하는 것 같았다. 장경은 주위 사람에게 "란핑은 내 여자야, 건드리지 마."라고 말했던 감독이다. 아니면 좀 더 약한 정도지만 장민 감독을 생각했는지도 모른다. 어쩌면 특정한 남자가 아니라, 그저 자신을 얼굴이 예쁜 인형으로 여기는 데 맞서, 동료 남성 감독이나

---

* 중국어에서 '그 남자'는 '他'이며 '그 여자'는 '她'이므로, 란핑이 '他(她)'라는 식으로 남자뿐 아니라 여자도 해당됨을 표시했던 것으로 추측된다.(역주)

작가들이 아는 것도 없고 의지력도 없는 존재라고 여기는 데 맞서 자신이 줄기차게 싸워 온 것을 생각했는지도 모른다.

란핑은 연극과 영화가 진정한 사회적 기능을 수행하려면 극작가와 감독이 반드시 '날카로운 사회 분석력'을 발휘해야 한다고 주장했다. 대본이 훌륭하더라도 만일 감독의 사회 분석이 부족하거나 혹은 '부정확'하다면—'부정확'이란 표현에서는 훗날 란핑이 빠지게 되는 교조주의의 냄새가 난다.—작품은 실패할 위험성이 높다는 것이다. 남자 배우와 여자 배우는 창작 과정에서 똑같이 중요한 세 번째 요소다. 란핑은 배우들은 각자 스스로 판단하는 능력이 있어야 하며 사회를 독창적으로 (그리고 '정확하게') 분석할 능력이 있어야 한다고 주장했다.

배우는 단순히 예쁜 인형이 되어서는 절대 안 된다고 강조했다. 그렇게 되면 '자본주의 연극과 영화'와 마찬가지라는 것이다. 극작가의 펜 끝에서 나온 대사를 그저 수동적으로 낭송하는 데 그쳐서는 안 된다. 부르주아적 사고방식에서는 수동적이고 미미한 역할로 충분할지 모른다. 하지만 배우는 작품에 자신의 혼을 불어넣어야 하며, 그래서 극작가의 의도와 배우의 가치관이 하나의 결합체를 이루는 데 공헌해야 한다는 것이다. 따라서 배우는 극작가와 감독 못지않게 명석해야 한다고 란핑은 주장했다. 배우들은 극작가와 감독과 '공동 작업'을 하는 것이며, 따라서 '동일한 잣대'로 평가해야 한다는 것이다.**

이 글에서 란핑은 다채로운 수사를 사용하여 열정적 감정을 표출하며 주관적 입장을 분명히 했고 확실한 좌파적 관점을 취했다. 〈우리의

** 이 부분에서 우리는 1960년대의 문화혁명이라는 일종의 '무대 연출'을 떠올리지 않을 수 없다. 장칭은 〈우리의 삶〉에서 제시한 원칙들을 문화혁명에서 실천에 옮겼다. 마오쩌둥이 대본 작가이자 연출자였던 것은 분명한 사실이다. 하지만 오랜 세월 배우의 권리와 자존심을 옹호해 온 사람으로서 장칭은, 이 한 편의 정치 드라마에 출연하는 자신과 다른 등장인물들이 단순히 감독의 고함소리를 수동적으로 받아들이기만 하는 존재가 아니라 매일매일 새롭게 펼쳐지는 이 '새로운 정치'를 감독과 함께 창조하는 역할을 맡도록 힘썼다. 결국 이 '새로운 정치'는 마오쩌둥의 창조물일 뿐 아니라 그들의, 즉 장칭을 비롯한 다른 등장인물들의 창조물이기도 했다.

삶〉은 강인한 의지, 창조성, 정신과 영혼의 독립성이라는 가치들을 북돋우는 일종의 슬로건이라고 할 수 있다.

란핑의 글은 계속 이어졌다. "많은 사람들은 연기가 쉬운 일이라고 생각한다. 대본을 외우고, 이 대목에서 미소를 한 번 짓고, 저 대목에서 눈물을 몇 방울 떨구고, 허리를 한두 번 흔드는 것과 같은 기교를 배우면 되는 것이라고 생각한다. 하지만 미소 짓고 울고 허리를 흔드는 일을 하지 못하는 사람이 어디 있는가?" 란핑은 자신이 비록 아직 어리고 이 계통에 들어온 지 얼마 안 되었다는 것을 잘 알지만, 그래도 연극과 영화에 관한 말도 안 되는 잘못된 인식은 과감하게 질책해야겠다고 결심한 듯했다. "어느 여배우가 상당한 재능이 있다 해도 만일 자신의 에너지를 분출하지 않는다면, 또 의지가 약하다면, 그녀는 쪼그라들고 말 것이며 결국에는 쓰레기 같은 존재가 되고 말 것이다."

에너지와 의지력이 없다면 '아름다움과 발랄함'만으로는 부족하다고 란핑은 주장했다. 아마도 롼링위 같은 젊고 예쁜 여배우들이 비극적 운명에 빠지고 만 것을 떠올렸는지도 모른다. (필자가 보기에 란핑은 각 여배우의 개인적 운명과 사회적 기능의 완수를 혼동한 것 같다.) 이 글에서 란핑은 마치 세상을 향하여 크게 소리치는 것 같다. 자신은 단순한 아름다움과 발랄함만을 지닌 것이 아니며 이제까지 엄청난 에너지와 의지력으로 살아왔으며, 앞으로 연극 영화가 아닌 다른 분야에서도 이런 에너지와 의지력을 발휘하여 살겠다고 외치는 듯하다.

스물세 살은 아직 세상을 많이 알지 못하는 나이지만 란핑은 자신이 후배들에게 조언할 수 있다고 자신한 것 같다. 자신이 연기에 재능이 있다고 생각하면 우선 자기 자신을 철저하게 교육하는 것부터 하라고 란핑은 충고했다. 그리고 자신의 과거 행동을 고찰한 끝에 얻어진 것으로 보이는 다음과 같은 방침을 제안한다. "자신의 정신과 신체 둘 다를 사용할 것이며, 자신이 놓인 다양한 상황에 맞추어 때로는 정신을 때로는 신체를 사용한다."

란핑은 지금까지 살아오는 동안 바로 그렇게 행동해 왔으며, 사람들이 보기에 란핑은 어떤 분야에서든—무대에서든, 좌파 정치 활동에서든, 혹은 결혼 생활에서든—자신의 눈앞에 있는 것 이상의 무엇을 향해 전념하는 듯 보였다. 란핑은 당장 해야 할 일, 혹은 현재의 어떤 책무나 과제보다 먼 미래를 바라보며 그곳을 향해 매진하곤 했다.

스타니슬라프스키의 이름을 가끔 언급하고 그에게 경의를 표하면서[67] 란핑은 자신의 연기관을 펼쳤다. 실제 배우와 극중 역할의 성격이 완전히 똑같을 수는 없다. 그렇기 때문에 배우가 무대에 올라 어떤 역할을 자기 자신인 양 쉽게 연기할 수는 없다. 또 A역할을 맡는 것이 B역할을 맡는 것보다 그 배우에게 더 어울릴 수도 있지만, 어떤 배역을 맡는 것은 언제나 창조적 행위다.

"연기는 예술이다. 연기는 생활 수단이 아니다."

란핑은 이렇게 선언한 다음, 자신을 무대 위에서나 아래서나 인형처럼 취급한 감독들을 비난하고, '부도덕한 여배우'라는 낡은 관념을 비난하고, 배우는 창조자라고 큰 소리로 주장했다.

상하이 연극 영화계를 '사악하다'고 맹렬하게 비난하면서 란핑은 자신이 정말로 중요하게 생각하는 매우 근본적인 주장을 펼쳤다. 정반대 방향의 압력도 있지만, 란핑은 무대 예술과 삶을 별개의 것으로 분리해서 본다는 주장이었다. 란핑은 무대 위에 서면 연기력을 최대한 발휘했다. 하지만 자신의 삶이 무대의 필요에 따라 좌우되는 것은 아직까지 용납한 적도 없었고 앞으로도 용납할 수 없다는 이야기였다.[*][68] 노라 역할과 〈노총각 왕〉의 아내 역할과 〈늑대산의 핏자국〉에서 늑대와 싸우는 여성 역할에 쏟아부은 예술적 재능은 분명 란핑 자신이 소유한 재능이었다. 하지만 란핑 자신은 분명 극중 세 여자와 전혀 다른 인간이며,

---

* 여배우 잉그리드 버그먼(Ingrid Bergman)은 이렇게 말한 적이 있다. "나는 다른 사람들이 배우로서 나와 한 여인으로서 나를 구분해서 보아주었으면 합니다." 개인사가 복잡다단했던 여배우로서 당연히 품을 법한 바람이다.

어떻게 다른지는 란핑 자신이 삶 속에서 하나씩 규정해 나갈 것이라고 썼다.

당시 중국은 거대한 혁명의 소용돌이에 휘말렸다. 란핑은 이런 환경에서 성장하는 젊은이로서 새로운 것을 추구하고 새로운 사상에 쉽게 감화되었다. 지난 몇 년간 란핑의 '예술'은 무대만을 대상으로 했지만 앞으로는 더 넓은 세상을 대상으로 삼는다.

종교적 분위기가 강한 집에서 태어난 젊은이가 만약 웅변에 재능이 있다면 그는 자신의 재능을 활용하여 다른 사람 앞에서 종교적 메시지를 전하는 목회자의 길을 걸을 가능성이 높다. 마찬가지로, 중국이라는 거대한 혁명의 집에서 태어난 란핑은 자신의 솟구치는 야망을 여배우의 소명 의식과 일치시켰다.

하지만 란핑은 자의식이 너무나 강해서 예술이라든가 정치적 대의라든가 남자라든가 하는 대상에 견고한 충성심을 유지하지 못했다. 〈우리의 삶〉에서 란핑은 여배우가 관객들에게는 애교스럽게 보이고 감독에게는 재미있는 장난감 역할을 하는 인형이기 때문에 '반쯤은 창녀'라는 일반의 인식을 거듭 비난했다. 란핑은 이런 글에서뿐 아니라 일생 동안 이런 '반쯤은 창녀'라는 역할에서 벗어나려고 고통스러운 투쟁을 계속했다. "자신의 정신과 신체 둘 다를 사용할 것이며, 자신이 놓인 다양한 상황에 맞추어 때로는 정신을 때로는 신체를 사용한다."는 그녀의 투쟁은 이제 시작에 불과했다.

"그녀는 이제 상하이를 빠져나가야 한다고 생각했습니다." 탕나가 말했다. "〈우리의 삶〉은 말하자면 옌안으로 가는 입장권 역할을 한 것이죠."[69] 옌안은 당시 중국공산당 지도부가 있는 곳이었다.* 란핑은 탕나

---

* 1937년 여름 일본군의 침략으로 상하이가 위기에 놓였을 때 란핑은 옌안 행을 결정했다. 당시 옌안은 중국의 진보적인 젊은이들 사이에서 혁명의 성지로 여겨졌다. 그곳은 대장정을 마친 마오쩌둥과 공산당 지도부가 새로 근거지로 삼은 곳이었다. 1934년 10월 16일, 국민당의 공세에 밀려 장시 소비에트를 탈출한 공산당은 1935년 10월 20일 남은 부대가 산시성에 도착함으로써 370일, 9600킬로미터에 이르는 장정을 마무리했다.(역주)

가 감당하기에는 너무 강한 인물이었다. 상하이 극장 무대는 란핑이 야망을 펼치기에는 너무 좁았다. 다음 남편은 아주 강하고 힘 있는 사람이어야 했다. 다음 무대는 란핑이 이제까지 서보지 못한 엄청나게 넓은 무대여야 했다. 란핑은 몇 시간 동안 수백 명의 관객을 감동시키는 것이 아니라, 거대한 역사적 사건을 실제로 통제하는 역할을 맡게 될 것이다. 란핑은 이렇게 말한 적이 있다. "절대로 잊지 마세요. 아름다움은 권력만큼 중요하지 않다는 것을."[70]

3장

마오쩌둥의 연인

一

1937~1949

1939년 9월 제2차 세계대전 발발.

1941년 12월 태평양전쟁 발발.

1945년 8월 일본의 무조건 항복. 장제스와 마오쩌둥이 국공 평화협상 개시.

　　　　10월 국민당과 공산당, 쌍십협정 체결.

1946년 쌍십협정 파기, 국공내전 재개.

1947년 3월 국민당 군대가 공산당 근거지인 옌안 공격.

　　　　9월 중화민국 헌법 공포. 국민정부를 해체하고 중화민국 정부 수립 선포.

1948년 4월 장제스, 중화민국 초대 총통 취임.

　　　　9월 중국공산당, 총반격 선언.

　　　　12월 중국공산당 인민해방군이 베이징에 입성.

1949년 3월 마오쩌둥, 베이징 도착.

　　　　4월 공산당, 난징 입성.

　　　　5월 장제스, 타이완 섬으로 패주.

　　　　10월 중화인민공화국 탄생. 마오쩌둥이 국가 주석으로 취임.

처음에는 성(性)이 흥미를 끈다.
하지만 오랫동안 흥미를 지속시키는 것은 권력이다.[1]
– 장칭

상하이에서 아주 멀리 떨어진 중국 북서부 지역. 누런 빛의 언덕 사이 골짜기에 마을이 하나 자리잡고 있다. 모래 바람이 심하게 부는 건조한 곳이다. 집은 목재와 갈색 진흙으로 지었고, 창문에는 종이를 발랐다. 굽이쳐 흘러가는 강을 따라 집들이 옹기종기 모여 앉아 있었다. 마을의 큰길에는 닭이 한가로이 모이를 찾고 무거운 짐을 짊어진 당나귀가 힘겹게 걸어갔다. 석탄을 때는 작은 화덕에서 연기가 피어 오르고, 그 화덕 위에는 기장죽이 끓고 있다. 가장 높은 언덕에는 송(宋)나라(960~1279년) 때 지었다는 탑이 마치 연필을 세운 것처럼 가늘고 날렵하게 서 있어 황량한 풍경에 약간의 운치를 더해준다.

한가로운 마을처럼 보이지만 자세히 보면 특이한 점이 있었다. 진흙 벽돌 담장에는 전투적인 정치 구호들이 쓰여 있고, 학교 운동장에서는 건장한 병사들이 격투 훈련을 하고 있다. 마오쩌둥을 비롯한 당 지도자들 숙소 주위에는 마우저 소총을 어깨에 멘 호위병들이 서 있었다. 이런 것들이 있어 이 마을이 단순히 주변 농작물을 돌보는 농가들의 중심지가 아니라, 결의가 굳은 정치적 순례자들이 모인 전초 기지라는 사실을 알 수 있었다.

황혼이 내려 주변 산언덕이 서서히 자줏빛으로 물들어 가는데, 한 여자가 진흙이 많은 옌강(延江) 강가 작은 바위 위에 걸터앉아 빨래를 하

고 있었다. 카키색 작업복 바지를 무릎까지 걷어붙이고, 길쭉한 두 다리
를 넓게 벌리고 앉아 두 발목은 흘러가는 강물에 담근 채, 한 손으로는
비누를 다른 한 손으로는 더러워진 자신의 군복을 잡고 열심히 빨고 있
었다. 그 곁으로 한 남자가 다가왔지만 여자는 눈치 채지 못했다. 남자
의 이름은 잭 천(Jack Chen, 천제커陳杰克)인데, 옌안에 도착한 지 얼마 되
지 않은 예술가였다.[2] 잭 천이 인기척을 내며 인사를 건네자, 여자는 그
제서야 남자를 쳐다보고 희미하게 미소를 지어 보였다. 잠시 후 여자는
빨래를 마치고 일어섰다. 그녀는 얼굴을 약간 찡그리고 허리를 쭉 펴면
서 빨래해놓은 군복을 잠시 내려다보았다. 그리고 무언가 생각에 빠진
듯 남자에게 아무런 말도 건네지 않고 빨래를 들고 자신이 머무는 초대
소로 돌아갔다. 새로 마을에 도착한 사람들이 머무는 곳이었다.

　이 마을에 도착하기 전 몇 주일간은 란핑에게 심각한 고민의 시간이
었다. 일본의 공격으로 상하이가 무너졌을 때, 중국공산당은 정치적 영
향력이 있는 공연 예술 단체들을 끌어 모아서 '민족구망극단(民族救亡劇
團)'이란 조직으로 재구성해서 중국 각지에 파견해 불안과 고통 속에 있
는 중국 민중에게 반일 성향의 연극을 제공하게 했다. 하지만 란핑의 애
인인 장민 감독이 이끄는 극단이자 란핑 자신이 속한 '아마추어실험극
단(業餘實驗劇團)'은 기차를 타고 서쪽으로 이동해 당시 국민당 정부의
수도인 난징까지 갔다. 이렇게 되자 란핑은 자신이 정말 더 서쪽으로 이
동해서 쓰촨성(四川省)까지 가기를 원하는 것인지 고민에 빠졌다. 당시
상하이 연극계의 많은 사람들이 그곳까지 가려고 하고 있었다.

　란핑은 누구에게나 직설적으로 자기 생각을 말했고 탕나와 헤어지면
서 나쁜 인상을 남겼기 때문에 개인적으로 적이 많았다. 그렇다고 최고
의 여배우도 아니었다. 최고의 여배우라면 어떤 역할이든 원하기만 하면
얻을 수 있었을 것이다. 스둥산의 태도 역시 불분명했다. 란핑은 때때로
그가 자신을 별 볼 일 없는 배우로 생각하는 것이 아닌가 의심스러웠다.
당시 우한(武漢) 시에 세워진 중앙 영화제작사에서 중요한 역할을 맡고

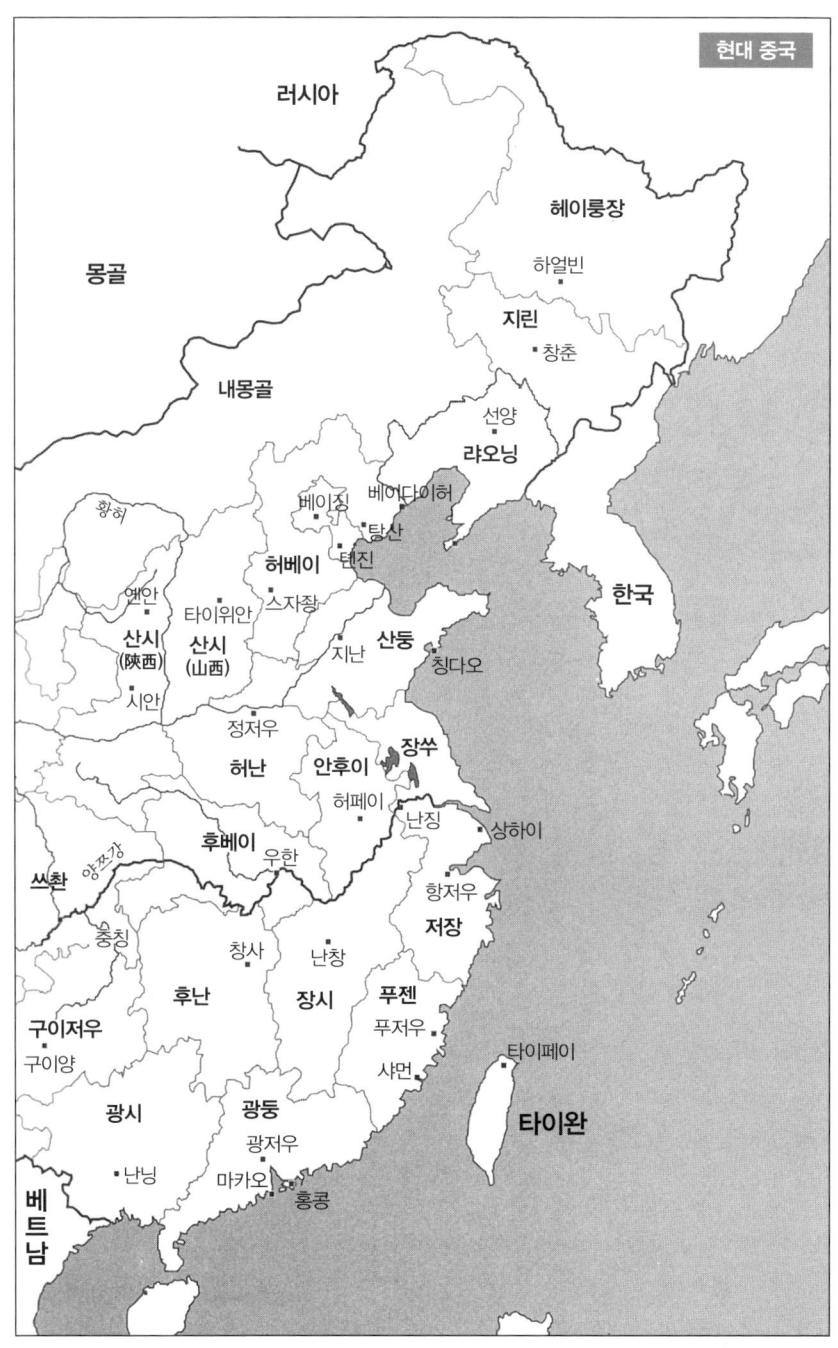

러시아

몽골

헤이룽장

하얼빈

지린

창춘

내몽골

선양

랴오닝

황허

베이징

베이다이허

탕산

엔안

허베이

톈진

타이위안

스자좡

산시
(陝西)

산시
(山西)

지난

산둥

시안

칭다오

한국

정저우

장쑤

허난

안후이

허페이

난징

상하이

후베이

우한

양쯔강

씨촨

항저우

충칭

창사

난창

저장

후난

장시

푸젠

구이저우

푸저우

구이양

샤먼

타이페이

광시

광둥

타이완

난닝

광저우

마카오

홍콩

베
트
남

있던, '립스틱 사건'의 주인공 위안무즈는 란핑에 대해서라면 비방을 서슴지 않는 사람이 되어 있었다. 그는 과거 뎬통 영화제작사 시절에 란핑을 갈망하다가 결국 탕나에게 빼앗겼는데, 그것은 결코 유쾌한 일이 아니었다.

란핑은 사실 상하이와 쓰촨의 중간 지점인 우한까지 갔다가 그곳에서 1, 2주 정도 망설였다. "란핑은 일을 구하고 싶다면서 저에게 만나 달라고 했어요." 정융즈(鄭用之)의 회고다. 그는 당시 중앙 영화제작사의 감독으로 있었다. "궈모뤄의 비서로 있는 양한성(陽翰笙)을 통해 내게 연락해 왔습니다." 정융즈는 두 번이나 접견 부탁을 거절했다. 란핑을 도울 방법이 없었기 때문이다. "1937년 7월 당시에는 여배우를 쓸 자리가 전혀 없었어요. 또 다른 문제가 있었죠. 탕나가 우리 회사에 같이 있었거든요. 탕나는 란핑을 극도로 증오했습니다. 저로선 도저히 란핑을 쓸 입장이 못 되었습니다. 탕나가 다시는 그녀를 보고 싶지 않다고 했거든요. 그런 일이 있은 후, 란핑이 곧 우한을 떠났다고 알고 있습니다."[3]

중국의 영화 산업은 쇠퇴의 길로 들어섰고 란핑은 이 분야에서 자신이 성공하지 못하리라는 것을 직감했다.

란핑은 힘든 생활을 참아낼 능력이 있었으며 일제의 침략을 증오했다. 하지만 또한 그녀는 화려한 스포트라이트를 찾아 다니는 사람이었다. 공산당 운동에서 순수하게 예술가의 역할이 아니라 어떤 개인적인 역할을 수행해야겠다는 생각이 진작부터 란핑의 마음속에 싹트고 있었다는 것을 눈치챈 친구들도 있었다. 탕나가 말했다. "보세요. 란핑은 상하이를 탈출해야 했어요. 일단 결정을 하자 란핑은 옌안에 있는 누구라도 자기 손아귀에 넣어야겠다고 생각했을 겁니다." 탕나의 짐작이 정확한지는 알 수 없다. 하지만 분명히 란핑은 새로운 모험을 하고 싶어 몸이 근질거렸을 것이다.

란핑은 자신의 삶과 예술을 하나로 합쳐서 보란 듯이 성공하고 싶은 꿈이 있었다. 옌안에 간다면 분명 공연 예술 분야에서 일할 수 있을 것이다. 동시에 공연 분야를 넘어서 공산당이라는 정치 공동체 안에서 자신의 가능성을 모두 충족시키는 그런 개인적 열망을 추구할 수 있으리라는 희망도 품고 있었던 것 같다.

란핑이 도움을 받을 수 있는 사람이 두 명 있었다. 둘 다 공산당에서 꽤 중요한 위치에 있었다. 한 사람은 칭다오 시절 란핑의 남편이었던 위치웨이였다.[4] 란핑은 이 남자와 연락을 끊지 않고 있었다. 당시 위치웨이는 서북 지방 즉, 옌안에 있었는데, 란핑은 아마 이 사실을 알고 있었을 것이다. 두 번째 사람은 캉성이었다.[5] 란핑의 고향 사람인 캉성은 란핑도 인연이 있었던 칭다오대학을 졸업한 뒤 고향 주청으로 돌아와 소학교 교장을 지냈다. 그 시절에 란핑과 다시 만났는데, 나중에 그는 소련에 가서 공부를 한 다음 돌아와 지금은 서북 지방에서 공산당 지도부를 돕고 있었다. 란핑은 캉성을 자신이 기댈 수 있는 '큰 산'으로 생각했을 것이다.

이리하여 란핑은 이 황토의 고장에 오게 된 것이다. 상하이가 고향 주청과 달랐던 것만큼이나 이곳은 상하이와 완전히 다른 곳이었다. 이 세계에 뛰어 들어온 란핑은 자신이 들어갈 틈새를 후벼 파내기 위해서 자신의 여러 재능을, 즉 "때로는 정신을 때로는 신체를" 사용할 생각이었다. 어쩌면 이 황토의 세계가 미래를 손아귀에 넣을지도 몰랐다. 여하튼 란핑으로서는 새로운 경험이라서 좋았고 또 상하이로부터 벗어나서 좋았다.

옌안으로 가는 길

시안(西安)은 곧게 뻗은 넓은 도로들과 불규칙하게 퍼져 있는 낮은 건물들이 인상적인, 역사가 오랜 도시다. 평평한 기하학적 구조의 거리들 위로 군데군데 불탑들이 우뚝 솟아 있는데, 마치 중국의 중심부와 변경 지역 사이에서 지정학적으로 중요한 관문 역할을 하는 이 도시를 감시하며 지키는 듯하다. 항일전쟁(중일전쟁)이 본격화되면서 그 동안 각

옌안 시절의 마오쩌둥(오른쪽)과 저우언라이. 1935년 말 마오쩌둥이 장정을 마치고 옌안에 공산당 지도부를 설치한 뒤에 혁명에 투신하려는 열혈 청년들이 중국 전역에서 옌안으로 모여들었다. 1937년 스물네 살의 장칭도 옌안에 도착했다.

기 중국의 다른 지역에 근거지를 두고 싸워 온 국민당과 공산당 세력이 일본에 맞서 이른바 '통일전선'*을 수립하는 문제에 관심을 보이기 시작했고, 시안이 두 세력의 정치적 가교 역할을 하는 곳으로 떠올랐다. 국민당이 지배하는 지역은 '백구(白區)', 공산당이 지배하는 지역은 '홍구(紅區)'라고 불렀다. 홍구의 지도부는 1935년부터 옌안에 자리를 잡았다. 시안은 백구 안에 있었지만, 두 지역 사이에서 일종의 환승역으로 여겨졌다.

* 2차 국공합작을 가리킨다. 1차 국공합작(1924년 1월~1927년 7월)은 북방 군벌과 제국주의 열강을 타도하기 위해 이루어졌는데, 북벌에 크게 기여했으나 장제스의 공산당 토벌로 깨졌다. 일본 제국주의에 맞서 결성한 두 번째 국공합작은 1937년 9월에서 1945년 8월까지 지속되었다.(역주)

1937년 7월 말의 어느 날, 덥고 습기 찬 열차 칸에서 란핑이 내렸다. 간단한 짐 꾸러미 두 개와 모아둔 돈을 넣은 작은 지갑 하나를 든 란핑은 우마차를 얻어 타고 공산당 팔로군(八路軍, 1937~1945년에 일본군과 싸운 공산당 주력 부대 가운데 하나) 연락소로 갔다. 하얗게 칠한 낮은 담벼락으로 둘러싸인 이곳은 '장제스의 중국' 영토 안에서 '마오쩌둥의 중국'을 대표하는 일종의 대사관이었다. 북쪽의 붉은 사막 지대로 공산당 지도부를 찾아가고자 하는 정치적 순례자들은 이 연락소에 이름을 등록하고 심사를 받아야 했다.

시안으로 오는 길에 란핑은 역시 연기 생활을 청산하고 떠나는 여배우 한 명과 잠시 동행했다. 그 여배우의 이름은 리리롄(李麗蓮)이었고 그녀는 곧 독일 출신의 오토 브라운(Otto Braun)과 결혼하게 된다. 코민테른 대표 자격으로 중국공산당에 파견된 브라운은 정체를 잘 드러내지 않는 사람이었다. 그는 중국혁명을 통제하려는 소련의 목적을 위해 임무를 수행하고 있었다. 미래의 브라운 부인은 이때 란핑의 성격 가운데 신경이 예민하고 이런저런 뒷이야기를 좋아하며 호기심이 강하고 매우 여성스러운 면을 보았다.

란핑은 다른 정치적 순례자들과 달랐다. 사실 란핑은 어린 시절 학교에 다닐 때도, 페이의 아내일 때도, 배우일 때도, 탕나의 아내일 때도 언제나 보통 학생이나 보통 배우, 보통의 아내와 달랐다. 아무도 란핑에게 서북 지방으로 가라고 지시하지 않았다. 공산당의 지령서를 몸에 지니고 있던 것도 아니며 뚜렷한 임무가 주어진 것도 아니었다. 거의 '도박을 하는 심정으로' 과연 어떤 일을 겪게 될 것인가 알아보려고 무작정 왔던 것이다. "나는 스스로 원해서 그곳에 간 거예요." 훗날 란핑도 그렇게 인정했다.

공산주의 중국에서는 모든 사람이 하나의 '단위'에 속한다. 개인은 그 단위의 울타리 안에 살면서 활동한다. 중국인들이 이 단위를 언급할 때면 마치 서구인들이 안정적이긴 하지만 사람을 답답하게 구속하는 대가족을 언급할 때의 분위기와 같다. 란핑은 여러 단위 사이에서 소속 관계가 불분명한 적이 많았다. 한 단위에서 다른 단위로 끊임없이 이동하기도 하고, 중국인으로서는 보기 드물게 소속 관계가 자주 바뀌었다. 전쟁 중이거나 평화 시기이거나, 결혼했거나 혼자이거나, 직업을 갖고 있을 때나 방황할 때나, 란핑은 언제나 기본적으로 '1인 단위', 즉 란핑 한 명으로 이루어진 단위였다.*

시안에 머무는 2주 동안 란핑은 항상 동료들과 떨어져 혼자 지냈고 딴 곳에 있는 사람 같았다. 겉으로 보기에 그녀에겐 아무런 목표가 없는 것 같았다. 하지만 란핑은 자신만만한 방랑자였다. 그녀가 풍기는 이런 불확실성 때문에 어떤 사람은 그녀에게 의심을 품었고, 어떤 사람은 매력을 느꼈다.

팔로군 소속 합숙소에서 란핑은 쉬이융 언니를 만났다. 상하이에 처음 도착했을 무렵 란핑에게 정치적 선배 역할을 해준 좀 못생기고 약간 불길한 느낌을 주던 바로 그 '쉬 언니'다. 정치의 새로운 계절을 맞이하여 이미 쉬 언니는 이름을 쉬이융에서 '쉬밍칭(徐明淸)'으로 바꾼 상태였다. 쉬 언니는 그다지 얌전하지 않았던 후배를 한참 동안 만나지 못했다. 어린 소녀였던 리윈허가 유명 여배우 란핑으로 달라진 모습을 보고 쉬 언니는 약간 불편한 듯 웃으면서도 무척 반가워했다.

란핑과 만났던 시절 쉬 언니는 란핑이 책략에 능하다는 사실을 알아보았다. 상황 변화에 따라 어떤 역할을 해야 할지 계산이 빨랐던 란핑은 불안정하고 보헤미안 같았던 상하이 시절의 경력이 이 엄숙하고 진지한 새로운 환경에서 혹시라도 나쁘게 평가되지 않을까 몹시 걱정스러웠다. 자신의 감옥살이가 옌안에는 어느 정도나 알려져 있는 걸까? 의지력이 약해진 순간에 작성한 자수서가 마음에 걸렸다. 어쩌면 요즘 장제스와 마오쩌둥이 새롭게 형성한 통일전선 덕분에 상하이 시절 국민당 사람들

---

* 세월이 흐른 뒤 장칭은 스스로 '1인 단위'라고 불렀다.(본서 575쪽을 보라.)

과 접촉했던 것이 조금은 긍정적으로 평가될지 모른다고 막연히 기대하기도 했다. 하지만 복잡한 남자 관계를 비판하는 사람도 분명 있을 것이다. 다음은 어린 시절이었다. 과연 자신의 어린 시절이 충분히 고통스러웠으며 프롤레타리아 성격을 띠고 있었다는 것을 이곳의 프롤레타리아 덕성의 판정자들 앞에서 설득력 있게 주장할 수 있을까?

쉬 언니와 동생 란핑은 둘이 너무나 다르다는 사실에 흥미를 느껴서였는지 아니면 서로 도울 수 있다고 느껴서였는지 몰라도 서로 끌렸다. 두 사람은 더운 여름날 신발을 벗어 던지고 머리도 빗지 않은 채 과일을 먹으면서 미래를 두고 많은 이야기를 나누었다. 란핑은 지금 정치의 소용돌이에 더 가까이 다가가는 중이었고, 여기서 성공하려면 우선 자신의 옛날 '조직 지도자'의 호감을 살 필요가 있었다.[6]

합숙소에 머물던 여자들은 대부분 볼품없는 몸매였지만 란핑은 날씬했다. 다른 여자들은 외모를 가꾸지 않는 것이 보통이었지만 란핑은 외모에 신경을 많이 썼다. 모두들 더위에 지쳐 있었지만 란핑은 걸스카우트처럼 활기차게 몸을 움직였고, 마치 《인형의 집》의 노라처럼 항상 콧노래를 흥얼거렸으며, 아무나 붙잡고 서북 지방의 생활에 대해 끝도 없이 질문을 던졌다.

란핑은 환하게 잘 웃었고 언제나 삶의 기쁨으로 가득 찬 듯 보였다. 10분에 한 번씩 무언가 말할 거리가 생기거나 웃을 일이 생겼다. 란핑의 얼굴에 기쁨이 찾아올 때면 크고 밝은 눈동자가 그녀의 얼굴을 더욱 빛나게 만들었다. 나지막하면서도 울림이 있는 목소리는 사람들의 주의를 끌었다.

무대 생활을 한 란핑은 혁명 전사로 성장한 다른 여성들과는 달리 어떤 옷을 어떻게 입으면 어떤 효과를 낼 수 있는지 잘 알았다. 시안에 도착할 때는 치파오를 입고 있었지만 곧 그것을 벗어버렸다. 하지만 옷에 대한 감각마저 던져버린 것은 아니었다. 모두 남녀 구별이 안 되는 군복을 입었지만 란핑이 천을 한 조각 구해서 허리띠처럼 동여매자 확연한 그녀만의 멋이 드러났다. 군복은 칙칙한 회색이었지만 검은 머리 덕분에 칙칙한 회색마저 환하게 빛났다. 쉬 언니가 자르라고 했지만 란핑은 한 꺼번에 모든 것을 다 바꾸고 싶지는 않다며 긴 머리를 그대로 두었다. 원래는 어깨까지 내려오는 매혹적인 긴 머리였지만 란핑은 두 갈래로 길 게 땋아 여성적 매력을 다소 자제하는 모습을 보였다. 땋은 머리는 파 란색 리본으로 묶었는데, 색깔의 다채로움을 주면서 동시에 너무 튀지 않는 장식물이었다. 화장은 하지 않았지만 그래도 다른 여성 순례자들 과 함께 있으면 확실히 눈에 띄는 얼굴이었다.

   남성 중심적 분위기가 지배하는 공간에서 여성들이 경쟁 의식을 느끼 면 서로를 증오하게 되지만 반대로 서로 경쟁 상대로 보지 않을 때는 무척 친밀해진다. 군복을 입은 모습이 마치 소시지 같았던 쉬 언니는 란 핑이 들려주는 상하이 이야기에 푹 빠졌다. 란핑은 팬들이 자기를 보고 환호하던 모습, 편지와 꽃을 보내온 일 등을 재미있게 들려주었다. 멋과 매력을 마음껏 발산하면서도 란핑은 간간이 자신을 낮추는 겸손의 말 을 섞고, 자신이 배우이긴 했지만 (쉬 언니에게는 이런 말이 설득력이 있었을 것이다) 인생에서 진정으로 추구하는 것은 혁명에 참여하는 일이라고 틈 틈이 강조했다. 두 사람은 점심을 같이 먹고 딱딱한 나무 침대에 나란 히 걸터앉아 현재 진행 중인 전쟁과 혁명의 미래에 대해 이야기를 나누 곤 했다. 마침내 옌안으로 가도 좋다는 허가서를 손에 쥔 두 사람은 함 께 여행하기로 했다. 아침부터 무척 더웠던 어느 여름날 오전 6시 두 사 람은 옌안으로 가는 트럭 뒤에 올라탔다.
   란핑은 모든 것이 새롭고 신기했다. 검은색 산양(山羊)도 처음 보았 다. 농부들은 푸른색 옷을 입고 머리에는 산시(陝西) 지방 특유의 수건 모양의 모자를 둘둘 말아 쓰고 있었다. 상하이에 살던 란핑에게는 산시 지방보다 차라리 할리우드가 가깝게 느껴졌다. 어린 시절 살던 산둥 지 방과 비교해보면, 농부들은 더럽고 가축들은 삐쩍 말랐고 흙먼지투성이 땅은 도저히 곡식을 심을 수 없을 것같이 황량해 보였다.

폭풍우가 몰아치자 언덕의 붉은색 황토가 황갈색 캐러멜 소스의 급류로 바뀌었고 돌멩이와 진흙탕이 도로 위로 쏟아져 내려와 트럭의 앞길을 막았다. 눈앞에서 도로가 순식간에 절반쯤 사라졌다. 구릿빛 얼굴의 농부들에게 앙상하게 야윈 말을 몇 마리 구해서 타고 가기로 했다. 그럭저럭 말을 탈 줄 아는 사람도 있었지만, 란핑은 말을 탈 줄 몰랐고 우스꽝스러운 광경을 연출할 뿐이었다. 이 고장 사람들은 말과 대화를 나눌 정도로 친숙했지만 란핑은 말에 어떻게 올라타야 하는지조차 몰랐다.

"나는 어떻게 말을 타야 하는지 전혀 몰랐습니다." 훗날 생활이 완전히 바뀌어 '승마를 무척 사랑'하는 사람이 된 뒤에 장칭(란핑)은 그때 일을 즐겁게 회상했다.

겨우 말에 올라탔지만 말은 마치 등에 이상한 짐이 얹혀서 창피하다는 듯 고개를 땅에 처박고 꿈쩍도 하지 않았다. 어떻게 해야 하는지 주위 사람에게 물어볼 수도 있었지만 그렇게 하면 자신이 아무것도 모르는 예술가에 불과하다고 생각할까 봐 란핑은 입을 꼭 다물고 일단 말에서 내렸다. 그런 다음 버드나무 가지 하나를 들고 마치 난생 처음 2층 침대 위칸으로 올라가는 어린아이처럼 힘겹게 말 등으로 올라갔다. 란핑은 말의 궁둥이를 나뭇가지로 힘껏 때리기 시작했다.

"그러자 말은 갑자기 기운이 나는지 미친 듯이 뛰기 시작했어요." 란핑은 마치 남편 가운데 한 명에 대해 이야기하는 투로 말했다.

하지만 그렇게 때린다고 해결될 일이 아니었다. 말은 얼마 가지 못했다. 란핑에게 매를 맞아 잔뜩 화가 나긴 했지만 비가 억수같이 쏟아져 금방 지쳐버렸던 것이다.[7]

얼마 뒤 폭풍우가 가라앉자 으스스한 정적이 깔렸다. 길바닥에 쏟아져 내려온 진흙도 어느덧 물에 씻겨 내려갔다. 피부가 온통 진흙으로 붉게 물든 란핑과 쉬 언니와 다른 순례자들은 다시 군 트럭에 올라 타고 뤄촨(洛川)까지 갔다. 뤄촨에는 1937년 8월 셋째 주에 도착했다.

이 작은 마을의 황량한 언덕 위에 진흙을 이겨 만든 오두막이 있었는데, 그 안에는 중국공산당 지도자들이 저마다 담배를 한 대씩 피우면서 길다란 나무 책상에 둘러 앉아 있었다. 당 정치국 확대 회의가 진행되고 있었으며 안건은 〈저항전 승리를 위한 국내 모든 세력의 동원을 위하여〉라는 보고서를 토론하는 것이었다. 보고서 작성자는 현재 이 방에서 가장 힘 있는 사람인 마오쩌둥이었다.

쉬 언니가 란핑과 함께 뤄촨 경유를 허가받을 수 있었던 것은 이 회의에 참석한 남편과 만나기로 약속이 되어 있었기 때문이다. 쉬 언니의 남편 왕관란(王觀瀾)은 소련 유학생 출신이며 대장정에 참여했고 지금은 중앙농민위원회 주임으로 일하고 있었다. 여자들은 따로 떨어진 주거용 오두막에서 하룻밤 묵으며 회의가 끝나기를 기다렸다. (길다란 나무 책상에 앉아 회의를 하는 사람들은 모두 남자들이었다.) 회의가 끝나면 옌안으로 여행을 계속할 예정이었다.

다음날 아침 란핑은 일찍 눈을 떴다. 이날 아침은 란핑이 오래 기억할 아침이 된다. 주위가 너무도 조용해서 몇 킬로미터 밖에 있는 당나귀 울음소리까지 들릴 정도였다. 찬란한 햇살이 황토 언덕에 생기를 불어넣었다. 마치 전기가 들어와 네온사인이 환하게 켜진 것 같았다. 주위 풍경은 이제 조금도 황량하게 보이지 않았다. 대기에 감도는 신비로운 푸른 빛은 손을 내밀면 잡을 수 있을 것 같았다.

모두 모여 아침으로 귀리죽을 먹고 있는데ㅡ상하이처럼 토스트를 구워 먹기는 힘들다.ㅡ전갈이 왔다. 정치국 회의가 지난 밤에 끝났으며 란핑 일행을 포함한 모든 사람들은 80킬로미터 떨어진 옌안으로 차를 타고 이동하라는 지시가 내려왔다. 출발 시각은 7시였다.

순례자들은 트럭에 올라탔다. 란핑은 쉬 언니와 왕관란과 나란히 앉았다. 그렇게 가만히 앉아 차량 행렬이 조용한 아침 속으로 출발하기를 기다리고 있었다. 주요 인사로 보이는 몇 명이 낮은 진흙 움막에서 나왔다. 가슴 주머니에는 만년필이 하나씩 꽂혀 있었다. 잠시 서로 이야기를 주고받더니 대기하고 있던 승용차에 올라탔다. 란핑은 공산당 지도자들의 자신감 있는 태도에 깊은 인상을 받았다. 무대는 초라하고 무대장치도 의상도 조잡하지만 그들이 지금 준비하고 있는 정치 드라마에 대한 신념만큼은 더없이 확고해 보였기 때문이다. 문득 란핑은 자신의 머리 모양을 한 번 살펴보고 싶었다. 하지만 트럭 안에는 거울이 없었다.

단 한 대의 승용차만 아직 아무도 타지 않은 상태였다. 트럭에 탄 사람들이 마지막으로 나오는 인물을 보려고 진흙 오두막을 주시하고 있을 때, 마치 가장 인기 있는 스타가 마지막에 등장하듯이 마침내 한 남자가 오두막에서 나왔다. 마오쩌둥이었다. 그는 상당히 큰 키에 좀 마른 몸집이고 머리가 길었다. 얼굴 표정은 무엇인가에 만족해하는 대학교수 같았다.

"그분입니다." 왕관란이 란핑에게 속삭이듯 말했다. 손가락으로 가리키거나 눈으로 빤히 쳐다보는 것은 올바른 행동이 아니었지만 사람들은 그러고 싶었다. 그만큼 마오쩌둥의 등장은 위엄이 있었고 사람들을 흥분시키는 무언가가 있었다. 란핑은 갑자기 자신의 젊음과 정치적 무지가 매우 부끄럽게 느껴졌다. 이 공산당 지도부의 세계에는 그녀가 도저히 알아낼 수 없을 것 같은 미묘한 의미와 비밀이 존재하는 것 같았다. 너무 어려운 일에 도전하는 것은 아닐까? 옌안으로 가는 것은 바보짓이 아닐까?

오랜 세월이 흐른 뒤에 란핑은 뤄촨에서 "당 중앙위원회의 모든 지도급 동지들이 나를 맞아주었다."라고 주장했지만, 이것은 말도 안 되는 이야기였다.[8] 당시 그 자리에 있었던 마오쩌둥의 최고위급 동지이자 경쟁자였던 장궈타오(張國燾)는 이렇게 회고한다. "란핑은 당시 별달리 주목을 받지 못한 일개 예술가였습니다."[9] 하지만 이 말도 완전히 정확한 것은 아니다. 당시 란핑이 누군지 아는 사람은 없었지만 그래도 몇몇은 잠깐이나마 그녀를 감탄의 눈길로 바라보았다. 지도급 동지들이 란핑을 반갑게 맞아준 것은 아니지만, 그중 몇 사람이 눈여겨본 것은 사실인 듯하다.

그렇게 모두들 잠시 눈길을 주고받는 순간이 지난 후 자동차 행렬이 움직이기 시작했다. 란핑은 진지한 관찰자가 되어 눈앞에 펼쳐지는 산시 지방의 자연 환경을 열심히 바라보기 시작했다. 저 멀리 언덕을 보니 나무는 거의 없었고 땅의 중간이 움푹 팬 긴 골에 잘려 언덕 전체가 이리저리 갈라진 모습이었다. 눈은 주위 풍경을 바라보고 있었지만 란핑의 마음은 조금 전에 보았던 광경으로 자꾸 되돌아갔다. 수수께끼 같은 집회를 마치고 걸어 나오던 공산당 간부들은 침착하고 자신감이 넘쳐 보였다. 마오쩌둥은 마흔은 넘어 보였다. 란핑은 자신도 모르는 사이에 마오쩌둥에 대해 곰곰이 생각하고 있었다. 스물세 살의 여자에게 마흔은 너무 많은 나이가 아닐까? 아내는 있을까?

란핑이 조심스러우면서도 당돌한 생각에 잠겨 있는 동안 차량 행렬은 마치 한 마리 용이 천천히 모래 위를 기어가듯 전진하여 드디어 옌안 근처에 도착했다.[10] 란핑은 도시의 남쪽 문을 지나가면서 성벽에 쓰인 오래된 문구를 보았다. "파도를 잠재우라." 무슨 파도? 또 잠재우는 힘은 어디서 오는가?

당 학교에 들어가다

옌안의 생활 환경은 근대 이전 시기 유럽의 시골 마을 수준이었다. 옌안은 원래 5천 명 정도의 주민이 사는 작은 도시였다. 공산당은 옌안에 일본군에 맞선 게릴라전을 전체적으로 통솔할 임시 본부를 설치했다. 산업은 아예 존재하지 않았고, 승용차는 공룡만큼이나 희귀했다. 공항에는 먼지만 자욱하게 날릴 뿐이었다. 수세식 변기가 설치된 화장실에 들어간다면 대부분의 옌안 주민들은 무엇을 어떻게 해야 좋을지 몰라 당황했을 것이다.

산시성 주변 마을들은 중국 전체에서 가장 낙후된 지역이었다.[11] 사람들은 일생에 단 두 번 목욕을 했는데, 태어날 때 한 번 결혼할 때 한 번 했다. 1928년과 1929년에 기근이 닥쳤을 때에는 산시성에서만 약 300만 명이 아사했다. 그때 살아남은 주민들 가운데 대다수는 옌안에 공산당 지도부가 들어왔을 때까지도 베이핑(北平, 베이징의 옛 이름)이 어디인지, 일본 침략자들이 누구를 말하는 것인지, 심지어 자신의 생일이 언제인지도 모를 만큼 무지한 사람이 많았다.

흙탕물에 빨래를 해야 하는 신세가 된 란핑은 과거 상하이에서 당연하게 여겼던 생활 편의 시설과 여흥이 없다는 사실에 충격을 받고 고통을 느꼈지만 매 순간 티를 내지 않으려고 노력했다.

옌안에서는 누구나 정신적인 것을 추구하면서 살아가야 했다. 다른 옌안 주민들과 마찬가지로 란핑 역시 나름대로 삶을 보는 방식과 여기에 온 이유가 있었다. 그러므로 란핑은 눈에는 보이지 않지만 정신적인 만족을 추구하고 또 먼 미래에 성취할 목표를 향해 애써 자신의 관심을 돌리면서 더러운 의복과 한심한 화장실과 침대 속에서 피를 빠는 이를 잊어버릴 수 있었다.

란핑이 옌안에 온 이유는 단순하지 않았다. 하지만 대부분 다른 사람들도 마찬가지였다.[12] 국민당이 지배하던 지역 가운데 일부 지역은 무척 위험했고 개인적 자유를 핍박당했으며 교육을 받기도 어려웠다. 그런 지역에서 살던 많은 젊은이들이 옌안으로 왔다. 강제 중매 결혼을 피해 온 젊은이도 있었고, 가족의 굴레에서 벗어나려는 젊은이도 있었다. 또 상하이 같은 곳에서 대학에 갈 형편이 안 되는 젊은이도 있었다. 그저 호기심으로 온 사람도 있었다.

상하이에서 공산주의 운동에 참여한 사람들 중에는 동기가 불확실한 경우가 많았다. 그런 사정은 옌안에서도 마찬가지였다. 상하이의 경우 개인주의에 대한 열망 때문에 공산주의에 참여한 사람이 많았는데, 개인주의는 훗날 공산주의에 배치되는 태도라고 비난받게 된다. 옌안에서는 신천지 개척이라는 모험 정신으로 공산주의에 참여한 사람이 많았는데,

훗날 1949년에 공산당이 정권을 잡은 뒤 안정적이고 체제 순응적인 분위기에서 모험주의는 위험한 정치적 경향으로 간주된다.

1930년대 후반에 옌안에 모여든 젊은이들 가운데 란핑은 의지력으로는 어느 누구보다도 뛰어났지만 정치적 교양 면에서는 그렇지 못했다. 마르크스주의에 관해 아는 것이라고는 고작 문장 몇 구절과 막연하게 아는 개념들, 그리고 전투적 견해뿐이었다. 란핑이 혁명과 전쟁 이야기를 할 때면 마치 경극에 등장하는 영웅과 악당 이야기를 하는 듯했다. "우리가 옳고 저들은 틀렸다." 이 정도가 란핑이 아는 전부였다. 란핑은 마르크스주의가 불러일으키는 강한 열정과 투쟁에 대한 감각을 확실하게 느꼈지만, 역사에 대해선 전혀 알지 못했다. 란핑의 뇌 구조는 사회 분석에는 적당하지 않았고, 행동 전략에 알맞게 맞추어져 있었다.

다음 6개월에 걸쳐 란핑은 두 가지 방향에서 '행동 전략'을 실행에 옮겼다. 우선 '예술 영역'에서는 공산당의 허가를 받아낼 필요가 있었다. 이 허가는 일을 시작하려면 필요했고 혹은 일을 시작하기 전에 우선 거쳐야 할 학습 과정을 시작하기 위해서도 필요했다. 그 다음 '생활' 영역에서는 황량한 옌안에 상하이의 열정을 조금이라도 옮겨 심는 데 도움이 되는 여성으로서 자리를 잡겠다는 목표를 세웠다.

초대소의 구내식당에서 란핑은 배급 식량을 아주 열심히 먹었다. 프롤레타리아의 쾌활한 낙관주의를 발휘하는 듯했다. 사실 그녀는 기장의 거친 식감이 싫었고 상하이에서 먹던 달콤한 죽이 그리웠지만, 아침 식사로 기장죽이 나오면 맛있다고 분명하게 말했다. 군사 훈련을 받을 순서가 되면—군사 훈련에서 예외는 없었다.—란핑은 유연하고 가볍게 몸을 움직였고 배우로서 우아함까지 묻어났다. 무기를 다루는 모습은 다소 연기 같은 느낌이 들긴 했지만 그래도 멋지게 보였다.

란핑이 원래 시골 출신이라는 것도 조금씩 드러났다. 상하이에서 불안정한 생활과 경쟁 의식, 끊임없이 변화하는 남녀 관계를 겪은 뒤였기 때문에 어쩌면 이런 단순한 생활이 란핑에게 조금은 기분 좋은 변화였는지도 모른다. 옌안에 주둔한 거친 홍군* 병사들은 담뱃갑에 들어 있는 쿠폰에서 상하이의 영화배우나 백계 러시아 출신 발레 댄서들의 사진을 오려내 따로 모았다. 하지만 누구도 란핑이 그런 사진에 등장하는 스타 가운데 한 사람이라는 사실을 눈치채지 못했다.

좀 더 큰 그림에서 보자면 란핑은 옌안이 요구하는 바를 충족시킬 만큼 준비되어 있지 않았다. 서북 지방에서는 어떤 특별한 기술을 지니고 있든지 간에 정치적으로 훌륭한 이력을 쌓았거나 최소한 건전한 경력이 있어야 인정받을 수 있었다. 란핑은 아무것도 없었다. 1933년 상하이에 갔을 때 란핑은 자기 자신의 힘만으로 헤엄쳐야 하는 거대한 바다에 과감하게 뛰어들었다. 마찬가지로 1937년에 옌안으로 가면서 란핑은 모든 직무가 확실하게 정해져 있고 공산당의 허가가 있어야 비로소 들어갈 수 있는 군사 기지에 기필코 들어가겠다는 일념으로 과감하게 문을 두드렸던 것이다.

란핑은 아직 확실한 공산주의자로 인정받지 못한 상태였다. 확실한 공산주의자로 인정받은 여성들은 당시 마오의 아내였던 허쯔전(賀子珍)과 홍군 사령관 주더(朱德)의 아내이자 '산속의 보아디케아'**[13]라는 별명으로 불렸던 캉커칭(康克清)처럼 장정에 참여했거나, 리푸춘(李富春)의 아내로서 기개가 넘치는 여성이었던 차이창(蔡暢)과 저우언라이의 헌신적인 아내 덩잉차오(鄧穎超)처럼 외국 유학을 한 뒤 1920년대와 1930년대에 노동 운동을 조직하거나 교육 분야에서 활동한 여성들이었다.

란핑은 확고한 지식인도 아니었다. 지식인은 편집이나 교육 분야에서

---

* **홍군(紅軍)** 1920년대에서 1930년대까지 중국공산당의 군대였던 '중국공농홍군(中國工農紅軍)'의 약칭. 1928년 5월에 창립되었으며, 1937년 2차 국공합작이 시작되었을 때 편제상 국민당 군대에 편입되어 국민혁명군 팔로군과 신사군으로 불렸다. 1945년 일본 항복 이후 국민당과 공산당의 내전이 시작된 뒤 1947년에 인민해방군으로 이름이 바뀌었다.(역주)
** 보아디케아는 고대 브리튼 섬에 살았던 이케니 부족의 여왕이었는데, 브리튼을 속주로 삼은 로마의 지배에 맞서 서기 60년경 반란을 일으켰다. 이케니족은 로마의 공세에 맞서 맹렬히 싸웠지만 결국 패배했다.(역주)

일을 할 수 있었다. 란핑이 상하이 초기 시절 알았던 딩링은 당시 많은 소설을 써서 유명한 지식인으로 인정받아 공산당 기관지였던 〈해방일보(解放日報)〉에서 문화 부문 편집 일을 했다.*[14] 란핑은 맨 밑바닥에서 시작하지 않으면 안 되었다. 그녀는 자신을 혁명적 이상주의자라고 생각했다. 하지만 란핑의 주요한 자산 두 가지는 다른 곳에 있었다. 그녀의 첫 번째 자산은 상하이 스타일이었고, 두 번째 자산은 남자들의 관심을 불러일으키는 특출한 능력이었다.

주변 상황이 그렇기도 했고 다른 사람에게 의지하기 싫어하는 성격 탓에, 란핑은 상하이에 도착하여 처음 적응해 나갈 때와 마찬가지로 다시 한 번 혼자 힘으로 앞날을 헤쳐나갈 수밖에 없었다. 특별한 개성을 지닌 매력적인 젊은 여성이라는 자기 자신밖에는 믿을 것이 없었다. 만일 그녀가 한 번 더 자신의 삶이 자신의 예술보다 중요하다는 점, 그리고 여성으로서 란핑이 지닌 매력이 배우나 공산주의자 란핑보다 더 큰 힘을 발휘할 수 있다는 것을 깨닫지 못했더라면 그녀는 그런 사람이 되지 못했을 것이다. 적어도 란핑이 되지는 못했을 것이다.

어느 날 란핑은 주광(朱光)이란 남성을 만나 연애를 시작했다.[15] 그는 당 선전부에서 일하는 스물일곱 살의 상하이 출신 남자였다. "두 사람은 언제나 함께였습니다." 당시 옌안에 살던 사람의 회고다. "1937년 가을에 누구나 그들이 확실한 애인 사이라고 생각했어요." 주광은 생김새도 번듯하고 말도 잘하는 남자였다. 상하이대학을 잠시 다녔는데 그가 배웠던 교수 가운데 한 명이 톈한이었다. 당연히 란핑과 주광은 서로 할 이야기가 많았다.

"란핑이 당원 자격을 다시 취득하기 위해 청원서를 제출할 즈음이었

---

* 여배우 천보얼과 작가 딩링은 옌안에 도착하자마자 거의 곧바로 당 학교에 입학할 수 있었다. 그들이 쌓은 정치적 경력 때문에 가능한 일이었다. 그러나 장칭은 몇 달을 기다려야 했고 다른 이들과 비교해볼 때 짜증나는 일이었다.

습니다." 옌안에서 당시 란핑의 청원을 처음으로 처리했던 사람의 말이
다. "내 사무실에 올 때면 란핑은 꼭 자기 친구라며 주광을 데리고 왔
죠." 사무실을 방문할 때면 란핑은 항상 평범한 중국식 바지에 역시 평
범한 광둥식 작업복 윗옷을 입고 왔다. 활기 넘치는 표정과 자유분방한
태도를 지닌 두 사람은 옌안이라는 오래된 술병에 담긴 상하이라는 새
로운 포도주 같은 느낌을 주었다.

두 사람의 연애는 오래 가지 않았다. 주광은 란핑이 기대기에 너무 작
은 '산'이었다고 말하는 사람들도 있다. 하지만 란핑이 주광에게 느낀
감정을 우리는 정확하게 알 길이 없다. 여하튼 두 사람의 연애가 끝났
을 때 란핑은 여전히 초대소에 기거하면서 당원 자격 재취득 허가와 일
자리 배당을 기다리고 있었다.

겨울이 다가올 즈음, 두 개의 우뚝한 '산'이 란핑을 도와주기 위해 다
가왔다. 쉬 언니의 남편 왕관란이 리푸춘에게 란핑 일을 부탁했다. 리푸
춘은 앞서 언급한 것처럼 유명한 여성 혁명가 차이창의 남편이었으며 당
시 상하이나 다른 백구를 떠나 옌안으로 온, 아직 검증받지 못한 새로
운 순례자들을 다루는 부서의 고위급 간부로 있었다. 또 다른 '산'은 바
로 위치웨이였다. 칭다오 시절의 남편 위치웨이는 리푸춘을 만나 란핑이
'혁명에 참가'하고 싶은 열망이 있다고 말해주었다. 위치웨이는 이제 깡
마른 학생 선동가의 모습은 간 데 없이 뚱뚱했으며 관료처럼 행동했다.
그는 옌안에 거주하지는 않았고 장기간 체류 중이었다. 백구에서 벌어지
는 공산당 활동에 관하여 마오쩌둥을 비롯한 다른 지도자들에게 보고
하러 온 것이었다.

란핑은 왕관란과 위치웨이의 도움이 꼭 필요했다. 란핑이 몇 달 전 시
안에서 예비 심사를 받는 과정에서 쉬 언니에게 털어놓은 근심은 분명히
근거가 있었다. 아무리 좋게 보아도 상하이에서 란핑의 정치적 활동은
모호했다. 최악의 경우에는 상하이의 국민당과 모종의 협력 관계를 맺
고 있었던 게 아닌가 하는 의심까지 살 수 있었다. 위치웨이는 칭다오에

서 란핑의 활동을 증언해줄 수 있었다. 1933년 2월 공산당 당원 자격을 취득한 것은 분명한 사실이었다. 그리고 이 점을 구체적으로 증언해주는 데 위치웨이보다 좋은 위치에 있는 사람은 없었다. 하지만 그로서도 상하이 시절과 관련해서는 확실히 말해줄 것이 없었다.

상하이 시절 란핑의 활동을 증언해준 것은 쉬 언니였다.[16] 쉬 언니 역시 국민당 경찰에게 체포되어 투옥되었다가 공산주의를 부정하는 문서를 작성한 뒤 풀려난 경험이 있었다. 하지만 그녀에게는 남편 왕관란이 있었고, 과감하게 사실 관계를 윤색하기도 하고 그녀 특유의 밀어붙이는 성격을 발휘해 란핑을 도울 수 있었다. 그녀는 란핑의 매력과 의지력에 경외심을 느꼈다.

하지만 리푸춘의 부서에서 재입당 문제가 더디게 진행되자 란핑은 장궈타오를 찾아갔다. "그녀는 장궈타오가 높은 지위에 있다는 것을 알고 접근한 겁니다."[17] 당시 옌안에 살던 사람의 회고다. 하지만 그때 이미 장궈타오는 정치적으로 마오쩌둥에게 패배한 상태였기 때문에 힘이 거의 없었다. 두 사람의 관계가 진전되지 못한 데는 또 다른 이유가 있었다. 장궈타오의 아내 양쯔례(楊子烈) 때문이었다. 양쯔례는 유명한 여성 혁명 운동가였다. 원래는 옌안에 살지 않았는데 1937년 말 갑자기 옌안에 와서 남편과 같이 살기 시작했던 것이다.

양쯔례는 잘라 말했다. "란핑은 음탕한 여자예요. 남자 없이는 단 하루도 살지 못하는 여자죠."

양쯔례의 회고다. "남편 사무실은 옌안에서는 유일하게 서양식으로 지은 벽돌 건물이었어요. 침대와 벽난로가 있어서 무척 편안했습니다." 양쯔례는 당시 벌어진 이상한 일을 이렇게 묘사했다. "그때 란핑은 왕이란 남자 배우와 자주 함께 있었는데, 남편이 사무실에 없다는 것을 알아내면 란핑은 왕을 그 사무실로 불러들였어요. 침대도 있고 벽난로도 있었으니 서로의 몸을 따뜻하게 데울 수 있었겠죠."[18] 양쯔례는 마침 적절한 때에 옌안에 도착한 것 같았다. 또는 어쩌면 란핑은 한꺼번에 일을 많이 벌려서, 여기저기 문을 두드리면서 상하이에서 새로 도착했다고 자기를 적극적으로 소개하고 기회를 엿보는 중이었는지도 모른다. 여하튼 분명한 것은 양쯔례가 도착했을 무렵 그녀의 남편 장궈타오와 란핑은 서로 잘 아는 사이였다는 사실이다. 사무실을 마음대로 들락날락할 정도였으니 그렇게 짐작할 수 있다

리푸춘은 마침내 결정을 내렸다. 란핑에게 당 학교(중국공산당 중앙당교) 입학 허가를 내준 것이다. "리푸춘은 많이 망설였습니다."[19] 당시 이 문제와 관련하여 리푸춘과 함께 일했던 사람의 말이다. "그런데 위치웨이가 힘을 썼던 거죠." 란핑에게 이 일은 커다란 성공이었다. 훗날 이 학교는 당원들이 입학하는 최고위 수준의 당 교육기관이 되지만, 1938년에는 그렇지 않았다. 그때는 당원 자격 검증 기간에 있는 사람들이 단기 교육을 받으러 들어오는 곳이었다. 란핑으로서는 일단 몸담을 수 있는 작은 틈새를 확보한 것이다. 가톨릭 성당을 개조하여 만든 이 학교에는 300명의 학생이 있었는데, 여성은 그 가운데 10명뿐이었다. 엥겔스가 쓴 《반뒤링론》과 마오쩌둥이 쓴 〈후난성 농민 운동 고찰 보고〉 등을 열심히 읽는다든지, 군사 전술 수업 시간에 주의를 집중하여 강의를 듣고 있는 란핑의 모습은 평범한 물고기들 사이를 헤엄치는 예쁜 금붕어 같은 존재였다.

당시 란핑의 교사였던 사람의 회고다. "란핑은 별로 말이 없었어요. 말을 하려야 할 수가 없었겠죠. 정치를 이해하는 수준이 너무도 얕았으니까요."[20] 고참 당원이거나 학술적 경력이 있던 여성들은 "란핑을 멸시"했다고 한다.

어느 날 당 학교에서 '지도급 동지'의 강연이 있어 전교생이 강당에 모였다. 당시 '12반' 소속이었던 란핑 역시 강당에 갔다.[21] 모두들 공책을 펴놓고 필기 준비를 한 다음, 쌀쌀한 강당에서 강연자가 나오기를 기다렸다. 정확히 오후 2시에 마침내 강연자가 연단 왼쪽에서 등장하여 강단에 오르자 학생들은 모두 벌떡 일어나서 얼굴 가득 웃음을 띠고 열

렬히 박수를 치기 시작했다. 오늘의 강연자는 다름 아닌 마오쩌둥이었다. 몇몇 사람의 회고에 따르면, 이때 란핑은 마오를 향해 손짓을 하고 다른 사람들이 박수를 그친 뒤에도 몇 초 더 박수를 계속 치는 등 다른 사람들의 주의를 끄는 행동을 했다고 한다. (훗날 란핑은 이날 오후의 일을 상당히 다르게 회상했다. 마오쩌둥은 "직접 나를 찾아 불러내어 '마르크스-레닌연구소'에서 자신의 강연이 있으니 오라고 입장권을 건네주었다."[22]는 것이다.)

그날 밤 란핑은 마오쩌둥에게 편지를 썼다. 일전에 한번 지나치면서 마오의 모습을 본 적이 있다고 말한 다음, 자신을 자세히 소개하면서 자신이 이념 문제에서 지식의 공백이 너무도 커서 마오 동지와 직접 대면하고 대화를 나누어야만 자신이 모르는 것을 배울 수 있을 것 같다고 썼다.

훗날 적들은 란핑이 마오쩌둥을 만난 방식이 막무가내로 밀어붙이는 식이었다고 비난한다. 당시 마오는 '펑황산(鳳凰山)'에 있는 동굴에 방 세 개짜리 거처를 마련해놓고 살고 있었는데, 편지를 보낸 란핑은 답장을 기다리지도 않고 마오의 거처로 갑자기 찾아갔다고 한다. 란핑은 호위병들에게 농담을 던지고 마치 오래된 친구처럼 말을 걸고는 입장 허가가 떨어지기도 전에 안에 있는 마오를 향해 소리쳐 인사했다. 기어코 마오쩌둥과 만난 란핑은 몇 가지 질문을 던졌지만 마오는 마침 읽고 있던 서류를 그대로 읽는 등 냉랭한 태도를 보였다. 마오는 란핑의 질문에 그저 몇 권의 책과 글 제목을 말해주면서 그런 것들을 읽으면 '너무나 큰 지식의 공백'을 메울 수 있을 것이라고 말했다고 한다.

하지만 만일 그날, 즉 1938년 이른 봄의 어느 날 마오가 란핑과 대면하여 말을 나누었다는 것이 사실이라면 마오의 결정이었다고 보는 것이 옳을 것이다. 란핑은 분명 대담한 여인이고 남자의 거처에 불쑥 찾아간 적도 많았다. 하지만 아무리 당시 옌안이 격식을 차리지 않는 분위기였다 하더라도 마오의 거처는 아무나 오갈 수 있는 버스 정류장이 아니었다. 그곳은 마우저 소총으로 무장한 여러 명의 호위병이 엄중하게 지키던 장소였다.

마오쩌둥의 연인이 되다

1938년 이른 봄 란핑은 마오쩌둥에게 그리 관심을 집중하고 있지 않았던 것 같다. 란핑은 여전히 공연 예술 쪽으로 길을 만들어 가려고 했으며 이 길에서 다시 한 번 상하이 스타일의 새로운 보헤미안 애인을 만난다.

당시 옌안에 '루쉰예술학원'*이 세워졌는데, 란핑에게 딱 맞는 학교였다. 훗날 란핑은 이 학교에 별다른 관심이 없었다고 말했지만 사실이 아니었다.[23] 란핑은 당 학교에서 이 학교로 옮기려고 노력했다. 그러나 란핑은 루쉰예술학원에서 공부하기엔 마음에 걸리는 아픔이 있었다. 호화찬란한 상하이의 무대에 섰던 자신이 전쟁 분위기가 물씬 풍기는 옌안의 무대로 옮겨 갈 수 있을까? 혹시 과거 적들과 경쟁자들이 여기서 다시 한 번 자신을 압박하지는 않을까?

란핑을 좋지 않게 생각했으며 종종 개인적 감정까지 있었던 과거 동료들과 위안무즈는 당시 서북 지방에 공산당의 지원을 받는 영화제작사를 설립하고 있었다. 란핑은 거기에 참여하라는 제안을 받지 못했다. 이윽고 영화제작사는 바로 옌안에서 사업을 시작했는데,[24] 영화사의 스타 여배우는 사랑스러운 천보얼(陳波兒)이었다. 란핑은 이 여배우에게 질투심을 느꼈다. 이런 상황에서 란핑은 자신이 과연 좌익 계통 영화계에서 성공할 수 있을지, 아니 애초에 환영받을 수 있을지 의심스러웠을 것이다.

란핑은 루쉰예술학원을 마치 부상으로 발레 인생이 끝난 발레리나가 예전에 즐겨 신던 토슈즈를 쳐다보듯 쳐다보았을 것이다. 아마도 그런

---

* **루쉰예술학원**(魯迅藝術學院) 1938년 옌안에서 마오쩌둥과 저우언라이가 주도하여 설립한 일종의 예술대학. 오늘날 '루쉰미술학원'의 전신이다. 장칭은 이 학교 연극예술과에서 학생들을 가르쳤다.(역주)

이유로 훗날 란핑은 이 학교에 다니길 희망했다는 사실조차 부인하지 않았나 싶다.

"간단한 이야기죠. 그녀는 배우로서 성공하지 못했던 거예요."[25] 당시 란핑이 〈억압당하는 인민〉이라는 연극에 출연하여 연기하는 것을 본 사람의 말이다. 일본에 맞서 투쟁하는 과정에서 벌어진 사건을 소재로 만든 이 연극은 '1월 28일' 축제 때 옌안에서 가장 좋은 장소에서 공연되었다. 란핑도 오디션을 보았지만 결국 작은 배역밖에 맡지 못했다. 주연은 소련에서 막 돌아온 쑨웨이스*라는 여배우가 맡았다. 쑨웨이스는 소련에서 스타니슬라프스키 연기론을 공부하고 돌아온 참이었다. 그날 〈억압당하는 인민〉을 본 사람은 이렇게 회고했다. "그 아름다운 여성은 연기가 정말 훌륭했죠. 하지만 '1월 28일' 축제 공연 뒤, 란핑은 관객들의 호평을 받지 못했습니다. 이후 란핑은 다시는 무대에 서지 않았고요." 어쩌면 배역이 란핑에게 맞지 않았을지도 모른다. 어쩌면 너무나 매혹적이고 나이도 일곱 살이나 어린 주연 여배우 쑨웨이스가 너무도 빛났기에 란핑이 눈에 띄지 않았을지도 모른다. 어쩌면 무대를 떠난 지 오래되어 감을 잃어버렸는지도 모른다. 어쩌면 옌안식 연극에 란핑이 어울리지 않았는지도 모른다.

란핑은 여러 가지 걱정이 있었지만 결국 1938년 3월 혹은 4월에 루쉰 예술학원에 입학 원서를 냈다. 어쩌면 당 학교에서 강요하는 엄격한 분석적 학습 과제가 너무 힘들어 일단 피하고 보자는 심산이었는지도 모른다. 란핑을 면접 심사한 사람은 천윈(陳云)이었다.[26] 천윈은 분명한 규율에 따라 움직이는 능력 있는 사람이었고 훗날 베이징에서 고위급 경제 정책 담당자가 된다. 천윈은 란핑이 마음에 들지 않았다. 란핑이 실수를 했기 때문이다. 그녀는 천윈이 예술에는 별다른 취미가 없다고 생

---

* 쑨웨이스(孫維世, 1922~1968) 중국의 연극배우. 중국공산당 초창기 혁명가 쑨빙원(孫炳文)의 딸이자 저우언라이의 양녀였다. 문화혁명 기간 중 장칭의 박해로 감옥에서 사망한 것으로 알려졌다.(역주)

각했다. 그래서 자신이 할 줄 아는 것이 연기밖에 없다는 것을 감추려고 잘 알지도 못하는 마르크스주의 개념을 이야기했다. 게다가 한 가지 실수가 더 있었다. 란핑은 면접 당일에 심사를 통과하면 그날부터 곧바로 공부를 시작하겠다는 열성적인 태도를 과시하려고 면접 심사장에 짐 가방을 들고 나타났던 것이다.

란핑을 도와줄 수 있는 커다란 '산'이 나타났다. 같은 고향 사람인 캉성이 1937년에 소련에서 돌아와 당 학교 부교장으로 있었던 것이다. 중국에서 동향 사람들끼리는 매우 친근하게 느끼며 조용히 서로를 돕는다. 큰 모임 안에 동향 사람이 몇 있는 경우 그들은 마치 형제자매처럼 여긴다. 란핑과 캉성이 그랬다. 산둥 출신의 어느 제보자는 필자에게 란핑의 어머니가 캉성의 집에서 일한 적이 있다고 증언했다. 캉성과 란핑의 관계가 그처럼 어린 시절부터 시작된 것인지, 그처럼 친밀했는지, 혹은 그처럼 특별한 것이었는지 확실하게 알 수는 없다.**

란핑은 캉성을 찾아갔다. 두 사람은 고향 주청 사투리를 편하게 섞어가며 산둥성에서 있었던 이런저런 일들로 이야기꽃을 피웠다. 어쩌면 두 사람이 한두 번 사랑을 나누었는지도 모르겠다.[27] 여하튼 얼마 뒤 란핑은 루쉰예술학원에 들어갔을 뿐 아니라 준교사로 임명되었다. 란핑은 훗날 이렇게 말했다. "캉성이 믿음직한 친구로 내 곁에 있는 한, 어떤 적도 나에게 해를 끼치지 못했죠." 뒷문으로 슬쩍 사람을 들여보내는 캉성의 방식을 싫어했던 천윈은 란핑을 이 학원의 직책에 올리려면 따라야하는 정상적인 절차가 무시된 것에 분노했다. 얼마 지나지 않아 란핑이 학교 연극에서 연기를 하자 천윈은 기다렸다는 듯이 그녀의 연기를 비판했다.***

** 최근 자료에 따르면, 란핑의 어머니가 캉성의 집에서 일한 적이 있으며 그 시기는 1919년이었다고 한다.(역주)
*** 란핑과 천윈은 훗날 정계에서 마주칠 때마다 서로를 극도로 나쁘게 생각했다. 천윈과 캉성 역시 오랜 세월 동안 서로 적대 관계에 있었다.

"란핑은 1938년 여름 루쉰예술학원에 다녔고, 그 시기에 쉬이신이라는 남자와 사랑에 빠졌죠."[28] 란핑의 당원 자격 회복 원서를 처음 접수했던 사람의 회고다. 쉬이신은 당시 루쉰예술학원의 상급 교사로서 예술에 조예가 깊은, 늠름하고 멋진 남자였다. 그는 란핑에게 익숙한 부류의 남자였으며, 젊은 여배우 출신인 란핑 역시 쉬이신에게 익숙한 부류의 여자였다. 이 짧은 연애 사건을 곁에서 직접 지켜본 사람은 이렇게 말했다. "쉬이신과 함께 있을 때면 란핑은 애교를 부렸습니다. 그녀가 애교스럽게 행동했다는 것은 이 남자를 사랑했다는 것을 보여줍니다."[29](훗날 마오쩌둥 곁에서 란핑은 조용하게 행동한다. 이것은 란핑이 마오를 사랑했다기보다 존경했음을 보여준다.) 쉬이신은 란핑의 전 남편 탕나라든가 예전 애인 장민과 같은 부류의 남자였으며 옌안에 와서 잠깐 사귄 주광에 비하면 훨씬 지위가 높았다.

란핑에게는 분하게도 쉬이신은 점점 쑨웨이스에게 관심을 더 많이 보이기 시작했다. 쑨웨이스는 예쁘고 아주 젊은 여배우로서 이미 '1월 28일' 축제 공연 때 란핑에게 굴욕감을 안겨주었다. 볼썽사나운 장면이 연출되었다. 란핑이 정말로 쉬이신에게 정착하려 했는지 아닌지는 알 수 없지만 여하튼 결정권은 그녀에게 없었다. 쉬이신은 계속 쑨웨이스에게만 눈을 돌렸고 결국 두 사람은 결혼한다.*

란핑은 마음을 정리하고 교사 직무를 수행하느라 바쁜 나날을 보냈다. 루쉰예술학원에서는 온갖 공연 예술을 가르쳤다. 소프라노 가수, 경극 배우, 첼로 연주자, 중국 민속 음악 연주자, 유럽 연극 애호가 등이 이 학교에서 자신의 기예를 연마하고 가르쳤다. 란핑은 현대극 부문에

---

* 오랜 세월이 흐른 뒤 란핑은 쑨웨이스와 쉬이신에게 복수한다. 문화혁명 때 두 사람은 모두 확실하지 않은 이유로 비판당하며 결국 쉬이신은 감옥에서 사망한다. 쑨웨이스는 쉬이신이 죽은 뒤 진산(金山)과 결혼한다. 진산은 상하이 연극계에서 클라크 게이블로 알려진 배우였는데, 1936년에 란핑이 그토록 출연하고 싶어 했으나 뜻을 이루지 못한 연극 〈새금화〉에서 주연을 맡았던 사람이다. 이후에도 란핑은 계속 쑨웨이스를 괴롭히는데, 그 배경에는 이렇게 여러 이유가 있었던 것이다.

속했다. 란핑은 상하이의 옛 친구들에게 자신이 연극을 가르치고 있으며 또한 학생들의 '인생 상담사'로서 대학에 봉사하고 있다고 편지를 썼다.

란핑의 연애 이야기를 자세하게 보도하던 영화 잡지 하나에 기사가 실렸다.[30] 란핑이 보낸 편지를 기초로 해서 쓴 기사였다. 편지에서 란핑은 자신의 삶이 이제 안정을 찾았으며 자기 안에서 '혁명 예술'이 피어오르고 있다는 식으로 이야기했다. 하지만 이것은 사실과 달랐다. 란핑은 루쉰예술학원의 준교사직 정도에서 만족할 만한 높은 위치에 도달했다고 생각할 사람이 아니었다. 이 직책 역시 온전히 자신의 능력과 자격만으로 얻은 것이 아니었다. 란핑은 다시 한 번 힘 있는 남자를 '기댈 수 있는 큰 산'으로 삼아 이 직책에 올랐던 것이다. 그 길이 여성이 높은 위치에 올라가기 위해 택할 수 있는 유일한 방법이었을까? 옛 중국이라면 당연히 그것이 유일한 방법이었을 것이다. 여성이 공적 위치에 올라갈 수 있는 방법은 남편이나 아들을 통해서였다. 하지만 지금은 혁명 중국의 시대가 아닌가? 중국에서도 공산당 지도부가 자리 잡은 옌안이야말로 한 여성이 자신의 잠재력을 충분히 실현할 수 있고 자립적 인간으로 설 수 있으며 직업을 갖고 자신에게 맞는 남자를 만나 결혼을 하든지 아니면 결혼을 거절하든지 선택할 수 있는 가능성이 열려 있는 곳이 아닌가?

앞으로 란핑도 이런 '기댈 수 있는 큰 산' 없이 홀로 설 날이 올 것이다. 하지만 아직은 아니었다.

어떤 증인들에 따르면 란핑은 루쉰예술학원에서 일을 할 때 준교사일을 제대로 하지 못한다고 비판받았다고 한다. 란핑이 연기는 조금 할지 모르나, 연극 기법에 충분히 정통하지 못했기 때문이라는 것이다. 하지만 곧 그런 것은 별로 중요하지 않게 된다.

마오쩌둥은 예술이 정치적으로 중요하다는 것을 알고 있었다. (비록 개인적으로 그가 즐겨 감상하는 예술 작품은 몇몇 중국 전통 작품에 한정되어 있었지만.) 하루는 마오가 예술 분야에 대해 강연을 하려고 루쉰예술학원을 방문했다. 강연을 시작하려고 연단에 선 마오의 모습은 정치인이라기보다는 허름한 차림의 성직자에 가까웠다. 그 모습을 본 란핑의 얼굴에는 순간 미소가 떠올랐다. 란핑의 얼굴은 다른 학생들보다 훨씬 더 희었다. 대부분의 학생들은 원래 농민 출신이거나 거친 땅 서북 지방에 오래 머물면서 얼굴이 그을었기 때문이다. 환호하며 박수를 치는 데도 란핑이 앞장섰다. 강연이 끝나고는 아주 순진한 질문 한두 개를 했다. 마오쩌둥이 연단을 떠날 채비를 하는 동안 란핑이 연단 앞으로 다가왔고 그녀와 마오는 몇 마디 말을 주고받았다.

기댈 산을 찾아야 한다면 서북 지방에서 가장 높은 봉우리를 택하는 것이 좋지 않겠는가!

옌안은 작은 도시였다. 에드거 스노의 아내인 님 웨일스의 묘사에 따르면 "사람들이 팔꿈치와 팔꿈치를 스쳐 지나갈 정도"였다.[31] 그리고 란핑이 이미 뤄촨에서 언뜻 보고 당 학교를 방문했을 때 잠깐 만났듯이 당시 마오쩌둥은 베일에 가려 일반 사람들이 볼 수 없는 신과 같은 존재가 아니라 도시의 거리에서 언제라도 마주칠 수 있는 사람으로 인식되었다. 옌안 사람들은 가끔 마오쩌둥이 해질녘 잠시 바람을 쐬러 동굴 거처에서 나와 천천히 언덕을 내려와 골짜기 끝까지 걸어가서 도시의 상업 지구를 한 바퀴 돌고 다시 저녁 업무를 보러 동굴로 돌아가는 모습을 볼 수 있었다. 워낙 승용차가 몇 대 없기도 했지만, '앰뷸런스 : 뉴욕에 거주하는 중국 세탁업자 구국연맹 기증'이란 묘한 글자가 박힌 마오의 승용차는 모든 사람이 알아보았다. 마오를 직접 만나고자 하는 사람들은 대부분 그를 찾아가 만날 수 있었다.

이제 란핑은 마오쩌둥과 아는 사이가 되었다. 란핑이 마오의 눈앞에서 그의 이목을 끌기 위해 거듭 노력한 것은 사실이다. 그것은 란핑의 장기였다. 하지만 마오는 란핑을 못 본 척하려면 얼마든지 그럴 수 있었다. 그러나 그러지 않았다. 다음 몇 주에 걸쳐 두 사람은 펑황산에 있는 농부 '우(吳)' 소유의 동굴이자 지금은 마오의 거처인 곳에서 서너 차례 만났다. 란핑이 마오를 선택한 것도 사실이지만 동시에 이 도시에서 가장 힘 있는 마오라는 남자가 쓸쓸해서 그랬는지 란핑을 선택한 것도 사실이다.

어쩌면 란핑이 마오쩌둥에게 강한 매력을 느꼈는지도 모른다. 사랑과 결혼이 종종 일치하지 않는 중국이었지만, 란핑에게 열렬하고 순수한 사랑이 있었다고 생각할 수도 있다. 하지만 란핑은 스물네 살이었고 마오는 마흔다섯 살이었다. 정치와 전투에 헌신한 이 수도사 같은 투사는 이제까지 란핑이 상하이에서 만났던 애인들이라든가 옌안 체류 초기에 만났던 애인들과는 완전히 달랐다. 란핑의 예전 애인들은 하나같이 멋지고 낭만적이며 말솜씨 좋은 보헤미안들이었다. 그러나 그런 차이가 오히려 그녀를 이끌었다. 마오쩌둥은 새로운 관계에 마음을 열었고, 란핑은 어떻게 해서라도 이 관계를 진전시키고 싶어 했다.

어느 날 저우언라이는 저녁 식사 후 장제스로부터 대단히 심각한 내용의 전보를 받았다. 저우언라이는 마오와 마찬가지로 밤늦게까지 일하는 습관이 있었다. 전보의 내용을 보니 현재 통일전선을 이루어 일본에 맞서 싸우고 있는 공산당과 국민당 사이에 매우 심각한 분쟁이 일어날 소지가 있었다. 저우언라이는 전보를 다시 한 번 읽고는 옆에 있던 비서에게 낮은 목소리로 말했다. 이 밤이 지나기 전에 답장을 보내야 하며 마오 동지가 전보 문구를 결정해야 한다는 말이었다. 저우언라이는 전보를 손에 들고 언덕 능선을 따라 마오의 동굴 쪽으로 갔다. 그런데 주석은 자리를 비운 상태였고, 정말 드물게도 부하들조차 마오가 어디로 갔는지 몰랐다. 저우언라이는 동굴 밖에 앉아 잠시 기다렸다. 하지만 얼마 지나지 않아 불안해지기 시작했다. 빨리 답장을 보내야 한다는 문제뿐만 아니라 도대체 마오가 어디로 갔는지 걱정스러웠다. 마오의 호위병들 역시 그가 어디로 갔는지 몰라 안절부절못하기 시작했다.

결국 사라진 지도자를 찾아 나서기로 했다. 두 명의 호위병과 저우언라이는 각각 손에 옛 중국식 등불을 들고 종이 덮개 안에 가냘프게 빛나는 불빛에 의지해 어둠 속으로 마오를 찾아 나섰다. 칠흑 같은 어둠

마오쩌둥과 장칭은 1938년에 연인이 된다. 외모를 꾸미지 않았던 공산당의 여성 혁명가들과 달리, 상하이에서 온 배우 출신의 장칭은 날씬하고 예쁜 외모로 이목을 끌었다.

속에 잔가지 많은 나무들이 어지러운 모양의 조각품처럼 늘어서 있었다.

저우언라이가 먼저 발견했다. 저 멀리 풀로 뒤덮인 둔덕에 부대 자루 같은 것이 보였다. 호위병들은 등불을 앞세우고 계속 앞으로 나아가고 있었다. 저우언라이의 눈에 띈 것은 부대 자루가 아니라 마오쩌둥과 란핑이 비스듬히 서로 기대앉아 있는 모습이었다. 훗날 머리 회전이 빠른 외교술의 대가로 이름을 날리는 저우언라이는 재빨리 입으로 바람을 훅 불어 등불을 껐다. 저우언라이는 호위병들에게 낮고 단호한 목소리로 등불을 얼른 끄라고 지시했다. 그는 마오가 직무에서 해방되어 편안하게 쉬는 모습을 호위병들이 보지 못했기를 바랐다. 세 사람은 입을 꾹 다물고 발걸음을 되돌렸다. 그리고 동굴로 돌아가서 주석이 저녁 한때의 휴식을 마치고 다시 거처로 돌아오기를 기다렸다.[32]

란핑이 루쉰예술학원을 떠나 군사위원회 판공실 비서라는 편안한 직책으로 옮긴 것은 1938년 8월이었다. 마오쩌둥의 거처와 가까운 장소였다.

"나는 둘의 관계에서 마오가 주도적으로 움직이지는 않았을 거라고 생각합니다."[33] 자신이 볼 수 없는 먼 곳에서 일어난 일이지만 탕나는 이렇게 말했다. "나에게 했던 그대로 마오에게 했을 겁니다. 그녀는 자신의 매력을 과시했을 테고 동시에 혁명가로서 자신의 모습을 보여주었을 겁니다. 여성의 매력과 혁명가의 모습, 두 가지 특성을 동시에 보여줌으로써 마오를 유혹했을 겁니다. 그리고 만약 란핑이 이제 막 상하이에서 온 여자가 아니었다면 마오가 그렇게 빨리 매혹되지는 않았을 거라고 확신합니다. 농민들이 그를 마치 신처럼 숭배했던 변경 지역의 생활과 상하이의 생활은 완전히 다른 두 개의 세계였죠."

허쯔전과 릴리 우 스캔들

이로부터 9개월 전, 그러니까 1937년 말 어느 추운 오후, 란핑이 옌안의 초대소에서 당원 재가입 허가와 과업 부여를 기다리던 시기에 시안의 팔로군 합숙소에 스물여덟 살의 한 여인이 들어왔다. 마오쩌둥과 사이에 아이 다섯을 낳았으며 여전히 형식상으로는 마오의 아내였던 허쯔전이었다. 허쯔전은 몸도 아팠고 마음도 무척 괴로운 상태였다. 아직 아기인 딸을 데리고 옌안을 허겁지겁 떠나 시안에 도착한 참이었다. 이 합숙소는 불과 몇 개월 전 활기와 희망에 찬 또 다른 여성 란핑이 옌안에 들어가려고 머물렀던 곳이다. 하지만 옌안에서 방금 나온 허쯔전은 피곤하고 괴로운 상태로 이곳에 머물렀다. 이 오래된 우아한 상업 도시에 우글우글했던 첩자들과 마찬가지로, 두 여인은 같은 거리를 걸으면서 전혀 다른 꿈을 꾸었던 것이다. 란핑은 새로운 모험과 남자를 찾고 있었지만 허쯔전은 모험과 남자와 출산을 너무 많이 경험하여 지칠 대로 지친 상태였다.

허쯔전은 1927년에 마오쩌둥을 처음 만났다. 그때 그녀는 밝고 생기 넘치는 열여덟 살 난 소녀였다. (당시 마오의 부하 한 사람은 허쯔전의 눈이 "두 개의 수정같이 반짝이고", 그녀와 함께 있으면 "꿀과 같이 달콤한 느낌"이 든다고 했다.) 지금 허쯔전은 창백한 얼굴에 퀭한 두 눈, 허수아비에 옷을 걸쳐놓은 것처럼 깡마른 상태였다. 대장정 도중에 입은 총상으로 지금도 몸 곳곳에 파편이 박혀 있어 욱신욱신 아팠다. 지난 2년간 있었던 일들을 다시 되짚어보고 과연 이곳 시안에서 어디를 향해 걸음을 옮길 것인가를 생각할 때면 때때로 아득한 느낌이 들어 금방이라도 정신줄을 놓쳐버릴 것 같았다.

팔로군 병영에 있는 작은 방의 의자에 앉아 허쯔전은 남편을 생각하며 자신의 감정과 생각을 정리해보려고 애썼다. 남편을 처음 만난 것은 융신(永新)에서였다. 정치 집회에서 마오가 연설을 했고 두 사람은 즐겁게 이야기를 나누었으며 닭을 두 마리 잡아 식사를 하고 술도 두어 병 마셨다. 며칠 뒤 마오는 동지들에게 선언했다. "허쯔전 동지와 나는 사랑에 빠졌소." 마오는 그녀를 장난감 정도로 여기는 경향이 있었지만, 허쯔전은 마오를 마음 깊이 존경했으며 그가 군대를 만들고 훈련시켜 언젠가 그 농민 군대가 중국의 큰 도시들을 공격하여 점령할 날을 손꼽아 기다렸다. 아이를 한 명씩 낳으면서 느꼈던 흥분과 고통. 7년 동안 아이를 다섯이나 낳았지만 마오는 피임에는 전혀 관심이 없었다. 허쯔전의 머릿속에는 1930년에 살해당한 마오의 전 부인 양카이후이(楊開慧)에 관해 수많은 의문이 떠올랐다. 마오는 양카이후이에 관해 한 번도 말한 적이 없었다. 그리고 마지막으로 최근 몇 달간 겪은 다시 생각하기도 싫은 끔찍한 부부 싸움…….

허쯔전은 깊은 절망감에 빠져 의자에서 내려와 나무 침대에 몸을 눕히고 한참을 울다가 결국 잠이 들었다.

허쯔전은 잠시 후 두 명의 여자가 들어오는 소리에 잠을 깼다. 한 여자는 손에 들고 있던 가방을 저쪽 편에 있는 침대 곁에 놓았다. 침대에 누운 채로 고개를 돌려보니 빈 손으로 들어온 여자를 알아볼 수 있었다. 저우언라이의 아내 덩잉차오였다. 평범한 외모였지만 똑똑하고 명랑한 여자였다. 덩잉차오는 신참을 안내하여 이리로 들어온 것이었다.

허쯔전은 몸을 일으켜 침대 위에 앉아 힘겹게 미소를 지어 인사를 건넸다. "이분은 허쯔전 동지이십니다. 마오쩌둥 동지의 부인입니다." 덩잉차오가 빠른 목소리로 말했다. 같은 방을 쓰게 된 여자는 양쯔례였다. 당시 마오쩌둥과 결별의 기로에 서 있던 장궈타오의 아내였다. 두 여인은 악수를 나누었다.

다음날 아침 두 사람은 같은 시각에 잠자리에서 일어나 함께 세수를 했고 만두와 죽으로 아침 식사를 하면서 이야기를 나누기 시작했다. 만일 각자의 남편이 서로에게 어떻게 했는가를 기준으로 삼는다면 두 사람의 만남은 곧장 싸움으로 이어졌겠지만 이날 두 사람은 상대방에게 공감의 끈을 발견한 듯 아침 내내 즐거운 대화를 나누었다.

허쯔전은 시안을 거쳐 옌안으로 가려는 양쯔례의 계획을 도대체 이해할 수 없었다. (양쯔례는 남편 장궈타오와 함께 살려고 옌안으로 가는 중이었다. 남편과 7년 만에 만나는 것이었다.) 하지만 양쯔례 역시 허쯔전을 이해할 수 없었다. 양쯔례가 물었다. "부인이야말로 왜 여기에 오셨지요? 옌안에서 마오 동지 곁에 계셔야 하지 않나요?"

"전 건강이 나빠요. 아마도 모스크바에 가서 치료를 받아야 할까 봐요."

"하지만 거기까지 가려면 상당히 오래 준비를 해야 하지 않나요? 준비가 다 될 때까지 여기서 기다릴 생각이세요? 옌안으로 돌아가 기다리는 것이 낫지 않나요? 저랑 같이 옌안으로 가세요."

몸이 아픈 데다 당황스럽기도 하고 또 마오쩌둥에 대한 미움이 다시 가슴속에 솟아오르는 것을 느끼면서 허쯔전은 양쯔례에게 자신의 상황을 설명해야 했다. 양쯔례가 덩잉차오에게서 전혀 암시조차 받지 못한 내용이었다. "나는 절대로 옌안으로 돌아가지 않을 거예요! 마오쩌둥은 나에게 너무 심하게 했어요. 우리 둘은 말다툼도 심하게 하고 또 서로

마오쩌둥과 허쯔전. 두 사
람은 장시 소비에트 시절인
1928년에 만나 결혼한 '혁명
동지'였다.

붙잡고 싸우기도 했지요……." 허쯔전은 말을 하면서 더욱 흥분했다.
"세상에! 남편은 나한테 의자를 집어 던졌어요. 나도 의자를 집어 던졌
죠. 그 사람하고는 이제 완전히 끝이에요." 허쯔전은 숨이 차는지 헐떡
거리다가 서글프게 한숨을 내쉬었다.

"그렇게 생각하지 마세요. 어떻게 두 분 사이가 끝날 수 있어요? 두
분 다 우리 당에서 훌륭한 동지들 아닙니까? 그 어려운 시기를 함께한
사이잖아요? 너무 슬퍼하지 마세요. 부부 싸움 안 해본 사람이 어디 있
나요?" 부드럽게 달래면서 양쯔례는 자신이 기회를 보아 마오쩌둥에게
직접 말을 해주겠다고 나섰다. 양쯔례는 옌안에 아직 가보지 못해서 이
렇게 순진한 말을 하는지도 몰랐다. "마오 동지에게 말해서 편지를 쓰
게 할게요. 부인을 다시 불러들이라고요."

허쯔전은 아무 말 하지 않고 그저 고개를 약간 숙여 감사의 뜻을 표했다. 혁명은 많은 모순을 품고 있었고 허쯔전은 그 모순의 암초에 걸려 물속으로 가라앉고 말았던 것이다. 영웅적 투쟁 가운데 단단히 벼려진 사랑이 어떻게 이토록 쉽게 허물어질 수 있을까? 그 남자는 자신의 직무를 수행하는 데는 그렇게 훌륭하면서 어떻게 사생활에서는 그렇게 엉망일 수 있을까?

양쯔레를 물끄러미 쳐다보면서 허쯔전이 나즈막하게 말했다. "당신은 운이 좋네요. 장궈타오 동지는 당신에게 여전히 충실한 남편이니까요."

잠시 후 방에서 나온 양쯔레는 류췬셴(劉群仙)과 우연히 마주쳤다. 류췬셴은 공산당의 고급 간부인 보구(博古)의 아내였고 옌안 상황을 자세히 알고 있었다. 두 사람은 허쯔전 이야기를 나누었다. 다른 사람에게는 절대 말하지 말라고 하면서 류췬셴은 젊은 여자가 새로 나타났다고 알려주었다. "옷도 멋지게 차려입을 줄 알고 연기도 할 줄 알아요. 그 여자 이름은 란핑이예요. 그녀가 옌안에 도착한 이후, 마오가 그녀를 눈여겨보기 시작했고, 또 그녀를 항상 칭찬하고 있답니다. 그러니 허쯔전이 질투가 나서……."

허쯔전은 건강이 더욱 나빠져 소련으로 갔다. 그때도 마오의 정식 부인이었고 뱃속에는 1937년 초여름 옌안에서 임신한 아이가 있었다. 허쯔전은 1938년 모스크바에서 아들을 낳았는데, 아기는 곧 죽었다.[34]

이 이야기로 우리는 마오쩌둥의 결혼이 1937년에 끝났다는 것을 알 수 있다. 하지만 시안에서 보구의 아내가 양쯔레에게 말한 것이 전부는 아니었다. 란핑이 마오를 만났을 무렵에 이미 허쯔전은 마오와 잠자리를 거부하고 있었다. 마오가 옌안에서 눈여겨본 상하이 여배우는 란핑이 처음이 아니었다.

대장정을 성공적으로 마친 50명의 여자들은 옌안에서 무척 높은 위치에 있었다. 주더의 아내 캉커칭은 원래 공산주의 혁명가였다. 마오의 아내 허쯔전 같은 여성들은 혁명 사상에 심취하여 공산당의 최고 지도자들을 만나 사랑에 빠졌다. 두 부류의 여성들 모두 시련을 겪었고 최선을 다했다. 게다가 이 여성들은 희소가치도 있었다.

이 '여전사'들은 상당한 힘이 있었고 그 힘을 휘둘렀다. 이들의 큰 무기는 남자들의 잠자리 요구를 거절하는 것이었다. '여전사'들은 워낙 독점적 위치에 있어 외모에 신경을 쓸 필요가 없었다. 화장도 하지 않았다. 머리카락이 길어서 귀찮아지면 칼을 들어 그냥 싹뚝 잘라버렸다.

이들 '여전사'의 입장에서 볼 때 산시 지역의 농촌 여자들은 소심하고 정치적으로도 무지했기 때문에 경쟁 의식을 느낄 필요가 없었다. 하지만 상하이나 다른 백구에서 교육을 받은 여성들이 밀려들어 오기 시작하자 ―이른바 '공주들'―'여전사'들의 위치가 흔들리기 시작했다. 이혼 사무소가 갑자기 바빠졌다고 님 웨일스는 썼다. 아그네스 스메들리*는 당시 중국혁명에 우호적인 미국인 여기자였다. 스메들리는 마오쩌둥과 동굴 숙소에서 이야기를 나눈 뒤 에드거 스노에게 편지를 썼다. "마오는 여자들이[즉 '여전사들'] 춤추는 것을 반대하는데 그들이 춤출 줄 모르기 때문"이라는 것이다. '여전사'들은 대부분 전족을 하여 발이 작았는데 그런 발로 춤추는 것은 쉽지 않았다.

스메들리는 새로운 근대적 관념을 널리 퍼뜨리는 전도사가 되었는데, 이것은 캉커칭이나 허쯔전 같은 여자들에게는 위협적이었다. 스메들리는 사랑의 의미를 이야기했고, 남자들이 기거하는 동굴에 스스럼없이 들어가 남자들과 홀로 이야기를 나누었다. 또 춤 문화를 보급했다. 에드거 스노는 이때 상황을 개인적으로 다음과 같이 메모했다. "'여전사들'은 남자들 사이에 무엇인가 반항적 기운이 떠도는 것을 감지했는데, 바

---

* 스메들리(Agnes Smedly, 1894~1950) 미국의 저널리스트, 작가. 제1차 세계대전 당시 인도인들의 독립 운동을 도왔다는 이유로 투옥되었다. 1928년부터 독일의 〈프랑크푸르터차이퉁〉 특파원으로 중국에 들어가 공산당 홍군과 함께 전선을 누비며 중국혁명의 현장을 보도했다. 1937년에는 옌안에 들어가 중국공산당과 함께 생활했고, 그 후 영국 〈맨체스터 가디언〉의 특파원이 되어, 주더와 마오쩌둥과 회견하였다.(역주)

로 스메들리가 부추긴 것이라고 생각했다." 특히 스메들리와 허쯔전 사이에는 개인적 적대감이 생겨났는데, 얼마 지나지 않아 적대감은 엄청난 폭발로 이어진다.

스메들리가 없었더라면 마오쩌둥의 네 번째 결혼, 즉 란핑과 결혼하는 일은 어쩌면 없었을지도 모른다. 스메들리는 스노에게 장난스럽게 이런 편지를 썼다. "나는 아직 마오를 〔춤으로〕 타락시키지 못하고 있어요. 하지만 곧 타락시킬 거예요. 마오는 혹시 외국에 나갈 기회가 있다면 꼭 춤과 노래를 배우겠다고 말했습니다." 스메들리가 다음과 같이 덧붙인 것을 보고 스노는 깜짝 놀랐다. "그렇게 하려면 마오는 부인을 여기에 두고 가야 할 거예요."

스메들리가 옌안에 있을 때 통역사로 배정된 사람은 바로 옌안에 온 '공주님들' 가운데 가장 큰 선풍을 일으킨 여인 릴리 우(Lily Wu, 우광웨이吳光緯)였다.[35] 릴리 우는 시인이었으며 이혼녀였고 배우였다. 이것만으로도 벌써 옌안에서 주목을 받고도 남았는데, 몸매도 날씬하고 눈도 크고 촉촉한 느낌을 주었으며 목소리 역시 매력이 있었다. 긴 머리와 붉은 립스틱은 옌안의 남성 전사들에게 상하이의 향기를 느끼게 해주었다. 릴리 우는 "이 지역 연극계의 사라 베르나르트(Sarah Bernhardt)"라고 님 웨일스는 말했다.

릴리 우의 생김새나 행동방식은 '여전사들'에게 분노와 증오의 대상이었다.

"그때 나는 여비서와 함께 어느 동굴에서 살고 있었는데 마오가 종종 그리로 찾아왔다."[36] 스메들리는 마오와 릴리 우가 어떤 식으로 만나 사귀게 되었는지를 담담하게 묘사했다. 1937년 봄의 일이니까 란핑이 옌안에 도착하기 3개월 이상 전에 일어난 일이었다.

산 언덕의 조용한 구석에 위치한 스메들리와 릴리 우의 공동 거처에서 술을 한 잔 놓고 마오는 짧은 2행시를 짓곤 했다. 스메들리를 위해 지었다고는 하나 실제로는 릴리 우를 향한 시였다. 그럴 때면 릴리 우는 운율과 각운을 맞추어 다시 2행시를 지어 화답하곤 했고, 마오는 무척이나 좋아했다. 스메들리는 이 시 몇 편을 영어로 대강 번역하여 기록해놓았다. 릴리 우는 허쯔전이 절대 흉내 내지 못할 방식으로 마오쩌둥을 웃게 만들고 노래하고 술을 마시게 했다. 마오가 허쯔전을 무시하고 릴리 우와 즐겁게 만나는 동안 "마오의 시 쓰는 솜씨는 지난 몇 주 동안 아주 많이 향상되었죠." 스메들리는 스노에게 이렇게 말했다.

마오는 다시 한 번 스메들리를 활용하여 예쁜 여비서에게 은밀한 대화를 시도했다. 마오는 스메들리에게 사랑과 인생의 의미를 물었다. 물론 마오는 여비서에게 중국어로 말했으며 여비서가 다시 영어로 스메들리에게 전하는 식이었다. 마오는 예전에 바이런, 셸리, 키츠 등이 쓴 시를 중국어로 번역한 것을 읽은 적이 있는데, 스메들리에게 그 작품들에 나오는 것 같은 사랑을 해본 적이 있느냐고 물었다.

"스메들리는 그때 인도의 혁명가인 차토파드하야(Virendranath Chattopadhyaya)와 결혼했던 이야기를 했다." 스노는 사적인 기록에 이렇게 썼다. 이 내용은 스메들리가 임종을 앞두고 런던에서 스노와 나눈 대화에서 나온 것이다. "스메들리가 사랑한 그 사람은 과학자였는데, 인도인들의 자유를 되찾기 위한 투쟁에 헌신한 동지였다. 스메들리는 마오쩌둥에게 그때 차토파드하야 박사가 자신의 일생에서 단 한 번 진정한 사랑이었다고 말했다. 그러자 마오는 '사랑'이라는 말이 정확히 의미하는 바가 무엇인지, 또 일상에서 사랑이 어떻게 표현되는지, 만일 두 사람이 진정한 의미에서 두 정신의 결합으로 결혼했다면 어떻게 서로 싸우고 결국 헤어지는 일이 발생하는지 물었다."

스메들리는 이렇게 회고했다. "나는 마오쩌둥의 어린아이 같은 호기심에 감탄했어요. 마오는 자기가 서양의 시나 소설에서 읽은 사랑 이야기가 정말 실제로 존재하는 것인지, 만일 그렇다면 그 사랑은 어떤 사랑인지 궁금하다고 나한테 자주 이야기했죠."

마오와 허쯔전의 결혼은 이런 사랑에 기반을 둔 결합이 아니었다. 마오에게 허쯔전은 처음에는 어린 혁명가 연인이었고 나중에는 자기 아이들의 엄마였다. 하지만 마오가 생각하기에 허쯔전은 대등한 위치에서 그를 상대하는 독립적인 정신의 소유자는 아니었다. "마오는 〔서양의 낭만적〕 사랑을 직접 경험한 사람으로는 내가 처음 만난 사람이라고 말했어요. 마오는 이제까지 자신이 무엇인가 잘못 알고 속아 왔다고 느끼는 것 같았어요." 스메들리의 회고다. 세 사람이 이렇게 낭만적 사랑에 대해 대화를 나눌 때 스메들리는 바로 여비서 릴리 우가 "이 대화 주제를 몸으로 구현한 사람"이라고 느꼈다고 한다.

한번은 세 사람이 오랫동안 열정적 대화를 나누는 자리에서 마오쩌둥이 자신의 의지로 처음 선택한 부인 양카이후이를 생각하며 지은 시를 낭송했다. 이것은 마오가 현재의 아내 허쯔전에게 얼마나 관심이 없는지를 스메들리에게, 사실은 릴리 우에게 간접적으로 전달한 것이었다. 허쯔전은 그때 그 자리에서 몇 분이면 갈 수 있는 마오의 동굴에 있었다.

한편, 이때 란핑은 3천 킬로미터 떨어진 상하이에서 장민과 동거 중이었으며 탕나에게 한 행동 때문에 여러 사람에게 비난을 받으면서 자신을 변호하느라 애를 쓰고 있었다.

'여전사들' 역시 정보망이 있었다. 여전사들은 신여성만큼 넓은 세상을 알지는 못했지만 강인함과 집중력은 결코 뒤지지 않았다. 어느 날 밤 릴리 우가 마오의 손을 꼭 붙잡고 있었다는 소문, 옌안의 봄에 사과 꽃이 만발하듯 둘의 사랑이 꽃피고 있다는 소문이 허쯔전의 귀에 들렸다.

초여름 어느 날 자정이 넘은 깊은 밤이었다. 스메들리는 동굴에 있는 방에서 침대에 누웠다가 잠결에 발자국 소리를 들었다. 마오의 '부드러운 중국 남부 말소리'가 들렸다. 릴리 우의 방에는 여전히 등불이 켜 있었는데 마오가 그쪽 문을 두드렸다. 방문이 열렸다 곧 닫히는 소리가 들렸다. 스메들리는 몸을 반대쪽으로 돌려 다시 자리를 잡고 잠을 청했다. 그때 갑자기 다급한 발소리가 동굴 밖에서 들려왔다. 그리고 곧 누군가 릴리 우의 방문을 확 열었고 여인의 날카로운 목소리가 어둠을 갈랐다.

"나쁜 자식! 돼지 새끼! 도대체 정신이 있는 거야!" 허쯔전이었다. 허쯔
전은 중국공산당 지도자인 남편에게 이렇게 악을 썼다. "어떻게 몰래 빠
져 나와서 춤이나 추는 저 부르주아 계집하고 잘 수 있냐 말이야!"

스메들리는 황급히 일어나 코트를 대충 걸쳐 입고 릴리 우의 방으로
달려갔다. 마오의 부인은 긴 회중전등으로 남편을 때리고 있었다. 마오
는 코트와 모자를 걸친 채로 의자에 앉아 부인이 때리는 대로 그냥 맞았
다. 호위병 한 명이 당혹스런 표정으로 방 입구에 꼼짝 못하고 서 있었
다. 마오의 부인은 눈물로 얼룩진 얼굴로 악을 쓰면서 계속 회중전등으
로 남편을 때렸다. 허쯔전이 제풀에 지쳐 힘이 빠지자, 마오가 일어섰다.

마오는 냉랭하면서도 차분한 목소리로 말했다. "쯔전, 그만 하시오!
당신은 자기 자신을 망치고 있소. 공산주의자로서 스스로 품격을 떨어
뜨리는 짓이오. 다른 동지들이 이 일을 알기 전에 집으로 돌아가시오."

허쯔전은 이제 릴리 우를 공격하기 시작했다. "춤이나 추는 창녀!" 허
쯔전은 릴리 우를 진흙 벽에 밀어붙이고 고함을 질렀다. "감히 너 따위
가 어떻게 우리 주석*에게 더러운 술수를 부릴 수 있어!" 릴리 우는 마치
암호랑이 앞에 놓인 새끼고양이처럼 얼어붙었다. 허쯔전이 한 손을 들
어 릴리 우를 구타하고 얼굴을 할퀴고 머리카락을 잡아당기는 동안 다
른 손에 꼭 쥔 회중전등 불빛이 미친 듯이 흔들렸다. 릴리 우는 가까스
로 스메들리 쪽으로 도망 와서 스메들리 다리 뒤로 기어들어 가 웅크리
고 숨었다. 마침내 허쯔전은 남편의 머리를 이상하게 만든 사악한 생각
을 퍼뜨린 장본인과 대면했다.

"이 제국주의자!" 대장정의 기나긴 여정을 견뎌냈고 아직도 그 후유
증으로 고통을 겪는 여전사의 외침이었다. "네 창녀 소굴로 이제 그만
돌아가!" 허쯔전은 스메들리의 목을 주먹으로 힘껏 쳤다. 그러나 미국

---

* 마오쩌둥은 1943년에야 정식으로 중국공산당의 최고 지도자인 주석이 된다. 그러나 그는
그전에 이미 주석이라고 불렸다.

인 기자는 호락호락 맞고 있을 여자가 아니었다. 잠깐 동작을 멈추고는 확실하게 표적을 정한 다음 허쯔전을 힘껏 한 대 치자 허쯔전은 풀썩 무릎을 꺾고 자리에 주저앉았다.

허쯔전은 다시 마오 쪽을 바라보았다. 그녀는 흥분과 고통으로 일그러진 눈으로 마오를 바라보며 울부짖었다. "당신 대체 뭐하는 사람이에요? 대체 어떤 남편이기에, 어떤 공산주의자이기에, 이 제국주의자 나쁜 년이 나를 때리는데 그냥 그렇게 빤히 보고만 있는 거예요?"

"당신이 먼저 공격하지 않았소? 그 여자는 아무 짓도 하지 않았잖소? 그러니 자신을 스스로 방어할 권리가 있는 거요." 마오는 여전히 냉담하고 침착했다. "당신은 마치 미국 영화에 나오는 부잣집 마나님같이 행동하고 있군." 옆에 멍청히 서 있는 호위병에게 마오는 부인을 일으켜 세워 집으로 데리고 가라고 지시했다. 호위병이 몸을 굽혀 부인을 일으켜 세우려 하자 허쯔전은 재빠르게 호위병의 발목을 낚아채 넘어뜨린 다음 한 대 때렸다. 이제까지의 황당함이 순식간에 분노로 바뀐 호위병은 밖에 대기하던 다른 두 명의 호위병을 불러 허쯔전을 제압했다. 마오쩌둥은 부인을 붙잡아 끌고 가는 호위병들 뒤를 입을 다물고 따라갔다. 그제서야 여기저기 동굴에서 놀란 얼굴을 한 사람들이 고개를 내밀고 기묘한 행렬을 구경했다.

란핑이 옌안에 도착한 것은 바로 이 사건이 일으킨 파문이 절정에 달한 시기였다. 처음에는 우연이었지만 곧 란핑은 의식적으로 마오와 허쯔전의 결혼 생활이 파탄에 이른 틈새를 파고든다. 란핑은 릴리 우의 몰락 뒤에 남은 어수선한 분위기를 잘 활용했다. 란핑은 릴리 우보다 영리하고 운이 좋은 후임자였으며, 이제 란핑이 새롭게 "서구식 낭만적 사랑을 구현"해주는 역할을 하였다.

마오쩌둥은 이 사건을 당에 보고했다. 약간 토론이 있었지만 결국 당 중앙위원회는 이 사안을 '종결'된 것으로 간주하겠다는 결정을 내렸다. 그러나 사건은 종결되지 않았다. 허쯔전이 이 사안이 종결되도록 내버려

미국 기자 스메들리와 비서 릴리 우. 중국혁명을 취재하러 온 스메들리(사진 중앙)는 남성 혁명가들과 스스럼없이 대화를 나누고 서양의 춤 문화를 보급하면서 소란을 일으켰다. 그러나 더 큰 문제는 그녀와 함께 온 릴리 우(맨 왼쪽)와 마오쩌둥의 스캔들이었다.

두지 않았다. 하지만 결혼은 사실상 끝났다. 허쯔전은 더는 마오에게 마음을 열지 않았고 마오가 다른 여자를 찾는 것은 이제 시간 문제였다.

허쯔전은 당에 정식으로 문제를 제기했다. 릴리 우가 남편의 '애정을 빼앗아갔다'는 것이다. 허쯔전은 다른 여전사들의 응원을 받아 몇 가지 요구사항을 강력하게 제기했다. "릴리 우를 추방해야 한다, 스메들리에게 옌안에서 떨어진 곳에 과업을 부여해야 한다, 마오가 다른 여자와 만날 때 그것을 묵과한 호위병들을 처벌해야 한다, 춤을 금지해야 한다." 같은 요구사항이었다.

주더 장군은 열심히 허쯔전의 편을 드는 부인 캉커칭에게 몹시 화가 나서 이렇게 말했다. "이 문제에 당신이 입 다물지 않으면, 맹세컨대 당신과 이혼하겠소. 자, 입을 다물겠다고 내게 약속하시오."

주더의 부인은 입을 다물었다. 하지만 허쯔전의 경우는 달랐다. 허쯔전은 마오쩌둥의 부인이었으며 그것은 누구도 무시할 수 없는 사실이었다. 마오의 부인으로서 그녀의 권리는 절대적이었다. 결국 당은 두 여자, 즉 스메들리와 릴리 우에게 옌안을 떠나라는 결정을 내렸다. 하지만 허쯔전은 더 큰 패배를 받아들이지 않으면 안 되었다. 란핑도 허쯔전의 불행에 일조했다. "당신과 잠자리를 하지 않겠다."는 중국공산당 여전사들의 강력한 무기는 1937년 여름 옌안에서는 아무런 힘이 없었다.

스메들리와 릴리 우는 1937년 9월 말 옌안을 떠날 수밖에 없는 신세가 되었다. 스메들리는 전선으로 가서 전투 상황을 보도하는 일을 맡았다. 릴리 우 역시 전선으로 가서 극단에 합류하라는 지시를 받았다. 옌안을 떠나기 전날 저녁, 사람들은 릴리 우가 울면서 마오가 써준 시를 불태우는 모습을 볼 수 있었다.[37]

란핑과 허쯔전이 동시에 옌안에 있었던 시기는 몇 개월 정도였다. 마오와 란핑이 만난다는 소문에 허쯔전은 무척 화가 났다고 한다. "그걸 알아내고 허쯔전이 마오에게 칼을 들고 덤벼들었지요. 마오는 주더의 동굴에 숨었습니다."[38] 당시 고위 당 간부였던 천란의 증언이다. 아마도 마오가 당 학교에서 강연한 이후 란핑이 마오를 찾아온 사건에 허쯔전이 그렇게 반응했는지 모른다.

허쯔전은 결국 어찌해야 좋을지 모르는 지경에 이르렀고 몸이 많이 아팠다. 결국 수많은 말싸움과 몸싸움 끝에 허쯔전은 1937년 말 집에서 나와버렸고 그 직후 장궈타오의 부인과 시안에서 한 방에 지내는 신세가 됐던 것이다. 마오가 허쯔전을 쫓아낸 것은 아니었고, 이혼 이야기도 나오지 않았다.

1938년 초 몇 달간 마오쩌둥은 부인 없이 혼자 지내는 수밖에 없었다.

양쯔례는 시안에서 허쯔전에게 약속했던 대로 마오에게 항의했다. "이건 마오 동지가 잘못한 겁니다. 부인에게 당장 편지를 쓰는 게 좋을 거예요." 성격이 불 같은 마오였지만 이때는 장궈타오 부인에게 화를 내지 않았다. 며칠 뒤 우연히 양쯔례와 마주친 마오는 이렇게 말했다. "허쯔전에게 편지를 썼는데 돌아오지 않겠답니다." 마오가 진심으로 허쯔전에게 돌아와 달라고 호소했는지 양쯔례는 알 수 없었다. 하지만 마오에게 호의적인 제보자에 따르면 1938년 초 마오는 실제로 편지나 전보를 허쯔전에게 보냈으나, 허쯔전은 더는 마오와는 아무 말도 하고 싶지 않다고 답했다고 한다.[39]

사실 허쯔전은 그런 심정이었을 것이다. 아마도 마오가 완전히 잘못을 인정하고 돌아와주기를 간청했더라면 돌아왔을지도 모른다. 아니 그런다 해도 돌아오지 않았을지도 모른다. 훗날 허쯔전이 후회했는지 아닌지는 알 길이 없다.

란핑은 한 번도 허쯔전을 만난 적이 없다고 말했다. 란핑이 허쯔전에 관해 이야기한 것을 살펴보면 기회주의적으로 허위 사실을 말한 경우가 많고,* 허쯔전이 마오 같은 남자와 결혼해서 힘든 운명을 겪게 되었고 허쯔전의 행동은 상당 부분 그런 힘든 운명에 대한 자연스런 반응이라는 사실을 란핑이 거의 의식하지 않았다는 것을 알 수 있다. 마오는 중국혁명의 전 과정에서 마르크스, 레닌, 스탈린 세 사람을 하나로 합친 것 같은 거대한 존재였다. 이런 남자의 아내가 된다는 것은 무척 흥분되는 일이지만 동시에 엄청나게 위험한 운명에 놓이는 것이었다.

란핑은 허쯔전이 마오의 기대를 저버렸다고 말했다. 왜냐하면 허쯔전은 지주·상인 계급 출신이며 이 때문에 "도시에서 사는 데 익숙"했고 "육체 노동을 멸시"했다는 것이다. 물론 허쯔전이 유복한 가정에서 자란 것은 사실이다. 란핑에 비하면 그렇다. 하지만 허쯔전은 매우 열심히 노동했고 철저히 복종했으며 정치 투사였으며 1927년부터 공산당원

---

* 란핑은 훗날 미국 작가 위트케에게 다음 이야기들을 해주었는데 모두 사실이 아니었다. 중국공산당 일행이 서북 지방에 1935년 말에 도착하자마자 허쯔전이 마오 곁을 떠났다고 했지만 사실이 아니다. 란핑이 1937년 8월 옌안에 도착했을 무렵 허쯔전과 마오는 이미 이혼한 상태였다고 했지만 그것도 사실이 아니다. 이렇게 허쯔전과 마오의 결별을 두고 자꾸 날짜를 앞당겨 이야기하는 것을 보면, 두 사람의 결혼이 완전히 끝나는 데 란핑이 어떤 역할을 했고 그것을 감추고 싶어 하는 것이 아닌가 하는 생각이 든다.

이었다. 게다가 란핑이 말하는 허쯔전의 '도시 생활 경험'은 란핑에 비할 바가 못 되었다.

여하튼 허쯔전이 "마오 주석의 정치적 세계를 이해할 수 없었다."는 란핑의 말은 맞다.[40]

마오와 허쯔전의 결혼 생활이 파탄에 이른 정확한 이유를 알 수는 없다. 아니, 설사 당사자들이라도 이유를 정확하게 알 수는 없을 것이다. 하지만 당시 마오쩌둥은 분명 큰 꿈을 꾸었을 것이며 위대한 운명이 자신을 기다린다고 생각했을 것이다. 허쯔전은 당시 몸도 약해졌을 뿐 아니라 정신적으로도 다소 불안정한 상태였다. 마오는 이런 허쯔전이 더는 자신의 부인 역할을 할 수 없다고 느꼈을지 모른다.

그러나 마오가 릴리 우를 가까이한 것이 마오와 허쯔전이 결별하게 된 가장 직접적 원인이었다. 그 일이 있기 직전까지만 하더라도 두 사람의 집을 방문한 사람들은 한결같이 두 사람의 분위기가 좋았다고 증언했다. (두 사람 관계에서 마오쩌둥이 완전히 주도권을 장악하고 있었을지 모른다. 에드거 스노는 허쯔전이 "남편의 매력과 힘에 완전히 압도되어 있었다."고 말했다.) 마오와 릴리 우의 관계가 시작되자마자 마오와 허쯔전은 곧바로 서로 몸싸움까지 하며 싸우기 시작했다. 오랫동안 마오쩌둥을 호위했던 사람에 따르면, 두 사람의 결혼이 파국에 이른 것은 매우 갑작스러운 일이었다고 한다.[41]

란핑이 장차 취하는 행동과 비교하면 허쯔전이 훨씬 더 '노라'와 비슷하게 행동했다. 단, 공산주의자 방식으로 말이다. 허쯔전은 원래 가정을 소중히 여기는 여자였다. 활동도 부녀 조직에서 했다. 그녀는 자기가 제일 잘난 줄 아는 프리마돈나가 아니었다. 자기만의 작은 세상에서 성실하게 살아가는 여자였기에 마오쩌둥을 진지하게 사랑했다. 그렇기 때문에 그 사랑이 배신당했을 때 허쯔전은 도저히 타협할 수가 없었다. 허쯔전은 혁명가로서 마오를 사랑했다. 그녀는 마오의 혁명적 애인이었다. 그러나 그의 정치적 아내가 되는 것은 거부했다.

마오가 이끌던 중국혁명의 성격은 서서히 변해 갔으며 마오 역시 그 영향으로 변하고 있었다. 그 길에서 허쯔전은 필요 없는 존재가 되었다. 어쩌면 허쯔전이 마오의 변화를 따라잡아 정치적 아내 역할을 맡을 수 있었을지도 모른다. 하지만 새로운 시대를 맞아 "마오 주석의 정치 세계를 이해"할 수 있는 여자가 자신이라는 것을 증명한 사람은 다름 아닌 란핑이었다.

란핑은 강한 남자를 원했다. 특별한 인간이며 거대한 권력을 손에 쥔 남자라면 더욱 좋았다. 란핑은 탕나를 경멸했던 것처럼 약한 남자를 경멸했다. 반면에 강한 남자에게는 아량을 베풀었다. 란핑은 마오가 다른 여자를 만난다 하더라도 허쯔전처럼 결혼 생활을 내던지지는 않을 여자였다.

란핑은 허쯔전이 너무 고집스러웠다고 날카롭게 비난했지만, 실은 허쯔전의 순종적인 성격을 경멸했던 것 같다. 누군가 란핑에게 왜 허쯔전이 1937년 이후 정신적으로 불안한 상태가 되었는지 물었을 때 란핑은 이전에 허쯔전이 특권층 출신의 불평 많은 여자였다고 말한 것을 완전히 잊어버리기나 한 것처럼 "어려운 환경에서 비롯된 우울증"[42]이라고 대답했다. 허쯔전을 생각할 때 란핑의 마음속에는 두 개의 분리된 방이 있었던 것 같다. 한쪽 방에서 허쯔전은 경쟁자로 인식되었다. 그러나 다른 한쪽 방에서 허쯔전은 어느 정도는 시대의 희생자이자 중국 사회의 희생자, 마오쩌둥이 여자들에게 보인 고압적 태도의 희생자로 인식되었다.

란핑은 아직 젊었기 때문에 허쯔전이 겪은 일을 장차 자신이 겪게 되리라는 것을 몰랐다. 하지만 훗날 마오의 부인으로서 어려운 문제가 발생했을 때 란핑의 대응 방식은 허쯔전과 사뭇 달랐다.

최고 지도자의 아내

마오쩌둥이 공공연하게 란핑과 잠자리를 같이하기 시작했을 때 마오의 결혼을 둘러싼 논란이 다시 한 번 불거졌다. 당시 옌안에는 코민테

른에서 파견된 오토 브라운이 와 있었다. 그의 부인은 시안까지 란핑과 함께 여행한 여배우 리리렌이었다. 브라운 부부는 주말이면 파티를 열었는데 "란핑이 처음에는 그 파티에 자주 참석했다."고 한다. "하지만 얼마 지나지 않아 란핑은 파티에 오지 않았어요. 그럴 만한 충분한 이유가 있었죠. 마오쩌둥의 사생활과 관련하여 추문이 들리기 시작했고 공산당 최고 간부들 사이에서 상당히 말이 많았습니다."[43]

엔안에서 여론은 마오의 행동에 매우 비판적이었다. 현재의 공식적인 부인 허쯔전을 동정하는 목소리도 컸지만 새로운 상대가 전직 여배우라는 사실도 문제가 되었다. 당시 마오가 상대를 바꾸었다는 소문을 듣고 한 군 사령관은 이렇게 말했다고 한다. "마오는 섹스에 미친 사람이야. 형편없는 여배우와 결혼하려고 오랜 세월 곁에 있던 동지 같은 아내를 버리다니……." 대체로 같은 의견들이었다. 심지어 산시의 어느 공립학교에서는 마오와 란핑의 동거에 항의하는 학생들이 집단으로 수업을 거부하는 사태도 일어났다.

허쯔전의 친지들도 문제를 일으켰다. 마오쩌둥의 동생 마오쩌탄(毛澤覃)은 허쯔전의 동생 허이(賀怡)와 결혼했다. 마오쩌탄은 엔안에 오는 도중 국민당 군대에 살해당했지만, 허이는 어느 날 새 남편이자 공산당 고위 간부 샤정농(夏征農, 1904~2008)과 함께 엔안에 나타났다. 허이와 샤정농은 마오가 허쯔전을 '버린 것'을 강력하고 단호하게 항의했다.

샤정농은 란핑이 마오에게 끼친 영향에 대해 이렇게 말했다. "마오 주석은 신체적으로 허약해졌습니다. 마오가 회의를 하면서 술을 마시기 시작했다는 것이 그 증거입니다. 원기를 북돋기 위해서였죠."[44] 샤정농이 분노하지 않을 수 없었던 또 다른 이유가 있다. 자신은 허이와 결혼하려고 전 부인과 이혼하는 과정에서 당의 거센 반대에 부딪혀 아주 오래 기다려야 했는데 마오 주석은 너무나 쉽고 빠르게 일을 진행시키고 있었다는 점이다.

샤정농과 허이가 시끄럽게 굴자 마오는 화가 났다. 마오는 두 사람의 항의를 못 들은 척 무시했을 뿐 아니라 부부에게 겁을 주어 란핑 문제로 시끄럽게 굴지 못하도록 샤징농을 남부 중국으로 전근시켜버렸다. 부부는 떨어져 살 수밖에 없게 되었다.

하지만 란핑은 쉽게 마오의 정식 부인이 될 수 없었다. 중국 정치가 관료주의적 형식주의와, '아는 사람' 즉 인맥(관시關係)을 통한 뒷거래의 기묘한 배합이듯이, 란핑의 이번 결혼은 단순하면서도 복잡했다.

'여전사들', 허쯔전의 친지들, 동맹 수업 거부 학생들만 이 결혼에 반대한 것이 아니었다.[45] 란핑을 거북해하고 마오가 허쯔전을 함부로 대하는 것을 도저히 인정할 수 없는 사람들 중에는 마오쩌둥의 고위급 동지들도 있었다.

이따금 중국을 청교도적 사회로 인식하는데 그렇지 않다. 중국은 질서를 중요시하는 사회다. 중국 사회에서 모든 사람은 각자 정해진 기능이 있으며 그 기능을 완수하는 과정에서 행해지는 구체적인 행동의 '내재적 도덕성'보다 그 기능의 완수 여부가 항상 더 중요하다. 란핑의 경우 항상 문제를 일으키는 여자로 낙인찍힌 것은 반드시 남자 관계가 복잡해서가 아니라 하나의 확실한 범주에 들어가기를 거부했기 때문이었다. 다른 말로 표현하면 "자신이 있어야 할 자리가 어디인지 몰랐기 때문"이다. 옌안에서 남녀 관계 역시 마찬가지였다.

공산당원들은 자신들이 "너무 바빠서 사랑할 시간이 없다."는 이야기를 퍼뜨리곤 했다. 하지만 사실이 아니었다. 성 문제는 당원들과 공산당의 관계에 있어서 매우 많은 사람이 관여된, 극히 중요한 사안이었다.

옌안 부근 옌강 강변 수풀 속에는 밤이 되면 사랑을 나누는 남녀들이 있었다. 딩링은 이것을 보고 "규율 없는 게릴라 전투"라고 말했다. 하지만 옌안의 남녀 관계가 이렇게 자유롭기만 한 것은 아니었다. 남녀 문제에서 상당한 수준의 속박 역시 존재했다. 상하이가 과거의 남녀 예속 관계에서 '해방된' 분위기였다면, 옌안은 여자가 훨씬 유리한 위치에 있었다. 당 간부나 기타 전문직 종사자들을 보면 남녀 비율이 5 대 1 정도로 남자가 훨씬 많기 때문에 통계적으로 볼 때 여자가 남자를 마음대로 고를 수 있었다. 하지만 중국공산당은 새로운 '노라'의 모델을 만들어냈다. 남편에게 순종적 아내가 되는 것이 '노라'의 정치적 의무였다.

결국 옌안의 성 문제에 관한 원칙은 두 가지였다. 첫째는 당이 침실을 통제한다는 것이고, 둘째는 남편이 아내를 통제한다는 것이다. 어떤 당원의 성 문제가 당원 자신이나 배우자의 정치적 직무 수행을 방해한다면 당은 '혁명을 위해' 간섭한다. 리푸춘이 아내 차이창의 동료인 여자와 동침한 것이 발각되어 당의 문책을 받은 것이 바로 첫 번째 원칙이 적용된 사례다. 봉건 시대 중국에서 대가족의 가장이 수행했던 역할을 당이 수행한 것이다. 란핑은 곧 이것을 경험하게 된다.

남편은 이혼 허가를 쉽게 얻어낼 수 있었지만 아내가 이혼 허가를 신청하면 그리 쉽지 않았다. 여자들은 '남자의 과업 수행을 돕기 위해' 특정한 남자와 결혼하라는 압력을 받곤 했지만, 남자들은 결코 그런 이유로 결혼을 강요당하지 않았다. 남편이 다른 여자에게 마음을 두기 시작하면 마치 성가신 아이를 일찍 침실로 쫓아 보내듯이 아내를 모스크바로 보내 '치료'받게 하는 일이 종종 있었지만, 아내가 남편을 그런 식으로 소련의 병원으로 보내는 일은 없었다. 고위 관료들은 여러 가지 특혜가 있게 마련인데, 옌안의 경우 종종 당 고위 관료들은 여자를 마음대로 선택할 수 있는 특권을 누렸다.*

란핑이 지금 들어가려는 세계는 중국공산당 홍군의 유명한 장군 허

---

* 대장정 시기에 고위급 군 장교 황커궁은 열여섯 살 난 소녀와 사랑에 빠졌다. 황은 소녀에게 결혼하자고 했으나 소녀는 거절했다. 화가 난 황커궁은 소녀의 머리에 총을 쏘아 죽였다. "혁명 군인의 진실한 사랑을 조롱"했다는 것이 이유였다. 그는 군사재판에서 처벌을 받게 되었는데 재판부는 소녀도 비판했다. "마치 부르주아들의 백구에서 그렇게 하듯 소녀가 결혼할 생각도 없으면서 불장난"을 했다고 비난했던 것이다. 또 어떤 연대장이 한 소녀와 결혼하겠다고 했으나 소녀가 거절했다. 거절당한 연대장이 당에 이 소녀를 처벌해 달라고 호소했다. 재판에 나간 소녀가 항변했다. "당이 제게 요구하는 것은 과업을 수행하라는 것 아닙니까?" 그러자 곁에 있던 연대장이 반박했다. "아니오, 당은 당신이 나와 결혼할 것을 요구하고 있소."

룽(賀龍)의 이야기에 잘 나타나는 그런 세계였다.[46] 허 장군은 열아홉 살의 첸셴런이라는 여자와 결혼했다. 하지만 당시 상황 때문에 두 사람은 떨어져 살았다. 그러다가 나중에 허 장군은 옌안에서 첸셴런을 다시 만나게 된다. 그러나 이미 첸셴런은 어느 젊은 당 간부의 애인이 되어 있었다. 허 장군은 일단 이 삼각 관계를 받아들이기로 했다. 하지만 첸셴런은 허 장군과 이혼하고 새로운 남자와 결혼하기를 원했다. 허 장군은 이혼을 거부했고 당이 개입했다. 당 중앙위원회는 공산당의 가장 훌륭한 장군 가운데 한 사람인 허 장군의 '건강과 사기'를 최우선으로 고려하여 첸셴런을 모스크바로 보내 '치료'받도록 결정했다.

이 치료는 즉시 효과를 보였던 것 같다. 모스크바에서 병원에 있던 첸셴런은 젊은 남자에게 결별을 선언하고 옌안으로 돌아와서 허 장군과 다시 살겠다는 의사를 당에 정식으로 밝혔다. 하지만 첸셴런에게 돌아온 답은 이혼 허가서였다. 1년 전 그렇게 강력하게 요구했어도 못 받은 당의 이혼 허가서였다. 허 장군은 근처 마을에서 여성 단체의 지도자로 일하는 젊고 사랑스런 여성을 만나 이미 결혼했던 것이다. 첸셴런은 전 남편 허 장군의 편지도 받았다. 새로 결혼하는 그날 쓴 편지였는데, 이 훌륭한 군인은 결국 이혼을 반대했던 자신의 마음을 바꾸었음을 전 부인에게 편지로 통보했던 것이다.

상하이에서 온 스물네 살의 여배우 란핑은 몹시 불리한 처지였다. 마오는 친구들에게 "상하이는 사람들을 성적으로 타락시킨다."[47]고 말한 적이 있었다. 그런데 지금 마오는 '타락한' 미인들 가운데 한 명을 올가미 밧줄을 던져 포획하는 중이 아니던가?

당의 의견에 따르자면, 마오쩌둥이 자신을 '도와줄' 여자를 선택하는 것은 혁명의 이익에 부합한다. 하지만 마오의 곁에 있던 이전 '조력자'를 어떻게 처리할 것인가를 두고 당은 자신들에게 일정한 규칙을 강제할 권한이 있다고 보았다. 또 마오가 진실로 필요한 '도움'의 성격을 정확하게 규정하는 데도 당이 간섭할 권한이 있다고 보았다.*

주더, 저우언라이, 류사오치(劉少奇) 등 마오의 새로운 동거 생활에 반대하는 사람들이 내세운 첫 번째 문제는 마오가 여전히 허쯔전과 결혼한 상태라는 것이었다. (이들은 모두 허쯔전과 잘 아는 가까운 사이였고 대부분 그녀를 훌륭한 여성이라고 생각했다.) 새로운 동거는 당의 규칙에 어긋날 뿐 아니라 옌안의 최고위급 지도자들 사이에서도 반발을 불러왔다. 두 번째 문제는 아무리 보아도 란핑은 그들의 수장을 올바르게 '도울 만한' 여성으로 보이지 않았다는 것이다. 고위급 당 간부인 보구가 다음과 같은 문제를 제기했을 때, 그는 자신만의 의견이 아니라 다른 많은 간부들의 의견을 반영했다. 보구는 란핑의 "화려한 과거, 일부 국민당 사람들과의 분명치 않은 관계, 공산당과의 애매한 관계" 등을 문제 삼았다.[48]

"혁명 지도자라면 개인 생활을 잘 관리해야 하며 행동 역시 조심해야 한다." 과거 마오의 경쟁자였던 왕밍(王明)의 말이다.[49] (국제적 관점을 지닌 중국공산당 간부들은—왕밍이 그 대변자라고 할 수 있는데—마오와 란핑이 사생활 면에서는 완전히 시골 촌뜨기라고 생각하는 경향이 있었다.)

1938년 말 란핑은 마오와 동거하고 있었으며 군사위원회에서 문서 기록 담당자로 일하고 있었지만 상황이 확실하게 정리된 것은 아니었다. 거의 모든 사람이 확실한 상황 정리를 원했다.

란핑도 상황이 정리되기를 바랐다. 마오는 그녀보다 21살이나 많았으며, 처음에는 아버지 같은 존재였다. 란핑은 가끔 마오가 자신을 그저 지나가는 휴식처로 생각하는 것은 아닌지 불안했다. 당연히 지금처럼 매일 그저 마오의 사무실에서 밤늦게까지 일하는 예쁜 아가씨가 아니라 마오쩌둥의 부인이 되는 것이 바람직한 일이었다.

---

* 1300년 전 중국에서 비슷한 문제가 일어난 적이 있었다. 당나라 고종 황제가 황후를 다른 여자로 바꾸려는 계획을 세웠을 때, 많은 대신들이 이 일이 왕조의 몰락을 불러올 것이라는 내용으로 반대 상소를 올렸다. 고종은 분노했고 이 일은 자신의 사생활이라고 답했다. 새로운 황후는 아름답고 영리한 무씨 성의 여자였는데 그녀는 장차 나라 이름을 바꾸고 스스로 황제가 된다. 바로 측천무후였다. 장칭은 측천무후를 숭배하였다.

당 중앙위원회 사람들 가운데는 허쯔전을 생각해서라도 이 상황을 정상화해야 한다고 강력하게 주장하는 사람이 있었다. 이 문제를 정식으로 다룸으로써 이전에 릴리 우나 그 이전의 다른 여자들처럼 란핑도 옌안에서 추방해 '지도급 동지들'로부터 분리하는 조치를 취하기를 희망하는 사람들도 있었다.

마오쩌둥은 그런 상황 정리를 내키지 않아 했지만 허쯔전이 과거 릴리 우가 마오의 "애정을 빼앗아갔다"는 비난을 공식적으로 당에 제출했던 사실과, 그 사건이 현재 허쯔전과 릴리 우 자리에 대신 들어앉은 여자 문제와 밀접하게 관련되어 있다는 사실은 무시할 수 없었다. 1939년, 당 고위 간부들과 친밀한 한두 명의 의사들이 란핑의 임신 사실을 입에 올리면서 이는 곧 믿을 만한 소문으로 널리 퍼졌다. 모호함과 느슨함을 선호하는 마오쩌둥의 눈에도 이제는 당이 '주석과 영화배우' 사안을 공식적으로 다룰 수밖에 없음이 확실히 보였다.

중국에서는 충성심이 최고의 미덕이며, 이는 재능보다 더 중요하다. 특히 정치와 연애가 교차하는 민감한 영역에서는 더욱 그렇다. 이 장면에서 란핑에게 큰 도움을 주게 되는 사람은 바로 란핑과 동향 사람인 당 고위 간부 캉성이었다.

머리 회전이 빠르고 갸름한 얼굴에 항상 긴장한 모습이며 항상 무엇인가 뒤에서 일을 꾸미는 습성이 있는 캉성은 생김새부터 모사꾼처럼 보였다. 훗날 그는 진짜 대단한 모사꾼이 된다. 당시 마흔한 살이었던 캉성은 옌안 시절 공산당 정보기관인 사회부의 수장이라는 유리한 위치를 활용하여 매우 빠른 속도로 마오쩌둥의 핵심 측근으로 자리 잡는 중이었다.

1938년 여름부터 캉성은 마오쩌둥과 란핑의 접촉을 곁에서 도왔으며, 1938년 가을부터는 마오와 허쯔전의 이혼과 마오와 란핑의 정식 결혼(즉 당의 승인으로 이루어지는 결혼)에 대한 당의 반대를 무마하는 데 앞장섰다.

캉성은 이 상황을 정리하는 데 앞장서면 자신의 경력에 도움이 되리라는 것을 감지했다. 다시 한 번 란핑의 과거 경력이 문제가 되자 캉성은 자신의 이름을 걸고 란핑을 옹호했다. 산둥성에서 란핑의 과거 경력역시 캉성이 앞장서서 옹호했다. 그 문제에서 동향 사람인 캉성에게 도전할 위치에 있는 사람은 없었다. 란핑이 상하이에 있는 동안 왜 상하이 공산당 조직과 '접촉'하지 않았는가 하는 문제에서는, 캉성은 당시 상하이 상황이 너무도 혼란스러워 어쩔 수 없는 일이었다고 변호했다. 1년전 '쉬 언니'와 란핑이 시안에서 예비 심사를 받을 때, 쉬 언니는 란핑을위해 좋은 것은 추가하고 나쁜 것은 삭제하여 증언했다. 그 증언 내용이 이미 란핑의 개인 경력 문건에 공식적으로 첨부되어 있었는데, 캉성은그 서류를 증거로 내세워 란핑을 변호했다. 캉성은 불리한 문건을 파기하고, 유리한 문건을 가짜로 만들어내기까지 했다. 캉성은 자기 부하들을 시켜 란핑이 판공실 직원으로서 썩 훌륭한 자질을 보인다고 마오쩌둥의 가까운 고위 동지들에게 공식적으로 보고하도록 했다.

또한 캉성은 란핑이 지닌 공연 예술 분야의 지식과 기예에 대한 열렬한 숭배자로 앞에 나섰다. 한번은 무대 공연 행사가 있었는데 란핑이 경극인 〈어부의 비극〉에 나오는 노래를 한 곡 부르는 동안 이 여우 같은 인물은 뒤에서 열심히 북을 치며 란핑 노래에 반주를 했다.[50] 논쟁의 중심에 서 있는, 예술가를 자처하는 여자를 향해 당의 고위급 간부라는 사람이 굴종과 아첨을 공공연하게 표현하는 특이한 행동이었다.

체스판에서 말 하나도 허술하게 넘어가지 않는 체스 선수처럼 캉성은 마오의 아들 마오안잉(毛岸永)도 훌륭히 활용했다. 그는 마오와 양카이후이 사이에서 태어난 아들로서 당시 열일곱 살이었고, 곧 소련으로 떠날 예정이었다. 캉성의 은밀한 지휘 아래 마오안잉은 새어머니 허쯔전을 비판하고 란핑을 옹호하는 발언을 했다.[51]

캉성이 음악회에서 열심히 북을 치고 10대 청소년의 단순한 감정 표현이 점차 정치적 증거로 정제되어 가고 있을 때, 이런 상황에 도저히 어울리지 않는 일이 벌어졌다. 마오쩌둥이 스탈린에게 이 문제를 호소했던 것이다![52] 공산주의 도덕과 인간 심리에 통달한 대가로서 자타가 공인하는 스탈린에게, 독재의 길을 견습하는 도중 난관에 봉착한 제자 마오쩌둥이 대륙을 건너고 전혀 다른 문화의 차이를 뛰어넘어, 중국혁명 최고 지도자로서 과연 침실을 어떻게 운영해야 하는지 자문을 구했던 것이다.

저우언라이와 류사오치는 당내의 적극적 반(反) 마오 그룹이 아니었지만, 란핑을 둘러싼 의혹이 워낙 강하게 제기되었기 때문에 상하이에 있는 공산당 요원이며 훗날 모스크바 대사로 파견되는 류샤오(劉曉)에게 란핑의 배경에 대한 정보를 보내줄 것을 요청하는 전보를 보냈다.[53] 이 요청을 받은 류샤오는 란핑이 국민당 사람들의 '비밀 요원'*이었다는 '의혹'이 있다고 보고했다.

한번은 란핑이 공산당 고위 간부들이 모이는 회의에 초대받지 않은 채 들어가 기회를 보다가 큰 소리로 말했다. "마오 주석과 저는 이미 같이 살고 있어요."[54] 마오 주석은 란핑만큼 침착하게 행동하지 못했다. 그는 밤늦은 시각에 몹시 감정이 복받친 상태로 최고위급 동지들이 기거하는 동굴로 한 사람 한 사람 찾아가서 "란핑의 사랑이 없으면 나는 혁명을 더는 계속할 수 없다."고 말했다.[55]

마오쩌둥의 결혼 문제로 소집된 당 회의에서 마오는 만일 주더, 저우언라이, 류사오치 등이 자신을 괴롭히고 자신이 선택한 '조력자'를 승인해주지 않는다면 "란핑과 고향으로 돌아가서 농부가 되겠다."[56]는 위협적인 발언을 했다. 훗날 란핑은 이때 상황을 '폭풍'이란 단어를 써서 묘사했다. 그 정도로 반대자들의 힘이 컸고 수도 많았으며, 심지어 그녀를

---

* 당시 공산주의자들 사이에서 '비밀 요원'이라는 말은 마치 미국의 술집에서 말다툼이 벌어졌을 때 '개자식(son of bitch)'이란 말이 별 뜻 없이 자주 쓰이는 것만큼이나 구체적 내용 없이 자주 쓰였던 것 같다. 예를 들어, 상하이의 언론인이었던 추이완추(공산당원이 아니었음)와 란핑이 관련 있었다는 것이 확인되면 둘의 관계가 정치적으로 별다른 의미가 없었음에도 불구하고 적들은 곧바로 비밀 요원이란 표현을 써서 란핑을 공격할 수 있을 정도였다.

죽이겠다는 공갈 협박까지 있었다고 주장했다.[57]

결국 타협안이 나왔다. 어떤 사람들은 타협안의 기본 골격을 스탈린이 제시했다고 주장한다. 어쨌든 마오쩌둥 다음으로 높은 세 명의 당 지도자인 주더, 저우언라이, 류사오치가 타협안을 완성했다. 마오와 허쯔전의 이혼이 결정되었다. 몇 년 후 란핑은 허쯔전이 이혼을 요구했다고 주장했지만, 다른 사람들은 마오가 이혼을 요구했다고 말한다. 당시 실제 상황을 보면 그것은 불필요한 비현실적인 논란일 뿐이다. 왜냐하면 마오의 결혼 승인과 한 묶음으로 이혼 승인이 내려진 것이기 때문이다. 이혼이 필요했던 쪽은 마오쩌둥이었다.

드디어 란핑은 마오쩌둥의 정식 부인이 되었으며 마오는 사생활에서 오는 부담을 벗어버릴 수 있었다. 하지만 치러야 할 대가가 있었다. 당은 란핑에게 두 가지 조건을 요구했다. 첫째 란핑은 앞으로 자신의 모든 힘을 마오를 보살피는 데 쏟아야 하며, 둘째 향후 30년간 어떤 정치 활동도 해서는 안 된다는 조건이었다. 이런 조건이라면 어쩌면 란핑은 아직 공산당 최고 지도자의 정식 부인이 되지 못한 것이 아닐까?

당은 란핑이 당 조직 활동으로 경력을 쌓은 여전사가 아니기 때문에 정치적 역할을 승인하지 않았던 것이다.

중국 전역의 공산당 지부에 전보가 전해졌다. 마오쩌둥의 이혼과 새로운 결혼은 "임시 중앙정부의 결혼 관련 규정에 합치하며, 그리고 〔장제스의〕 국민당 정부의 결혼 관련 규정에도 합치하는 것으로 확인되었다. 또한 이혼과 결혼의 자유 원칙에도 부합하며 일부일처제 원칙에도 부합된다. 따라서 이 문제와 관련해 어떠한 오해도 있어서는 안 된다……"[58]

란핑은 분명히 승리를 거두었으며, 서북 지방에 도착한 지 1년 반도 안 되어 지위가 엄청나게 올라갔다. 하지만 다음 몇 가지 이유로 '노라'와 같은 가엾은 신세가 되었다고 볼 수 있다. 마오쩌둥의 여성관이 전통주의적이었다는 점, 공산당이 란핑과 마오에게 결혼 생활에 관해 지시할 권리가 있다고 주장한 것, 당이 요구한 두 가지 조건으로 유추할 때 란핑은 독자적으로 어떤 직업도 가질 수 없다고 규정한 것 등이 복합적으로 작용하여 결국 란핑은 노라 같은 신세가 되고 만 것이다. 옌안의 남녀 문제에서 '당이 침실을 통제한다'와 '남자가 여자를 통제한다'는 두 가지 근본 원칙이 마오쩌둥과 란핑의 결혼을 계기로 당 최고기관에 의해 뚜렷하게 확인되었다.

타협안이 도출되는 과정에서 가장 큰 피해자는 중국 인민들이었다. 타협안에 포함된 조건 두 가지는 중국 정치 시스템에 장치된 시한폭탄 같은 요소였기 때문이다. 란핑은 이 조건에 불타는 증오심을 품었으며 때가 되면 당이 에워싸고 있는 인형의 집에서 탈출하여 자신을 감금하려 했던 자들에게 복수하겠다고 결심했던 것이다. 시간이 흘러 1960년대 초에 마오쩌둥이 무리한 정치적 야심을 드러내면서 정치적 난관에 부딪히게 되자 이 시한폭탄은 30년 만에 문화혁명을 통해 폭발한다. 문화혁명은 란핑이 정치 무대에 올린 공연이자, 란핑 인생의 두 번째 장이 펼쳐진 것이었으며, 란핑의 복수였다.*59)

"그들은 나이 든 황후를 20년 넘게 억압해 왔다!"60) 훗날 란핑은 옌안 시절 자신에게 부과된 제한 조건들을 되돌아보면서 이렇게 외친다.

캉성의 역할은 무엇이었을까? 2200여 년 전 전국시대에 많은 부를 쌓은 여불위(呂不韋)라는 상인이 있었다. 그는 자신의 아기를 임신하고 있던 여자에게 진(秦)나라의 왕위 계승권자(훗날의 장양왕)에게 접근하도록 지시했다고 한다. 여불위가 바라던 대로 왕위 계승권자는 그가 보낸 여자를 좋아하게 되고 아내로 맞이한다. 여기서 태어난 아기가 유명한 진시황이다. 그리고 아기의 아버지가 왕위에 올랐을 때 이 영리한 결혼 중

---

* 오늘날에도 중국공산당은 과거에 공산당이 마오쩌둥과 란핑의 결혼을 승인한 일을 두고 조심스럽고 방어적인 태도를 보인다. 다음 후야오방의 말은 중국공산당이 공식적으로 내놓은 가장 솔직한 언급이다. "일정한 정치적 조건을 붙여, 장칭이 마오 주석을 돌보게 된 것이다. 이 조건들은 당 중앙위원회가 승인했으며, 완전히 올바른 것은 아닐 수도 있으나 당은 당시 특별한 상황에서 필요한 조건이라고 생각했다."

매자는 권력을 얻을 수 있었다. 진나라의 승상이 된 것이다. 캉성이 바로 공산주의 시대의 여불위였다. 란핑을 공산당의 핵심 안방으로 밀어 넣으면서 자신은 마오쩌둥에 대한 영향력을 확보했다. 훗날 중국 정부는 캉성과 란핑이 성관계를 맺었다고 주장했는데, 사실이었을지도 모른다. 란핑은 당 학교에 다니는 4개월 동안 당 학교 부교장으로 있던 캉성과 친밀한 관계를 맺었을지도 모른다. 결국 여불위는 몰락했으며 캉성 역시 마지막에는 치욕적인 평가를 받게 된다.

여하튼 캉성과 란핑은 매우 생산적인 협조 체제를 구축한다. 도덕을 초월한 책략에 천재적인 남자와 장차 그에게 많은 것을 가져다줄 열성적인 젊은 동맹자가 손을 맞잡은 것이다. 이후 란핑은 캉성의 음흉한 정치술에 매료되며, 캉성은 자신이 좀 더 많은 권력을 손아귀에 쥐는 데 란핑이 매우 유용한 도구임을 발견하게 된다. 두 사람은 서로를 정말 훌륭하게 활용했다. 마오의 주치의였던 사람은 장칭이 어느 누구보다 캉성의 의견에 신경을 썼다고 말했다. "그녀는 모든 것에 관해 그 사람의 의견을 물었으며, 그의 대답을 진심으로 받아들였습니다. 그녀는 그를 '캉라오(康老)'라고 불렀습니다. 존경과 애정이 담긴 존칭이었죠."[61]

'장칭'으로 다시 태어나다

어느 날 옌안 공항에서 미국의 군사 담당관 데이비드 배럿(David Barrett) 대령은 저우언라이가 중국 남부로 출발하는 모습을 목격했다.[62] 부인 덩잉차오가 남편을 배웅하러 나왔고 저우언라이가 비행기를 타기 직전 부부는 작별의 입맞춤을 했다. 마오가 란핑에게 이런 식으로 입맞춤하는 것을 본 사람은 아무도 없다.

왕밍은 "마오는 여자를 항상 경멸했다."라고 말했다.[63] 물론 왕밍이 경쟁자였던 마오쩌둥에게 편견이 있었다는 것은 사실이지만, 그의 평가에는 어느 정도 진실이 있다. 마오는 마치 가까이 두면 편리한 책이나 술병처럼 여자들을 곁에 두고 즐거운 시간을 보내곤 했지만 여자 자체를 그리 좋아한 것 같지는 않다.

저우언라이는 부인 덩잉차오 외의 여자에게 한눈을 판 적이 없으며 여성들과 동지로 지내는 것을 좋아했던 것 같다. 이런 저우언라이와 달리, 마오쩌둥은, 최소한 늙은 마오쩌둥은 여성과 전문적 일을 같이 할 때면 그 여성을 존중하지 않았다. 저우언라이는 여성을 대할 때 점잖고 예의 바르고 진술하게 행동했다. 그는 일생 동안 어디를 가든 부인과 매일 잠깐이라도 전화로라도 대화를 나누려고 노력했다. 영리하고 자만심이 강하며 본능적으로 행동하는 사람이었던 마오는 아주 오랫동안 부인에게 아무런 관심을 주지 않는 경우가 많았다. 매력을 느끼는 여자에겐 지극히 다정다감하게 행동했지만, 그렇지 않은 여자라면 매우 거칠고 기만적으로 대했다.

마오쩌둥은 여배우들에게 끌렸다. 다른 권력자들과 마찬가지로 마오 역시 연예계에 종사하는 여자들이 정치에서 벗어나 잠시 머리를 식힐 수 있는 최고의 상대라고 생각했다. 마오가 꼭 자신의 여자들을 경멸한 것은 아니었다. 왕밍은 그 점에서 지나치게 비판적이었다. 하지만 분명 마오는 그 여자들을 자신과 동등한 인격체로 보지 않았다. 란핑이 상하이에서 아주 잘 알게 되었듯이, 여배우는 당연히 가볍고 유쾌한 느낌을 주어야 하며, 상황에 잘 적응하고 쉽게 기뻐하며 상대의 기분을 잘 맞춰주어야 하는 존재였다. 가끔은 못되게 굴거나 성격이 모난 데가 있을 수 있다. 하지만 남자에게 큰 기쁨과 쾌락을 주어야 하는 존재가 바로 여배우라는 것을 란핑은 너무나 잘 알았다.

한편 마오쩌둥은 자신의 아내가 개성이 강한 여자이기를 바랐다. 마오는 나름대로 목표가 뚜렷한 여자를 좋아했다. 단 그 목표는 마오의 목표와 같은 방향에 놓여 있어야 했다. 란핑을 만난 마오는 의지가 매우 강한 젊은 여인을 발견했다. 마오는 그녀의 의지가 자신의 의지와 같은 방향으로 뻗어 나가기를 기대했다. 란핑이 개성이 강한 것은 좋다. 하지만 강한 개성은 남편을 위해, 즉 남편의 이익을 위해 발휘해야 한

'중국의 영원한 총리'로 존경받는 저우언라이와 아내 덩잉차오. 일평생 공산 혁명과 중국 여성들의 권익 향상을 위해 헌신한 덩잉차오는 지금도 중국인들에게 '큰 언니'라 불리며 존경받고 있다.

다. 마오는 란핑이 그녀 자신의 만족을 위해 독립적으로, 무제한적으로 강한 개성을 발휘해서는 안 된다고 생각했다.

중국혁명이 장기간 지속되면서 여러 가지 변화가 일어났고 그런 변화는 마오쩌둥의 인생에서도 일어났다. 란핑은 마오를 거쳐 간 3명의 전 부인들과 전혀 다른 여자였다. 여기에서 마오쩌둥 개인과 중국 전체가 지난 20년 동안 어떤 변화를 거쳐 왔는지 일면을 엿볼 수 있다. 1908년에 한 마오의 첫 번째 결혼은 부모가 맺어준 중매 결혼이었다. 아직 청나라의 마지막 황제가 중국을 통치하던 시기였다. 뤄(羅)라는 소녀는 어린 소년 마오에게 그저 부모의 뜻에 따라 결혼식에 하나의 부속물처럼 왔을 따름이었다.

1920년에 두 번째 결혼 상대는 양카이후이였는데, 이 결혼은 낭만적 사랑의 결실이었다. 두 사람은 당시 5·4운동의 뜨거운 열기가 식지 않았고 남학생과 여학생이 진정으로 평등하며 맨손으로 세상을 완전히 바꿀 수 있다고 믿던 시기에 결혼했다.

1928년에 마오가 세 번째로 허쯔전과 한 결혼은 두 정치 투사의 결합이었다. 둘 사이에 사랑이 있었다는 것은 분명하지만 불평등한 만남이었다. 여자는 자신의 좁은 세계에 살고 있었던 반면, 남자는 완전히 게릴라전에 몰두해 있었으며 자신의 존재가 확대되고 있다는 자부심에 부풀어 있었기 때문이다.

란핑과 한 네 번째 결혼은 분명 초기에는 열정적 사랑이었지만 어떤 면에서는 과거 전통으로 돌아간 듯 보인다. 황제는 이제 정치에서 벗어나 '변화'를 경험하고 싶었고 최고 정치 지도자로서 자신을 '도울' 사람이 필요해 상하이에서 온 여배우를 택한 것이었다. 하지만 마오가 고른 여배우는 결코 만만찮은 사람이자 강한 개성의 소유자였다. 아마도 마오는 당시에는 그 사실을 몰랐을 것이다.

남에게 의지하는 생활을 증오하는 것으로 치자면 란핑만 한 여자가 없을 것이다. 하지만 인류 역사상 거의 모든 사회에서 여자들은 남자보다 낮은 지위를 강요당해 왔다. 여자들은 대부분 인생의 어느 시점에 다다르면 남자와 동등해지려는 투쟁을 그만두고 조용히 뒤로 물러나고 싶은 유혹을 느끼고 의존적인 존재로 변해 간다. 사회는 수만 가지 방법으로 여자들에게 그렇게 하는 것이 당연한 일이라고 설득한다. 반쯤은 포기하는 마음으로, 반쯤은 기대에 차서 란핑은 일단 한 남자에게 의지하는 것을 받아들였다. 그렇게 달갑지는 않았지만, 그래도 옌안에서 9천만 명의 중국인*을 지배하는 사람이 아닌가. 훗날 말했듯이 란핑은 마오를 '숭배'했다.[64] 그리고 잠시 동안 그것은 진심이었다.

란핑은 마음의 안정을 찾았다. 물론 영원히 지속된 것은 아니었지만, 그렇다고 이때 란핑이 느낀 안정감이 거짓은 아니었다. 전 남편 탕나에게는 이런저런 불가능한 요구를 하며 괴롭혔지만 마오에게는 그러지 않았다. 또 전 남편에게는 어떻게 하면 자신에게 걸맞은 훌륭한 남편이 될

---

* 당시 중국공산당이 통치권을 행사하던 지역에 사는 중국인의 숫자를 가리키는 것으로 보인다.(역주)

수 있는지 가르쳐주려고 애썼지만 마오에게는 그러지 않았다. 왜냐하면 란핑은 그리스 철학자 플라톤이 말한 '철인왕(哲人王)' 즉 철학자이면서 최고 통치자인 사람, 마오쩌둥의 아내라는 사실에 현혹된 상태였기 때문이다.

여하튼 마오 주석의 '사랑받는 아내'로 알려지는 것은 사회적으로도 유쾌한 경험이었다. 그것은 자유를 얻는 지름길이었다. 남자들을 만날 때마다 자신을 지키기 위해 긴장을 늦출 수 없었던 과거 경험을 돌이켜 볼 때 귀한 자유를 얻은 것이었다. 그리고 다른 여자를 질투하는 마음에 몸부림치던 과거를 돌이켜볼 때 이제는 그럴 필요가 없이 마음의 휴식을 얻을 수 있었다.

마오쩌둥과 결혼하면서 란핑은 공연 예술에서 경력을 쌓는 것을 포기했다. 당시 미국 외교관으로서 중국에 머물렀던 존 서비스(John Service)의 말이다. "우리는 의아했습니다. 란핑이 옌안 연극계에서 전혀 활동을 하지 않는 것으로 파악되었기 때문이죠."[65] 마오는 자신과 결혼한 덕분에 란핑이 연기 생활을 그만둘 수 있었다고 생각했다. 란핑은 남편의 생각에 동의하는 것처럼 처신했다. 란핑은 루쉰예술학원에 발길을 끊지 않았다. 하지만 이곳에 대한 그녀의 관심은 곧 존슨 미국 대통령 부인이 공원에 관심을 가졌던 것이나 레이건 대통령 부인이 정신질환에 관심을 가졌던 것처럼, 자신의 전문적인 경력을 위해서가 아니라 그저 흥미의 차원으로 바뀌었다.

분명히 란핑은 자신이 오랫동안 품어 온 자기 표현이라는 목표와 오랫동안 염원해 온 독립의 가치를 결혼에 양보하고 있다는 것을 알았을 것이다. 사회 생활 면에서 전쟁 중인 옌안은 상하이의 자유분방함과 엄청나게 차이가 있으리라는 것도 알았다. 또 공산당 지도자와 결혼하는 것은 마치 목사나 사제가 교회와 결혼하는 것과 마찬가지여서 공산당 지도자와 결혼을 거절하는 여자들이 있다는 것도 알았다.[66]

그렇다면 란핑은 처음부터 이 결혼에 냉소적이었을까? 스물네 살의 젊은 여성이 그랬으리라고 믿기는 어렵다. 아마도 란핑은 자신의 능력을 과대평가했을 것이다. 마오를 길들이고 당의 권위를 무시할 수 있다고 생각했을 것이며, 어쩌면 배우로서 계속 경력을 쌓을 수 있을지도 모른다고 생각했던 것 같다. 주위 사람들이 당을 두고 온갖 끔찍한 이야기를 해도 란핑은 믿지 않았던 것 같다. 당이 누구와 동침하라고 명령한다든지, 혹은 동침하지 말라고 명령한다든지 하는 소리도 믿지 않았다. 매력을 잃은 여자는 모스크바로 보내 치료를 받게 한다는 이야기도 믿지 않았다. 고결한 공산당 지도자들이 망가진 소파를 내버리듯 아내를 버린다는 말도 믿지 않았다. 아니, 더 정확하게 말하자면 설사 그런 일이 일어난다 하더라도 그것은 다른 여자들 이야기지 란핑 자신에게는 절대 일어날 수 없는 일이라고 믿었던 것 같다.

여하튼 1938년에 란핑은 옌안의 신데렐라였다. 덩잉차오와 캉커칭은 각각 저우언라이와 주더의 아내라는 위치 외에 당 간부의 지위도 지니고 있었다. 당시 아직 미혼이었던 딩링은 작가라는 직업이 있었으며 확고한 공산주의자로 인정받고 있었다. 하지만 란핑은 오로지 마오쩌둥의 아내라는 위치밖에 없었다. 더도 덜도 아닌 그저 최고 권력자의 '부인'일 뿐이었다.

란핑을 아내로 맞이하면서 마오쩌둥은 결혼식이나 법적인 결혼 증명서 같은 것은 불필요하다고 생각했다. 이런 면에서 보면 현대적 개념의 결혼이었으며, 란핑에게 잘 어울리는 결혼이었다. 탕나를 만났을 때도 둘은 그런 형식적인 겉포장은 무시하고 살았다.*[67] 하지만 21살이나 나이가 많았던 마오는 아마도 란핑을 개인 소유물 정도로 보았던 것 같다. 그리고 아이를 낳아줄 어머니로 보았으며, 아마도 개인적 조력자 정도로 보았던 것 같다. 이런 면에서는 봉건적 결혼이라고 볼 수 있다.

결혼 생활에서 두 사람이 상대방에게 품은 기대는 여러 단계를 거치

---

* 탕나를 만났을 때 그는 필자에게 마오와 장칭의 결혼에 대해 이렇게 말했다. "그와 한 결혼이 나와의 결혼보다 합법적이었던가요? 둘에게 결혼 증명서라도 있었습니까?"

면서 변화한다. 서로에 대한 기대감이 '꼭 들어맞는 느낌'은 때로는 강해지고 때로는 약해진다. 이미 페이밍룬, 위치웨이, 탕나와 결혼해본 란핑은 그 정도는 알고 있었을 것이다. 그것은 마오 역시 마찬가지였다. 결혼하고 얼마 지나지 않아 두 사람이 서로에게 품은 기대는 조금씩 어긋나기 시작한다. 하지만 초기 몇 년 동안은 공존할 수 있었다. 왜냐하면 란핑은 특별히 요구하는 것이 없었고 결혼 생활에서 봉건적 냄새가 풍길 때도 입을 다물고 불평하지 않았으며 남자에게 자신이 전적으로 의지하고 있다는 사실을 기꺼이 받아들였기 때문이다.

"여자가 흔치 않은 장소에서는 여자들이 큰 힘을 갖습니다."[68] 옌안 상황을 자세히 살펴본 뒤 님 웨일스가 한 말이다. 사실 란핑에게는 시련이 다가오고 있었다. 란핑이 마오를 유혹하는 데 성공했다는 사실은 님 웨일스의 말에 어느 정도 진실이 담겨 있음을 보여준다. 하지만 란핑의 그 힘은 어쩌면 마오가 란핑의 뒤를 쫓아다닐 때만 존재한 것이 아닐까? 결혼을 한 이상 란핑이 도망갈 수 있는 문은 닫혀버렸다고 할 수 있었고 란핑은 이제 마오의 집을 지키는 조용한 주부일 뿐이었다.

혹시 이 결혼으로 란핑은 지위가 높이 올라가고 드디어 자신의 가치를 증명할 때를 맞이한 것은 아닐까? 이 결혼이 자기 자신을 한껏 표현하고 독립적인 여성으로서 자신을 내세울 기회를 가져다준 것은 아닐까? 이런 것들이 여전히 값비싼 진주처럼 그녀 앞에 놓여 있었다.

란핑에게 당분간은 마오쩌둥과 결혼했다는 사실이 그녀가 서북 지방에 올 때 품었던 기대를 충족시킨 것이라고 볼 수 있었다.

최고 지도자의 부인이 되는 것은 여러모로 좋은 점이 있었다. 마오와 란핑은 우선 한 집에 거주할 수 있었다. 이것은 옌안에서는 드문 일이었다. 대부분의 부부는 (같은 단위에서 일하지 않는 한) 따로 살았으며 토요일에나 만날 수 있었다. 또 호위병을 비롯한 아랫사람들이 집안일을 도와주었다. 음식도 좋았다. 학생이나 군인은 한 달에 0.5킬로그램의 고기를 배급받았지만 고위 당 간부는 3.5킬로그램을 받았다.

1938년 여름 란핑과 같이 살면서 마오는 펑황산에서 나와 양자링(楊家嶺)에 있는 방 세 개짜리 동굴 집으로 이사했다.[69] (옌안에서는 건축비를 절감하려고 동굴에 사는 사람이 많았다.) 동굴 집은 깊이가 약 5미터였고 동굴 끝부분은 석재를 쌓아 보강했다. 집의 둘레 벽은 흰색 회칠을 했다. 현관은 목재로 만들었는데 벽에 격자 창틀을 만들어 넣은 다음 종이를 붙였다. 종이창으로 외부의 빛이 들어왔지만 그렇게 밝지는 않았다. 동굴 집 주위에는 땅을 평평하게 다져 만든 작은 공간이 있었다. 거기에는 편한 휴식용 의자 하나, 사람들이 걸터앉을 수 있도록 돌 몇 개를 갖다놓았다. 조그만 텃밭이 있었는데 마오가 가끔 채소를 기른다고 손을 대곤 했다. 란핑은 텃밭에는 손을 대지 않았다.

동굴 집은 거실, 마오의 집무실 겸 침실, 란핑의 방까지 방이 모두 세 개였다. 란핑의 방은 훗날 아기를 키울 때 아기와 같이 쓰게 된다. 세 방 모두 바닥은 회색 벽돌이었고 벽돌 사이는 흙반죽으로 붙였다. 의자, 식탁, 책상은 모두 거친 목재로 만든 제품들이었다. 전기는 없었고 양초를 썼다. 수도 시설이 없어 호위병들이 근처 공동 우물에서 길어다 양철 물통에 채워놓은 물을 썼다. 하지만 침대에는 모기장이 있었고, 조금 사치스러운 물건으로는 목재 목욕통과 낡은 축음기가 있었다. '장제스 주석'이란 명패가 달린 큼직한 초상화 하나가 거실의 가장 긴 벽 정중앙에 걸려 있었다.

란핑은 자기 물건이 거의 없었다. 동굴 집에는 마오쩌둥의 생활 방식이 고스란히 반영되었다. 마오의 방에는 책장이 하나 있었는데, 란핑이 과거 칭다오나 상하이에서 즐겨 보던 외국 문학 서적이나 중국 현대 문학 관련 서적은 하나도 없었다. 마오의 책은 모두 중국어로 된 정치 서적이나, 고대 중국 역사와 고대 문학에 관련된 것뿐이었다. 란핑의 공연 사진은 없었고 상하이 시절의 흔적을 보여주는 물건도 전혀 없었다. 또 란핑이 상하이 시절에 살았던 여러 거처는 항상 엄청나게 지저분했는데,

동굴 집은 항상 말끔하게 정리한 상태였다.

마오와 란핑은 란핑의 새로운 출발을 기념하는 뜻에서 이름을 새로 지어야겠다고 의논하기 시작했다.[70] 완전히 새로운 이름을 지을까? 겸손한 느낌, 아니면 과감한 느낌? 마오의 부인이라는 느낌을 주는 이름을 지을까? 아니면 평범하게 지을까? 결국 란핑의 새 이름은 특이하고 과감한 느낌을 주었다. '쟝칭'이라는 새 이름에는 분명 마오의 생각이 어느 정도 반영된 것 같다. '쟝(江)'은 강이란 뜻이고 '칭(靑)'은 녹색이라는 뜻이다. 이 두 글자를 당(唐)나라 때 쓰인 시에서 따왔다는 이야기가 있는데, 그 시에 등장하는 강은 마오의 고향인 후난성의 샹강(湘江)으로 추정된다.

새 이름은 강렬하고 분명한 느낌을 주었다. '강'의 이미지는 유유히 앞으로 나아간다는 진취적 느낌을 주었고, 두 번째 글자 '칭'은 맑을 청(淸)과 통하여 순수하다는 느낌을 주었다. 어쩌면 상당한 야심을 감추고 있었다고도 볼 수 있다. 중국 사자성어 '청출어람(靑出於藍)'은 '남색' 즉 푸른색에서 '청(靑)'이 나온다고 풀이할 수 있는데 이때 '청'은 녹색을 뜻한다. 즉 푸른색에서 나온 녹색이 푸른색보다 더 짙고 찬란하다는 뜻을 담고 있다. 옛 이름 '란핑'의 '란'이 푸른색에 해당하는 글자요, 새 이름 '쟝칭'의 '칭'이 녹색에 해당하는 글자니, 여기에 그녀의 야심이 숨어 있었다 볼 수도 있지 않을까? 자신이 감당할 수만 있다면 사람은 누구나—마오도 물론 포함하여—도전을 좋아하지 않는가? '쟝칭', 강이 녹색 물결을 일으키며 도도히 흘러가는 모습을 의미하는 이 이름은 그 뜻이나 소리에서 자신만의 목적과 매력이 있는 한 여인을 잘 표현한다. 그 강은 아름답지만 어쩌면 깊은 여울목이 숨어 있어 위험할지도 모르는 강이었다.*

---

* 최근 자료에 따르면, 란핑이 '쟝칭'이라는 이 새로운 이름을 쓰기 시작한 시점은 그녀가 1937년 8월 옌안에 도착한 직후이며, 이때는 아직 마오쩌둥을 만나기 전이므로 마오가 새 이름을 지어준 것은 아니라고 한다.(역주)

장칭의 삶은 옌안의 한계 내에서는 매우 안락했지만, 그것은 가정주부의 삶이었다.[71] 장칭에게는 새로운 경험이었다. 훗날 옌안 시절을 떠올릴 때면 장칭은 4분의 3은 마오쩌둥과 그의 일 이야기를 했다. 나머지 4분의 1은 마오의 자식과 친척들 이야기였지만 사실 딸 하나만이 실제 장칭의 핏줄이었다.

마오쩌둥의 몸집은 점점 비대해져서 그 곁에 서면 장칭의 날씬한 몸매가 돋보였다. 긴 머리는 상하이의 과거를 잘라내듯 과감하게 잘라버리고, 옌안 여인들처럼 걸스카우트 같은 짧은 머리를 했다. 반짝이는 검은 두 눈은 이제 상당히 침착해졌다. 서양인 방문자가 마오쩌둥과 대화를 나눌 때면 장칭은 입을 다물거나 짧게 한두 마디 하는 정도였다. 장칭이 조용히 미끄러지듯 들어오면 마오는 간단하게 아내를 소개했다. ("이 사람이 장칭입니다." 마오는 자기 부인이라는 말도 없이 짤막하게 소개하곤 했다.) 그러면 장칭은 당시 공산당원 풍습대로 손을 내밀어 악수를 했다. 장칭은 땅콩 접시가 비면 채우러 들어오거나 마오가 즐겨 먹는 고추 튀김을 들고 들어오기도 했다. 마오는 항상 중국 차를 많이 마셨는데 그때 고추 튀김을 함께 먹었다. 장제스의 아내와 비교하면 장칭이 훨씬 예뻤다고 두 여성을 모두 만나본 로버트 페인(Robert Payne)이 말했다. 또한 장칭은 방문자에게 겸손하고 조심성 있는 여성이라는 인상을 주었다.

"장칭은 마오의 건강과 일상 업무와 의복, 음식을 챙겨주었죠." 두 사람을 자주 만난 적이 있는 어느 소련 관리의 말이다. 마오의 거실에서 밤늦은 시간에 식사를 할 때 장칭을 포함해 사람들은 모두 마오가 말을 꺼내면 그에게 발언권을 양보했다. 당시 시장 보기와 청소는 다른 사람이 해주었지만 장칭은 요리하는 것을 배웠다. 스노에 따르면 장칭은 곧 '아주 훌륭한' 요리사가 되었다. 장칭은 매운 음식을 좋아하지 않았지만 방문객들은 식탁에 온통 마오가 좋아하는 매운 음식들이 가득 차려진 것을 볼 수 있었다. 사교적인 분위기가 무르익으면 장칭은 재빨리 손을 움직여 전축 위에 레코드판을 이것저것 바꿔 올리곤 했다. (경극

1939년 1월, 마오쩌둥은 갑자기 장칭을 황무지인 난니완으로 보냈다. 이곳에서 공산당원들은 자급자족 생산 공동체를 만들어야 했다. 사진은 난니완에 머물 때의 장칭.

레코드판을 자주 틀었는데 경극은 장칭과 마오가 공유한 문화적 취향이었다.) 얼마 지나지 않아 그녀는 브리지 게임에 열정을 보였는데, 당시 중국공산당 지도부에서 거의 대부분 사람들이 이 게임을 즐겼으며 장칭은 특히 능숙한 솜씨를 보였다.

갑자기 마오쩌둥은 장칭을 황무지로 보내 두세 달 동안 육체 노동을 하도록 했다. 옌안 남동쪽 55킬로미터 지점에 있는 난니완(南泥灣)이란 곳은 문자 그대로 아무것도 없는 황무지였다.[72] 공산당원들이 단체로 가서 아무것도 없는 상태, 즉 무에서 출발하여 자급자족 생산 공동체를 만들어내야 하는 곳이었다. 마오는 고위급 동지들에게 장칭을 난니완으로 보낸다는 이야기를 하지 않았다. 1939년 1월 장칭과 그 일행을 난니완에 남겨두고 옌안으로 출발하면서 만약 그들이 황무지에서 먹을 것과 입을 것을 스스로 해결하지 못하면 죽을 수밖에 없을 것이라고 경고했다.

순례자들은 산언덕에 흙을 파서 움막을 짓고, 검은 산양의 털을 벗겨

옷을 만들었으며, 근처 오래된 절에서 징발한 불구(佛具)를 녹여서 농기구를 만들었다.

장칭은 누비옷을 껴입고 다녔는데 두어 달 동안 거의 벗을 일이 없었다. 육체 노동에 익숙하지 않은 손에는 금방 물집이 잡혔다. 장칭은 남자가 할 수 있는 일이라면 여자도 할 수 있다고 믿었으므로 남자들이 하는 거친 일에 손을 댔다. 그러나 장칭은 실제로 몸 상태가 안 좋았으며, 장칭이 누구인지 아는 개척단 지도자는 장칭이 건강한 모습으로 옌안에 복귀할 수 있도록 가능한 한 힘든 일을 시키지 않았다. 대부분의 시간 동안 장칭은 뜨개질을 했으며, 난니완을 떠날 무렵에는 두툼한 스웨터를 열 벌이나 짰다고 자랑하기도 했다.

왜 마오는 장칭을 난니완으로 보냈을까? 어쩌면 마오는 지난 몇 달 동안 장칭과 너무 가깝게 지내 잠시 떨어져 있어야겠다고 생각했을지 모른다. 혹은 장칭이 마오를 포함한 모든 옌안 사람이 두려워하던 결핵에 감염된 적이 있었기 때문인지도 모른다.

1940년 8월, 장칭은 딸을 낳았다. 장칭은 네 번째 결혼에서 첫아이를 낳은 것이었고 마오는 네 번의 결혼에서 열 번째 아이를 얻은 것이었다. 아기가 태어난 뒤로 두 사람의 결혼은 더욱 견고해진다.

당시 옌안에서 거의 모든 여성들에게 자식을 낳는 것은 불리한 일이었다.[73] 독립성은 물론이고 남자와 동등한 지위를 잃을 수도 있었다. 특히 아기를 낳은 여자는 직업을 가질 수가 없었다. 옌안에서 아기를 키우면서 동시에 직장을 갖는다는 것은 불가능했다. 토요일 저녁마다 열리는 무도회에서 여자들은 남자들에게 춤을 추자고 요청할 수 있었다. 하지만 아기를 돌보아야 하는 여자는 무도회에 가는 것 자체가 불가능했다. 장칭은 처지가 달랐다. 어차피 공연 예술 분야에서 직업적인 경력을 쌓는 것은 이미 끝난 일이었고, 정치적 경력을 쌓을 자격도 없었다. 따라서 란핑 입장에선 아이를 낳아서 손해를 본 것은 없었으며 오히려 이익을 얻었다.

딸이 태어나면서 마오쩌둥의 사무실에서 일하는 한낱 젊고 예쁜 여자라는 장칭의 나쁜 이미지는 사라졌다. 마오를 대할 때 다소 두려워하던 장칭의 모습도 없어졌다. 마오에게도 이제 아버지 같은 느낌은 없어지고, 두 사람이 아기를 데리고 놀거나 딸아이를 방문객에게 보여줄 때면 마오는 이제 거의 남편처럼 보였다. 당에서 수백 번 결정하여 장칭의 위치를 정하든 말든, 지위를 박탈하려 하든 말든, 마오의 딸을 품에 안은 장칭은 엄연히 마오의 '조력자'였다.

중국에서 아기 이름을 짓는 일은 대단히 중요한 문제다. 딸의 성은 '리(李)'로 했다. '리'는 장칭의 원래 성이고, 마오의 성이 아니었다. 이것은 무척 이례적인 일이었다.* 딸의 이름은 '나(訥)'**로 정했다. 마오가 선택한 듯한데, 《논어》에 나오는 구절에서 따온 것이었다. 또한 란핑의 전 남편인 탕나 이름에서 '나'를 볼 때 글자의 획은 다르지만 같은 소리가 나는 글자였다.

마오와 결혼함으로써 장칭은 복잡하기 짝이 없는 가족사 안으로 들어가게 된다. 이는 마오가 여러 번 결혼했기 때문이었고, 전쟁과 혁명의 와중에 많은 사람들의 사생활이 부서지고 깨졌기 때문이기도 했으며, 중국에서는 전통적으로 가족 관계가 무척 끈끈하기 때문이기도 했다. 원래 중국 사회가 그랬지만 근대적이며 개인주의적이라고 자부하는 옌안에서도 사정은 다르지 않았다. 마오가 양카이후이와 사이에서 낳은 두 아들인 마오안잉과 마오안칭(毛岸靑)이 옌안에 왔다. 하지만 마오는 두 아들을 집안에 들여 함께 살지 않았으며, 곧 큰아들 안잉은 소련으

---

* 마오쩌둥이 가끔 사용하던 가명 '리더성(李得勝)'에서 성을 따왔다는 이야기도 있다.(역주)

** 현재 국립국어원의 외래어 표기법을 따르면 '訥'는 '너'로 표기해야 한다. 하지만 리나 본인은 자기 이름을 '리너'가 아니라 '리나'라고 발음했다고 한다. 또 저자가 장칭의 남편 '탕나'의 '나'와 발음이 같았다고 하는 것으로 보아도 '리너'가 아니라 '리나'로 표기하는 것이 옳게 보인다.(역주)

로 떠났다. 장칭은 안잉보다 불과 8살 많았지만, 두 사람은 사이가 나쁘지 않게 잘 지냈다. 하지만 마오는 이제 장칭이 곁에 있는데 큰아들이 새로운 결혼 생활에 방해가 되는 것이 싫었던 모양이다.

허쯔전이 낳은 두 명의 아이도 있었다.[74] 두세 살 된 아들과 1936년에 낳은 딸이었다. 장칭은 허쯔전의 아들에 관해 이렇게 말했다. "그 아이는 무척 똑똑했어요. 〈인터내셔널가〉를 처음부터 끝까지 부를 수 있었죠." 아이는 얼마 지나지 않아 마오와 허쯔전 사이에서 태어난 아이들이 간 길을 가게 되는데, 바로 '실종'이다. 중국공산당의 기록에 따르면 "농촌 가족에게 주었다."고 한다.

허쯔전의 딸은 당시 모스크바에서 엄마와 함께 있었다. 장차 그 딸은 장칭의 삶에서 중요한 인물이 된다. 흥미로운 일은, 마오와 장칭이 딸의 이름을 '리나'라고 지으면서 허쯔전의 딸 이름도 지어주었다는 것이다. 그 딸에게는 멀리 모스크바에 있을 때 리민(李敏)이라는 이름을 붙여주었다. 두 딸의 이름은 "모름지기 군자는 말은 둔하더라도 행동은 민첩해야 한다(君子欲訥於言而敏行)."라는 《논어》의 한 구절에서 따온 것이다. 앞부분의 "말은 둔하더라도"에서 '나(訥)'를 가져왔고, "행동은 민첩하게"에서 '민(敏)'을 가져왔다.[75] 허쯔전에게서 난 마오의 딸은 민첩하게 행동해야 할 것이며, 장칭에게서 난 마오의 딸은 신중하게 말해야 한다는 뜻이었다고 새겨볼 수 있다. 이 '민첩한' 소녀는 얼마 후 엄마 허쯔전을 떠나 중국으로 돌아오는데 이후 장칭이 맡아 기른다. 특이한 점은 허쯔전의 딸이 생모의 성도 아니고 생부의 성도 아닌 계모 장칭의 원래 성인 '리'씨를 쓰게 되었다는 사실이다.

마오쩌둥과 장칭이 살던 자오위안(棗園)의 집을 방문한 사람들은 (안전상 이유로 1942년 양자링에서 이곳으로 집을 옮긴다) 리나가 아주 활발한 아이였으며 집안에서 중심 역할을 한다는 것을 알 수 있었다.[76] 아이는 마오의 집무실에서 놀기를 좋아했으며 마오가 잠시 쉬면서 부하와 잡담을 나누려고 한다든지 혹은 간단하게 무엇을 먹으려고 하면 영락없

마오쩌둥과 장칭과 딸 리나. 1940년대 옌안에서 찍은 사진이다.

이 나타나서 마오와 함께 있곤 했다. 1942년 마오의 부관은 마오의 집에서 하룻밤 머물렀는데 장칭이 아니라 마오가 아이의 훈육 방식을 감독하는 것처럼 보였다고 말한다. 마오는 딸에게 부관을 "아저씨"라고 부르라고 일렀으며 부관이 떠날 때는 함께 집안의 복도를 걸어나와 작별 인사를 했다고 한다.

마오쩌둥의 집을 방문했던 영국인 로버트 페인은 이렇게 회고했다. "장칭은 진솔하고 겸손한 사람이었습니다. 또 모든 면에서 상식 있고 좋은 아내였고 아이들에게는 좋은 엄마였습니다."[77] 페인이 동굴 집을 방문하면 마오는 앞으로 나와 악수를 했다. 사실 마오는 악수하는 것을 별로 좋아하지 않았고 손을 앞으로 내밀 때면 어깨가 어색하게 올라가곤 했다. 하지만 장칭은 '이전에 배우 생활을 해서 그런지' 악수를 훨씬 자연스럽게 했다고 한다. 딸은 어른들에게 등을 떠밀려서 악수를 했는데 아주 심각한 표정이었다. 마오의 후난 사투리가 무뚝뚝한 느낌을 주는 데 비해 장칭의 훌륭한 표준 중국어 발음과 '노래하는 듯한 아름다운 목소리'는 듣기 좋았다. 식사를 하면서 대화를 나눌 때면 장칭은

1939년 말에 에드거 스노(오른쪽에서 두 번째), 오토 브라운의 아내인 리리렌(중앙), 장칭(왼쪽에서 두 번째)이 함께 찍은 사진. 마오쩌둥과 결혼한 뒤 장칭은 당 지도부가 원하는 대로 겸손하고 충실한 조력자 역할을 했고, 외부 방문자들의 눈에도 그렇게 보였다.

주로 다른 사람이 주도하는 대화의 흐름에 맞추어주는 역할을 했다. 먼저 말문을 여는 경우는 주로 질문할 때였다. 또 장칭은 참석한 모든 사람에게 건강이 어떤지 물었다. "다들 몸이 괜찮다고 하면 그녀는 미소를 지었고, 혹시 아픈 데가 있다고 하면 진심으로 위로의 마음을 표했다."

어느 날 저녁 당시 옌안에 거주하던 소련 관료들이 마오쩌둥 집에 초대를 받았다. 마오는 그들 중 제일 높은 사람을 자신이 좋아하는 가죽 안락의자에 앉혔다. 그것을 본 장칭은 접이식 의자를 하나 꺼내와 안락의자 곁에 놓고 마오가 편안하게 앉을 수 있도록 했다. 호위병이 현지 술 한 병을 갖고 왔다. 장칭은 편한 바지와 검은 스웨터를 입었는데 가끔씩 마오 곁으로 와서 마오가 쭉 뻗어 펼친 손바닥 위에 땅콩을 몇 알씩 놓고는 뒤로 물러갔다. 소련 관료는 마오에게 만약 일본이 소련을 공격하면 어떻게 하겠냐고 물었는데 마오는 그 질문이 달갑지 않았다. 곁에 있던 장칭은 축음기에 레코드판을 한 장씩 계속 걸어서 음악이 흐르게 했다. 당시 상황에서 눈치 있고 적절한 행동이었다. 마오는 점점 더 말을 하지 않았고 고추를 가져다 달라고 했다. 고추 튀김을 씹으면서 독한 술을 몇 잔 마시니 그의 얼굴이 벌게졌다. 마오는 하품을 크게 하고 몸을 길게 뻗으면서 한껏 편안한 자세를 취했다. 장칭은 경극에서 좋은 곡을 뽑아 수록한 레코드판을 걸었다. 흘러나오는 노랫가락에 맞추어 마오가 손뼉을 치기 시작했다. 장칭이 계속 안주인 역할을 하면서 이런저런 일을 돌보고 있는 사이, 박자를 맞추어 치던 손뼉이 점점 느려지다가 결국은 멈추었다. 마오가 의자에 앉은 채 잠이 들었던 것이다.

"장칭이 곁에 없으면, 마오는 변덕이 심해졌습니다. 심지어 체온을 재는 것도 거부하고 약도 먹지 않았습니다."[78] 그를 진료했던 러시아인 의사의 회고다. 1942년 마오가 심장 박동이 불규칙해지는 부정맥을 앓고 있을 때였다. 미국 기자 해리슨 포먼(Harrison Forman)은 마오와 장칭과 함께 보낸 저녁 시간을 이렇게 그렸다.[79] "두 사람의 복장은 매우 수수했습니다. 장칭은 마치 편안한 잠옷 같은 옷을 입었는데, 허리띠를 둘러 날씬해 보였죠. 마오는 거친 디자인의 수수한 양복을 입었는데 바지는 펑퍼짐한 데다가 너무 짧아서 발목이 다 드러났습니다." 포먼은 그날 저녁 어두침침한 동굴 집에서 평화로운 한때를 보냈다. "컵을 거꾸로 놓고 그 위에 양초를 세웠는데 그것이 유일한 불빛이었습니다. 간단한 음식으로 향이 은은한 차와 옌안 지방에서 나는 과자를 맛보았죠. 그리고 담배도 내주더군요. 마오는 냄새가 지독한 옌안 담배를 연달아 피우면서 이야기를 했는데, 우리가 대화를 나누는 동안 아이들이 끊임없이 뛰어 들어오고 나가곤 했습니다."

리나의 모습을 포먼은 이렇게 떠올렸다. "여자아이가 나를 잠시 뚫어지게 쳐다보고 서 있더니 갑자기 사탕을 집어 들고 뛰어나가더군요. 마오는 아이한테 전혀 신경 쓰지 않았습니다."

당시 의료 계통에 종사하던 중국인 부부가 종종 장칭의 딸인 리나를 돌보아주었는데, 그들의 말에 따르면 장칭은 딸을 세심하게 돌보는 어머니가 아니었다고 한다.[80] 남자는 옌안중앙병원 소아과 과장으로 일하고 아내는 간호부에서 일했는데, 장칭은 딸을 그 병원으로 보내 오랜 시간 머물도록 한 적도 여러 번 있었다고 한다. 필자에게 이 이야기를 해줄 때 부부는 장칭에게 별다른 나쁜 감정이 없었다. 이들에 따르면 장칭은 딸의 양육에 크게 신경을 쓰는 편이 아니었다고 한다.

사실 당시 옌안 여자들은 아이들을 애지중지 기르는 것을 좋아하지 않았다. 성격상 장칭은 더욱 그러했다. 어른들에게는 매력적으로 행동했지만 장칭은 자기 아이든 다른 집 아이든 아이들에게는 별로 친절하지 않았다. 장칭은 아이들은 법석을 떨며 지나치게 보호해주는 것보다는 스스로 자기 문제를 해결할 수 있도록 놔 두는 편이 더 좋다고 믿었던 것 같다. 이 믿음은 원래 자기 일에 열중하기를 좋아하는 장칭의 성격과도 잘 맞아떨어졌다.

마오쩌둥의 충직한 비서

1939년에 장칭은 상당히 조심스럽게 행동했으나 몇 년 뒤부터 당당하게 자기 주장을 하기 시작한다. 전에는 마오가 곁에 있으면 감히 자신의 의견을 말하지 못했는데, 이제는 가끔 그랬다. 좋아하는 사람에게는 혜택을 주고 싫어하는 사람에게는 차별 대우를 하기 시작했다. 담배를 피우거나 웃음을 터뜨리면서 고개를 뒤로 젖힐 때면 옛날의 란핑이 돌아온 듯했다. 게다가 옛날과 달리 지금은 상당한 위치에 올랐다는 자부심까지 엿보였다. 동굴 집은 이제 여자가 사는 티가 나기 시작했으며, 장칭은 여전히 검소한 옷차림이었지만 조금씩 개성을 드러내기 시작했다.

오토 브라운은 장칭이 개성이 돋보이는 차림새로 네 명의 수행원을 거느리고 멋진 말을 타고 달리는 모습을 보고는 이제 장칭이 '옌안의 소박한 생활 양식'에서 멀어지고 있다고 말했다. 레위 앨리(Rewi Alley)는 중국에서 오래 산 뉴질랜드인이었는데 어느 날 옌안 밖의 시골길에서 무릎을 꿇고 송나라 시대 비문을 자세하게 살펴보고 있었다. "한 젊은 여자가 흰 말을 타고 내 쪽으로 왔습니다. 상당히 세련된 느낌이었고, 자

1939년 러시아 영화 제작자 로만 카르멘이 말을 탄 장칭을 사진으로 남겼다. 마오쩌둥과 결혼하는 조건으로 정치 활동을 할 수 없게 된 장칭은 승마에 취미를 붙였다.

신의 존재를 드러내는 데 약간 오만한 느낌이 들었습니다. 그때는 누군지 몰랐어요. 하지만 집에 와서 말했더니 사람들이 깜짝 놀라면서 말하더군요. '오, 그분이 마오의 새 부인이에요.'"[81]

장칭이 말을 탈 때 마음은 마치 미국에서 여자가 승용차를 타고 드라이브를 하는 것과 비슷했다. 집 안에 갇혀 있다가 잠시 자유의 바람을 쐬는 것이다. 머리를 리본으로 단단히 묶고 나무로 만든 신발을 신고 말에 올라타 기운차게 달리면 말발굽 아래로 먼지가 피어올랐다. 옌안에는 말이 별로 없었으며, 더군다나 여자가 말을 타는 일은 매우 드물었다. 장칭처럼 멋과 활기 넘치는 모습으로 말을 타는 여자는 거의 없었다. 장칭은 승마를 취미로 삼아 홀로 자신을 표현하는 방법을 찾은 것이다.

어느 날 러시아 영화 제작자 로만 카르멘(Roman Karmen)이 마오쩌둥을 만나러 옌강을 건너 말을 타고 가고 있었다.[82] 어디선가 갑자기 말 한 마리가 쏜살같이 달려왔는데, 놀랍게도 여자가 타고 있었다. "우리가 가는 방향으로 말을 곁에 붙이더니, 제 말고삐를 잡아 세웠습니다. 그리고 커다란 손짓으로 우리에게 환영의 표시를 하더군요." 장칭이었다. 말 없는 조용한 태도였지만 장칭이 탄 말에서 어떤 힘이 느껴졌다. 장칭은 언덕 위에서 보고 있다가 방문객들이 다가오자 말을 달려 마중을 나온 것이었다. "당신들이 오고 있다고 마오에게 전하겠어요." 장칭은 낮은 목소리로 한마디만 하고는 갑자기 말머리를 돌려 몸을 앞으로 숙이고 전속력으로 달려가기 시작했다. 뿌옇게 일어나는 먼지 사이로 장칭은 오른손을 살짝 흔들며 작별 인사를 했다.

어느 날 오후 저우언라이가 당 학교에서 강연을 하기로 했다. 장칭도 저우언라이와 함께 가겠다고 마오에게 허락을 받아냈다. 저우언라이와 장칭은 말을 타고 갔다. 어쩌면 예전에는 그저 이름 없는 사람으로 청중석에 앉아 있던 장소에, 이제는 마오쩌둥의 부인 자격으로 저우언라이와 일행인 것을 사람들에게 보이고 싶었는지도 모른다. 몇 시간 뒤 강연을 마친 저우언라이와 장칭은 강가를 달려 돌아왔다. 저우언라이의 말이 앞장서고 장칭의 말이 뒤를 따랐는데 강연으로 피로해진 저우언라이가 천천히 달리고 있었던 반면 장칭은 승마의 자유를 즐기고 싶은 듯 말에 채찍질을 했다. 순간 장칭이 탄 말의 앞발이 저우언라이가 탄 말의 뒷발에 걸렸다. 저우언라이의 말이 놀라 펄쩍 뛰었고 훗날 중국 총리가 되는 저우언라이는 땅바닥에 세차게 내팽개쳐졌다. 그때 저우언라이는 오른팔이 부러져 이때 입은 부상의 흔적을 평생 안고 살아야 했다.[83]

1943년 국민당 정부의 수도 충칭에서 발행되는 어느 신문에는 공산당 정부가 있던 옌안에 대해 쓴 기사가 실렸는데, 거기에 이런 구절이 있다.[84] "배우인 란핑 양이 마오의 부인이 된 이후, 예전에는 지극히 단순하고 단조로웠던" 공산당 거점 도시의 삶이 "엄청난 변화를 겪었다." 신문기사는 "부르주아적 춤 문화, 봉건주의적 지방 가극, 할리우드식 사랑 노래" 같은 것들이 옌안에 쏟아져 들어왔다고 전했다. 열심히 하루를 보낸 공산당 지도자들이 '혁명의 원기를 회복'하는 데 이런 것들이 도움이 되지 않았을까?

유난히 하늘이 높고 푸르렀던 어느 토요일 저녁, '이원(梨園)'에 흥겨운 자리가 만들어졌다. 옌안에서 내로라하는 사람들이 주말 무도회에 참석했다.[85] 장칭이 서북 지방 사교계를 위해 만든 모임이었다. 나뭇가지에는 빨간색, 초록색, 노란색 종이로 촛불을 감싸 매달아놓았다. 음악이 때로는 흥겹게 때로는 슬프게 밤하늘에 울려 퍼졌다. 악단은 마치 여러 나라의 음악 학교에서 모인 자원 봉사자들의 조합 같았다. 중국의 전통 현악기 '얼후', 미국 바이올린, 광둥 지방의 현악기 '구정(古箏)', 영국의 하모니카, 반조 같은 모양을 한 산시 지방의 현악기, 기독교 선교사가 남기고 간 풍금이 보였다.

무도장 바닥은 흙을 다져 만들었다. "왈츠를 추기보다는 얌전한 중국 민속춤을 추는 데 알맞은 바닥이었죠." 존 서비스의 회고다. 바닥이 울퉁불퉁했지만 장칭은 워낙 춤을 잘 추어서 아무 문제가 없었다. 다른 사람들은 워낙 춤을 못 추어서 바닥이 어떻든 상관하지 않았다. 느릿느릿 움직이는 혁명 지도자들 사이로 아이들이 눈을 반짝거리면서 신나게 뛰어다니며 춤을 추었고, 모두들 천으로 만든 신발 아니면 밧줄로 엮은 신발을 신었다. 무도장이 흙바닥이라는 것은 전혀 문제가 되지 않았다.

마오쩌둥이 천천히 담배를 피우면서 들어섰을 때 악단은 빠른 리듬을 가진 미국 민요 〈양키두들〉을 연주하고 있었다. 흰색 셔츠에 검은 바지를 입은 마오는 흐뭇한 표정을 짓고 있었다. 이미 한 시간 전에 와 있던 장칭은 잠옷같이 펑퍼짐한 옷에 허리띠를 맸다. 다른 여자들과 같은 차림새였다. 마오가 도착하자 장칭은 재빨리 발걸음을 옮겨 저쪽 나무에 기대선 세 명의 젊은 아가씨들 쪽으로 걸어갔다. 그리고 한 아가씨의 손을 잡아 마오 쪽으로 데리고 갔다. 국제평화병원에서 일하는 간호사였다. 간호사는 공손하게 마오에게 말했다. "저와 춤을 추시겠습니까?" 얌전하게 땋은 뒷머리가 촛불에 은은하게 빛났다.

음악이 〈푸른 다뉴브 강〉으로 바뀌었다. 마오는 간호사와 함께 춤추기 시작했고 장칭은 잠시 바라보다가 저우언라이 쪽으로 갔다. 마오는 춤을 잘 추지 못했다. 그는 마치 운동을 하는 듯 뻣뻣했지만 몸집이 작은 간호사는 끈기 있게 마오와 호흡을 맞췄다. 악단이 빠른 속도로 〈징글벨〉을 연주하기 시작했다. 저우언라이가 다가와 장칭의 손을 잡으며 춤을 추기 시작했다. 장칭은 고개를 잠깐 돌려 남편과 간호사의 모습을 쳐다보면서 자부심과 안도의 미소를 지었다.

저우언라이는 춤 솜씨가 빼어났다. 그는 프랑스에서 유학할 때 배운 스텝을 20년이 지난 지금도 잊지 않고 가벼운 발걸음과 우아한 몸짓으로 정확하게 밟았다. 저우언라이와 장칭이 짝이 되어 춤을 추자, 시골 댄스 파티가 갑자기 상하이에서 열린 화려한 무도회 같은 세련된 분위기로 바뀌었다. 장칭은 기분 좋게 즐기고 있었다. 다른 사람들이 자신을 쳐다보는 것도 기분이 좋았고 자신이 이런 상황에서 마오를 다루는 법을 잘 알고 있다는 사실이 뿌듯한 듯했다.

미국 여기자 스메들리는 주더 장군과 짝이 되었다. 마침 음악은 프랑스의 경쾌한 미뉴에트를 연주하고 있었는데 몸집이 큰 두 사람은 마치 거대한 전차들이 육중한 몸체를 움직이듯 동작이 어설펐다. "마치 중국 군대 전체가 내 발을 짓밟고 지나가는 듯했죠." 스메들리는 나중에 스노에게 말했다. 한편, 장칭은 젊은 미군 병사와 왈츠를 추었다. 존 서비스와 데이비드 배럿 대령이 인솔한 '딕시 사절단'*의 일원으로 온 병사였다. 잠시 뒤 장칭은 예젠잉(葉劍英)과 매우 빠른 춤인 지터버그(지르박)를 추기 시작했다. 예젠잉은 고위급 군 지휘관이었으며 몸집에 비해 춤을 잘

---

* **딕시 사절단**(Dixie Mission) 정식 명칭은 '미육군시찰그룹'(United States Army Observation Group). 중국공산당과의 연락과 협조를 목적으로 1944년 7월부터 1947년 3월까지 활동하였다.(역주)

추었다. "두 사람이 파티의 중심이었습니다." 당시 참가자의 회고다.

저녁 내내 장칭은 마오와 춤을 추지 않았다. 린뱌오 장군은 껑충거리며 춤을 추었고, 별명이 '산속의 보아디케아'인 주더 부인은 마치 트럭을 운전하는 것처럼 잔뜩 굳은 채 춤을 추었다. 그들 사이를 왔다 갔다 하면서 춤을 추다가, 장칭은 이따금 잰걸음으로 무도장을 가로질러 젊고 예쁜 여자를 골라 마오에게 댄스 파트너로 데려다주었다. 그날 저녁 마오는 간호사, 교사, 음식 나르는 소녀들과 돌아가면서 춤을 추며 즐거운 한때를 보냈다. 전 부인 허쯔전이 보았다면 아마 칼을 들고 쫓아왔을지 모르지만, 장칭은 영리하게 정치인의 아내 역할을 했다.

설사 장칭이 만들기 전부터 옌안에 이런 신나는 모임이 있었다 하더라도 마오와 허쯔전은 가지 않았을 것이다. 아마 허쯔전이 거절했을 것이다. 마오와 허쯔전은 연극 구경도 가지 않았다. 이제 마오는 장칭과 함께 연극도 자주 보러 다녔다. 마오가 외국 여자(스메들리)의 동굴 집에 잠시 갔다 오면 허쯔전은 어디에 다녀왔느냐고 캐물었다. 하지만 장칭은 그런 일에는 신경을 쓰지 않았고 남편에게 얼마간 자유를 주었다. 그 대신 자신에게도 약간의 자유를 허락해줄 것을 남편에게 기대했다. 콩깍지 안에 든 콩처럼 항상 둘만 붙어 있는 것보다 그게 낫다고 생각했던 것이다.

영어를 잘하는 탕나와 살았던 덕분에 장칭은 마오보다 영어를 잘 알았지만 썩 잘하지는 못했다. "아주 못하는 것은 아니다."[86]라는 것이 옌안에 살았던 외국인이 장칭의 영어 실력에 내린 최고의 평가였다. 하지만 기회가 있을 때마다 장칭은 영어를 썼다. 마오의 호위병이었던 왕둥싱(汪東興)에게 장칭은 스스로 대견해하는 태도로 알파벳과 회화 몇 구절을 가르쳐주곤 했다.[87] 왕둥싱은 훗날 당 정치국원이 되며 1976년 장칭을 몰락시키는 데 중요한 역할을 한다.

당시 장칭의 집안일을 도왔던 세 여성 중 한 명은 이렇게 회고했다. "장칭 동지는 우리를 가르쳤습니다. 따로 시간을 내어 일기 쓰는 법을 가르쳐주었죠. 그러고는 나중에 와서 우리가 써놓은 것을 검토하고 고쳐주었습니다.[88] 장칭은 다른 사람에게 관심 받는 것을 좋아했고, 자신보다 지위가 낮은 사람들에게 자세하게 가르치기를 좋아했다. 장칭은 "그게 아니지. …… 바보같이 …… 자, 내가 하는 것처럼 이렇게 해봐." 라고 말하곤 했다.

당시 옌안에서는 약식으로 만든 무대에서 연극을 공연하곤 했는데 마오와 같이 연극을 보러 갈 때면 장칭은 마치 낯선 나라에서 자국 대통령을 안내하는 대사처럼 행동하곤 했다.[89] 연극이 현대극이거나 외국 작품일 때는—그런 경우는 드물었다.—장칭은 마오보다 훨씬 집중해서 감상했으며 마오에게 작품의 의미를 열심히 설명하곤 했다.* 하지만 두 사람은 주로 경극을 관람했다. 딸 리나는 전통 경극을 좋아하던 부모의 영향으로 '경극광'이 된다.

경극에서 영웅은 아름다운 비단옷을 입고 악당은 무시무시한 가면을 쓴다. 장칭은 쟁쟁거리는 악기 소리와 날카로운 고음의 발성으로 이루어지는 경극을 마오와 함께 열심히 관람할 때 방해받는 것을 무척 싫어했다. 하지만 옌안에서 제2인자이자 성실한 조직가였던 류사오치는 경극에는 별로 관심이 없었고 가끔 공연 중간에 마오에게 업무 이야기를 하곤 했다. 어느 날 밤 공연이 한창일 때 류사오치는 얼굴이 잔뜩 굳은 채 마오 주석에게 가만히 다가왔다. 관료 출신다운 가냘픈 손에는 서류가 한 장 들려 있었다. 그 모습을 본 장칭은 류사오치에게 증오에 찬 눈길을 흘깃 던졌다. 장칭은 짜증스러운 듯 두 어깨를 살짝 위로 올리

---

* 장칭은 마오쩌둥에게 "당신은 시골 만두 같아요."라고 놀리곤 했는데, 그러면 마오는 "당신은 외국 만두 같아."라고 받아쳤다. (이것은 마오 부부가 주고 받은 일종의 말장난이다. 여기서 '시골 만두'는 중국어로는 '土包子'인데 이 말은 시골 만두라는 뜻이지만 관용적으로 시골뜨기를 놀리는 말로 쓴다. 마오가 말한 '외국 만두'는 중국어로 洋包子인데, 원래 중국어에 없는 단어지만 마오가 '서양'을 뜻하는 접두사 양(洋)을 붙여 만든 것이다. 즉 "당신은 시골뜨기 같아요."라고 장칭이 놀리면, 마오는 "그럼 당신은 외국뜨기네?"라고 받아친 것이다. 괄호 안의 설명은 역자의 주석이다.)

고는 천장을 바라보며 남들 다 들으라는 듯 슬쩍 한마디 했다. "오, 여기 그 시골뜨기가 또 나타났네."

어느 날 오후 마오쩌둥이 거실에서 왕밍과 이야기를 나누고 있었다.[90] 왕밍은 한때 마오의 경쟁자였지만 지금은 정치적으로 마오에게 완전히 패배한 상태였다. 하지만 마오는 여전히 왕밍과 토론하기를 좋아했고 왕밍의 논리에서 오류를 끄집어내 비판하기를 즐겼다. 그날 두 사람은 소련을 두고 논쟁을 벌였다. 왕밍은 소련에서 유학한 사람답게 소련을 잘 알았으며 마오보다 높이 평가했다. 장칭은 지루한 표정으로 구석에 앉아 이 진부한 이중주를 자신이 얼마나 더 참을 수 있을지 궁금해하고 있었다. 이때 마침 왕밍의 아내가 들어섰는데, 얼굴이 발갛게 상기되고 숨을 헐떡거렸다. "당신을 찾으러 온갖 곳을 다 다녔어요." 남편인 왕밍에게 하는 말이었다. "그런데 여기에 있었군요. 당신들 두 사람은 또 논쟁 중인가요?" 방 한구석에 있던 장칭이 앞으로 나서서 상황을 정리했다. "부인이 오셔서 정말 좋네요." 장칭은 큰 소리로 말했다. "이 싸움닭 두 분은 정말 어쩔 도리가 없네요. 만나면 곧바로 싸움 시작이거든요." 장칭은 남편에게 다가가 일으켜 세웠다. "당신 남편을 데려가서 저녁을 들도록 하세요. 나는 내 남편을 데리고 가서 저녁을 들도록 할 테니까……."

비록 '비서' 정도의 역할밖에 수행하지 않았지만 다른 사람이 아닌 마오의 비서였다. 마오쩌둥은 엄청난 권력을 쥐고 있었지만 직설적으로 말하기를 싫어했다. 그래서 마오쩌둥의 비서인 장칭은 자연히 옌안의 정치 지형에서 점차 중요한 위치를 차지하게 된다. 장칭은 정치적 결정을 공식적으로 논하는 자리에는 참석하지 않았는데, 아주 가끔은 예외도 있었다. 하지만 사람들은 이제 마오가 내리는 모든 결정에 장칭이 영향력을 행사할지도 모른다고 생각하기 시작했다.

이것은 충분히 있을 수 있는 이야기였다. 마오가 집에서 방문객과 함께 정치 이야기를 할 때 장칭은 옆에서 조용히 듣고만 있었지만 주의 깊게 관심을 기울였다. 그리고 방문객이 떠난 뒤 마오에게 자신의 의견을 말했다.

장즈중(張治中)이 국민당의 협상 대표로 옌안을 방문한 적이 있었다. 장칭은 이른 아침마다 그가 머무는 동굴 집에 와서 물었다. "안녕히 주무셨나요? 그럼 오늘은 우리가 무엇을 해 드려야 할까요?" 장칭은 예의 바르고 말수가 적었다. 하지만 "그녀가 마오 주석을 대신해서 이런 질문을 던지고 있다는 것은 누가 보기에도 확연했다."[91]

한때 장칭의 배에 립스틱으로 글씨를 쓰고 나중에는 그녀를 비판했던 위안무즈는 당시 서북 지방에서 영화인으로 활동하고 있었는데, 어느 날 마오와 장칭의 옌안 생활을 담은 다큐멘터리 영화를 만들자고 제안해 왔다.[92] 이 제안에는 아부의 냄새가 조금 풍기기는 했지만, 장칭은 의식하지 못했든지 아니면 알면서도 모른 척했다. 장칭은 위안무즈가 대표로 있는 '옌안 영화제작사'가 주관하고 그가 직접 감독을 맡겠다는 제안을 받아들일 마음이 있었지만 마오가 반대했다. 당시 군사 문제가 매우 급박하게 돌아가고 있었으며 마오는 '대생산운동(大生産運動)'을 감독하는 데 주의를 집중하고 있었다. 장칭은 마오를 끈질기게 설득하기 시작했다. 영화 감독인 위안무즈가 이야기했더라면 훨씬 더 잘 어울릴 논리였다. 인민 대중은 지도자들의 삶을 궁금해하며, 주석과 주석의 부인이 직접 육체 노동을 하는 모습을 보여줌으로써 당 일꾼들에게 솔선수범의 전범을 제시하면 누구도 따르지 않을 수 없으리라는 논리였다. 마침내 마오는 설득당했다.

장칭은 마치 사교계에 정식으로 데뷔하는 첫 파티에 나가는 젊은 아가씨처럼 흥분해서 바쁘게 돌아다녔다. 온갖 종류의 의상을 준비해놓고, 위안무즈에게는 각 장면의 순서에 대해 확실한 지침을 내리고, 마오에게는 카메라 앞에서 어떻게 움직여야 하는지 열심히 조언했다. 지금 무슨 일을 하는 것인지 문득 의심이 드는 순간에 장칭은 아마 스스로에게 영화 경력을 다시 시작하는 것이 절대로 아니고 다만 주석의 정치적

1945년 마오쩌둥과 레닌복을 입은 장칭. 마오쩌둥은 갈수록 비대해져서 장칭의 날씬한 모습이 돋보였다.

이해 관계를 위해 영화를 잠시 활용하는 것이며 인민 대중의 정치 교육을 위한 행동이라고 재차 다짐했을 것이다.

옌안 시내에는 영화 촬영장이 없었다. 위안무즈 감독은 옌안의 남문 바깥에 위치한 학교 운동장에서 다큐멘터리를 찍기로 했다. 마오와 장칭은 매일 자동차를 타고 이 학교로 갔다. 몇몇 현지 주민들이 옆에서 구경하는 가운데 마오는 깊은 생각에 잠겨 전쟁과 혁명을 고민하는 듯한 모습을 찍었고, 도랑을 파거나 밀알을 가는 모습 등을 진짜 노동자들이 하는 것처럼 찍었다. 또 인민 대중을 대표하는 몇몇 주민과 섞여 대화를 나누고 일을 하는 모습도 찍었다. 이 영화는 훗날 1949년 중국 공산당이 승리한 이후 전형적인 다큐멘터리 촬영 형식이 되어 중국 인민이 자주 볼 수 있게 된다.

마오는 촬영 내내 편하지 않았던 반면 장칭은 촬영을 즐겼다. 마오는 집중하여 연기하기를 거부했지만 장칭이 보여주는 미소와 몸짓은 연구를 지나치게 많이 해서인지 오히려 부자연스러웠다. 마오는 촬영을 위해 특별한 의상을 입지 않았지만 장칭은 상하이에서 그랬듯이 면밀하게 의상을 골라 입었다. 장칭의 모습은 마치 선거 운동을 하는 정치인 같았다. 그리고 마오는 마치 아내의 정치 활동을 도우려고 잠시 자신의 연구 활동 중에 시간을 낸 남편의 모습이었다.

이 영화는 일반에게 공개되지 않았다. 이 영화를 본 사람도 없다. 아마도 영화를 촬영하기는 했지만 제대로 편집하여 완성하지는 못한 듯하다. 오랜 시간이 지난 뒤 장칭은 이렇게 회고했다. "마오는 영화에 나오는 것을 결코 좋아하지 않았어요. 내가 처음 만난 옌안 시절부터 그 사람은 그런 식이었죠."

장칭이 마오쩌둥의 비서로서 보조 역할을 맡고 나섬에 따라 다른 사람들과 충돌할 수밖에 없었다. 장칭은 특히 마오의 비서실장이던 리류뤼(李六如)를 본능적으로 싫어했다.[93] 남편을 개인적으로 보호하는 역할을 맡은 측근을 이렇게 증오하는 것은 다른 나라의 경우에도 최고 지도자의 부인들에게서 흔히 볼 수 있는 현상이다. 고참 혁명 투사이자 지식인인 리류뤼가 보기에 장칭은 남편의 집무실 부근을 돌아다니면서 자기 힘을 은근히 과시하며 제멋대로 판단을 내리고 마오에게 개인적으로 이것저것 졸라대며 옌안의 검소한 생활 습관에서 벗어나 있었다.

마오쩌둥의 참모진 중 많은 이들이 장칭의 행동에 격분했고 1942년 어느 날 리류뤼는 사람들의 불만을 전달하기 위해 마오의 집무실로 갔다. 그는 단도직입적으로 이 민감한 문제를 꺼내놓았다. 비서실장은 장칭에 대한 불만과 참모들의 고충을 나열하여 설명한 다음 장칭이 마오의 이미지와 권위에 해를 끼친다고 주장했다. 마오와 비서실장은 장칭이 집에 없는 줄 알았지만 사실 장칭은 자기 방에서 쉬고 있었다. 장칭은 비서실장이 자신에 대한 비난을 열거하는 것을 듣고는 화가 나서 마오의 집무실로 달려 들어갔다. 그녀는 큰 눈을 치켜뜨고 마오와 비서실장이 앉아 있는 테이블을 손바닥으로 쳤다. 그러곤 남편과 비서실장이 자기 등 뒤에서 모함을 한다고 울면서 소리쳤다. 또 리류뤼에게는 자신을 비난할 권리도 자격도 없다고 큰 소리로 말했다.

마오는 곧바로 장칭을 꾸짖었다. 리류뤼에게 호의적인 사람의 회고에 따르면, 마오는 장칭에게 "입 다물라"고 말했다고 한다. 마오는 리류뤼가 장칭보다 오랜 기간 혁명 과업을 수행해 온 사람이라고—이 대목은 항상 장칭에게 아프게 다가왔을 것이다.—지적했고, 잠시 후 비서실장이 나간 뒤에 그에게 사과하라고 했다. 적어도 그렇게 무례하게 끼어든 것은 사과해야 할 것이라는 이야기였다.* 하지만 장칭은 사과하지 않았고 이후 비서실장에게 냉랭하게 굴었다. 마오는 더는 그 문제로 장칭을 비난하지 않았다. (오랜 세월이 흐른 뒤 직접 권력을 잡았을 때 장칭은 리류뤼의 경력을 끝장내는 데 한몫했다.**)[94]

마오와 장칭은 다른 사람들 앞에서 이렇게 자주 싸웠는데, 이것은 중국공산당 지도부에서는 매우 드문 일이었다. 저우언라이와 덩잉차오가

---

* 마오쩌둥의 행동은 초(楚)나라 장왕(莊王)의 이야기를 떠올리게 한다. 어느 날 궁궐에서 승전을 축하하는 연회가 열렸다. 문무백관과 왕의 후궁 등이 모두 참석한 자리였다. 연회 도중 갑자기 바람이 불어와 등불이 모두 꺼졌는데, 순간 어둠 속에서 왕의 후궁이 갑자기 비명을 질렀다. 어둠을 틈타 어떤 장수가 후궁을 재빨리 끌어안고 희롱한 뒤에 놓아주었던 것이다. 후궁은 장수의 투구에서 매듭 장식 하나를 떼어 가지고 있었고, 왕에게 어서 불을 켜고 참석한 모든 장수들의 투구를 검사해 자신을 희롱한 사람을 찾아 달라고 요청했다. 불을 켜면 당장 범인이 누구인지 알 수 있을 터였다. 그러나 장왕은 불을 켜지 말고 모든 장수는 투구에서 장식을 하나씩 떼어 던지라고 명령했다. 후궁의 청을 들어주면 그 장수가 치욕을 당하게 될 것이고 연회를 열어 장수들의 사기를 북돋우려 했던 것이 물거품이 될 것이라고 생각했기 때문이다. 결국 누가 잘못을 했는지 알 수 없었다. 몇 년 후 그 장수는 전쟁터에서 장왕의 목숨을 구하여 은혜를 갚았다고 한다.

** 리류뤼의 행동은 중국 역사에서 황제의 어머니나 부인이 권력을 휘두를 때 이것을 비판한 용감한 관리들의 전통에 맥이 닿아 있었다. 후한(後漢) 때, 등태후가 어린 아들을 대신하여 섭정할 때 '두건'이라는 신하가 황제인 아들에게 권력을 돌려주라고 간원했다. 등태후는 격노하여 두건을 두터운 비단 자루에 집어넣고 몽둥이로 때려 죽이라고 명령했다. 궁궐에서 사흘 동안 비단 자루 안에 들어가 있던 두건은 죽은 시늉을 하여 결국 살아남는다. 이윽고 등태후가 죽자 두건은 영웅 대접을 받는다.

다투는 모습을 보았다는 기록은 없으며, 주더와 캉커칭 역시 설사 다른 사람이 없는 곳에서는 싸웠을지 몰라도 공개적으로 싸운 일은 없었다. 마오와 장칭은 둘 다 성격이 매우 강했다. 기분이 좋을 때는 서로 활력소가 되었지만 그렇지 않을 때에는 한쪽이 화를 내면 다른 쪽이 여기에 자극받아 더 크게 화를 내는 식이었다. 두 사람 다 직설적이고 태도가 거칠다는 점에서 공산당 지도부 안에서 두드러졌다. 장칭은 비록 세련된 여배우였지만 화가 나면 무슨 일이든 할 수 있는 성질이 있었고, 반은 농부이고 반은 지식인이었던 마오는 후난 지방 특유의 투박함과 불 같은 성질을 끝까지 잃지 않았다.

소련 관료였던 블라디미로프는 장칭을 이렇게 기억했다.[95] "장칭은 독립적인 분위기를 풍겼습니다. 그녀는 낯선 상황에서도 쉽게 자신만의 해결책을 찾아냈죠. 호기심도 많았고 야심도 있었지만 잘 숨기고 있었습니다." 블라디미로프는 장칭이 겉으로는 신중하고 가정주부 같은 온화함을 보였지만 속으로는 매우 강한 의지를 지니고 있다고 느꼈으며, 결혼하고 나서 처음 몇 년 동안은 영향력을 행사하지 않으려고 노력했지만 결국에는 영향력을 행사하기 시작하는 것을 보았다고 회고했다. "장칭은 아주 솜씨 좋고 은밀한 방법으로, 가정 문제와는 상관없는 다방면의 문제에서 남편이 해결책을 생각해내도록 곁에서 도움을 주었습니다."

비서로서 장칭의 역할과, 장칭이 이렇게 힘을 갖기까지 옆에서 도와준 정치 공작 전문가와 그녀의 관계에 대해, 1942년 12월 블라디미로프가 쓴 일기 한 구절은 강한 인상을 준다. "남편의 비밀 문서 수신과 발신 업무는 이제 전부 그녀의 손 안에 있다. 남편이 마음속으로 어떤 계획을 세우고 있는지 장칭은 모두 안다. 그래서 그녀는 캉성의 무한한 신뢰를 받고 있다."

이 러시아인은 장칭이 본질적으로 어떤 사람인지 정확하게 꿰뚫고 있었던 듯하다. 상하이 시절과 마찬가지로 장칭은 자신의 다양한 재능을 적재적소에 활용하는 법을 잘 알고 있었다. 마치 피아니스트가 열 손가락을 모두 사용하지만 동시에 쓰지는 않는 것처럼 "때로는 이 재능을, 때로는 저 재능을" 적절히 활용하는 것이 장칭의 능력이었다. "그녀는 모든 것을 철저히 계산하여 하나씩 행동에 옮기는 대단한 자질을 지녔다."

장칭은 마오의 아내이자 비서 자격으로 루쉰예술학원을 다시 방문했다. 마오가 예술과 정치의 관계를 다루는 강연 시리즈를 시작한 것이 계기였는데, 이 강연은 훗날 〈옌안문예강화(在延安文藝座談會上的講話)〉라는 제목으로 알려진다. 옌안 주민 가운데 예술과 관련 있는 사람은 모두 참석한 이 강연에서 청중들은 연필을 들고 필기 준비를 한 채로 마오를 기다렸다. 마오는 줄담배 때문에 잔기침을 하면서도 조용하고 강력하며 지극히 효과적인 방식으로 강연을 했다. 이렇게 1942년 봄 옌안의 역사적인 강연이 시작되었던 것이다. 장칭은 자랑스러운 얼굴로 앞줄에 앉아 있었다. 잔뜩 긴장한 서북 지역의 지식인들 앞에서 행한 마오의 이때 연설의 내용을 고려할 때, 그녀가 마치 자신이 이 연설 내용의 실제 소유자인 듯한 태도를 보였던 것은 참으로 아이로니컬한 풍경이었다. 많은 세월이 지난 뒤 장칭은 이 강연 내용에 자신이 영향을 끼쳤다고 말했다.[96]

마오쩌둥은 이때 루쉰예술학원에서 '예술을 위한 예술'을 해야 한다는 주장은 잘못이라고 선언했다. 마오가 작가들이 주장하는 '문학의 독립성 요구'를 조롱했을 때, 딩링을 비롯한 작가들은 그가 자신들이 지향하는 핵심 가치를 공격하는 데 충격을 받았다. 동서고금을 막론하고 정치인은 지식인들의 반대 의사 표현이 국가 안보에 위협이 된다고 생각한다. 마르크스주의는 한 걸음 더 나아가 진리는 고유한 가치를 지닌 것이 아니고 역사 진행 과정에 도움을 주는 보조적 가치가 있을 뿐이라고 규정한다. 결국 마오는 마르크스주의를 신봉하는 정치인으로서, 모든 예술 작업은 중국을 일본으로부터 해방시키고 공산주의의 승리를 앞당기는 데 봉사해야 한다고 주장했던 것이다.

"다양한 의견이 있다고 해서 각기 다른 결론을 내리도록 허용할 수는 없습니다."[97] 마오는 계속 말을 이어갔다. 강연장에 빼곡히 앉은 지식인들은 경고를 받고 있었다. 그들에게 허락되는 자유는 오직 올바르게 생각할 자유였다. 올바르지 않은 의견을 공개적으로 주장하는 것은 허용할 수 없다는 이야기였다.

장칭은 남편이 중국의 미래를 짊어질 작가와 예술가들을 레닌주의에 구속시키려 하는 모습을 옅은 미소를 띠고 바라보았다. 장칭은 마치 자신의 상하이 시절이 모두 쓰레기였다는 듯한 태도로 지금 옌안의 공산주의가 제시하는 차갑고 메마른 해골 같은 예술관을—그녀가 얼마만큼 정확하게 이해했는지 우리는 모르지만—받아들이고 있었다. 과거 란핑의 예술관에 존재했던 가치 있는 원칙들은 이제 예술이 처참하게 짓밟히는 상황에서 장칭이 마오의 아내로서 남편을 지지하며 침묵하는 태도를 유지함으로써 죽어 가고 있었다.

당시 옌안에는 이런 마오쩌둥의 의견에 반대하는 작가들이 몇 있었다. 그중 가장 대담한 사람은 왕스웨이(王實味)였는데 그는 예술에 대한 정치적 가부장주의를 비판하고 공산당 지도자들이 이상주의적 목표를 잃어버렸음을 개탄하는 분노에 찬 글을 발표했다. 그 글의 제목은 〈들백합화(野百合花)〉였는데, 이 제목은 글의 내용에서 나온 것이 아니었다.[98] 당시 모든 사람이 릴리 우(우광웨이) 사건을 알고 있었으며, (그녀는 상하이에서 얻은 '릴리Lily'라는 이름으로 기억되었다.) 이 제목은 여자를 권력자가 누릴 수 있는 특권의 하나로 취급하는 마오쩌둥을 비판하는 메시지를 담고 있었던 것이다. 얼마 지나지 않아 왕스웨이는 황당한 이유로 처형당한다. 아마도 어떤 사람이 복수의 단도를 조용히 준비해 두었던 모양이다.

"장칭은 정치적으로 힘겹게 투쟁하면서 동시에 병마에 맞서 싸우고 있었습니다."[99] 훗날 장칭의 정치적 동료가 되는 사람의 말인데, 이것은 사실이었다. 훗날 장칭은 건강염려증 환자라 할 수 있을 정도로 자신의 건강이 급격하게 나빠졌다 좋아졌다 한다고 과장해 말하곤 했다. 하지만 옌안 시절에는 그러지 않았다. 장칭은 마오와 결혼한 직후 걸렸던 결핵 외에 건강에 대해 말한 적이 거의 없었다. 당시 당 간부들이 장칭의 병을 언급했는데, 그들 나름대로 목적이 있었다.

배럿 대령은 당시 장칭의 건강에 대해 들은 내용을 이렇게 전한다. "미군 시찰단(딕시 사절단)이 옌안을 향해 출발할 즈음, 장칭이 결핵에 걸렸으며 공개된 장소에 잘 나타나지 않는다는 이야기를 그쪽으로부터 들었습니다."[100] 미국인들은 장칭이 건강이 나빠서 공적인 역할을 하지 못한다는 이야기를 곧이곧대로 받아들였다. 충칭을 출발하면서 배럿 대령과 존 서비스는 깡통에 든 우유와 코코아를 준비했다. 장칭에게 '건강을 회복'하라고 선물로 줄 생각이었다.

하지만 마오가 미국인들에게 장칭을 소개했을 때 배럿 대령은 그녀가 "전혀 아픈 것 같지 않다"는 느낌을 받았다. 오히려 장칭은 '우아하고 세련된 모습'으로 배럿 대령에게 깊은 인상을 남겼다. 당시 장칭을 돌본 러시아인 의사 오를로프는 장칭과 마오에 대해 이렇게 말했다. "두 사람 모두 건강합니다. 나도 그들만큼 건강했으면 좋겠네요."[101] 존 서비스는 마오 부부의 집에서 두 사람과 점심을 먹은 적이 있는데 "장칭은 몸도 가볍고 건강도 좋아 보였다."고 회고했다.[102]

공산주의 정치에서 정신 질환을 포함한 모든 질병은, 실제로 병을 앓는 경우뿐 아니라 질병에 걸렸다는 의혹을 제기하는 것만으로도 정치 투쟁에서 중요한 무기가 될 수 있었다. 훗날 장칭은 이 가공할 전술에 상처를 입는 희생자가 되기도 하고 반대로 이 전술로 정적을 공격하기도 한다. 장칭은 옌안에서 처음으로 이 무기의 맛을 보았다.

1945년 쭤순성(左舜生)이란 사람이 옌안에 왔다. 그는 상하이 시절 장칭의 지인으로서 당시 '중국청년당'의 지도자였으며 추이완추의 동료였다. 당연히 쭤순성은 장칭을 만나고 싶어 했다. 하지만 마오는 쭤순성에게 "장칭이 아프다."고 말했다. 쭤순성은 장칭의 딸을 만나는 것으로 만족해야 했다. (그는 딸이 엄마를 '쏙 빼닮았다'고 말했다.)[103] 아마도 마오는 장칭이 상하이 시절을 잊는 것이 가장 좋다고 생각했거나, 아니면 당의 눈치를 보면서 장칭이 '공개석상에 등장'하는 일이 불러올 결과를 지나치게 우려했던 것 같다.

훗날 장칭은 옌안에서 자신이 걸렸던 병을 공개적으로 언급한다. 하지만 당시에 자신이 질병에 맞서 힘겨운 '투쟁'을 한 사실은 말하지 않았다. 결국 장칭을 비활동적인 가정주부로 묶어 두기를 바랐던 당 간부들이 장칭이 '공개석상에 등장'하는 것을 제한하기 위해 건강 문제를 널리 알렸던 것이다.

1945년 여름, 마오쩌둥은 당시 국민당 정부의 수도였던 충칭(重慶)에 갔다. 항일전쟁이 끝난 뒤 국민당과 공산당의 내전이 다시 격화되는 것을 막기 위해 장제스와 회담을 하러 간 것이다.* 회담 직전에 미국 특사 패트릭 헐리(Patrick Hurley)와 국민당 특사 장즈중이 옌안으로 와서 마오와 저우언라이와 다른 공산당 대표들을 충칭으로 데리고 갔다. 회담은 힘겹게 진행되었는데, 회담 시작 2주일 뒤 장칭이 딸 리나를 데리고 충칭에 나타났다. 저우언라이가 옌안으로 돌아가 장칭을 무더운 남쪽 도시 충칭으로 호위해 온 것이었다.[104]

"저는 여기에 치과 치료를 받으러 왔어요."라고 장칭은 말했다. 마오와 장칭은 '계원(桂園)'이라 불리던 장즈중의 우아한 이층 저택에 머물면서 많은 방문객들을 만났다.

---

* 마오쩌둥은 1945년 8월부터 10월까지 약 한 달 반에 걸쳐 충칭에서 장제스와 평화 협상을 벌였다. 힘든 협상 끝에 양측은 신해혁명 기념일인 쌍십절 즉 10월 10일에 협정을 체결한다. 이른바 쌍십협정(雙十協定)이었다. 주요 내용은 "국민당과 공산당 양측은 평화, 민주, 단결, 통일을 기초로 공동으로 노력한다. 내전을 피하도록 노력한다. 독립·자유·부강의 신중국을 건설한다."라는 것이었다. 그러나 이것은 공산당이 장악한 해방구의 처리 문제, 중국 공산당 군대 재편 문제 등 알맹이가 빠진 불완전한 협정이었다. 마오쩌둥은 협정 체결 이튿날 옌안으로 돌아갔다. 하지만 이 협정은 지켜지지 않았으며 결국 1946년 전면적인 국공내전이 개시되었다.(역주)

마오쩌둥이 외교 활동을 할 때 장칭이 같이 등장한 것은 이때 한 번 뿐이었다. 이 여행에서 장칭은 마오를 개인적으로 보조했으며 이것은 공적인 일에서 (눈에 띄는) 역할을 수행하지 말아야 한다는 공산당의 요구에 부합하는 행동이었다. 당시 장칭은 언론의 주된 관심 대상이었을 것이다. 마오는 자신의 웅대한 포부를 노래한 〈심원춘·설(沁園春·雪)〉이란 시의 일부를 차용한 류야쯔(柳亞子)의 시가 충칭의 공산당계 신문인 〈신화일보(新華日報)〉에 실리는 것은 허락했지만, 신문에 장칭이 등장하는 경우는 거의 없었다. 당시 장칭을 본 중국인들은 그녀를 '청순한 느낌의 젊은 여인'이었다고 기억하는데, 다른 중국공산당 지도자 부인들과는 전혀 다른 느낌을 주었다고 한다. 장즈중의 저택에서 열린 환영 모임에서 장칭은 "디자인이 단순한 짧은 소매 블라우스와 치마를 입었는데 약간 고등학교 여학생 교복같이 보였고 파마를 하지 않고 앞이마를 거의 덮는 단발머리"였다.

"장칭은 동굴 집에서 방금 나온 사람처럼 보이지 않았습니다." 당시 모임에서 장칭을 본 또 다른 사람은 이렇게 회고했다.

중국 사람들끼리 환영 모임을 연 자리에서 장즈중 장군과 부인이 간단히 인사말을 해 달라고 요청하자 장칭은 우아하게 인사말을 했다. 그때 앞에서 열 번째 줄에 앉아 인사말을 들었다는 사람은 장칭의 표준 중국어(만다린) 발음이 무척 훌륭하다고 느꼈으며 산둥 사투리는 거의 들리지 않았다고 한다. 지나치게 주목받을 것을 우려해서였는지 그때 장칭은 자신이 치과에 가려고 충칭에 왔다고 말했다. 일부 청중에게 그 말은 좀 이상하고 불필요한 이야기처럼 들렸다.

훗날 국민당 사람들의 말에 따르면, 사실 장칭은 장즈중 장군의 저택에서 일어난 스캔들 때문에 충칭에 왔다고 한다.[105] 마오가 충칭에 온 지 얼마 지나지 않아 마오와 장즈중 장군의 큰딸이 가까워졌다고 한다. 물론 마오가 먼저 손을 내밀었다고 한다. 장즈중 부부는 이 일이 공개되는 것을 피하고 싶었지만 동시에 국민당 정부에 도전하고 있는 공산당 지도자와 어린 딸의 연애를 반드시 중단시켜야 했다. 해결책은 옌안으로 비행기를 보내 장칭을 데려오는 방법이었다. 그들은 마오의 부인이 오면 마오가 자연히 어린 아가씨로부터 관심을 다른 쪽으로 돌릴 것이라고 생각했다. (또 다른 이야기도 있는데, 장즈중이 나서서 딸을 마오에게 접근시켰다는 것이다. 때가 무르익으면 장즈중은 국민당을 버리겠다는 구상을 하고 있었기 때문이라는 이야기다. 실제로 장즈중은 1949년에 국민당을 버린다. 딸을 마오에게 접근시켜놓으면, 자신이 공산당 쪽으로 갔을 때 크게 유리한 위치가 될 것이라고 미리 계산했다는 것이다.)

하지만 충칭에서 마오쩌둥과 장즈중 장군의 딸 사이에 무슨 일이 있었던 것 같지는 않다. 넷째 딸인 장쑤추와 아들 장이전은 절대로 그런 일은 없었다고 말한다. 장칭이 마오를 쫓아 충칭에 온 것은, 틀림없이 회담이 길어지면서 장칭을 곁으로 부르고 싶어 했던 마오가 요청했든지, 아니면 당시 장칭이 가끔 자신과 관련된 일에서 그랬듯이 마오를 계속 졸라 마오가 어쩔 수 없이 허락했든지, 아니면 장칭 본인의 말대로 치과 진료를 받으러 왔던 것 같다.

장칭은 저택의 이 방 저 방을 걸어다녔다. 장즈중의 집은 충칭의 치비구(赤壁區)에 있었다. 장칭은 비단 병풍을 두른 부유한 분위기의 응접실에서 리나와 놀아주거나, 장즈중 장군의 막내딸 장쑤추를 무릎 위에 올리고 놀아주기도 했다. (장쑤추는 36년이 지난 지금도 그때의 추억을 즐거운 마음으로 떠올리며 말해주었다.) 장칭은 감옥에 갇힌 듯한 답답한 마음으로 언덕이 많은 충칭의 기와 지붕들 너머를 쳐다보았다. 장칭은 두 개의 꿈 사이에서 방황했던 것 같다. 그녀는 중국공산당 최고 지도자의 부인으로서 누리는 즐거움과 충칭의 거리 모습에서 떠오르는 자신이 선택할 뻔했던 또 다른 중국의 매력 사이에서 흔들렸다. 당시 충칭에는 일본의 총칼에 밀려 피난 온 상하이의 보헤미안 예술가들이 영화도 만들고 연극도 상연하고 새로운 시대를 위한 소설도 쓰면서 살고 있었다.

이때 장칭이 전화 연락을 해보기로 결정한 사람은 다름 아닌 탕나였

1945년에 충칭에서 열린 국민당과 공산당의 평화 회담. 앞줄 왼쪽부터 차례로 미국 특사 패트릭 헐리, 국민당의 지도자 장제스, 공산당 지도자 마오쩌둥이다.

다! 당시 상황을 가까이서 관찰한 어떤 사람의 증언에 따르면, 장칭은 당시 충칭에서 언론인으로 일하면서 영국 대사관의 조언자 역할을 하고 있던 탕나와 통화를 하려고 시도했다는 것이다. 주석의 부인이라는 안전하고 우월한 위치에서 전 남편과 접촉하려 했던 것 같다.

또 다른 전 남편 위치웨이를 1933년 베이징에 갔을 때, 그리고 1937년 옌안에 갔을 때 찾아냈듯이, 장칭은 탕나가 어디 있는지 수소문했다. 장칭은 상대가 스스로 완전히 연락을 끊어버리지 않는 한, 옛 연인들과 관계를 단절하지는 않았던 것 같다. 그러나 장칭은 탕나와 직접 만나지 못했다. 장칭이 결국 탕나의 연락처를 찾지 못했든지 아니면 탕나가 만나고 싶지 않다고 거절했을 것이다. 탕나는 그때 장칭에게서 아무 연락도 받지 못했다고 밝혔다.[106]

회담이 거의 끝나 가던 어느 날 밤, 국민당 정부 청사의 영빈관은 사람들로 가득 찼다. 마오쩌둥과 장제스도 참석했는데, 두 사람은 고개를 <u>끄</u>덕이며 미소를 짓고 있었다. 충칭의 사교계 인사들은 음료를 하나씩 들고 과자나 땅콩 등을 먹으면서 장제스 주석과 그의 적수를 보려고 가끔씩 시선을 두 사람 쪽으로 돌렸다. 국민당 정부의 장관들과 기업가들, 주요 언론인들은 두 지도자들과 악수를 하려고 줄을 서서 차례를 기다렸다. 그곳에 장칭의 전 남편 탕나도 있었다.[107] 탕나는 가벼운 천으로 지은 말쑥한 양복을 차려 입고, 머리는 미끈하게 빗어 내리고, 손가락에 담배 한 대를 끼운 채 악수할 차례를 기다렸다. 마오쩌둥은 평소 습관대로 몸을 약간 앞으로 숙인 자세로 상대방의 손을 부드럽게 잡고 악수를 하며 천천히 인사를 나누었다. 탕나는 이제 마오로부터 세 번째 자리까지 다가갔다. 탕나는, 편안한 표정을 지은 채 여성스러운 부드러움까지 느껴지는 후난식 중국어로 상대방에게 질문이나 농담을 던지는 마오의 커다란 얼굴을 가까이서 보았다. 갑자기 탕나는 몸을 돌려 반대편으로 멀리 걸어가기 시작했다. 과자와 땅콩이 놓인 식탁을 지나 탕나는 곧바로 국민당 정부 청사 건물 밖으로 걸어 나왔다. 밖은 여름밤답게 후텁지근했다. 장칭의 세 번째 남편과 네 번째 남편이 악수를 나누는 일은 일어나지 않았다.

인민해방군 정치 보조원

1947년 3월의 어느 날, 국민당 군대의 폭탄이 옌안에 있는 마오의 동굴 집 근처에 떨어졌다. 가구가 심하게 흔들렸다. 마오는 별일 없다는 듯 계속 서류를 읽었지만 전쟁을 거의 겪어보지 못한 장칭은 겁을 먹었다. 다음 날 장칭은 용기를 북돋는 노래를 부르며 리나를 끌어안은 채 방공호에서 하루를 보냈다. 국민당과 공산당의 화해 노력은 수포로 돌아갔고 국민당은 이제까지 평화로웠던 공산당의 거점 도시를 포격하기 시작했다. 이대로라면 철수가 불가피했다.

마오쩌둥은 기동전이 새로운 국면을 열 수 있기를 바라며, 사태가 자신에게 유리해질 때까지 가능한 한 오래 기다렸다. 하지만 동지들 가운데 초조해하며 걱정하는 사람들이 나타나기 시작했다. "당신은 겁쟁이 군." 당장 옌안에서 철수해야 한다는 여론을 장칭이 전했을 때, 마오는 이렇게 핀잔을 주었다. "그렇게 겁을 낼 거라면 그 사람들하고 함께 가지 그래?"[108]

일 주일이 채 지나지 않은 어느 날, 마오쩌둥과 장칭—그녀는 이때 '화려한 옷'을 입고 있었다고 한다.[109]—딸 리나와 호위병 두 사람은 지프차를 탔다. 마오의 가족은 지난 10년 동안 보금자리였던 곳을 떠나 지프차를 타고 눈 덮인 황폐한 거리를 천천히 빠져나갔다. 옌안의 거리는 이미 폭격으로 반쯤은 파괴된 상태였다. 옌안 시절은 그렇게 막을 내렸다. 다음 두 해 동안 장제스와 마지막 싸움을 벌이면서 장칭은 불가피하게 가정주부의 일상에서 벗어나 전쟁과 정치에 약간의 역할을 수행하게 된다.

장칭은 중국공산당 인민해방군 제3여단에 정치 보급원으로 임명되었으며, 군대가 이동하면서 전투를 벌이는 유동적인 상황에서 종종 마오쩌둥, 저우언라이와 가까운 곳에 있었다. 마오와 저우언라이는 그때 산시성 북부 지역에서 진행되는 전투의 절반을 지휘하고 있었으며, 나머지 절반은 주더와 류사오치가 지휘하고 있었다.[110]

장칭이 이런 직책을 맡는 것은 결혼 당시 당의 지시를 위배하는 것이었지만 이 문제로 항의하는 사람은 없었다. 최소한 당분간은 그랬다.

장칭은 하루하루를 길 위에서 보냈다. 밤의 어둠을 틈타 말을 타고 이동한다든지, 농부의 동굴 집에서 머문다든지, 이 마을에서 일 주일, 저 마을에서 한 달, 이런 식으로 계속 움직여야 했다. 공산당과 국민당이 중국 곳곳에서 서로 조금씩 땅을 뺏고 빼앗기는 전쟁이 계속되었다. 폭격이 잦았다. 장칭이 속한 부대는 강을 건널 다리를 만들기 위해 절을 부수어 목재를 얻어야 했던 적도 있다. 며칠간 계속해서 강낭콩만 먹은 적도 있었는데 그럴 때 장칭은 종종 심한 복통을 앓았다.

잠시 동안 장칭은 딸 리나를 곁에 두었는데 딸이 실종되는 소동을 겪은 다음에는 겁이 나서 덩잉차오가 안전한 마을에서 데리고 있도록 했

1947년 국민당 군대의 공격으로 옌안을 떠나기 얼마 전에 찍은 사진. 장칭의 주장에 따르면, 이후 시작된 북부 산시 작전에서 장칭은 공산당 여성 혁명가로서 유일하게 마오쩌둥과 함께 전쟁터를 누볐다고 한다.

다. 허쯔전이 낳은 딸 리민과 친척 아이들은 벌써 피난시켜 리나보다 훨씬 안전한 상황이었다.

훗날 장칭은 1948년에서 1949년의 시기를 되돌아보며, 매우 흥미진진한 시절이었고 새롭게 세상을 본 때였으며 스스로 '군인'이 되었다는 자부심으로 충만한 시기였다고 회고했다. 장칭은 여성의 완전한 해방은 '강압적 수단, 즉 무력'을 보유할 때 가능하다는 의견에 동의했다. 어느 농촌 여인이 스메들리에게 "우리 여자도 남자들만큼 강합니다. 총을 주세요!"라고 했다는 말을 듣고 장칭 역시 그 여인과 같은 생각이라고 말했다.

수십 년 뒤 반혁명 재판정에서 장칭은 격노하여 외쳤다. "나는 산시성 북부 전투 기간 동안 여성으로서는 유일하게 주석의 곁에서 매순간을 함께한, 단 하나뿐인 여성 동지였소!"[111]

그러나 정치 보조원이라는 직책은 미미한 역할이었으며 장칭이 실제 직책을 수행한 것을 보면 좀 특이한 면이 있었다.

장칭은 공산주의의 혜택이 무엇인지 농민들에게 강연했는데, 강연자이면서도 자신의 감정에 휩싸이곤 했다. 장칭은 여느 정치인 아내들과 마찬가지로 자신의 남편이 믿는 대의가 올바른 것임을 흔들림 없는 열정으로 토로함으로써 청중의 마음을 움직였다. 한번은 과거 봉건 시대의 고통을 돌아보는 데 강연의 초점을 두라는 요구를 받았다. 이제 막도래할 사회주의에 대한 기대감을 북돋기 위해서였다. 장칭은 자신이 과거에 겪은 고통을 '다른 사람을 위한 사례'로 제시했고 청중 모두 눈물을 흘렸다고 한다.

눈물이야말로 장칭의 특기였다. 몇 년간 가정에 붙잡혀 있다가 이제 자유의 몸이 된 장칭은 자신의 연기 재능을 한껏 발휘하면서 자신의 감정에 도취되곤 했다. 그녀는 자신이 느끼는 감정을 곧바로 청중들에게 효과적으로 전달할 수 있었다. 장칭이 국민당 전쟁포로들에게 도덕적 분노의 채찍을 힘껏 휘둘렀을 때 결국 포로들은 울음을 터뜨리며 바로 그 자리에서 공산당 군대에 입대하게 해달라고 간청했다고 한다. 단, 이것은 장칭 자신의 회고다.

하지만 훗날 산시성 북부 전투의 진행 과정을 상세히 논하는 입장이 되자 장칭은 당황하는 모습을 보였다. 당시 전투 상황을 재구성하여 말하기 위해 장칭은 다른 사람에게 지도와 설명 문건을 가져오라고 지시해야만 했다. 그러나 지도와 설명 문건을 앞에 둔 그녀는 마치 고대 이집트 상형문자가 적힌 파피루스 문서를 본 원숭이 같았다. 오직 드라마같은 일이나 아름다운 장면을 자세히 이야기할 때에만 비로소 말에 자신감이 돌아왔다. 텐쯔완이란 곳에서 장칭은 '인민 속으로' 들어갔으며 병에 걸린 여인을 만나 "그 여인의 헝클어진 긴 머리를 빗겨주었다."고 한다. 한번은 공산당 군대가 이슬람교를 믿는 후이족(回族)과 마주쳤는데, 옷을 좋아하는 후이족 여인들이 장칭이 입은 옷이 좋은 옷감으로 지은 것을 알고 큰 호기심을 보였다고 한다.

부대가 강변에 숙영할 때 일이다. 장칭은 국민당 군대의 모자를 쓴 병사를 발견했다. 국민당과 통일전선이 무너졌으므로 병사는 붉은 별이 박힌 공산당 군대 모자로 바꿔 썼어야 했다. 화가 잔뜩 난 장칭은 병사에게 모자를 당장 벗으라고 소리쳤다. 병사가 실수를 분명하게 깨닫게 하려고 장칭은 그의 모자를 잡아채 자신의 머리에 꾹 눌러 썼다. 그러고는 자기 얼굴을 병사 얼굴 앞에 들이밀고 병사의 눈을 뚫어지게 쳐다보았다고 한다.

아마도 당시 장칭의 행동에 지나친 면이 있었던 모양이다. 아니면 여자에게 이런 모욕을 받는 것이 남자로서 참기 힘들었는지도 모른다. 여하튼 옆에서 보고 있던 사람들이 장칭을 비판하기 시작했다. 약간의 언쟁 끝에 결국 장칭은 주위 사람에게 자신이 이 부대의 '정치 지도원'이므로(사실은 정치 지도원이 아니라 정치 보조원이었다) 모든 사람이 자신의 지시에 복종해야 한다는 다소 군색한 근거를 큰 소리로 말했다.

마오쩌둥은 장칭을 당 지도부 회합에 참석시키지 않았다. 왕자완(王家灣)에서 열린 당 중앙위원회 회의에서 군대의 진군 방향을 두고 논란이 벌어졌다. 장칭은 이 문제에 대해 '간접적으로밖에' 듣지 못했다고 한다. 자셴(嘉縣)에서는 전략을 변경하는 비상회의가 열렸는데 장칭은 자신이 이 회의에서 '제외'되었음을 알았다고 한다. 이 모든 것은 그리 놀랄 일이 아니었지만, 장칭은 기분이 언짢았다.

어느 군사 거점에 잠시 주둔한 때였다. 장칭은 마오와 같이 동굴에서 기거했는데 어느 날은 동굴에서 그녀 혼자 짐을 싸 들고 나와야 했다. 네 명의 최고 지도자들인 마오쩌둥, 저우언라이, 루딩이(陸定一), 런비스(任弼時)가 회의를 하기에 마오의 동굴이 가장 적합한 장소였기 때문이다. 당나귀 우리에서 며칠을 나귀들과 지내는 동안 장칭은 몸무게가 줄었고 이와 벼룩투성이가 되었으며 목에는 혹이 생겼다. 어쩌면 화가 너무 나서, 몸이 아팠을 수도 있다. 또 국공내전이 거의 끝나 갈 무렵의 일이었다. 마오는 어느 날 저녁에 중요한 전보를 한 통 발송했는데 장 칭은 자신도 전보 내용을 알아야 한다고 생각했지만 마오는 보여주지 않았다. 장칭은 화가 나서 펄펄 뛰면서 여성 동지들은 반드시 존중받아 야 한다고 주장했다.

장칭과 저우언라이는 1947년과 1948년 사이에 관계가 더욱 돈독해졌 다. 장칭은 다른 어떤 남성 지도자들보다 자주 저우언라이와 대화를 나 누었다. 저우언라이는 장칭의 기분이 우울한 것을 보면 그녀에게 다가 가 이런저런 이야기를 나누기도 하고 기분이 어떤지, 또 두렵지는 않은 지 물어보았다.

쑨원(孫文)의 아내였으며 중국공산당의 중요한 후원자였던 쑹칭링(宋 慶齡)을 비롯한 많은 여자들이 저우언라이에게 호감을 느꼈다. 장칭 역 시 그에게 호감을 느꼈는데 그의 매력은 엄밀히 말해 육체적인 것이 아 니라 남성적인 품위에서 비롯한 것이었다. 마오와 달리 저우언라이는 춤 을 잘 추었고, 장칭은 그런 그를 좋아했다. 저우언라이는 장칭을 점잖 게 대했을 뿐 아니라 다정다감했다. "저우언라이는 덩잉차오를 도덕적 으로 사랑했습니다." 언제나 동지적 우애가 넘쳤던 두 사람의 결혼 생 활을 곁에서 지켜본 사람의 회고다. "하지만 저우언라이는 장칭과 함께 있을 때면 덩잉차오에게서는 찾아볼 수 없는 흥미로운 면을 발견했던 모양입니다. 물론 그렇다고 그가 장칭과 남자와 여자로 사귀었다는 이 야기는 아닙니다."

"부주석, 신발에 구멍이 나서 양말이 보이네요."[112] 어느 날 고된 행 군을 잠시 중단하고 점심을 들며 쉬던 중 장칭이 저우언라이에게 말했 다. 저우언라이는 기진맥진했지만 그래도 미소를 지으며 이렇게 재치 있 게 답했다. "어쩐지 걸을 때마다 길에서 울퉁불퉁한 부분이 다 느껴지 더군요."

1948년 5월, 허베이성(河北省) 청난좡(城南庄)에서 있었던 일이다. 당시 진차지(晉察冀, 산시-차하얼-허베이 지역) 군구 사령관을 맡고 있던 녜룽전(聶榮臻)은 장칭을 만나면 항상 악수를 나누곤 했는데 그날도 마찬가지로 아침 일찍 산책을 마치고 돌아오던 중 장칭을 마주쳤고 평소처럼 그녀와 악수를 했다. 바로 그때 공습 경보가 울리기 시작했다. 국민당 공군의 폭격이었다. 밤새 일을 하다 늦게 잠이 든 마오쩌둥은 아직 침상에 있었다. 마오의 비서인 리인차오와 경호대장 옌창린은 마오가 잠을 깨우는 것을 무척 싫어한다는 사실을 잘 알고 있었다. 두 사람은 혹시라도 B-25 폭격기가 다시 올 때를 대비하여 들것을 준비해놓고 여차하면 방공호로 가야 한다고 생각했다. 잠시 뒤 폭격기가 돌아왔다. 장칭이 소리쳤다. "폭격기가 급강하하고 있어요! 서둘러요!" 녜룽전이 마오의 방으로 뛰어 들어갔다. 마오는 푸른색 줄무늬 잠옷을 입고 여전히 자고 있었다. 녜룽전은 마오를 깨웠다. 하지만 잠에서 깬 마오는 자리를 피하기는커녕 침상에 태연하게 앉아 있을 뿐이었다. "별 거 아니야. 폭격기들은 기껏해야 강철 몇 덩어리를 떨어뜨리고 갈 뿐이지. 잘됐군. 그 철로 괭이를 만들어 황야를 개간하면 되겠어." 녜룽전은 호위병들에게 들것을 가지고 마오의 방으로 들어오라고 명령했다. 장칭은 주변을 서성이면서 이들을 지켜보고 있었다. 녜룽전과 그의 참모장이 마오를 번쩍 들어 들것 위에 올렸고 호위병들은 재빨리 들것을 받아들고 방공호를 향해 달려가기 시작했다. 폭탄이 쏟아지는 가운데, 장칭은 정신이 나간 사람처럼 고함을 지르면서 빨리 가라고 법석을 떨었다. 장칭은 "빨리, 빨리! 적기가 폭탄을 떨어뜨려요! 폭탄이 떨어져요!"라고 소리쳤지만 정작 마오가 정신을 집중한 일은 담배에 불을 붙이는 일이었다. 마오 일행이 산기슭에 있는 방공호에 거의 도착했을 무렵, 폭탄 한 발이 방금 전까지 마오가 머물던 숙소 앞마당에 떨어져 폭발했다. 자칫 생명을 잃을 뻔한 위험한 순간이었다.

1948년에 들어서자 이제 전 중국의 권력이 곧 나뭇가지에서 떨어질 잘 익은 복숭아처럼 마오의 눈앞에 걸려 있었다. 장칭은 여전히 마오 하나만을 생각할 수밖에 없는 입장이었던 반면, 마오는 장칭 하나만을 생각하지는 않았던 모양이다. 마오는 베이징에서 북동쪽으로 250킬로미터 지점에 있는 스자좡(石家庄)에 거점을 마련했다. 공산당 지도부가 베이징 장악이라는 최후의 승리를 앞두고 스자좡으로 모여들었다. 그런데 이때 마오는 다시 권력의 특권인 여성과의 쾌락으로 눈을 돌렸다. 이 도시로 연극 공연을 하러 들어온 여배우가 한 명 있었는데, 바로 위산이었다.[113] 위산은 칭다오 시절 장칭의 남편이었던 위치웨이의 누나였다. 위산은 칭다오대학 학장이던 남편 자오타이머우와 이혼한 뒤 남동생이 있는 장자커우(張家口)로 갔다. 이 도시는 스자좡과 가까웠고 스자좡에 연극 공연을 위해 들른 위산은 마오와 잠시 사랑을 나누었던 것으로 보인다.

당시 위치웨이 역시 스자좡에 왔는데 장칭은 전 남편을 만났으나 그녀가 위산과 마오의 관계를 두고 어떤 이야기를 했는지는 알 수 없다. 하지만 장칭은 이제 정치인의 아내였으며 허쯔전이라면 남편에게 최후통첩 같은 것을 내밀었겠지만 장칭은 그러지 않았다. 여하튼 훗날 장칭은 위산이 '반동적 인물'이었으며 자신을 '끝없이 위협하며 괴롭혔다'고 말한다.[114]

이런 경우에 서양 여성이라면 아마도 남자에게 비난의 화살을 돌릴 것이다. 허쯔전이라면 남자뿐 아니라 여자에게도 공격의 화살을 날렸을 것이다. 하지만 장칭은, 앞으로도 그런 경우가 생기지만, 남편은 놔두고 여자만 비난했다. (1,300년 전 측천무후가 세력을 키워 나갈 때에도 똑같이 행동했다. 어느 날 황제는 측천무후의 조카딸인 허란 궈추와 침실에 들어갔다. 측천무후는 황제를 직접 추궁하지 않았고 그 대신 연회에서 음식에 진흙을 섞어 허란 궈추에게 먹게 하여 그녀를 죽여버렸다.)

이 무렵 탕나는 충칭을 떠나 홍콩으로 가서 좌익 계열 신문 〈대공보〉에서 일하고 있었다. 어느 날 저녁 탕나는 신문사 책상에 앉아 연애 편지를 썼다. 그날 저녁 신문사의 어느 동료는 탕나가 '말끔하고 단정한 글씨로' 편지를 쓰는 모습을 보았다고 한다. 탕나는 매력적인 신문기자인 천런충(陳潤瓊)과 곧 결혼하고, 다시는 중국 본토로 돌아가지 않는다.[115]

장칭이 북부 산시 작전 동안 그날그날의 업무를 수행하면서 자신의 본래 능력을 벗어난 영역에서 활동함으로써 어려움을 겪었다면, 다른 한편으로 마오 주석의 아내이기 때문에 겪어야 하는 어려움도 있었다. 장칭은 당시 정치 보조원이란 직책을 갖고 있었지만 주위 사람들은 그 직책이 마오를 즐겁고 편안하게 해주는 역할을 수행하기 위한 껍데기라는 것을 잘 알고 있었다. 장칭에게 독립적인 정치 과업을 맡기는 것은 불가능했다. 하지만 마오는 계속 여기저기로 이동했고 장칭은 마오를 따라다녀야 했으므로 장칭을 위해 매주 새로운 과업들을 만들어 부과해야 했다. 장칭을 한 사람의 전문가로 진지하게 생각해주는 사람은 거의 없었다.

마오가 군사 작전에 몰두하는 동안에 야생 능금을 따다 주어 남편의 기분 전환을 돕는 것이 장칭의 과업이 된 적이 있었다. 또 마오가 신경성 질환 때문에 글씨를 쓰기 힘들어하자 장칭이 마오의 구술을 받아 〈현 상황과 우리의 과제〉라는 글을 썼다. 전쟁이 거의 끝나 갈 무렵 장칭은 자신의 정치적 책무를 잠시 떠나 가정주부로 돌아가 덩잉차오가 상투에서 돌보고 있던 딸 리나를 데리고 마오가 있던 선촨바오로 돌아온다.

1948년 말의 어느 날, 마오는 장칭이 방에서 울고 있는 것을 보았다. "엄마, 평생을 그렇게 고생만 하더니 왜 이제 와서 돌아가신단 말이에요!"라고 그녀는 울부짖었다. 마오는 그녀를 달래보려 했지만 그녀는 좀처럼 안정을 찾지 못했다. 돌아가신 어머니가 있는 지난으로 즉시 가보아야겠다고 그녀는 말했다. 마오는 침착하게 대답했다. "어머니는 벌써 돌아가셨소. 지난으로 간다 해도 당신이 할 수 있는 일은 아무것도 없소. 그리고 당신이 지난으로 간다면 여러 가지 문제가 발생할 수도 있어요." 하지만 어린 시절에 겪은 고통스런 기억들이 사무치게 떠올라 장칭은 울음을 멈출 수 없었다. 결국 마오는 두 경호원과 장칭을 기차 편으로 북쪽에 있는 지난으로 갈 수 있도록 준비하기 시작했다.

지난은 이미 공산당이 점령한 상태였다. 장칭 일행은 시 당국의 초대소에 머물렀다. 지난 시장은 장칭에게 말했다. 이곳이 해방되기 전에도 공산당 지하 조직이 장칭의 가족을 어느 정도 도와주었으나 상황이 좋지는 않았다. 하지만 최근 해방된 뒤에는 장칭 가족이 세심한 보살핌을 받고 있다는 것이었다. 이때 장칭은 정말 오랜만에 이복 언니와 이복 오빠를 만나게 된다. 이복 오빠 리간칭은 쉰 살이 넘었으며 철도 노동자로 일하고 있었다.

어머니의 장례식이 끝난 뒤 장칭은 자신이 할 수 있는 일을 하나 발견했다. "오빠, 아직도 결혼을 안 했다고요?" 그녀는 이복 오빠를 위해 곧장 중매를 선다고 바쁘게 움직였다. 오빠는 조만간 중국의 지도자가 될 것이 확실한 남자의 아내인 이복 누이의 말을 고분고분 들었다. 오빠는 사실 마음에 품은 여자가 있으며 더 일을 진전시키기 전에 누이의 동의를 얻었으면 좋겠다고 털어놓았다. 그 여자는 이전에 창녀였지만 결혼을 하고 나면 다른 직업을 얻을 생각이라고 했다. 장칭은 조금도 주저하지 않고 적극적으로 행동했다. 장칭과 만난 여자는 장칭 앞에서 매력적인 모습을 보였으며 장칭에게 과일을 내주었다. 장칭은 신속한 결혼의 위한 계획을 세워 밀어붙였다. 전광석화 같은 속도로 일이 진행되었다. 결혼식이 곧 거행되었다. 장칭이 힘을 쓴 덕분에 신혼 부부는 시 당국이 마련한 아파트에서 살림을 시작할 수 있었다. 이 일은 장칭이 자신의 개인적인 목적을 위해 정치적 힘을 사용한 첫 번째 사례라 할 수 있을 것이다.

지난을 떠나면서 장칭은 이복 언니 리윈루와 그녀의 어린 아들을 데리고 가기로 결정했다. "내가 어렸을 때 나는 많은 일에서 언니에게 의존했어요. 이제 은혜를 갚고 싶어요." 이렇게 하여 리윈루가 마오와 장칭

집안에서 중요한 역할을 맡게 되었다. 당시 장칭과 동행했던 호위병들 가운데 한 사람은 마오가 이 일을 썩 기분 좋게 여기지 않았다고 증언한다. "이런 일을 하다니, 이 일 때문에 앞으로 많은 문제가 생길 거야." 라고 마오는 옌창린에게 말했다고 한다. 지난에 머무는 동안 호위병들은 장칭이 "엄마, 평생을 그렇게 고생만 하더니 왜 이제 와서 돌아가신단 말이에요!"라고 다시 한 번 울부짖는 것을 들었다고 한다.

1948년에서 1949년으로 해가 바뀌면서 공산당은 국민당을 더욱 빠르고 거세게 밀어붙였고 인민해방군의 승리가 이어졌다. 그리고 마침내 잘 익은 복숭아가 공산당의 손에 떨어졌다. 이제 장제스의 중국은 마오쩌둥의 중국이 되었다. 장칭은 승리의 전율을 느꼈다. 하지만 자신이 앞으로 어떤 역할을 맡게 될 것인지를 두고 한 줄기 불안이 가슴속에 피어오르는 것도 느꼈다.

4장

와신상담

—

1949~1959

1950년 2월 중소우호동맹 상호원조조약 조인.

10월 한국전쟁에 참전. 마오쩌둥의 큰아들 마오안잉이 러시아어 통역으로 참전했다가 11월에 폭격으로 전사함.

1951년 삼반·오반 운동 시작(~1952). 부패·낭비·관료주의에 반대(삼반)하고, 뇌물·탈세·국영 재산 강탈·정부 계약 사기·국가 경제 정보 누설에 반대(오반)하는 운동이었으며, 당과 정부의 엘리트 계층을 통제하고 공산 정권을 공고히 하려는 목적으로 계획되었음.

중국 인민해방군이 티베트 라싸에 진주하여 티베트에 대한 중국의 종주권을 확립함. 자치주로 편입된 티베트에서 저항 운동이 시작됨.

1953년 국가 경제 건설 제1차 5개년 계획 시작.

1957년 5월 마오쩌둥이 백화제방·백가쟁명(百花齊放 百家爭鳴) 제기. 이때 잠시 동안 지식인들에게 공산당을 비판할 자유가 주어졌지만 6월에 반우파 투쟁이 시작되면서 중단되었다.

1958년 중국의 경제 성장을 획기적인 수준으로 끌어올리기 위한 '대약진운동' 개시(~1961). 농촌에 '인민공사'를 설치해 농민들을 집단화하고 공업 분야에서 소련처럼 산업화를 이룩하려 했으나 실패로 끝남.

1959년 4월 류사오치, 마오쩌둥의 뒤를 이어 국가주석에 선출됨.

7월 루산 회의에서 펑더화이 등이 대약진운동을 비판했다가 실각함.

우리는 같이 살았지만 그는 조용한 타입이었다.
그는 말을 많이 하지 않았다.[1]
– 장칭이 마오쩌둥을 두고 한 말

마오쩌둥의 승리는 곧 장칭의 쇠락으로 이어졌다. 1949년 중국공산당이 승리하면서 장칭 앞에는 병들고 우울한 10년이 펼쳐졌다. 공식 활동을 몇 가지 시작했지만 처음에는 희망이 보이다가 결국 좌절하고 마는 실망스러운 과정이 되풀이됐다. 그런 과정을 거치면서 장칭은 자신의 지위가 계속 불안정함을 느껴야 했다. 중국혁명은 안정 국면으로 들어섰지만 장칭의 인생은 아직 안정되지 못했다.

1949년 3월 25일 마오쩌둥이 스자좡에서 비행기를 타고 온다는 소문이 베이징 시내에 퍼지자, 중국 수도의 주민들은 과연 새로운 국가는 어떨까 궁금해했다.[2] 장칭은 마오쩌둥과 함께 왔다. 인민해방군이 중국 북부 지역을 평정한 지난 10개월 동안 권력의 대기실 허베이성에서 기다리던 끝에 이제 황제의 도시로 들어오는 것이다. 비행기가 착륙했을 때는 이미 〈인민일보(人民日報)〉에서 발행한 호외가 먼지투성이 거리에 뿌려져 있었다. 호외에는 10센티미터짜리 제목이 붉게 인쇄되어 있었다. "마오 주석 베이핑 도착."* 미래에 대한 궁금증으로 가득 찬 사람들 틈에서 한 페이지짜리 호외는 45분 만에 매진되었다.

---

* 마오쩌둥은 곧 베이핑(北平)이라는 이름을 베이징(北京)으로 돌려놓는다. 1928년 국민당 정부가 베이핑으로 바꾸었던 것을 마오가 원래 이름으로 다시 바꾼 것이다.

마오는 건강해 보였고 자신감에 넘쳤던 반면, 장칭은 말랐고 약해 보였다. "그 사이 살이 쪘군요." 마오를 4년간 만나지 못한 한 친구가 말했다. "사실 그 사이 반동분자들 때문에 내가 살이 빠졌던 거요." 마오는 농담조로 약간 우쭐하며 답변했다. "이제 반동분자들이 다 쫓겨났으니 빠졌던 살이 다시 찌는 거 아니겠소?" 장칭은 얼굴빛이 창백했고 시선이 불안하게 흔들렸으며 몸무게가 45킬로그램도 되지 않았다. 상황이 숨 가쁘게 돌아가고 관료적인 복잡한 일들이 진행되는 수도에서, 장칭은 북부 산시 작전을 수행하던 지난 2년간 자신의 건강이 얼마나 나빠졌는지 실감했다.

남편과의 관계에 낀 먹구름 역시 장칭의 몸과 마음을 힘들게 했다. 위산은 이제 완전히 떠난 것일까? 혹시 베이징에 다시 나타나서 스자좡에서 마오에게 접근했던 그 대담성을 다시 발휘하지는 않을까? 내전 기간이라는 유동적 상황이 이제 종결되었으니 공산당 내부에 있는 적들이 다시 자신을 좁은 상자 안에 집어넣으려고 하지 않을까? 남편이 그러기를 은근히 부추기지 않을까?

"누더기를 입은 사람들이 베이핑을 변화시킬까?" 자신이 지휘하는 농민군이 중국의 수도를 점령하자 마오는 생각에 빠져 말했다. "아니면 그 변화가 반대 방향으로 향할까?"[3] 장칭 역시 변화가 과연 어느 쪽을 향할지 궁금했다. 어쩌면 이제부터 자신이 지닌 여러 가지 재능을 "때로는 이것, 때로는 저것"을 발휘하여 베이징에서 자신의 자리를 확고하게 다질 수 있을지 모른다. 하지만 반대로 혁명 이후의 베이징 기성 세력이 자신을 압박하여 얌전하게 길들여버릴 가능성도 누더기 옷을 입은 투사들이 포섭될 가능성만큼 높았다.

중화인민공화국의 탄생

1949년 4월 초 장칭은 기차를 타고 베이징을 떠났다. 남편을 베이징에 두고, 새로운 중국의 탄생을 축하하는 들뜬 분위기를 뒤로 하고 소

1949년 10월 1일 마오쩌둥이 중화인민공화국 수립을 선포하였다. 1949년 3월 장칭은 마오쩌둥과 함께 베이징에 들어왔으나 곧 소련으로 요양을 떠나 이 역사적인 순간을 함께하지 못했다.

련을 향해 가고 있었다. 간호사와 호위병 몇 명과 함께 소련 병원을 찾아가는 길이었다. 6개월 뒤 그녀의 남편은 새 옷을 입고 톈안먼에 올라서서 중화인민공화국 창립을 선포하고, 모든 공산당 지도급 인사와 함께 장안로(長安路)를 따라 축하 행진을 한다. 하지만 그때 장칭은 모스크바에 있었으며 쓸쓸했고 몸도 아팠다. 장칭은 1950년대의 허쯔전이 되는 것이 아닌가 불안했을 것이다.

많은 세월이 흐른 뒤 장칭은 이 여행을 회고하는데, 회고 내용에 의문스러운 점이 있다. 장칭은 자신이 절망적일 정도로 아팠으며 수 년간의 국공내전으로 "대부분의 중국 병원이 파괴"되었다고 했다.[4] 그러나 병원은 한 군데만 있으면 되고 게다가 베이징의 주요 병원들은 당시 파괴된 곳이 없었다. 그렇게 절망적으로 아픈 여인이 엄청난 거리를 기차로 달려갔겠는가? 더구나 완전히 낯선, 그녀는 물론 남편 역시 한 번도 방문한 적이 없는 나라로?

장칭이 편도선을 앓았으며 몸이 전반적으로 무척 쇠약했던 것은 사실이었다. 하지만 절망적일 정도로 아프지는 않았다. 중국에서 치료하지 않고 소련까지 갔던 것은 질병 때문이 아니라 개인적 혹은 정치적 이유 때문이었다. 장칭의 복잡한 성격, 또 마오가 통치하는 중국에서 그의 아내로서 장칭이 맞닥뜨렸던 여러 가지 문제들이 배경에 있었던 것이다.

위산은 실제로 베이징에 왔다. 독일 작곡가 리하르트 슈트라우스 (Richard Strauss)의 작품 〈살로메〉를 중국식으로 각색한 연극에서 주인공 역할을 맡아 훌륭하게 연기한 것으로 예술계에 널리 알려진 여배우 말이다. 따라서 장칭이 소련에서 병원 침대에 누워 있게 된 원인 중 하나는 마오가 '살로메'를 다시 만나고 싶어 해서였는지도 모른다.

2월 28일 마오는 홍콩에 있는 시인 류야쯔에게 전보를 보내 중국으로 돌아와 사회주의 건설에 공헌해 달라고 호소했다. 약 한 달 뒤, 마오가 스자좡에서 베이징으로 입성한 직후의 어느 날 마오는 베이징 공항에 나가 류야쯔를 맞이했다. 다음 날 공산당 지휘부는 국민당과 평화 회담을 열기로 결정했으며, 류야쯔는 이 결정과 자기 고향 베이징이 해방된 것을 축하하는 시를 썼다. 한 달이 지난 4월 30일 마오는 그에게 답장을 했다. 한편, 4월 20일 양쯔강에서 중국 인민해방군과 영국 군함이 충돌한 애머시스트호 사건에 대해 장칭이 반응을 보였다는 사실을 통해 우리는 이 시점에 장칭이 소련에 도착한 지 상당한 시간이 경과하여 크림반도 남쪽의 도시 얄타로 여행을 가 있었다는 것을 알 수 있다. 마오의 답장이 온 다음 날, 즉 5월 1일에 류야쯔는 방에서 낮잠을 자다가 노크 소리와 함께 찾아온 마오와 '장칭'을 맞았다. 류야쯔는 마오와 그와 동행한 여인과 함께 베이징 시내 이화원에 놀러갔는데, 거기서 린뱌오 부부를 우연히 만나 다같이 저녁을 함께했다.

이때 마오와 동행한 여인은 위산이었던 것으로 보인다. 마오와 너무나도 친근한 관계로 보였기에 류야쯔는 그 여인이 장칭이라고 생각했던 것이다. (류야쯔는 이전에 장칭을 만난 적이 없었다.)[5]

중국 역사를 보면 농민 반란 지도자는 대부분 강한 성적 충동의 소유자였다. 마오쩌둥 역시 그런 사람이었다. 옌안에서 마오는 당의 동지들에게 장칭이 '혁명을 위해' 필요하다고 말했다. 베이징에 입성한 마오 쩌둥은 자신이 중요한 존재임을 그 어느 때보다 더 많이 의식하게 되었 고, 장칭이 초라하고 우울해 보임에 따라 '프롤레타리아 독재를 위해'*[6] 위산이라는 여인과 조금 어울릴 필요가 있다고 결심했을 수도 있다. 그 런 행동은 마오의 성격을 고려할 때 놀라운 일이 아니었다. 게다가 공산 주의자들의 행동 원칙에서 당의 이익은 개인 감정에 우선하므로, 류사오 치와 저우언라이 등이 장칭이나 '부르주아 도덕관'을 옹호하여 마오에게 반대 의사를 표시했을 것 같지는 않다.[7]

어쩌면 장칭은 마오와 위산이 연애한다는 것을 눈치채고 자진해서 베 이징을 떠났는지도 모른다. 장칭이 강한 자존심을 지녔다는 점, 마오가 사람을 서서히 괴롭혀서 결국 지쳐 포기하도록 만드는 성향이 있었다 는 점, 그리고 외국 구경을 하고 싶은 장칭의 욕구가 영향을 끼쳤을 것 이다. 그러나 훗날 장칭은 이때 베이징을 떠난 것이 다른 사람들의 뜻에 강요당했기 때문이라고 말하길 좋아했다.

장칭의 성격을 잘 아는 사람 몇몇은 이때 장칭이 베이징에 있기보다 소련으로 가기를 스스로 원했으리라고 추측한다. "옌안 시절은 엄혹하 고 거친 나날이었어요." 옌안에서 장칭을 여러 차례 만났던 쑤페이의 회 고다. "1950년대 초에는 소련에 가는 것이 상당히 귀한 경험이었죠. 1980 년대 초에 미국에 가는 것과 마찬가지였어요. 제가 보기에는 장칭 스스 로 가기를 원했을 거예요. 장칭 생각에는 소련 사람들이 자신을 아주 잘 대접할 거고 도착하자마자 스탈린과 만나 스스럼없이 대화를 나눌 수 있을 거라고 예상했던 것 같아요." 전 남편 탕나 역시 비슷하게 추측 했다. "그녀가 정말 아프지는 않았을 겁니다. 그저 외국 구경을 하고 싶

---

* 오랜 기간 마오의 부관 역할을 했던 류사오치는 자신의 6번에 걸친 결혼에 대해 홍위병의 심문을 받던 중 "보시오. 나는 공개적으로 행동했소. 비밀스럽게 부도덕한 관계를 갖지는 않았지 않소?"라고 버럭 소리를 질렀다고 한다. 아마도 마오의 문란한 여자 문제를 간접적 으로 지적한 것인지 모르겠다. 마오의 여자 문제를 직접적으로 비판한 사람은 오직 펑더화 이뿐이었다.

었던 거죠. 외국에 한 번도 가보지 못했거든요. 1950년대에 갈 만한 외국이라면 당연히 소련이었죠."[8]

장칭이 모스크바 역에 도착했을 때 구급차가 기다리고 있었다. 하지만 장칭이 소련에서 받은 가장 심각한 치료는 고작 편도선 제거 수술이었다. 장칭은 주로 휴식을 취하며 몸무게를 늘리려고 노력했다. 그동안 장칭은 흑해 연안의 휴양 도시 얄타에서 지내거나 모스크바 구 시가지에 있는 대저택에 머물렀다. 절망적으로 몸이 아프지는 않았지만 정서적으로는 상당히 약해진 상태였다. 장칭은 작은 일에도 무너져 울곤 했다. 장칭은 크렘린을 한 차례 방문했는데, 훗날 그때 일어났던 일을 기묘하게 회고한다. 장칭의 회고에 따르면 스탈린이 직접 자신을 초청했으며 크렘린에 도착했을 때 스탈린의 부하들이 장칭이 마오와 함께 오지 않은 데 놀랐다고 한다. 스탈린이 사반세기 동안 돌보아주었으며 이제 막 중국혁명을 승리로 이끈 주인공인 마오쩌둥이 소련에 왔는지 안 왔는지조차(그때 마오가 소련에 갔더라면 첫 방문이었다) 스탈린의 부하들이 몰랐다는 것은 믿기 힘든 이야기다. 아마 스탈린은 장칭을 초대하지 않았을 것이다. 어쩌면 크렘린에 도착한 장칭의 초라한 모습을 보고 소련 정부의 보좌관들이 그녀가 스탈린을 접견하는 것이 적절하지 않다고 생각했는지도 모른다.

베이징으로 돌아온 장칭은 서늘한 11월의 아침 마오의 차를 타고 베이징 중앙역으로 갔다. 마오가 중요한 손님이 떠나는 것을 배웅하라고 보낸 것이다. 손님은 쑨원의 미망인 쑹칭링이었다. 쑹칭링은 중화인민공화국 창건을 축하하는 각종 행사에 참석하고 상하이로 돌아가려던 참이었다. 장칭은 푸른색 모직 바지에 푸른색과 흰색 줄무늬 블라우스를 입었으며 머리에는 중국의 새로운 전문가 계급인 당 간부들이 쓰는 푸른 색 중산모를 썼는데, 말랐지만 건강해 보였다. 자신을 '마오의 대리인'이라고 소개하면서, 장칭은 특별히 마련된 열차의 벨벳과 레이스로 장식한 객실에서 중화인민공화국이 공산주의자가 아닌 사람 가운데 가장 중요하게 대접하는 여성 인사와 대화를 나누었다. 장칭은 자기보다 나이가 많은 쑹칭링을(쑨원은 장칭이 열한 살 때 사망했다) 극진한 존경심을 품고 대했다. "장칭은 예절 바르고 매력적이군요." 상하이로 달려가는 열차 안에서 쑹칭링은 수행원들에게 그렇게 말했다고 한다.[9]

장칭은 짧은 만남에서는 언제나 사람들에게 좋은 인상을 주었다. 한두 시간짜리 연극에는 남다른 재능이 있었던 것이다. 그 연극에는 마오의 손님을 접대하는 안주인 노릇도 포함되어 있었다. 1950년 여름 신장 위구르 자치구의 지도자 사이푸딘 아지지(Saifuddin Azizi)가 회담차 베이징에 왔을 때 마오는 갑자기 그를 초대하여 자신의 저녁 식사 테이블에 앉혔다. 사이푸딘의 요청에 따라 돼지고기가 들어가지 않은 요리를 주문하느라 베이징 호텔에 다급히 전화를 걸어야 했다. 신장에서 온 지역 지도자가 마오의 맏아들 마오안잉과 러시아어로 이야기를 나누는 동안, 장칭은 따뜻하고 세심하며 유연한 모습의 안주인 역할을 했다고 한다.[10]

마오와 장칭이 살게 된 집은 아주 훌륭했다. 마오는 모든 오래된 것에 사형 선고를 내렸지만 자기 자신을 위해서는 한두 개 정도 남겨놓았다. 성벽과 성문들이 철거되고 외국 대사관들은 황량한 교외로 쫓겨났다. 스탈린 시대에 유행한 널찍한 별장식 거처를 마련할 생각은 전혀 하지 않고 마오와 장칭은 청나라 때 황궁 경내에 자리한 호수 난하이(南海)의 바로 북쪽에 있는 국향서옥(菊香書屋)에 들어가 살기로 했다. 기둥은 붉은색으로 칠했고 지붕에는 황금색 기와가 빛났으며 하늘 높이 솟은 처마 끝을 수백 년 된 늙은 나뭇가지가 스쳤다. 흰 대리석 계단 양측을 청동으로 만든 용 두 마리가 지키고 있었다. 두 사람이 머무는 거처는 역사의 냄새가 짙게 풍기고 지배 계급의 육중한 무게가 뚜렷하게 느껴지는 장소였다.

'관계 당국'은 주석과 부인을 위해 '연결되었지만 분리된' 처소를 마련했다.[11] 마오와 장칭은 각자 큰 침실을 하나씩 썼고 그 사이에 거실이 있었다. 각자의 침실만 하더라도 옌안 동굴 집 전체 크기의 두 배였다. 높은 천장, 부조 장식의 목재 칸막이, 비단 커튼, 키 높은 창문 등은 권력자의 은밀하고 편안한 생활을 보장해주기에 안성맞춤이었다. 상하이의 다락방, 옌안의 동굴 집, 북부 산시 작전 중에 머물렀던 농부들 집에 비하면 너무나 화려한 거처였지만 장칭은 마음이 편치 않았다.

'연결되었지만 분리된'이란 표현은 처소의 형태뿐 아니라 부부 관계를 나타내는 표현이기도 했다. "당신은 아버지에게 조금도 애정이 없군요." 양카이후이가 낳은 첫아들 마오안잉은 어느 날 저녁 계모인 장칭과 논쟁 끝에 그렇게 외쳤다. "당신이 하는 일이라고는 아버지에게 잔소리하는 것뿐이죠." 마오안잉은 당시 러시아어 통역관으로 당 본부에서 일하고 있었다. 다른 사람 눈에는 몰라도 그가 보기에 이 결혼에서 이제 사랑이라고는 전혀 찾아볼 수 없었다. 또 다른 집안 싸움 뒤에 스물여덟 살짜리 아들은 장칭에게 분명하게 말한 적이 있었다. "만일 당신이 아버지를 사랑하지 않는다면, 그냥 떠나버리지 그러세요?"[12]

아버지의 현재 위치로 보나, 옌안에서 장칭과 살기 위해 아버지가 벌여야 했던 소동으로 보나, 결혼 전 이미 동거하고 있었다는 아버지의 약점으로 보나, 마오쩌둥이 장칭을 쫓아내지는 못하리라는 것을 아들 마오안잉은 잘 알고 있었다. 마오안잉은 장칭이 자발적으로 떠나주면 좋겠다는 희망을 품었던 것 같다. 하지만 장칭은 그렇게 어리석지 않았으며, 허쯔전과 달랐다. 애정이 식었다는 하찮은 이유로 마오쩌둥을 떠날 일은 없었다.

마오쩌둥이 전처 양카이후이 가족에게 점점 더 많은 관심을 쏟는 것을 보고 장칭은 마오가 자신으로부터 감정적으로 멀어지고 있음을 느꼈다. 양카이후이의 고향인 창사(長沙)가 공산당 손에 들어왔을 때 양카이후이의 남동생이 마오에게 축하 전보를 보낸 것은 자연스러운 일이었다. 하지만 마오가 축하 전보에 응답한 모양새는 특별했다. 닷새 만에 마오는 긴 답장을 보냈는데, 다정다감한 말과 함께 양카이후이가 남긴 두 아들의 자세한 소식이 담겨 있었다. 얼마 지나지 않아 마오는 두 아들을 따로따로 창사로 보내 전처의 친척에게 인사를 전했다. 마오는 또 전처의 남동생과 부인 리쫑더(李宗德)를 초청하여 황궁 내 호수 중하이(中海)와 난하이에서 오랫동안 옛일을 회상하며 대화를 나누었다. 전반적으로 마오는 전처 양카이후이의 가족들에게 매우 많은 관심을 보였으며(얼마 뒤에는 양카이후이를 추모하는 시도 하나 지었다) 그러한 관심은 양카이후이를 그리워하는 홀아비라면 몰라도 현재 장칭의 남편으로서는 지나친 감이 있었다.[13]

두 사람 사이에 생긴 거리감은 사실 마오의 잘못도, 장칭의 잘못도 아닐지 모른다. 상황이 변화한 탓이거나 단순한 권태 때문인지도 모른다. 스자좡에서 마오가 위산과 잠시 어울렸던 것도 결혼 생활이 시들해진 결과이지 원인은 아니었다. 마오쩌둥의 일상생활은 이제 꽉 짜여 있었다. 곁에서 돕는 인력도 많아졌고, 약속이 끝없이 이어졌으며, 집무실에서 보내는 시간이 길어졌다. 옌안에서 두 사람이 지도자와 보조역으로 사이 좋게 살던 시절은 과거가 되었다. 그때는 마오를 방문하는 사람은 자연히 장칭도 방문하는 셈이었다. 내전 기간에 이동하면서 두 사람은 말 한 마리에 같이 타기도 했고, 두 사람의 침실은 종종 당 정치국 회의 장소가 되기도 했지만 이제 다 옛일이었다.

대장정이 끝났을 때 마오는 개인 경호원이자 잔심부름을 해주던 측근 천창펑(陳昌奉)을 학교에 가라며 떠나 보냈다.[14] 대장정이 끝나고 옌안에 정착하자 천창펑과 더는 개인적으로 밀접하게 지낼 필요가 없게 된 것이다. 천창펑은 대장정 기간에 걸렸던 마법이 이제 풀렸다는 데 눈물을 흘리며 공부에 마음을 집중하려고 애썼다. 마오의 눈에는 경호원이 '자신의 소유물'이었던 것처럼 아내 역시 어느 정도 '자신의 소유물'이었다. 대장정이 끝났을 때 경호원 천창펑이 느낀 것과 마찬가지로 장칭은 국공내전이 끝남에 따라 변화의 아픔을 경험했다. 이제 장칭은 마오에게 덜 필요한 존재가 되어 가고 있었다.

설사 마오가 잘 대해주었다 하더라도 장칭은 단순한 가정주부로 남고 싶지 않았다. 장칭은 일을 하고 싶었다. 모든 사람이 업무를 부여받았는데 자신만 빠진 것 같았다. 연극계의 옛 동료들은 이제 새로운 과업을 수행하면서 바쁜 나날을 보내고 있었다. 다른 고위 지도자의 아내들역시 그런 것 같았다. 하지만 장칭은 높은 지위에 있기는 해도 사실은아무 힘 없는 '노라'였다.

인민해방군에서 장칭이 맡았던 직책은 이제 없어졌다. 당연한 일이었지만 장칭은 실망했다. 장칭이 러시아에 있는 동안 중국문학예술계연합회가 창설되었다.[15] 이름 있는 문화계 인물은 거의 모두 이 단체에 소속되었다. 상하이 시절 지인인 톈한과 저우양도 가입했고, 옌안 시절 루쉰예술학원에서 쉬이신의 관심을 란핑으로부터 빼앗아간 어여쁜 여배우쑨웨이스의 이름도 회원 명단에 있었다. 하지만 장칭의 이름은 없었다.

여하튼 장칭은 1950년대에 이런저런 직책을 맡게 되는데 그 직책들은모두 그녀가 노력하여 힘들게 획득한 것이었다. 때로는 관료들이, 때로는 마오가, 때로는 둘 다 장칭을 사적 차원에 묶어 두려고 했다. 저우언라이만이 장칭을 도와주었으며 훗날 장칭은 저우언라이에게 공개적으로감사를 표한다.[16]

또 한 명의 호위병 옌창린 역시 장칭이 그녀 주변의 정치 구조와 불확실한 관계에 있다는 사실을 목격하였으며 또 그 사실 때문에 고난을겪었다.[17] 옌창린의 회고에 따르면, 장칭은 자신의 에너지를 쏟아부을만한 충분한 일거리가 없었고 그래서 쓸데없는 일에 간섭했다고 한다.1951년 1월에 장칭은 당시 3명으로 구성된 주석 호위단에 단장이 1명 있는데 거기에 추가하여 부단장도 1명 두어야 한다고 주장했다. 옌창린은 이게 무슨 말인가 의아해하면서, 그렇게 되면 단장과 부단장이 지휘할 대상 인원이 1명밖에 되지 않는다면서 반대 의견을 냈다. 게다가 그런 방안은 이 호위단의 정식 상급 관료가 승인해야 할 것이라고 공손하게 말했다. 그 상급 관료는 이 방안에 반대했다. 이제 옌창린은 그의 상

1950년대 초, 중국 농민들이 토지 개혁법에 관한 포고문을 보면서 환호하고 있다. 1950년대에 중국 전역에서 경작지를 재분배하는 조치로 전체 인구의 약 60퍼센트가 혜택을 본 것으로 추정된다.

관과 장칭의 고집 사이에 끼어버리고 만 것이다. "장칭은 오직 제안을 할 수 있을 뿐 결정을 내릴 수는 없다."라고 그는 썼다. 하지만 그녀가 바로 마오의 부인이었기에 장칭의 제안은 쉽게 거부될 수 없었다. 이 일이 있고나서 얼마 안 되어, 옌창린은 장칭과 가까운 거리에서는 직무를 수행할 수 없다고 판단했고 마오의 호위병 직책에서 사임해야겠다고 결심했다. 그는 용기를 내어 교양 수준을 높이기 위해 일정 기간 동안 공부를 하고 싶다고 마오에게 말했다. 놀랍게도 마오는 호위병의 손을 꼭 쥐고 이렇게 말하는 것이 아닌가. "장칭의 성질이 불같아. 자네가 그녀를 용서해주기를 바라네." 옌창린은 국공내전 시기에 야전을 다닐 때는 장칭을 좋아하고 존경했다. 하지만 해방 후 베이징에서 그런 감정은 사라졌던 것이다.

장칭은 토지 개혁을 거들기로 마음먹었다. 마오는 달가워하지 않았고 사실 누구 하나 달가워하지 않았다. 하지만 장칭은 계속 고집을 피웠고 결국 허락을 얻어냈다.

장칭은 장쑤성 우시(無錫) 주변의 차 재배와 비단 제조 지역을 선택했다.[18] 관료들은 장칭이 우선 상하이로 가도록 조치했다. 상하이 당 지도자 라오수스(饒漱石)는 이 미심쩍은 실험을 최대한 무리 없이 잘 진행하려고 성실하게 행동했는데, 장칭은 라오수스가 자신을 '통제'하려 한다고 화를 냈다. 장칭이 난징로 부근의 옛 단골집으로 쇼핑을 하러 간다고 하자 라오수스가 그녀와 동행해야 한다고 강력히 요구했던 것이다. 장칭은 즉시 원래 목적지인 차 재배와 비단 제조 지역으로 이동하겠다고 했다. 라오수스는 여러 가지 난관을 자세히 설명하며 장칭의 "개인적 안전이 보장되지 못할 것"이라고 경고했다.

라오수스는 장칭을 관리하게 된 많은 당 관료와 같은 어려움에 봉착했다. 그는 장칭의 계획이 이상하다고 생각하는 경우에도 그녀를 존중해야 했으며, 그녀가 불쾌한 일을 당하지 않도록 보호해야 했다. 왜냐하면 주석의 부인이었기 때문이다. 어쩌면 라오수스는 장칭이 과거 남자 친구들과 만날지 모른다고 의심했을 수도 있다. 그것은 장칭의 버릇이 아니던가? 그런 일이 벌어져 마오에게 보고해야 하는 난처한 상황을 라오수스는 두려워했을 것이다.

장칭의 불평불만은 여러 가지였다. 한번은 라오수스가 자신이 인민대중과 섞이지 못하도록 상하이에 가두어 둔다고 불평했다. 또 한번은 그가 너무 춥고 남향이 아닌 호텔 방(빅토리 맨션)을 배정해주었다고 불평했다. 농촌 지역을 살펴보는 것이 목적이었던 여행은 결국 장칭에게 자신을 묶어 둠으로써 자신의 의사 표현을 계속 방해하려는 관료들에 대한 불만이 이어지는 여행이 되고 말았다.

장칭은 자신이 하려고 마음먹은 것은 무엇이든지 사회주의 혁명에 중요한 사업이라고 생각했다. 그렇기 때문에 자신의 의사를 방해하는 자(상하이의 라오수스 같은 당 관료)는 단순히 개인적 적이 아니라 사회주의를 배신한 자로 묘사했다. 라오수스가 상하이에서 감독하고 있을 때 장칭은 마치 1930년대 국민당이 지배하던 상하이에서처럼 항상 "납치될지도 모른다"는 불쾌한 기분이 들었다고 한다. 이런 말을 하는 것을 보면 정치 체제가 어떤 것인가는 상관없이 마음대로 자기를 표현하고 내세울 수 있는가 여부가 장칭의 정신 세계에서 가장 중요한 요소였던 것 같다.

장칭은 결국 며칠간 우시 호숫가 마을 근처의 뽕나무와 차 경작지를 둘러보았고, 이리하여 장칭은 오랜 세월 동안 두고두고 다음과 같은 말을 자주 할 근거를 확보했다. "토지 개혁에서 내 역할은 대중에게 한 번도 정확하게 전달된 적이 없습니다."

장칭은 관료들에게 골칫거리였다. '치마끈 정치(裙帶政治)' 현상이 중국에 나타나기 전이었던 당시에는 어떤 사람의 부인이라는 이유만으로 업무를 부여받는 경우는 없었다. 저우언라이 부인 덩잉차오는 직책을 받았지만 이는 그녀가 오랜 기간 동안 독립적으로 경력을 쌓은 정치인이었기 때문이다. 그런데도 장칭은 자신이 별다른 지위 없이 구석으로 밀려난다고 불평했고 관료들은 그녀를 쉽게 묵살할 수 없었다. 왜냐하면 장칭은 단순히 여러 지도자 가운데 한 명의 부인이 아니라 바로 최고 지도자의 아내였기 때문이다.

많은 여성들은 고개를 낮추어 '여성 부문 사업'에 집중하여 일하는 것을 좋아했다. 하지만 장칭은 그렇지 않았다. 평생 동안 장칭은 그런 사업을 멸시했다. 장칭은 여자라고 해서 차별 대우를 받은 적이 많았지만 여성이 특별한 존재라는 생각은 받아들이지 않았다. 바로 그런 생각이 '여성 부문 사업'의 밑바탕에 깔려 있다고 보았으며, 자신은 남자와 다르다고 생각하지 않았다. 그러므로 여성 부문 사업에서 일한다는 것은 도저히 참을 수 없는 치욕이었다.

화려함을 쫓는 장칭의 성향 역시 관료들에게 문제였다. 장칭은 고급 수준의 정치 업무를 할 수 있는 경력이 부족했지만 그렇다고 저급 수준의 업무를 할 태도를 갖춘 것도 아니었다. 게다가 집중할 수 있는 시간도 짧았다. 새로운 일을 시작하는 것을 좋아했지만 금방 싫증을 냈다. 충동적 에너지는 무대에서 일할 때에는 유용했지만 벽돌을 하나하나 쌓는 것 같은 관료적 작업에는 부적합했다.

공산주의 예술 운동

베이징에 겨울이 닥쳐올 무렵—북부 중국 지방의 다른 보통 집들과는 달리 중난하이(中南海, 중하이와 난하이를 합쳐 부르는 말로 중국 정치 중심지의 대명사)에 있는 집들은 매우 따뜻했다.—장칭은 대단치는 않지만 두 개의 직책을 맡게 되었다. 소련 체류 경험을 근거로 삼아 장칭은 중소우호협회 회원이 되었다. 한 사람의 지휘자가 시키는 대로 노래하는 합창대 같은 이 단체에서 장칭은 잘 적응하지 못했다. 오히려 취향에 더 맞는 것은 문화부 아래 설치되어 모든 영화 제작 계획을 검토하는 영화지도위원회였다. (위원회는 원칙상 영화국 산하에 있었는데 국장은 다름 아닌 '립스틱' 사건의 주인공 위안무즈였다. 기억을 되살리자면, 위안무즈는 상하이에서 장칭을 쫓아다녔고, 우한에서는 장칭의 연기 실력에 비판적 태도를 보였으며, 옌안에서는 장칭과 마오가 출연하는 기록 영화를 촬영한 바 있다.) 두 직책은 마오가 구해준 것이 아니었다. 마오는 사실 장칭이 공개적으로 나타나지 않기를 바랐다. 두 직책을 힘들여 구해준 것은 저우언라이였다.

문화 부문은 장칭의 전문 영역이었다. 러시아의 영향을 받은 중국공산당 정부는 중국의 문화 생활 전반을 새롭게 변화시키는 작업을 자신만만하게 시작했는데, 문화 방면에서 활동했던 장칭이 이 사업에 한몫 끼려 한 것은 자연스러웠다. 하지만 문화 개조 사업의 총지휘자가 남편인 마오쩌둥이었기 때문에 장칭과 마오의 관계가 이 사업에 영향을 끼칠 수밖에 없었다.

장칭이 1949년에서 1951년 사이에 영화나 연극에 관여하던 태도는 마치 별 한 개짜리 식당의 요리사가 별 세 개짜리 식당의 주방에 들어와 이것저것 간섭하고 지휘하는 것 같았다. "이 파테*에는 간(肝)이 너무 많이 들어갔네요. 이 양 목덜미 살은 너무 건조해요. 이 초콜릿 무스 케이크는 좀 씁쓸하네요." 장칭은 영화지도위원회의 경우나 다른 문화 방면

---

* **파테**(Pate) 고기를 밀가루 등과 짓이겨 만든 요리.(역주)

에서나 겨우 한 자리를 확보하여 비상근 조언자의 직책밖에 없었으면서도, 마치 자신이 우상파괴자 역할을 맡은 것처럼 큰 빗자루를 휘두르고 다녔다.**[19]

장칭 입장에서 보자면 거의 모든 예술 작품들을 '부르주아'나 '봉건'이라는 딱지를 붙여 호되게 비판하는 것은 당연한 일이었다. 그것은 바로 자신이 이제까지 거의 소외되었다고 느낀 예술 분야에서 자기를 주장하는 일이었다. 검열? 검열은 많이 할수록 좋았다. 왜냐하면 장칭이 1940년대 말과 1950년대 초에 제작된 영화에 비판의 화살을 날리면 날릴수록 예술 분야에서 장칭의 위치가 한 계단씩 올라갔기 때문이다.

1930년대 탕나에게 쓴 편지에서 볼 수 있듯이 장칭은 진심으로 보헤미안 그룹 사람들을 경멸했다. 예술 분야에 들어가고 싶어 했으면서도 장칭은 상하이에서의 자기 삶이 예술에 의해 규정되는 것을 싫어했다. 1950년대가 되면 이런 이질감은 더 강화된다. 장칭은 보헤미안 그룹 사람들에 비해 자신이 우월하다고 생각했다. 이는 권력자가 이론가에 비해 자신이 정치의 핵심에 더 가깝다고 믿는 심정과 비슷했다.

토지 개혁 문제로 우시에 잠깐 머물다가 상하이로 돌아온 장칭은 어느 날 오후 라오수스의 통제를 잠시 벗어나 우메이를 방문했다.[20] 우메이는 상하이 시절 란핑이 장민 감독과 어울리는 데 화를 냈고, 란핑이 〈인형의 집〉에서 주역을 맡았을 때 조연을 맡은 데 짜증을 냈던 여배우다. 장칭이 탄 검은색 리무진이 남창로(南昌路)를 서서히 달려 136번가로 접어들었다. 23번지 건물 앞에 차를 세운 장칭은 치파오를 입고 검은 선

** 장칭의 전기 《동지 장칭(Comrade Chiang Ch'ing)》을 쓴 록산 위트케는 장칭이 '수석 검열관'이었으며 당의 선전부 영화국에서 국장 역할을 했다고 언급했는데, 이것은 사실이 아니다. 영화지도위원회는 32명으로 구성되었는데 장칭은 서열 29번이었다. 한편 중국공산당의 복잡한 서열 체계에서 전체적으로 장칭은 12위였다. '최고 간부' 가운데 가장 말단이다. 저우양과 덩잉차오는 서열 4~6위에 들었고 위안무즈와 딩링은 7~9위 정도였다. 마오는 물론 1위였다. 결국 장칭의 서열과 남편의 서열 사이에는 매우 큰 간격이 있었으며 이것은 관료들 입장에서는 골치 아픈 문제였다.

글라스를 쓴 모습으로 우메이의 집으로 들어갔다. 우메이는 장칭을 반갑게 맞이했다. 우메이는 주석의 부인이 된 장칭에게 경외심을 보였으며, 주석 부인이 자신에게 우호적이고 유쾌한 것을 보고 마음이 놓였다. 두 사람은 14년 동안 밀린 이야기를 나누었다.

장칭은 우메이에게 두 가지 부탁을 했다. 첫 번째는 상하이에서 살고 이곳 사업가들을 잘 아는 우메이가 정말로 솜씨 좋은 치과 의사를 소개해주었으면 한다는 것이었다. 어린 시절 부러진 '누런 치아'를 치료하려면 상당히 복잡한 시술을 해야 했다. 두 번째는 베이징에는 없는, 작년에 수입한 최고급 서양 화장품이 상하이에 남아 있으면 구해 달라는 부탁이었다. 장칭은 두 가지 일을 남몰래 조용히 진행해야 한다고 당부했다. 우메이는 전화 회사에서 일하는 숙모의 도움을 받아 장칭의 두 가지 부탁을 들어주었다.

장칭은 현재 자신의 높은 지위를 과시하면서 과거의 경쟁자 앞에서 조금 뽐냈다고 볼 수 있다. 마치 1945년 마오쩌둥의 부인 자격으로 충칭에 갔을 때 탕나와 만나려고 한 것처럼 말이다. 하지만 동시에 장칭은 우메이나 1930년대 다른 상하이 친구들이 누리는 자유를 부러워했을 수도 있다. 자신은 지금 마오의 정치적 노라가 아닌가?

장칭은 〈인형의 집〉에서 상대역이었던 자오단을 찾아갔다. 탕나와 부부 싸움을 하다 자오단 집으로 피신한 적이 있으니 그와는 상당히 친한 사이였다. 그 옛날 항저우에서 결혼식을 올릴 때 들러리 역할을 해주었던 정쥔리도 만났다.[21] 장칭은 두 사람을 금강반점으로 초대해서 저녁 식사를 같이했다. 프랑스 조계 내에 있는 금강반점은 장칭이 옛날에 자주 들렀던 곳인데, 당시는 프랑스인 고위층들이 갔지만 지금은 중국 공산당 고위층이 갔다. 장칭은 두 지인을 따뜻하고 예의 바르게 접대했다. "우리는 이제 새롭게 시작할 수 있어요." 장칭이 말했다. "우리는 같이 일할 수 있어요. 새로운 시대를 맞이하여 공연 예술을 한층 더 높은 차원으로 올려놓기 위해서 말이죠."

하지만 장칭은 이 말을 실행에 옮기지 않았다. 나중에 상하이에 다시 가게 되었을 때 장칭은 두 연극계 선배를 작은 파티에 몇 번 초청했다. 그때도 장칭은 두 사람에게 다정다감하게 행동했고 우리 모두 힘을 합쳐 노력하자는 말을 했다. 하지만 이런 행동은 모두 장칭 자신이 어떤 지위에 있는 사람인지 과시하기 위한 것이었을 뿐이다. 어쩌면 배우 겸 감독인 두 사람처럼 자신도 여전히 '란핑'으로서 스스로 창조하고 표현하길 바라는 뜨거운 희망을 이렇게 표출한 것일 수도 있다.

"같이 일하자"는 말에 구체적인 내용이 있었다면 상하이의 옛 동료들이 자신을 위해 봉사하도록 하는 것이었다. "그녀가 원한 것은 단지 자기 말을 잘 듣는 심부름꾼을 구하는 것뿐이었지요." 장칭이 이때 두 사람에게 말한 내용을 아는 어느 사람의 회고다. 장칭은 무대에서 활약하는 아름다운 새들을 부러워했고, 그 부러움을 달래는 방법은 오직 이 새들을 새장 안에 가두고 통제하는 것뿐이었다!

하지만 두 남성은 "같이 일하자"는 애매모호한 제안을 받아들이기에는 장칭을 너무나 잘 알고 있었다. 결국 두 사람은 저우언라이와 만나 문화 방면 이야기를 나누고 그가 주도하는 예술 관련 위원회에 가담해버렸다. 장칭은 엄청나게 화를 냈다. 이전에는 그들에게 여러 감정이 미묘하게 섞여 있었지만 이제는 순수한 증오만 남았다. 옛 동료들이 이런 식으로 자신을 존중해주지 않을뿐더러 그들을 부러워하는 마음을 달래주지 않을 거라면, 이제부터 그들에게 등을 돌릴 수밖에 없었다.

장칭은 이미 1949년에 경극을 개혁할 필요가 있다고 주장하기 시작한다. 옌안 시절 딩링을 비롯한 사람들이 형식화된 경극 대본을 현대화해야 한다고 주장한 바 있다.[22] 하지만 이런 작업은 쉽지 않았고 전쟁이 벌어지면서 그들의 관심사는 다른 쪽으로 쏠렸다. 한편 중화인민공화국이 창건된 이후에 새 지도자들이 공식 행사의 일부인 무대 공연을 보기 위해 극장에 줄지어 들어갈 때면 이들은 그저 기존의 중국 전통 예술을 감상하기만 할 뿐, 개혁할 생각은 전혀 없었다. 전통적 예술 작품을 공산주의자들이 공연하고 또 공산주의자들이 감상하기만 하면 그 작품은 새 시대에 걸맞은 형태로 재탄생되는 것이라고 믿는 듯했다. 그래서 당시 경극계의 대배우 메이란팡은 전통적 작품을 기획하고 공연하느라 바빴고, 그런 공연은 거의 모든 사람들에게 큰 만족감을 주었다.

그러나 장칭은 만족하지 않았다. 장칭은 메이란팡이 "옛 것에 집착"하고 있다고 비판했다.[23] 최고 권력자를 남편으로 둔 장칭은 자신이 새로운 시대를 대표할 수 있다고 자신했다. 공산당 상층부가 즐겨 쓰는 고전적 기술을 발휘하여, 장칭은 말 잘 듣는 몇몇 지식인에게 메이란팡의 '봉건주의'를 비판하는 글을 쓰도록 사주했다. 장칭은 적당하게 작전을 짜서 이 글들을 조정하고 출판하도록 했다. 메이란팡은 장칭의 공격에 크게 분노했는데, 그럴 만한 이유가 있었다. 그는 1920년대부터 줄거리를 새로 고치거나 현대적 의상으로 경극을 현대화하려는 노력을 기울였다. 하지만 결국 메이란팡은 고대의 전통을 약간 건드려서 현대적인 것으로 만드는 것은 불가능하다는 결론을 내렸다. 옛날 왕을 다루는 연극은 계속 옛날 왕을 다루어야 하며, 역사와 현대적 주제는 도저히 한 쌍으로 결합할 수 없다는 결론이었다.

장칭은 아직 메이란팡의 명성을 훼손할 만한 영향력이 없었고 그를 무너뜨리기에는 더더욱 역부족이었다. 메이란팡의 경극 두 편의 공연을 금지시키는 데는 성공했다. 하지만 메이란팡은 별 타격 없이 1950년대 애국주의 분위기가 무르익은 가운데 순조롭게 활동했다. 장칭으로서는 무척 불쾌한 일이었다.

1949년 초 영화 한 편이 선풍적 인기를 끌었다. 〈청 황궁의 숨은 이야기(淸宮秘史)〉라는 이 영화는 다채롭고 역동적이며 열정에 차 있었는데, 서태후(西太后)와 의화단 사건 시기가 배경이었다.[24] 1943년 야오싱눙(姚興農)이란 작가가 쓴 대본을 각색한 이 영화는 홍콩의 영화 제작사가 만들었고 1949년 봄 상하이와 난징에서 뜨거운 반응을 불러일으켰다. 중국공산당이 정권을 완전히 장악했다고 해서 문화계까지 하루아침에 변화시킬 수는 없었다. 공산당 집권 이전에 나왔거나 외국에서 수입한 영화나 책, 그밖에 모든 물건들을 당장 없애버리는 것은 불가능했다.

하지만 '외국' 물건들과 '자본주의' 시대의 생산물은 장칭에게 너무나 유혹적인 공격 목표였다. 퇴폐적 도시인 홍콩에서 찍은 영화라니! 청 왕조의 음모를 미화하고 1900년의 외국 간섭을 합리화하며 투쟁 정신에 불타는 청년 의화단원들을 모독하는 영화를 보다니! 역사적 사실을 계급적 관점에서 보지 않는 영화를 상영하다니! 기독교 근본주의 단체의 신입회원이 할리우드의 추악한 영향력에 비판의 소리를 높이듯이, 장칭은 자기가 잘할 수 있는 이 분야에서 위치를 확보하기 위해 열심히 비판의 목소리를 높였다. 장칭은 사람들이 자신의 비판적 시각을 올바르다고 판단할 것이라 확신했으며 계속해서 힘차게 비판하는 자신을 칭송할 것이라고 계산했다.

장칭의 예전 말과 행동을 보면, 반드시 계급적 분석이 모든 예술 작품의 바탕이 되어야 한다고 생각했던 것은 아니다. 더군다나 1930년대 장칭이 한창 활동하던 상하이가 홍콩에 비해 덜 퇴폐적이었다고 말할 수도 없다. 장칭이 〈청 황궁의 숨은 이야기〉를 비판하며 말한 구체적 언사 하나하나는 중요하지 않다. 장칭의 '좌익주의'를 이해하는 방법은 간단하다. 다음 두 개의 핵심적 정치 개념이 그녀의 내부 인식 세계 내에서 어떤 의미였는지 읽어내기만 하면 된다. 장칭에게 '공산주의'는 권력을 의미했으며, '계급 투쟁'은 복수를 의미했다. 바로 여기에 1949년부터 1951년까지 장칭이 예술계의 구습 타파에 나선 이유의 핵심이 있다.

장칭은 과연 자신의 행동이 이 영화를 좋아한 보통 사람들에게 어떤 영향을 끼칠지 생각해보았을까? 장칭은 원래 그런 고려를 하지 않는 사람이었다. 이는 마치 영국의 황태자가 화려한 결혼식을 올리면서 이것이 보통 영국인 수백만 명의 경제적 어려움과 무슨 관계가 있는지 고민할까 안 할까를 묻는 것과 비슷하다. 권력의 정점에 가까이 선 장칭에게 보통 사람들의 삶은 구체적인 현실로 다가오지 않았다. 권력의 쟁패라는 큰 판돈이 걸린 상황이었기에 장칭에게는 지금 당장의 목적을 달성할 수 있는지가 자기 행동의 가치를 결정하는 기준이 되었던 것이다.

뛰어난 설득력과 마오의 부인이라는 지위를 활용하여 장칭은 1950년 문화계 인사들의 모임을 하나 소집할 수 있었다. 당의 선전부장인 루딩이를 의장으로 하여 〈청 황궁의 숨은 이야기〉를 놓고 '토론'하는 모임이었다.

작가, 역사가, 예술 방면 관료들이 중난하이에 있는 장칭의 거처에 모여들었는데, 모두들 마음이 무거웠다. 왜냐하면 장칭이 이 영화를 금지하고 싶은 마음에 토론을 하려 한다는 것을 너무나 잘 알고 있었기 때문이다.

그들은 하나같이 이 영화의 역사적 의미와 오락적 장점을 변호했다. 마오쩌둥에 이어 당 서열 2위인 류사오치까지 거론하면서 그 역시 이 영화의 '애국적' 줄거리를 높이 평가했다고 했다. 장칭은 잔뜩 화가 나서 처음에는 말없이 무거운 침묵을 지켰지만 곧 〈청 황궁의 숨은 이야기〉는 애국적이기는커녕 '매국적'이라고 목소리를 높였다.

여기는 공산당이 지배하는 중국 땅이다. 이런 일로 투표를 한다는 것은 고려할 가치도 없으며, 정치적으로 미묘하고 까다로운 문제에 대해 공식적으로 결론을 도출하려 애쓴다는 것도 있을 수 없는 일이었다. 장칭은 두 역사가에게 이 영화를 비판하는 글을 쓰라고 '권고'했다. 하지만 이들은 중국 역사에서 오랫동안 활용되어 온 방법을 따라 만족스러운 글을 내놓지 않고 시간을 끌었다. 장칭은 이 영화가 '독초'라는 것을 아무에게도 납득시키지 못한 것 같았다. 하지만 이 영화를 공개적으로 비난함으로써 영화나 영화 배포에 관련된 하급 관리들에게 공포심을 심어주는 데는 성공했고, 장칭은 결국 이 영화의 앞날에 의문 부호를 찍는 목표를 달성했다. 영화는 한동안 거의 대부분의 장소에서 상영이 금지되었다. 하지만 이 영화는 나중에 다시 상영될 뿐 아니라 1954년에는 경극으로 제작되어 인기를 얻었고, 1957년에는 원작 연극이 다시 상연된다.

〈청 황궁의 숨은 이야기〉 비판 운동은 장칭 혼자 주도했으며 마오쩌둥은 전혀 관심이 없었기 때문에 제한된 성과를 거두는 데 그쳤다. 마오는 이 비판 운동과 거의 상관이 없었기에 1954년 "우리는 아직 〈청 황궁의 숨은 이야기〉를 비판한 적이 없다."[25]고 말한다. 장칭에게는 무척이나 당황스럽고 뼈아픈 말이었을 것이다. 하지만 1951년 장칭은 또 다른 영화 한 편을 향해 공격의 화살을 날린다. 〈무훈전(武訓傳)〉이라는 영화였는데, 이번에는 마오의 지원을 받아 큰 성공을 거둔다.

무훈은 장칭의 고향 산둥성의 유명한 거지였는데, 구걸로 번 돈으로 대리인을 앞세워 자선 사업을 하고 학교를 세웠다. 인도의 성자 비노바 바베가 부자들에게 땅을 기부받아 가난한 이들에게 나누어주었듯이, 무훈은 부자들에게 돈을 받아 교육 사업을 한 것이다. 무훈의 성공담을 유쾌한 분위기로 묘사하여 흐뭇한 감동을 주는 이 영화는 1949년 이전에 쿤룬 영화사(昆侖影業公司)가 제작했으며, 1930년대 상하이 예술계에서 장칭의 선배였고 현재 베이징 문화계에서 중요한 인물이 된 저우양과 샤옌이 감독한 영화였다. 1951년 초 몇 달 동안 이 영화는 상하이, 베이징, 톈진에서 상영되어 관객들에게 호평을 받았다. 이 영화를 칭송하는 글이 이들 세 도시의 대중매체에 무려 40~50개가 실렸다. 하지만 장칭은 이 영화를 보고 "무척 우려스러웠다."

장칭이 무훈을 부정적으로 본 것은 마음에서 우러나온 느낌이기도 했다. 장칭은 원래 가부장적 권위와 유약한 타협적 자세를 싫어했다. 이 영화는 가부장적 권위와 타협적 자세에 기반을 두고 있었다. 장칭은 이 영화가 '부르주아 개량주의'로 가득 찬 쓰레기통이라고 비난했다.*(공산당 용어에서 이 말은, 이 영화가 구조적 변화를 추구하는 계급 투쟁이 아니라 단순히 선량한 행동을 하는 사람을 칭송한다는 비난이다.)

처음에는 "누구도 장칭의 말에 귀를 기울이지 않는" 것처럼 보였다.

---

* 하지만 장칭이 1930년대 상하이에 있을 때 크게 관심을 쏟았던 '농민 속으로' 운동의 지도자 타오싱즈 역시 무훈과 같은 부류의 인물이 아니었던가?(본서 81쪽을 보라.)

하지만 지난번 〈청 황궁의 숨은 이야기〉의 아픈 경험에서 교훈을 얻은 장칭은 이번에는 확실하게 무훈과 이 영화를 비난하기로 마음먹었다.

첫 번째 시도가 잘 진행되지 못한 까닭은 아마도 장칭이 너무 모가 난 접근 방법을 썼든지, 아니면 당 지도부의 몇몇 인사가 다시 한 번 장칭을 공적 활동에서 완전히 배제해야 한다는 내부 지령을 내렸기 때문일 것이다. 장칭은 문화부 제2인자였던 저우양을 만나러 갔다. 저우양에게 장칭은 〈무훈전〉이 너무 '개량주의적'이라고 말했지만 저우양은 그 말을 진지하게 받아들이지 않았다. "나는 약간의 개량주의는 참아줄 수 있습니다." 저우양은 마치 쓸데없는 질문을 하는 어린아이에게 대답하듯 천천히 말했다. 대화가 진행됨에 따라 저우양도 화가 나서 나중에는 날카롭게 소리쳤다. "당신이 뭐라고 그럽니까?" 장칭도 화가 머리끝까지 났다. "당신의 개량주의나 잘 해보시죠!" 그렇게 외치고는 문을 쾅 닫고 나가버렸다.

장칭이 1972년에 이때를 회고한 것에 따르면, 마오 역시 처음에는 장칭을 지지하지 않았으며 그녀의 비난 운동을 승인할 수 없다고 말했고, 그 말을 들은 장칭은 자리를 박차고 방을 나와버릴 수밖에 없었다고 했다. 하지만 장칭은 이 회고에서 자신의 노력만 과대평가하고 있으며 결국 마오가 보내준 지지의 중요성은 과소평가하였다.

장칭은 〈무훈전〉을 비난하는 글을 하나 썼고 그 글로 "적들이 무장 해제되었으며" 영화 상영이 끝나버렸다고 회고했다. 장칭이 썼다는 글은 지금은 흔적을 찾아볼 수 없다. 하지만 장칭이 1951년 4월 다른 사람들을 시켜서 그 영화를 비판하는 글을 쓰도록 영향력을 행사한 것은 사실이다. 그리고 적들이 정말 무장 해제된 것은 장칭이 설득하여 마오가 1951년 5월 〈인민일보〉에 비판적 논설을 실은 뒤였다. 장칭은 마오로 하여금 이 글을 쓰게 하기 위해 마오 자신이 과거에 내세웠던 원칙을 들먹이면서 그의 자존심을 자극했다. 장칭은 다음과 같은 질문을 던졌다. 자오양과 샤옌은 마오가 1942년에 공산주의 국가에서 문학과 예술

영화 〈무훈전〉의 한 장면. 이 작품은 1951년에 대중적으로 인기를 끌었지만 사회주의 사상이 결여된 영화라는 이유로 상영이 금지되었다. 장칭은 이 영화가 '부르주아 개량주의'로 가득 찬 쓰레기통이라고 혹평했다.

이 해야 할 역할을 논했던 〈옌안문예강화〉에서 제시한 원칙을 위배한 것이 아닌가? 무훈처럼 단순히 유교적 사상에 기반한 자선사업가는 마오가 말하는 집단주의 시대의 인간형에 정면으로 대립하지 않는가?

주석은 당시 일반적인 것에만 관심이 있었으며 특정 예술 작품을 평하는 일은 매우 드물었다. 그런데 이번에는 몸소 이 영화를 평하면서 "중국 문화 부문"에서 "이념적 혼란"이 발생하고 있다고 비판했다. 또한 "어떤 공산주의자들이 마르크스주의를 이해했다고 주장하는데, 도대체 그 마르크스주의는 어디 있단 말인가?"라는 무시무시한 질문도 던졌다.[26] 저우양은 뒤로 물러났고 장칭은 적극 공세에 나섰다.

어째서 많은 문화계 고위 인사들이 장칭을 원망했는지는 어렵지 않게 알 수 있다. 장칭은 아무런 공식 직책이 없으면서도 자신의 입맛과 야심에 따라 마오를 활용하여 영향력을 휘둘렀다. 옌안 시기와 국공내전 시기에 장칭은 마오를 기쁘게 하고자 조용히 문제에 관여했다. 이제야 처음으로 자신의 목적을 달성하기 위해 마오를 이용하여 공공 문제에 관여했던 것이다.

중국뿐 아니라 다른 나라도 마찬가지지만, 권력과 지위를 추구하는 과정에서 영화나 연극, 책을 가지고 야단법석을 떠는 경우 작품의 내용은 별로 중요하지 않다. 장칭이 〈청 황궁의 숨은 이야기〉와 〈무훈전〉에 간섭한 것은 다른 나라에서 대통령 부인이 관저에 처음 들어왔을 때 가구 위치를 몽땅 바꾸는 것과 같은 일이며, 새로 선출된 시장이 다리나 공원에 자신의 이름을 붙이는 것과 마찬가지다. 모두 자신의 권력을 과시하고 강화하기 위한 행동이다.

오랜 세월 동안 중국 정치에는 궁정과 관료 사이에 긴장이 있었다. 특히 새로운 왕조의 문을 연 첫 번째 황제 때는 그런 긴장감이 더욱 팽팽하다. 왜냐하면 이때 황제의 궁정은 대단히 개인적 성격을 띠기 때문이다. 공산 중국에서도 장칭의 불안감과 재능과 야심으로 인해, 궁정과 관료 사이의 팽팽한 긴장이 무훈 사건을 계기로 역사적 패턴 그대로 반복된 것이다. '관료 집단'과 '황제 집단'은 서로 대립하게 되었다. 저우양에게는 장칭과 영화 이야기를 나눈다는 것 자체가 이미 그녀에게 굴복하는 것이었다. 정부 조직이 아무리 정당하게 일을 처리하려 해도, 마오의 거처에서 부부가 몇 마디 대화를 주고받으면 결정은 금방 번복될 수 있었다.

1950년대를 지나 1960년대, 1970년대로 넘어오면서 궁정과 관료 사이의 긴장은 더욱 고조되었다. 중국의 전통, 거대한 영토, 파벌을 형성하는 문화적 경향 때문에 어쩌면 이런 긴장은 불가피한 현상이었을지도 모른다. 여하튼 이런 긴장의 한복판에 서 있던 것이 장칭이며, 〈무훈전〉은 그녀의 왕관에 박히는 첫 번째 보석이었다.

장칭은 공격의 고삐를 늦추지 않고 계속 밀어붙여 자신의 승리를 모든 이에게 분명히 인식시켰다. 일단 마오가 개입하자 장칭은 한 걸음 더 나아갈 명분을 얻었다. 비록 마오는 원칙적 차원에서 개입한 것이지 장칭의 모든 행동을 지지하려 한 것은 아니었지만 말이다. 장칭은 조사 팀을 꾸려 무훈의 고향으로 내려가 그의 과거 경력을 샅샅이 뒤져 흠집을 내도록 했다. 장칭의 회고에 따르면 마오는 그때 반대했다고 한다. 하지만 장칭은 계획을 강행했으며 오직 한 가지, 조사에 참여하면서 가짜 이름을 사용한다는 양보를 했다. 그렇게 함으로써 자신이 실수를 저지르더라도 마오에게 피해가 가지는 않게 하겠다는 의도였다. 정부의 문화계 관료들은 장칭의 행동을 지켜보고 꼭 필요한 경우 통제할 수 있도록 사람 두 명을 붙이는 것밖에 할 수 있는 일이 없었다.

하지만 조사 팀은 장칭의 독무대였다. 마치 오페라에서 가수가 훌륭하게 아리아를 부르면 박수갈채가 따라오듯 조사 팀의 결론은 미리 정해진 것이었다. 장칭은 첫 번째로 갑자기 몸이 아픈 장면을 보여주었다. 다른 사람의 도움은 거절하고 직접 여러 가지 약을 골라 먹었다. 마치 현기증 증세와 눈에서 줄줄 흐르는 눈물은 개인적인 적이며 오직 장칭 혼자의 힘으로만 물리칠 수 있다는 것을 보여주려는 것 같았다.

상황은 점차 환상적인 분위기로 빠져들었다. 장칭은 분노와 꿈에 젖어 살던 어린 시절, 연극과 현실을 겹쳐 보았던 상하이 시절과 근본적으로 달라진 게 없었다. 이제 장칭은 자기 치하의 인민을 구하기 위해 어떤 폭풍우도 헤쳐 나가는 여성 지도자라는 새로운 사명을 맡아 흥분을 느꼈다.

장칭은 무훈의 고향에서 현지 당 지도자를 만났다. 이 고장은 장칭의 고향과 가까워서 사투리조차 친근했고 현지 당 지도자와 대화할수록 자신의 어린 시절과 연관성이 많다는 데서 장칭은 자신감을 얻었다. 장칭은 그 고장 영웅인 무훈을 두고 이렇게 선언했다. "만일 이런 인물에게 계속 존경심을 표한다면 결국 우리 당과 나라가 파멸할 겁니다."

중국에서 지방 권력은 베이징에서 조치를 취하면 곧 무너진다. 베이징이 요구하면 진실도 새로 만들어진다. 무훈에게 불리한 증거들이 차곡차곡 쌓이기 시작했다. 장칭의 공책에는 겁에 질린 늙은 농부의 증언이 기록되었다. "무훈의 입술에서는 침이 뚝뚝 떨어졌습니다. 탐욕스럽다는 이야기죠." 이런 식으로 새로운 진실이 속속 만들어졌다.

장칭은 훗날 무훈 사건을 회고할 때 마오가 〈인민일보〉에 쓴 결정적 글은 전혀 언급하지 않았다. 오히려 장칭은 남편은 대체로 방해가 되었을 뿐이라고 회고했다. 하지만 실상은 그렇지 않았다. 〈청 황궁의 숨은 이야기〉의 경우 마오가 침묵했기에 실패했던 반면, 〈무훈전〉 사건의 경우에는 마오가 기본적으로 입장을 같이했기 때문에 성공했던 것이다.*

장칭은 중국 역사에서뿐만 아니라 세계 역사에서도 특이한 인물이다. 하지만 어떤 면에서 장칭은 에바 페론과 비슷하다. 아르헨티나 대통령 부인이었던 에바 페론은 정치적으로 프리마돈나처럼 주목받은 민중의 영웅이었다. 에바 페론과 장칭은 어떤 점에서 닮았을까? 두 여인은 누구도 막지 못하는 강한 의지력의 소유자였으며, 모두 최고 권력자를 여성적 매력으로 사로잡은 여배우였다. 장칭은 무훈의 약점을 캐서 정치적으로 한 걸음 전진하기 위해 산둥으로 가 있는 동안, 자신의 행동에 극적 효과를 가미한다든가, 극단적일 정도로 주관적 태도를 취한다든가, 현실과 허구 사이를 왔다갔다한다든가 했다. 에바 페론도 유사하게 행동함으로써 열렬한 숭배를 받든 거친 욕을 먹든 끊임없이 다른 사람의 관심을 끌었다.

마오쩌둥은 장칭을 꼭 곁에 둘 필요가 없었고, 어쩌면 장칭 스스로 남편에게서 떨어져 있고 싶었는지 모른다. 무훈의 유해에 마지막 화살을 쏘아 박은 뒤 장칭은 모험을 찾아 다시 베이징을 떠난다. 1951년 말까지 3개월 동안 장칭은 후베이(湖北)의 토지 개혁 운동에 참가했다.[27]

---

* 장칭은 산둥에서 보낸 시간을 과장하고 있다. 산둥에 8개월간 있었다는 이야기는 한두 가지 분명한 증거로 거짓임을 알 수 있다. 첫째, 그 기간에 장칭에 베이징에 있었다는 분명한 증거가 있다. 둘째, 조사 팀의 결과 보고는 분량이 꽤 많은데 그 가운데 상당 부분이 1951년 7월 마지막 주에 발표되었다. 장칭이 산둥에 간 지 3개월 만의 일이었다.

마오는 장칭의 이번 여행은 반대하지 않았다. 장칭이 산둥에서 일을 잘했다고 생각한 건지, 아니면 장칭을 멀리 두는 게 좋다고 생각해서 그랬는지는 알 수 없다. 하지만 다른 사람들이 반대했다. 따라서 장칭은 리진(李進)이라는 가명을 쓰기로 했다. 토지 개혁 현장에 도착했을 때 장칭은 자신의 활동 범위가 극히 제한되어 있음을 깨달았다.

장칭은 팀의 장이 되지 못했고 리셴녠(李先念)이라는 경제 관료가 이끄는 대규모 토지 개혁 팀의 일원이 되었다. 팀을 다시 작은 단위로 나눴는데, 사람들이 장칭을 감시하는 데 너무 신경 쓴 나머지 그녀의 팀은 경호원들뿐이었다. 한번은 장칭이 어느 지주에게 다가가 지주 밑에 있는 가난한 농민들의 어려움을 들으려고 했다. 곁에 있던 경호원이 제지하자 장칭은 소리쳤다. "당신들은 나와 인민 대중을 완전히 갈라놓는군요!" 하지만 잠시 후 장칭은 엘리트 냄새가 풍기는 말을 했다. 바로 그 경호원이 "기름기 많은 음식"을 좋아하는 것을 두고 "나는 그런 건 못 먹어요."라고 했던 것이다.

농부들이 울 때면 베이징에서 온 귀부인 역시 털썩 주저앉아 그들과 함께 눈물을 흘렸다. 장칭의 눈물은 마치 황후의 눈물처럼 후베이의 대지 위에 떨어져 그 땅을 축복해주었다. 편도선염이 또 말썽을 부렸지만 장칭은 거침없이 일에 뛰어들었다. 악독한 지주를 가려내어 토지, 가구, 의복을 평생 자기 것을 가져본 적이 거의 없는 인민에게 재분배했다. 장칭은 시골의 후진성에 놀랐고 이따금 농부들에게 베풀어준다는 듯한 태도를 보이기도 했다. 장칭은 그들에게 '넓은 정신 세계'를 가르쳐야 했다고 회고했다. 하지만 장칭은 과단성 있게 행동했고, 그녀의 여성 문제 분석은 날카롭고 분명했다.

한편 장칭은 사람들이 자신을 수수께끼 같은 여인이라고 생각하는 것에 아랑곳하지 않았다. 장칭은 모피 코트를 여러 벌 가져가서 늘 입고 있었다. 장칭이 말살하려는 비단옷 차림의 지주들을 제외하면 장칭 주위 사람들은 모두 초라한 누더기를 걸쳤는데도 말이다. 장칭은 또 카메라를 가지고 다녔다. 한편의 사람들은 생명이 힘없이 꺼져 가고, 다른 한 편의 사람들은 희망에 활활 불타는 현장에서 장칭은 셔터를 눌렀고 특이한 장면을 찍은 사진들을 앨범에 보관했다. 농부들은 장칭이 시골 사정에 무지한 것을 보고 "당신이 뭐라고 우리 일에 참견입니까?" 하고 퉁명스럽게 물었다고 한다. 장칭은 훗날 그런 광경을 회고하면서 조금도 부끄러워하지 않았다. 왜냐하면 장칭은 토지 개혁 참가자였던 동시에 자신이 그 역할을 수행하는 모습을 신기하고 즐거운 기분으로 관람하던 관객이기도 했기 때문이다.

늑대와 마찬가지로 호랑이 역시 중국 민담에 자주 등장하는 동물이다. 후베이에서 장칭은 스스로를 호랑이에 맞서는 인물로 묘사하기도 했다. 마을에 호랑이가 돌아다닌다는 소문이 퍼졌다. 소문을 들은 장칭은 앞장서서 밖으로 나가 사람들의 사기를 북돋고 몽둥이로 무장한 조직을 편성하고자 했다. 달이 뜬 밤 침대에 누워 있는데 어디선가 호랑이의 무서운 울음소리가 들렸다. 경호원이 겁을 먹었지만 장칭은 그를 안심시켰다. "걱정할 거 하나도 없어요." 장칭은 윗사람으로서 당연히 보여야 할 담대함을 애써 유지하려고 했던 것이다.

3개월에 걸친 농촌 생활이 끝났을 때 마지막으로 토지 개혁을 축하하는 모임이 있었는데, 장칭은 "일부러 나가지 않았다"고 한다. 왜냐하면 그때 "거의 제정신을 잃을 정도로 흥분"한 사람들이 감사 표시를 너무 많이 할 것이기 때문이었다. 베이징으로 출발할 때 농부들이 주변에 몰려들어 징과 북을 쳤다고 장칭은 회고했다. 몇 명은 울었고, 장칭도 울었다.

장칭은 자신이 "인민 대중에 가까이" 다가가려 했다고 말했다. 하지만 장칭이 대중에게 원했던 것은 그저 칭송이었던 것 같다. 토지 개혁을 시행하려고 진지하게 노력할수록, 장칭은 마치 토지 개혁에 관한 연극을 연습하려고 농촌 현장에 나온 주연 여배우처럼 보일 뿐이었다.

1951년과 1952년 사이 겨울, 장칭은 한 계단 더 높이 올라가지만 얼마 지나지 않아 그 계단에서 거칠게 떠밀려 내려오는 일을 경험한다. 후베이에서 돌아오자마자 장칭은 당 중앙위원회 판공청(辦公廳) 비서국장에 임명된다.[28] 판공청은 명목상 당 중앙위원회의 일상 업무를 보조하는 곳이지만 사실은 권력이 집중되는 부서다.[29] 판공청 비서국장은 장칭이 중국공산당 내에서 그때까지 맡았던 가장 높은 직책이었으며, 1960년대에 상황이 크게 바뀌기 전까지 장칭은 그만큼 높은 자리에 오르지 못했다. 판공청이 관장하는 업무 중 하나는 비밀 문서 수발인데, 비밀 문서를 통해 중국 전체를 통제하는 주요한 결정 사항들의 방향을 수정하기도 한다. 장칭은 비서국장이면서 동시에 주석의 부인이었기에, 문서를 감독할 뿐 아니라 판공청과 마오의 개인 집무실을 연결하는 고리가 되기도 했다. 마오의 지시를 어떻게 하부에 전달할 것인가, 마오에게 어떤 문건을 보낼 것인가, 마오가 방문자들을 어떤 일정으로 만날 것인가, 매일 밤 모아서 정리하는 마오의 친필 메모는 어디로 보내야 하는가, 이런 것들이 모두 장칭의 업무였다.

그러나 장칭은 몇 주일 만에 이 직책에서 물러났다. 장칭은 훗날 이 직무가 예상보다 "힘들고 부담스러웠으며" 고열과 간의 통증에 시달렸다고 회고했다. 하지만 의학적 사유보다 더 큰 위기가 있었다. 장칭은 직속 상관인 당 중앙위원회 판공청 주임 양상쿤(楊尙昆)의 '권고'로 퇴출되었다. 양상쿤은 쓰촨성 출신의 능력 있는 당 관료였는데, 앞으로도 장칭과 여러 번 충돌하게 된다. 장칭은 이때 판공청 비서국장뿐 아니라 영화지도위원회와 중소우호협회에서도 사임한다.[30] 이런 상황을 보면 장칭은 이때 큰 곤경에 빠졌던 것으로 짐작된다. 마오조차 뒤에서 받쳐줄 수 없었다. 마오는 양상쿤의 '권고'를 그대로 받아들이며 사임이 부드럽게 진행되어 장칭이 체면을 지키도록 도와주었을 뿐이다. 마오는 장칭이 계속 중요한 직무를 수행할 것이지만 앞으로는 '혼자 힘으로' 할 것이라는 식으로 장칭의 체면을 세워주었다.

문제는 두 가지였다. "장칭이 곁에 있으면 일이 힘들어진다."라고 저우양이 불평한 적이 있다. (저우양은 이 말 때문에 문화혁명 기간 동안 두고 두고 괴롭힘을 당한다.) 자기 중심적 사고방식, 연극적 태도, 민감한 자존심 때문에 장칭과 함께 일하기가 쉽지 않았던 것이다.

장칭은 예를 들어 4시간을 꼬박 책상에 앉아 서류 작업을 하나씩 할 수 있는 인간이 아니었다. 장칭은 문건 하나를 붙잡고 10분이나 15분 이상 꼼꼼하게 읽을 수도 없었다. 장칭에게는 흥미로운 드라마, 흥분되는 사건, 무엇인가 은밀한 일이 필요했다. 그렇지 않으면 장칭은 싫증을 느꼈고 기분이 가라앉았으며 몸이 아팠다.

또 하나의 문제는 장칭이 마오쩌둥의 부인이라는 점이었다. 장칭의 개인적 특성 때문이 아니라 장칭이 마오의 힘을 간접적으로 과시하려 들었기 때문에 그녀를 싫어하는 사람이 많았다. 관료들은 마오의 의견과 장칭의 의견을 어떻게 분류하고 처리해야 할지 알기 어려웠다.

저우양은 류사오치에게 가서 장칭 문제를 의논했다. 저우양이 장칭을 싫어한 것은 아니었다. 장칭은 저우양이 상하이 시절에 자신을 "박해하고 압박했다"고 말했지만, 저우양은 그런 적이 없다. 장칭의 주장은 마치 새싹이 땅에서 나오면서 땅이 "새싹을 박해하고 압박했다"고 불평하는 것과 마찬가지였다. 새싹이 땅을 뚫고 나오려면 고생을 할 수밖에 없다. 그런 현실이 싫다고 새싹이 불평한다면 땅은 깜짝 놀랄 것이다.

저우양은 장칭의 '제안'과 '요청'을 어떻게 처리해야 할지 몰라 곤란을 겪었다. "장칭은 수십 개씩 의견을 보내옵니다." 저우양은 류사오치에게 설명했다. "그럴 때면 매우 곤란합니다. 장칭 개인의 의견인지 아니면 마오 주석의 의견인지 알 수 없기 때문입니다."[31] 류사오치는 항상 그렇듯이 주의 깊게 상대방에게 귀를 기울였다. 한참 동안 경청하고 난 뒤 그는 문화부 부부장이던 저우양에게 마오와 직접 만나 문제를 제기하는 것이 좋겠다고 권했다. 저우양은 류사오치의 권고를 따랐는데, 물론 매우 조심스럽게 시도했다. 이때 마오와 저우양이 나눈 대화가 장칭이 직책을 모두 잃는 데 크게 기여했을 것이다.

장칭을 애초에 당 중앙위원회 판공청에 배속한 것 자체가 실수였을 것이다. 장칭은 남자들이 하는 '진짜 사업'을 하고 싶은 욕심이 너무 컸다. 당의 고위 지도자들은 장칭이 옌안에서 결혼할 때 약속했던 조건을 위반하고 있다고 생각했을 것이다. 1952년이 되면 마오쩌둥이 국가와 당과 맺은 관계가 그전처럼 좋지 않게 된다. 따라서 설사 마오가 장칭을 위해 발언하고 싶었다 하더라도 위험을 무릅쓰고 그럴 수는 없었다. 1950년과 1951년에는 마오가 환영식을 열 때면 장칭이 곁에 있는 경우가 심심치 않게 있었는데—물론 류사오치나 저우언라이 부인들이 장칭보다 자주 남편 곁에 나타났다.—1952년이 되면 장칭은 거의 모습을 보이지 않는다.[32]

장칭의 건강이 그리 나쁘지 않았고 의지 또한 여전히 강인했음을 보여주는 증거는 1952년 초, 그녀의 역할을 둘러싼 논란이 가라앉지 않았는데도 장칭이 '항미원조(抗美援朝)' 운동에서 할 일을 달라고 당에 요청했다는 사실이다. 이 운동은 당시 진행 중이던 한국전쟁을 지원하는 것이었는데, 표면적으로 이러한 요청은 상식적인 것처럼 보였다. 명분은 정당했고 '제국주의자들'을 물리치기 위해서는 모든 힘을 동원해야 했다.

하지만 장칭은 뜨거운 감자였기 때문에 이 안건은 당 정치국까지 올라갔다. 류사오치가 말했다. "장칭 동지의 현재 과업은 매우 중요합니다. 동지는 현재 당을 위해 우리의 위대한 지도자 동지의 신체, 영양, 가사를 돌보고 있습니다." 류사오치의 아내 왕광메이(王光美)는 강한 성격에 말을 잘하는 여성으로서 우리는 곧 그녀에 대해 좀 더 살펴볼 텐데, 가사 이외에 여러 직책을 맡고 있었다. 그런 아내를 두었으면서도 류사오치는 장칭의 요청을 기각했다. "더 중요한 과업이 어디 있겠습니까? 어떠한 경우라도 장칭 동지는 당이 부여한 최고의 과업으로부터 주의를 다른 곳으로 돌리는 일이 없어야 하겠습니다."[33] 장칭의 마오에 대한 의무가 동시에 당에 대한 의무이기도 함을 두 번이나 언급함으로써 류사오치는 사실상 옌안에서 결혼 당시 합의한 사항을 모든 사람에게 환기했다고 볼 수 있다.

1952년은 장칭에게 힘든 해였다. 하지만 이 뒤로 더 어려운 해가 온다. '혼자 힘으로' 하는 직무는 결국 '마오의 비서'라는 막연한 이름이 붙었다. 이 직책명이 종종 사용된 이유는, 우선 장칭이 자신을 단순한 가정주부로 인식하고 싶어 하지 않았기 때문이었으며 또한 프롤레타리아를 영웅시하고 사회주의 건설에 매진하는 중국 사회에서는 모든 사람이―설사 아무 일도 하고 있지 않아도―무엇인가 일을 하고 있다고 공식적으로 묘사할 필요가 있었기 때문이다. 마오는 이 기간에 장칭에게 도움을 받았다고 한 번도 언급한 적이 없지만 장칭은 훗날 이때 자료 조사 작업을 도왔다고 주장한다. 장칭은 신문과 잡지를 샅샅이 읽었으며 남편이 꼭 알아야 할 내용을 선택해주었다고 한다. 쉴 때도 남편이 자신의 침대에 앉아 있는 동안 전보와 참고 문건들을 큰 소리로 읽어주었다고 한다.

마오는 관계를 유지해야 하지만 시간이 없어 만나지 못하는 사람에게 장칭을 보냈다. 1952년 여름에 장칭은 과거 국민당의 지도급 인사였으나 공산당 쪽으로 넘어온 인물 장즈중을 방문했다. 마오의 인사와 선물을 전달하려는 목적이었다.[34]

"와, 너희들 쌍둥이구나." 장칭은 장즈중 장군의 두 딸에게 말했다.

"아니에요, 마오 아주머니. 우리는 똑같은 옷을 입었을 뿐이에요." 어린 쪽인 장쑤추가 대답했다. 여기서 아주머니(중국어로 '보무伯母')는 여자의 개인적 정체성을 부정하는 매우 전통적인 호칭이다. 하지만 장칭은 별로 개의치 않았다.*

장칭은 말했다. "아이를 두 명 낳지 않은 게 무척 후회가 돼요. 나는 딸 하나뿐이거든요."

마오쩌둥과 장칭은 역사적인 충칭 방문 때 바로 장즈중 장군 집에 머

---

* 여기서 실제 쓰인 중국어는 '毛伯母'로서 '마오 집안의 아주머니'라고 해석할 수 있다.(역주)

1951년 중난하이에서 즐거운 시간을 보내는 마오쩌둥 가족. 사진 속 남자 아이는 마오쩌둥의 죽은 남동생 마오쩌민의 아들 마오위안신이고, 그 옆의 여자 아이가 리민, 사진 맨 오른쪽이 리나이다.

물렀다. 장즈중 장군 가족들이 보기에 장칭은 1945년 당시 충칭에서나, 지금이나 겸손하고 윗사람들에게 예의가 발랐다. 장칭은 말랐지만 쇠약해 보일 정도는 아니었다고 한다.

중난하이에 있는 마오 부부의 개인 거처를 방문했던 사람들의 말에 따르면, 장칭은 조용하고 가정적인 분위기였다고 한다. 1952년 봄 어느 토요일에 마오가 과거 부관으로 데리고 있던 자이쭤쥔(翟作鈞)이 이 사택을 방문했다.[35] 장칭은 마오위안신(毛遠新)과 브리지 게임을 하고 있었다. 마오위안신은 마오의 남동생의 아들인데, 남동생이 죽은 뒤 마오가 옌안 시절부터 돌보고 있었다.** 장칭은 자이쭤쥔을 따뜻하고 겸손하게 맞이했고 두 딸을 불러 인사를 시켰다. 자이쭤쥔은 조금 얼떨떨했다. 장칭의 친딸 리나는 열두 살이었고, 허쯔전이 낳은 리민은 열여섯 살이었다. 가족들은 모두 평범한 면직 옷을 입고 천으로 된 신발을 신고 있었다. 저녁 식사를 준비하는 사이 마오가 북쪽에 있는 거처에서 이쪽으로 넘어왔다. 식사가 시작되자 아이들은 달걀, 고기, 채소를 열심히 먹어

** 마오위안신의 아버지는 마오쩌둥의 동생이었는데, 1943년에 중국 서부에서 국민당원들 손에 죽었다.

치웠다. 마오 역시 평소처럼 음식을 꿀꺽꿀꺽 삼키듯 매우 빨리 먹으면서 자이쭤쥔과 이야기를 나누었다. 장칭은 곁에서 세심한 아내와 어머니 역할을 했다고 한다.

장칭은 리나에게 큰 기대를 걸고 있었다. 하지만 리나는 그렇게 매력적인 외모는 아니었다. 얼굴이 네모나고 몸은 건장하여 리나는 어머니보다 아버지를 닮은 듯했다. 장칭은 아직 리나의 재능과 관심이 무엇인지 알아낼 수 없었다. 장칭은 가끔 과연 딸이 어머니 기대대로 강한 추진력이 있는 여성으로 성장해줄지 궁금하다고 말했다. 1949년 이전 국공내전 기간에 장칭이 계속 이동해야 했을 때 모녀는 떨어져 있는 시간이 많았다. (마오는 아들에 비해 딸에게는 훨씬 관심이 적었다. 이 말은 관심이 전혀 없었다는 뜻이다.) 장칭은 몸이 아팠고 또 딸 곁을 떠나 러시아에 있었기 때문에 지금 와서 모녀가 친밀해지기는 쉽지 않았다.

어느 날 장칭은 마오와 함께 톈안먼 위에서 벌어진 대규모 환영 행사에 참석했다가 마오의 옌안 시절 비서실장이던 리류뤼를 발견했다.[36] 장칭은 1942년 그와 격렬하게 충돌한 적이 있던 터라 그를 다시 본다는 것 자체가 무척 싫었다. 장칭은 그가 있다고 해서 몸을 획 돌려 나갈 정도의 지위에 있지는 않았지만, 그렇다고 그를 친절하게 대해야겠다는 생각도 하지 않았다. 마오 부부는 잠시 앉아 톈안먼 광장에서 진행되는 시가 행진을 구경했고 신호에 맞추어 일제히 외치는 군중의 함성이 권력자들의 좌석에 울려 퍼지는 것을 들었다. 잠시 뒤 귀빈석에 앉아 있던 사람들이 안락의자에서 일어나 인사하며 다니기 시작했다. 리류뤼가 다가와 반갑게 말을 걸었다. "장칭 동지, 안녕하셨습니까?" 장칭은 순간 딱딱하게 굳어 그를 쏘아보고는 아무 대꾸도 하지 않았다. 이 어색한 광경을 본 마오가 다가와서는 몇 마디 듣기 좋은 말을 하여 사태를 수습했다.

1951년과 1952년 사이의 겨울에 시작된 폭풍우는 아직 끝나지 않았다. 장칭의 훗날 회고에 따르면, 장칭이 마오를 위해 집에서 하던 일조차 1952년 중에 "박탈당했다"고 한다.[37] 장칭이 병을 치료받으러 소련에 가도록 '몇몇 당 지도자들이' 결정했다는 것이다.

이때 장칭은 소련으로 사실상 망명을 1년이나 가게 되는데, 우리는 이때 또 다른 일이 벌어졌고 그 일로 장칭의 소련행을 서두른 것이 아닌가 추측할 수 있다. 1952년에 장칭은 문화적 구습 파괴자로서 업적을 또 하나 쌓으려 하고 있었다. 영화 〈무훈전〉을 상영 금지시킨 성공을 다시 한 번 반복하고 싶었을 것이다. 장칭은 산둥 지역 출신의 쑹징스(宋景詩)라는 도적에 대한 현대적 경극을 만들려고 준비했다. 장칭은 무훈에 대해 조사하다가 이 인물을 알고 존경하게 되었는데, 무훈은 반란을 일으키지 못했던 반면 쑹징스는 반란을 일으켰다고 보았다. 하지만 저우양은 이 경극이 수준 이하라고 생각했고 경극의 완성을 허가하지 않았다. (훗날 쑹징스를 다룬 영화가 하나 만들어지기는 하지만 영화 제작에 참여한 사람들의 명단에 장칭의 이름은 없다.)

장칭은 또 상하이 영화제작소(上海電影制片廠)가 전쟁을 주제로 한 화려한 영화를 하나 제작하는 데 도움을 주었다. 〈남정북전(南征北戰)〉(온 나라를 돌아다니면서 수많은 싸움을 한다는 뜻)이란 영화였는데, 이 사업은 곧 심각한 반대에 맞닥뜨렸다. 장칭은 또 기발한 아이디어를 내서 〈랴오선 작전(遼沈戰役)〉과 〈화이하이 작전(淮海戰役)〉이라는 두 개의 경극을 만들고자 하지만, 이 시도도 저우양과 그의 부하들 손에 좌절되었다. "너무 막연하고 한마디로 적절하지 않음." 이것이 저우양의 간단한 평가였다. 국공내전 당시 유명한 전투를 주제로 하여 경극을 만들려는 장칭의 노력은 그렇게 좌절되었다.

이상의 여러 시도에서 장칭은 마오쩌둥의 지지를 얻어내지 못했으며 정치적·예술적 반대에 부딪혔다.[38] 이제 장칭으로서는 할 수 있는 일이 없었고, 결국 베이징을 떠나 "치료를 받으라"는 압력을 거부할 수 없었다.

혁명의 길에서 밀려나다

장칭을 사회 생활에서 멀리 떨어뜨린 압력은 사실 1950년대 모든 중국 여자들에게 가정으로 돌아가 육아에 집중하도록 했던 압력의 일부이기도 했다.[39] 혁명을 향한 변화무쌍한 길을 걷는 동안 남자와 여자는 어느 정도 평등했다. 하지만 그것은 과거사가 되었다. 이제 여성 문제를 비롯한 사회적 이슈는 점차 조직적 안정성 확보라는 대의명분에 밀려 뒷자리로 물러나게 된다. 가족에 대한 보수적 관념은 조직적 안정성의 바탕이었다.*

어쩌면 이는 혁명이 초년에서 중년으로 성숙함에 따라 철칙처럼 반드시 겪는 변화인지도 모른다. 볼셰비키혁명을 경험한 러시아 역시 1920년대에는 여권 운동이 후퇴했다.[40] 예를 들어 알렉산드라 콜론타이**는 매우 급진적인 자립 정신을 지녔고 성관계를 물 한 잔 마시는 것처럼 대단치 않게 보았는데, 스탈린 시대에 들어 가족 중심적 가치관이 득세하면서 그녀의 주장은 뒤로 밀려난다. 콜론타이는 여성으로서 처음으로 소련 대사가 되었지만 소련에서는 이후 수십 년간 여성 대사가 나오지 않았다. 장칭은 페미니스트라고 할 수 없으며 콜론타이와 비교할 만한 인물은 결코 아니다. 하지만 장칭 역시 1950년대 중국 사회의 변화에 영향을 받았다고 할 수 있다.

중국에서 여성이 사회적으로 높은 위치에 올라가려면 단순히 훌륭한 경력을 쌓은 개인이라는 것만으로는 부족하다. 공산당 체제에서는 권력이 매우 중앙 집중화되어 있기에 개인적 차원에서 경력을 쌓기가 애초에

---

* 당시 널리 읽힌 〈중국의 여성〉이란 잡지는 1950년대에 가정주부의 역할을 높이 칭송하는 글을 실었다. 이 글은 독자들에게 패션과 미용을 가르쳤고 임신과 육아를 성스러운 직무라고 칭송했다. "가정주부는 남편과 가족을 통해 사회에 봉사하는 모습을 보이도록 정해져 있었으며, 생산에 직접 참여하는 사람들을 위한 일종의 (무급) 봉사 일꾼으로 활동하게 되어 있었다." 중국 문제 전문가 델리아 대빈(Delia Davin)의 결론이다.

** 콜론타이(Aleksadra Kollontai, 1872~1952) 소련의 정치가. 러시아의 혁명가로서 전통적 사회 관습 및 제도의 급진적 변화를 주장했다. 후에 외교관으로 활동한다.(역주)

불가능하다. 게다가 중국 사회는 사적 영역과 공적 영역의 구분이 분명하지 않다. 1949년 이후에도 순진하게 그저 사적 경력을 추구하던 전문 직업인들은 결국 권력자의 신뢰를 얻지 못하여 실패하거나, 뒤를 봐주던 거물 정치인이 권력 투쟁에서 패배하여 '자본주의자'라는 낙인이 찍혔다.

결국 중국의 문화와 공산당 체제, 이 두 가지 요소의 상호작용 때문에 여성이 자신만의 경력을 쌓기 위해서는 정치를 하는 수밖에 없었다. 그러한 정치적 여성은 다음 세 가지 부류 가운데 하나다.[41] 첫째는 쑨원의 미망인 쑹칭링처럼 실권은 없지만 어떤 조직에서 명목상의 지도자가 되는 것, 둘째는 덩잉차오처럼 여성 전문 조직의 장이 되는 것, 셋째는 남편의 권력을 등에 업고 권력에 접근하는 것이다. 린뱌오의 아내 예췬(葉群)이 세 번째에 해당하는데 곧 우리는 그녀에 대해 좀 더 알아볼 것이다.

장칭은 어떤 길을 택할 수 있었을까? 배우로서 개인적 경력을 쌓는 것은 애당초 불가능했다. 오히려 장칭은 과거를 지우려고 애썼다. 1950년대에 마오쩌둥의 아내라는 이미지를 적절하게 유지하기 위해서는 과거를 지워야 했다. 장칭이 나온 영화 필름, 그녀의 연기에 대한 평론, 여배우로서 그녀의 삶을 다룬 잡지 기사는 하나씩 추적되어 불태워졌다.

어떤 조직의 명목상 장이 되는 것 역시 장칭이 갈 길이 아니었다. 우선 그런 역할을 맡는 인물의 수효가 매우 적을 뿐 아니라 그들은 노력해서라기보다는 원래 태생이나 배경 덕분에 그런 자리에 오른 것이다. 장칭은 그런 역할과 맞지도 않았다. 장칭은 점잖게 차나 따르면서 모양새나 지키고 있는 여자보다 차라리 열심히 자기 일을 하면서 고생하는 창녀가 맞았다.

남편 마오의 힘으로 정치적 역할을 맡는 것 역시 장칭에게는 세 가지 문제 탓에 쉽지 않았다. 첫째, 당이 장칭이 눈에 띄거나 실권이 있는 공적 직책을 맡는 것을 끊임없이 반대했다. 둘째, 장칭 자신이 남편의 지위를 등에 업고 얻을 수 있는 자리는 자존심이 상해 내키지 않았다. 셋째,

남편인 마오조차 1950년대에는 아내가 공적 직책에 욕심을 내는 것을 달가워하지 않았다. 류사오치는 부인 왕광메이의 공적 활동을 불편하게 여기지 않았다. 저우언라이 역시 부인 덩잉차오의 공적 활동을 불편해하지 않았다.[42] 하지만 마오는 당의 의견에 따랐을 뿐 아니라 당과는 상관없이 장칭이 진정한 직책을 맡는 것을 원하지 않았다.

저우언라이는 어느 날 장즈중 장군의 딸과 미래 직업을 놓고 이야기를 나누다가 부인 덩잉차오와 한번 대화해보라고 권했다. 부녀연합회에 일자리가 있는지 알아보라는 것이었다. 하지만 장쑤추는 불만스러운 듯 고개를 약간 들면서 여성 관련 일은 좋아하지 않는다고 잘라 말했다.[43] "네가 여성인데 여성 관련 일을 좋아하지 않는다고?" 저우언라이 총리가 기가 막힌다는 듯이 말했다. "그럼 네 생각에는 남성과 여성이 평등하지 않다는 이야기구나?" 덩잉차오는 젊은 시절부터 남녀 평등을 주장했을 뿐 아니라 이미 평등을 확보했다고 믿었다. 저우언라이가 장쑤추에게 한 말에서 짐작할 수 있듯, 덩잉차오는 부녀연합회 일을 하면서도 조금도 창피하게 느끼지 않았다. 남녀 평등은 이미 덩잉차오에게는 의심할 바 없는 사실이었으며, 따라서 여성 조직에서 일하는 것은 아직 다 처리하지 못한 약간의 업무를 관리하는 차원이었다.

덩잉차오보다 훨씬 거친 어린 시절을 보낸 장칭은 남녀 평등을 도저히 기정사실로 받아들일 수 없었다. 덩잉차오 같은 조용한 확신이 없었기에 장칭에게는 기존 질서를 약간 고치는 작업 이상의 것이 필요했다. 장칭은 자신이 평등을 누린 적이 없다고 느꼈고, 남녀의 이론적 평등성 확보를 뛰어넘어 자신의 '개인적' 야망을 목표로 삼았다. 장칭처럼 끓어오르는 영혼을 가진 사람이 불평등을 뛰어넘는 방법은 오로지 강력한 자기 확인과 복수뿐이었다.*

중국에는 두 가지 타입의 여성이 있는 것 같다. 절대 다수의 여성은

---

* 장즈중 장군의 딸 장쑤추는 저우언라이와도, 덩잉차오와도, 장칭과도 견해가 달랐다. 그녀는 "남성과 여성이 이미 평등하다면 부녀 조직은 존재할 필요가 없지요."라고 내게 말했다.

하녀 타입으로서 얌전하고 순종적이다. 황녀 타입은 극히 드문 영혼의 소유자로서 주위 사람을 제압하려 들며 무한한 욕망으로 가득하다. 이런 여성은 단 한 번의 삶으로 수백 년 동안 살아온 모든 하녀 타입 여성의 운명을 한꺼번에 대신 복수해준다. 장칭은 황녀 타입이었다.

때로는 옷이 그 사람을 말해준다. 장칭은 여성 운동에 종사하는 여자들과 외모부터 달랐다. 여성 운동에 종사하는 품위 있는 여자들은 자선 바자회에서 얻어 온 듯한 통이 넓은 바지나 짙은 색 치마를 입었다. 아무 색감 없는 화학 섬유로 만든 블라우스를 입어 그 안에 숨어 있는 곡선을 완전히 감췄다. 옅은 색 양말에 플라스틱 샌들을 신어 어떠한 색깔의 조합도 거부했다. 그 여자들의 옷차림, 또 짧은 머리카락과 화장기 없는 얼굴은 남자의 복사판 같았다.[44]

하지만 장칭은 규율로 꽉 짜인 공산주의 문화가 허락하는 한도 내에서 언제나 외모로 개성을 발휘하려고 노력했다. 변형한 뒷굽을 붙인 구두를 신거나 다양한 색상의 서양식 드레스를 입기도 했으며 스카프를 멋지게 두르기도 했다. 고급 화장품으로 세심하게 단장하고 다녔으며 머리는 언제나 아주 단정하게 빗었다. 장칭은 집단적으로 페미니즘에 협력하기보다 개인으로서 투쟁하는 영혼을 가졌으므로, 군중 속에 녹아드는 식이 아니라 군중 속에서 돋보이고자 옷을 입었다.

"나는 그때 속옷도 없었어요."[45] 장칭은 불안에 떨며 베이징에 처음 왔던 10대 시절을 그렇게 회고했다. 장칭은 부녀연합회의 엘리트 여성들과 달리 너무도 가난한 어린 시절을 보냈고, 부잣집 딸들은 모를 사치에 대한 동경을 품고 있었다. 장칭이 잘 꾸미고 당당하게 나설 때면 그 모습에는 행복과 자부심을 느끼는 어린 소녀 윈허가 숨어 있었다.

또한 장칭은 남편 마오의 태도에 자기 나름대로 대응하고 있었다고도 볼 수 있다. 덩잉차오의 정서가 저우언라이의 뒷받침에 상당 부분 영향을 받았던 것과 마찬가지다. 저우언라이에 비해 마오쩌둥은 훨씬 비관적이고 덜 솔직했으며 야심이 더 컸다. 따라서 장칭은 덩잉차오보다 훨씬 더 거친 바다를 항해하는 배였다. 장칭이 성과 권력이라는 게임에 몸을 던지게 된 것은 그 게임이 바로 남편이 오랫동안 자기 방식에 따라 즐기던 게임이었기 때문이다. 마오는 여자라는 존재를 권력에 따라오는 특권의 하나로 보았다. 그런 남편을 둔 아내라면, 정치 권력을 추구하는 방법으로 가정이라는 좁은 상자를 탈출하려 하는 것은 당연한 귀결이라고 볼 수 있다.

성과 권력의 게임을 하는 것은 사실 여성의 단결을 깨는 일이다. 록산 위트케에게 장칭이 구술한 자기 생애 이야기를 보면, 19세기 말 중국의 서태후 이야기는 한마디도 없으며 그밖에 중국의 유명 여성 정치가 이름도 전혀 언급되지 않는다. 또 님 웨일스나 아그네스 스메들리 등 중국혁명에 관여했고 장칭이 알고 있었던 외국 여성의 이름도 전혀 언급되지 않는다. 장칭이 하는 게임은 오로지 자기 자신을 위한 것이었지 일반 여성 전체를 위한 게임이 아니었다. 장칭이 여성적 매력과 기술을 활용한 이유는 남성이 선 위치에 서기 위해, 남성이 확보한 지위를 확보하기 위해, 거의 남성처럼 되기 위해서였다.*

장칭이 보기에 자신은 마오쩌둥의 '비서'였다. 마오의 눈에는 그저 '마오의 여자'일 뿐이었다. 한동안 장칭은 허공에 붕 뜬 사람이었다. 훌륭한 순종 경주마가 제 짝을 찾지 못하고 있는 것 같았다. 프랑스의 예술계와 사교계에서 중심 역할을 했던 미국 작가 거트루드 스타인(Gertrude Stein)과 같은 여성이 중국에 태어나 중국 문화와 공산당 정치가 씌운 굴레에 갇힌 셈이었다.

장칭의 개성, 마오의 거대한 힘, 공산주의 중국의 정치적 소용돌이를 생각할 때 상황이 불안하고 충돌이 반복될 수밖에 없었다. 장칭이 침대에 누워 있거나 소련에 가 있어야 이런 상황이 해소될 수 있었다. 소련에

---

* 부녀연합회 활동은 결국 여성 운동이 아니었다고 볼 수 있다. 여성이 더 많은 힘을 얻을 수 있도록 무제한적으로 추구하는 강력한 여성 운동이 존재하는 나라였다면, 장칭이 거쳐 갔던 인생 경력은 상상조차 할 수 없을 것이다.

가서 침대에 누워 있으면 더 좋았다.

장칭을 두 번째로 소련으로 보낸 작업을 총지휘한 사람은 류사오치와 저우언라이였다.[46] 이들이 생각할 때 이런 문제가 발생한 까닭은 세 가지였다. 첫째로 장칭의 성격, 둘째로 국공내전 시기 장칭의 활동, 셋째로 최고 지도자 부인을 다루는 데 따르는 딜레마였다.

장칭이 여성 조직 활동에 관심을 두었더라면 두 사람의 일이 좀 더 수월했을지 모른다. 혹은 장칭이 나름대로 정치적 관록이 있는 여성이었더라도 좋았을 것이다. 뭐니뭐니해도 장칭이 마오의 집안 보조역으로 남아 있는 데 만족한다면 가장 좋았을 것이다. 하지만 류사오치와 저우언라이는 까다로운 이 동지가 그런 것에 만족하기를 바라기에는 장칭을 너무나 잘 알았다. 장칭은 어디까지나 장칭이었다. 그녀는 혼자 움직이는 1인 단위였고, 매력이 풍부했지만 그 뒤에는 강철 같은 목표가 있었다. 마오의 측근 동료들에게는 장칭을 집어넣을 적당한 상자가 필요했지만, 아무리 찾아도 그런 상자는 없었다. 그들은 결국 체면을 세워주지만 사실 무시무시한 개념인 '환자'라는 상자를 찾아냈다. 장칭이 소련의 병원에 되도록 오래 머물기를 바라는 수밖에 없었다.

1952년 초가을 장칭은 간에 통증을 느끼고 고열에 시달리면서 모스크바로 갔다.[47] 러시아에 사는 것을 좋아하는 중국인은 별로 없는데, 특히 추운 계절은 더 꺼린다. 장칭이 비참했던 이유는 그뿐만이 아니었다. 몸과 마음이 약해졌고 너무나도 고독했다. 장칭이 소련에 머물렀던 11개월의 시간은 그녀가 일생에 걸쳐 앓은 몸과 마음의 병의 역사를 압축하여 다시 보여주는 샘플과도 같은 시간이었다. 병은 마치 러시아워에 질주하는 전차처럼 몸을 뚫고 지나갔고 정신 상태 역시 매우 불안했다.

소련 의사들은 고열에는 페니실린을 처방했고 간의 통증에는 담즙을 검게 만든 독성 물질이 몸 밖으로 나오게 하는 시약을 주입했다. 장칭은 다시 한 번 얄타에 갔고 모스크바로 돌아와서는 여기저기를 오가며 시간을 보냈다. 소련공산당 지휘부가 이용하는 크렘린 내부의 특별 병원에 가기도 했고, 모스크바 근교의 광활한 요양소에서 지내기도 했으며, 테니스장이 딸린 시골 오두막에 놀러 가 근처의 소나무 숲을 거닐기도 했고, 영사실에 가서 좋아하는 영화를 관람하기도 했다.

아픈 것은 사실이었지만 생명이 위협받는 정도는 아니었다. 장칭은 주로 중국이 그립다고, 자신에게 다음에 일어날 일을 아무도 알려주지 않는다고, 베이징으로 돌아가고 싶다는 요청이 계속 거절당한다고 불평했다. 장칭이 그런 요청을 했다는 것은 소련 의사들의 도움이 자신의 삶과 죽음을 결정할 정도로 중요하지 않았다는 것을 말해준다.

장칭은 거의 완전히 여자들만 있는 세계에서 살았다. 그리고 이런 세계에서 장칭은 원래 자기 자신의 가장 좋은 모습을 드러내지 않는다. 소련의 남자 의사들을 만나는 시간을 제외하면 장칭은 항상 여자들에게 둘러싸여 있었다. 러시아어 통역사는 장칭이 노란 머리만 빼면 스탈린과 똑같이 생겼다고 한 건장한 여자였고, 예의 바르지만 둔한 30대 중국 여자 한 명이 보조 통역사로 있었다. 중년의 중국인 여의사도 한 명 있었는데 장칭과는 이따금 긴장 관계가 조성되었다. 여자 관료 한 명이 더 있었는데 그녀는 모스크바 주재 중국 대사관의 지시에 따라 오갔으며, 중국에서 사절단이 오면 역시 거기에 따라 움직였다.

그들은 오로지 장칭의 몸과 마음을 돌보고자 모인 꽉 짜인 집단이었다. 의사가 방문하여 장칭을 진료하고 나면 브리지 게임이 이어졌다. 그 다음은 별로 흥미롭지 않은 분위기의 저녁 식사를 하고, 시골 별장 부근의 소나무 숲을 산책하고, 개인 영사실에 가서 영화 관람을 했다. 언제나 똑같은 여자들이 모여서 상대방이 무슨 생각을 하나 추측하거나 신선하면서도 안전한 말할 거리를 찾아내려고 안간힘을 썼으며, 혹시 대화 상대방이 나처럼 내심 무척 지겨워하고 있는 것이 아닐까 걱정하는, 그런 성격의 집단이었다.

이렇게 답답한 온실 속에서 장칭은 주위 사람들의 단점을 쉽게 찾아냈다. 장칭은 누가 자신이 없는 데서 자기 험담을 하지는 않는지, 게으름을 피우지는 않는지, 브리지 게임을 하면서 어깨 너머로 살짝 장칭의 카드 패를 훔쳐보지는 않는지 같은 불안한 느낌을 떨칠 수 없었다.

장칭은 소련 사람들과 전혀 어울리지 않았고 소련에 거주하는 중국 사람과도 전혀 왕래가 없었다.* 장칭이 좋아하는 공작, 음모, 투쟁은 어느 것 하나도 소련 병원과 스탈린 정부가 제공한 답답하고 어두운 별장에서는 찾을 수 없었다. 이때 함께 지냈던 사람들 중 몇몇은 나중에 장칭에 대해 상당히 부정적으로 말하지만, 장칭을 가장 심하게 비판한 사람들도 그녀가 소련에 머문 2년 가까운 기간 동안 남자 관계가 있었다는 험담은 하지 않았다. 방학 때 딸 리나가 잠시 방문했으나 어머니와 딸이 마음 편하게 대화할 만한 여건은 아니었다.

독서를 좋아하는 사람이라면 이런 상황이 도움이 되었겠지만 장칭은 인쇄된 글자가 아니라 체험을 통해 배우는 사람이었다. 스탕달의 《적과 흑》, 톨스토이의 《안나 카레니나》 중국어 번역본이 방 테이블 위에 놓여 있었지만 장칭은 그 책들에 그리 오랫동안 집중하지 못했다. 중국 대사관에서는 장칭에게 요약 보고서 서류철을 보냈다. 하지만 대부분 외교 정책에 관한 것이었고 장칭은 이 방면에는 그때도 훗날에도 별 관심이 없었다.

장칭은 러시아어를 할 줄 몰라서 한마디 한마디를 모두 통역에 의존해야 했는데 이는 지루하고 매우 답답한 노릇이었다. 마치 벙어리에 귀머거리 신세로 전락한 것 같았다. 러시아인 통역과 중국인 통역이 이야기를 나누면 장칭은 마음이 불편해졌고, 기침을 하거나 무슨 이야기인데 그렇게 재미있느냐고 쏘아붙이듯 물어보았다. 혹시 나를 해치려는

---

* 이유는 알 수 없지만 장칭은 중국 대사관을 거의 방문하지 않았다. 모스크바 주재 중국 대사관은 옛날에 장제스 정부가 대사관으로 쓰던 소련의 오래된 저택이었다. 대사관에는 러시아 수공예품과 고대 중국의 장식품이 많았다. 둘 다 장칭이 좋아하는 물건들이었다. 훗날 중국 정부는 새로운 대사관 건물을 짓는데, 레닌 언덕(Lenin's Hill, 원래 이름은 '참새 언덕'이었다) 지구에 순전히 기능만을 고려해서 설계한 단순한 상자형 건물이었다.

음모를 꾸미는지도 몰라! 외국어가 중국 궁정을 해치는 수단이 될 수 있다는 우려는 중국에 대대로 내려오는 공포다. 장칭은 마치 50년 전 서 태후가 그랬듯이 주변의 아랫사람들이 외국어로 대화를 나누면 그것은 자신에 대한 이야기요, 자신을 고립시키려는 것이요, 자신을 공격하려는 것이라고 느꼈다.

긴 겨울 동안 장칭은 과거 상하이에서 영화배우로 활동하던 시절을 그리워했다. 장칭은 자신보다 젊은 주위 사람들에게 1930년대 영화에 대해 이런저런 이야기를 하곤 했는데, 그들은 전혀 보지 못한 영화들이 었다. 상하이에 산 적이 있었던 중국인 여의사를 비롯한 나이 많은 사람 들에게는 자신이 출연한 영화가 겉보기와는 상관없이 항상 혁명을 위한 것이었지 단순히 예술을 위한 영화는 아니었다고 강조했다. 상하이 시 절 같이 일했던 배우들과 감독들 이야기도 했다. 상하이 시절에는 활동 적이었고 사람 만나기를 좋아했으며 성공적 인생을 살았는데, 병에 걸리 고 양상쿤 같은 마오의 동지들과 충돌하는 바람에 이렇게 침체 상태에 빠졌다며 개탄했다.

소련에 머무는 동안 장칭은 수십 편의 영화를 보았다. 대부분 유럽 영화였는데, 장칭은 유럽 영화의 낭만주의에 감탄했으며 대담하고 개인 주의적인 인물 묘사를 칭찬했다. (중국 영화들은 사회 도덕을 다루기에 이 런 점이 부족했다.) 스크린에 등장하는 강하고 열정적인 서양 여성들의 모 험을 볼 때면 몹시 흥분하고 열중한 나머지 자신의 병을 다 잊어버리는 듯했다. 장칭은 그런 여성이 되고 싶었다.

어느 날 중국 대사관에서 큰 트렁크 하나가 왔다. 장칭이 왕광메이에 게 적당한 옷감을 보내 달라고 했던 것이다. 류사오치의 부인인 왕광메 이는 우아하고 자신감 넘치는 여성이었으며 장칭과 사이가 좋았다. (두 여인의 남편 역시 중국의 최고 정치 지도자로서 막역한 사이였다.) 보조 통역 사가 트렁크를 열고 물건들을 꺼냈다. 첫 번째 옷감을 풀어헤쳐본 장칭 은 경멸에 찬 목소리로 외쳤다. "오리 알 같은 노란색이네! 이건 절대 못

걸치겠어." 두 번째 옷감은 선명한 분홍색이었다. "세상에! 정말 촌스럽군." 세 번째 옷감은 평소 좋아하던 사과 빛깔 초록색이었지만 장칭은 역시 비판을 퍼부었다. 화가 잔뜩 난 장칭은 왕광메이가 "정말 세상을 모른다"고 잘라 말하면서, 이런 경우 항상 그러듯 엉뚱한 비난을 쏟아부었다. 왕광메이가 공산당원이 된 것은 5년도 채 안 되었으며 오로지 류사오치와 결혼한 덕분이라는 식이었다.

장칭은 가끔 너그럽게 행동하기를 좋아했다. 물론 자신의 목적을 추구하는 데 방해가 되지 않을 때에 한했다. 베이징에서 온 옷감들을 주위 여자들이 부러운 눈초리로 바라보는 가운데 장칭은 분홍색 옷감은 보조 통역사에게, 다른 옷감은 러시아 하인들에게 선물하겠다고 했다.

1953년 3월 5일 스탈린이 사망했을 때 장칭은 휴양소의 자기 방에서 라디오로 그 소식을 들었다. 그녀가 이 일에 대해 이야기를 나눈 사람은 같이 있던 환자와 의료진뿐이었다. 의사와 간호사들은 장칭에게 마오 주석이 반드시 장례식에 와야 한다고 반복하여 말했다. 베이징에서 어떤 일이 벌어지고 있는지 전혀 알 길이 없는 장칭은 이런 충고가 듣기 싫었으며, 마오가 장례식에 올 예정인지 아닌지 누구에게도 듣지 못한 상태였다. 장칭이 할 수 있었던 대답은 그저 그런 일은 중국공산당이 신중하게 결정하여 실행할 사안이라는 말뿐이었다.

혹시 정말 마오가 온다면 자신과 만날 시간을 일부러 내거나 할까? 어쩌면 마오가 내 손을 잡고 베이징으로 데리고 돌아가지는 않을까? 어쩌면 그는 나에게 황량한 흰 눈 속에서 한동안 무슨 병인지 모를 병을 치료하면서 시간을 더 보내라고 지시할지도 모르지.

마오쩌둥은 스탈린의 장례식에 참석하지 않았다. 장칭은 라디오 방송으로 남편이 오지 않는다는 사실을 알았다. 장칭의 남편은 스탈린이 '현 시대의 가장 위대한 천재'라는 칭송을 담은 글을 보냈지만 친소련 진영 국가들 가운데 공산당 최고 지도자가 오지 않은 것은 마오쩌둥 한 사람뿐이었다. 저우언라이가 중국 조문단을 이끌고 왔다. 저우언라이는 스탈린의 관 옆을 따라 걸은 사람 중 유일하게 비소련인이었다. 저우언라이 총리는 모스크바 체류 기간 중 장칭을 만나지 않은 것 같다. (이 사안에 관련해서 저우언라이는 분명 마오의 지침을 따랐을 것이다.) 몹시 추웠던 스탈린의 장례식 날 장칭은 요양소의 창문가에 앉아 하루를 보냈다. 장칭은 감정을 잘 드러내지 않는 중국인과 달리 소련 사람들이 감정을 뚜렷하게 표현하는 것에 놀랐고, 다른 환자들과 지금 이 세계는 '천재'의 죽음으로 구멍이 뚫렸다는 이야기를 한가롭게 나누었다.

장칭은 생각이 이상한 방향으로 튀었고 감정은 창밖 눈 덮인 나무의 작은 나뭇가지처럼 연약해졌다. 장칭은 스탈린의 죽음을 둘러싸고 느낀 곤혹스러움을 나름대로 극복하려다가 이상한 생각을 하게 되었다. 스탈린 장례식에 참석한 많은 세계 공산당 지도자들이 곧 감기에 걸려 죽으리라는 것이었다. 물론 그런 일은 일어나지 않았다. 아마도 그런 생각을 품음으로써 마오가 오지 않았으며, 자신이 마오와 떨어져 있다는 사실을 조금이라도 위로받으려 했던 것 같다.

장칭은 별장에서 아주 작은 소음이나 바람, 눈에 거슬리게 밝은 빛이 느껴지면 신경질적이 되거나 말은 하지 않아도 내심 화가 끓었다. 어디선가 부스럭거리는 소리가 작게 들린다든지, 집 한구석에서 벌레가 나무를 이빨로 쏠고 있다든지 하면 온 집안을 샅샅이 뒤져 원인을 찾아내도록 했다. 숲 속을 산책하다가 실바람 한 점이라도 불면 산책을 즉시 중단하거나, 모자를 쓰거나, 수행원들에게 양산을 들라고 해서 곧바로 바람을 차단했다.

환한 빛은 장칭이 주위 사물을 완전히 지배하는 데 큰 장애가 되는 듯했다. 장칭은 빛을 차단하고 어두운 곳으로 들어가야 안정을 찾았다. 야외로 나가면 선글라스를 써야 마음을 놓았다. 장칭은 얄타에 머물 때는 끝없이 펼쳐진 백사장 때문에 특히 괴로움을 겪었다. 장칭은 큼직한 밀짚 모자를 쓰고 큰 숄로 온몸을 감쌌으며 양산을 여러 개 펼쳐 그늘을 만들고 그 속에 들어가 앉아 있었다. 바다에는 한 번도 들어가지 않았다. 장칭은 끝없이 펼쳐진 자연 앞에서 위협을 느끼는 것 같았다.

매일 환자 곁에 있는 사람들 눈에는 환자의 약점이 잘 보이는 법이다. 당시 장칭을 돌보았던 사람 몇몇은 나중에 장칭의 약점을 많이 지적했다. 하지만 모스크바에 머무는 동안 장칭은 너무나 불행했기 때문에 주위 사람이나 사물에 유난히 불만이 많았고, 따라서 주위 사람을 더 힘들게 했을지도 모른다.

장칭은 종교에서 위안을 찾지는 않았다. 장칭은 중국의 종교적 전통을 경멸했으며 모스크바에서 양파 모양 지붕의 동방정교회 교회를 보고는 웃음을 참지 못했다. 세계 역사에 영향을 끼쳤던 수많은 여성들, 예를 들어 성경 속 여인들, 잔 다르크, 예카테리나 여제, 에바 페론 등과는 달리 장칭은 철저히 비종교적 태도의 소유자였다. 마오는 노년에 신에 대해 이야기한다. 하지만 장칭은 신이라든가, 사후 세계라든가, 최후의 신비라든가, 신의 용서 같은 것을 입에 올리는 일조차 우습다고 생각했다.*

장칭의 정신 세계에 종교가 설 자리는 없었고, 이는 순수한 인간 의지가 중심 위치를 차지했다는 뜻이다. 장칭은 초자연적 실체를 인정하지 않았으며, 따라서 초자연적 실체에 호소하지도 않았다. 이 세상 사물을 규정하는 의미론은 장칭의 개인 의지 앞에서 무력했다. 장칭의 인생은 장칭이 규정했다.

장칭은 소련이 부패했다고 생각했다. 병원 직원들은 팁을 달라고 손을 내밀었고 간호사들은 보석 장신구를 하고 있었다. 프랑스어로 말하기 좋아하는 귀족 계급 사람들이 주위에 많았는데, 그들은 서구를 존경하고 있음이 명백했다. 하지만 장칭 역시 허영심과 부르주아적 태도로는 그들 못지않았다. 장칭은 궁정 병원에서 치료받는다는 것이 기분 좋았다. 소련의 엘리트 집단이 치료받는 병원이었기 때문이다. 장칭은 자기가

---

* 하지만 장칭은 욕설을 퍼부을 때 '톈아(天呀)' 혹은 '톈나(天哪)'라는 표현을 썼다. 이것은 영어로 "God!", "My God", 또는 "Heavens!"로 번역될 수 있는 표현이다.

머무는 별장이 원래 스탈린 것이었다고 즐겨 이야기했고, 또 자신의 나이트 가운이 스탈린이 직접 주문하여 따로 제작한 것이라고 자랑스럽게 말하고 다녔다. 가운은 장칭이 좋아하는 초록빛이었는데, 병원 규정에 따라 흰색 환자복을 입은 주위 환자들이 아름다운 가운 색깔과 자신의 날씬한 몸매를 부러워한다고도 했다.

장칭은 자신을 돌봐주는 사람들을 데리고 모스크바 최고의 쇼핑 센터인 굼(GUM) 백화점에 가곤 했는데, 출발하기 전에 모든 사람에게 옷한 벌을 지을 수 있는 옷감을 사주겠다고 약속했다. 옷감을 고른 다음 계산을 할 때 장칭은 보조 통역사가 고른 옷감이 자신이 고른 옷감보다 몇 루블 더 비싸자 기분이 급속히 나빠졌다. "세상에, 사오런!" 장칭은 화가 치밀어 말을 더듬었다. "오늘 네가 산 옷감은 네가 평생 입을 옷값이야!" 얼마 뒤 사람들의 의상 디자인을 정하려고 재단사가 왔다. "사오런이 저 옷감으로 옷을 해 입으면 곰처럼 보일 거야."라고 장칭은 중얼거렸다.

장칭은 마음속으로는 이때 본 러시아 문화를 좋아했다. 풍요로운 일상생활, 낭만적 음악, 다양한 의상, 특히 하늘하늘한 가운과 굽이 높은 구두가 좋았다. 또 유럽 전통에 따라 개인을 존중하는 것 역시 좋았다. 하지만 장칭은 자신이 러시아 문화로부터 분리되었다고 느꼈으며 결코 여기에 참여할 수 없으리라는 것을 알았고, 그래서 러시아 문화를 매도했다.

장칭은 소련 비밀경찰의 활동에 강한 혐오감을 드러냈다. 아마도 장칭은 중국 비밀경찰을 활기찬 보이 스카우트라고, 아니면 중난하이에서 에어컨을 손보거나 베이징 역까지 트렁크를 들어다주는 선량한 젊은이들이라고 인식했던 모양이다.

어느 날 장칭은 사람들로 붐비는 거리를 걷다가 머리 위 어디에선가, 낙관과 도전의 강렬한 가사로 이루어진 중국 국가, 〈의용군행진곡〉이 울려 퍼지는 것을 들었다. 그때 한 소련인이 다가와서는 우호적인 태도로 마오 주석과 동지들에게 인사를 전해 달라고 했다. 그런데 그 말이 끝나기도 전에 갑자기 어디선가 비밀경찰 요원이 나타나더니 행인을 차로 끌고 가더라는 것이다.

역설적이게도 장칭은 바로 소련에서 반서구주의를 배웠다. 1960년대 장칭의 정치적 적들은 상당수가 국제 경험이 있었다. 덩샤오핑은 프랑스에 살았던 적이 있다. 왕광메이는 영어를 할 줄 알았고, 샤옌은 일본에서 교육을 받았다. 만약 자신의 선택으로 서구와 일본을 만나고 그곳 음악과 의상과 연극을 경험했다면 장칭은 그런 것들을 좋아했으리라고 우리는 상상해볼 수 있다. 하지만 그러지 못했다. 장칭이 가본 외국은 소련이 유일했으며 유럽의 맛은 세계 공산주의 운동의 수도인 모스크바에서 경험했다. 게다가 소련은 얼마 지나지 않아 '수정주의'로 타락하고 '반중국적 입장'으로 돌아섰다. 슬프게도 장칭이 모스크바에서 알게 된 것은 그저 덩샤오핑이 부르주아적 사고방식의 소유자라고, 왕광메이가 유럽 의상을 좋아한다고, 샤옌을 예술을 위한 예술을 신봉하는 예술지상주의자로 비판할 수 있을 정도, 딱 그만큼의 서구 문화였다. 그밖에는 1953년 가을 베이징으로 돌아올 때까지 서구의 영향을 거의 받지 않았다.

중난하이에 갇히다

중국 고전의 한 구절은 나라를 잘 다스리려면 우선 집안을 잘 다스려야 한다고 가르친다. 하지만 마오쩌둥은 고집스러울 만큼 의지가 강해서 집안을 평안하게 할 수 없었다. 장칭 역시 마오쩌둥 못지않게 고집이 셌던 데다 야심이 컸기 때문에 집안을 평안하게 만드는 데 필요한 희생을 할 수 없었다. 베이징으로 돌아오고 나서 장칭은 얼마 없는 에너지를 상당 부분 가정에서 전술을 짜고 싸우는 데 소모한다.

마오는 가족 구성원을 기본적으로 일정한 거리를 두고 대했다. 가족들과 장난을 치기도 하고, 가족에게 지시를 내리기도 하였으며, 그들을 못 본 척한 적도 있었고, 그들에게 많은 시간을 할애하기도 했지만, 모든 경우에 마오는 항상 가족 구성원을 자립적 개인으로 대했다. 그러나 장칭은 달랐다. 장칭의 눈에 가족은 개별적 인간이 아니라 특정한 편에 가담하는 조직 구성원이었다. 그들은 자기 편이 아니면 적의 편이었다. 마오는 가족에게 너무 관심이 적었던 반면 장칭은 너무 관심이 많았고, 중난하이에 항상 떠도는 가정 내 폭풍에서 구심점이 되었다.

장칭은 가정에서 몹시 어려운 위치에 있었다. 장칭은 세계에서 가장 힘 있는 사람으로 꼽히는 남자의 네 번째 아내였고, 마오가 이전 결혼에서 낳은 자식들이 주변에 많았다. 많은 정치 지도자들은 여전히 장칭을 성을 이용해 권력을 손아귀에 쥐려 하는 반쯤은 창녀 같은 여자라고 보았다. 게다가 장칭의 마음속 깊은 곳에 있는 분노와 증오가 상황을 더욱 고통스럽게 했다.

마오의 가족 중 많은 이들이 소련에서 오랜 시간을 보냈지만, 마오는 아니었다. 그래서 마치 마오의 가족은 베이징과 모스크바 두 군데에 근거지를 두고 있는 듯했다. 장칭과 마찬가지로 세 번째 부인 허쯔전 역시 모스크바에서 '치료'를 받느라 장기간 체류했다. 허쯔전이 얼마나 많이 아팠는지 우리는 알 길이 없으나, 마오와 결별한 지 10년 만인 1948년에 허쯔전은 드디어 중국에 돌아와도 될 만큼 건강이 회복된 것으로 판정받는다. 세 번째 부인이 소련을 떠나 베이징으로 돌아온 몇 달 뒤에 네 번째 부인이 소련으로 떠난 것이었다.*[48]

허쯔전은 이제 머리가 하얗게 셌고 표정이 침착했다. 옛날 옌안을 떠날 때 데리고 있던 딸은 이제 품에 없었다. 허쯔전은 중국 최고 지도자의 전 부인으로서 새로운 삶을 살고자 기차를 타고 조국으로 쓸쓸하

---

* 주중리(朱仲麗)의 말에 따르면 1947년 주중리와 그녀의 남편 왕자샹(王稼祥)은 허쯔전이 소련의 망명지를 떠나 중국의 하얼빈으로 돌아올 수 있도록 조치를 취해주었다고 한다. 허쯔전은 이를 감사하게 여겼으나, 장칭은 소식을 전해 듣고 주중리 부부의 행동을 불쾌하게 생각했다고 한다.

게 돌아왔다. 1950년대 허쯔전은 마오와 장칭의 결혼 생활에서 완전히 사라진 존재였다고들 했지만 그것은 사실이 아니었다. 장칭은 허쯔전이 어디에 거주할 것인지 또 무엇을 할 것인지에 관심이 많았다.

허쯔전은 베이징에 거주하기를 바랐으나 장칭이 반대했다. 분명 마오 쩌둥이 나서서 의견 조정을 했을 것이며, 결국 허쯔전은 상하이로 가서 정신병 환자가 사는 요양소에 들어갔다. 당시 상하이 시장은 천이(陳毅)였는데, 훗날 외교부장이 되는 인물이다. 그는 허쯔전이 확실한 보살핌을 받을 수 있도록 조치했고 재정적으로도 안정되도록 약간 도와주었다.(옌안에서 허쯔전 문제로 소란을 피워 박해받았던 허쯔전의 여동생 허이 부부 역시 천이가 도와주었다.)[49]

일단 허쯔전은 1,000킬로미터 이상 떨어진 곳에서 살게 되었다. 하지만 장칭은 바로 자기 집 중난하이에서 점차 존재감이 커지던 허쯔전의 딸 리민을 상대해야 했다. 고등학생이 된 리민은 옌안 시절부터 장칭이 키웠다. 장칭의 딸 리나는 리민보다 네 살 아래였다. 장칭과 리민은 사이가 좋지 않았다. 장칭은 리민을 차별 대우해서 리민은 자기 옷을 직접 빨아야 했다. (한 친척에 따르면 리민은 이불도 빨아야 했다고 한다.) 한편 리나의 빨래는 하녀들이 해주었다. 악의에 찬 장칭이 이런 조치를 취했는지 아니면 계모를 미워하는 사춘기 소녀 리민이 먼저 이렇게 행동했는지는 알 길이 없다. 한편 장칭은 리민이 이름과 달리(敏은 민첩하다는 뜻이다) 별로 똑똑하지 않은 소녀라고 생각했는데, 마오의 의사도 여기에 동의했다.

마오의 세 번째 부인보다 장칭의 마음에 부담이 된 것은 두 번째 부인이었다. 양카이후이는 "당이 사랑하는 여인"이었다. 모든 사람이 양카이후이를 좋게 기억했다. 마오는 고향인 후난성에 살던 양카이후이의 친척들을 점점 많이 배려하고 챙겨주었다. 양카이후이가 낳은 아들 둘은 마오 근처에 자주 나타났다.[50]

마오의 두 아들 마오안잉과 마오안칭은 아버지와 가까운 관계 속에서 성장하지 않았다. 1927년 아버지에게 닥친 재난으로 두 아들은 이곳 저곳을 떠돌아다니며 자랐다. 심지어 상하이 거리에서 신문을 판 적도 있었고 버려진 절간에서 바깥에 "재미있는 이야기를 들려드립니다. 1전입니다."라는 간판을 붙여놓고 산 적도 있었다. 몇 년은 소련에서 살았는데, 그때는 둘 다 학생이었고 캉성, 허쯔전이 챙겨주었다. 마오안잉은 착실했지만 마오안칭은 말썽꾸러기였고 많은 시간을 체스를 두거나 러시아 금발 미녀를 쫓아다녔다. 1940년대 중반 두 아들이 중국으로 돌아오자 마오는 아들들을 먼 시골 마을로 보냈다. 거기서 그들은 돼지를 돌보고 당나귀를 조련하고 거름을 날랐다.

하지만 두 사람은 어쨌든 주석의 아들이 아닌가? 이는 지위와 가족 관계에 매우 민감한 중국 사회에서는 큰 의미를 지닌다. 마오안잉이 일하던 당 사무실에서는 관료들이 마오안잉을 고급 관료 전용 식당으로 불러 함께 식사했다. 이 일을 안 마오는 노발대발했고, 즉시 아들에게 일반 사무 직원들이 이용하는 식당에서 점심을 먹으라고 명령했다.

마오안잉은 키가 크고 잘생긴 청년이었으며, 장칭에게 마오쩌둥 곁에서 떠나라고 대놓고 말할 정도로 용감했다.[51] 그는 또 소련의 영향을 받은 탓인지 아버지 주위에서 벌어지는 '개인 숭배' 현상을 조용히 비판했다.[52] 장칭은 그가 한 말을 마오쩌둥에게 보고했고 저우언라이 총리의 주도로 조사 작업이 진행되었다. 결국 마오안잉은 자아 비판서를 써야 했다.

장칭이 마오안잉을 싫어한 것은 그리 놀랄 일이 아니다. 중국 사회의 전통으로 볼 때 장남인 마오안잉은 당연히 마오 주석의 '후계자'이며, 장칭은 '마오의 최측근'이란 자신의 지위가 이제 성인이 된 마오안잉 때문에 위협받는다고 느꼈을 것이다. 게다가 마오안잉은 장칭보다 고작 여덟 살 적은 나이였다.

마오안잉은 류쑹린(劉松林)이라는 똑똑한 여성과 결혼했고 류쑹린은 곧 중국 군대에서 민감한 조사 작업을 하는 직책에 임명되었다. "여성이

1949년 베이징에서 마오쩌둥이 아내 장칭, 막내딸 리나, 큰아들 마오안잉 부부와 함께 찍은 사진. 마오쩌둥과 두 번째 부인 양카이후이의 아들이었던 마오안잉은 겨우 여덟 살 나이가 많은 계모 장칭과 사이가 좋지 않았다.

한 남성에게 기쁨을 주는 것은 숭고한 일이다." 중국의 유명한 작가 린 위탕(林語堂)은 일찍이 중국의 풍습을 두고 이렇게 쓴 바 있다. "하지만 여성이 또 다른 여성에게 기쁨을 주는 것은 영웅적인 일이다. 대부분 실패하기 때문이다."[53] 장칭과 류쑹린은 영웅적인 여성은 아니었던 모양이다. 두 사람은 서로에게 기쁨을 주는 데 완전히 실패했다. 류쑹린의 말에 따르면 장칭은 처음부터 며느리를 "멸시하고, 빈정거리고, 모욕하는" 태도로 대했다고 한다.

1950년 중국은 한국전쟁에 참전했고 마오안잉은 한국으로 파견되었는데, 몇 주일 지나지 않아 미군 비행기의 폭격에 맞아 사망했다. 류쑹린에 따르면 장칭은 마오안잉의 죽음에 '엄청난 희열'을 느꼈다고 한다. 정말 그런 희열까지 느끼지는 않았겠지만, 장칭은 마오안잉의 장례식에 참석하지 않았다. 역시 류쑹린에 따르면 마오쩌둥은 이렇게 말했다고 한다. "안잉이 죽었는데 장칭은 개가 죽은 것보다 더 신경을 안 쓰는 것 같군."

류쑹린은 장칭이 음모를 꾸며 마오안잉을 한국으로 가게 했다고 주장하나 이는 말이 안 된다. 아마도 마오쩌둥이 결정했을 것이다. 경호원 옌창린은 장칭이 마오안잉을 한국에 보내는 데 분명하게 반대하는 것을 들었다고 증언한다. 마오안잉의 죽음이 전해졌을 때 마오쩌둥의 오랜 보좌관 예쯔룽(葉子龍)과 함께 마오쩌둥에게 그 소식을 전하러 간 것은 장칭이었다. 그러나 류쑹린은 장칭이 마오안잉의 죽음에 금방 '대수로운 일이 아니라는 태도'를 보였다고 주장한다. 허쯔전의 딸 리민 역시 장칭이 안잉의 죽음과 관련한 사실이나 그때 정황 이야기를 나눌 때 관심을 보이지 않았으며, 죽은 안잉의 삶이나 성격 이야기도 함께 하지 않았다고 한다.[54]

장칭은 이복 언니 리윈루를 중난하이에 불러들였다. (1948년 말 장칭이 지난에서 허베이로 데리고 갔던 그 이복 언니였다.) 리윈루는 장칭보다 나이가 꽤 많았는데 장칭과 약간 닮은 구석이 있었다. 리윈루는 키가 크고 자세가 발랐으며 윤곽이 뚜렷하게 생겼다. 하지만 장칭처럼 안경을 쓰지는 않았으며 예술에 취미가 있는 것도 아니었다. 리윈루의 남편은 중국 통일 이전에 사망했으며 아들 둘을 두었는데 아들 하나는 산둥성에 살 당시 수영장에서 사고로 익사했다. 리윈루는 남은 아들 왕보원(王博文)을 데리고 베이징으로 왔다. 장칭은 리윈루에게 상당히 좋은 거처를 마련해주었다. 마오는 리윈루가 온 것을 탐탁지 않게 여겨서 류쑹린에게 퉁명스러운 어조로 말했다고 한다. "리윈루가 내 집에 와서 눌러 앉도록 장칭이 계획한 거야."

장칭은 자기보다 재능도 없고 지위도 떨어지는 이복 언니를 완전히 휘둘렀다. 장칭은 이복 언니를 내세워 집안에서 자신의 이해관계를 지켰다. 리윈루로서는 장칭의 친딸인 리나에게 관심을 쏟는 것이 당연했고, 허쯔전이 낳은 리민은 자신과 혈연 관계가 없으니 관심이 가지 않는 게 자연스러운 일이었다. 그러나 복잡하고 긴장이 곤두선 상황에서 리윈루의 존재는 불 난 데 기름을 붓는 효과를 불러왔다.

편이 확실하게 갈렸다. 장칭과 리윈루는 리나를 싸고돌았으며 리윈루는 장칭이 귀띔했는지 리민과 사이가 나빠졌다. 마오는 두 딸 사이의 줄다리기에서 중립적 태도를 유지하면서도 죽은 큰아들의 아내 류쑹린은 무척 아꼈는데, 이는 장칭과 리원루로서는 무척 기분 나쁜 일이었다. 류쑹린과 리민은 점차 가까워지면서 마오 쪽에 섰고 장칭으로부터 멀어졌다.

어느 날 아침, 마오가 밤새워 업무를 본 다음 서재에서 나와 다 함께 점심을 먹자고 제안했다. 마오의 평소 업무 습관과 집안의 긴장 관계를 고려할 때 드문 일이었지만, 마오가 한번 입 밖에 내면 그것은 곧 법이었다. 그날은 날씨가 아주 좋았다. 궁궐의 주황색 기와와 호수의 잔잔한 물 위에 가을 햇살이 반짝였다. 류쑹린의 회고에 따르면, 점심 식사 시간이 다가오면서 모든 사람은 "아주 행복해졌다"고 한다. 하지만 과연 점심 식사를 누구의 거처에서 하는가 하는 문제가 남아 있었다. 마오가 천천히 류쑹린과 리민이 같이 쓰는 방으로 걸어가 앉아 이야기를 나누기 시작하면서 저울추는 한쪽으로 기울었다.

음식이 마오가 있는 쪽으로 날라져 왔고 곧 모든 사람이 커다란 식탁에 둘러앉았다. 이쪽 거처는 장칭에게 사실상 적진이라고 할 수 있었다. 그 자리에는 마오와 장칭, 두 딸과 류쑹린, 마오의 조카인 마오위안신이 있었다. 매운 닭고기 요리와 생선 조림이 하나씩 들어오면서 어쩐지 어색한 분위기가 흘렀다. 주로 말을 한 것은 마오였고, 장칭은 별 말 없이 앉아 있었다. 결정타를 날리는 역할은 장칭의 이복 언니에게 떨어졌다. 그날따라 리원루는 리민이나 류쑹린이 하는 말이면 무엇이든 반박했고 기분이 나쁘다는 것을 확실하게 내보였다. 갑자기 리원루가 의자를 뒤로 빼더니 젓가락을 마오 쪽으로 던지고는 우당탕 소리를 내며 방에서 나가버렸다. 마오는 엄청나게 화가 났지만 아무 말도 하지 않았다. 나중에 류쑹린이 마오에게 리원루가 왜 그렇게 화가 났느냐고 물었다. "간단하지. 내가 너와 리민의 거처에 갔기 때문이지." 마오의 대답이었다.[55]

의지가 강한 장칭이 나쁜 건강과 당의 압력 탓에 집안에 갇혀 있었으니 말썽이 날 수밖에 없었다. 장칭은 중난하이에 거주하면서 마오의 전부인들이 낳은 자식들을 상대해야 했으며, 더군다나 중국 문화의 규범과 자신의 야심을 고려할 때 아들이 없다는 것은 아주 중대한 문제였다.

리윈루의 회고록은 존재하지 않지만, 당시 다른 가족 구성원의 회고는 확연히 장칭에게 적대적인 내용이다. 장칭이 전투적 태도를 취한 것은 사실이나 이는 장칭 입장에서는 방어 전략이었다. 까딱 잘못하다가는 마오의 하찮은 부속물로 전락할 수도 있었으며, 더 운이 나쁜 경우에는 허쯔전처럼 마오에게 일방적으로 버림받는 폐기물 신세가 될 수도 있었기 때문이다.

중국에서는 어떤 가족 관계나 사회 관계, 정치 관계가 겉보기에 원만하더라도 내부에는 종종 치열한 갈등이 존재한다. 파벌 가르기는 서구보다 중국 사회에 널리 퍼진 현상이다. 왜냐하면 중국에서는 모든 사람이 반드시 어떤 집단에 소속되어야 하며, 인맥과 배경과 신뢰가 매우 중요하고, 한번 원한을 품으면 오랜 세월 동안 끈질기게 남아 있기 때문이다. 마오쩌둥은 엄청난 권력을 쥐고 있었으므로 그 주변에는 언제나 갈등이 소용돌이쳤다. 특히 중국 땅에서 국가 최고 지도자의 가정은 권력의 소용돌이 바깥에 존재할 수가 없었다.

미국에서 가족은 몇몇 개인이 함께 사는 것이다. 중국에서 가족은 하나의 사회적 개체이며, 그 개체는 사회를 향해 여러 줄을 뻗치고 있다. 중국어에서 '궁자(公家)'는 '공공'이나 '국가'를 뜻하는 평범한 말이다. 여기서 '궁(公)'은 '공적'이란 뜻이고 '자(家)'는 '가족'이란 뜻이다. 이 단어는 중국의 현실을 고스란히 보여준다. 가족은 국가에 맞닿아 있다. '자', 즉 가족 간의 일에서 비롯된 인맥이나 무언의 약속, 작은 부정부패는 장칭에게 중요한 일이었다. 더 넓은 세계인 '궁자', 즉 국가에서 자신의 위치를 확립해 나가는 데 밑거름이 되기 때문이었다.

만일 중국공산당이 장칭을 계속 집에만 묶어 둔다면 장칭은 가정에서 자신의 힘을 사용할 것이었다. 많은 중국 여성들이 정치에서 제외되었을 경우 그런 식으로 보상을 받으려고 했다. 게다가 장칭의 가정은 바로 마오쩌둥의 가정이었기 때문에, 가정이 포괄하는 범위는 자동으로 국가로 확대되었다. 이는 가능성이 가득한 드넓은 초원이 펼쳐지는 것이며, 그리로 나아가면 마오쩌둥의 '노라'는 더 이상 노라로 살지 않고 마오쩌둥의 소유물 처지에서 벗어날 수 있었다. 따라서 장칭이 집안의 안주인인 가정에서는 누가 누구 편이라든가 세력 균형이라든가 음모 같은 것이 생활의 일부로 스며들었다. 마오가 통솔하는 정치 구조 내에서 일어나는 것과 똑같은 일이 벌어진 것이다.

장칭이 마오안잉의 죽음을 내심 어떻게 생각했든 간에, 마오안잉이 죽은 뒤 집안에서 장칭의 힘은 더 커졌다. 장칭은 이제 며느리인 류쑹린이 더는 마오와 자신의 책임이 아니라고 생각했다. 장칭은 조금씩 젊은 여인에게 압력을 넣었고 결국 류쑹린은 중난하이에서 나가게 되었다. 이후 장칭은 류쑹린의 출입증마저 압수하려 했다.

류쑹린은 어느 날 마오와 장칭이 자신의 미래를 놓고 말다툼하는 것을 우연히 들었다. 장칭은 며느리에게 주는 용돈을 차츰 줄여야 한다고 고집했다. 마오는 화가 나서 이렇게 말했다. "내가 숨이 붙어 있는 한 나는 그애를 돌볼 거요." 나중에 마오는 서재에서 며느리와 이야기를 나누다가 장칭이 '잔소리'가 심하며 마오안잉을 애틋하게 기억하려는 마음이 전혀 없다고 불평했다. 아늑하고 낡은 서재를 언짢은 상태로 서성이던 마오는 고전이 꽂힌 책장 앞에 서서 책 한 권을 꺼냈다. 며느리를 옆에 두고 마오는 나무와 강을 노래한 낭만적인 시를 한 수 읊었다. 나무는 나이가 들어 잎이 떨어지더니 쇠약해져 쓰러졌다. 나무가 자랄 때 곁에 있었던 강물은 오랜 친구가 쓰러져 죽고 나니 쓸쓸해져서 힘을 잃고 말라버렸다. 나무와 강도 서로에게 감정이 있거늘 하물며 사람인 장칭이 가족에게 감정이 메말라 있음을 류쑹린에게 말하는 것 같았다.

류쑹린은 나중에 결국 재혼했다. 재혼하면 장칭과 맺은 나쁜 관계가 해결될 것이라고 마오가 설득했다고 류쑹린은 회고한다. 하지만 류쑹 린과 새 남편은 중난하이에서 멀리 떨어져 살았는데도 문화혁명 기간에 더욱 격렬하게 장칭과 충돌한다. 그 이야기는 나중에 할 것이다.

장칭은 오랜만에 사회 활동에 나섰다. 1954년 가을이었다. 중국의 고 전 소설 《홍루몽》을 재평가하는 활동이었다.[56] 장칭은 건강이 조금 좋 아졌고 마오는 마침 당내의 다른 비판자들 때문에 골머리를 앓고 있던 때라 평소보다 주의 깊게 장칭의 말에 귀를 기울였다.

집에서 소파에 누워 쉬던 장칭은 우연히 글 하나를 보게 되었다. 자신 의 고향인 산둥성의 어느 대학 잡지에 실린 글이었는데, 중국 사람들이 오랫동안 음모와 사랑 이야기여서 별로 해가 없는 소설이라고 보았던 《홍루몽》이 사실은 잘못된 정치 사상을 불어넣는 나쁜 소설이라는 내용 이었다. 따라서 이 작품을 단순히 소설로 읽을 것이 아니라 정치적으로 분석해야 한다는 주장이었다. 장칭은 이 글에 공감했다. 저우양을 비롯 한 문화계 방면의 적들과 한번 멋지게 싸울 수 있는 기회라 생각했다.

장칭은 《홍루몽》을 구해 열심히 읽기 시작했다. 마치 기독교 도덕주 의자인 목사가 선정적인 소설을 읽으면서 지저분한 구석을 찾는 듯한 열정으로 꼼꼼하게 읽었다. 장칭은 《홍루몽》에서 사악한 사상과 정의의 깃발이 숨어 있음을 발견했다. 이 책을 단순히 재미로 읽는 것은 잘못이 라는 생각이 들었다. 장칭은 《홍루몽》을 계급 투쟁 지침서로 읽혀야 한 다고 생각했다.

다음 날 장칭은 조심스럽게 마오에게 다가가 산둥성의 어느 무명인 이 쓴 글을 주며 문제의 심각성을 역설했다. 마오는 당시 베이징의 기성 세력 때문에 기분이 언짢은 상태라 바깥의 목소리를 듣고 싶은 참이었 다. 마오는 《홍루몽》을 읽는 방법을 논한 산둥성의 글이 일리가 있다고 하면서 장칭에게 〈인민일보〉에 이 글을 싣도록 요청하라고 했다.

아픈 몸을 병상에서 일으켜 위대한 사명을 이루러 가는 영화 속 여주인공처럼, 장칭은 자동차를 타고 왕부정로(王府井路)를 달려 〈인민일보〉 건물에 들어갔다. 신문 편집인들은 이미 그 글이 〈인민일보〉에 투고되었으나 자신들이 거절해서 결국 산둥에 있는 잡지에 실린 것이라고 설명했다. 장칭은 자신과 마오 주석이 이런 "활발하고 비판적인 무명인들의 글"이 베이징의 일급 신문에 더 많이 실려야 한다고 생각한다고 말했다. 편집인들은 불만스러웠지만 그 글을 〈인민일보〉에 싣기로 했다.

장칭은 이 사안을 활용하여 저우양을 곤경에 빠뜨릴 수 있겠다는 생각이 들었다. 산둥성에서 발행된 형태로 이 글을 저우양에게 보여준다면 그가 《홍루몽》에 대해 '부적절한' 입장을 취하게 유도할 수 있지 않겠는가? 장칭은 저우양에게 그 글을 읽어보라고 요청했다. 하지만 마오가 그 글을 어떻게 생각하는지는 물론 〈인민일보〉에 싣기로 했다는 이야기도 하지 않았다. 글을 읽은 저우양을 비롯한 당 선전부 사람들은 이런 판단을 내렸다. "이 글은 무자격자가 쓴 글이다. 어떻게 그런 사람이 감히 (이 소설에 대한 기존 견해를) 함부로 비판할 수 있는가?"

곧 마오쩌둥이 직접(장칭의 주장으로는 자신이 설득해서) 공산당 고위 관료들을 대상으로 《홍루몽》의 해악을 폭로하는 글을 썼다. 마오는 그 소설을 아무 생각 없이 지지하는 사람들은 결국 "젊은이들의 머릿속에 독을 집어넣는 것"이라면서 "힘없는 사람들에 대한 부르주아의 대대적 압박"이라고 주장했다. 마오는 매우 강한 어조로 말했으며, 특히 《홍루몽》 사안을 이전 장칭이 관여했던 〈청 황궁의 숨은 이야기〉와 〈무훈전〉 사안과 연결 지은 것은 특기할 만했다. 그러나 이 '문학적' 투쟁의 결과는 타협이었다. 장칭을 미워하는 사람이 워낙 많았기 때문이기도 했고, 마오가 자신이 기본적으로 좋아하는 작품이었던 《홍루몽》이 완전히 매도당하는 것을 허락하지 않았기 때문이기도 했다.

그 글은 결국 〈인민일보〉에 실리지 않았고 대신 〈문예보(文藝報)〉에 실렸다. 〈문예보〉는 중국작가협회의 중요한 기관지였지만 〈인민일보〉만큼 권위 있는 신문은 아니었다. 독자들은 《홍루몽》을 주의하라는 경고를 받았으나, 《홍루몽》이 중국 문학의 명작 대열에서 추방된 것은 아니었다.

이번 기회에 장칭은 그럴 힘만 있다면 언제든지 문화 정책에 간섭할 의지가 있음을 과시했다. 저우양은 많은 관료들을 대변하여 장칭에게 품은 불만을 표시했다. 한편 마오쩌둥은 가끔 자신이 장칭을 냉대할 수도 있지만 필요한 경우 앞장세울 뜻이 있음을 보여주었다.

마오쩌둥은 장칭이 문화 부문에서 전통 파괴자 역할을 수행하는 데 어느 정도 만족감을 느꼈다. 그는 지식인 대부분을 싫어했으며 그들이 당황하는 모습을 보고 싶어 했다. 마오가 지식인을 대하는 태도는 장칭이 배우를 대하는 태도와 비슷했다. 두 사람 다 엄청난 자기 과시 욕구가 있었으며 장난감을 갖고 마음대로 놀아보고 싶었다. 마오는 최고의 지식인이 아니었으나 그렇게 되고 싶었던 적이 있었을 것이다. 장칭 역시 최고의 배우는 아니었으나 그렇게 되고 싶었던 적이 있었다. 이제 두 사람은 개인적 욕구를 정치 운동으로 펼칠 수 있게 되었다. 마오는 손쉽게, 장칭은 힘겹게 노력하면 그렇게 할 수 있었다.

《홍루몽》에 접근하는 데 마오가 장칭보다 더 조심스러웠다는 것, 그리고 정치적 목적을 위해 문학적 실탄을 활용하는 것을 별로 내켜하지 않았다는 것은 1964년 그가 먼 친척인 왕하이룽*과 나눈 대화에서 알 수 있다. 왕하이룽은 자신의 학교 친구 가운데 영어 문법 공부 대신에 《홍루몽》만 읽는 친구가 있다고 마오에게 불평했다. 그 이야기를 들은 마오는 얼굴 표정이 굳어졌다.

> 마오쩌둥 : 너는 《홍루몽》을 읽어본 적이 있니?
>
> 왕하이룽 : 네.
>
> 마오쩌둥 : 그 소설의 등장인물 가운데 누구를 좋아하니?

---

* **왕하이룽**(王海容, 1938~) 마오쩌둥의 외사촌의 손녀딸. 1960년대 말부터 외교부에 근무하면서 마오쩌둥의 측근 역할을 했고 장칭과 자주 접촉했다. 1974년에 여성으로서 최초로 외교부 부부장이 되었다.(역주)

왕하이룽 : 아무도 좋아하지 않아요.

마오쩌둥 : 《홍루몽》은 읽을 만한 가치가 있는 책이야. 좋은 책이지.

당시 왕하이룽은 코스모폴리탄적이고 근대적인 여성이 되려고 부지런히 공부하고 있었던 반면, 마오는 그때 막 이 소설을 다섯 번째 읽은 뒤였다. 마오는 그의 주치의에게 이 소설이 중국이 "세계에 공헌한 3가지 중 하나"라고 말했다.

《홍루몽》 관련 사건이 진행되던 어느 날, 새롭게 기운을 얻은 장칭은 갑자기 톈안먼 위의 공개 석상에 나타났다. 중화인민공화국 건국 기념일을 맞아 꽃수레, 풍선, 곡예사, 불꽃놀이를 마련하여 축하 행진을 하는 자리였다. 마오쩌둥 정권이 들어선 지 5년째 되는 이날에는 소련공산당 지도자 니키타 흐루쇼프가 특별 손님으로 와 있었다.

당 지도자들은 장안로가 내려다보이는 높은 망루 위에서 다소 서먹하게 인사를 나누었다. 흐루쇼프의 표정은 마치 농사 지은 곡식을 바라보는 농부 같았다. 마오쩌둥은 약간 인상을 찌푸린 채 머릿속에 예닐곱 가지 생각이 오가는 듯했다. 장칭은 한쪽에 조용히 서 있었다.

저우언라이는 장칭이 혼자 있는 것을 발견하고는 흐루쇼프에게 소개하려고 발걸음을 옮겼다. 마오가 그것을 보고는 마치 떨어지는 음식 접시를 날쌔게 받아드는 식당 웨이터 같은 동작으로 아내를 구석으로 데려갔다. 마오와 장칭은 망루 귀빈석의 한쪽 구석에 뚝 떨어져서 축하 행사를 조용히 마저 관람했다. 소련공산당 서기장으로부터 멀리 떨어진 곳, 당황한 저우언라이가 아무 일도 없었다는 듯 태연한 척하는 모습도 잘 안 보이는 먼 곳이었다.

장칭이 흐루쇼프에게 국가 기밀을 누설하지는 않을지 마오가 두려워했을 것 같지도 않고, 흐루쇼프가 장칭에게 만주 문제나 대 미국 정책에서 중국이 소련에 가까운 입장을 취하도록 설득하리라고 걱정했을 것 같지도 않다. 10여 년 전 장칭과 결혼할 때 당이 정한 규칙을 지키려고 한 것일지도 모른다. (외교 부문에서는 이제까지 잘 지켜지고 있었다.) 여하튼 마오쩌둥은 흐루쇼프를 별로 좋아하지 않았으며, 소련 지도자가 자기 아내와 구석에서 킥킥거리는 모습을 보고 싶지 않았다. 어쩌면 마오는 흐루쇼프가 크렘린 파티에서 장칭을 두고 '마오의 좋은 침대 매트리스'라고 했다는 이야기를 들었을 수도 있다.[57]

톈안먼 망루 곁 계단 쪽에서 남편 옆에 말없이 얌전하게 서 있던 장칭은 아직 완전한 의미에서 '마담 마오'가 아니었다. 국가 행사에서 당당하고 자연스럽게 중국의 최고 지도자들과 어깨를 나란히 할 수 있는 영부인이 아니었던 것이다.

만약 마오를 괴롭히는 것이 목적이었다면 장칭은 남편의 조카 마오위안신을 건드렸을 것이다. 하지만 1950년대에 장칭은 성실하고 잘생긴 소년 위안신과 잘 지냈다. 장칭은 종종 위안신과 리나를 데리고 이화원 호수에 가서 뱃놀이를 하거나 놀이터에 가서 놀았다. 집에서는 사람들 앞에서 위안신을 특별히 칭찬하기도 하고 리나에게 위안신을 친오빠처럼 생각하라고 당부하기도 했다.

장칭과 위안신이 가까웠던 이유는 간단하다. 세력 균형을 이룬다는 점에서 위안신은 자연스럽게 장칭에게 한편이었다. 위안신의 아버지는 마오가 아니며, 어머니 역시 마오의 전처가 아니다. 장칭이 마오로부터 독립성을 유지하려면 위안신을 자신의 '황태자'로 간주해야 했다. 장칭은 아들이 없었고, 위안신은 전처의 아들이 아니므로 장칭의 아들 역할을 할 가능성이 있었다. 지금 두 사람의 관계는 위안신이 장칭을 '작은 아주머니'라고 부르고 장칭이 위안신을 '꼬맹이 콩'이라고 부르는 따뜻한 인간적 연결이었다. 1950년대 후반에 위안신은 장칭과 사이가 멀어지지만, 더 시간이 지난 뒤에는 장칭에게 다시 돌아오며 중국이라는 국가를 휘어잡을 정치적 연합을 형성하게 된다.

어느 날 마오에게 손님이 찾아왔는데 장칭은 무척 불안해했다. 손님은 허쯔전의 여동생 허이였다.[58] 허이 부부는 10여 년 전 마오와 장칭이 결혼할 때 옌안에서 항의한 적이 있었다. 허이는 언니의 가족 관계에 여전히 집요한 관심을 보였는데, 마오에게 마오와 허쯔전의 실종된 자식이 장시성에 있는 것 같으니 조사해보자고 제안했다!

허이가 이런 제안을 한 데는 여러 가지 목적이 있었겠지만, 장칭이 보기에는 자신의 위치를 약화시키겠다는 속셈인 게 뻔했다. 지나간 과거를 자꾸 들추는 이 골치 아픈 여자는 분명히 다음과 같이 생각하고 있을 것이다. 장칭은 아들이 없고, 양카이후이가 낳은 큰아들은 죽었고 작은아들은 정신 상태가 불안정하니, 만일 허쯔전이 낳은 아들을 찾는다면 마오 가족의 권력 다툼에서 확실하게 우위를 차지할 수 있는 마오의 '후계자'가 아닌가? 게다가 아들이 아니고 딸이라 하더라도 새롭게 허쯔전의 아이를 집안에 데려오면 허이와 친척들에게 도움이 될 수 있었다. 장칭이 보기에 이들은 하나같이 마오쩌둥 정권에서 작은 부스러기라도 얻을 수 있지 않을까 학수고대하고 있었다.

마오쩌둥이 허이의 제안에 얼마나 열의를 보였는지는 알 수 없지만 최소한 허이의 노력을 막지는 않았다. 마오와 허쯔전은 대장정 기간 동안 자식 두세 명을 농가에 맡겼는데, 조사 끝에 결국 10대 소년 한 명을 찾았다. 소년을 베이징에 데려와 자세히 조사하고 면담했지만 실종된 자식이 아닌 것으로 판명되었다. 장칭은 허이에게 쏘아붙였다. "오늘 아들 한 명을 데려오고, 내일은 또 어디서 한 명 찾아서 데려올 거죠?" 여러 원인이 있었겠지만, 결국 허쯔전이 낳은 아이들은 더는 중난하이에 오지 않았다. 마오의 후계자 대열에 마치 전당포에 잡힌 물건처럼 볼모로 잡힌 아이들의 구성에는 변화가 없었다.

류쑹린은 결국 중난하이에서 나가게 되었다. 1955년에 소련으로 공부하러 떠났던 것이다. 장칭의 이복 언니의 아들 왕보원 역시 마침 그 무렵 모스크바로 떠나게 되었다. 마오는 외국에 가는 사람에게 지급되는 의류에 소련에서는 필수품인 두꺼운 외투가 포함되어 있지 않다는 것을 류쑹린에게 들었다. 마오는 류쑹린과 왕보원에게 돈을 주어 두꺼운 외투를 사라고 했다. 이 말을 이복 언니에게 전해 들은 장칭은 버럭 화를 냈다. "그 여자는 마오 식구고, 보원은 내 식구야!" 주위의 아랫사람들은 장칭의 화난 목소리를 들었다. "보원에게 외투를 사라고 돈을 줄 사람은 바로 나라고!"[59]

장칭이 가장 애를 먹었던 것은 마오안칭과의 관계였다.[60] 형 마오안잉이 죽었을 때 안칭은 스물여섯 살이었다. 그때부터 정신적 장애를 보인 마오안칭은 유창한 러시아어 통역사로 〈인민일보〉에서 일했는데 종종 신경질적인 행동으로 문제를 일으켰다. 하루는 경비원과 이야기하다 이런 말을 했다. "마오 주석이 위대하다고 했지? 그럼 나는 주석 아들이니까 나도 위대한 건가?" 나중에 당 중앙위원회 산하 마르크스-레닌주의 연구소에서 일할 때는 직장에서 싸움이 벌어졌다. 사람들이 무척 화가 많이 나서 주먹이 오갔으며 안칭은 상관에게 아주 심한 욕설을 퍼부었다. 그냥 넘어갈 수 있는 상황이 아니었다.

마오쩌둥과 장칭이 개입하여 마오안칭을 중난하이에 데려왔다. 형 안잉과 마찬가지로 안칭도 아버지와 함께 산 적이 거의 없었다. 마오쩌둥과 장칭은 안칭의 자아비판 과정을 감독하기로 했다. 안칭이 나중에 결혼하는 미래의 아내는 이때 장칭이 원숭이를 가두는 작은 우리에 안칭을 집어넣었다고 증언했지만, 사실인지는 확실하지 않다. 장칭은 안칭과 여러 차례 말다툼을 했으며, 결국 마오쩌둥은 안칭을 다른 도시로 보내 정신질환 치료를 받게 하기로 결정했다. 마오는 여전히 아들에게 특별한 관심이 없는 것 같았다. 성장기에 부모의 사랑을 전혀 받지 못했다는 점, 형이 최근 죽었다는 사실, 마오 집안 식구들 모두를 괴롭히는 긴장과 음모, 마오쩌둥의 냉담함과 장칭의 적개심, 이런 것들이 모두 복합적으로 작용하여 결국 마오안칭은 스물일곱에 정신적으로 매우 심각한 상태가 되었다.

마오안칭은 만주 지방의 항구 도시 다롄(大連)의 병원에 갔는데, 정신

질환이 완전히 낫지는 않았지만 쉬라는 이름의 예쁜 간호사와 사랑에 빠졌다. 안칭이 여러 여자와 관계를 맺는 것을 싫어하던 장칭은 쉬 간호사와 안칭의 연애를 반대했다. 비전문가적인 의학적, 심리적 지식을 내세워 장칭은 정신적으로 온전하지 못한 사람은 짝을 제대로 고를 능력도 없다는 이론을 주장했다.

마오안칭은 오랫동안 소련에 살아서 중국어를 완벽하게 구사하지 못했다. 장칭이 마구 공격을 퍼부을 때에도 안칭은 그저 장칭이 하는 말이 그렇게 중요하지 않겠거니 하며 어깨를 으쓱하거나 미소를 지을 뿐이었다. 이런 안칭의 행동에 장칭은 화가 치밀었다.

안칭은 다롄을 떠나 새로운 치료법을 제공하는 소련의 병원으로 옮겨졌다. 장칭을 비판하는 사람들은 그때 장칭이 이전에 적들이 그녀를 억지로 '치료를 위해 모스크바로' 보냈다고 주장한 것과 마찬가지로 안칭을 억지로 '치료를 위해 모스크바로' 보냈다고 주장한다. 장칭의 경우와 마찬가지로 안칭을 소련으로 보낸 것은 관료들의 결정, 의학 전문가의 소견, 마오의 의견 등을 종합한 결과였을 것이다. 쉬 간호사가 모스크바로 안칭을 따라가려 했으나 장칭은 이 시도를 무산시켰다.

안칭은 모스크바에서 쉬 간호사에게 편지를 많이 썼는데, 장칭은 무슨 수단을 썼는지 여러 번 편지를 중간에서 가로채는 데 성공했다. 1954년에 쉬 간호사를 안칭에게 보내야 한다는 관료들의 움직임이 있었는데 다시 한 번 장칭은 그 시도를 좌절시켰다. 다음 해 이 가엾은 간호사는 자신도 건강이 나빠져서 마오의 아들을 포기하고 다롄 지역의 다른 청년과 결혼해버렸다. 한편 안칭은 러시아어가 유창한 데다 다른 정신 능력과 달리 연애 능력은 손상되지 않은 덕인지 곧 러시아 간호사와 사랑에 빠졌다.

중국에서는 외국인과 결혼하려고 하면 설사 친한 나라 사람이라고 하더라도 반대하는 경우가 많다. (류사오치의 장남 역시 당시 러시아 여자와 사랑에 빠졌으나 아버지와 당의 반대로 결혼하지 못한다. 이 사건은 나중에 더 서술할 것이다.) 하지만 장칭은 안칭이 러시아 간호사와 결혼하는 것이 좋겠다고 강력하게 주장하고 나섰다.

마오안칭이 소련에 주저앉으면 골칫거리가 사라진다고 생각했는지 장칭은 신부 후보에게 보석과 옷감을 선물로 보냈다. 하지만 장칭에게는 불행스럽게도 결혼은 성사되지 않았다. 공산당 쪽에서 반대 의사를 표시했으며, 안칭이 또 다른 여자들에게 추파를 던지기 시작하여 소련 간호사의 마음이 멀어졌던 것이다.

항상 그랬듯이 마오쩌둥은 집안 아이들 일을 대부분 장칭에게 일임했다. 하지만 안칭에게 중요한 결정은 마오쩌둥이 내렸다. 장칭이 안칭을 과도하게 비난했고 안칭의 여자 관계에 집요한 관심을 보인 것은 사실이었다. 그래서 장칭의 적들은 훗날 장칭의 '박해'로 안칭의 정신 질환이 발병했다고 주장하고 마오의 적들은 아버지가 아들을 미치게 했다고 주장한다. 안칭이 1951년 이전에도 문제를 일으켰다는 점을 고려한다면 이런 설명은 지나친 단순 논리라고 할 수 있다. 하지만 안칭이 마오나 장칭에게 감사할 만한 일도 거의 없었다.

소련에서의 투병 생활

더운 저녁이었으나 시원한 바닷바람이 불어왔다. 마오쩌둥, 장칭, 리나, 리민은 저녁 식사 손님을 맞이하고 있었다. 마오 가족은 얼굴에 생기가 넘치고 밝은 태양과 신선한 공기를 만끽해서인지 여유로워 보였다. 모두 가벼운 면직 옷과 샌들을 신었다. 때는 1954년 여름이었고 장소는 베이다이허(北戴河)에 있는 마오의 별장이었다. 베이다이허는 베이징 동쪽에 있는 해변 휴양지다. 장즈중과 부인, 네 자녀가 별장으로 들어왔고 이들은 곧 편안한 기분이 되었다. 마오와 장칭은 그날 보기 드물게 다정한 모습이었고 마오는 기분이 무척 좋아 보였다.

저녁 식사를 하면서 마오는 적극적으로 대화를 이끌었다. 장즈중의 자녀들에게 한 사람씩 무슨 공부를 하는지, 또는 무슨 일을 하는지 말해보라고 했다. 장칭은 그날 기분이 좋아 보였지만 말은 별로 하지 않았다. 장칭은 주로 사람들의 음식을 챙겨주었다. 특히 마오의 음식 접시를 주의 깊게 지켜보다가 접시가 비면 마오가 이야기에 열중하는 틈을 타 제일 맛있는 음식을 채워놓곤 했다. 장즈중의 장남은 마오에게 최근 공산당에 입당했다고 말했다. 마오는 활짝 웃으면서 크게 만족스러워했다. 마오가 말하는 틈을 놓치지 않고 장칭은 몸을 굽혀 돼지고기와 배추 요리를 마오의 접시에 담아놓았다.

"장칭은 점잖고 사려 깊었지요." 장즈중의 딸의 회고다. "마오의 두 딸이 장칭보다 말이 더 많았어요."

저녁 식사가 끝난 뒤 마오는 장즈중 가족들을 데리고 별장을 한 바퀴 돌며 구경시켜주었다. "여기가 내 방이오." 마오는 널찍한 나무 침대가 있는 큰 방을 보여주었다. 침대 한편에는 서류와 책이 가득 쌓여 있었다. 장칭은 복도 끝에 있는 방을 따로 쓰고 있었다.[61]

이 해에는 장칭의 건강이 좋았다. 하지만 12개월이 채 지나기 전인 1955년 중반에 장칭은 건강이 다시 나빠졌다. 열이 많이 오르고 체중이 크게 줄었다. 장칭은 여름 더위를 피해 항저우의 서호(西湖) 근처 별장에서 쉬다가 비행기를 타고 베이징에 돌아와서 진찰을 받았다. 산부인과 전문의는 자궁경부암이라고 진단했다.

장칭은 기분이 매우 가라앉았고 비관적이 되었다. 장칭은 마오 가족의 친구였던 여의사에게 자신이 지난에서 연극을 배우던 학생 시절 톈한이 쓴 희곡 〈호숫가의 비극〉에서 주연을 맡았던 이야기를 했다. 장칭은 그 연극에서는 극중에서 비극을 경험했는데, 드디어 현실에서 비극과 맞닥뜨렸으며 이제 자신의 생명이 촛불이 바람에 꺼지듯 사라져버릴 것이라고 우울하게 중얼거렸다.

장칭은 소련에 다시 갈 마음이 없었지만, 중국에서는 받을 수 없는 코발트 60 방사선 치료를 받아야 했고, 다른 사람들이 집단적으로 무슨 결정을 내릴지는 뻔했다. 1955년 7월 장칭은 새로 고용한 열여덟 살의 간호사를 포함한 사람들과 함께 이번에는 반대하지 않고 모스크바 의사들에게 갔다. 다시 한 번 딸 리나와 헤어져야 했다.

장칭은 정말 마오와 관료들이 생각했던 만큼 아팠을 수도 있지만 모스크바로 출발하기 직전인 6월 17일 마오의 집을 방문했던 사람은 그런 위기의 분위기를 전혀 전달하고 있지 않다. 마오의 전 경호원이었던 린진라이는 그날 오후 3시에 중난하이에 도착하여 저녁 때까지 있었다.[62] 린진라이가 마오와 수영을 하러 나갔다 들어와서 거실에 있을 때 마오가 그를 장칭에게 인사시켰다. 장칭은 린진라이와 악수를 나누고 리나를 불렀다. ("아저씨한테 인사해라.") 그리고 나서 세 사람은 푸짐한 저녁 식사를 함께했으며, 재회를 축하하는 술도 마셨다고 한다.

모스크바에 도착한 장칭은 다시 기운을 차리고 마오안칭과 류쑹린에게 영향력을 행사하고자 노력한다. 당시 안칭은 소련 요양소에 있었고,[63] 류쑹린은 장칭의 이복 언니 아들인 왕보원과 함께 모스크바대학에서 공부하고 있었다.

장칭은 재혼한 류쑹린에게 안칭의 정신 건강이 매우 허약하므로 안칭을 만날 수 없다고 했다. 한편 마오쩌둥에게는 안칭의 상태를 매우 낙관적으로 보고했다. 과거 자신의 의지에 반해 소련 병원에 묶여 있을 때 느꼈던 쓰라린 고통을 생각한다면, 장칭의 거짓말은 극히 비인간적인 기만 행위였다.

4개월 후 류쑹린은 모스크바대학에서 과거 마오 가족의 주치의였던 왕훙빈과 우연히 만났다. 왕훙빈은 류쑹린에게 안칭의 상태가 악화되었다고 이야기해주었다. 류쑹린은 놀라서 마오에게 편지를 쓴 다음, 편지가 마오의 손에 들어가도록 복잡한 조치를 취했다. 류쑹린의 말을 신뢰하는 전 시아버지는 충격을 받았다. 마오는 장칭이 보낸 낙관적 편지를 밀쳐버리고 안칭이 다롄으로 돌아오도록 지시했다.

베이징으로 돌아온 장칭은 다롄으로부터 엄청난 소식을 들었다. 한때 자신이 러시아 간호사와 결혼시켜 소련에 묶어 두려 했던 안칭이 지금은 류쑹린의 여동생인 사오화와 한창 사귀고 있다는 소식이었다!* 지옥 깊은 곳에서 음모가 꾸며지고 있다고 하더라도 이 소식만큼 장칭을 괴롭히지는 않았을 것이다. 둘이 결혼이라도 하는 날이면 류쑹린의 입지가 단단해질 것이며 중난하이에 있는 '양카이후이 세력' 역시 힘을 얻을 것이 아닌가?

장칭은 그때부터 안칭이 중난하이에 보내는 편지들을 감시하기 시작했다. 편지가 마오 손에 들어가는 것을 늦추기도 하고 아예 편지를 없애버리기도 했다. 그러나 이제 안칭에게 신경을 쓰기 시작한 마오는 장칭이 편지 전달을 방해하고 있다는 사실을 알았다. 마오는 안칭에게 편지를 보냈다. "나에게 편지를 쓸 때에는 다른 사람에게 네 편지를 맡기지 말거라." 이는 아마도 장칭을 염두에 두고 한 말인 것 같다. 왜냐하면 그 뒤에 이렇게 썼기 때문이다. "류쑹린이나 사오화 혹은 리민에게 편지를 맡겨 내가 받을 수 있도록 해라."[64] 안칭과 사오화는 결국 결혼했다. 장칭은 오랜 세월이 지나도록 안칭과 전혀 말을 하지 않았다.

장칭은 안칭 때문에 심각한 문제에 맞닥뜨렸다. 안칭은 정신적으로 불안정한데 마오는 여기서 발생하는 많은 문제들을 놔둔 채 그저 손을 떼려 하고 있었다. 장칭이 뒤처리를 했지만 서툴렀다. 안칭보다 훨씬 어린 사오화가 그와 결혼한 것은 어느 정도 마오 집안에 교두보를 확보하기 위한 것이라는 장칭의 해석은 정확했다. 그러나 장칭이 이 문제에 보인 관심은 다시금 지나친 의심과 긴장으로 변질되어 공개적인 전쟁으로 폭발한다.[65]

이렇게 장칭이 가족 문제에 많은 신경을 쓰고 있던 시기에 마오는 자신의 친척이 많이 살고 있는 도시 스청샹(石城鄉)의 자치 단체 관료에게 편지를 한 장 쓴다.[66] 친척이란 마오의 어머니 쪽인 원(文) 씨 일가였다.

---

* 사오화는 이때 장씨 성을 사용하고 있었다. 이는 어머니의 성인 것 같다. 한편 쑹린은 아버지 성인 류를 따랐다. 훗날 사오화는 아버지 성을 따라 사람들에게 류사오화라고 알려진다. 때로는 성을 표기하지 않고 사오화라고 불리기도 한다.

1960년대 초 마오쩌둥의 가족 사진. 맨 왼쪽이 아들 마오안칭이고 맨 오른쪽이 그의 아내 사오화이다. 큰아들이 한국전쟁에서 전사한 뒤 마오쩌둥에게 아들은 안칭 하나뿐이었다. 그러나 안칭은 정신적인 문제로 계속 병원을 드나들었다.

원 씨 일가 조카 몇 명은 해마다 베이징에 와서 마오를 방문하곤 했다. 그런데 마오의 귀에 원 씨 조카들이 고향에 내려가면 마오 주석과 친척이라고 과시하며 고향 사람들이 자신들을 잘 대접하는 게 좋을 것이라는 식으로 은근히 압력을 넣는다는 소식이 들렸다.

"나와 친척이라는 이유 하나만으로 원 씨 가족에게 특별한 대우를 해주는 일이 없기 바랍니다." 마오는 현장 관료에게 그렇게 일렀다. "나는 그들이 노동자 대열의 일원이기 때문에 사랑하는 것입니다. 그들이 친척이기 때문에 사랑하는 것은 그 다음 일입니다."

장칭은 분명히 이 편지를 보았다. 어쩌면 다른 누구보다 먼저 보았을 것이다. 하지만 장칭의 눈에는 청렴결백을 지나치게 고집하는 것처럼 보였다. 마오와는 달리 장칭은 삶이 어렵고 혼란스러운 가정에서 자랐다. 마오는 가족 문제에 초연해도 별 문제가 없을지 모르지만 장칭은 달랐다. 장칭은 훨씬 약한 처지에 놓여 있었다. 가족이든 누구든 세력을 모아야 자신을 끌어내리려는 적들에게 반격할 수 있었고 추락하지 않을 수 있었다. 장칭은 마오가 식구들을 제대로 보살피지 않는다고 생각했고 앞으로 이런 문제가 생기면 자신이 나서야겠다고 마음먹었다.

1956년 6월 장칭과 마오는 중국 중부의 우한에서 며칠간 조용하게 지냈다.[67] 마오가 양쯔강에서 수영하는 동안 장칭은 작은 배 위에 앉아 있었다. 약간 심심하기는 했지만 남편이 한 차례 수영을 하고 나올 때마다 만두를 집어주는 행복한 시간이었다. 마오는 물을 뚝뚝 떨어뜨리면서 뱃전으로 올라와 아내의 기분을 묻고는 만두를 하나 입에 넣고 다시 흙탕물이 소용돌이치는 강물로 뛰어들었다. 이번 여행에서 두 사람은 한층 가까워진 느낌이었다. 마오는 이때 〈유영(游泳)〉이란 시를 썼는데 몇몇 중국인들은 장칭에 대한 사랑이 이 시 구절에 숨어 있다고 생각한다.

아름다운 가을날 저녁 마오 부부는 상하이에 갔다. 상하이의 쑹칭링 저택에는 밝은 파티용 조명이 켜 있었다. 인도네시아의 수하르토 대통령이 공식 방문을 마치고 그날 오후 상하이 공항을 출발하여 귀국했다. 따라서 중국공산당 지도부는 상하이에 와 있었고, 쑨원의 아내는 이 기회를 이용하여 정치인들의 파티를 기획한 것이다.[68] 중국의 프롤레타리아 독재를 관장하는 손님들 중 담배를 많이 피우는 사람들을 위해 많은 하인들이 오래된 큰 방을 준비해놓고 있었다.

상하이 시장 커칭스(柯慶施)가 도착했다. 뒤이어 마오가 마치 도서관에 들어오는 교수 같은 침착한 걸음걸이로 장칭과 함께 들어왔다. 쑹칭링은 마오 부부에게 간단하게 인사하고 급히 몸을 돌려 따라 들어오는 류사오치와 왕광메이를 맞이했다. 쑹칭링은 왕광메이를 좋아했고 그녀의 국제적 감각을 높이 평가했지만 장칭 역시 좋게 생각하고 있었다. 그날 저녁 쑹칭링은 장칭과 여러 차례 즐거운 대화를 나누었다. 중산복*을

---

* **중산복(中山服)** 중국의 정치가 쑨원이 고안한 재킷. 목깃이 약간 올라갔고, 5개의 단추와 4개의 주머니가 특징이며, 서양과 동양의 복식을 절충하여 남녀노소 입을 수 있게 하였다. 1920년대 이후 널리 유행했다. 과거에는 중국의 마오쩌둥, 장제스 등이 공식 석상에 자주 입고 나왔으며, 지금도 중국공산당 간부들이 이따금 입는다. '중산'은 쑨원의 호이다.(역주)

입은 장칭은 날씬하고 깔끔한 모습이었다. 그날 저녁 장칭은 말수가 적어서 다른 사람과 대화를 피하지 않나 싶을 정도였다. 하지만 주위에서 대화가 시작되면 경청하는 태도를 보였다. 마오를 따라서 이동하지는 않았지만 항상 마오에게 신경을 쓰고 있었다. 저녁 내내 장칭은 아내로서 의무를 다하는 모습을 보여주었다.

장칭은 우한에서나 상하이에서나 몸이 좋지 않았고, 베이징에 돌아오자마자 자궁경부암 증세가 다시 나타났다. 장칭은 수술은 하고 싶지 않다고 했다. 하지만 의사들이 수술의 대안으로 내놓은 방사성 동위 원소 삽입술과 코발트 60 방사선 치료 역시 거부했다. 어쩔 수 없이 장칭은 몇 주 뒤 다시 소련으로 갔다.[69]

장칭은 너무나 아파서 이번 여행 준비는 다른 사람들이 결정하도록 내버려두었다. 선발대가 모스크바로 출발했고 그 뒤 사흘 동안 베이징과 모스크바 사이에 전화 대화가 빈번하게 오갔다. 하지만 장칭은 다른 사람들이 내린 결정 사항을 그리 탐탁하게 여기지 않았다. 여하튼 다시 한 번 리나는 어머니와 몇 달이 될지 모르는 시간 동안 헤어져 있게 되었다.

장칭은 중국인 여자 산부인과 의사 한 명을 동반하고 모스크바에 도착했을 때 너무나 허약하고 아픈 데다 정신적으로 괴로웠다. 소련의 병원에서는 자신들이 돌보는 동안 장칭이 갑자기 죽을까 봐 염려해서 그랬는지 장칭을 치료하기를 꺼렸다. 장칭은 이 병원에서 저 병원으로 옮겨 다녔다. 누구도 책임을 지려 하지 않기 때문이기도 했고, 장칭이 다양한 치료 방법을 잇따라 거부해서 그런 것이기도 했다. 백혈구 수치가 3천 개로 떨어졌다. 이렇게 되면 사소한 병균 감염으로도 아주 위험한 상태에 빠질 수 있어 수혈이 시작되었다. 코발트 60 방사선 치료를 받으면서 장칭은 무척 허약해졌고, 급기야 산소 마스크를 쓰게 되었다.

장칭은 치료를 빙자한 정치 공작의 희생자였을까? 소련 병원은 가끔 정치적 처벌이나 복수의 무대가 되곤 하며, 당시는 중소 관계가 악화되던 시점이어서 장칭의 건강 문제가 소련과 중국의 정치적 거래에서 흥정 조건이었을 가능성도 배제할 수 없다. 훗날 장칭은 그때 자신이 중국으로 돌아가겠다고 강력하게 요구했으나 거절당했다고 밝혔다. 주체가 소련이었는지 중국이었는지 혹은 두 나라가 협의했는지는 모르지만, 자신의 요구가 완전히 묵살당했다고 장칭은 주장했다.

그러나 정황을 전체적으로 고려했을 때 장칭이 정신 상태가 불안했고 외국 생활에 적응하기 힘들어서 우울했다고 보는 게 합당할 것 같다. 저우언라이가 1957년 1월 흐루쇼프와 회담하러 모스크바에 왔다가 장칭을 방문했다. 장칭에게 항상 우호적이었던 저우언라이는 의료 기록을 꼼꼼하게 살펴본 다음, 장칭에게 가장 필요한 것은 유머와 좋은 말동무, 기분 전환이라고 결론지었다. 저우언라이는 여러 중국인들이 차례로 장칭을 방문하도록 주선했고, 장칭과 농담을 주고받았으며 병원에서 장칭을 데리고 나와 저녁 식사를 같이했다. (장칭과 너무 이야기에 열중한 나머지 부인인 덩잉차오가 장칭에게 전해 달라고 부탁한 편지를 깜빡 잊고는 베이징으로 도로 들고 왔다.*[70])

1957년 봄에 장칭은 위험한 고비를 넘겼고, 주위 사람에게 베이징으로 전화해서 러시아 사람들이 먹는 넓적한 고깃덩어리보다 맛있는 것을 보내 달라고 하라고 시켰다. 생선, 바나나, 사과, 가지, 토마토, 여러 가지 신선한 채소 등 식재료가 비행기로 운반되어 왔다. 중난하이의 음식 창고에서 나온 이 식재료들은 장칭의 이복 언니 리윈루가 준비한 것이었다. 장칭의 눈은 기대감으로 반짝였다. 아랫사람들이 부엌에서 요리

---

* 장칭은 약간 피해망상에 시달리고 있지 않았나 싶다. 왜냐하면 장칭은 위트케에게 마오가 모스크바에 왔을 때 자신을 방문하지 않았다는 이야기를 전혀 사실과 다르게 지어내서 했기 때문이다. 위트케가 쓴 장칭 전기를 보면, 1957년 모스크바에 왔을 때 마오는 아내를 만나보지도 않았고 전화도 하지 않을 정도로 당시 두 사람의 결혼 생활은 매우 안 좋은 상태에 있었다고 한다. 이것은 틀림없이 장칭의 진술에 바탕을 두었을 텐데, 말도 안 되는 이야기다. 마오가 모스크바에 간 것은 1957년 11월이며 그때 장칭은 이미 중국에 돌아와 있었다. 필자가 조사한 바에 따르면 장칭은 1957년 7월에 이미 칭다오에 와 있었으며 마오는 그로부터 몇 달 지난 11월에 모스크바를 방문했다.

하는 동안 장칭은 부엌을 왔다갔다하면서 잉어 살을 저며낼 때는 이렇게 하는 거라는 훈수를 두기도 하고, 찜 요리를 하면서 정확하게 시간을 재지 않은 중국인 통역사에게 호통을 쳐서 옴짝달싹 못하게 만들기도 했다. 차려진 음식을 배불리 먹으면서 장칭은 이 음식은 양념이 하나 빠졌다, 저 음식은 씹는 촉감이 너무 거칠다며 요리사들의 잘못을 지적했다.

어느 날 소련의 정치 지도자 네 명의 부인이 함께 식사하자고 장칭을 초대했다.[71] 장칭은 당시 건강이 괜찮아서 주저 없이 초대에 응했다. 서구식 베이지색 투피스, 털외투, 모자 차림을 한 장칭은 통역사를 대동하고, 자신은 앞 차에 타고 뒤 차에는 중국 여의사를 태워 크렘린으로 향했다. 어두운 색의 긴 식탁 위에는 흰색 식탁보가 덮여 있었고 러시아 음식이 가득 놓여 있었다. 식당 옆 대기실에는 꽃무늬로 장식한 큰 소파들이 여러 개 있었는데, 거기서 당당한 몸집의 러시아 귀부인 두 명이 장칭과 일행 두 명을 반갑게 맞이했다. 장칭은 큰 소파에 앉았고 왼쪽에 흐루쇼프 부인, 오른쪽에 말렌코프 부인이 앉았다. 몰로토프 부인, 카가노비치 부인, 중국인 여의사, 그밖에 다른 여자들도 나란히 놓인 소파에 앉았다. 장칭은 웃었지만 할 말이 별로 떠오르지 않았다. 장칭의 건강이 화제가 되었고 모두들 열심히 대화에 집중하려 했지만 잘 풀리지 않았다. 사람들은 지루한 눈빛이었고 땀 나는 손으로 손수건을 배배 꼬았다.

식사 자리에서 말렌코프 부인이 장칭에게 말을 걸었다. 러시아와 중국 문화가 다르긴 하지만, 장칭의 건강이 완전히 회복되면 러시아 국립 영화학교에 등록하여 공부해보는 것은 어떻겠냐는 것이었다. 장칭은 그때 먹고 있는 척하던 훈제 철갑상어 요리와 똑같은 색깔로 얼굴빛이 변했다. 장칭은 딱딱한 목소리로 학교 생활은 너무 힘들 것 같다고 대답했다. 모두들 잠자코 나이프와 포크를 움직일 뿐이었다. 소련 외무장관 몰로토프의 부인이 무엇인가 말을 하려다 그만두었다. 말렌코프 부인이 드디어 할 말을 찾았다. 마오쩌둥 부인께서는 몇 살이시죠? 장칭은 하마터면 음식이 목에 걸릴 뻔했고, 한참 만에 칼칼한 목소리로 대답했다. "너무 늙지도 않았고 너무 젊지도 않아요……."

식사가 끝나고 요양소로 돌아온 장칭은 코트를 벗어던지고 거실을 왔다갔다했는데, 얼굴은 잔뜩 찌푸린 채였다. 학생이 되라니? 나를 "업신여긴 것" 아닌가? 또 나이를 물어보다니? 나를 "모욕"한 것 아닌가? "서양 나라에서도 이런 질문을 던질 수 있는가?"

장칭이 사람들에게 인정받기를 간절히 바라고 있다는 것을 잘 아는 중국인 여의사는 러시아 말을 잘했고, 식사가 끝난 뒤 소련 부인들이 자기들끼리 장칭이 "교양 있고 우아한" 중국 부인이라고 이야기하는 것을 들었다고 보고했다. 장칭은 기분이 좋아졌다. 장칭은 크렘린 연회실에서는 입맛이 없었다. 일단 카드 게임을 한 판 하여 마음을 가라앉힌 다음, 장칭은 같이 갔던 사람들과 함께 앉아 중국 음식으로 제대로 된 저녁 식사를 시작했다.

다시 마오의 동지로

네 번째 소련 체류를 마치고 베이징으로 돌아왔을 때, 장칭은 죽음이 가깝다고 느꼈다. 몸보다도 정신이 더 쇠약한 상태였다. 마오쩌둥은 장칭을 쳐다보는 것 같지도 않았다. 열여덟 살이 된 딸 리나는 가끔 보면 마치 어머니를 남 대하듯 했다. 아무 직업도, 할 일도 없는 장칭은 중국 혁명에서 낙오한 사람이었다.

마오쩌둥 역시 정치적으로 곤란한 처지에 빠졌다. 대약진운동은 볼썽사나운 샛길로 빠지고 있었다. 다른 정책들도 실패했다. 옛 동지들도 마오를 비판하기 시작했다. 하지만 마오는 이제 이런 이야기를 장칭에게 털어놓지 않았다. 1940년대까지만 하더라도 마오와 장칭이 결혼 생활에 거는 기대는 충족되었다. 장칭은 마오의 의견에 따랐고 당의 명령대로 마오의 충실한 보조 역할을 했다. 하지만 이제는 그렇지 않았다. 장

농촌 용광로에서 일하는 사람들. 1950년대 후반 마오쩌둥이 추진한 대약진운동의 일환으로 곳곳에 용광로가 설치되었는데, 조악한 방식으로 생산된 철은 쓸모가 없었다. 오히려 농민들이 제철 사업에 동원되면서 농업 생산량이 크게 떨어진 데다 기근까지 겹쳐 대약진운동 이후 3년간 2천만 명에 이르는 사람이 굶어 죽었다.

칭은 현재 자신이 받는 대접보다 더 많은 것을 요구했다. 서로에게 거는 기대가 엇나가는 지금, 유일하게 가능한 행동 방식은 서로 충분한 거리를 두는 것이었다.

마오쩌둥은 자기 내면을 성찰하게 되었고 그러다 보니 전 부인 양카이후이가 남긴 것들에 점점 관심을 쏟았다.[72] 마오는 아들 안칭과(안칭은 정신병원에서 나온 상태였다) 며느리 사오화를 창사로 보내 양카이후이의 친척들을 만나보게 했다. 1957년 여름부터 네 번에 걸쳐 마오는 1920년대 마오가 양카이후이와 살 때의 하녀 천위잉(陳玉英)을 베이징으로 불러 옛이야기를 나누었다. 이제는 늙은 천위잉에게 마오가 눈물을 글썽이며 말했다. "오늘 부인을 보니, 마치 카이후이를 다시 만나는 것 같구려." 게다가 마오는 양카이후이를 그리며 〈접련화(蝶戀花)〉라는 아름답고 훌륭한 시를 하나 썼다.

1950년대 말에 장칭은 많은 시간을 베이징에서 멀리 떨어져 간호사와 보조원만 곁에 둔 채 혼자 보낸다. 공식 행사와도 연을 끊고 남편과 딸(리나는 곧 베이징대학에 들어간다)과도 떨어져서 지내는 시간이 많아졌다. 1959년 루산(廬山) 회의에서 마오는 국방부장 펑더화이(彭德懷)와 심하게 다툰 다음, 마치 셰익스피어 비극의 주인공 리어 왕처럼 자기 운명의 저주를 한탄하는 연설을 했다. ("두 아들이 있었는데 하나는 죽어버렸고 하나는 미쳐버렸다."[73])

마오가 격렬한 투쟁의 와중에 있다는 것을 알게 된 장칭은, 그가 자신의 지지를 환영할 것이라고 짐작하였다. 주장(九江) 공항에 내려 자동차를 타고 마오에게 달려가는 장칭은 기운이 넘쳐 보였다. "그녀의 병과 무기력은 사라져버렸습니다." 마오의 주치의의 말이다. 장칭은 마오를 대신하여 루산 논쟁에 참여한 대부분의 주요 인물들을 부지런히 방문하고 다녔다.

장칭이 절대 가지 않는 곳이 있었는데 바로 마오의 고향인 후난성이었다. 장칭은 마오의 고향을 싫어했고 그곳에 가는 것을 극구 피했다. 마오의 출생지 사오산(韶山)은 수천만 명의 중국인들이 일생에 한 번 정도는 순례하는 장소였다. 이곳 역시 장칭은 '증오'했다.[74] 일생에 걸쳐 단 한 번도, 심지어 그곳을 방문하는 것이 사실상 의무였던 1960년대에도 장칭은 그 마을에 발을 들여놓지 않았다.

어쩌다가 같이 시간을 보낼 때면 두 사람은 각자 생활 방식과 취향이 너무나 다름을 새삼스레 깨닫곤 했다. 마오는 기차로 여행하는 것을 좋아했는데, 장칭은 비행기를 선호했다. 문학과 연극에서 마오는 전통 작품을 좋아했는데, 장칭은 현대 작품을 좋아했다. 마오는 밤늦게까지 일하고 아침 늦게 일어났는데, 장칭은 남들보다 일찍 일어났다. 마오는 음식을 엄청나게 빨리 먹으며 이것저것 가리지 않았다. 반면에 장칭은 신기하고 특별한 요리를 좋아했고 장칭이 식사를 천천히 시작하려 할 때쯤이면 남편은 벌써 다 먹고 젓가락을 놓으려 하고 있었다. 마오는 자기 방에 꽃이나 장식물이나 애완동물을 갖다놓는 것을 싫어했다. 장칭은 수선화를 몹시 좋아했으며 애완 원숭이를 키우고 있었다. 마오는 가까이 있는 아무 옷이나 걸치는 스타일이었는데, 장칭은 옷장 앞에서 많은 시간을 보냈다. 장칭은 어떤 색깔(예를 들어 커피색)은 아주 좋아했고 어떤 색깔(예를 들어 노란색)은 쳐다보기도 싫어했다. 하루에 세 번이나 옷을 갈아입은 적도 있었다.*[75]

마오는 의사를 만나는 것을 좋아하지 않았으며 의사 이야기를 주의 깊게 듣지도 않았다. 하지만 장칭에게는 의사들이야말로 가까이에 두고 대화를 나누는 대상이었다. 장칭이 자신의 병명을 하나씩 꼽을 때면 마치 개인적 적들의 이름을 하나씩 부르는 듯했다. "나는 혈압이 높다든가, 간에 감염 증세가 있다는 이야기를 거의 들어본 적이 없습니다." 다른 맥락에서 한 말이지만 마오는 마치 장칭 같은 사람을 비판하는 것 같다. "만약 어떤 사람이 운동도 안 하고, 먹기만 잘 먹으며, 옷만 잘 입고, 편안하게 생활하며, 어디든 차를 타고 다닌다면 그는 많은 병에 시달리게 될 것입니다."[76]

어느 날 아침 마오는 글을 쓰느라 밤새워 아침까지 일하고 있었고 장칭은 당 관료 리리싼(李立三)의 집에 갔다. 리리싼의 부인은 러시아 사람이었는데 장칭과 친한 친구였다. 글을 다 쓴 마오는 장칭에게 전갈을 보내 같이 점심을 먹자고 했다. 장칭은 포커 게임을 재미있게 하던 중이어서 게임을 마친 뒤에 집으로 출발했다. 장칭이 중난하이에 도착했을 때 마오는 이미 점심 식사를 끝내고 화가 난 채 침실에 든 뒤였다. 장칭

---

* "남편은 항상 똑같은 검은색이나 초록색의 오래된 레닌복을 입죠." 장칭은 쑹칭링에게 남편에 대한 불평을 늘어놓은 적이 있다. "외국 사람이 그에게 넥타이를 선물한 적이 있어요. 그는 넥타이를 걸어놓고는 한 번도 매지 않았죠." 장칭은 쑨원의 미망인에게 계속 이야기한다. "저는 쑨원 선생님의 사진을 본 적이 있어요. 서양식 예복을 입고 나비 넥타이를 하고 계시더군요. 부인께서는 치파오를 입고 있었는데 치파오에는 화려한 깃 장식이 달려 있었어요. 얼마나 아름다우시던지! 요즘에는 외국인들이 중국에 오면 웃어요. 모두 똑같은 옷을 입고 있기 때문이죠. 아마 입고 싶은 옷을 입을 자유가 없다고 생각할 거예요."

역시 남편에게 마음이 상했다. 혼자서 밥을 먹어야 했고 이럴 줄 알았다면 포커 게임을 한 판 더 하고 올 수 있었기 때문이다.[77]

1958년 무척 더운 여름날이었다. 마오는 허난성(河南省)으로 농촌을 둘러보러 나갔다.[78] 장칭도 함께였다. 이런 여행에 따라나서는 일은 좀처럼 없는데 마오가 이번에는 두 딸과 조카인 마오위안신까지 데려가고 싶어 했으므로 장칭도 함께 나선 것이었다. 그날 오후 늦게 마오는 농부 대표들과 대화를 나누다 갑자기 식구들이 묵는 숙소 식당으로 그들을 불렀다. 식당의 둥근 식탁에는 장칭과 세 명의 아이들이 마오가 식사하러 오기를 기다리고 있었다. "이 아이들이 내 딸입니다." 마오는 리나와 리민을 가리키며 말했다. "둘 다 학생입니다." 그 다음 조카 마오위안신을 소개하고는 장칭을 돌아보고 미소를 지으면서 농부들에게 말했다. "이 사람은 내 아내입니다."

농부들은 쌀밥만 먹었고 생선이나 돼지고기는 겁에 질려 집어 먹지 못했다. 마오와 장칭이 생선과 돼지고기를 몇 점씩 집어 농부들의 밥그릇에 놓아주었다. 농부들은 너무나 감동하여 아예 아무것도 먹지 못했다. 식탁에 사과가 나왔을 때도 똑같은 일이 벌어졌다. 농부들은 완전히 얼어붙었고, 마오와 장칭, 어린 식구들만 사과를 먹었다. 식사가 끝난 뒤 마오의 식구 다섯은 모두 밖으로 나와 농부 대표들에게 작별 인사를 했다. 장칭은 품위 있게 인사했다. 식사 중에 쭉 그랬듯이 장칭은 조용하고 예절 바른 가정주부의 모습을 마지막까지 충실하게 연출하고 있었다.

밤늦게 위치웨이가 심장마비로 죽었다는 소식이 왔다. 위치웨이는 그때 마흔여섯 살이었다. 1년 전부터 장칭은 전남편이 육체뿐 아니라 정신적으로도 병이 들었다는 사실을 알고 있었다. 약 10개월 전에 마오와 장칭이 회의 참석차 중국 남부 도시 난닝(南寧)에 갔는데 그때 위치웨이는 어느 회의에서 마오의 비판을 받은 뒤 나중에 자신의 침대에서 "살려주세요, 살려주세요!"라고 소리를 질렀다고 한다. 그는 비행기에 실려 광둥에 있는 군 병원으로 후송되었는데 비행기 안에서는 당시 그를 데리고 가던 리푸춘 앞에 무릎을 꿇고 앉아 머리를 바닥에 조아리며 절을 하면서 "목숨을 살려 달라"고 애원했다고 한다. 군 병원에서 그는 창밖으로 뛰어내려 다리가 부러졌다.

장칭은 장례식에 가지 않았다. 마오는 장칭의 이름은 빼고 자신의 이름만 넣어 조의 화환을 보냈다. 며칠 뒤 장칭은 신문에서 위치웨이의 생애에 대한 글을 읽는다.[79] 장칭의 이름은 언급되지 않았다. 당시에는 황징(黃敬)이라는 이름으로 통하던 위치웨이는 "뛰어난 혁명 투사"였다고 쓰여 있었다. 옌안 시절 이후 장칭은 위치웨이를 거의 만나지 못했다. 위치웨이는 언론인 판진*과 결혼해 살고 있었다.**

장칭은 몸과 마음이 힘들 때면 종종 광저우에 갔다. 중국 정부의 국영 숙소에 머물면서 탐스러운 수선화와 작은 원숭이들을 곁에 두고 지냈다. 장칭의 목소리는 이제 속삭임처럼 줄어들었다. 집안에서 누구도 자신보다 큰 목소리로 말하면 안 된다고 지시했다. 장칭은 변덕스럽게 일정을 자주 바꾸었다. 아침에는 고향인 지난으로 비행기를 타고 가야겠다고 말했다가, 점심을 먹은 뒤에는 베이징 근처 휴양 도시 베이다이허로 가자고 했다가, 저녁이 되면 원래 자기는 그냥 광저우에 좀 더 머물고 싶은데 그런 마음도 몰라준다고 아랫사람에게 핀잔을 주는 식이었다. 또 어떤 때는 아프다고 의사를 불렀다가 의사가 오면 나중에 다시 부르겠다고 돌려보냈다.

심심하고 짓궂은 생각이 들면 장칭은 원숭이를 부추겨 늙은 하인에게 덤벼들게 했다. 하인이 혼비백산해서 도망가는 모습을 보며 장칭은 깔깔 웃었다. 장칭은 밤낮을 가리지 않고 아랫사람들을 불러내 브리지

---

* 판진(范瑾, 1919~2009) 중국공산당 언론 부문에서 주로 활동했으며, 베이징 부시장을 역임했다. 문화혁명 당시 공직에서 해임되었다가 1977년 공적 활동을 재개하였다.(역주)
** 위치웨이와 판진 사이에서 태어난 아들 위정성(兪正聲)은 1997년 현재 칭다오의 시장이자 당 중앙위원회 위원이다. 칭다오는 위치웨이와 장칭이 처음 만났던 곳이다. (2012년 현재 위정성은 상하이 당 서기이자 중국공산당 정치국 상무위원이다. 괄호 안은 역주)

게임이나 포커 게임을 하자고 했다. 기분이 좋을 때는 한 사람 한 사람이 어떻게 게임을 풀어 나가야 하는지 말하며 해설자 노릇을 했다. 장칭이 피곤해 보이면 아랫사람들은 언제쯤 장칭이 졸음에 못 이겨 자신들을 놓아줄지 눈치를 살폈다. 그럴 때면 갑자기 장칭은 정신을 차리면서 소리쳤다. "나는 졸리지 않아!" 이제 그만 자러 갈 수 있겠다고 기대하던 아랫사람들은 어안이 벙벙해지곤 했다.

장칭의 이야기는 종종 1930년대 상하이에서 배우 생활을 하던 때로 돌아갔다. 그때 "나는 정말로 붉은색이었지(眞正是紅的)."라고 말하며 아랫사람들에게 자신이 확고한 공산주의자였음을 강조했다. 자신이 자립한 여성이었고, 활기찼고, 말도 잘했고, 매일 자유롭게 활동하며 자신의 삶을 건설해 나가던 1930년대 상하이 생활을 그리워했던 것이 아닌가 싶다.

흐루쇼프는 1958년과 1959년 두 차례 베이징에 더 왔고 그때마다 마오에게 부인의 안부를 물었다. 하지만 실제로 너무 아픈 상태였는지, 당이 외국 인사를 만나기 적당하지 않을 만큼 아프다고 판단한 건지 장칭은 나타나지 않았다. 한편 류사오치의 아내 왕광메이와 외교부장 천이의 아내 장첸은 중요 인사의 부인 역할을 열심히 수행하고 있었다.[80] 파티에 나와서 자리를 빛내기도 하고, 흥미로운 외국인과 대화를 나누기도 하고, 외교 임무 수행차 아시아 지역을 순방하는 남편과 동행하기도 했다.

그러던 어느 날 마오가 상하이에 내려와 대규모 회의를 주재하면서 장칭도 동행하게 되었다. 두 사람은 그 다음 항저우에 있는 호숫가 별장에서 잠시 휴식을 취하기로 했다. 하루는 당 고위 관료를 위한 무도회가 상하이 프랑스 조계의 금강반점에서 열렸다. 장칭은 간호사를 대동하고 저녁 9시에 도착해서 당 고위 간부와 떨어진 한쪽 구석에 자리를 잡고 앉았다. 아팠는지, 화가 났는지 얼굴빛이 어두웠다. 마오는 10시 30분이 되어서야 모습을 드러냈다. 하지만 아내가 앉은 자리로 가지는 않았다.

당의 군사 지도자인 주더가 웃는 얼굴로 장칭에게 오더니 같이 춤추지 않겠느냐고 물었다. 장칭은 너무 피곤하다고 하면서 거절했다. 하지만 잠시 뒤 장칭은 문화부의 젊고 멋진 남성과 함께 춤을 추러 나왔다. 두 사람은 화려한 춤을 추었는데, 그들 외에는 그 춤을 출 줄 아는 사람이 거의 없었다. 마오는 여기저기를 다니면서 정치국원들과 당 관료 가운데 예쁜 여성들과 이야기를 나눴다. 장칭이 젊은 남자와 춤을 추는 것은 마오가 자신을 돌아보지 않는 데 대한 복수였다. "당신은 여자를 골라서 데리고 노세요, 나는 남자를 고를 테니까." 이것이 두 사람이 결혼 생활을 유지하게 해준 불문율 중 하나였다.

밤 11시에 장칭은 갑자기 자리에서 일어났다. 숙소로 돌아가는 자동차 안에서 장칭은 간호사를 야단쳤다. 몸이 좋지 않은 자신에게 춤을 추라고 권하고 늦게까지 공식 행사에 참가하도록 놔두었다고 트집을 잡았다.[81]

마오는 항저우에 가기로 한 계획을 취소했다. 다음 날 장칭은 혼자 항저우의 서호에 있는 별장에 갔다. 가을 휴가 동안 두 사람이 머물 예정이었던, 외부와 격리된 아늑한 별장이었다. 아름다운 호수 옆에 탑처럼 선 별장은 붉은색 기와 지붕이었고 그 위에 큰 나무들의 가지가 드리워져 있었다. 멀리서 거위들의 울음 소리와 호수의 물이 철썩이는 소리만 들릴 뿐이었다.

장칭은 이 별장을 새로 꾸미기로 하고는 많은 지침과 요구 사항을 제시했다.[82] 먼지가 들어오지 못하게 이중 문과 이중 창을 달고, 전체적으로 사과 빛깔의 녹색 페인트를 칠했으며, 화장실, 전화를 비롯한 설비들에 모두 소음을 줄이는 장치를 추가하고, 거실에는 영화 스크린을 설치하는데 평상시에는 비단 족자로 가려놓도록 했다. 마오와 장칭이 각자 쓰는 공간은 완전히 독자적 생활을 할 수 있도록 하며 두 거처를 연결하는 공간에 응접실, 세면실, 식당을 두었다. 개조가 끝난 별장이 장칭은 무척 마음에 들어서 한동안 이곳을 활동 근거지로 삼았다.

"나는 매우 오랫동안 중국에서 살아서," 펄 벅* 여사가 내게 해준 말이다. 여사는 다른 어떤 미국인보다도 중국 사람들의 삶을 잘 알고 있었다. "결혼은 내 인생에서 별로 중요하지 않은 것이었지요. 그것이 중국 사람들이 사는 방식이고요."[83] 장칭도 마찬가지였다. 산둥성에서 살때 장칭은 마치 새로 산 신발을 몇 번 신지도 않고 반품하는 것처럼 남편과 헤어졌다. 상하이에서 장칭은 남자를 이용하는 여자라는 명성을 얻었다. 옌안에서 장칭은 비록 마오와 '사랑에 빠진 시기'를 보냈지만 사랑만이 아니라 복합적인 이유로 결혼했다. 1950년대가 되어 기계 공구가 널리 퍼지고, 무슨 규정을 만들면 복사본을 만들어 관계자들이 세부씩 나누어 갖고, 강제 노동수용소들이 세워지는 시대가 오자 장칭은 남녀간의 사랑을 별로 중요하게 여기지 않게 된다. 다른 사람도 그런 생각을 많이 하게 되는데, 마오도 그랬다.

장칭은 이렇게 말한 적이 있다. "처음에는 성(性)이 흥미를 끈다. 하지만 오랫동안 흥미를 지속시키는 것은 권력이다."[84] 하지만 1950년대 말에 장칭 손에는 성도, 권력도 없었다. 마오는 더는 아내를 같이 즐거운 시간을 보낼 이성으로 보지 않았다. 마오의 부인이라는 지위 덕분에 새로운 문이 몇 개 열렸지만 장칭이 기꺼이 들어가고 싶은 문은 아니었다. 겉으로는 화려하지만 실제로는 지루하고 소극적인 나날이었고, 이런 생활은 장칭처럼 오직 자신의 의지만을 신뢰하는 사람에게는 편안하지 못했다.

장칭이 마오와 함께 회의 참석차 난닝을 방문했을 때 그녀는 1950년대 자신의 생활을 너무나도 전형적으로 드러내는 행동을 주위 사람에게 보여주었다. 난닝의 1월 온도는 섭씨 20°대 중반이었다. 하지만 장칭은 추워하면서 간호사들이 이렇게 참을 수 없을 정도로 낮은 온도로 자신

---

* **펄 벅**(Pearl Buck, 1892~1973) 미국의 작가. 선교사인 부모와 함께 중국에서 오랜 동안 살았으며 중국에서의 생활을 다룬 소설로 유명하다. 대표작으로는 《대지(The Good Earth)》가 있으며 1938년에 노벨문학상을 수상했다.(역주)

을 '고문'하고 있다고 비난했다. 불행하게도 그녀의 거처에 설치된 난방기에는 자동 온도 조절 장치가 없었다. 켜면 너무나 뜨거웠고 끄면 너무나 추웠다. 급히 홍콩으로 사람을 보내 좀 더 세련된 난방기를 사 왔고 그제야 장칭은 잠시 만족감을 느꼈다. 하지만 이 나무로 우거진 조용한 언덕에 자리 잡은 초대소에는 샤워 시설이 없었다. 간호사들은 목욕통에 뜨거운 물을 채운 다음 그 물을 장칭에게 뿌려주었다. 하지만 장칭은 처음 물은 뜨겁지만 뒤의 물은 차갑다고 불평했다. 감기에라도 걸리라고 일부러 그러냐고 호통을 쳤다. 난닝 시 당국은 다시 한 번 홍콩으로 사람을 보내 이동 설치가 가능한 샤워 기구를 사 왔다. 하지만 그 기구를 설치할 수가 없었다. 설치 작업을 하려면 하루 동안 장칭이 다른 호텔로 거처를 옮겨야 하는데 장칭이 그러고 싶지 않다고 말했기 때문이다.

이 모든 작업을 지휘하던 마오의 주치의가 화가 나서 마오를 찾아갔다. "장칭은 종이 호랑이야. 그냥 잠시 참고 있어봐." 마오가 의사에게 말했다. 하지만 이번에는 장칭이 마오에게 찾아왔다. 의료진과 그밖에 다른 일들에 대해 불평하려고 온 것이다. 마오는 다른 식으로 대답했다. 간호사들에 관해 마오가 장칭에게 말하는 것을 어느 경호원이 들었다고 한다. "이 사람들은 봉급을 위해 일하는 것뿐이야. 봉사 정신이라고는 없지."

또 이런 일도 있었다. 마오의 주치의는 장칭에게 의료진이 아무런 영향력을 행사하지 못한다는 점을 말하려고 용기를 내어 마오에게 갔다. "장칭 동지는 의료진 누구의 말도 듣지 않습니다. 도대체 어떻게 해야 할지 모르겠습니다." 마오는 동의하지 않았다. "장칭은 당의 명령은 들어." 이 말은 마오 자신의 명령은 듣는다는 이야기였다. "하지만 그녀가 진짜로 걱정하는 것은, 언젠가 내가 그녀를 필요로 하지 않을지도 모른다는 거지." 그제야 주치의의 머릿속에 한 가지 생각이 떠올랐다. 장칭이 우려하는 것은 마오가 간호사들에게 매력을 느낀다는 사실이었다. 실제로 장칭은 의사에게 남편을 두고 이렇게 말한 적이 있었다. "남편은 애정 생활에 있어서는 정말 제멋대로예요. 그의 육체적 쾌락은 그의 정신적 활동과 전혀 관련이 없는데, 기꺼이 그의 제물이 되어줄 여자는 항상 있거든요. 무슨 말인지 알겠어요? 당신은 이 어린 간호사들에게 도덕에 관해서 무엇인가를 좀 가르쳐주어야만 해요."

극적인 순간은 마오가 예순다섯 살 생일을 광둥에서 보낼 때 찾아왔다. 한밤중에 장칭은 잠에서 깨어 두 번째 수면제를 먹어야겠다고 마음먹었다. 그런데 가까이 있어야 할 간호사가 대답이 없었다. 장칭은 간호사를 찾아 나섰고 결국 마오의 침대 속에서 찾아냈다.[85] 호위병 리인차오의 말에 따르면 이때 장칭은 마오에게 크게 화를 냈다고 한다. 그녀는 마오의 잘못된 행동을 줄줄이 늘어놓으며 그를 비난했다. 마오는 한밤중에 거처를 나와 베이징으로 떠나버렸고 장칭 혼자 광둥에 남아 화를 낼 뿐이었다. 하지만 얼마 지나지 않아 장칭은 마오에게 사과의 편지를 썼다. 편지에서 그녀는 《서유기》에 나오는 한 구절을 인용했다. 삼장법사는 불경을 구하러 인도로 떠나면서 손오공을 수렴동에 가두어버린다. 손오공은 몹시 슬퍼한다. 하지만 손오공은 법사에게 이렇게 말한다. "비록 제 몸은 수렴동에 갇혀 있으나 제 마음은 법사님을 따라갑니다." 장칭은 바로 이 구절을 인용했다. 마오는 흡족하게 생각했다. 자신이 짊어진 거대한 소명으로 인해 자신이 사생활에서 완전히 마음 내키는 대로 행동할 권리가 있다는 점을 마침내 아내가 받아들인 것 같다고 느꼈던 것이다.

장칭은 이제 삶의 목적을 잃고 완전히 끝난 여인처럼 보였다. 하지만 1960년대에 들어설 때 장칭은 다른 사람들이 아무리 아니라고 해도 자신에게 숭고한 운명이 기다리고 있다고 믿고 있었다. 드디어 조짐이 보이기 시작했다. 마오가 정치적 난관에 빠진 것이다. 소아마비로 몸이 성치 못하게 된 프랭클린 루스벨트가 부인 엘리너 루스벨트에게 과거 어느 때보다 더 의지하게 된 것과 마찬가지로, 마오는 과연 실망한 아내를 다시 한 번 돌아보게 될까? 억눌러서 제대로 발휘되지 못한 장칭의 재능이 마오에게 필요하지는 않을까?

5장

문화혁명의 주역

—

1959~1969

1960년 중국-소련 분열. 소련공산당 서기장 흐루쇼프가 수정주의와 평화 공존 노선을 채택하면서 세계 혁명 노선을 견지하는 중국과 이념적으로 대립하게 됨.

1962년 중국-인도 국경 분쟁이 벌어짐.

9월 인도네시아 수카르노 대통령 부인이 중국을 방문함.

1964년 장칭이 주도하여 경극 개혁 시작.

1965년 11월 〈해서파관〉을 비판하는 글이 〈문회보〉에 실리면서 문화혁명이 촉발됨.

1966년 5월 베이징 칭화대학 부속 중학교에서 최초로 홍위병이 조직됨. 중등학교 및 대학에서 만들어진 홍위병 집단은 마오쩌둥에게 충성을 맹세하고 반봉건, 반자본주의를 부르짖으면서 문화혁명의 전위 부대로 활동했다.

5월 문화혁명을 이끌 조직으로 중앙문화혁명소조가 만들어지고 장칭이 부조장에 임명됨.

8월 중국공산당 중앙위원회에서 마오쩌둥이 '프롤레타리아 문화대혁명에 관한 결정안 16개조'를 발표하여 문화혁명이 공식적으로 시작됨.

1967년 2월 상하이 인민공사(상하이 코뮌)가 수립되었으나 마오쩌둥의 반대로 곧 무너짐.

여름 중국 전역에서 홍위병과 보수 단체, 홍위병 집단 간의 대규모 무력 충돌 발생.

홍위병 내부의 무력 충돌이 격화되자 마오쩌둥은 인민해방군을 투입해 홍위병을 통제하려 함.

1968년 10월 중국공산당에서 류사오치 제명. 마오쩌둥의 후계자로 공인되었던 류사오치 국가주석은 문화혁명 과정에서 '주자파(走資派)', 반(反)마오쩌둥 세력의 수장으로 비판을 받아 실각했다. 이후 린뱌오가 마오쩌둥의 후계자로 결정됨.

1969년 4월 제9차 당 대회에서 여성 최초로 장칭이 공산당 정치국 위원에 선출됨.

나는 의사입니다. 간호사가 아니에요.
- 장칭

난감해하던 저우언라이에게 갑자기 좋은 생각이 떠올랐다.[1] 1957년
장칭이 모스크바의 어느 병원에 있을 때 일이다. 저우언라이는 일단 장
칭의 병실에서 나와, 미리 예정되어 있던 흐루쇼프와의 회담을 마친 뒤,
유명한 경극 가수 청옌추(程硯秋, 1904~1958)와 함께 다시 장칭이 있
는 병원에 갔다. 청옌추는 문화 사절단의 일원으로 마침 모스크바에
와 있었다. 의사들은 포기할지 몰라도 중국 총리는 포기를 몰랐다. 그
는 침착하게 생각하기만 하면 어떤 문제든 해결책이 있다고 믿었고, 톈
진에 있을 때 아마추어 극단에서 여성 배역을 맡아 공연한 경력까지 있
었다. 장칭이 병을 잊고 신경을 다른 데로 돌리게 하려고 저우언라이는
병실에서 직접 문화 행사를 하기로 결정했다! 장칭은 초록색 환자복을
입고 침대에 누워, 놀라운 재능을 지닌 청옌추가 무언극과 경극 아리아
를 연기하는 것을 즐길 수 있었다. 저우언라이는 곁에서 계속 익살스러
운 농담을 하며 밤늦게까지 같이 있어주었다. 장칭은 기분이 무척 좋아
졌다.

2년 뒤인 1959년에도 비슷한 상황이 벌어졌다. 마치 신들이 모두 단
합하여 무슨 장난이라도 치려 하는 것처럼, 상하이 의사들이 "신체적 고
통으로부터 신경을 다른 데로 돌리기 위해…… 장칭에게 공연을 몇 개
보도록 권고"했던 것이다.[2] 장칭은 의사의 권고를 따랐다. 침술 시술,

태극권 운동, 당구, 매일 탁구 20분, 매일 수영 150미터의 프로그램을 따르며 병과 싸우던 장칭은 이제 연극, 경극, 영화를 검토하고 관람하는 것도 치료 프로그램에 넣었다.

장칭이 받은 코발트 60 방사선 치료는 매우 성공적이었다. 그러나 장칭이 건강을 회복한 또 다른 요인은 60대에 들어선 남편이 40대의 아내에게 최근 새로운 애정을 품게 되었다는 사실이었다. 장칭은 침대 곁에 사진 한 장을 고이 놓아 두었다. 이 사진은 그녀가 장시성 루산의 선인동굴(仙人洞)을 찍은 것인데 사진 뒷면에는 마오가 지은 뜨거운 사랑의 시가 쓰여 있었다. 그녀가 이 사진을 찍은 것은 1959년인데, 당시 마오는 루산에서 대약진운동의 실패를 두고 국방부장 펑더화이와 논쟁을 벌였고 장칭은 남편을 위해 그리로 달려갔었다. 남편과 아내의 사이가 다시 가까워진 1961년의 어느 날 저녁, 다시 한 번 장칭과 함께 루산을 찾은 마오는 붓을 꺼내 시를 한 편 썼다. 루산을 노래한 시였지만 장칭을 염두에 두고 쓴 내용이기도 했다.

> 붉은 황혼은 넓고도 아득한데 문득 보니 강건한 소나무가 서 있고
> (暮色蒼茫看勁松)
> 험악한 구름은 날고 달리면서 여전히 나그네의 뒤를 쫓는구나
> (戰雲飛渡仍從客)
> 하늘은 신선의 동굴을 하나 내었으니(天生一個仙人洞)
> 험한 봉우리 위에는 끝없는 아름다움이 있네(無限風光在險峰)

마오는 이 시를 손수 장칭의 사진 뒤에 베껴 적은 다음 그 아래 장칭이 가끔 쓰던 필명인 '리진(李進)'에게 바친다고 썼다. 자세하게 따지자면 이 사진은 선인동굴'을' 찍은 것이 아니라 우아한 자태의 어비정(御碑亭)이 자리 잡고 있는 금수봉(錦繡峰)을 선인동굴'에서' 찍은 것이지만 그런 사항은 별로 중요하지 않다. 중요한 것은 장칭에 대한 마오의 사

랑이 되살아났다는 사실이었다. 많은 중국인들은 이 시에서 동굴이 장칭에 대한 성애(性愛)를 은유적으로 표현한 것이라고 해석한다.[3] 드디어 10년 동안의 무관심이 끝난 것이다. 그러나 바로 이 루산 체류 기간 동안, 마오는 밤이 되면 다른 젊은 여성들과 어울렸으며 전 부인 허쯔전의 방문을 받아들였다.[4] 이 방문은 짧고 슬픈 만남이었다. 허쯔전은 정신적으로 온전하지 못했다. 마오는 그녀를 친절하고 부드럽게 대했다. 마오는 허쯔전에게 저녁 식사를 같이 하자고 했지만 그녀는 이를 거절하고 자리를 떠났다. 마오는 한참을 아무 말도 않고 앉아서 담배를 연이어 몇 대 피웠다. 이윽고 그가 입을 열어 이렇게 몇 마디 중얼거렸다. "정말 늙어버렸군. 게다가 저렇게 많이 아프고."

1960년대에 장칭이 놀랍도록 빨리 건강을 회복한 원인은 무엇보다도 질병과 우울의 구렁텅이에서 헤어나야겠다는 강한 의지력이었다. 40대 후반의 여성이 자궁경부암과 간 질환 같은 여러 병들을 이겨내고 새롭게 인생을 시작하는 데는 대단한 노력이 필요했다.

"나는 의사입니다. 간호사가 아니에요."[5] 장칭은 어느 연극 단체에 예술적 질병을 치유해줄 쓴 약을 처방하면서 당당하게 말했다. 이것이 장칭의 본모습이다! 산둥성의 어린 여학생 시절, 남자가 할 수 있는 일이라면 당연히 여자도 할 수 있다고 말하던 윈허의 모습이다. 탕나와 헤어지면서 한때 자신의 연인이었다고 말하려면 남자로서 어떤 점을 개선해야 하는지 조목조목 일러주던 란핑의 모습이다. 〈우리의 삶〉이란 글에서 여배우는 '인형'이 아니며 극작가나 감독과 완전히 동등한 사람이라고 말하던 란핑의 모습이다. 옌안에 와서 마오와 같은 수준에 올라왔다고 자신하면서 마오를 붙잡겠다고 결심한 란핑의 모습이다. ('붙잡은 것'이 아니고 '속아서 넘어오게 한 것'이라고 딩링은 내게 말했다.)

그런 담대함이 없었다면, 그런 엄청난 자신감이 없었다면, 자기 자신을 절대 비참하게 느끼지 않는 강한 정신력이 없었다면, 1950년대 내내 침체에 빠져 있던 장칭이 이렇게 다시 일어설 수는 없었을 것이다.

정치 무대에 서다

1962년 9월 인도네시아 수카르노 대통령 부인이 베이징에 왔다. 중국은 당시 인도네시아를 마오쩌둥의 공산주의 혁명을 충실히 따르는 국가로 만들려는 의도로 수카르노 부인을 초청했다. 중국공산당의 접대 관련 부처는 연회와 다과회와 현장 방문을 열심히 연출했고 모든 행사는 관영 언론에 보도되었다. 당시 마오와 사실상 동등한 지위였던 류사오치가 이런 행사의 전면에 등장한 것은 자연스러운 일이었지만, 류사오치의 매력적인 부인까지 크게 부각된 것은 사람들의 혓바닥을 간질간질하게 했다. 글 한 줄, 사진 한 장마다 정치적 의도가 담겨 있으며 정보 전달은 다음 순위였던 〈인민일보〉에는 9월 24일 류사오치와 왕광메이, 수카르노 부인이 이야기를 나누는 사진이 실렸다. 다음 날은 왕광메이와 수카르노 부인 둘이 찍은 사진이 1면에 실렸다. 다음 날도, 그 다음 날도 몇 번이나 두 부인이 나란히 찍은 사진이 등장했다.

장칭으로서는 도저히 참을 수 없는 일이었다. 적에 해당하는 중국어 단어는 '처우자(仇家)'다. 글자 뜻만 따지면 '증오하는 가정' 혹은 '증오하는 가족'이 된다. 중국 정치에서는 가문 간의 원한을 가장 크게 받아들인다. 장칭이 자신에게 없는 것을 다 가진 왕광메이를 시기하는 마음은 마오쩌둥이 류사오치에게 품은 경쟁심과 들어맞았고, 그래서 장칭은 남편의 지지를 쉽게 얻어낼 수 있었다. 닷새 뒤 〈인민일보〉 1면에는 마오쩌둥과 장칭이 수카르노 부인과 나란히 찍은 사진이 실렸으며, 2면, 즉 분명한 아랫자리에 류사오치와 왕광메이가 수카르노 부인과 찍은 더 작은 사진이 실렸다.[6]

수카르노 부인은 왜 자신이 중국 신문에 역사상 가장 많은 사진이 실린 여성이 되었는지 궁금할지도 모르겠다. 하지만 〈인민일보〉 독자들은 이 외국 여성이 누군지 별다른 관심이 없었다. 다만 높은 지위에 있는 두 중국 여성의 경쟁 관계에 지대한 관심을 보였고 자기들이 그 모습을 볼 수 있는 특별한 신문을 손에 쥐고 있다는 사실을 금세 알아차렸

(오른쪽부터) 국가주석 류사오치의 부인 왕광메이, 수카르노 대통령 부인, 주더, 류사오치, 마오쩌둥. 수카르노 대통령 부인이 베이징에 왔을 때 신문에 처음으로 실린 사진은 장칭과 함께 찍은 사진이 아니라 류사오치 부부와 함께 찍은 사진이었다.

다. 장칭의 사진이 〈인민일보〉에 실린 것은 이때가 처음이었다. 이전 7년 동안은 장칭의 이름조차 신문에 거의 언급되지 않았다. 중화인민공화국 역사에서 마오와 장칭이 나란히 찍은 사진이 공식적으로 일반에게 공개된 것 자체가 처음이었다. 마오쩌둥은 류사오치와 왕광메이에게 강력한 반응을 보였으며, 덕분에 장칭은 자신의 존재가 이제 완전히 공식적으로 알려지는 새로운 국면을 맞이한 것이다.

　서방에서는 정치 지도자의 배우자가 국가의 정치 권력 구도를 움직이는 주된 요인이 되는 일은 드물다. 정치 지도자는 선거로 선출되고 지도자의 아내나 남편은 선거를 거치지 않으므로, 그 사람이 무엇을 하든 별 관심을 불러일으키지 않는 것이다. 미국의 경우 대통령이 중병에 걸렸을 때에야 배우자가 권력의 전면에 등장할 수 있을 것이다. 하지만 중국은 여전히 봉건적 의식이 강하기 때문에 최고 지도자의 건강과 상관없이 배우자가 정치에 나서는 경우가 종종 있다. 미국에서는 이를테면 카

1962년 9월, 마오쩌둥과 장칭이 베이징을 방문한 인도네시아 수카르노 대통령의 부인과 인사를 나누고 있다. 이때 처음으로 장칭의 얼굴이 〈인민일보〉를 통해 대중에게 공개되었다.

터 대통령이 심하게 아프지만 대통령직을 수행할 수 없을 정도는 아닐 때 부인 로잘린 카터가 어느 정도 힘을 얻을 수도 있을 것이다. 프랭클린 루스벨트 대통령이 소아마비 증세로 고생하자 부인 엘리너 루스벨트가 대중에게 드러나지 않는 소극적 자세에서 벗어나, 직접적으로 권력을 양도받지는 않았어도 정치와 사회에 상당한 영향력을 행사하는 위치에 오른 예도 있다.

장칭에게는 엘리너 루스벨트와 마찬가지로 남편의 곤경이 좋은 기회가 되었다. 오랫동안 중요하게 여겨지지 않던 정치가의 아내가, 남편이 그녀가 지닌 숨겨진 능력을 필요로 함으로써—마오의 경우 의학적 이유가 아니라 정치적 이유로—순식간에 부각된 것이다. 엘리너 루스벨트와 마찬가지로 장칭 역시 나름대로 고난의 길을 걸어왔으며, 과거를 설욕하려는 의지가 강했기에 기회만 있으면 힘주어 움켜쥘 준비가 되어 있었다.

중국 정치는 80퍼센트가 비밀 공작이고 나머지 20퍼센트가 프로파간다, 즉 선전이다. 이런 정치 체제에서 장칭이 최고 지도자의 아내이며 그 최고 지도자가 곤경에 빠져 아내의 도움을 요청하고 있다면, 장칭은 이제 당연히 한 사람의 정치인이 되어야 한다. 영웅이 되기를 바랐으며 누군가를 숭배하고 누군가에게 숭배받기를 바랐던 장칭은 이제 영웅으로 대접받든지 아니면 악당으로 낙인찍힐 운명의 길로 접어든 것이다.

그렇다고 중국 최고 지도자의 아내라면 꼭 1960년대의 장칭처럼 적극적으로 행동했을 것이라는 의미는 아니다. 장칭은 특별한 능력의 소유자인 동시에 특별한 단점의 소유자였다. 얌전하면서도 고집이 셌고 거칠면서도 약삭빨랐다. 저우언라이의 아내 덩잉차오에게 남편이든 방문객이든 누군가가 무슨 제안을 내놓으면, 덩잉차오는 확실한 대답을 하는 경우도 있지만 그렇지 않은 경우도 있었다. 하지만 장칭에게서는 언제나 확실한 대답을 기대해도 좋았다. 장칭은 그 제안을 받아들이거나 비판했을 것이다. 장칭은 자신의 생각을 즉시 분명하게 말하는 사람이었다. 덩잉차오를 방문한 사람은 떠나면서 대부분 "저 부인은 좋은 사람이네."라고 중얼거릴 법하다. 하지만 장칭을 방문한 사람에게서는 그런 말이 좀처럼 나오기 어려웠다. 그러나 장칭은 누가 보더라도 "무엇인가 있는 여자"였다. 장칭은 싸울 수 있는 사람이었다. 때가 되면 자기 의견을 온 세상이 볼 수 있도록 큰 글씨로 하늘에 써놓을 사람이었다.

대약진운동이 실패로 끝난 뒤 마오쩌둥은 류사오치, 덩샤오핑처럼 정치에서는 질서가, 경제에서는 결과가 중요하다고 믿는 사람들과 권력을 나누어야 했다. "그들은 나를 마치 죽은 조상처럼 대했습니다."[7] 규칙을 지키는 것을 최우선으로 여기는 그들에게 마오는 불만을 터뜨렸다.

1960년대 초반에는 일종의 세력 균형이 이루어졌다. 마오쩌둥은 장칭 등 새롭게 등장한 인물들을 모아 최측근 그룹을 만들었고 극좌 사상을 발전시켰다. 계급 투쟁이 점점 더 치열해지고 있고, 예술에 이념 성향이 풍부해지도록 개혁해야 하며, 공산주의 정치 체제가 들어선 것으로 모든 목적을 달성했다고 보는 관료주의에 반대한다는 마오의 사상은 결국 류사오치와 덩샤오핑으로 대표되는 기존 국가 관료 세력에 도전하는 입장을 취하고 있었다. 최측근 그룹은 국가라는 거대한 배를 지휘하는 자리에는 몇 사람 들어가지 못했지만 배의 갑판 아랫부분, 특히 비좁고 답답한 선실 안에서는 활발하게 움직였다.

마오쩌둥의 극좌 사상을 류사오치와 덩샤오핑은 이해할 수 없었지만, 사상이 그저 사상 차원으로 남아 있는 한은 크게 문제 삼지 않겠다는 입장이었다. 한편 장칭은 마오의 사상에 크게 고무되었다. 이 사상은 전통 파괴적인, 즉 기존 예술 관념을 적대시하는 경향을 품고 있었으며 이는 장칭에게 너무나 매력적이었다. 문화 정책 부문에서 권력을 잡으려면 저우양 같은 기존 관료들을 물리쳐야 한다는 것을 알고 있었기 때문이다.

마오는 이제 예순여섯 살이었고 폐를 앓고 있었다. "우리 의사들이 내가 얼마나 더 살지 알 수 없다고 하는군요."[8] 알제리에서 온 사람들에게 마오는 그렇게 말했다. "각자 후계자 준비를 해야 합니다."[9] 마오는 일단의 군 장교들에게 밝힌 대로 후계자를 정하는 데 몰두하게 된다. 또 이제 생이 얼마 남지 않았다는 생각에 좀 더 전통적인 것에 마음을 연다. 불교에 관심을 보이기도 했고, 봉건 시대 통치자들이 그랬던 것처럼 부인의 도움이 약화되는 권위를 받쳐주거나 더 오래 지속시켜주기를 바랐다.

마오가 대단히 좋아하던 소설 《삼국지연의》를 보면 반은 영웅, 반은 악당인 대단한 인물 조조가 동료에게 이렇게 외치는 장면이 나온다. "이 세상에 영웅이라고는 그대와 나 둘뿐이구려!" 성인이 된 뒤 50년 동안 온갖 어려움과 싸우며 자신의 삶을 영웅적 투쟁으로 인식했던 마오는, 다시 한 번 곤경에 빠지자 바로 아내에게서(때로는 아내의 의지가 너무 강해서 짜증이 나기도 했지만) 동지로서 같이 싸울 수 있는 영웅을 발견한 것이다.

마오는 장칭의 한계를 잘 알았다. 장칭은 불 붙이기는 잘하지만 한번 붙은 큰 불을 관리할 능력은 없었으며, 더군다나 그 큰 불을 끌 줄은 더더욱 몰랐다. 높은 성에 올라가 총을 쏠 줄은 알았지만, 전쟁터에서 군사들을 어떻게 다루어야 할지는 몰랐다. 하지만 상관없었다. 문화혁명은 주로 불을 붙이고 총을 쏘는 활동이었기 때문이다.

장칭과 마오는 둘 다 류사오치와 덩샤오핑을 쓰러뜨리고 공산주의 가치관을 정화하는 싸움에서 군대가 가장 중요한 동맹 세력이라고 보았다. 국방부장 린뱌오는 몸이 약했으며 목소리가 카랑카랑하고 대머리를 감추기 위해 항상 모자를 썼다. 그는 마오에게 자발적으로 절대 충성했다. 소신을 내세웠던 전임 국방부장 펑더화이가 어떻게 되었는지 보고 교훈을 얻은 것이다. 마오는 류사오치를 제치고 린뱌오를 2인자이자 후계자로 내세우기 시작했다. 당과 국가 관료 집단은 마오를 마치 '죽은 조상'처럼 취급했지만 군은 마치 살아 있는 카이사르처럼 대접했다. 국방부장 린뱌오는 군이 '마오쩌둥 사상의 큰 학교(毛澤東思想大學校)' 역할을 하도록 지시했다. 이에 호응하듯 마오는 중국 전체가 '인민해방군으로부터 배우자(全國學習人民解放軍)'는 운동을 시작했다.

1961년 여름 장칭은 광둥에 있는 군 부대에 시찰을 나갔는데, 마오와 린뱌오에게 지극히 충성하는 전통을 자랑하는 부대였다.[10] 장칭의 기록에 따르면 제1호위중대는 돈을 아끼려고 채소를 직접 재배하고 있었고, 병사들은 침구를 말끔하게 정돈하고 모기장도 단정하게 개어놓았으며, 200미터만 가면 전기 머리 건조기가 있는 이발소가 있었지만 머리를 서로 깎아주고 있었다. 장칭은 이 부대 이야기를 〈중국청년보(中國靑年報)〉에 실었다. 이 부대원들이 "마오 주석의 가르침"을 따르기에 진정한 "인민의 아들들"이라는 것이었다. 병사들이 이렇게 절약하는 생활을 하는 것은 마오 주석의 가르침을 배워 마음속에서 감동이 우러나서라기보다는 객관적 필요에 따른 행동이었을 수 있다. 여하튼 장칭은 병사들의 검소한 생활과 자신의 호화로운 생활 사이에 엄청난 격차가 있다는 것은 전혀 개의치 않았다. 장칭의 주된 관심사는 자기 자신의 표현이었다. 권력을 휘두름으로써 자신의 중요성이 드러나게 될 터였다. 마오를 찬양하고 마오의 충복인 린뱌오를 칭송하는 것은 그러기 위한 수단에 불과했다.

장칭은 기회를 잡는 데 이번에는 세 가지 전술을 사용했다. 우선 장칭은 마오의 기분을 띄웠고 비위를 맞췄다. 건강이 점차 좋아지자 장칭은 서류와 출판물을 검토해서 마오에게 보여줄 것을 골라냈으며 사건이나 의견에서 마오에게 비판적인 측면과 우호적인 측면을 짚어주었다. 장칭은 마오가 주위에서 벌어지는 상황에 분노하도록 유도했고, 그 분노가 단순히 사상 차원이 아니라 개인적 차원이 되도록 부추겼다.

"나는 큰 대포 쏘기를 좋아해요."[11] 장칭은 이렇게 말한 적이 있다. 아마 이 말을 할 때 얼굴에는 미소가 떠올랐을 것이다. "아, 내 손에 푸줏간의 큰 칼만 있다면!"[12]이라고 장칭은 경극의 한 구절을 외치기를 좋아했다. 바로 이런 전투적 태도에 근거하여 두 번째 전술이 나왔다. 장칭은 모든 상황을 양극단으로 몰고 갔다. 마오에게도 이와 유사한 성질이 있었다. 그의 유명한 모순론을 예로 들 수 있다. 장칭은 극장 안내원이 관객들을 객석에 안내하듯이 성급하게 사람들을 좌와 우로 나누었다. 장칭은 소외된 젊은 대중을 이러한 대립 상황 연출의 최선봉으로 삼았다.

의견 대립의 무대가 펼쳐지면, 더 바람직하게는 싸움의 무대가 펼쳐지면 장칭은 세 번째 전술을 사용했다. 자신을 '마오쩌둥 사상'이라는 깃발로 감싸고 정치인과 문화계 인사의 절반은 '반마오'적이기 때문에 암흑을 대표하는 세력이라고 선언하는 것이다. 마오의 이름, 혁명의 이름, 중국 민족주의나 여성 인권 같은 이름을 걸고 장칭은 이들 암흑 세력을 파괴하는 싸움에 나섰다. 이 싸움에 장칭은 젊고 야심 있고 아첨할 줄 아는 지식인 무리를 끌어들였다.

공적 역할이 늘어나면서 장칭은 어떤 옷을 입어야 좋을지 고민하기 시작했다. 쑨원의 미망인 쑹칭링처럼 중년층을 대표하는 여성은 1949년 중국 통일 이전의 우아한 비단 드레스를 입을 수 있었다. 하지만 장칭은 박물관 유품같이 보이고 싶지 않았다. 군사 지도자 주더의 부인 캉커칭은 '산속의 보아디케아'라는 별명에 걸맞게 군화와 남자 모자를 썼다. 하지만 장칭이 생각하는 자립 개념에 남자처럼 꾸미기는 포함되지 않았다. 물론 장칭은 남자들의 영역인 정치에 들어가려 하고 있었지만 그렇다고 해서 자신의 여성적 특성을 없애고 싶지는 않았다. 여성 혁명가의 전형이었던 저우언라이 부인 덩잉차오는 밋밋한 군복 상의를 입었는데, 이 복장은 완벽한 무개성의 전형이었다. 장칭은 덩잉차오처럼 군중 속에 파묻혀버리기 싫었다. 장칭은 주목받고 싶었다. 미국에 사는 여성 예술인이라면 프릴 장식이 화려하게 달린 드레스를 입고 모자를 쓰겠지만, 장칭은 지나치게 여성적으로 보이고 싶지도 않았다. 노리개처럼 보이는 차림새는 장칭이 품은 권력을 향한 야망과 어울리지 않았다. 결국 장칭은 극히 권위 있어 보이면서도 목 부분에 약간 색감이 들어간 양복을 입고 머리 모양은 최대한 아름답게 하기로 결정했다.

망치를 든 파괴자

경극은 과거부터 전해 오는 도덕적 설화를 줄거리로 삼으며 선한 영웅은 멋진 모습으로, 악당은 흉측한 모습으로 묘사한다. 경극은 이념적 독재를 구축하는 과정에서 중요한 도구가 될 잠재력이 있었다. 장칭은 마오주의적 경극을 권력 상승의 도구로 포착했다. 100년 전의 서태후를 포함한 많은 역사상의 중국 정치 지도자들과 마찬가지로, 예술을 후원하는 행동을 통해 권위를 과시하려고 한 것이다. 결국 경극이 장칭에게는 정치적 경력을 쌓는 도약대가 되었다. 마치 윈스턴 처칠 영국 총리가 제2차 세계대전 발발의 덕을 보았고, 로널드 레이건 미국 대통령이 대규모 군비 증강을 내세워 정치적으로 발돋움했고, 빌 클린턴 미국 대통령이 의료 개혁 공약에 힘입어 당선된 것과 유사한 상황이었다.

1962년 마오쩌둥은 계급 투쟁을 부활시켜야 한다고 호소했는데, 이것이 바로 장칭의 출발점이 되었다. (장칭에게 계급 투쟁의 부활이란 곧 양

극화하는 것이며 싸우는 것이었다.) 마오쩌둥은 또 인민의 머릿속에 든 생각이 정치 권력의 열쇠라고 주장했다. 이는 마르크스주의라기보다 유교에 가까운 주장이었다. 이러한 마오의 주장은 훈계하기를 좋아하는 장칭의 성향에 힘을 실어주었고 장칭은 대본과 악보를 자기 뜻대로 "한층 더 번쩍이도록" 했다. 마오의 주장은 또한 배우들을 중고등학교 학생 다루듯 이리저리 지휘하고 싶어 하는 장칭의 오만한 성격과도 들어맞았다. 게다가 장칭에게는 확신이 있었다. 공연 예술은 반드시 사회주의 세계관에 맞추어 완전히 새로운 모습으로 바뀌어야 한다고 진정으로 믿었던 것이다.

"혁명적으로 만들든지 아니면 금지하라!" 이것은 장칭의 내면 심리와 딱 맞는 구호였다. 예술의 정치화를 소박한 과거의 덕성을 회복하는 작업으로 규정함으로써 이 구호는 마오를 정치적으로 도와주었다. 중국인은 모든 일은 과거에 일어난 적이 있다고, 도덕적으로 행동하려면 과거에 행해진 적이 있는 합당한 행동을 그대로 따르면 된다고 믿는 경향이 있다. 장칭과 마오가 이제부터 주장할 바는, 중국의 무대 예술인이 과거에 대한 작품을 만들 때는 당연히 장칭과 마오가 규정하는 과거, 즉 1920년대 이후 단 수십 년간의 영웅적 시기만을 전범으로 삼아야한다는 것이었다. 1920년대 이전 과거는 '왕, 황제, 귀족'의 시대였으므로 새로운 중국의 인민과는 상관이 없었다. '마오 왕조'의 입장에서 아무런 정치적 가치가 없다는 이야기였는지도 모르겠다.

장칭이 맨 처음 시작한 일은 1962년과 1963년에 걸쳐 약 1천 편의 영화와 연극 작품을 검토하는 작업이었다.[13] 작업은 대부분 상하이에서 진행했으며, 장칭은 상하이 시장과 매우 가까운 연결고리를 만들었다. 커칭스 시장은 진지한 노동 계급 출신 좌익분자였다. 그는 예술에는 별다른 관심이 없었지만 마오를 매우 존경했으며 마오와 장칭의 결혼을 지지한 몇 안 되는 지도자였다.*[14] 커칭스는 장칭에게 극진한 충성심을 보였다.[15]

상하이에서 연극이 하나 상연되었는데, 이는 마오가 1957년에 전 부인인 양카이후이를 추억하며 쓴 시를 토대로 만든 소품이었다.[16] 이 시는 "나의 자랑스러운 포플러나무를 잃었다……."는 구절로 유명했다. 이 연극은 몇 차례만 공연한 뒤 무대에서 내려졌다. 상하이 연극 애호가들은 어리둥절했다. 커칭스 시장이 장칭의 요청으로 공연 금지 결정을 내린 것이었다. 장칭은 양카이후이를 칭송하는 것을 참을 수 없는 모욕으로 받아들였다.

커칭스 시장이 장칭을 "우리의 손님이신 귀부인"으로 접대하며 이전 프랑스 조계 건물의 모든 편의 시설을 맘껏 이용하게 하던 상하이에서 장칭은 베이징 관료의 눈길에서 벗어나 좌익주의 분위기 속에서 자유를 누렸다. 상하이의 좌익주의는 베이징을 경쟁 상대로 의식하는 데서 생겨난 부산물이자, 과거 '죄악의 도시' 혹은 '동양의 파리'라는 별명이 말해주듯 상하이가 한때 제국주의 침탈의 본거지였다는 부끄러움을 보상하려는 반작용이기도 했다.

장칭은 상하이에서 두 명의 이론가를 등용했는데, 이들 세 사람은 1960년대 초 '암탉 한 마리와 병아리 두 마리'라는 별명의 연합을 형성하여 향후 10년 동안 중국 정치의 골간을 이루게 된다. 장춘차오(張春橋)는 장칭과 마찬가지로 산둥성 출신이며 1930년대 신문 〈대만보〉 편집자 추이완추와 한때 동료였다. 장춘차오는 추이완추와 어울리던 시절 장칭과 알게 되었다. 장춘차오는 능력 있는 인물이었으며 1960년 초 당시 이미 상하이 시 당위원회에서 높은 지위를 차지하고 있었다. 야오원위안(姚文元)의 아버지는 기업가이자 작가였으며 1930년대 장칭과 서로 알았던 사람이다. 야오원위안은 장춘차오보다 나이도 어리고 능력이 떨

---

* 커칭스는 상하이 당 관료들에게 마오쩌둥의 책은 세 부 지니고 있어야 한다고 말했다. 하나는 침대 옆에, 하나는 집무실에, 나머지 하나는 옷 주머니 속에! 게다가 이 말을 한 것은 문화혁명 이전이었다. 그런 말을 하면서도 커칭스는 장칭과 함께 항저우에 은밀히 여행하여 호수 주변의 비밀스런 장소에서 열리는 무도회에 참가하는 행동은 그만두지 않았다.

장칭과 장춘차오. 1960년대에 들어와 장칭은 정치 전면에 나선다. 마오쩌둥의 생각을 읽고 반자본주의, 반수정주의 극좌 개혁을 추진하는 과정에서 장칭은 상하이에서 동료들을 찾았는데, 장춘차오는 그중 한 명이었다.

어졌으나 능숙한 글솜씨를 자랑했다. 곧 그는 장칭을 마치 시종이 황제를 모시듯 받들게 된다. 두 사람이 장칭에게 충성을 다한 까닭은, 첫째로 장칭 개인의 매력, 둘째로 장칭의 좌익 예술관, 셋째로 장칭이 마오와 가장 가까운 거리에 있는 사람이라는 점 때문이었다.[17]

　장칭이 지위가 급속하게 상승하는 과정에서 젊은 지식인들을 부하로 두어 활용한 전략은 중국의 궁정 정치사에 전례가 있으며, 미국에서 벌어진 매카시의 마녀 사냥에서 나타났던 공포의 연쇄 작용과 비슷한 면도 있다. 일은 다음과 같은 식으로 진행된다. 별로 유명하지 않은 기자나 학자 한 명이 기존 해석과는 상당히 다른 시각으로 어떤 책이나 역사적 사건을 논한다. 독자들은 중국 정치에서 이런 특이한 현상이 생기면 반드시 그 뒤에는 어떤 정치적 사연이 있다는 것을 알고 있고, 따라서 이 글의 작가가 혼자서 행동하는 게 아니라 어떤 거물 정치인을 대신해서 글을 썼다고 짐작하게 된다. 그 정치인은 누구인가? 그 정치인의 저의는 무엇인가? 공포 분위기가 확 퍼진다. 작가의 '배경'이 무엇인지 모두들 조사를 시작한다. 결국 정치적 난투가 벌어지는데, 바로 이것이 애당초 의도하던 바다. 장칭은 이런 전술에 능숙했으며, 마오의 아내라는 점 덕분에 새로운 사람들을 끌어모아 정치적 적수들을 위협할 수 있었다.

1963년 5월의 어느 날 상하이의 신문 〈문회보(文匯報)〉를 읽던 독자들은 어느 연극을 극렬하게 비판한 글을 발견한다. 톈한이 만든 연극이었는데, 그때까지는 칭송의 대상이었던 작품이었다.[18] 장칭의 소행이었다. 30년 전 상하이에서 자신을 업수이 여겼던 톈한에게 복수를 시작한 것이었다. 이 작품을 극렬하게 비판하는 글을 쓴 사람은 이제까지 알려지지 않은 무명 작가였다. 장칭과 상하이 시장 커칭스가 선택한 인물이었다. 상하이 시 당위원회 조직의 당 지도자이자 〈문회보〉의 운영자였던 장춘차오는 무명 작가의 거친 글을 신문에 게재하라는 명령을 내렸던 것이다.

장칭은 또 베이징에서 베이징제1경극단(北京京劇一團)을 일방적으로 방문했다. 압력 작전을 펴기 위해서였다. 장칭은 극단 사람들에게 당신들은 지금 쓰레기 같은 작품을 공연하는 데 열심이라고 말했다. 과거의 잿더미를 뒤적거리지 말고 미래를 위해 봉사하는 것이 어떻겠냐고 물었다. 장칭 자신이 현재 만들고 있는 새로운 경극을 공연하도록 예술가들에게 지시했다. 새로운 경극은 〈갈대 속의 불꽃(蘆蕩火種)〉으로, 일본과 전쟁 당시 신사군*의 전공을 다루었으며 훗날 〈사가빈(沙家浜)〉이라고 불리는 작품이었다.

경극단 단원들은 무척 당황했다. 마오쩌둥의 부인이 찾아와서, 이제까지 자신들이 숭배하던 작품을 비난하고 아직 검증도 되지 않은 실험적 작품 공연에 몸을 던지라고 명령한 것이다. 당시 베이징 시장은 펑전(彭眞)이라는 세련된 취향의 소유자였다. 그는 장칭이 이런 식으로 '자신의' 도시인 베이징의 연극계에 난입해서 사람들을 불안하게 할 권리가 없다고 생각했다. 따라서 펑전은 경극단에게 종전과 마찬가지로 전통적

---

* 신사군(新四軍) 1937년 2차 국공합작이 성립됨에 따라 중국 남부 지역에 설립된 공산당 측 군대. 정식 명칭은 국민혁명군 육군 신편제4군(國民革命軍 新編第四軍)이었다.(역주)

인 연극을 공연하라고 했다. 펑전 시장은 장칭이 공연 연습을 할 강당이 필요하다는 소식을 들으면 관계자에게 연락해서 그 강당을 다른 사람이 예약하도록 했고, 장칭이 화려한 공개 행사를 계획하고 있다는 소식을 들으면 베이징 대중 매체 관계자에게 연락해서 그 행사를 보도하지 말도록 조치했다.

펑전 시장은 장칭의 행동을 그리 심각하게 받아들이지 않았다. 그는 경극을 개혁하려는 장칭의 행동을 할 일이 없어 심심해하던 가정주부가 취미 활동을 하나 시작한 것으로 받아들였다. "그 연극은 마치 맹물을 팔팔 끓인 것과 같다." 장칭의 연극 〈사가빈〉이 공연되자 펑전 시장은 그렇게 말했다. "맹물을 팔팔 끓여야, 차를 만들든 술을 만들든 할 수 있다. 팔팔 끓는 맹물 없이는 누구도 살 수 없다."[19] 하고 장칭이 받아쳤다. 장칭이 극장의 여흥적 가치를 얼마나 무시하고 있는지 잘 말해주는 즉흥적 답변이다.

예술적 관점에서는 무지했을지 몰라도, 정치적 관점에서 자신이 지금 무엇을 하고 있는지 장칭은 분명하게 알고 있었다. 장칭은 공연 연습장에 오면서 책을 여러 상자 가져왔다. 예술가들에게 한 권씩 나누어준 책은 저자의 친필 서명이 들어간 《마오쩌둥 선집》이었다. 마치 조직 폭력단의 두목이 부하들에게 권총을 나누어주는 것 같은 분위기였다. "내가 그저 새로운 연극 몇 편을 자랑하려고 이러는 게 아닙니다."[20] 장칭은 흥분하여 말을 빠르게 쏟아냈다. 지금 눈앞에 있는 예술가에게 하는 말이라기보다 펑전 시장을 향한 말이었다. "나는 지금 여기서 봉건주의, 자본주의, 수정주의와 싸우고 있는 겁니다."*

갑자기 마오쩌둥이 나서서 장칭의 작품 〈사가빈〉을 칭찬하기 시작했다. 예술적으로는 맹물을 끓여놓은 것에 불과하던 작품이 순식간에 정치적으로 아주 도수 높은 술로 바뀐 것이다. 펑전 시장의 실수는 경극

---

* '수정주의'란 당시 소련에서 벌어지던 사회주의의 변절을 멸시하는 표현으로 마오쩌둥이 쓴 말이다.

을 그냥 경극으로 봤다는 것이다. 장칭이 하는 행동이 때로는 짜증스럽더라도 그녀가 마오 주석의 부인이라는 사실을 잊어서는 안 되었다. 저우언라이가 그 사실을 항상 기억했던 반면, 펑전 시장은 그 사실을 잠시 잊었던 것이다.

장칭은 펑전 시장이 '베이징 최우선주의(大北京主義)'에 빠져 있다고 비난했다.[21] 이 비난은 상하이 사람들에게는 특히 긍정적으로 받아들여졌다. 상하이에서 장칭은 〈지취위호산〉**이라는 경극을 개혁하기로 결심했다. 1946년 만주에서 공산당 군대가 산적들과 싸우는 이야기였다. 우선 이 경극의 원작을 관람한 다음, 장칭은 무대 뒤로 가서 공연이 "대부분 쓰레기"였다고 배우들에게 선언했다.[22] 펑전이 지키고 있는 베이징보다 훨씬 우호적인 도시인 상하이에서 장칭은 경극의 도덕적 메시지를 더 날카롭게 부각하고자 나섰다.

자택에서 식사를 하면서 이 경극 연습의 녹음을 들은 다음 장칭은 극장으로 달려가 자신의 새로운 아이디어를 밝혔다. 장칭은 아무리 생각해도 결국 '증오'가 이 경극 대본에서 핵심적인 단어라고 말했다. 마치 적들에게 수류탄을 던지듯 이 단어를 큰소리로 외쳐야 한다는 것이다. 장칭은 노래 한 소절이 끝날 때 음정을 아래로 떨어뜨리지 말라고 배우들에게 주문했다. 그렇게 하는 것이 지난 천 년 동안 이어 온 전통이어도 상관없었다. "행동하려는 강한 결심"을 보여주려면 음정이 상승해야 한다는 것이었다. '봄(春)'이라는 단어를 어떻게 발음하는 것이 좋은지 장칭은 몸소 시범까지 보였다. 날카롭게 소리치는 발성이었는데, 그렇게 해야 그 말의 "정치적 내용"이 전달된다고 주장했다. (정의의 세력들에게 승리가 온다는 상징이 바로 봄이라는 것이다.) "절대로 잊지 마세요." 장칭은 연극 여주인공에게 어떻게 하면 증오에 불타는 심정을 연출할 수 있는

** 〈지취위호산(智取威虎山)〉 '지략으로 위호산을 취하다'라는 뜻으로 공산당 군대가 산적과 싸우는 이야기를 담고 있다. 앞서 언급한 〈사가빈〉과 더불어 문화혁명 때 널리 공연되는 연극이 된다.(역주)

지 가르쳐주었다.[23] "아름다움은 의지력이나 힘에 비해 덜 중요해요."

장칭은 영웅을 한층 영웅답게 만들었다. 영웅답지 않은 저속한 단어가 영웅의 입에서 나오면 아예 대사에서 삭제해버렸다. 영웅에게는 털가죽을 댄 외투를 입혔다. 산적 역할을 하는 악당들에게는 누더기를 입혔고 무대 한가운데에서 멀리 떨어진 자리에 세웠다. 영웅은 절대 중얼중얼하는 투로 말해도 안 되고 비틀비틀 걸어도 안 된다고 주인공 역할을 맡은 남자 배우 퉁샹링(童祥苓)에게 말했다. 장칭은 아예 무대 위로 올라와서는, 잘생긴 배우의 등에 손가락을 대어 허리부터 위로 등뼈를 주욱 훑어 올렸다. "옛날 식으로 하면 안 돼요! 당당하게 서서 힘차게 노래하세요!" "영웅이 말에서 내릴 때 어떻게 내리나요? 말 옆으로 미끄러져 내려오지 말아요." 장칭은 계속 말했다. "그렇게 하면 허약해 보이거든요." 자신의 남자가 허약해 보이는 것은 도저히 참지 못했던 여자가 덧붙였다. "말 머리를 넘어서 뛰어 내려오세요." 장칭의 주문이었다.[24]

이 경극의 원래 공연 형태에서 주인공 역할인 퉁샹링은 혁대 앞쪽에 권총을 매달고 있었다. "허리 옆으로 돌려서 매세요." 장칭이 친절한 어조로 말했다. 퉁샹링은 어리둥절했다. 장칭은 권총을 그렇게 "앞쪽에 오래 놓고 있으면" 퉁샹링의 남성의 상징에 나쁜 영향을 미칠지도 모른다고 설명했다.

하지만 장칭은 '자기' 작품의 '감독' 역할을 맡지는 않았다. 그저 전반적으로 검토하고 지시할 뿐이었다. 어린 교사가 가르치는 학급에 들어간 교장 선생님처럼 장칭은 이것저것 검사하고 지적하고 수정할 뿐, 연극 공연에 대한 구체적 책임을 떠맡지는 않았다. 하지만 어떻게 하면 권위를 세우면서 상대방이 복종하게 할 수 있는지 장칭은 잘 알고 있었다. 연극과 영화 경험이 많았기 때문이다. 여배우가 소극적으로 연기하는 것을 보면 장칭은 직접 나서서 허리를 뒤틀며 성적 매력이 넘치는 요부는 실제로 이렇게 몸을 움직인다고 시범을 보였다. 노동 계급은 울 때 주저앉아 머리를 두 손으로 감싸고 울지 않는다고 장칭은 남자 배우에게 설명하기도 했다. 몸을 꼿꼿이 세우고 똑바로 서서 도전하는 자세로 울어야 한다는 것이다.

몇몇 배우들은 장칭의 행동이 말도 안 된다고 생각했다. 하지만 어떤 배우들은 극장을 정치 세력으로 만든다는 사실에 흥분했으며, 장칭의 연극적인 멋진 언동에 감동했고, 장칭이 마오 주석의 곁을 막 떠나 여기에 왔다는 생각에 감격했다. 그들은 자랑스럽게 이렇게 말하기도 했다. "우리는 그녀의 도구가 되었지요."[25]

자신이 좋아하는 작품인 〈홍등기(紅燈記)〉 작업을 시작하면서 장칭은 배우들에게 슬로건을 제시했다.[26] "연기는 전투다." 장칭은 극중 주인공이 가끔 술을 진탕 마시는 장면을 대본에서 빼라고 요구했다. 또 노동 계급의 사람들에게 화려한 옷을 입혀서 "현실을 개조해보자."고 요구했다. 그리고 배우들의 동작 연기에 병사와 같은 정확성과 강건함을 추가하자고 요구했다. ("앉을 때는 제대로 앉으라. 설 때는 제대로 서라.") 그러나 베이징희곡학원(北京戲曲學院) 사람들은 이러한 여러 요구를 쉽게 받아들이지 않았다.

저우언라이는 개혁이 어떻게 진행되고 있는지 이따금 전화를 걸어 물었다. 장칭은 저우언라이의 '격려'가 무척 고맙고 기뻤다. 하지만 영리한 총리의 진정한 의도는 아마도 예술을 개혁하겠다고 나선 여자 로빈 후드인 장칭이 희곡학원의 전문 예술가들과 어떤 관계를 유지하는지 확인하여 큰 문제가 발생하지 않도록 점검하는 것이었던 듯하다. 큰 문제 없이 장칭은 개혁을 달성했다. 이리하여 〈홍등기〉가 세상에 출현했고 이후 한 세대에 걸쳐 관객들을 몹시 지루하게 한다.

"나는 서양 오페라를 많이 봤어요." 장칭의 말이다. 서양 오페라에서는 예술가들이 "아무것이나 노래합니다. 이런 식이죠. '차 한 잔 하실까요?' '네, 그러지요. 참 좋은 차군요.'" 장칭은 이제 세계 시민주의에 마음을 닫았다. "우리 중국 경극은 오직 긍정적이고 중요한 감정을 표현하는 데 집중해야 합니다."[27]

문화혁명의 불을 놓다

1964년 여름 다소 침울한 정치적 분위기에서 '경극 축제'가 개최되었다. 장칭은 연설을 부탁받았으며 그녀가 개혁한 작품 몇 편이 한 달에 걸친 이 축제에서 공연하게 되었다. 하지만 이 축제에는 문화부 관리들과 그녀의 개혁 활동에 반대하는 연극 전문가들이 다수 참가할 예정이었다.

장칭의 이번 연설은 생애 처음으로 공적 성격을 띤 중요 연설이었다.[28] 장칭은 연설에서 우선 상하이 시장 커칭스에게 많은 도움을 받았음을 언급했다. 커칭스 시장이 "연극 지휘부, 극작가, 대중이라는 세 요소가 협업"하는 것을 적극 권장해주었다는 것이다. 이는 장칭이 오래 전에 했던 주장을 떠오르게 한다. 1930년대 상하이에서 집필한 〈우리의 삶〉이란 글에서 장칭은 연극 감독을 무조건 신뢰할 수 없으며 배우와 관객의 관점이 감독들이 지닌 전문가의 편견을 바로잡는 역할을 해야 한다고 주장했다.

"여러분들은 음식을 먹습니까?" 장칭은 객석에 앉아 있는 연극 관계자들을 향해 외쳤다. "음식은 농부로부터 옵니다! 그러므로 여러분들이 만드는 연극과 경극에서 농부들에게 봉사하십시오!"

어느 날 오후 공연 중 휴식 시간이었다. 장칭은 문득 바로 근처에서 과거 연극계 동료들과 현재의 적들 몇 명이 한데 모여 조용하게 이야기를 나누고 있는 것을 발견했다. 장칭이 출연하고 싶었지만 뜻을 이루지 못했던 작품 〈새금화〉를 쓴 샤옌도 있었다. 장칭에게 건방진 태도로 결혼을 제안했던 장경도 있었다. 장칭이 상하이에 도착한 초기에 그녀의 가치를 제대로 알아보지 못한 톈한도 있었다. 그리고 "장칭이 곁에 있으면 일이 힘들어진다."고 말했던 저우양도 있었다.

장칭은 미소를 지으며 무리에게 다가갔다. 네 명의 거물급 예술 관계자들은 장칭에게 조심스러운 태도를 취할 필요는 있지만 그렇다고 반드시 그녀의 의견에 귀를 기울여야 한다고는 생각하지 않았다. 그들은 장칭에게 어색하게 인사했으나 말은 걸지 않았다. 옛날과 마찬가지로 다른 사람이 자신을 어떻게 평가하는지 잘 몰랐던 장칭은 그들에게 "이번에는 혁명을 해보세요!"라고 큰 소리로 말했다. 연극계의 거물들은 어안이 벙벙하여 아무 말도 못하고 서 있을 뿐이었다.[29]

경극 축제 때 몇몇 지도자급 인사들의 연설이 출간되었지만 장칭의 연설은 출간되지 않았다. 하지만 장칭은 마오쩌둥이라는 거대한 바위를 뒤에 두고 있었다. 마오는 바로 얼마 전 저우양, 샤옌 등으로 채워진 문화부가 "황제들, 왕들, 장군들, 장관들, 학자들, 미인들의 부서(帝王將相, 才子佳人部)"라고 선언한 바 있었다.[30] 장칭은 앞으로 거대한 바위를 어떤 방식으로 활용할 것인지 미리 맛을 약간 보여주었다. 경극 축제 기간에 장칭은 잠시 수도병원(首都醫院)을 방문했다. 거기에는 젊은 남자 배우 한 명이 수술을 마친 뒤 회복 중에 있었다. 그는 쑹위칭(宋玉慶)이란 배우로 장칭의 사람이었는데, 좌익 성향에다 충성스럽고 잘생겼다. 바로 그날 축제에서 공연된 〈기습백호단(奇襲白虎團)〉이라는 연극은 원래 이 배우가 주연을 맡기로 되어 있었다. 장칭은 병실에 들어가기 전 우선 기자 한 명이 곁에서 자신의 말을 확실하게 받아 적도록 준비했다. 쑹위칭이 입원한 병동에 들어서서 의료진과 인사를 나눈 다음, 자신의 수하인 이 배우의 경과가 어떤지 진지하게 물었다. 그런 다음 장칭은 환자의 손을 잡고 이렇게 말했다. "쑹위칭 군, 마오 주석께서는 당신이 붉은색이면서(紅) 동시에 전문가로서(專) 경극 개혁을 위해 싸울 전사가 되어주길 바라십니다."[31]

장칭의 적들이 가만히 있었던 것은 아니었다. 류사오치는 장칭이 만든 연극을 혹평했다. "수박이 익기도 전에 따고 있다." 베이징 시장 펑전은 그 작품들을 두고 잘라 말했다. "엉덩이가 터진 바지를 입은 단계로군요."(중국에서 어린아이의 바지를 용변을 보기 쉽도록 일부러 터지게 만들어 놓은 것에 빗댄 말이다.)

일부 언론에서 여덟 편의 연극을 선정하여 "혁명모범극"*이라고 격찬

했다. 이 가운데 다섯 편이 장칭이 상하이에서 만든 작품이었다. 펑전 시장은 언론 보도에 반문했다. "뭐가 모범이란 말인가? 이곳 예술계 수장은 나다. 무슨 모범을 말하는지 나는 알지 못하는 일이다. 그녀가 만든 작품들이 모범인지 아닌지 나는 도대체 모르겠다." 덩샤오핑은 신경질적인 반응을 보였다. "우리가 볼 수 있는 것은 그저 몇몇 사람들이 무대를 이리저리 뛰어다니는 것뿐이다. 예술적 측면은 도저히 찾아볼 수 없다."[32]

1965년 어느 날 저녁 장칭과 펑전이 같은 연회에 참석했다. 장칭은 시장에게 가서 잠시 조용히 할 이야기가 있다고 했다. 시장은 그러마고 작은 곁방으로 같이 갔다. 장칭은 작업 근거지로 삼을 베이징의 공연단을 하나 배정해주면 안 되겠냐고 요청했다. 장칭은 펑전에게 새로 쓴 경극 악보를 내밀었다. 장칭은 요청이 정당하다는 것을 강조하기 위해 상하이 당 지도자인 장춘차오가 무용극 〈백모녀(白毛女)〉 등 다른 작품에도 도움을 주었다고 덧붙였다. 베이징 시장은 장칭의 예술관을 좋게 평가하지 않았을뿐더러 장춘차오의 이름을 들먹인다고 해서 태도가 바뀔 사람도 아니었다. 펑전은 장칭의 요구를 거절한 다음, 그녀의 손에서 악보를 획 잡아채 손에 들고 화가 나서 연회장으로 성큼성큼 돌아왔다.[33]

"저 여자는 이것도 원하고 저것도 원하는군." 펑전 시장은 친구에게 속마음을 털어놓았다. "베이징 시장이 그 여자의 장난질에 도움을 주는 일 말고는 할 일이 없는 줄 아는 모양이지?"

---

* **혁명모범극** 중국어 '혁명양판희(革命樣板戱)'의 번역어. 1960년대에 장칭의 지도 아래 모범작으로 선별된 작품을 가리킨다. '모범극' 혹은 '양판희'라고도 줄여서 부르기도 한다. 1976년 문화혁명이 끝날 때까지 중국 연극계에서는 공식적으로 사인방이 선정한 혁명모범극만 공연할 수 있었는데, 그 가운데 대표적인 8편의 작품은 다음과 같다. 〈사가빈〉, 〈지취위호산〉, 〈홍등기〉, 〈기습백호단〉, 〈해항(海港)〉의 다섯 편은 현대 경극이고, 그밖에 두 편의 무용극 〈백모녀〉, 〈홍색낭자군〉과 한 편의 교향곡 〈사가빈〉이 있었다. 이들 작품은 모두 '사회주의 영웅의 형상'을 우선하여 긍정적으로 그려내고, 주제를 먼저 결정한 뒤 작품의 등장 인물과 줄거리를 구상한다는 사인방 나름의 문예 이론에 입각하여 만들어졌다. 따라서 예술 작품을 정치 선전의 도구로 전락시키는 부작용을 초래하였다.(역주)

좀 더 평온한 시기였다면 류사오치가 장칭의 혁명적 전범에 대해 한 다음과 같은 발언이 받아들여졌을 것이다. "요즘 관객들은 스스로 작품을 판단할 능력이 있습니다." 전범 같은 것을 제시해서 대중에게 정치적 메시지를 전달하려는 시도에 반대한다는 말이었다. 하지만 당시는 평온한 시절이 아니었다.[34]

장칭은 이번에는 경극에서 무용으로 자리를 옮겨 〈홍색낭자군(紅色娘子軍)〉이라는 무용극 제작을 지휘했다. 이 작품은 열대 하이난(海南) 섬을 무대로 삼아 여성 군인들의 활약을 그렸다. 또한 장칭은 〈백모녀〉라는 작품도 만들었는데, 악독한 지주가 한 소녀를 박해하는 이야기를 그린 내용이다. 이 무용극들은 중국의 극 형식과 서양의 낭만주의가 혼합된 작품이었다. 장칭은 기존 무용극을 싫어했다. 예를 들어 〈백조의 호수〉 같은 작품은 새와 짐승이 너무 많이 나온다는 것이었다. 장칭은 무용극에는 인간 의지가 넘쳐나야 한다고 주장했다. 무용수들을 군 부대에 보내 생활하게 함으로써 그들이 전쟁과 투쟁 장면을 연출할 때 동작 연기와 표정 연기를 제대로 할 수 있도록 했다. 〈홍색낭자군〉의 원작에는 아이를 낳는 장면과 남녀가 사랑을 나누는 장면이 있었는데 모두 삭제해버렸다. 마지막 부분에 거의 종교적 분위기의 피날레를 새로 집어넣어서 마오쩌둥을 찬양하고 부활의 주제를 강조하도록 뜯어고쳤다.[35]

〈홍색낭자군〉을 본 덩샤오핑은 경솔한 말을 했다. "사람들은 한 주일의 일을 끝내고 쉬기 위해 극장에 간다. 하지만 이런 작품을 보게 되면 우리는 극장에 가서 마치 전쟁터에 간 것 같은 기분을 느끼게 된다."[36] 류사오치는 이 작품이 "현대 생활을 극에 억지로 반영한 것"이라고 말했다.[37] 〈홍색낭자군〉 공연을 앞두고 연습하던 기간에, 저우양은 그 작품을 맡은 예술인들에게 홍콩으로 가서 〈백조의 호수〉를 공연하라고 지시하기도 했다!

하지만 마오쩌둥이 나섰다. "방향은 올바릅니다." 마오는 단언했다. "작품은 성공적으로 혁명화되었으며 예술적으로도 훌륭합니다."[38] 〈홍

경극 〈사가빈〉을 관람한 뒤 어린 홍위병들과 대화를 나누는 장칭. 〈사가빈〉은 장칭이 경극 개혁을 통해 만들어낸 '혁명모범극' 중 한 편이었다. 장칭의 개혁으로 비로소 경극에 황제나 장수가 아니라 노동자와 일반 병사가 주인공으로 등장하게 되었다.

색낭자군〉은 곧 전범의 반열에 오르게 되었다. 〈백모녀〉도 장칭이 남녀의 사랑을 그린 장면을 빼버리고 계급 증오를 표현하는 장면을 추가한 뒤 전범의 반열에 올랐다.

1965년 겨울 어느 날 장칭은 중앙 교향악단(中央樂團)을 방문했다.[39] "자본주의적 관현악은 이제 죽었습니다."라고 장칭이 선언했다. 음악가들은 정중한 태도로 이의를 제기하면서 장칭이 음악에 대해 거의 아는 것이 없음을 지적했다. 장칭은 혁명 열기를 불어넣으려고 하는 것뿐이라고 반박했다. "당신은 나를 망치로 공격하고 있군요." 관현악단 지휘자가 항의했다. 하지만 누가 자신을 무시무시한 공격자라고 불러주는 것만큼 장칭을 기쁘게 하는 일은 없었다. 훗날 장칭은 이 지휘자의 말을 자랑삼아 이야기하게 된다. "망치를 손에 들고 나는 모든 낡은 관습을 공격하기 시작했죠."

장칭은 연주 목록에 올라 있는 작품들에서 '불건전한 소절들'을 비난했다. 피아니스트 한 명은 마오의 군사 작전 경로를 다시 밟아보라며 중국 남부로 보내버렸다. 그렇게 함으로써 힘찬 음색의 〈황허 협주곡

〈黃河協奏曲〉)을 더욱 감동 깊게 연주할 수 있으리라는 것이었다. 장칭은 음악을 잘 몰라서 더욱 과감하게 행동할 수 있었으며, 완전히 의지력만으로 모범 역할을 할 교향곡을 하나 만들어냈다. 경극 〈사가빈〉에서 따온 교향곡이었다. 어느 바이올리니스트는 너무나 충격을 받아서 이렇게 중얼거렸다. "나는 아무리 생각해도 도저히 〈사가빈〉을 교향곡으로 받아들일 수가 없네요." 교향악단을 대신하여 저우양이 나서서 반대했다. "그런 것을 추가하지 않아도 우리 교향악단은 이미 연주 일정이 꽉 차 있습니다."[40]

장칭은 모든 반대를 가볍게 무시했다. 그녀에게 중요한 점은 〈사가빈〉이 자신의 것이라는 사실이었다. 마치 리나가 자신의 딸이듯 이 작품은 자신의 것이었다. 여기에는 장식음을 넣고 저기에는 강조점을 부가하여 작품을 매만지는 모습은 마치 딸 리나를 새 옷으로 단장하여 장칭 자신의 분위기가 풍기도록 하려는 엄마 같았다. 결국 장칭은 두 개의 음악 전범을 만들어냈다. 〈황허 협주곡〉과 〈사가빈 교향곡〉이 그것이다. 음악은 '혁명'에 봉사해야 했으며, 장칭의 경력에도 봉사해야 했던 것이다.*[41]

장칭은 자신의 의지는 신뢰했지만 중국 인민의 의지는 신뢰하지 않았다. 장칭은 한 치의 부끄러움도 없이, 중국공산당 중앙위원회는 극장 개혁을 위한 '마무리 작업 공장'이 되어야 할 것이라고 말했다.[42] (이는 마치 다음 선거를 대비하여 미국의 백악관이 뉴욕의 브로드웨이 뮤지컬 작품 선정에 관여해야 한다는 말과 같다!) 무대 위에서 악당이 연기할 때면 장칭은 도저히 박수를 칠 수 없었다. 이미 무대는 정치화되었기 때문에 그 악당

---

* 장칭은 대사로 이루어진 일반 연극도 똑같이 꽉 짜인 틀에 집어넣으려고 시도했으나 실패했다. 장칭의 역량이 부족하기도 했으며 마오도 여기에는 격려를 보내지 않았다. 마찬가지로 영화에서도 장칭의 공격 방법은 성공을 거두지 못했다. 여기저기 장식물을 추가하는 식의 공격 방법을 쓸 수 없었던 것이다. 게다가 당시 주요 영화 관계자들은 모두 장칭을 개인적으로 잘 알았다. 예를 들어 어떻게 장칭이 자오단과 같은 배우를 마음대로 휘두를 수 있겠는가? 자오단은 아마 겉으로든 속으로든 장칭을 조롱했을 것이다.

은 바로 마오주의의 적이었으며 악당 역할을 하는 배우는 사실상 장칭의 적이었다. 장칭이 박수갈채를 보낼 수 있는 사람은 오직 주인공 역할을 맡은 영웅뿐이었다. 태양처럼 밝은 성격에 멋들어지게 옷을 입고 형언할 수 없을 정도로 미남이고 마오 주석의 신발 밑창을 혀로 핥으며 장칭 아주머니의 치마폭에 폭 안길 영웅을 향해서만 장칭은 박수를 보낼 수 있었다.

장칭이 개혁 작업을 완수할 즈음 연극 관람객의 머릿속은 마치 감자를 으깨서 만든 요리처럼 흐물흐물해져버렸다. 그런 상황에 장칭은 전혀 개의치 않았고, 마오는 아마도 그런 상황을 환영했던 것 같다. 라디오 방송 역시 이제 너무나 지루해져서 쓰던 라디오를 원래 가격의 4분의 1 값으로 팔려고 해도 사는 사람이 없었다.[43] 하지만 장칭이 개인적으로 수하로 부리는 언론인들은 장칭의 새로운 경극과 무용극과 교향곡에 매우 높은 평가를 내렸다. "이들 작품은 프롤레타리아 문학과 예술의 빛나는 진주들이며 장칭 동지가 직접 육성한 것이다. 이들 작품 속에는 마오쩌둥 사상이 빛을 발하고 있다."

1960년대 중반에 장칭은 마오쩌둥의 지지를 확보했다. 마오가 공개적으로 장칭의 공연물을 칭찬하는 것은 전국의 모든 주요 신문에서 열광적으로 극찬을 받는 것과 같았다. 장칭이 손대는 것이면 마오는 무엇이든 좋아했다. (어쩌면 그 반대로, 마오가 좋아하는 것이면 무엇이든지 장칭이 손을 댔는지도 모른다.) 예술 방면의 힘찬 활동 덕분에 장칭은 원기를 회복했다. 마오의 주치의가 한 말이다. "장칭의 새로운 활동 덕분에 나의 삶이 처음에는 더 쉬워졌습니다. 정치에 더 관여할수록 그녀의 건강염려증과 신경쇠약증 증세는 가벼워졌습니다."[44]

장칭은 이제 마오의 초청으로 중요한 회합에 모습을 드러내기 시작했다. 심지어 당 중앙위원회에도 출석했다. 장칭은 구석에 앉아 무엇인가 썼고 그렇게 기록한 것을 바탕으로 나중에 마오에게 여러 가지 제안을 했다. 회의에서는 조용하지만 장칭이 힘을 갖고 있으며 그 힘이 어디서

문화혁명 시기에 마오쩌둥과 함께 톈안먼 문루에 등장한 장칭. (사진에서 장칭 왼쪽은 캉성. 오른쪽은 차례대로 저우언라이, 린뱌오, 마오쩌둥.) 마오쩌둥과 나란히 대중 앞에 나서는 것이야말로 장칭의 높아진 지위를 상징적으로 보여주는 일이었다.

나오는지를 모르는 사람은 아무도 없었다. 장칭은 또 전국인민대표대회(全國人民代表大會)에도 고향 산둥성의 대표 자격으로 들어갔다. 선거를 통해서가 아니고 마오의 의중을 검토한 뒤 뒤에서 이런저런 공작과 조정을 하는 사람들에게 힘입어서였다. 그들이 이제는 장칭이 좀 더 확연하게 공개적 역할을 해도 좋을 때가 되었다고 판단한 것이다. 장칭과 마오는 공식 행사에 나란히 참석하는 경우가 많아졌다. 예를 들어 1949년 이후 한두 번밖에 참석하지 않았던 10월 1일 국경절 행사에서 이제는 남편과 당당하게 톈안먼 꼭대기에 서게 되었다.

장칭은 마오의 생각을 반복해서 말하기를 좋아했고 마오의 입장을 그대로 받아들인 적이 많았다. "사람을 고치는 의사가 될 수 있도록 공부하세요." 장칭은 수의학 학생에게 그렇게 호소했다. 이 말은 마오가 쑨원 이야기를 할 때 잘 쓰는 구절이었다. 쑨원은 원래 의학도였다.[45] "약간의 싸움은 괜찮습니다. 연습을 위해서라도 필요하죠."[46] 쓰촨성에서 폭력 사태가 일어났다는 이야기를 듣고 장칭이 한 이야기인데, 이 말 역시 마오의 말을 조금 바꾼 것이었다.

자신의 운명에 대한 마오의 생각은 장칭의 생각에도 영감을 준 것 같다. "진정 위대한 인간을 찾고 싶다면, 바로 이 시대에서 찾으라." 마오가 쓴 시의 한 구절이다. "죽은 다음에야 영웅을 묘사하는 것은 좋지 않아요." 장칭의 말이다. "사실 죽은 영웅보다 살아 있는 영웅이 훨씬 많거든요."[47]

자기 자신 외에는 아무것도 존중하지 않는 사람인 장칭이 마오의 지성 앞에서는 거의 자동적으로 복종하는 것을 보면 감동스러운 무엇이 있다. 장칭이 자신의 젊은 시절 삶을 이야기할 때 보면 마치 마오의 찬장에서 꺼낸 접시 위에 자신의 경험을 올려놓는 것처럼 보인다. 상하이에서 친구에게 코트를 빌려 입은 적이 있는 것도 마오와 같고, 도서관에서 일한 적이 있는 것도 마오와 같다는 식이었다.[48]

장칭의 필체 역시 변화한다. 1930년대에는 별 특징이 없는 여성적 필체였다. 하지만 1960년대가 되면 마오의 영향을 받았는지 담대하고 남성적인 필체로 바뀐다. 마오가 사망했을 때 장칭은 자신을 (아내 혹은 동지가 아닌) '학생'[49]으로 규정하곤 했는데, 이는 두 사람의 관계를 말해주는 중요한 측면이라고 할 수 있다.

마오쩌둥과 장칭이 서로에게 거는 기대는 다시금 옌안 시절처럼 충족되었다. 하지만 지금은 그때보다 덜 불평등했다. 마오는 장칭의 도움이 필요했으며 따라서 장칭은 옛날처럼 항상 마오에게 양보하지는 않았다.

1940년대 마오와 장칭의 결혼 생활은 성적 매력으로 맺어졌다. 1949년 이후 육체 관계의 비중이 축소되었고, 1950년대는 일종의 전환기로 서로 소원해졌으며 장칭에게는 마음 둘 곳이 어디에도 없는 시기였다. 1960년대에 두 사람의 결혼 생활은 다시 살아났다. 서로에게 느끼는 성적 매력이 되살아났다기보다 아이들을 다 키워 떠나 보낸 뒤 성숙한 부부로서 협력 관계가 형성된 것이다. 두 사람은 자신들의 운명이 얽혀 있음을 깨달았다. 장칭은 마오에게 예술계에 널리 퍼진 불순한 분위기를 전해주었고, 마오는 장칭에게 문화계의 기존 질서를 공격할 수 있는 정치적 지침을 제공해주었다.

그렇다고 두 사람의 결혼 생활이 달콤하고 즐거운 것만은 아니었다. 마오는 장칭의 강한 의지력을 좋아했지만 마오 역시 의지력이 매우 강했기 때문에 항상 아내의 의견에 동의한 것은 아니었다. 장칭에게 거의 늘 동의한다는 인상을 준 사람은 저우언라이와 린뱌오였다. 장칭이 두 사람에게 무슨 제안을 하면 그들은 참 훌륭한 생각이라고 맞장구를 쳤다. 하지만 장칭이 마오에게 무슨 제안을 하면 마오는 종종 반대하고 비판했으며 이것저것 어려운 질문을 던졌다. 그렇지만 결국 마오도 장칭의 제안에 찬성하는 경우가 많았다.

1965년 가을 마오와 장칭은 함께 베이징을 떠나 상하이와 항저우에서 장기간 체류했다. 이 여행은 장칭이 마오에게 점점 더 큰 영향력을 행사하게 되었다는 것을 상징한다. 오랜 세월 동안 장칭이 지방을 여행할 때는 늘 혼자였으며, 마오는 주로 베이징에 남아 있었다. 상하이는 마오가 그리 좋아하지 않는 도시였다. 1962년부터 장칭은 이 도시를 공연예술 개혁의 중요한 무대로 삼고 있었다. 항저우의 별장은 장칭이 원하는 대로 개조한 뒤로 즐겨 머무는 일종의 요새와도 같았다. 이 별장 역시 마오는 오랜 세월 사용하지 않던 장소였다.

상하이에 도착한 두 사람은 옛 프랑스 조계 건물에 거처를 마련했다. 장칭이 쓸 영화 상영실과 마오가 쓸 수영장이 딸려 있었다. 상하이에서 장칭은 문화혁명을 준비했는데, 정치 부문보다도 주로 문화 부문 계획을 궁리했다. 장칭은 정치와 군사 부문에는 지지 세력도 없었고 지식도 별로 없었다. 마오는 정치와 군사 부문에서 자신을 지지하는 두 개의 주요 세력을 전국적으로 동원하기로 했다. 하나는 린뱌오 국방부장 휘하의 정치화한 군대였고, 다른 하나는 좌익 최측근 그룹이었다. 린뱌오는 이때 상하이에 와서 마오 부부와 잠시 같이 지냈다. 좌익 최측근 그룹에는 상하이 출신 인물도 여러 명 있었다. (커칭스 시장은 얼마 전 사망했다.)

지난 몇 년간 장칭의 활동은 문화계 관료를 공격하고 옛 양식과 주제들을 배격하여 보이스카우트의 순진함을 지닌 새로운 정치화된 문화를 생산하는 것이었다. 곧 닥쳐올 더 큰 폭풍우는 이제까지 추진한 활동의 연장선에 있는 것이었다고 말할 수 있겠다. 물론 과거처럼 앞으로도 이 모든 활동은 장칭의 지휘 아래 진행될 예정이었다. 역사상 어느 주요 국가의 정부도 경험한 바 없는 혼란과 이념적 자기 비판의 대폭풍을 향한 최초의 한 걸음은, 11월 10일 상하이의 신문 〈문회보〉에 실린 한 편의 연극 비평이었다. 두 달 전 실린 글을 장칭이 다시 고친 것이었다.

〈해서파관(海瑞罷官)〉은 1961년 베이징 부시장인 우한(吳晗)이 쓴 희곡인데, 명나라 시대 훌륭한 관헌 해서가 너무 비판적이어서 황제에게 파면당했다는 줄거리였다.[50] 두 달 전인 1965년 9월 마오쩌둥은 이 연극이 정치적으로 문제가 있다고 선언했고, 마오의 주장을 〈문회보〉가 받아서 똑같은 논조로 이 연극을 비판한 바 있었다. 그때 글쓴이는 장칭의 사람인 야오원위안이었다. 베이징 언론은 야오원위안의 글을 무시했으며 중국 수도의 문화계 인사들은 우한의 연극이 아무 문제 없는 작품이라는 태도를 고수했다.

훗날 마오쩌둥과 장칭이 왜 이 연극이 단순히 예술적 쟁점이 아니라 정치적 쟁점을 제기하고 있다고 판단했는지가 알려졌다. 이 연극이 마오가 국방부장 펑더화이라는 훌륭한 관료를 대약진운동의 실패를 비판했다는 이유로 해임한 것을 은유적으로 비난했다는 것이다. 하지만 이 일은 사실 별것 아닌 문제를 장칭이 나서서 일부러 크게 만든 것이었다. 1959년 마오는 명나라 관헌 해서를 칭찬한 적이 있었다! 우한은 마오가 해서를 칭찬하는 것을 보고 영감을 얻어 펜을 들었던 것이다! 그러나 1965년 상황은 전혀 달랐으며 이때 마오는 장칭의 영향력 아래 있었다.

장칭의 말이다. "어느 날 한 동지가 마오 주석께 우한이 쓴 〈주원장 전기〉 원고를 들고 와서 읽어보라고 권했어요." 하지만 장칭은 이미 자기 나름의 이유로 작가 우한과 〈주원장 전기〉를 포함한 우한의 작품에 대해 이미 부정적 견해를 품고 있었다. "제가 말했죠, '아뇨, 주석께서는 무척 피로하십니다. 작가는 원고료를 받고 싶거나 이름을 좀 알리고 싶은 모양이죠. 그냥 그 작가가 이 원고를 출판하게 하세요. 출판된 다음 우리가 나중에 검토하고 비평하면 되겠죠. 나는 그 작가의 다른 작품인 〈해서파관〉도 비평해보고 싶어요.'" 장칭은 우한이 함정에 빠지기를 기다리고 있었던 것이다.

장칭은 베이징 부시장 우한을 (그리고 그의 정치적 보호자 펑전 시장도) 베이징 문화계 기성 세력의 상징으로 보았다. 기성 세력들은 1950년대 초 장칭을 앵앵거리는 모기 한 마리처럼 하찮은 존재로 취급하지 않았던가? 기성 세력은 장칭이 당의 선전부와 문화부에 들어가 권력을 쥐는 것을 방해하기도 했다. 명나라 충신 해서를 펑더화이에 빗댔다고 함으로써 (아마도 원작자는 그럴 의도가 전혀 없었을 것이다) 장칭은 마오의 자존심을 건드렸고, 그가 최근 많은 불만 세력과 방해자 때문에 몹시 불편한 처지에 빠졌음을 상기시켰다.

오랜 세월이 흐른 뒤 공산당이 〈해서파관〉을 비평하는 글이 실린 경위를 공식적으로 밝혔는데, 그 설명을 읽은 지식인들은 등골이 오싹했을 것이다. 〈인민일보〉의 설명에 따르면, 마오쩌둥이 요청했고 장칭이 '직접 지도'했으며 상하이 당 지도자이자 장칭의 친구였던 장춘차오가 '구체적 협조'를 제공한 가운데, 야오원위안이 글을 썼다고 한다.

장칭은 1930년대에 시도했다가 중단한 일을 30여 년이 흐른 뒤인 1960년대에 다시 시작한 것이다. 그 사이의 수십 년 세월은 마치 잃어버린 시간 같았다. 장칭의 독립성은 훼손되었으며 몸은 병마에 시달렸기 때문이다. 하지만 이제 장칭은 예술로 돌아왔다! 예전에는 인형 역할이었지만 지금은 강력한 힘을 가진 지휘자로서 남성들과 똑같은 일을 할 수 있는 것이다! 옛날부터 장칭은 유교 덕목인 "여자는 집안을 다스리고 남자는 집 밖을 다스린다."는 말을 무척이나 증오했다. 이제 권좌에 높이 앉은 그녀는 권력의 돌을 하나만 던지면 자신을 과거에 그리도

쪼아대던 까마귀와 매들을 쫓아낼 수 있을 뿐 아니라 새들이 둥지를 튼 철학적 근거조차 무너뜨릴 수 있게 되었다.

1930년대 상하이에서 장칭은 자신의 독립을 지키기 위해 싸웠다. 싸움의 목표는 힘센 사람들이 자신을 맘대로 괴롭히지 못하도록 하는 소극적인 것이었다. 1965년에서 1966년 사이에 장칭은 정치 권력의 핵심부에 다가갔으며 이제 과거의 소극적 목표는 안중에 없었다. 자기 표현이란 목표를 달성하기 위해 공격에 나설 준비를 단단히 하고 있었다.

"반란을 일으키라"

베이징에서 펑전 시장은 〈해서파관〉에 대한 야오원위안의 글이 학술적 논쟁의 장으로만 의미를 한정하도록 애를 썼다. 하지만 마오와 장칭은 확대 해석을 바랐다. 두 사람은 문화적·정치적·외교적 쟁점들을 합쳐서 거대한 쟁점으로 만들려 하고 있었다. 누구라도 어떤 연극의 장점이나 대 소련 외교 정책에 이견을 제시하면, 심지어 금지된 책을 도서관에서 대출하려고 하기만 해도, 곧바로 '계급의 적' 딱지가 붙는 판국이었다. "보라, 지금 이 세상은 뒤집어지고 있는 중이다."[51] 마오는 새 두 마리가 대화하는 형식을 따서 놀라운 시를 하나 썼는데, 그 시에 나오는 구절이다. 이런 세상이 바로 두 사람이 바라던 바였다.

문화혁명에서 희생된 첫 번째 고위급 인사는 참모총장 뤄루이칭(羅瑞卿)이었다.[52] 마오와 장칭은 상하이에 머물렀고 국방부장 린뱌오는 두 사람과 밀접한 연락을 유지하고 있었다. 린뱌오와 뤄 장군은 적수였으며 뤄 장군의 소련에 대한 입장은 마오의 입맛에 맞을 정도로 반소련적이 아니었다. 그뿐 아니라 장칭은 뤄 장군이 자신을 반대한다고 생각했으며 뤄 장군 부인도 마음에 들지 않았다. 강력하고 날카로운 몇 차례 공작 끝에 뤄 장군이 쫓겨났고 장칭은 무척 기분이 좋았다.

장칭은 뤄 장군의 행동을 미심쩍어 하고 있었다. 혹시 뤄 장군이 장칭 휘하에 있는 극장 개혁 운동 조직에 간첩을 심어놓고 장칭의 일거수일투족을 보고하도록 하지 않았을까? 마오와 상하이 시장 커칭스의 희망에 따라 장칭의 정치적 역할을 당분간 비밀리에 두도록 한 것을 뤄 장군이 알아채고 신문사에 제보하지 않았을까? 장칭은 어느 날 뤄 장군에게 직접 전화를 했다. 하지만 뤄 장군은 장칭을 존경하는 말투가 아니었으며 총참모부는 무엇이든 마음대로 할 수 있다는 태도였다. 장칭은 일방적으로 전화를 끊어버렸고, 뤄 장군은 직책에서 쫓겨났다.*

"어제 장칭 동지와 대화를 나누었습니다." 린뱌오는 중국 군대의 고위급 장성들이 모인 회의 석상에서 이렇게 말했다. "장칭 동지는 예술과 문화 문제에 정치적으로 매우 뚜렷한 견해를 갖고 있습니다." 마치 클린턴 미국 대통령이 가수인 바브라 스트라이샌드를 미국 군대의 총참모부 일원으로 임명한다고 말하는 듯했다. "장칭 동지는 가치 있는 의견을 많이 갖고 있습니다. 장칭 동지의 의견을 잘 살펴보시기 바랍니다. …… 앞으로 예술과 관련된 중국군 내 각종 문건은 장칭 동지 집무실에 보낼 것입니다."

1966년은 장칭에게 가장 기분 좋은 해였을 것이다. 그해 초부터 좋은 일이 있었다. 자신을 전사라고 생각하는 장칭에게 참으로 달콤한 일이 벌어졌으니 바로 중국 군대에서 직책을 맡은 것이었다.[53] 장칭은 300만 대군을 자랑하는 중국군에서 경극, 무용, 음악, 소설 부문 정책 자문에 답하는 최고 고문관에 임명되었다. 장칭은 남자 장교들과 똑같이 카키색 군복을 입게 되었다. 이 직책을 맡음으로써 정치 권력의 주류에 들어온 것이다.

장칭이 군대 지도자 반열에 오르자 국방부장 린뱌오는 마오쩌둥의 대리인이자 후계자로서 지위가 탄탄해졌다. 린뱌오와 장칭 사이에 거래가 성사됨에 따라 류사오치, 덩샤오핑, 다른 기성 관료 집단과 경쟁하던 마오쩌둥의 입지가 강화되었다.

---

* 얼마 뒤 뤄루이칭 장군은 6층 창문에서 뛰어내린다(누군가 그를 밀었다는 이야기도 있다). 하지만 장군은 죽지 않았다.

1966년 여름, 중국 전역에서 약 1천만 명의 홍위병들이 베이징 텐안먼 광장으로 모여들었다. 마오쩌둥은 이때 홍위병들에게 관료 제도에 맞서 "반란을 일으키라"는 과제를 주었다.

　마오쩌둥은 자신을 적대시하던 사람들을 쫓아내기 시작했다. 예를 들어 베이징 시장 펑전 같은 사람을 자리에서 몰아냈다. 마오는 양쯔 강을 헤엄치는 모습을 보여줌으로써 자신의 후계자가 되고 싶은 사람들은 한참 기다려야 한다는 뜻을 전했다. 또 대자보를 써서 중국의 모든 것이 부패했으며 인민들도 대자보를 써서 자신에게 호응해 달라고 호소했다. 드디어 마오는 베이징으로 갔다. 큰 집회를 열 차례 열고 1100만 명의 홍위병에게 관료 제도에 대항하여 "반란을 일으키라(造反)"는 과제를 부여했다. 장칭은 이때 마오쩌둥의 한 걸음 한 걸음마다 곁에 있었으며 마오가 내린 모든 결정에 관여하는 듯했다. 그해 여름 내내 장칭은 당 중앙위원회를 비롯한 여러 모임에 참석하여 중요한 역할을 했다. 그런 회의에 나가면 장칭은 자랑스러운 태도로 자신을 "한 명의 전사"라고 소개했다. 이윽고 마오는 젊은 계층에게 관심을 돌리기 시작했다. "젊은이들은 학식은 적지만 진실은 더 많이 알고 있다."[54] 그러는 사이 장칭은 한 달에 걸쳐 중국의 주요 대학 분위기를 파악하는 조사 작업을 진행함으로써 남편의 활동 준비를 도왔다.

장칭은 마오보다 훨씬 덜 전통주의적이어서 옛 것을 상대로 싸우는 일을 무척 즐거워했다. 절을 파괴하는 데 기름을 부었으며 지식인들의 집에서 고전 서적을 찾아내 압수하는 일에 앞장섰다. 자기 자신이 불사조처럼 잿더미에서 살아난 뒤, 아직 태어나지 않은 모든 것을 다 금지하는 식이었다.

장칭은 이 모든 것을 사랑했다. 형식적 절차를 다 무너뜨리고 개인적으로 공작하는 것이 좋았다. 펜과 총으로 이 세상을 새롭고 더 나은 방향으로 개조한다는 것도 좋았다. 극장을 정치라고 말하고, 정치를 극장이라고 말하는 새로운 성향도 좋았다. 새벽 군중 집회에 마오와 나란히 참석하여 수백만 명이 환호하는 가운데 손을 천천히 들어 답례할 때, 마오는 '군중'에 답례하는 것이었고 장칭은 '관중'에 답례하는 것이었다. 당시 베이징에 살던 어느 영국인은 공항에서 개최된 어느 정치 집회를 다음과 같이 회고한다. "장칭은 군중을 향해 마오의 말이 실린 붉은 소책자 《마오 주석 어록》을 흔들었다. 홍위병들은 함성을 지르며 박수를 쳤다. 자신을 향한 환호에 장칭은 너무나 흡족한 듯 두 눈이 반짝였고, 눈을 너무 크게 뜬 나머지 눈알이 앞으로 튀어나올 정도였다."[55]

장칭은 톈안먼 위 자주색 망루에서 군중들이 큰 깃발에 자신의 이름 두 글자를 큼직하게 써서 앞으로 행진하여 지나가는 것을 무척 좋아했다. 아마도 상하이에서 노라 역을 맡아 연기했을 때 극장 간판에 자신의 이름이 쓰인 것을 볼 때보다 더 기분이 좋았을 것이다. 중국 인민들이 "우리 심장 속의 붉은 태양"이라고 부르는 마오쩌둥으로부터 자신에게 내려 쬐는 광선은 장칭에게 모스크바 병원에서 받은 화학 치료 광선보다 더 많은 힘을 주었다. 장칭은 이제 권력을 손에 넣었다. 이 권력으로 과거 자신을 괴롭혔던 도마뱀 같은 무리에게 확실하게 보복할 수 있게 된 것이다.

장칭과 문화혁명이라는 사건 사이에는 일종의 심리적 '일치'가 있었다. 중국은 원래 권위를 숭상하고 화합을 중시하는 사회인데, 문화혁명 기간 동안 권위와 화합은 모두 철저하게 부정되었다. 덩잉차오처럼 전통적 상류 계층 출신에게는 정말 무시무시한 상황이었다. 하지만 장칭처럼 뿌리가 없고 항상 출세를 꿈꾸지만 종종 좌절을 겪었던 사람들에게는 정말 기분 좋은 상황이었다. 권위는 항상 장칭의 적이었다. 화합 또한 장칭에게는 자기 표현을 가로막는 장애물이었다. 장칭은 어린 시절을 회상하면서 차갑게 말했다. "사실을 있는 그대로 말하자면, 어린 시절 지난에 살면서 나는 어디에서나 모욕을 당했죠." 이런 말을 할 수 있는 사람이라면 당연히 하늘과 땅이 뒤바뀌는 듯한 이런 대격동을 환영했을 것이다.

이렇게 장칭과 문화혁명 사이에 심리적 '일치'가 있다는 사실은 매우 불행한 징조였으며, 또한 1960년대가 광기의 시대였다는 증거이기도 하다고 많은 중국인들은 생각한다. 전통적이고 보수적인 가정 출신 중국인들은 장칭이 고급스러운 취향도, 자제력도 없다고 생각했다. 당시 홍위병으로 시골에 내려갔던 어느 사람의 회고다. "농민들은 여자 손에 중국을 맡기면 결국 나라가 망할 것이라고 굳게 믿고 있었지요."[56]

장칭은 피아노를 매우 중시했는데 이는 그녀의 비전통주의적 태도를 잘 말해준다. 피아노는 당시 문화혁명 과정에서 '부르주아적'이라고 매도당할 만한 대표적 물건이었다. 청바지, 베토벤, 선글라스가 모두 그런 식으로 매도당했다. 중국 냄새가 안 나고 좀 세련된 듯한 물건은 당시에는 모두 '부르주아적'이라고 매도당했다. 그런데 어떻게 비중국적인 피아노가 문화혁명 기간에 무사히 살아남을 수 있었을까? 장칭이 어린 소녀였을 때 바로 이 피아노가 상징하는 서양식 개인주의를 접하여 독립된 인간으로 해방된 경험이 있었기 때문이다. 장칭은 지난에서 예술학교를 다닐 때 피아노 앞에 앉아 건반을 치면서 새로운 상상의 세계를 경험했다. 피아노가 서양의 것이며 개인주의적 냄새가 풍기는 악기인 것은 분명했지만, '바로 그렇기 때문에' 이 악기는 장칭이 만드는 혁명적 공연 작품에 출연이 허용되었다.

장칭은 정치적 의미가 큰 세 가지 연결고리를 직접 나서서 만듦으로써 마오쩌둥을 도와주었다. 첫째는 린뱌오와 맺은 연결고리다. 마오는 린뱌오와 남자로서 일대일로 친밀한 관계를 맺지 못하고 있었다. 둘째는 상하이에 있는 '권력을 장악한 지식인들'*이었다.[57] 이들 좌파 지식인들은 배경으로 보나 성격으로 보나 마오와는 어울리기 힘든 사람들이었다. 셋째는 캉성과 맺은 연결고리다. 장칭의 오랜 협조자이며 동향인인 캉성은 더러운 술책의 대가였으며, 문화혁명 전체가 거대한 더러운 술책의 성격이 짙어지면서 캉성은 마오에게 매우 중요한 의미를 지니게 되었다.

마오는 1966년 중반에 장칭에게 몇 달 전 린뱌오가 준 것보다 훨씬 더 중요한 직책을 부여한다. 마오는 장칭을 중앙문화혁명소조(中央文化革命小組) 부조장 자리에 앉혔다. (조장 자리에는 마오의 '최측근 그룹'에서 문서 담당이었던 천보다陳伯達를 앉혔다.) 이 조직은 문화혁명을 지휘하는 기능을 수행하게 된다. 그리고 1966년의 뜨겁고 긴 여름 마오쩌둥이 류사오치와 덩샤오핑을 권좌에서 쫓아낸 이후, 이 조직은 사실상 황제 마오 아래에서 중국의 정부 역할을 하게 된다.

문화혁명소조는 마오와 장칭의 측근에서 사설 고문단 역할을 했다. 장칭의 상하이 친구 장춘차오가 제2부조장을 맡았다. 캉성과 야오원위안도 소조원이 되었다. 캉성은 1950년대에 그늘에 있다가 다시 정치의 중심에 들어오게 된다. 야오원위안은 지난해 상하이에 체류하고 있을

---

* '권력을 장악한 지식인들'이라는 표현은 원서의 'armed intellectuals'를 번역한 말이다. 'armed intellectuals'라는 말은 저자가 미주에서 밝히고 있듯이 1930년대 독일의 히틀러가 정권을 장악하는 과정에서 조력했던 지식인들을 지칭하는 표현이며, 우리말로 '무장한 지식인'으로 옮길 수 있다. 그러나 중국어판에서 이를 '掌權知識分子'라 번역하여 '권력을 장악한 지식분자'의 뜻으로 새기고 있다. 역자는 중국어판 번역을 참고로 하여 번역했다.(역주)

1966년 11월 장칭, 저우언라이, 캉성이 홍위병들에게 환호를 받고 있다. 음모와 술책에 뛰어난 정치인이었던 캉성은 옌안에서 장칭이 마오쩌둥과 결혼할 수 있도록 많은 도움을 주었으며 이후 장칭과 계속해서 긴밀한 협조 관계를 유지했다.

때 장칭이 마오에게 소개했다. 장칭은 신분이 엄청나게 상승했다. 아직 당 중앙위원회 위원도 되지 못한 상태에서 거의 당 정치국과 유사한 직책에 임명되어 정치국의 다른 구성원들과 마찬가지로 마오의 국가 통치를 보좌하게 된 것이다.

정치적 지위 상승은 장칭의 개인 생활에 엄청난 효과를 가져왔다. "그녀가 그때까지 불평하던 것들이 완전히 사라져버렸습니다." 마오의 주치의 말이다. "그녀는 더는 밝은 빛이라든가 소음이라든가 바람에 고통받지 않게 되었습니다. 두통도 사라졌습니다. 이명(耳鳴) 증세도 없어졌습니다. 이제 의사의 도움이 필요 없어진 겁니다."[58]

류사오치와 덩샤오핑은 문화혁명의 규모를 축소하려고 노력했으며 뒤늦게나마 정치적 생명을 보전하려고 애썼다. 하지만 그들이 무엇을 하든 이제 와서는 마오와 장칭을 만족시킬 수 없었을 것 같다. "내 실수는 오직 중화인민공화국 주석 자리를 차지하고 있었다는 사실뿐이다." 류사오치의 말이다. 장칭이 그의 잘못을 하나하나 열거하면서 비난을 퍼붓자 류사오치는 낙담과 혼란에 빠져 탄식했다. 류사오치는 또 장칭의 실제 관심사는 오직 자신을 제거하는 것이라고 말했는데 그것은 정확한 판단이었다.* 마오는 자신이 이룬 혁명의 가치를 더욱 깊게 확보하려 했다. 관료제 문제도 해결하고자 했으며 계속 자신에게 의문을 제기하던 사람들도 제거하고 싶었다. 하지만 마오는 도저히 이길 수 없는 두 가지 사실과 싸우고 있었다. 사회주의가 달성할 수 있으리라고 마오가 확신했던 것을 사회주의가 결국 달성하지 못한 사실이 첫 번째였고, 두 번째 사실은 마오 자신의 생명이 얼마 남지 않았다는 한계였다. 두 문제는 해결책이 없었고 정치적 해결책은 더더욱 없었다.

마오쩌둥이 가꾸어 온 사회주의 정원에 결국 잡초만 무성하게 자라고 있었다면, 아마도 원래 마르크스가 약속했던 풍요로운 꽃들을 피우기에는 토양이 워낙 척박했기 때문일 것이다. 또 마오가 자신의 생명이 유한하다는 사실을 받아들이지 않고 계속 씨름하고 있었다면, 제2인자 자리에 누가 오르든 마오는 그를 인정하지 않았을 것이다. 결론적으로 말해 문화혁명에는 아무런 정치적 계획이 없었다. 새로운 통치 형태를 만들어낸 것도 아니었다. 오직 최고 통치자 옆에 몇몇 새로운 조수들이 나타났을 뿐이다. 조수를 이끄는 우두머리는 아무도 예상치 못했던 사람이었다. 정치권 밖에 있었고, 중국혁명에 아무런 공도 세우지 않았으며, 그저 마오에게 철저하게 충성스러운 사람. 바로 그의 아내였다.

문제의 핵심은 마오가 과거에는 낙관적인 마르크스주의자였다면, 지금은 의문에 휩싸인 손오공이 되어버렸다는 것이다. 나이가 들어 생의 마지막이 다가오고 있었으며, 대약진운동이 실패한 뒤에 벌어진 상황이 도무지 마음에 들지 않았다. 1965년 말부터 시작된 대격변을 이해하는

---

* 공포에 질린 남당(南唐)의 황제가 송나라 태조에게 물었다. "우리가 무엇을 잘못했기에 우리를 죽이려 하는가?" 송나라 태조가 대답했다. "그대들의 죄는 그대들의 존재 자체입니다. 누가 침대 옆에 서 있으면 편하게 잠을 잘 수가 없지 않습니까?"

열쇠는 바로 마오쩌둥이 당시 개인적으로 어떤 난관에 봉착했으며 또 어떤 비전을 지니고 있었는지 파악하는 것이다. 따라서 마오가 새로이 가치를 발견한 아내인 장칭의 역할은 마오 자신의 역할에 비하면 명백하게 부차적 성격을 띠고 있었다고 볼 수 있다.

"나는 그저 보초 역할을 하며 빙빙 돌고 있을 뿐입니다."[59] 장칭은 스스로를 그렇게 규정한 적이 있다. 보초밖에 안 되는 사람에게 어떻게 그렇게 막강한 힘이 있었을까? 장칭이 누구의 보초인지 모두 알고 있었기 때문이다. 1960년대 내내 장칭의 정치적 위치와 공식 서열은, 마오의 힘이 줄거나 늘어나는 양상에 따라 오르락내리락했다.[60] 공군 참모총장 우파셴(吳法憲)이 장칭의 의자 옆에 무릎을 꿇고 앉아 그녀의 말을 받아 적었을 때나, 저우언라이가 "장칭 만세"를 외쳤을 때나 장칭은 그들이 마오의 눈에 어떻게 보일지를 염두에 두고 자신에게 아부한다는 것을 잘 알고 있었다.[61] 장칭은 그게 싫은 적도 있었다. 영웅적으로 투쟁하던 젊은 청년들은 장칭을 마오의 위대한 제자라고 칭송했다. 그럴 때마다 장칭은 자기의 힘으로 칭송받는 것이 아니라는 것을 잘 알고 있었다.

하지만 일단은 괜찮았다. 1950년대에 장칭은 땅바닥에 떨어진 빵 부스러기를 주워 먹어야 했다. 지금은 빵 반 조각이 주어졌고, 부스러기보다 백만 배는 더 맛있었다.

숙청과 복수의 심리학

의욕에 차서 무엇인가를 추구하던 젊은 윈허, 배우 란핑, 1950년대 좌절감에 시달리던 가정주부 장칭. 이런 과거 모습들이 지금 장칭의 공적 활동에 하나씩 드러나기 시작했다.

중국의 무용계를 개혁하겠다며 여성 무용수들에게 남성의 스텝을 밟도록 하여 중국 무용계에 오랫동안 존재해 온 남녀 스텝 구분의 벽을 단숨에 무너뜨리고, 군복 차림으로 공연 연습장에 나타나는 모습에는 과거 '남자의 일'이라는 개념 자체를 무시하고 싶어 하던 어린 윈허가 있었다. 5천 명의 홍위병 앞에 나서기 전에 머리를 매만지는 연설자의 모습에는 상하이의 금성대극장에 가득한 관객 앞에 걸어나가기 전에 분장을 하던 배우 란핑이 있었다. 문화혁명을 추진하는 정치인으로서 남편이 숙청당하면 당연히 아내 역시 타도되어야 한다고 강력하게 주장하는 모습은 ("랴오즈가오廖志高의 아내는 나쁜 사람입니다." "왕광메이는 스파이입니다."[62]) 1950년대 중난하이에서 마오의 전처 양카이후이 소생인 두 아들의 아내들과 싸울 때 같았다.

예술 방면을 지배하는 이 까탈스러운 여주인의 모습 속에는, 과거 페이밍룬과 결혼해서 집안일에 일일이 참견하던 원허의 흔적이 보였으며, 남편 탕나에게 성격의 약점을 극복하려면 어떻게 해야 하는지 일일이 지적하던 란핑의 흔적도 보였고, 1950년대 자신의 간호사가 입을 옷 색깔을 지시하거나 통역사에게 잉어를 손질하는 방법을 가르치던 장칭의 흔적도 보였다.

장칭은 이제 몇몇 하녀가 아니라 수억 명의 인민에게 지시를 내리는 위치에 올랐으며, 극장 관리인이 무대의 불을 꺼버리듯 영화와 책과 연극에 금지 처분을 내리는 사람이 되었다. 집안 싸움에서 전문가다운 솜씨를 발휘하던 장칭은 지금은 중국이라는 국가의 가장 높은 권력 기관에서 냄비와 접시를 마구 던지며 싸우고 있었다. 이제는 친척 몇 사람 울리는 정도로 끝나는 것이 아니라 전국에 있는 수천 명의 관리들과 예술가들의 직업적 삶을 완전히 파괴하고 있었다. 개성 있고 멋진 공연 예술가는 이제 극장에 가득한 관객들의 박수갈채를 받는 대상이 아니라, 개성과 멋을 조금만 과시하면 곧 국가의 법이 되고 마는 사람이 되었다. 왜냐하면 장칭의 모든 행동 뒤에는 경찰 국가 중국의 강제력이 있었기 때문이다.

석유부(石油部)의 고위 관료 장자오메이(張兆美)는 어느 날 장칭이 최근 제안한 훌륭한 아이디어를 토론하는 모임에 출석하여 다음과 같은 발언을 했다. "장칭은 여성 동지여서 자화자찬하기를 좋아합니다."[63]

그는 곧 숙청되었다. 하지만 그는 사실 수많은 남성 정치 지도자들이 숨어서 하는 이야기를 드러내놓고 했다는 죄밖에 없었다.

장칭은 홍위병을 '자기 것'으로 생각했다. 옌안에서 마오쩌둥은 중국 혁명을 자신이 만드는 것이라고 생각했다. 하지만 문화혁명 시기 동안 장칭은 문화혁명이 남편이 만드는 것인 동시에 자신이 만들어 가는 것이라고도 생각했다. 혁명적 이상주의는 장칭이 자기 표현의 욕구를 표출할 때마다 항상 나타나는 한 가지 양상이었다. 하지만 역설적이게도 옌안에 가서 혁명 과정에 동참한 이후 장칭은 자기 표현을 제대로 하지 못했으며 오히려 억압받고 있다는 느낌에 자주 괴로워했다. 장칭은 과거 마오와의 사랑을 성사시키려고 쏟아붓던 정열, 어린 딸 리나에게 자신의 희망을 불어넣고자 쏟아붓던 열정을 마오와 자신이 만들어 나가는 문화혁명에 아낌없이 쏟았다.

어느 날, 쑹칭링은 상하이에 있는 자신의 저택에서 장칭이 도착하기를 기다리고 있었다. 상하이에서 홍위병의 움직임이 가장 격렬하던 때였다. 일부 과격분자들이 쑨원의 집에 쳐들어와서 쑹칭링의 긴 머리를 잘라버리고 책을 빼앗아야 한다고 목소리를 높였다. 저우언라이가 개입하여 이런 일은 벌어지지 않았지만, 이 소식을 들은 마오쩌둥은 장칭에게 쑹칭링을 방문하여 직접 문화혁명의 의미를 설명하도록 했다.

장칭은 마치 총사령관처럼 성큼성큼 들어섰다. 1950년대에 쑹칭링을 만나 접대하던 겸손한 젊은 아내의 모습은 이제 찾아볼 수 없었다. 장칭은 마오의 적들이 얼마나 악독하며 과거의 전통에 얽매이지 않는 젊은 청년들이 얼마나 사랑스러운지 열심히 이야기했다. 공산주의자가 아니었던 쑹칭링은 굳은 표정으로 듣고만 있었다. "하지만 좀 통제해야 해요. 죄 없는 사람을 해치는 것은 옳지 않아요." 쑹칭링은 이의를 제기했다.

장칭은 얼어붙었다. 마치 다른 가면을 쓴 것처럼 돌변한 얼굴로 장칭은 과거 세대의 귀부인을 적개심에 불타는 눈초리로 말없이 쏘아보았다. "장칭은 그때 개인적으로 모독을 받은 것 같았어요." 당시 같이 있었던 쑹칭링의 보좌관의 회고다. "홍위병의 존재는 장칭에게 엄청난 개인적 의미가 있었어요. 운동 전체가 잘못된 것이라고 생각한다는 것은 있을 수 없는 일이었죠." 1950년대 장칭을 좋아했던 쑹칭링은 장칭이 이제 노골적으로 권력만을 추구하는 것을 아주 싫어했다. "다른 많은 사람과 마찬가지로 쑹칭링은 장칭이 정치에 관여하지 않는 한 장칭을 좋아했습니다. 하지만 장칭의 권력욕을 보자, 쑹칭링은 장칭을 싫어하기 시작했습니다."[64] 쑹칭링의 보좌관의 평가다.

"타오주*는 나를 탄압했습니다!" 베이징에 돌아온 장칭은 소리쳤다.[65] 인민대회당을 가득 채운, 땀을 뻘뻘 흘리는 홍위병들을 향해 외쳤다. 장칭은 잠시 생각한 다음 덧붙였다. "우리의 문화혁명소조 역시 탄압했습니다." 매혹적인 목소리로 천천히 이야기하며 장칭은 중국 남부 출신의 당 정치국원 타오주를 도우려고 자신이 얼마나 노력했는지 설명했다. "나는 그에게 인내심을 보였습니다. 나는 그를 돕기 위해 엄청난 노력을 했습니다. 하지만 그는 끝내 변하지 않더군요." 마치 남편 탕나를 꾸짖던 란핑을 보는 것 같았다.

장칭이 이렇게 부총리 타오주를 공격하자 마오는 화를 냈다. "당신의 의지는 강하지만 당신의 재능은 허약하군. 당신의 눈은 높은 곳에 있지만 당신의 손은 아주 아래쪽에서 움직이고 있어. 당신은 단 한 가지밖에 생각하지 못하는군. 타오주를 쓰러뜨리는 일 말이야!" 마오는 그렇게 장칭에게 말했다. 당시 천보다는 장칭과 함께 일하는 것에 크게 낙담하고 있었다. 그는 왕리**에게 자신이 이 일 때문에 자살하려고 계획하고 있다고 말했다. 그는 책을 하나 읽고 있었는데 그 내용 중에 공산당원이라 하더라도 자살하는 것이 허용된다고 레닌이 승인했다는 내용이 있

---

* **타오주(陶鑄, 1908~1969)** 중국공산당 정치인으로 광둥성에서 주로 활동했다. 문화혁명 초기에 적극 참여했으나 곧 반대 입장을 밝혀 숙청되었다. 가택연금 중 사망했다.(역주)
** **왕리(王力, 1922~1996)** 문화혁명소조의 구성원이었으나 1967년 극좌주의로 비판받아 숙청되어 투옥되었고 1982년 석방되었다.(역주)

다는 것이었다.

'노동자체육관(工人體育館)'의 가설 무대에 한 여인이 끌려 올라왔다. 지식인 계층에 속하는 분위기였고 눈은 반항하듯 치켜떴으며, 머리는 엉망으로 헝클어졌고 두 팔은 뒤에서 군인이 잡아 비튼 채였다. 장칭은 그 모습을 무표정한 얼굴로 바라보았다. 1966년 12월의 추운 겨울 저녁, 그녀의 적들 가운데 많은 사람들이 벌을 받았지만 팔이 괴상한 각도로 비틀린 채 몸부림치는 이 여자만큼 장칭에게 각별한 사람은 없었다. 그녀의 이름은 판진이었다.[66] 〈북경만보(北京晩報)〉의 편집인이었으며 앞에서 언급한 극작가 우한과 마찬가지로 펑전 베이징 시장 아래에서 일한 부시장 중 한 명이었다.

판진은 덩튀*의 글을 신문에 실은 책임을 추궁당했다. 마오쩌둥이 어려움을 겪던 1960년대 초에 쓰인 덩튀의 글은 마오가 과대망상증 환자라고 암시하는 풍자적 내용이었다. 덩튀는 또 중국에서 종종 남녀 간의 성교를 암시하는 '구름과 비'를 언급하면서 장칭이 마오의 침대에서 권력을 잡으려 하는 반쯤 창녀 같은 여자임을 암시하는 시를 썼는데, 판진은 이 시를 발표하도록 도와주었다. 하지만 사실 또 다른 죄가 있었다. 그 죄는 많은 사람에게 알려지지는 않았지만 장칭에게는 절대 잊을 수도, 용서할 수도 없는 죄였다. 위치웨이가 란핑과 헤어진 다음 새 부인으로 맞아 1958년 죽을 때까지 같이 산 사람이 바로 판진이었다.

이 재판이 노동자체육관에서 진행된 뒤, 장칭은 판진의 죄상을 계속 폭로하는 한편 중국 공군 내에서 은밀한 공작을 시작한다. 공군 참모총장 우파셴의 주도로 판진의 현재 남편인 공군 장교 자오위퉁이 아내와 이혼하도록 압력을 넣는 것이 목표였다.

판진은 자신의 죄를 거의 인정하지 않았지만 그녀의 사회 경력과 결혼 생활은 끝장났다. 판진은 1968년 봄에 체포되었다. 1968년 6월 24

---

* 덩튀(鄧拓, 1912~1966) 중국의 시인, 언론인. 〈인민일보〉 편집장을 역임했으며, 문화혁명 초기인 1966년에 자살했다.(역주)

일 마오의 딸 리민은 대자보를 통해 위치웨이의 옛 친구 녜룽전(聶榮臻) 원수를 공격했다.[67] 그가 판진이 관료들과 불미스러운 일을 하는 것을 '은폐'함으로써 판진을 '보호'하려 했다는 것이다.

장칭은 이렇게 자신의 전 남편과 관련해서는 제대로 복수를 했지만, 정작 자신의 현재 남편의 사생활을 통제하지는 못했다. 비서국에서는 마오의 여자들이 장칭의 눈에 띄지 않게 하려고 노력했지만 장칭은 마오가 침실에서 여성 방문객과 함께 있는 것을 목격하였다. 그런 사건이 있던 어느 날 마오의 주치의는 마오의 거처 밖에서 울고 있는 장칭과 마주쳤다.

마오의 연애 행각을 간접적으로 지적하는 장칭의 말에는 그녀 나름의 자존심이 담겨 있었다. 그녀는 의사에게 이렇게 말했다. "정치 투쟁에서 중국이나 소련의 어떤 지도자도 그를 이길 수 없습니다. 개인적 처신 문제에서도 역시 그를 제어할 수 있는 사람은 아무도 없습니다."[68] 장칭과 사이좋게 지내는 것은 무척 어려운 일이었다. 하지만 그렇다고 해서 마오가 이토록 뻔뻔하게 바람을 피우는 것이 장칭에게 주는 고통이 감소되는 것은 아니었다. 그러나 마오가 장칭을 필요로 하는 것보다 장칭이 마오를 필요로 하는 정도가 더 컸다. 그녀는 마오가 자신을 멀리 치워버릴까 봐 두려워했다. 허쯔전에게 그랬던 것처럼 장칭 역시 정신병원으로 보내버릴까 봐 두려웠던 것이다.

문화혁명 기간에 특별히 눈에 띄는 현상은 류사오치와 덩샤오핑이 과거에 자행한 '탄압' 사실을 억지로 기억해내는 것이었다. 장칭은 특이한 구호를 만들었다. "우리가 살펴보아야 할 시기는 과거 50일이나 17년뿐이 아닙니다."[69] 1966년 반마오쩌둥 선풍이 일던 시기와 1949년 이후 관료주의가 지배하던 시기를 가리키는 말이었다. "1930년대도 살펴보아야 합니다." 장칭은 1930년대의 '예술과 문학에서 잘못된 노선(文藝黑線)'을 끄집어내 문화혁명의 총살대에 세우려 했다. 왜 그랬을까? 틀을 넓게 잡음으로써 1930년대 상하이에서 '란핑에 대한 잘못된 노선'을 취한 사람들에게 복수하려는 것이었다.

1950년대까지만 하더라도 장칭은 과거 자신의 연기 경력에 별 감정을 드러내지 않았다. 마오쩌둥의 아내였기에 장칭이 배우라는 사실이 알려지지도 않았으며, 장칭이 출연한 〈노총각 왕〉, 〈늑대산의 핏자국〉 등의 영화는 상영이 금지되었다.[70] 하지만 장칭은 부하들과 있을 때면 무대와 영화 경력을 회고하곤 했다. 베이징에서는 1962년까지도 〈노총각 왕〉을 개인적으로 관람하는 사람들이 가끔 있었다. 그리고 장칭은 상하이에 가면 정췬리나 자오단 같은 배우 겸 감독 몇 사람을 초청하여 프랑스 조계에서 작은 파티를 열곤 했다.[71]

하지만 다 꺼진 듯한 불길은 1960년대가 되자 갑자기 활활 불타오른다. 1930년대 문화의 해악과, 그 해악을 저지른 사람들이 아직도 살아 있다는 데 장칭은 집요한 관심을 보인다. 1930년대 장칭이 겪은 작은 곤경 하나하나는 이제 거대한 복수극이 되어 살아 돌아온다.

문화혁명 기간에 장칭은 1937년에 자신이 〈우리의 삶〉이란 글에서 다루었던 주제 가운데 몇 가지를 골라 다시 활용했다. 예술의 특별한 역할, 반제국주의, 의지의 중요성 등이었다. 옛날 상하이에서 거친 삶을 살면서 이런 주제들은 배우이자 고생하던 젊은 여성이었던 란핑에게 큰 의미로 다가왔을 것이다. 이제 장칭은 이 주제들에 더 큰 정치적 의미의 옷을 마구 덮어씌운다.

껍데기는 정치였지만 알맹이는 개인적 차원의 행동이었다. 상하이 시절 장경은 장칭에게 결혼을 강제하려 했고, 톈한은 장칭에게 충분한 관심을 보이지 않았으며, 샤옌은 연극 〈새금화〉에서 주역 자리를 장칭이 아니라 왕잉에게 주었으며, 저우양은 장칭을 돕지 않았다. 1960년대 장칭이 이들에게 보복한 방식은 "최근 밝혀진 바에 따르면" 1930년대 상하이 시 당위원회가 잘못된 정치 노선에 잠식당했다고 선언하는 것이었다. 장칭의 선동으로 이들 네 명은 1930년대에는 태어나지도 않았던 젊은 군중에 의해 거리로 쫓겨나와 고깔 모자가 씌워졌다. 네 사람은 모두 직장에서 쫓겨났으며 가족 역시 극심하게 탄압받았고, 중국 전역의 관영 매체들은 이들이 '유령'이며 '괴물'이고 '우둔한 소'라고 떠들어댔다. 장칭은 영화 제작자들과 만난 모임에서 즐거운 표정으로 이렇게 말하기도 했다. "샤옌은 아무것도 안 하고 종일 침대에서 뒹굴거리기만 했어요."[72]

장칭은 저우양과 대화를 한 번 나눈 적이 있는데, 자신이 상하이에 있을 때 공산당으로부터 관심이 멀어졌다는 비난에 얼마나 분노하고 있는지가 대화에 잘 드러난다. 장칭은 저우양에게 추궁했다. "당신은 내가 그때(1930년대 중반) 상하이에 있으면서 무엇을 추구했는지 알고 있었습니까?" 저우양은 이미 자신이 패배자라는 것을 알았으므로 "알고 있었습니다."라고 대답했다. 장칭은 지금 자신의 정치 인생에서 중요한 점한 가지를 확실하게 짚고 넘어갔다. "나는 공산당과 접촉하려고 애쓰고 있었습니다." 저우양은 아무 말 없이 고개를 떨구었다.[73]

장칭은 지난 수십 년 동안 자신에게 반대했던 사람들을 목록으로 만들어놓은 것처럼 보였다. 이제 그 목록을 꺼내 한 사람씩 잡아가는 것이었다. 당 중앙위원회 판공청의 전 주임인 양상쿤은 1952년 마오에게 장칭이 원치 않는데도 그녀를 소련으로 보내도록 권유한 적이 있었다.[74] 양상쿤은 집에 있다 군중들에게 끌려나와 허리를 굽히고 숨을 헐떡이며 거리를 행진해야 했다. 목에는 이름 석 자를 쓰고 글자마다 큰 엑스(X)자가 그려진 커다란 간판이 매달렸다. 중국 역사에서 그의 이름이 이제 삭제되었다는 의미였다. 노동자체육관에 운집한 1만여 명의 홍위병은 자본주의가 무엇인지 알 리가 없건만 양상쿤을 자본주의자라고 큰소리로 비난했다. 홍위병 한 사람이 그의 팔을 비틀어 절하는 자세를 취하게 했고 장칭은 복수의 무대 저 멀리 설치된 관람대에서 차가운 웃음을 짓고 있었다.

여성에게 자율권을 주어야 한다는 자신의 원칙을 완전히 망각한 듯, 홍군의 영웅 주더와 외교부장 천이가 주자파(走資派)로 '폭로'되자 두 사람의 아내 캉커칭과 장첸 역시 숙청해야 한다는 데 장칭은 동조했다.

타오주와 덩샤오핑에 대한 투쟁을 촉구하는 문건을 받아든 장칭은 그 문건을 수정하여 두 아내도 투쟁 대상에 포함시켰다. 중국 군대의 두 장군 쉬샹첸*과 녜룽전이 문화혁명의 희생물 자리로 떨어지자, 장칭은 곧장 쉬 장군의 아내 황제를 '변절자', 녜룽전 장군의 아내 장뤄화를 '적의 첩자'로 비난하고 나섰다.[75]

훗날 장칭은 이런 무모한 복수극을 후회했을 것이다. 복수극의 바탕에 깔린 "아내는 남편의 행동을 배우게 되어 있다."는 논리 때문에 장칭 자신도 큰 위험에 맞닥뜨리게 되기 때문이다.

심지어 왕관란조차 장칭의 '나쁜 사람' 목록에 올랐다.[76] 왕관란의 아내 쉬 언니는 장칭의 오랜 친구이자 정치적 멘토였다. 쉬 언니는 장칭이 1937년 옌안에 자리를 잡는 과정에서 장칭이 원하는 대로 확실하게 도와준 사람이다. 너무나 많은 사람이 죽었다. 많은 이들은 절망한 나머지 자살했다. 독선과 복수의 바람은 곧 거대한 폭풍우가 되었다. 이 바람을 일으키는 데는 누구보다 장칭이 앞장섰다. 문화혁명의 폭풍우는 점점 더 세게 몰아쳤으며, 싸움과 고통과 의심의 1년이 지난 뒤**인 1967년 8월에는 너무나 많은 사람이 죽었기 때문에 베이징의 화장 시설들은 작업을 감당하지 못했다. 베이징 사람들은 이 달을 '죽음의 달'이라고 말한다.

장칭 혼자 숙청 작업을 벌였다는 말이 아니다. 장칭이 없었더라도 이 과정의 상당 부분은 그대로 진행되었을 것이다. 하지만 장칭은 분명 많은 숙청 작업을 직접 강력하게 추진했으며, 자신의 목적에 맞게 조정했고 이 숙청 작업에 분노와 드라마라는 양념을 뿌렸다.

---

* **쉬샹첸**(徐向前, 1901~1990) 중국의 군 지휘관이자 공산당 정치가. 중국 인민해방군 창시자의 한 사람으로 중국 10대 원수에 든다. 인민해방군 총참모장, 국방위원회 부주석, 중공 중앙군사위원회 부주석 등을 역임하였다. 문화혁명 시기에 린뱌오, 장칭 등과 맞섰다.(역주)
** 문화혁명이 공식적으로 시작된 시점은 1966년 8월 8일 중국공산당 중앙위원회에서 마오쩌둥이 '프롤레타리아 문화대혁명에 관한 결정안 16개조'를 발표한 때였다. 이때부터 1년 뒤가 1967년 8월이다.(역주)

1930년대 상하이에서 잠시 장칭과 사귀었던 축구 선수는 그때 홍콩에 살고 있었다. 그와 란핑은 〈여인의 마음〉이라는 낭만적 영화를 같이 본 다음 후이중 호텔에서 사랑을 나눈 추억이 있었다. "그대가 좋아했던 나의 기운과 용기는 지금 사라지고 없습니다." 그는 장칭에게 공개 서한을 썼다.[77] "하지만 35년이 지난 지금도 나는 당신을 보면 마음이 움직입니다. 아직도 약간의 감정이 남아 있는 모양입니다." 과거 축구 스타였던 이 사람은 이제는 멀리서 그리고 좀 더 큰 무대에서 여전히 옛날의 란핑과 마찬가지로 위험스러운 도박을 하고 있는 장칭의 모습을 보고 있었다.

그는 편지를 이렇게 마무리했다. "내 바람은, 그대가 품은 권력에 대한 갈망 때문에 그대의 마음이 잘못되지 않았으면 좋겠다는 것입니다. 그리고 중국의 보통 사람들도 생각해보았으면 합니다."

상하이에 있는 정쥔리 감독의 아파트에 전화가 걸려왔다.[78] 정쥔리 감독은 장칭이 탕나와 결혼할 때 탕나의 가장 친한 친구로서 신랑 들러리를 서준 사람이다. 상하이 시 당위원회 지도자 장춘차오가 정쥔리를 지금 곧 만나고 싶다는 것이었다. 정쥔리는 장춘차오에게 갔다. 장춘차오는 장칭이 자신의 '개인적 생활'에 관련된 1930년대의 '어떤 자료들'을 찾고 싶어 하니, 정 감독에게 장칭과 관련된 편지, 사진, 신문이나 잡지 기사 스크랩, 써놓은 글을 모조리 당에 제출하라고 했다. 지시대로 정쥔리는 역시 영화감독인 아내 황천과 함께 소중한 추억이 담긴 자료들을 포장하여 장춘차오의 집무실에 보냈다. 하지만 그는 큰 불안감에 빠졌다. 장칭의 요청이 너무 광범위하면서도 모호했다. 지금이 어떤 시절인가? 많은 지식인들이 오래전에 한 말이나 행동 때문에 정치적으로 비난받고 있지 않은가? 그리고 왜 장칭이 쓴, 혹은 장칭에게 보낸 "편지 한 통 또는 여러 통"이란 말이 자꾸 나오는가? 이게 도대체 무슨 일이란 말인가?

장춘차오와 정쥔리는 한 번 더 만나 대화를 나누었다. 그 뒤 그는 아내에게 이렇게 말했다. "혹시 몰라. 내가 다음에 집 밖으로 나가면 영영 돌아오지 못할 수도 있어."

베이징에 있던 장칭은 장춘차오의 성과에 만족하지 못했다. 1936년 란핑이 탕나에게 써 보냈던 강렬한 내용의 편지*를 정쥔리가 한 부 복사하여 갖고 있다고 의심한 것일까? 장칭이 추이완추를 비롯한 다른 비공산주의자들이나 국민당 쪽 사람들과 관계를 맺은 것과 관련된 문건이 있을까 봐 걱정한 것일까?

장칭은 몇 달 전 국방부장 린뱌오와 정치적 거래를 성사한 덕분에 군 장교와 고위급 장교 부인들이 형성하고 있는 특별한 정보망을 손에 넣었다. 장칭은 린뱌오의 두 번째 부인이자 급속하게 영향력을 확대하던 예췬을 불러 이야기를 나누었다. 예췬은 장칭을 우러러보았으며 남편이 마오쩌둥의 후계자가 되려는 꿈을 이루는 데 장칭이 얼마나 중요한지 잘 알고 있었다. 또한 중국 지도자라면 당연히 자신의 이미지가 어떠한지 생각해야 하며, 사람들이 잘못된 인상을 갖고 있다면 바로잡아야 한다고 여기는 장칭의 입장을 이해하고 있었다.

다음 날 상하이의 군 장교 장텅자오(江騰蛟)는 공군 참모총장 우파셴의 전화를 받았다. 우파셴은 뚱뚱한 몸집에 윗사람의 기분을 잘 맞춰주는 사람이었는데, 당시 장칭과 린뱌오 국방부장이 형성한 권력 핵심에 속해 있었다. 우파셴 장군은 장텅자오에게 린뱌오 부인 예췬이 시급한 '정치적 과업' 때문에 장텅자오를 베이징에서 만나야 한다고 말했다. 예췬은 베이징으로 간 장텅자오에게 장칭을 대신하여 설명했다. 정쥔리 감독, 구얼이(장칭, 탕나와 같이 합동 결혼식을 올린 사람), 1930년대의 좌익 상하이 보헤미안 가운데 현재까지 살아남은 몇몇 사람들의 집에서 과거 기록들을 찾아내야 한다는 것이었다. 특히 "편지 한 통 또는 여러 통"을

---

* 탕나와 결혼 생활에 싸움과 화해를 반복하던 란핑이 1936년 여름 정쥔리를 통해 탕나에게 결별을 통보하면서 자신의 견해를 강하게 펼친, 장문의 편지를 보낸 적이 있다.(역주)

주의해서 찾으라고 했다. 장텅자오는 다시 비행기를 타고 상하이로 돌아와서 이 과업을 수행할 계획을 짜기 시작했다.

한편 정쥔리 감독은 1966년 10월 7일 장칭에게 직접 편지를 썼다. "나는 당신의 편지를 한 통도 보관한 적이 없는 것으로 기억합니다." 정 감독은 예의 바르게 설명했다. "당신이 우리에게 쓴 편지도, 당신이 자오단이나 그의 아내에게 쓴 편지도 없습니다." 하지만 서류함에서 사진은 몇 장 찾아냈다. "여기에 1930년대 사진 몇 장을 동봉합니다. 원하신다면 그 사진들을 파기해버리셔도 좋습니다."

이틀 뒤 10월 9일 저녁 7시, 정쥔리 감독과 아내가 집에 있을 때 갑자기 눈만 내놓은 복면을 쓴 남자들이 난입했다. 그들은 자신들이 홍위병이라고 했지만 사실이 아니었다. 장텅자오가 '믿을 수 있는' 간부와 장교들을 선발하여 이 극적인 수색 작업을 시킨 것이었다. 수색은 정쥔리 감독 집 이외에도 네 군데에서 실시했다. 장칭을 불안하게 하는 증거물을 찾는 것이 목적이었다. 그 증거물은 실제로 그들 집에 있을 수도 있었고, 장칭의 상상 속에서만 존재할 수도 있었다.**

임시로 홍위병 노릇을 하게 된 이 군인들은 밤새도록 입으로는 계속 경건한 정치 구호를 외치면서 정쥔리의 집을 샅샅이 뒤졌다. 책을 일일이 꺼내 혹시 그 안에 종이 쪽지가 있지 않은가 책장을 다 넘겨보았다. 집 안을 엉망으로 만들면서 그들은 계속 '높은 분', 즉 장칭에 관련된 모든 것을 찾아내야 한다고 소리쳤다. 정쥔리 부부는 그런 것이 없다고 이야기했으나 침입자들은 낱장으로 된 종이를 모두 쓸어가버렸다. 정쥔리의

** 장텅자오는 그날 밤 부하들이 수색 작전에서 지켜야 할 다섯 가지 '군사 준칙'을 정했다. 이것을 한번 살펴보는 것도 의미가 있을 것이다. "(1) 편지나 공책, 사진, 다른 글로 쓴 자료들만이 필요함. 기타 다른 종류의 물건은 수색 대상이 아님. (2) 질문을 받으면 다음과 같은 답변만 할 것 : "상하이 홍위병 본부에서 왔다." (3) 팀장들은 권총을 은폐된 상태로 소지할 것, 총을 쏠 일이 있으면 우선 허가를 받을 것. (4) 군용 트럭임을 보여주는 차량 번호판은 떼어내거나 종이를 발라 보이지 않게 할 것. (5) 투입 소대 병사들과 그밖에 선발한 전사들에게는 다음 말만 할 것 : "우리는 이 사람들의 집에서 분실된 공군 관련 계획 문건이나 비밀 문건을 수색하는 것이다."

초벌 원고, 일기장, 부인 황천의 대본, 심지어 아들의 학교 공책조차 가져갔다. 새벽 5시가 되어서야 수색이 끝났는데, 그들은 떠나면서 이렇게 말했다. "만약 당신들이 베이징에 살고 있었다면 이런 일이 있기 오래전에 이미 총살당했을 거요."

예천은 다음날 장텅자오에게 전화해서 장칭 동지가 "매우 만족해한다."고 말했다. "편지 한 통 또는 여러 통"과 또 다른 종류의 많은 것들이 발견되었다는 것이다.

장칭은 자신의 연애에 관련된 사항뿐 아니라 정치적 기록도 걱정했다. 1966년 여름 상하이 경찰국 간부 황츠보(黃池波)는 장칭의 호출을 받았다. 장칭은 황츠보에게, 1934년도에 국민당 경찰이 자신을 체포하고 구금했다가 석방한 것과 관련하여 분명 오해를 불러일으킬 만한 서류가 있을 것이라고 말했다. 그 사건과 관련한 자료가 아직 상하이 경찰 관련 서류철에 남아 있다면 모두 자신에게 보내 달라는 것이었다.* 황츠보 아내의 증언에 따르면, 남편은 이 요청을 곧 실행에 옮기지 않고 시간을 질질 끌었다고 한다.

"어째서 황츠보는 내가 요청한 자료를 보내지 않지?" 장칭은 화가 나서 부하에게 소리쳤다. 장칭은 다시 한 번 우파셴을 활용했다. 그러나 이런 서류는 아마도 없었을 것이다. 국민당이 상하이에서 철수할 때 서류를 타이완으로 가져갔기 때문이다. 여하튼 우파셴 장군은 장칭이 젓가락 한 짝만 떨어뜨려도 당장 비행기 한 대를 대령할 정도의 의지와 능력이 있었다. 우파셴 장군은, 어쩌면 캉성의 도움을 받았는지 모르지만, 상하이 시 정부와 경찰 관계 주요 인물들을 체포했다. 불운의 사나이 황츠보는 물론 스무 명이 넘는 사람들이 체포되어 베이징으로 압송되어 구금되었다. 그날 밤 다시 새로운 수색 작업이 진행되었고, 이번에

---

* 장칭은 자신의 체포를 "실수로 행해진 체포"라고 불렀는데 이것은 이상한 표현이다. 아마도 장칭이 자신의 석방을 위해 자수서를 작성하였다는 다른 사람들의 비난의 신빙성을 무너뜨리기 위한 목적으로 이런 말을 했을 것이다.

는 1934년 란펑과 국민당 경찰 사이에 있었던 사건과 관련된 문건이 수색 대상이었다. 하지만 결과는 만족스럽지 않았다. 실제로 있는 문서를 찾아내기도 어렵지만, 없는 문서를 찾아내는 것은 더욱 어려운 일이다.

1967년 추운 겨울날 저녁, 장칭과 예췬은 공안부(公安部) 부장 셰푸즈(謝富治)와 국빈관 조어대(釣魚臺)에서 식사를 하고 있었다. 공안부장 셰푸즈는 우파셴 못지않게 장칭의 말이라면 무엇이든 따르는 사람이었다. 세 사람은 상하이에서 압수해 온 물건들을 어떻게 처리할지 의논했고 "한번에 영원히 해결해버리자(一勞永逸)**"는 결론을 내렸다. 예췬은 공군 본부로 전화해서 상하이에서 압수한 자료 상자들을 즉시 린뱌오의 거처인 마오자완(毛家灣)으로 보내라고 명령했다. 마오쩌둥의 측근이자 후계자인 국방부장 린뱌오의 부인이며, 공군 참모총장 우파셴과 밀접한 협조 관계였던 예췬은 공군 본부를 사실상 장악하고 있었다.

세 사람은 검은색 훙치(紅旗) 승용차를 타고 마오자완으로 이동했다. 육중한 대문이 열리고, 통과증을 제시하고, 승용차 번호를 확인했다. 장칭, 예췬, 셰푸즈는 차에서 내려 저택 뒤에 있는 작은 마당으로 갔다. 린뱌오 집무실의 비서가 도우러 왔고, 때맞춰 서류와 사진이 든 상자들을 가지고 공군 본부의 젊은 사병들이 도착했다. 뜰 한구석에는 석탄불을 피운 화로가 타고 있었다. 장칭은 팔짱을 끼고 서 있었다. 긴장했을 때 나오는 버릇이었다. 석탄불이 벌겋게 피어올라 세 사람의 얼굴을 환하게 비추었다. 예췬은 긴장하고 약간 겁먹은 얼굴이었다. 장칭은 무표정했고, 셰푸즈는 무척 즐거운 표정이었다. 공안부장 셰푸즈는 상자 쪽으로 걸어가서 상자를 열고 물건들을 꺼내 석탄불에 조금씩 집어넣기 시작했다. 예췬도 그쪽으로 가서 일을 도왔다. 장칭은 화로에서 3, 4미터 떨어진 뜰의 한쪽 구석에서 천천히 왔다갔다하며 보고 있었다. 이따금 멈추어 서서 종이쪽과 사진을 벌건 석탄불로 던지는 예췬과 셰푸즈의

** 一勞永逸은 한 번의 수고로 영원히 편할 수 있다는 뜻이다. 부담스럽고 힘든 일을 과감하게 실행함으로써 오랫동안 고생할 일의 원천을 제거하자는 내용을 담고 있다.(역주)

손을 뚫어지게 쳐다보았다. 세 사람은 아무 말도 하지 않았다.

몇 달 뒤 정췬리는 투옥되어 1969년 감옥에서 죽었다. 상하이 경찰국의 황츠보는 감옥에 들어가 여러 해 동안 고생했다. 1930년대 최고 남배우였던 자오단과 구얼이도 곧 감옥에 들어갔다. 두 사람은 1936년 탕나와 란핑이 결혼할 때 같이 결혼식을 올린 적이 있다. 구얼이는 감옥에서 죽었다.*(마오쩌둥 시대의 중국에서는 정치적 이유로 수감되면 그것은 곧 종신형이었다. 정치적 상황이 정반대로 변하기 전까지 석방되지 않는 것이 보통이었기 때문이다.)

만약 마오쩌둥 부인이 아니었다면 장칭은 분명 문화혁명의 완벽한 공격 대상이 되었을 것이다. 부르주아적 취향, 국민당 경찰에게 자수서를 쓰고 석방된 사실 등으로 장칭은 분명 1956년에서 1957년 사이의 '반우파' 운동 시기에 당국으로부터 괴롭힘을 당했을 것이며, 그로부터 10년 뒤 홍위병이 격렬하게 활동하던 시기에는 더 큰 고초를 겪었을 것이다. 프랑스로 떠나 살던 장칭의 전 남편 탕나는 다음과 같이 말했다. "1956년에서 1957년 사이에 나는 아마 체포되었을 거예요. 그리고 1966년에 살해당했겠죠." 그런 끔찍한 운명을 맞이하는 대신 탕나는 파리에서 자신의 전 부인이 상하이에서 친하게 지내던 보헤미안 친구들에게 엄청난 고통을 안겨주는 모습을 바라만 보고 있어야 했다. 탕나는 파리에서 식당을 운영하고 있었는데 구경꾼들이 몰려와서는 장칭의 전 남편을 보

---

* 과거를 깨끗하게 만들려는 장칭의 노력은 1968년과 그 이후에도 계속된다. 1968년 2월 23일 장칭은 우파셴에게 상하이 관료 쑨췐칭에 관한 문건을 넘겨준다. 장칭은 "그 관료를 만나고 싶다."고 말한다. 우파셴는 즉시 쑨췐칭을 베이징으로 압송했으며, 3월 1일 장칭은 한 문건에 서명함으로써 쑨췐칭을 감옥으로 보낸다. 그 다음 날인 3월 2일, 장칭은 다시 우파셴에게 상하이 시절 자신이 데리고 있던 하녀 한 명을 찾도록 지시한다. 그 하녀가 란핑과 탕나 사이의 여러 가지 사건을 목격했을 가능성이 있었기 때문이다. 얼마 지나지 않아 우파셴은 문건 하나를 작성한다. 상하이 시절 란핑의 적들, 그리고 '홍콩의 모 그룹들'과 이 하녀가 '검은 연결'을 맺고 있었다는 문건이었다. (당시 '홍콩의 모 그룹들'과 연결이 있었다고 비난받으면 누구든 곧 신뢰성이 훼손되었다.) 우파셴이 준비한 문건에 장칭이 서명했고 그 하녀는 감옥에 갇혀 죽는다.

겠다고 소동을 피우는 바람에 식당을 다른 사람에게 팔아버렸다. "어떤 중국 신문은 내가 식당에 장칭 사진이 가득한 특별한 방을 하나 따로 두었다는 기사를 썼지요." 탕나는 쓴웃음을 지으며 회고했다. "그런 기 사를 믿는 사람도 많더군요. 그들은 내가 운영하는 식당에 와서는 특별 한 방에 도대체 어떤 사진이 있는지 보려고 했습니다."[79]

열정에 찬 혁명 연설가

"마오 주석께서 건강이 어떠신지 모두들 궁금하지요?"[80] 어느 대중 집회에 연사로 나온 장칭은 큰소리로 말문을 열었다. 군중들은 파괴 작 업에 열을 올리고 있었으며 자신들이 선한 일을 하고 있다는 종교적 확 신이 넘쳤다. 그들은 "네!" 하고 소리쳐 대답했다. "제가 여러분께 알려드 릴게요." 마치 부부의 침대에서 방금 일어난 것 같은 목소리였다. "그분 은 아주 튼튼하시고 건강하세요!"

"우리는 장칭이 아주 깔끔하고 단정하다고 생각했어요." 당시 홍위병 이었던 사람의 회고다. "그리고 그녀의 목소리는 정말로 기억에 오래 남 아요. 깊은 울림이 있으면서도 아주 여성스러운 음성이었지요." 또 다 른 사람의 회고다. 그 역시 홍위병이었지만 훗날 장칭의 분노를 사서 고 초를 겪었다. 그런데도 그는 장칭의 대중 연설이 뛰어났음을 인정했다. "그녀가 젊고 아름다웠을 때는 얼마나 멋졌을까 궁금했습니다."

군중이 종종 "장 여사님, 우리는 당신을 사랑합니다!(江阿媒, 我們愛 俚你)"라고 남녀를 불문하고 외칠 때마다 장칭은 무척 기분이 좋았다. 장칭은 또 떠들썩한 싸움이 벌어질 때를 좋아했다. 단 그 싸움의 중심 에 자신이 멋지게 서 있어야 했다. 장칭은 터무니없는 말을 하면서도 전 혀 개의치 않았다. (자본주의는 오로지 "썩은" 문화만을 생산했으며 이런 문 화는 "인민들에게 아무런 호소력"이 없었으며 단지 "나체 쇼, 인상파, 야수파 같 은 정말 끝도 없는 음란물의 연속일 뿐이었습니다. ……"[81] 장칭은 이렇게 말 한 적도 있었다.)

베이징대학에 갔을 때 장칭은 적대적인 학생들을 만났다. 학생들은 "당신을 교수형에 처하겠다!", "당신을 끓는 물에 집어넣겠다!"라고 소리쳤다.[82] 장칭은 위험을 느끼기보다는 극적 장면이 연출된 데 흥분했는지, 보기 드물게 유머를 발휘하여 이렇게 답했다. "나는 엄청나게 바쁘거든요? 하지만 내가 만약 시간이 조금이라도 나면 학생들을 초청하겠어요. 그때 와서 날 목매달든지, 물에 빠뜨리든지 하세요."

"나는 평범한 공산당원일 뿐입니다." 군사위원회 집회에서 장칭은 이렇게 연설을 시작했다.[83] "오랜 기간 동안 나는 오직 주석의 비서로 일했을 뿐입니다." 이는 자신을 겸손하게도, 또한 중요하게도 보이게 하는 묘사 방법이었다. 지금 이 자리에 앉아 있는 장교들께서 아마도 자신보다 더 마오 주석에 대해 많이 알고 있으리라 믿는다면서, 장칭은 장교들의 마음을 편하게 해주었다. "저는 경험 많으신 홍군 장교님들에게 엄청난 존경심을 품고 있습니다." 다음에 장칭은 마오의 소식을 자세하게 전해줌으로써 마오를 매우 존경하는 청중들에게 강한 인상을 주었다. 자신과 달리 마오는 시정의 '뒷골목 소식' 듣기를 좋아한다든가, 마오는 자녀가 아버지에게 '말대꾸'하는 것을 잘 받아준다는 등의 이야기였다. 장칭은 자신이 마오의 학생에 불과하다고 말하고는, 하지만 예술과 문화 방면에서만은 자신이 마오에게 가르쳐드린 것이 있다고 덧붙였다.

"어쩌면 제가 너무나 확신에 차 있었는지 모르겠어요." 장칭은 낮은 목소리로 말했다. 그러나 악이 승리하는 것은 도저히 참을 수 없었으며, 그래서 자신은 싸울 수밖에 없었다고 호소했다. "그때 일이 어떻게 진행되었는지 소상하게 알면, 아마도 여러분은 무척 분노하실 겁니다." 장칭은 베이징 시장 펑전이 자신의 무대 예술 개혁 운동을 저지했던 이야기를 하며 그렇게 말했다. "중국의 연극이나 영화에서 우리 군대 영웅들을 좀 더 많이 묘사해야 하지 않을까요? 당연히 그렇지 않습니까?" 하지만 그걸 반대하는 사람이 있었다는 것이다. 그들은 "주석의 말씀도, 제 말도 들으려 하지 않았지요." 군인들이 잘 알지 못하는 문화 방면 이야기를 길게 한 다음, 장칭은 혹시 자신이 "잘못 알고 있는" 부분이 있다면 "좀 고쳐 달라"고 단단히 부탁하며 연설을 끝냈다.

이때 장칭은 연설에서 자신에 관한 진실 하나를 말했다. 최근 들어 중국에서 자주 지적받고 조롱당하는 측면이었다. 가늘게 한숨을 내쉬면서 장칭은 자신에게 약점이 많고, 열심히 공부하려고 했으나 학습이 체계적이지 못했다고 고백했다. "하지만 내게 강점이 있다면," 장칭은 곧 확신에 찬 목소리로 돌아왔다. 머리는 한쪽으로 약간 기울였는데, 무엇인가 강조하려 할 때 나오는 버릇이었다. "저는 한번 무엇을 물면 안 놓습니다. 끝까지 따라갑니다. 결국은 그것을 얻어내고 맙니다."

장칭은 또 과거에 자신이 얼마나 속박되어 있었는지를 두고 분노를 터뜨렸다. "옌안에 있을 때, 군인 모자를 썼다고 지적받은 적이 있습니다. 그 모자를 쓰지 말라고 명령을 받았습니다." 지금 이 순간 당당하게 인민해방군 모자를 쓰고 있는 장칭으로서는 자신의 과거를 끝내 설욕하여 후련한 순간이 아닐 수 없었다. 드디어 진짜 군인이 된 것이 아닌가!

자신의 힘이 절정에 다다랐던 어느 겨울 저녁, 장칭은 고등학생들의 집회에 나왔다.[84] 그날의 연설 주제는 독재와 민주주의가 어떻게 '상호 연결'되어 있는가, 그리고 선택된 '악당' 무리에 맞서 어떻게 '투쟁'해야 그들을 본보기로 삼을 수 있는가였다. 장칭은 젊은 악당들과 싸울 때는 "질병을 고침으로써 환자를 살린다."는 원칙에 따라 행동하면 된다고 했다. 하지만 중년이나 노년 악당들과 싸울 때는 "그들이 쓰러질 때까지 투쟁하고, 그들의 명성이 땅에 떨어질 때까지 투쟁하고, 그들의 위세가 완전히 사라질 때까지 투쟁"해야 한다고 주장했다. 무대 뒤에는 이런 투쟁 대상으로 뚱뚱한 두 사람이 대기하고 있었다. 국무원 비서 한 명과 베이징의 주요 정치인 한 명이었다.

상하이 시절 장칭에게 무대 위에서 이리저리 움직이라고 명령하던 감독처럼, 장칭은 손을 들어 두 고위 관료를 가리켰다. 그들은 지금 장칭의 손끝에 따라 움직이는 꼭두각시 신세였다. 열광하는 고등학생들을 향해 장칭이 외쳤다. "저우룽신*과 융원타오**를 여러분 앞에 나오게 할까요?" 관중은 거센 목소리로 대답한다. "네, 네, 나오게 하십시오!" 장칭은 몸을 돌려 고개를 푹 숙인 두 명의 제물을 향해 말했다. "무대로 나오세요." 승리의 미소를 지으며 그렇게 명령했다. 관중은 소리쳤다. "고개를 숙여!" 두 사람은 무대로 나왔다. 반쯤 기어가듯, 반쯤 떠밀리듯 걸어나와 7천 명에 달하는 혁명의 자식들에게 판결을 받게 되는 것이다.

장칭은 적절하게 시간을 안배할 줄 알았다. 관중들이 잠시 즐겁게 소리칠 시간을 준 다음, 새로운 장면으로 넘어갈 것을 지시했다. "좋습니다! 이제 잠시 조용히 해주세요. 젊은 지휘관이며 동시에 인민의 젊은 투사인 여러분! 여러분은 지금 이 두 사람의 진짜 모습을 보았습니다. 이제 그들을 물러나게 합시다."

"그들이 물러서게 하라!" 희생자들이 나오게 할 때나 들어가게 할 때나 관중들은 장칭의 지시에 온순하게 복종했다. 그 다음 장칭은 두 사람의 죄상을 이야기했다. (장칭은 이때 두 홍위병 집단을 서로 경쟁시키는 중이었다. 좀 더 좌익적이며 장칭에게 가까운 홍위병 집단과 기성 지배 계급 자제들 집단이었다. 오늘 이 자리는 지배 계급 자제들을 '대안'으로 보고 격려하는 자리였다.) 그녀는 알베르 카뮈(Albert Camus) 작품에 등장하는 처형자의 기술을 알고 있었다. "나는 친절과 폭력을 번갈아 사용하지. 심리학적으로 볼 때 그렇게 하는 게 좋아."[85]

이들 젊은 세대 중국인들은 1949년 이후 정형화되고 평온한 분위기에서 성장했다. 이들이 장칭을 존경한 것은 충성스러운 활동을 하면서 느끼는 쾌락뿐 아니라 장칭의 힘차고 생기 넘치는 매력 때문이기도 했다.

---

* **저우룽신**(周榮鑫, 1917~1976) 중국공산당 정치인. 저우언라이의 측근으로 활동하다가 문화혁명 때 숙청당해 사망했다.(역주)
** **융원타오**(雍文濤, 1912~1997) 중국공산당 정치인. 베이징 행정 부문과 임업 부문에서 활동하였으며, 문화혁명 중 탄압받았으나 사인방 몰락 후 복권되어 계속 활동하였다.(역주)

문화혁명 당시 대중 앞에서 연설하는 장칭. 상하이에서 관객들을 매료시켰던 것처럼, 장칭은 멋진 목소리와 생기 넘치는 표정으로 청중을 사로잡았다.

당시 어떤 사람이 이렇게 군중 앞에서 소리치고, 남에게 고함 지르고, 라오냥(老娘)(나이 많은 여인이 스스로를 칭하는 속되고 거친 표현)이라고 자칭하고, 자신에게는 일관성 없이 말할 '권리'가 있다고 당당하게 주장할 수 있었겠는가?

1960년대 젊은 세대는 장칭 세대를 억누르던 부담에서 일단 해방되어 있기는 했다. 빈곤, 남녀 불평등, 외세 침탈 등은 이제 없었다. 하지만 장칭과 같은 지난 시대의 여성이 나타나서 격투를 벌이는 모습을 보고 젊은이들은 감동을 받았다. 당시 중국 사회에 팽배했던 무사안일주의라는 평평한 대지에 갑자기 강하고 멋진 투사 한 사람이 과거로부터 솟아오른 것이었다.

"마치 마오쩌둥이 직접 연설하는 것 같았어요." 장칭이 극단 앞에서 연설한 것을 회고하는 한 배우의 증언이다.[86] 장칭은 그때 〈백모녀〉라는 경극 개혁을 도우려고 베이징에서 상하이로 왔다. 장칭은 멋진 망토를 휘날리면서 상하이의 전람회장에 당당히 들어왔다. 장칭의 두 눈은 흥분으로 반짝였다. "그녀는 힘이 넘쳐흘렀고 자신감에 가득 차 있었죠. 그녀는 우선 마오 주석의 인사를 전한다고 말했고 주석께서 우리 공연에 행운이 가득하기를 빈다는 것을 전해 달라고 부탁했다고 말했습니다. 그때 우리는 얼마나 감동했는지 모릅니다!"

"우리는 모두 장칭이 마오 주석을 대신하여 말하고 있다고 믿었습니다." 당시 베이징의 문화 부문 활동가였던 탄(譚)이라는 사람의 회고다.[87] "게다가 그녀는 매력적이고 설득력 있는 인물이었습니다. 가끔 지나치게 신경질적이 되어 높은 목소리로 소리칠 때를 제외하면 말이죠." 탄은 자신이 일하던 방송국에 장칭이 방문했을 때를 회고했다. "과격파와 온건파 사이에 큰 논쟁이 있었습니다. 리촨이라는 소녀가 장칭에게 다가갔습니다. 그 소녀는 당시 파벌 논쟁에서 자신이 부당하게 취급당했다고 생각했어요. '저는 그렇게 나쁜 사람이 아니에요.' 소녀는 울먹이면서 장칭에게 말했죠." 탄은 리촨이라는 소녀가 그렇게 호소하는 것을 보고 놀랐다고 한다. 그 소녀는 매우 온건한 의견의 소유자였기 때문이다. "하지만 그 호소는 장칭의 마음을 울렸던 것 같아요. 장칭은 리촨의 편을 들었습니다. 소녀를 감싸 안고 장칭은 집회장으로 들어왔죠. 그리고 청중을 향해 말했습니다. 지금의 투쟁이 아무리 중요하다 해도 앞으로 '그녀의' 리촨을 좀 더 잘 대접해야 할 것이라고 말이죠." 탄의 결론은 이랬다. "우리는 장칭의 즉흥적이고 비관료주의적 행동방식을 좋아했던 겁니다."

젊은이들은 장칭을 개인적으로 잘 알지 못했다. 만약 그랬다면 장칭 안에 숨어 있는 불안을 보았을 것이다. 하지만 겉으로 드러난 행동만 볼 수밖에 없었던 사람들은 장칭에게서 깊은 인상을 받았고 큰 흥분을 느꼈다.

베이징대 학생 천(陳)은 마오에게 편지를 썼다. 1967년 여름의 일이었다. 이 학생은 학교에서 당시 조반파와 공작조* 사이의 싸움에 휘말렸고, 중국의 최고 지도자에게 몇 가지 제안하고 싶은 것이 있었다. 천과 누나는 버스를 타고 중난하이에 있는 당 중앙위원회 면회소로 갔다. 두 사람은 그곳에서 일하는 관료에게 이 편지를 장칭에게 전해서 장칭이 마오에게 전해줄 수 있는지 물어보려 했다.

"저는 장칭을 정치인으로서 그렇게 많이 존경하지 않았습니다." 천의 회고다. "하지만 당시 장칭은 매우 활발하게 활동했고 유명했습니다. 그래서 마오에게 통하는 가장 좋은 경로인 것 같았습니다." 바로 전날 장칭은 베이징대학에 가서 한 학생 단체에게 이렇게 말했다. "자, 만일 학생들이 나한테나 마오 주석에게 할 말이 있으면 나에게 알려주세요. 내가 어떻게 주선해볼 테니까요." 천도 그 자리에 있었다.

면회소에서 천의 누나는 자신의 이웃에 살던 하급 관료에게 면회를 요청하여 두 사람이 온 까닭을 말했다. 얼마 지나지 않아 치번위**라는 장칭의 고위 보좌관이 나왔다. "장칭 동지가 당신을 만나고 싶어 합니다. 우리 모두 조어대로 차를 타고 이동합시다."

장칭은 개인 사무실에서 성큼성큼 나왔다. 피곤해 보였지만 기분이 좋은 듯했다. 치번위는 장칭과 대화하는 자리에 천의 누나만 데리고 들어가려고 했다. 이때 천이 과감하게 한마디 했다. "장칭 동지가 여기 계시지 않습니까? 제가 따라 들어가도 되는지 장칭 동지께서 결정해주시죠."

"두 사람 다 들어와요." 장칭은 호기롭게 큰 목소리로 말했다. 장칭은 천의 팔을 잡고 앞장서게 하여 방으로 데리고 들어갔다.

장칭은 천이 마오에게 쓴 편지를 한두 장 읽고는 씁쓸한 미소를 지었다. 고급 등나무 의자에 앉은 천은 몹시 불안해졌다. 편지에 장칭이 베이징대학에서 자신의 영향력을 과시하고 다닌다는 식으로 썼기 때문이

---

* 당시 학생들은 문화혁명 참여 세력 중 가장 급진적이며 당과 정부 기관까지 적으로 규정했던 조반파(造反派)와, 문화혁명 초기 홍위병을 지도하고자 당에서 파견한 공작조(工作組)를 지지하는 보수파로 나뉘어 갈등을 빚고 있었다.(역주)
** **치번위**(戚本禹, 1931~) 문화혁명 초기에 핵심 그룹에 속하여 활동했으나, 1968년에 숙청되어 투옥되었다. 1983년에 석방되었다.(역주)

다. 천의 회고다. "저는 원래 장칭과 면담하겠다고 요청한 것은 아니었 거든요. 그저 제가 쓴 편지가 마오의 손에 들어가도록 하면 되었어요." 하지만 장칭은 그때 마오에게 쓰인 편지가 아니라 열기에 찬 학생 천에 게 더 관심이 있었다. 편지는 장칭의 책상에서 더는 이동하지 않게 된다.

대화는 3시간 동안 계속되었다. 장칭은 가족, 정신, 건강 문제를 이야 기했고 베이징대학 상황은 간략하게 요점만 짚고 넘어갔다. 장칭의 보 좌관 치번위는 엄숙한 표정으로 말없이 옆에 앉아 있었다. 마치 여왕 곁 의 시종 같았다. 천의 누나 역시 장칭의 주목을 거의 받지 못했다. "또 오세요." 어리벙벙한 상태인 천에게 장칭이 말했다. "마오 주석을 만나게 해줄게요. 그런데 누나보다 동생이 더 용감하고 똑똑한 거 같네요."

"그렇게 즉흥적으로 접견할 수 있는 사람은 장칭밖에 없었을 거예요. 저우언라이나 캉성은 절대 그럴 리가 없죠. 저는 아직도 장칭이 신뢰할 수 없는 인물이며 잘못된 원칙에 따라 활동한 정치인이라고 생각해요. 하지만 그녀는 사람들에게 영감과 기운을 주는 인물이었어요. 그녀는 아래로 내려가서 평범한 젊은이를 끌어안을 수 있는 사람이었어요. 기존 방식을 거부하는 행동을 자주 했어요. 예를 들어 보좌관 치번위는 누나 만 장칭의 개인 집무실에 들어가게 하려 했는데, 장칭은 그러지 말라고 했죠." 천의 회고다.

천의 말은 계속된다. "어떤 사람이 장칭에게 '당신의 추종자가 되고 싶습니다.'라고 하면 그녀는 도저히 거부할 수가 없었어요. 또 어떤 사 람이 그녀에게 '장 여사님, 저와 같이 사진 한 장 찍어주시겠습니까?'라 고 하면 그녀는 화를 내지 않았고 오히려 행복해했습니다. 당장 주위 사람에게 지시해서 사진사를 불러오게 했죠."*

7월의 어느 더운 날 저녁, 베이징대학 교정이었다. 강의에 신경을 쓰는 사람은 아무도 없었고 학생들은 대자보만 쓰고 있었다. 최근 소식 이야 기를 나누기도 하고 베이징대학의 문화혁명 진행 상황을 점검하고자 중 앙 정부에서 공작조를 보낸 것을 놓고 토론하기도 했다. 학생들을 흥분하게 한 또 다른 요소는 장칭의 존재였다. 장칭은 교정 이곳저곳을 다니면서 미소를 짓거나 인상을 찌푸리기도 하고, 손가락을 저어 의문을 제기하기도 하고, 마오 주석의 인사말을 학생들에게 전해주기도 했다.

당시는 문화혁명의 절정기였다. 마오와 장칭은 상하이와 항저우에 오래 머물렀는데 마오는 10일 전에, 장칭은 8일 전에 베이징으로 돌아왔다. 중국의 수도에는 바야흐로 최후의 결전이 다가오고 있다는 긴장감이 감돌았다. 최고 지도자와 멋진 아내는 새로운 세상을 약속하고 있는 것 같았다.

대학 교정 동쪽에 명나라 시대 건축 양식의 정자들이 있었고, 그 한가운데 연단에 장칭이 올라섰다. 연단 옆에 줄지어 선 아름다운 나무들에 등불이 여러 개 매달려 있었다. 등불에 비친 장칭의 얼굴이 밝게 빛났다. 장칭 옆에는 천보다와 캉성이 있었다. 천보다는 문화혁명소조에서 장칭의 선배이자 동료였고, 캉성은 장칭의 보호자였던 과거 역할에서 지금은 신하로 바뀌어 있었다. "마오 주석께서 여러분께 인사를 전하라고 하셨습니다." 장칭은 소리쳤다. 장칭은 우선 정치적 발언을 얼마간 한 다음, 조금 굳은 얼굴로 사실 오늘 모임은 '토론회'라고 밝혔다. 이윽고 학생들은 장칭의 입에서 오늘의 토론 주제를 듣게 되었는데 학생들은 자기 귀를 의심하지 않을 수 없었다.

"그 여자는 진짜 며느리가 아니었습니다!" 주위에 있던 사람들은 물론, 주위에 서 있는 나무들조차 깜짝 놀랐을 것이다. 장칭은 지금 중국 최고의 교육 기관에 와서 자기 며느리를 비판하고 있었다! 마오쩌둥과 전처 양카이후이 사이에서 태어난 둘째 아들 마오안칭의 아내인 사오화를 비판하기 위해 장칭은 지금 연단에 선 것이다![88] 장칭에게 며느리는 가정이라는 정글에서 자신을 끊임없이 괴롭히는 한 마리 야수였다. "그 여자의 어머니는 정치적 사기꾼이었습니다!" 개인적 원한에 약간의 정치

---

* 그러나 천은 이 편지 때문에 나중에 체포되며 2년간 복역하게 된다.

적 수사를 붙여 며느리를 비판하면서 장칭은 며느리를 자본주의와 연결했으며, "예술과 문화 부문의 검은 노선"과 연결했고, 또 세계의 반중국 세력과 연결해서 비난했다. 장칭은 다시 한 번 외쳤다. "나는 그 여자를 며느리로 인정한 적이 없습니다. 마오 주석 역시 마찬가지입니다!" 오늘 저녁 여기에서 며느리 사오화를 언급해야 하는 이유를 굳이 찾는다면 사오화가 베이징대학 문학부 학생이었다는 사실뿐이었다.

장칭의 연설은 좀처럼 끝나지 않았다. "사오화는 마오안칭이 정신 질환을 앓는 틈을 타서 그와 동침했습니다. 그러고는 결혼으로 낚은 거죠." 연단에 의자를 놓고 앉아 있던 천보다가 장칭에게 다가가 무엇인가 조용히 말하려 했지만 장칭은 거들떠보지도 않았다. 장칭은 이제 화살을 사오화의 언니이자 한국전쟁에서 죽은 마오쩌둥의 큰아들 마오안잉의 아내 류쑹린에게 돌렸다. 장칭은 자신의 가정 문제를 문화혁명과 연결해 한 뭉텅이의 폭발적 문제로 만들어 내놓고 있었다. 보다 못한 천보다가 장칭의 어깨를 가볍게 건드렸다. 장칭은 순간 말을 멈추었다. 무대 가까이 있던 사람은 천보다가 낮게 말하는 소리를 들었다. "이제 그만하시는 게 좋을 것 같습니다." 장칭은 화들짝 놀란 듯했다. 그녀는 천보다를 노려보았다. 순간 아무도 말을 하지 않았다. 연단 앞에는 1만 명의 학생이 앉아 있었다. 엄청난 인원이었다. 눈을 들어 보아도 그 끝을 알 수 없었다. 엄청난 인원 전부가 아무 소리도 내지 않았다. 바늘 하나가 떨어져도 그 소리가 들릴 지경이었다.

"이것은 사실이에요. 나는 지금 흥분하지 않을 수 없습니다." 장칭은 갑자기 턱을 치켜들었다. 마치 충직한 측근 역시 자신의 적대 세력이라고 금방이라도 비난할 듯한 기세였다. "지난 10년 동안 나는 이 여자와 이 여자의 가족들 때문에 괴로움을 당했습니다. 바로 그렇기 때문에 제가 흥분하지 않을 수 없는 겁니다." 장칭의 이 말은 처음에는 작았지만 점차 커져서 이제는 마이크를 통해 모든 사람이 들을 수 있을 정도였다. "그 여자 때문에 나는 다시 심장 질환이 악화되었던 것입니다." 학생들 대부분은 아무 말도 할 수 없었다. 하지만 몇몇 학생은 비판의 말을 중얼거렸다. 한 여학생은 큰소리로 말했다. "당신은 혁명적 관점에 서 있지 않군요." 이 학생의 아버지는 당시 정치적 비판을 받고 있던 당 간부였다.

마오쩌둥은 장칭이 정치적 무대에서 가족 문제를 드러내는 것을 딱히 막으려 하지 않았다. 어쩌면 그날 밤 베이징대학에서 있었던 일을 아무도 마오에게 감히 전달하지 못했을 수도 있다.

장칭은 집안 문제로 다른 방면에서도 전투를 벌이고 있었다. 장칭은 마오쩌둥에게 마오안잉의 아내였던 류쑹린이 이제 다른 남자와 결혼했으므로 중난하이에 마음대로 드나들 수 없도록 해야 한다고 요청했다. 장칭은 마오의 전처 양카이후이에 대해서도 공격을 개시했다. 양카이후이 오빠 부부가 문화혁명을 이용하여 양카이후이의 이름을 되살리려 한다는 소식을 듣고, 장칭은 그들이 사는 창사로 전화를 거는 등 손을 써서 이들이 모독을 당하고 직장을 잃도록 조치했다.

마오와 전처 허쯔전의 딸 리민이 결혼할 때 장칭은 류쑹린의 경우와 마찬가지로 "딸이 시집을 가는 것은 마치 물이 한 번 쏟아지면 영원히 사라지는 것과 같다."고 주장했다. 따라서 리민이 결혼한 뒤로는 생활과 재정 문제를 친정에서 도와줄 이유가 없다는 이야기였다. "이불은 한 채만 가져가면 돼." 리민의 결혼 예물을 의논하면서 장칭은 아랫사람에게 이렇게 일렀다. 한바탕 소동이 일어났다. 리민을 포함한 모든 사람이 이불 두 채, 베개 두 개, 대형 덮개 이불 한 채를 예물로 준비해야 한다고 생각했기 때문이다.

장칭은 마오쩌둥의 조카 마오위안신과 점점 가까워졌다. 그는 하얼빈 군사공과대학(哈爾濱軍事工程學院)을 졸업한 뒤 중국 동북 지방에서 중요한 정치인이 되어 있었다.[89]

장칭은 친딸 리나와 다소 불안정한 관계였지만 그래도 딸이 앞으로 나아가도록 적극적으로 힘을 썼다.[90] 리나는 베이징대학 문학부를 다

넣는데 집에서 어머니와 같이 살지 않고 기숙사에서 생활했다. 리나는 1965년에 졸업했다. 모녀 사이는 조금 서먹서먹했지만, 그래도 장칭은 딸에게 외국 영화를 보여주는 등 온갖 선물과 혜택을 주었다. 리민에게 는 주지 않던 것이었다.

1967년 몹시 더운 여름날 우파셴 장군은 예췬의 전화를 받았다. 장칭 동지에게 지금 곧 올 수 있느냐는 것이었다. 공군 최고 지도자는 급히 조어대로 달려갔다. 장칭과 예췬, 장칭의 딸 리나가 커다란 대자보를 마무리 짓고 있었다. 대자보는 중국군 기관지인 〈해방군보(解放軍報)〉에 있는 악당들을 공격하는 내용이었던 것으로 짐작된다.

대자보가 완성되었다. 장칭은 우파셴에게 고개를 돌리고는 피곤한 듯 미소 지었다. 그러고는 자신의 유일한 딸 리나를 〈해방군보〉의 주요 편집자 직책에 앉혀야만 하는 이유를 설명하기 시작했다. 우파셴 장군이 세 가지를 도와주어야 한다고 했다. 첫 번째는 지금 완성된 대자보를 베이징 시내 사람들에게 널리 보여주어야 하므로 오늘 오후 당장 공군에 소속된 각종 설비를 동원해 달라는 것이었다. 두 번째는 해군, 공군, 제2포병연대에서 언론 사업 경험이 있는 30명을 차출하여 오늘 저녁까지 〈해방군보〉 사무실에 보내라는 것이었다. 마지막 세 번째는, 딸을 〈해방군보〉의 주요 직책에 앉히는 데 우파셴이 '100퍼센트 지지'를 해 달라는 것이었다.

"저는 세 가지 모두 완전히 받아들였습니다." 우파셴은 훗날 이렇게 회고했다. 다음날 리나는 〈해방군보〉의 상급 편집자 직책을 맡았다. 큰 딸 리민은 그런 자리를 맡아본 적이 없었다. 엄마 덕분에 높은 자리에 올라가게 된 것을 딸 리나가 감사하게 생각했는지는 알 길이 없다. 분명한 것은 이런 경험이 결국 리나에게 훗날 닥칠 위기 상황을 조성하는 데 기여했다는 사실이다.

장칭은 여기저기에 전화를 걸고 편지를 써서 산둥성의 이복 오빠를 돕는 데 나섰다. 이복 오빠 리간칭은 장칭이 어렸을 적 주청에 살 때 논밭에서 장칭을 괴롭히던 여자애 두 명을 쫓아준 적이 있었다. 리간칭은 적이 많았는데, 장칭은 이복 오빠의 적들에게 전쟁을 선포했다.[91]

리간칭이 과거 일본인에 협조했고 국민당 사람들에게 고용되어 정기적으로 돈을 받은 적이 있다는 믿음이 널리 퍼져 있었다. 1959년 경찰당국은 이런 의혹을 조사하기 시작했다. "조심하는 게 좋습니다." 장칭은 1960년 5월 12일 이복 오빠에게 편지를 써서, 스스로 방어하려면 어떻게 행동해야 하는지 조언했다. "작은 것을 얻으려다가 큰 것을 놓치지 마세요." 장칭은 이복 오빠에게 침착하게 대응하라고, 분노를 폭발시켜 문제를 크게 만들지 말라고 충고했다. "그리고 두려워하지 마세요. 오빠가 항상 기댈 수 있는 사람이 높은 곳에 있으니까요." 편지의 결론이었다. 리간칭의 과거 행적 조사는 특별한 결론 없이 계속 진행 중이었다.

1968년 4월 새로운 정치적 상황이 전개되면서, 산둥성 관료 왕샤오위는 장칭의 명성과 권력이 커지는 것을 보고 리간칭 조사에 앞장섰던 관료들을 공격하기 시작했다. 왕샤오위는 천보다와 접촉했다. 장칭의 이복 오빠에게 감히 의혹을 제기했던 산둥성 관료 여섯 명은 곧 감옥에 들어갔다.

류사오치와 왕광메이를 숙청하다

왕광메이와 장칭은 1950년대에는 사이가 좋았다.[92] 장칭은 이따금 왕광메이와 류사오치가 살고 있는 넓은 저택에 놀러갔다. 류사오치는 네 번째 부인과 이혼하고 1948년 왕광메이를 다섯 번째 부인으로 맞이했다. 두 여인은 주로 아이들 이야기, 옷 이야기, 정치 지도자의 집안을 꾸리는 사람으로서 겪는 문제에 관한 이야기를 나누었다.

왕광메이는 친정이 부유하고 고등교육을 받았으며 외국 사정에 밝았다. 영어를 잘해서 1940년대 미국에서 파견된 '마셜 사절단'과 함께 일하며 많은 미국인을 상대했다. 베이징의 기독교계 대학에서 학위도 받았다. 왕광메이는 장칭만큼 매력적인 여성은 아니었을지 모르나 장칭보다 상류 계급의 분위기가 묻어났다. 굳이 애를 쓰지 않아도 품위 있어 보였다. 왕광메이는 비록 장칭보다 15년 늦게 공산당에 입당했지만 베이징의 정치 엘리트 사이에서는 장칭보다 인기가 있었고 훨씬 바람직한 사교 대상으로 인정받았다.*

하지만 둘은 당시 갈라서는 것보다 연합하는 것이 서로에게 유리했다. 소련에 있을 때 왕광메이가 골라 보낸 옷감이 마음에 들지 않는다고 아랫사람에게 이런저런 불만을 터뜨린 적이 있긴 했지만, 장칭은 왕광메이에게 못마땅한 것이 있더라도 겉으로 드러내어 말한 적이 거의 없었다.

1960년대가 되자 상황이 크게 바뀌었다. 둘 다 새롭고 더 큰 일을 해보고 싶은 40대 중반 여성의 갈망을 느끼기 시작했다. 둘의 남편은 이제 각자 다른 길로 들어설 분위기였으며, 중국 정치는 좀 더 지저분해졌다. 수카르노 부인이 중국을 방문했을 때 처음으로 두 여인 사이에 암투가 시작되었다. 이때 왕광메이를 공격하면서 장칭은 정치적 힘을 내세워 어떤 행동을 할 용의가 있는지 분명하게 보여주었다.**[93]

1963년의 어느 날, 두 여인이 전보다는 서먹했지만 그래도 서로에게 예의를 지킬 때였다. 왕광메이는 장칭에게 전화를 걸었다. 류사오치와 왕광메이는 곧 서남아시아 지역을 방문할 예정이었는데, 어떤 옷과 장신구를 걸치면 좋을지 조언을 구하려던 것이었다. 장칭은 소설 읽기를 좋

---

* 수카르노 부인인 하르티니 수카르노(Hartini Sukarno)는 장칭보다 왕광메이가 더 잘 꾸미고 있었다고 회고했다. "왕광메이의 머리는 멋지게 물결 치고 있더군요. 하지만 장칭의 머리는 쭉 뻗어 있었어요." 취향이 매우 여성적인 수카르노 부인은 한마디 덧붙였다. "뒤에서 보면 장칭은 남자 같았어요."

** 측천무후가 연상된다. 1300년 전 측천무후의 활동을 두고 어느 역사가는 이렇게 썼다. "측천무후는 처음으로 권력의 맛을 보자 잔혹한 행동을 함으로써 권력을 과시했다." 자신을 무시하고 반대했던 여자들을 고문하는 일이었다. "자신이 품은 원한을 극단적 형태로 실현하는 행동이었다. 이는 냉혹하고 야망 있는 인물이 갑자기 모든 절제와 자제력을 상실할 때 통상적으로 하게 되는 행동이다." 측천무후는 그 여자들의 손발을 자르도록 명령한 다음 가마솥에 물을 끓여 집어넣는다. "이제 두 악녀는 뼛속까지 실컷 물을 마실 수 있겠구나." 측천무후는 그렇게 말하며 웃었다. 엄청난 고통에 시달리던 두 여인은 며칠 뒤 죽는다.

1964년 4월 인도네시아 자카르타를 방문한 류사오치와 왕광메이 부부를 인도네시아 대통령 부부가 맞이하고 있다. (왼쪽부터 수카르노 대통령, 왕광메이, 수카르노 대통령 부인, 류사오치.) 1966년에 장칭은 자카르타에서 왕광메이의 옷차림새를 두고 부르주아 특권층의 행태라고 신랄하게 비판해 홍위병들이 왕광메이를 처단하도록 했다.

아하고 소설에서 옷에 관련된 내용이 나오면 샅샅이 기억했다. 그걸 알고 있던 왕광메이는 장칭이 좋은 제안을 해줄 것이라고 기대했다.

장칭은 "소설 《안나 카레니나》의 여주인공이 입은 것과 같은" 검은색의 단순한 벨벳 드레스를 제안했다. 그 옷을 입으면 '우아하게' 보일뿐더러 '보통과는 다른' 느낌을 줄 것이라고 했다. 장칭은 서남아시아에 가본 적이 없어서 벨벳 드레스를 입으면 무척 더울 것이라는 사실을 몰랐던 모양이다. "전체적으로, 저 같으면 장신구는 하지 않겠어요." 장칭은 그렇게 덧붙였다.

왕광메이는 장칭의 의견을 고려해보았다. 하지만 류사오치와 같이 가는 공식 방문은 기간도 길고 즐거운 여행이었기에 여러 종류의 의상을 입기로 결정했다. 버마 랑군에 갔을 때 버마 대통령 네윈이 왕광메이에게 진주 목걸이를 선물로 주었다. 인도네시아 자카르타를 방문했을 때 왕광메이는 인도네시아 대통령 부부가 주최하는 연회에 그 진주 목걸이를 하고 나타났다. 당시는 중국과 인도네시아 사이에 우정이 넘쳤고 신나고 재미있게 즐겨보자는 분위기까지 있었다. 당시 연회 장면을 촬영한 방송을 보면 왕광메이가 수카르노의 담뱃불을 붙여주려고 몸을 앞으로 내미는 모습과 수카르노와 팔짱을 끼고 연회장에서 옆방으로 음악 연주를 들으러 가는 장면이 나온다.

베이징에서 장칭은 이 장면을 텔레비전으로 보았고 왕광메이가 목걸이를 하고 있는 것을 눈여겨보았다.*

장칭과 왕광메이는 점점 만나지 않게 되며, 왕광메이가 전혀 새로운 농업 정책 분야로 거창하게 입장하면서 둘 사이는 차갑게 얼어붙는다. 왕광메이가 시작한 일은 당시 장칭이 주도하던 연극 개혁 운동과 같은 새로운 활동이며, 어쩌면 장칭의 움직임에 맞선 반응이었는지도 모른다. 왕광메이는 허베이성에 있는 인민공사의 타오위안(桃園) 생산대에 가서 생활하게 된다. 이것은 사청운동**의 일환이었는데, 이 운동은 당시 마오쩌둥과 류사오치 사이의 정치적 경쟁에서 주된 쟁점이었다.

상하이에서 왕광메이는 자신의 업적에 관해 7만 자에 달하는 긴 연설을 하며 남편 류사오치는 이를 당 중앙위원회에 전달한다. 장칭이 베이징 경극 축제 행사에서 연설한 뒤 일 주일 안에 있었던 일이다. 왕광메이가 농업 분야 관료들 앞에 서서 허베이성의 어려운 상황에서 어떤 비료를 써야 좋을지 연설하고 있을 때, 장칭은 배우들 앞에서 남성의 상징을

---

* 수카르노 부인의 회고다. "왕광메이가 남편의 담뱃불을 붙여준 것은 별일이 아니었다. 나도 류사오치의 담뱃불을 붙여주었다. 그리고 진주 목걸이는 별로 고급스러운 것이 아니었다."

** **사청운동(四清運動)** 정치, 경제, 조직, 사상을 깨끗이 하고자 한 사회 교육 운동. 중국 사회에 공산주의 기본 가치를 다시금 확고히 도입하려는 목적으로 실시되었다. 1963년 5월 당 중앙위원회에서 공식 표명되었으며, 이 운동의 일환으로 당 고위 간부들이 농촌으로 파견되어 지역 사회의 문제를 조사하고 고발했다.(역주)

다치지 않게 하려면 권총을 어떤 방식으로 허리에 차는 것이 좋은지를 알려주고 있었던 것이다.

마오쩌둥이 장칭에게 전국인민대표대회에 들어갈 것이라고 알려주고 얼마 지나지 않아, 장칭은 국무원으로부터 보고서를 한 장 받았다. 보고서에는 이제까지 허수아비 같은 이 기관에 장칭만큼이나 무관심했던 왕광메이가 고향인 허베이성 대표 자격으로 들어간다는 소식이 있었다. 허베이성은 타오위안 생산대에서 왕광메이가 큰 성공을 거둔 지역이기도 하다. 옛날 중난하이에서 두 여인은 마주앉아 주로 말을 듣지 않는 아이들 이야기, 집무실에서 집에 돌아오지 않는 남편 이야기, 명나라 시대의 귀중한 꽃병을 하녀들이 닦을 때면 반드시 무슨 큰일이 일어나고야 만다는 등의 이야기를 나누었다. 그런데 지금은 두 여인이 너무나 다른 것을 이야기하고 있었다.

장칭의 가장 추악한 신념 하나는, 정치적 갈등이 있을 때는 승리를 위해 가족 관계를 이용할 수 있을 뿐 아니라 그러는 게 당연하다고 믿었던 것이다. 어떤 정적을 쓰러뜨리기 벅찰 때면 장칭은 혹시 정적의 자녀 가운데 부모를 공개적으로 비난할 사람이 없는지 가능성을 탐색했다. 남편이 정치적으로 몰락하면 장칭은 반드시 그 사람의 아내 역시 좌절을 겪도록 조치했다.

"왕광메이를 칭화대학으로 끌고 와서 자기 죄를 자백하도록 해야 합니다."(왕광메이는 칭화대학을 안정시키기 위한 온건한 공작조 활동을 주도한 적이 있었다.) 1966년 후반기 장칭은 군중 집회에 나가 왕광메이를 공개적으로 비난했다. 이때는 이미 왕광메이의 남편 류사오치가 주자파이며 중국의 흐루쇼프라고 공격받고 있었다.

"왕광메이는 부정직한 사람입니다." 장칭은 홍위병 집회에서 말했다. "인도네시아로 가기 전에 나를 보러 왔습니다. 그때 나는 상하이에 있었고 몸이 아팠습니다. 그녀는 외국 여행을 할 때 목걸이를 하고 꽃무늬 드레스를 입고 싶다고 했습니다." 1964년에 있었던 왕광메이의 처신을 비판하는 연설이었다. 젊은 홍위병들은 특권층의 행동에 무조건 반대하는 반엘리트주의 열기에 빠져 장칭의 연설에 진지하게 귀를 기울였다. "저는 왕광메이에게 옷을 여러 벌 가지고 가는 것은 좋으나 검은색을 입으라고 권했습니다. 하지만 중국공산당 당원으로서 목걸이는 하지 않아야 할 것이라고 말해주었죠."

"내가 해준 충고를 듣고 왕광메이는 며칠 동안 잠을 잘 자지 못했습니다." 장칭은 말을 이었다. "하지만 결국 그녀는 내 의견에 따르기로 했고 여행에서 목걸이를 하지는 않겠다고 했습니다."

장칭은 왕광메이를 공격하기 위해 왕광메이가 나온 텔레비전 방송 테이프를 준비해놓았다. 장칭은 류사오치 부부를 공격하면서, 동시에 중국 문화부와 방송 제작을 주도한 극작가 샤옌까지 한꺼번에 비난할 수 있어서 기쁜 듯했다. "이 방송은 자본주의적 최상류 계층의 생활 양식을 광고하고 있습니다." 젊은이들은 자기 눈으로 분명하게 볼 수 있었다. 중국의 국가 원수 부인이 자카르타에서 목걸이를 하고 있는 모습을 말이다.

"이렇게 화면에 나와 있지 않습니까?" 장칭의 목소리에 담긴 감정은 개탄에서 분노로 바뀌고 있었다. "세상에, 이 여자가 목걸이를 하고 있네요! 나를 기만한 것입니다!" 관중들은 호응하는 함성을 질렀다.

당시 류사오치와 왕광메이 부부는 중난하이에 있는 집에서 꼼짝 못하고 있었다. 전화벨이 울렸고 왕광메이가 받았다. 전화를 건 사람은 딸 류팅팅(劉婷婷)이었는데, 울먹이는 목소리로 여동생 핑핑(平平)이 사고를 당했다고 했다. 류사오치 부부는 급히 병원으로 달려갔지만, 함정이었다. 팅팅은 강제로 거짓말을 할 수밖에 없었던 것 같다. 칭화대학의 극좌 홍위병들은 왕광메이를 '혁명적 인신 구속'이라는 명목으로 붙잡았다. 그날 밤 10시부터 다음 날 새벽 5시까지 왕광메이가 주자파로서 저지른 죄상은 집회에서 교리 문답처럼 끊임없이 낭독되었다.

장칭은 이때 왕광메이가 당하던 고초를 매시간 보고받고 있었다. 칭

1967년 1월, 아름답고 우아한 자태로 '중국의 제1 영부인'이라고 불리며 널리 사랑받았던 왕광메이가 베이징 칭화대에서 홍위병들에게 굴욕을 당하고 있다. 홍위병들은 그녀에게 강제로 비단 치파오를 입히고 하이힐을 신도록 한 다음 조롱했다.

화대학 본관 7층에서는 한참 동안 왕광메이와 홍위병들이 마오쩌둥의 말을 서로 인용하면서 맹렬한 토론을 벌였다. 왕광메이는 조용한 항의의 표시로 바닥에 누워버렸다. 여성 홍위병 세 명이 국가 원수 부인(류사오치는 그때 아직 국가주석이었다)에게 강제로 비단 드레스를 입히고 굽 높은 구두를 신기고 영국 귀족처럼 챙이 넓은 밀짚모자를 씌웠다. 이런 차림으로 "수카르노와 노닥거렸다"는 것을 보여주려는 것이었다. 비단 드레스는 왕광메이에게 너무 작았다. 홍위병 한 명이 옆구리 양쪽을 뜯어내어 왕광메이의 허릿살이 삐져 나오도록 했다. 이런 의상과 소도구들은 마치 장칭이 직접 준비한 것 같은 느낌이었다. 이제 가장 핵심적인 물건이 등장할 차례가 되었다. 탁구공으로 만든 진주 목걸이였는데, 탁구공에는 해골이 그려져 있었다. 카나리아를 새장에 집어넣고 장난치는 아이들처럼, 칭화대학 야외 집회 무대로 왕광메이를 끌고 나온 홍위병 지도자들은 빙긋 웃었다. 이들은 괴상한 목걸이를 왕광메이 목에 걸고 사진을 찍었다. 장칭이 놓은 복수의 올가미였다. 장칭에게 보여주려고 찍은 사진이었지만 후세의 우리들도 사진을 통해 이 광경을 보게 되었다. 꼬박 하루 밤낮에 걸친 희롱이 시작되었다.

왕광메이는 분노에 찬 목소리로 소리쳤다. "당신들은 이런 짓을 할 권한이 없어!" 지금 중국에서 '권한'은 왕광메이의 목에 달랑거리고 있는 기괴한 탁구공 목걸이만큼이나 우스운 개념이 되고 말았다. 왕광메이 뒤의 연단에는 한 무리의 사람들이 서 있었다. 모두 장칭에게 굴복한 제물들이었다. 잔뜩 긴장한 모습을 한 이 사람들은 살아남을 수 있는 방법을 배웠고 곧 실행에 옮겼다. 그 방법은 가장 새롭게 등장한 제물인 왕광메이를 열렬히 비난하는 것이었다. (그들 중에는 베이징 시장 펑전도 있었다. 이날 정오 무렵 펑전은 무대로 나와 50만 명의 관중 앞에서 왕광메이가 정말로 형편없는 부르주아라고 말했다.)*[94]

중난하이 구내에서 또 한 번 집회가 열렸다. 리나의 감독 아래 왕광메

---

* 당시 왕광메이와 홍위병 측 고발자 사이에 오간 대화 일부를 그대로 옮겨본다.

고발자 : 당신은 그 옷을 꼭 입어야 합니다!

왕광메이 : 입지 않겠습니다.

고발자 : 당신에게는 선택의 여지가 없습니다.

왕광메이 : (자신이 입은 옷을 가리키며) 이 옷이면 손님들을 맞는 데 문제가 없습니다.

고발자 : 손님들을 맞는다고요? 당신은 오늘 여기서 공격당하고 있는 것입니다!

왕광메이 : 나는 저 옷을 입지 않겠습니다. 저걸 입고는 사람들 앞에 나갈 수 없어요.

고발자 : 그럼 인도네시아에서는 왜 입었지요?

왕광메이 : 그때는 여름이었습니다.

고발자 : 그럼 왜 파키스탄 라호르에서도 입었지요?

왕광메이 : 당신이 무슨 말을 하든 나는 저 옷을 입지 않겠습니다.

고발자 : 다시 한 번 말합니다. 당신은 오늘 여기서 공격받고 있습니다. 당신이 만일 우리에게 정직하게 말하지 않는다면, 조심해야 할 겁니다!

왕광메이 : 내가 죽어야 한다 해도 상관없어요.

고발자 : 죽는다고요? 우리는 당신을 살려놓을 겁니다. 어서 그 옷을 입으세요!

왕광메이 : 좀 더 진지한 것에 대해 토론해야 하지 않을까요?

고발자 : 누가 당신과 토론하겠답니까? 다시 한 번 말씀드리죠. 당신은 지금 공격받는 중입니다.

왕광메이 : (화가 나서) 어떤 이유로든 당신은 나의 개인적 자유를 침해할 수 없습니다.

고발자 : (사람들의 웃음소리가 들리는 가운데) 당신은 반동적 부르주아의 일원이며 계급의

적입니다. 당신에게는 최소한의 민주주의도 허용되지 않습니다. 광범위한 민주주의는 말할 것도 없고요! 오늘은 독재가 당신을 지배하고 있습니다. 고로 당신은 자유롭지 않습니다.

왕광메이 : 무슨 일이 있더라도 저 옷은 입지 않겠습니다. 내가 만일 과오를 범했다면 나도 비판을 받을 용의가 있습니다.

고발자 : 당신은 유죄입니다! 당신은 오늘 공격받고 있습니다. 그리고 앞으로 당신은 더 많은 공격을 받게 될 것입니다. 어서 그 옷을 입으세요!

왕광메이 : (이야기를 얼버무리듯, 자신이 입고 있는 모피 코트를 가리키며) 이 옷은 아프가니스탄에서 선물로 받은 것입니다.

고발자 : 우리는 당신이 인도네시아에서 입었던 저 옷을 입기를 요구합니다.

왕광메이 : 그때는 여름이었습니다. 겨울에는 겨울 옷이 있고 여름에는 여름 옷이 있습니다. 지금 여름 옷을 입을 수는 없어요.

고발자 : 그런 헛소리는 집어치우세요. 여름에 좋은 옷이 있고 겨울에 좋은 옷이 있고 봄옷이 따로 있고 손님 맞는 옷이 따로 있고 여행할 옷이 따로 있고, 그런 부르주아적인 것은 우리와는 아무 상관없습니다.

왕광메이 : 마오 주석은 말씀하셨지요. 우리는 계절에 관심을 두어야 하며 계절에 따라 옷을 바꾸어 입어야 한다고요.

고발자 : (사람들의 웃음소리가 들리는 가운데) 마오 주석이 말씀하신 것은 정치적 계절을 말하는 것이었습니다. 그런 관점에서 본다면 당신은 설사 당신이 모피 코트를 입고 있다 하더라도 얼어 죽을 처지입니다. 자, 이제 그 옷을 입으시겠습니까?

왕광메이 : 아니오.

고발자 : 좋습니다. 10분을 드리겠습니다. 7시 15분 전이 되면 어떤 일이 벌어지는지 두고 봅시다. 그 옷을 안 입고 끝까지 버틸 수 있는지 보겠습니다. 우리는 말을 하면 반드시 실행에 옮깁니다. (대화 주제를 바꾸어) 류사오치를 낙마시키는 데 대해 어떻게 생각하십니까?

왕광메이 : 아무 상관없습니다. 그렇게 하면 중국 땅에 수정주의는 없어지게 되겠네요……. 전화를 걸어서 봄 드레스를 가져오도록 해도 되겠습니까?

고발자 : 안 됩니다!

왕광메이 : 이 드레스는 비단입니다. 너무 추워요.

고발자 : 그걸 입고 그 위에 털코트를 입으세요.

왕광메이 : 내가 정말로 마오 주석에게 반대하고 있다면 나는 얼어 죽어 마땅합니다.

고발자 : 당신은 마오 주석에게 반대하고 있습니다.

왕광메이 : 나는 현재 그분에게 반대하고 있지 않고요, 또 미래에도 그에게 반대하지 않을 겁니다.

고발자 : 더는 이 여자와 허튼 소리를 하지 맙시다. 자, 이제 7분 남았습니다.

왕광메이 : (잠깐 침묵하고 있다가, 사람들이 가져온 굽 높은 구두를 가리키며) 저 신발만 신으면 안 될까요?

고발자 : 신발로는 충분하지 않습니다. 당신은 모든 것을 입고 신어야 합니다.

이는 2시간 동안 '제트비행기' 형벌*을 당했다. 집회 진행자들은 그녀의 두 팔을 뒤로 잡아 젖히고 머리를 아래로 처박는 모습을 연출했고 관중들은 그 모습에 박수갈채를 보냈다. 남편 류사오치도 이 집회에서 치욕적인 고문을 당했지만, 그가 주요 공격 목표였는데도 20분만 고문당한 것을 보면 장칭이 어디에 주안점을 두었는지 짐작할 수 있다. 중난하이 구내로 통하는 문은 모두 다섯 개였는데 장칭은 문 하나를 지키고 서서 더 많은 사람이 딸이 연출하는 '공연'을 보러 들어오도록 했다. 다른 문에는 저우언라이가 있었는데 그는 여기저기 전화를 걸어 집회의 규모와 충격을 최소화하려고 안간힘을 쓰고 있었다.

1967년 초에도 장칭은 계속 왕광메이를 공격했다. "잘 아시다시피, 그녀의 아버지는 국민당 사람들과 관계가 있었습니다."[95] 류사오치의 가족이 다시금 주제가 되었던 정치 토론장에서 장칭은 말했다. "그리고 왕광메이 본인은 확실한 자본주의자였습니다." 장칭은 왕광메이의 의붓딸 류타오(劉濤)를 부추겼다.[96] 류타오는 류사오치가 전처인 왕첸(王前) 사이에서 낳은 딸이었다. 류사오치는 1947년 왕첸과 이혼하고 왕광메이와 새로 결혼했다. 의붓딸 류타오는 매우 큰 선물을 약속받은 다음 공공 집회에 나가 이렇게 선언했다. "제 의견은 이렇습니다. 자본주의의 길을 걸어가는 당내 제1의 인물이 바로 우리 아버지입니다."

장칭은 류타오가 아버지를 비난하는 어조가 아직 너무 부드럽다고 생각했던 모양이다. 장칭은 몸속 깊이 복수심에 불타고 있었다. 장칭은 류타오가 생모인 왕첸을 만나도록 주선했다. 왕첸은 이혼의 고통을 안겨준 남자를 매우 증오했으며, 그 남자의 새 여자 왕광메이는 더 큰 증오의 대상이었다. 류타오가 두 번째로 아버지를 비판한 연설은 장칭의

---

* '제트비행기'는 원서의 'jet plane'을 옮긴 것인데, jet plane은 중국어 '噴氣式'의 번역어이다. 이것은 문화혁명 초기에 군중 집회에서 비판의 대상이 된 사람들에게 강제로 취하게 한 굴욕적인 자세를 가리키는 말이다. 무릎을 꿇린 다음 두 팔을 뒤로 잡아 젖히고 고개를 아래로 숙이도록 했다. 이 자세가 마치 제트비행기가 하강하는 모습과 같다 하여 중국어로 제트비행기를 뜻하는 '噴氣式飛機'에서 이름을 따왔다.(역주)

마음에 들었다. 왕광메이의 끔찍한 소행에 양념을 친 것이었다. 왕광메이는 이제 10억 중국인의 흥미로운 이야깃거리가 되었다.

군중 심리에 쉽게 휘말리는 중국에서는 진실로 정확한 소식은 별로 없다. 진실(혹은 거짓)의 아주 작은 한 부분이 제시되면, 더 크게 포장되고 반복되고 장식이 붙는다. 1그램밖에 안 되는 진실(혹은 거짓)이 금방 1천 톤이나 되는 진실(혹은 거짓)이 된다. 왕광메이를 비난하는 대자보와 만화가 전 국토를 뒤덮었다. 왕광메이는 이제 태어나면서부터 미국 간첩이었던 것처럼 둔갑했다. 타오위안 생산대에 있을 때는 마치 황제 부인처럼 생활했던 것이 되어버렸다. 자신이 낳은 네 자녀를 전혀 돌보지 않았으며 전처 소생인 네 자녀를 철저하게 괴롭힌 사람이 되어버렸다. 인도네시아 수카르노 대통령의 가슴에 파고드는 왕광메이의 모습이 만화로 그려졌다. 입술은 흉하게 삐죽 내밀고, 가슴은 구이린(桂林)의 기괴한 산처럼 튀어나왔고, 풍선만 한 구슬이 번쩍이는 목걸이를 걸고, 굽이 30센티미터나 되는 구두를 신은 모습이었다. 중국 역사에서 공적 지위에 있던 여성을 현재의 권력자가 비판할 때, 그녀에게 뒤집어씌우는 역할이 있다. 왕광메이는 창녀로 전락했다.

1967년 9월 어느 저녁, 장칭이 캉성과 조어대에서 저녁 식사를 할 때 왕광메이 이야기가 나왔다. 장칭은 이제 왕광메이 사건을 감옥 문을 잠그는 식으로 최종 확정해야 할 때가 되지 않았을까 하는 의문을 제기했다. 캉성은 전화기를 들어 사오멍을 불렀다. 사오멍은 '류사오치·왕광메이 특별 기획조'의 책임 비서였다.[97] 특별 기획조는 이 부부를 정식 기소하는 임무를 띠고 1967년 5월 장칭과 캉성의 감독 아래 만들어진 조직이었다.

"오늘 밤 당신은 왕광메이에 대한 체포 영장을 마무리해야 합니다." 장칭은 소파에서 몸을 일으키면서 사오멍에게 날카롭게 말했다. "내일 아침 일찍 나에게 제출하세요." 모든 경찰 업무를 관장하는 캉성은 사오멍에게 무거운 눈길을 주고는 짐짓 아무 일도 아닌 것처럼 말했다.

"왕광메이의 간첩 행위는 이제 확고하게 입증되었습니다."

사오멍은 다음 날 아침 장칭에게 문건을 가져갔다. "기본적으로 왕광메이는 미국 전략정보국(OSS)의 간첩이었다고 말할 수 있음."이라고 적혀 있었다. 장칭은 문건 윗부분에 다음과 같이 휘갈겨 썼다. "잘못되었음. 특별 기획조로 돌려보낼 것." 장칭은 너무나 잘 알고 있었다. 여기서 "기본적으로"라는 표현은 중국공산당 내부에서 오랜 세월 활용된 좋은 탈출구라는 것을 말이다. 사오멍은 캉성에게 불려 갔다. 캉성은 자신이 직접 체포 영장을 작성하겠다고 사오멍에게 통보했다. 캉성이 작성한 문안에는 왕광메이의 죄상을 제한하는 한정적 표현이 전혀 없었다. 왕광메이는 미국 간첩이었을 뿐 아니라 "일본을 위해 활동하는 간첩"이며 "국민당 간첩"으로 묘사되어 있었다. 장칭은 이 문건에 서명했다.

왕광메이의 자녀들이 훗날 증언한 바에 따르면, 만약 마오쩌둥이 관여하지 않았다면 왕광메이는 그때 처형당했을 것이라고 한다. 마오쩌둥은 자신의 책상에 올라온 형량 선고 문건에 몇 글자 휘갈겨 썼다고 한다. "그녀에게 칼을 대지는 말 것.(刀下留人)*"[98] 왕광메이는 그때 감옥에 들어가서 12년 뒤에 나온다. 사오멍은 감옥에 5년 있다 나온다.

어째서 마오쩌둥은 마지막 순간에 직접 개입하여 왕광메이를 살려줄 것이면서도, 장칭이 그녀를 마음껏 박해하도록 내버려두었을까? 마오는 그렇게 하는 것이 류사오치를 제거하고 낙마시키는 데 정치적으로 도움이 된다고 생각했고, (저우언라이와 달리) 한동안 정치적 혼란을 경험하는 것이 중국을 위해 좋은 일이라고 믿었기 때문이다.

류사오치와 왕광메이의 집 뒷문에 자동차 한 대가 멈추었다. 특별 기획조 경찰이 두 명 내렸다. 이 집에서 일하는 사람들은 이미 떠난 지 오래였지만 주방을 맡고 있던 하오먀오(郝苗)는 흰 모자와 앞치마 차림으로 남아 있었다. 한 시간 뒤 하오먀오는 체포되었다. "저는 그저 요리

---

* 刀下留人은 '칼 아래 사람을 살려 두라'는 뜻으로, 참수형의 주관자나 집행자에게 이 말을 긴급하게 전하여 참수형을 당할 사람을 구했다고 한다.(역주)

사일 뿐입니다."[99] 경찰 요원들이 그에게 왕광메이가 미국을 위해 간첩 활동을 한 것을 자세하게 이야기하라고 신문했다. "1949년 이전 왕광메이의 활동에 대해 기억하고 있는 것을 말해보시오." 하오먀오는 그때는 아직 학생이어서 아무것도 기억나지 않는다고 우물쭈물 답했다. 경찰은 적절한 논리를 만들어냈다. 하오먀오의 요리가 너무 사치스러웠다는 점, 그가 오랜 세월 동안 왕광메이와 류사오치를 타락하게 만들었다는 점, 그리하여 그들이 자본주의의 길로 들어서는 준비를 하게끔 했고, 그들에게 특별히 풍부한 양념을 만들고, 또 제철이 아닌 상하이산 게를 구하여 요리해주는 과정에서 인민을 착취했다는 점……

하오먀오는 6년형을 받았다. 당시 베이징에서만 64명이 류사오치 부부와 관련되어 체포되었다. 모두 특별 기획조가 작업한 결과였다.

11월 어느 날 저녁 홍위병의 두 분파가 논쟁하고 있었다. 토론 주제는 외부인들이 보기에는 난해했지만 홍위병들은 무척 열성적으로 토론에 임했다. '9월 15일' 집단과 '9월 16일' 집단 가운데 어느 쪽이 올바른가에 중국의 미래가 달린 듯한 분위기였다. 장칭은 그 자리에 있었다. 장칭의 군복은 구겨졌지만 얼굴은 전투의 흥분으로 밝게 빛나고 있었다. 장칭은 양측 주장을 귀담아들었다. 아무 말도 하지 않았지만 장칭의 존재는 마치 한 줄기 무대 조명처럼 집회를 비추고 있었다. 긴 토론이 끝나고 드디어 장칭이 판정을 내리기 위해 일어섰다.

"그대들 두 집단은 모두 혁명적 조직입니다." 장칭은 엄숙하게 선언했다. "따라서 그대들은 반드시 공동의 적에 대항하여 단결해야 합니다. 그렇지만 두 조직에 모두 불순분자들이 있군요. 특히 '9월 16일' 집단에는 외국 간첩이 숨어 있습니다!"

장칭은 이따금 자기 말이 어떤 정치적 결과를 낳을지 잘 인식하지 못한 채 그런 비난을 뱉었다. 하지만 1966년 말 쌀쌀한 저녁에 장칭이 그 말을 할 때는 확실한 공격 대상을 마음속에 품고 완전한 승리를 원하고 있었다.

항공대학 내 자기 방에 한 젊은이가 조용히, 그러나 초조한 모습으로 앉아 있었다. 그는 '9월 16일' 집단에 속했지만 오늘 저녁 집회에 나가는 것은 적절하지 않다고 생각했다. 젊은이는 깨끗한 용모에 아버지를 닮아 얼굴이 길었다. 그의 이름은 류원뤄(劉允若)였다.[100] 아버지는 현재 정치적 난관에 빠진 중국의 국가 원수이며, 왕광메이는 그의 계모였다. 그가 바로 장칭이 말하는 '외국 간첩'이었다.

장칭은 집회장을 떠나 밖에서 기다리던 승용차를 타고 떠났다. '9월 15일' 집단은 '9월 16일' 집단에 맞서 승리의 소탕 작전을 폈다. "당신들 조직에 외국 간첩이 있으니 당신들 조직은 반혁명 집단이야!" 그렇지 않아도 이미 몇 주일 전부터 류원뤄는 불안한 처지였다. 부모가 정치적으로 곤경에 처해 있었는데, 이제 장칭의 손가락이 '9월 15일' 집단에게 그를 맘껏 공격해도 좋다는 신호를 보낸 것이다.

장칭에게는 류원뤄를 외국 간첩이라고 비난할 만한 조그만 증거 한 조각이 있었다. 중국처럼 외국인 혐오증이 있는 나라에서는 조그만 증거 한 조각이면 충분했다. 류원뤄는 러시아 여자와 연애하고 있었다. 1950년대 말 그는 소련으로 공부하러 갔다가 모스크바에서 애인을 만났다. 그러나 류원뤄는 불운하게도 부모의 반대에 부딪혀 그녀와 결혼하지 못했다. 1960년 부모가 아들에게 '휴가'를 지내러 중국에 오라고 하는 바람에 두 남녀는 헤어질 수밖에 없었던 것이다.

깊은 사랑에 빠져 있던 류원뤄는 류사오치와 왕광메이에게 결혼 허락을 간청했다. 하지만 아버지는 아들에게 솔직하게 말했다. "중국과 소련 관계가 악화될 게야. 러시아 여자와 결혼하는 것은 현명하지 않아." 류원뤄는 아버지에게 애인이 정치에는 관심이 없으며 결혼하고 나면 과학과 문학에 파묻혀 조용하게 살 것이라고 했다. 사태의 심각성을 잘 알고 있던 아버지는 대답했다. "나는 정치 지도자란다. 우리 집에 들어오는 순간 그 아이는 정치에 들어오게 되는 게야."

결국 류원뤄와 러시아 애인은 편지를 주고받으면서 서로의 마음을 확인하는 수밖에 없었다. 1961년 류윈뤄의 생일에 그녀는 손목시계와 사탕 한 상자를 선물로 보냈다. 사탕 하나하나를 작은 포장지로 쌌는데, 포장지를 다 풀어서 맞추면 류윈뤄에게 보내는 연애 편지가 되었다. 류윈뤄는 충실한 공산당원이었으며 아버지만큼이나 당 규율을 철저히 지키는 사람이었다. 애인에게 편지를 보낼 때마다 일일이 자신이 속한 당 조직 비서에게 내용을 보여주고 승인을 받았다.

류사오치와 왕광메이는 중국 정부의 항공국 관리들과 아들 '문제'를 의논했다. 항공국은 아들이 속한 단위를 감독하는 상급 기관이었다. 얼마 지나지 않아 항공국에서 나온 아름다운 여성 간부들이 류윈뤄 주위에 몰려오기도 하고, 갑자기 영화배우가 '우연히' 류윈뤄의 거처에 나타나기도 했다. 어느 날 류윈뤄는 부모와 〈금빛 꽃 다섯 송이(五朵金花)〉라는 영화를 보고 있었다. 왕광메이는 아들이 혼자 중얼거리는 소리를 들었다. "참 예쁘군, 정말 예뻐!" 다음날 아침 왕광메이는 중국 남부 윈난성의 쿤밍(昆明)까지 비행기를 타고 날아갔다. 〈금빛 꽃 다섯 송이〉에 출연한 여주인공의 집에 가서 중요한 면담이 있으니 베이징으로 오라고 했다. 여배우는 한족이 아니라 그 지방의 소수 민족이었다. 얼마 지나지 않아 여배우와 류윈뤄는 부모의 저택 식당에 마주 앉아 식사를 했다. 하지만 그 만남은 어색했다. 여배우가 중국어를 거의 못했고, 그녀 역시 다른 남자와 사랑에 빠져 있었기 때문이다. 결국 1966년이 되도록 류윈뤄의 부모는 아들의 맘에 드는 다른 여자를 구하지 못했고 아들과 러시아 여자는 편지로 연애 관계를 지속하고 있었다.

장칭은 연애 편지들을 증거로 삼아 류윈뤄를 공격했다. 류윈뤄가 이 편지를 발송하기 전 당 조직에 내용을 보고한 것과 부모가 이 사안에 대해 당 중앙위원회에 충실하게 보고한 것이, 결국에는 장칭에 의해 류윈뤄가 "외국과 부적절한 관계"를 지속하고 있었다는 확실한 증거로 활용된 것이다. 1966년에 중국에는 마녀 사냥 분위기가 팽배했고 장칭은 마치 신의 계시를 전달하는 예언자 같은 역할을 하고 있었다. 이런 상황에서 류윈뤄가 외국 간첩이라는 장칭의 선언에 의문을 제기할 사람이 누가 있었으랴? 류사오치가 이 사안에서 조심스럽게 행동한 것은 올바른 판단이었으며 그는 절차적 정당성을 엄정하게 지켰지만, 이때 예언자 역할을 하던 장칭은 절차 따위에는 처음부터 관심이 없었다.

어리석게도 류윈뤄는 중난하이에 있는 부모의 집에서 나와 공안부 사무실로 가서 '자신의 명예를 회복하려고' 했다. 장칭이 공개적으로 류윈뤄를 비난한 다음 날의 일이었다. 하지만 공안부에서는 누구도 감히 류윈뤄의 사안을 조사하려 하지 않았다. 이미 장칭이 선고를 내렸기 때문이다. "중난하이에서 제 발로 걸어나간 것은 바보 같은 짓이었어요." 류윈뤄 친구의 회고다. "그곳에 그냥 있었더라면 윈뤄는 안전했을 거예요. 최소한 얼마 동안은요."

공안부 관리들은 난처하고 부끄러운 표정으로 류윈뤄를 '보호소'로 끌고 가 집어넣었다. 보호소는 정식으로 기소되지 않은 사람을 수감하는 장소를 듣기 좋게 부르는 이름이었다. 류윈뤄는 아무 말도, 아무 행동도 하지 않았다. 마치 얼어붙은 사람 같았다. 그곳에 갇힌 사람들 가운데 아무런 불평을 하지 않는 유일한 사람이었다. 다른 수감자에게도 거의 말을 하지 않았다. 자신의 기구한 운명에 경악하여 침묵을 지키고 있을 뿐이었다. 그는 누구에게도 조사받지 않았다. '류사오치 사건'에 손을 댈 수 있는 관료는 아무도 없었다.

8년의 세월이 흐른 뒤 1974년에야 류윈뤄는 석방되었다. 그는 정신질환을 앓고 있었다. 그 사이 아버지는 사망했으며 계모는 벌써 수년간 감옥에 있었다. 1977년 류윈뤄는 마흔네 살에 폐암으로 죽었다. 누구와도 결혼하지 않은 상태였다. 친구의 회고다. "그는 정치적 탄압을 받게 되어 있었지요. 하지만 윈뤄의 운명에 종지부를 찍은 것은 그가 '외국 간첩'이라는 장칭의 선언이었습니다."

1967년 장칭의 명령을 받은 요원들은 윈난성 쿤밍으로 날아가서 〈금빛 꽃 다섯 송이〉에서 주인공을 맡던 여배우를 찾아냈다. 그녀는 홍위병 군중 앞으로 끌려나왔다. "제가 말씀드리지 않았습니까? 저는 류 윈뤄와 결혼하라는 요구를 거절했어요!" 여배우의 항의는 아무 소용이 없었다. "애초에 왜 류사오치 가족이 당신에게 관심을 보였지요?" 홍위 병 심문자가 날카롭게 추궁했다. "그런 주자파 눈에 들었던 데에는 분 명 이유가 있을 것 아닙니까?" 여배우는 매를 맞았다. 그녀는 하반신이 마비되었고 이 책을 집필한 1980년대 초까지 낫지 못했다.

1968년 내내 장칭은 여전히 자신의 연설에 간간이 왕광메이를 향한 분노에 찬 비판을 섞었다. 그때는 이미 왕광메이가 중국에서 가장 악명 높은 감옥에 들어가 있을 때였는데도 그랬다. 1968년 3월 어느 집회에서 류사오치의 이름이 언급되자 장칭은 이렇게 말했다. "그자의 처는 참으 로 악랄한 여자였지요. 왕광메이는 미국이라는 적국의 첩자였어요!"[101] 같은 달 장칭은 아직 숙청되지 않고 남아 있는 다른 중국 정치 지도자 들과 대화를 나누던 중 놀라운 한마디를 하는데, 여기에서 장칭은 다시 한 번 왕광메이와 류사오치에게 얼마나 오래 전부터 개인적 원한을 품 고 있었는지를 드러냈다.

"옌안 시절 류사오치가 나에게 반대 입장을 취했을 때,"[102] 장칭 옆에 는 저우언라이와 캉성이 있었는데, 그들은 지금 쓰촨성의 위태로운 현황 을 놓고 토론하고 있었다. "류사오치는 사실상 마오 주석에게 창끝을 들이댄 것이었습니다. 상하이 시장을 지냈던 커칭스가 죽기 전 그 이야 기를 내게 해주었어요."* 도대체 옌안 시절 무슨 문제에 대해 류사오치 가 장칭에게 반대 입장을 취했단 말인가? 그 당시 장칭은 아무런 공식 적 역할을 수행하지 않았다.

대답은 단 하나밖에 없었다. 목걸이가 문제가 아니었고, 칭화대학의 공작조가 문제가 아니었고, 왕광메이가 타오위안 생산대에서 활동하고 장칭이 경극 개혁에 힘쓰던 때의 경쟁 관계가 문제가 아니었다. '자본주

---

* 커칭스는 문화혁명이 시작하기 직전에 죽었는데 사인은 분명하지 않다.

의 상류 사회의 생활 방식'도 문제가 아니었다. 그보다 훨씬 더 장칭을 노여움에 불타게 한 것은 류사오치가 장칭과 마오의 결혼에 반대했으며 결혼 이후 장칭의 공적 활동을 금지하는 가증스러운 제한 조건을 작성하는 데 앞장섰다는 사실이었다. 이는 류사오치가 왕광메이와 결혼하기 10년 전의 일이었다. 1968년 9월 어느 연설 가운데 장칭의 말이다. "이 엄청난 배신자는 천 번, 아니 만 번 칼에 찔려 죽어 마땅합니다."[103]

결국 당시 국가 수반의 부인이라는 공식 자격을 지녔던 왕광메이는 장칭의 개인적 적수였으며, 장칭은 왕광메이가 영부인 역할을 하는 것을 절대로 두고 볼 수 없었던 것이다. 목걸이를 하든 안 하든 문제가 아니었다.

문화혁명과 장칭

좌익주의가 큰 혼란을 불러일으키자 마오쩌둥은 문화혁명에서 한 걸음 뒤로 물러섰다. 하지만 장칭은 마오처럼 그렇게 남의 눈에 띄지 않게 처신할 수 없었다. 전체 분위기가 조금 식어버리자 장칭은 이따금 몸이 아프기 시작했고 공개 석상에서 짜증스럽고 불만에 찬 모습을 보였다. 여전히 장칭은 의미심장한 인사말을 건네면서 연설을 시작했다. "마오 주석은 건강이 좋으십니다."라든가 "마오 주석께서 제게 여러분들에게 인사를 전하라고 말씀하셨습니다."[104] 같은 인사말이었다. 극장 무대의 화려함도 여전히 남아 있었다. 장칭의 적은 점점 숫자가 늘어났고 장칭은 적들을 '광대'라고 비난했다. 그런 장면에서는 극장 무대의 화려함이 느껴졌다. 야오원위안이 장칭 옆에 앉아 높고 가는 목소리로 "광대들, 광대들!"[105] 하고 소리치며 박수를 칠 때면 장칭은 수척해진 얼굴에 살짝 미소를 보이곤 했다. 그렇지만 1966년의 들뜬 분위기는 1967년이 되면서 점차 사라졌고, 어쩌면 장칭이 문화혁명의 여러 가지 분명한 해악에 대한 책임을 추궁당할지 모른다는 불안감이 생기기 시작했다.

젊은이들이 지저분한 모습으로 떠들어대는 모임에 장칭은 짜증이 나기 시작했다. "시간이 없습니다. 나는 다른 약속이 있어요." 경쟁 집단 간의 끝없는 논쟁에 최종 판정을 내려 달라는 부탁을 받고 장칭은 그렇게 말했다. "나는 여기 갑자기 와서 지금 무슨 일이 진행되고 있는지 전혀 알지 못합니다." 이런 말로 연설을 시작한 경우도 있었다. 안후이성(安徽省) 대표단에게 했던 연설이었다. "캉성 동지가 나를 이리로 끌고 왔거든요. 도대체 무슨 말을 해야 하죠? 아무런 준비도 안 됐는데 말이에요."[106] 장칭의 건강이 나빠진 것이 문제가 아니었다. 이제 최측근 극좌 집단의 힘이 약해지고 있었으며 군대의 힘이 커지고 있었다. 그렇게 되면 게릴라처럼 폭동을 선동하고 다니던 장칭의 위치가 점점 위험해질 것이었다.

거대한 대중 집회에서 '정치적 투쟁에서 총 사용을 허용할 것인가'를 놓고 토론할 때 장칭은 잠시 긴장이 느슨해져 실수를 저질렀다. 당시 마오쩌둥은 총은 절대로 사용해서는 안 된다고 보았다. 하지만 마치 옛날 영화배우 란핑이 맡은 배역을 충실하게 연기하기보다 때로는 개성을 앞세웠듯이, 그날 저녁 장칭 역시 준비된 대본에서 벗어나고 말았다. "나는 만약 어떤 사람이 내 총을 빼앗으려 한다면 분명히 맞서 싸울 것입니다."[107] 장칭은 잠시 말을 멈추었다. 마오쩌둥이 최근 내세운 원칙에 어긋난 발언을 했다고 느꼈던 모양이다. "물론 총을 쏘는 것은 좋지 않습니다." 하지만 곧 다시 실수하고 말았다. "하지만 여기에 관해 내 나름대로 생각이 있는 것은 사실입니다." 이와 같이 갈등 상황이 닥치면 장칭은 외부의 힘이 규정한 질서를 따르기보다 자신의 의지와 뜻에 따라 움직이는 사람이었다. 외부의 힘이 과거에는 감독이나 극작가였다면, 지금은 '자본가들' 혹은 자꾸 마음이 변하는 남편이었다.

분파 싸움에서 이제 상호 기만은 보편적 방식이 되었고, 장칭은 신경이 날카로워질 대로 날카로워졌다. 마오와 장칭의 거처에 있는 소파와 화분에서 녹음기가 발견되었다. (이런 일 때문에 마오쩌둥이 식물 기르는 것을 싫어했을까?) 다시 그녀는 의사와 간호사에게 성질을 부리기 시작했다. 장칭은 리즈수이를 해임하려고 수를 썼고 그렇게 되자 닥터 리와 간호사 한 명이 마오에게 항의했다. 마오는 이들의 입장에 공감을 표했다. 그는 이렇게 조언했다. "그녀가 다가오는 것을 발견하면 바로 피하시오. 마주치지 않도록 조심하시오."[108]

저우언라이는 장칭과 정치적으로나 성격적으로나 다른 점이 많은 사람이었지만 장칭과 충돌하지 않았다. 그는 1967년 말 어느 모임에서 "열성적인 투쟁으로 장칭 동지의 건강이 나빠졌다."라고 발언했으며, 장칭이 항저우에 있는 거처에서 쉬고자 베이징을 떠났다고 했다. "정신적 휴식과 명상을 통해 그녀의 신체적 손상이 치유될 것이라고 확신합니다."[109]

어째서 저우언라이는 장칭에게 그렇게 인내심 깊고 예의 바르게 행동했을까? 어째서 저우언라이는 한 번도 장칭에게 화를 내지 않았을까? 어째서 저우언라이는 문화혁명의 진전을 제지하려 하지 않았을까? 왜냐하면 마오쩌둥의 뜻은 절대 거역할 수 없는 것이었으며, 저우언라이는 수십 년 동안 그것을 인정하며 살았기 때문이다. 또한 저우언라이는 자신의 목적을 달성하기 위해 많은 것을 참고 견딜 수 있는 사람이었기 때문이다. 저우언라이는 우한에서 열린 집회에서 잠시 쉬는 시간에 동료인 양닝에게 이렇게 말했다. "혁명을 위해서라면 우리는 이가 부러지고 피를 삼켜도 감수해야 합니다. 혁명을 위해서라면 창녀가 될 수도 있어야 합니다."[110] 장칭이 마오쩌둥 부인이었기에 저우언라이는 그녀의 지나친 행동을 참아내야 했던 것이다. 하지만 개인적으로 그는 무척 속을 끓이고 있었다. 한번은 마오의 주치의가 저우언라이에게 장칭이 그를 권좌에서 내쫓으려 하고 있다고 말해주었다. 저우언라이는 깜짝 놀랐다. "수십 년 동안 나는 장칭을 도우려고 내가 할 수 있는 모든 일을 해 왔소." 그는 고통스런 표정을 지으며 의사에게 말했다.

마오는 이런 식의 혼란을 부추겨놓고는 책임을 회피하고 산속으로 들어가버리듯 사라지곤 했다. 그는 이런 일에 능숙했다. 이런 상황이 되면 종종 장칭은 홀로 남아 마오의 좌익주의를 변호해야 하는 처지가 되곤 했다. 장칭은 마오처럼 지금 벌어지고 있는 싸움과 상관없는 듯 높은 곳에서 초연하게 바라보고 있을 수 없는 처지였다.

1968년이 되면 이제 문화혁명은 중국 사회가 완전히 망가지는 것을 막기 위한 긴급 구조 작업처럼 되어버린다. 처음에는 우파 성향 관료들을 향한 공격이었던 문화혁명이 이제 '극좌파들'에 대한 공격으로 바뀌었다. 마오의 판단에 따르면 이들은 무언가 때려부수는 데는 솜씨가 뛰어났지만 건설하는 데는 형편없었다. 홍위병들은 교실로 돌아가야 했다. 반란을 일으키라는 구호는 이제 단결하자는 구호로 바뀌었다. 이미 1967년에 상하이에서 코뮌 즉 인민공사*를 만들어 공산주의로 직접 도약하려는 계획이 폐기된 일이 있었다. (원래 장춘차오와 야오원위안이 마오를 위해 고안한 아이디어였지만 결국은 마오 자신이 찬물을 끼얹은 것이다.) 최측근 그룹의 몇몇 고위 인사들이 '극좌주의적 죄상'으로 체포되었다. 그들은 장칭과 가까운 인물들이었다. 가장 중요한 변화는 군대의 투입이었다. 마오와 장칭이 지난 몇 년간 손상시킨 이른바 '질서'를 다시 회복하기 위해 각종 관청, 학교, 공장에 인민해방군이 투입되기 시작했던 것이다. 이 모든 상황 변화에 따라 장칭이 설 땅은 점점 좁아지고 있었다.

장칭은 몇 가지 실수를 저질렀다. 우선 중요한 관료 몇몇을 자기편으로 만들어 둘 필요성이 있음을 간과했다.**111) 또한 복수심에 불탄 나머지 문화계에서 극단적 행동을 했다. 그리고 장칭은 홍위병 집단이라면 어느 조직이든 끌어안았다. 그런데 홍위병 중 많은 집단은 사람들의 지지를 상실해버렸다.

장칭이 눈에 띄는 활동을 많이 하는 것 자체도 문제가 되기 시작했

---

* 1967년 2월 5일에 상하이에서 장칭의 동료 장춘차오와 야오원위안 등은 항만 노동자들과 홍위병을 앞세워 일종의 코뮌이라 할 수 있는 '상하이 인민공사' 수립을 선포했다. 그러나 18일 만에 마오쩌둥의 지시로 붕괴하고 만다.(역주)
** 저우언라이와 그 아래 관료들은 린뱌오와 연합하여 좌익적 '5월 16일' 집단 문제에서 장칭과 대립했다. 이는 불길한 징조였다. 아마도 저우언라이는 (어느 홍위병 집단의 말을 빌리면) "부르주아의 썩어빠진 우두머리이며 반혁명 세력과 노련하게 장난치는 사람"이라는 비난을 듣는 데 넌더리가 났는지도 모른다.

다. 중국 사회에는 여전히 "암탉이 울면 나라가 위험해진다."는 옛 속담을 믿는 사람이 많았다. 장칭은 원래 집안에 들어앉아 뜨개질이나 하는데 만족하는 사람이 아니었다. 하지만 이제는 장칭이 집 바깥에서 활동적으로 움직이는 것 자체가, 그 성격이 어떠하든 간에 여자가 쓸데없이 참견하고 다닌다는 식의 멸시적 평가를 받게 되었다. 중국 사회에 전통적으로 존재하는 반여성적 정서를 맞게 된 것이다. 공산당은 무조건 옳다는 독선과 마오쩌둥의 무오류성을 무슨 대가를 치르더라도 수호하겠다는 생각이 이런 찬바람을 부추겼다.

이와 같이 장칭이 몇 가지 실수를 저질렀으며 여성이기에 편견의 희생자가 되었다는 것은 사실이지만, 가장 심각한 문제는 마오쩌둥과 장칭이 추진하던 문화혁명이 완전히 엉망진창이 되어버렸다는 사실이다. 장칭의 힘이 최고조에 이르렀을 때에도 그 힘은 비행기로 치면 부조종사의 힘에 지나지 않았다. 장칭은 마오쩌둥의 《선집》을 사람들에게 나누어주었다. 장칭의 선집을 배포하는 사람은 없었다. 주위 사람들은 장칭에게 항상 말했다. "기억하세요. 당신의 행동에 따라 주석이 평가된다는 것을." 장칭은 이제 서서히 깨닫기 시작했다. 주석의 행동에 따라 자신이 평가되고 있다는 것을.

자정이 지난 시각이었다. 마오쩌둥과 장칭의 중난하이 거처에 붙어 있는 응접실에서 긴급 전략회의가 열렸다.[112] 당시 어두운 정치 상황과 관련하여 마오와 장칭은 문화혁명을 이끌던 두 그룹의 사람들과 회의를 하고 있었다. 이 두 그룹은 두 세대라고도, 혹은 두 부류의 사람들이었다고도 말할 수 있다. 한편은 홍위병의 핵심 지도자들이었다. 그들은 피곤하고 혼란스러웠고 이전보다 침체된 분위기였지만, 그래도 여전히 도전적인 오만함을 띠고 있었다. 다른 한편은 좌익주의자들이자 마오의 최측근 그룹 사람들이었다. 그들은 1968년 여름의 중반부터 마오와 장칭이 중국을 통치하는 것을 보좌하고 있었다. 린뱌오 부부, 저우언라이, 캉성, 야오원위안, 천보다, 공안부장 셰푸즈였다. 새벽에 이르도록 그들은 문화혁명이 불러일으킨 혼란, 폭력, 분열에 대해 이야기를 나누었다. 때로는 과거를 그리워하는 향수에 젖었다가 우울해지기도 하고 서로 비난을 퍼붓기도 했다.

그날 밤 장칭은 자신이 법과 질서를 지지하는 편에 서 있음을 분명하게 밝히려고 애썼다. 하지만 그날 밤 분명하게 드러난 것은 아무리 장칭이 새로운 현실에 자신의 견해를 끼워맞추려고 노력한다 해도 자신의 미래를 스스로 결정할 힘이 없다는 사실이었다. 마오쩌둥이 그날따라 너무나 적극적으로 장칭에게 불만을 터뜨렸기 때문이다.

총과 창을 들고 싸우는 것은 '가문에 대한 불명예'라고 장칭이 말했다. 마오는 마치 무슨 악의라도 있는 듯이 아내에게 면박을 주었다. "나는 싸움을 두려워하지 않아. 싸움 이야기를 들으면 나는 기분이 좋아지지." 얼마 뒤 장칭이 이번에는 대학 교정에서 무장 충돌이 일어나고 있다는 사실을 비판하기 시작했다. 그러자 마오가 끼어들더니 (그날 밤 자신이 먼저 한 말과는 어긋나게) '무장 투쟁의 장점'에 대해 이야기를 늘어놓기 시작했다!

그날 밤 회의에서 마오쩌둥이 다른 모든 사람들에게도 다소 기분 나쁘게 대한 것은 사실이었다. 하지만 장칭에게는 더 심했다. 마오가 홍위병 지휘부의 나이가 어리다고 해도 별로 걱정할 것이 없다고 했을 때 장칭이 옆에서 거든다고 한마디 했다. "혁명에 가담했을 때 우리는 겨우 10대였지요." 그 말을 들은 마오는 엉뚱한 말로 장칭의 말허리를 잘라버렸다. "우쭐거리지 마. 그렇게 우쭐거리는 것도 당신의 병 가운데 하나야."

중고등학교나 대학을 다녀도 별로 좋은 점이 없다는 이야기를 하면서 마오는 "소련의 문호 고리키도 정식으로 학교를 다닌 것은 2년밖에 되지 않아. …… 장칭보다도 못하지." 그 말을 들은 장칭이 어떤 표정을 지었을지는 알 길이 없다. 린뱌오의 아내가 침묵을 깼다. "하지만 장칭 동지는 혼자서 아주 열심히 공부하셨지요." 예췬의 말을 마오가 또 잘랐다. "장칭을 대신해서 자랑을 늘어놓지 말아요." 그런 다음 마오는 자신의 젊은 시절 이야기를 마치 보편타당한 진리처럼 자세하게 설명하기 시작했다.

그날 회의에서 장칭이 마오를 기분 좋게 하는 것은 불가능했다. 마오는 자주 장칭의 말을 끊고 끼어들었다. 심지어 장칭이 상황에 맞는다고 생각하여 마오의 과거 언급을 인용할 경우에도 마오는 차갑게 말을 끊어버렸다. "그 말은 꺼내지 마시오."

새벽이 가까워졌고 중국을 이끄는 나이 많은 엘리트와 젊은 엘리트들은 모두 피곤한 모습으로 의자에 앉아 있었다. 날씨가 더워 계속 부채질을 했다. 장칭은 자신이 싫어하던 젊은 홍위병 지도자를 여러 번에 걸쳐 비판하고 있었다. "한아이칭(韓愛晶) 동지, 나는 당신의 과오를 여러 번 비판한 적이 있어요. 뭐라 할 말이 있습니까?" 마오는 갑자기 한아이칭을 변호하고 나섰다. "그를 비판하지 마!"라고 말하고는, 이런 공적 모임에서는 보기 힘든 거친 질책을 장칭에게 쏘아붙였다. "당신은 언제나 다른 사람만 비판하는군, 당신 자신은 절대로 잘못이 없다는 식이야." 회의가 끝나기 직전, 장칭은 다시 한 번 젊은 한아이칭을 비판했다. 그가 먼 미래만 생각하고 지금 이 순간은 고려하지 않는다는 것이었다. 마오가 끼어들었다. "먼 앞날을 생각한다는 것은 좋은 일이야. 그는 잘하고 있어! 잘하고 있다고!"

마오는, 홍위병들이 모두 매우 졸릴 테니 모두들 한아이칭의 숙소로 가서 힘들었던 하룻밤의 피로를 푸는 게 좋겠다고 했다. 장칭은 더는 말을 할 수 없는 상황이었다.

문화혁명은 단 하나의 원인으로 발생한 것이 아니다. 또한 원래 계획한 사람, 즉 마오쩌둥과 장칭이 의도했던 대로 진행되지도 않았다. 계획한 기간보다 훨씬 오랫동안 계속되었을 뿐만 아니라, 문화혁명 말기에는 원래 의도와는 전혀 다르게 돌발 상황이 자꾸 벌어져서 다급하게 대응책을 강구해야 하는 상황이 되고 말았다. 그렇긴 해도 만일 장칭이

장칭이 주인공으로 등장한 문화혁명 독려 포스터. 장칭의 손에는 '작은 붉은 책' 즉 《마오 주석 어록》이 들려 있고 마오쩌둥의 후광이 그녀를 환하게 비추고 있다.

없었다면 혁명이 이렇게 문화를 중심으로 진행되지 않았을지 모르며, 또한 마오가 '문화'혁명이라고 이름 짓지도 않았을 것이다.

　문화혁명은 정치적으로 어려움에 빠진 마오가 장칭을 공동 작업자로 의지하기 시작하며 전에 없을 정도로 강하게 아내에게 정신적 영향을 받는 과정에서 발생했다. 문화혁명의 내용 역시 장칭이 특별하게 관심을 보였던 분야에 영향을 받았다. 장칭은 중국의 문제를 풀 열쇠로 사상과 예술을 지목했던 것이다. 문화혁명의 작동 양태를 보면 무대 공연 같은 느낌이 드는데, 장칭의 입김이 닿은 부분이다. 문화혁명을 통해 마오쩌둥은 정치인에서 신적 존재로 격상되었다. 개인 숭배 관념이 생겨난 데에도 장칭의 역할이 컸다. 장칭은 마오가 높은 존재가 될수록 자신에게 더 많은 영광이 돌아오리라고 생각했다. 공산당 자체를 비난하고 깎아내리는 일도 문화혁명의 주제였는데, 이 역시 옌안 시절의 결혼 약정 조건에 복수하려는 장칭의 강한 욕구와 무관하지 않았을 것이다.

　누구도 문화혁명을 이해할 수 없다.*[113] 왜냐하면 이해하려야 이해할 것이 없기 때문이다. 아무리 논리적인 이유도 문화혁명 과정에서 분출된 허풍과 좌절과 복수심을 설명할 수 없다. 많은 사람들이 자신이 옹호하던 대의명분에 진지한 신념을 품고 있었던 것은 분명한 사실이다. 하지만 장칭은 문화혁명에 무슨 심오한 의미가 있는 것이 아님을 잘 알고 있었다. 그러므로 문화혁명 과정 중에 사람들에게 마치 절대자가 하늘에서 내려주는 만나처럼 때맞추어 풍성하게 제공되었던 구체적 쟁점들에는 거의 관심이 없었다. (다만 공연예술 관련 쟁점들에는 관심이 있었다.) 장칭이 정치적으로 무지하다는 것은 모든 사람이 다 알았고 별로 중요한 문제도 아니었다. 그렇다면 중요한 것은 무엇인가? 첫째, 마오와 맺은 관계를 중심으로 이뤄진 장칭의 인간관계 네트워크, 둘째, 장칭 안에서 그녀를 괴롭히면서 오랜 기간 억압되어 온 욕망, 셋째, 여성적 매력, 연극적 소질, 신이 나면 끝없이 샘솟는 에너지, 여러 사람들 가운데 힘의 균형을 조정하는 본능 등 장칭의 타고난 정치적 능력. 이런 것들이 우리가 눈여겨보아야 할 것들이다.

문화혁명은 장칭에게 지극히 개인적 차원에서 중요한 사건이었다. 자기 힘으로 홀로 이 세상을 살아가야 한다는 자립 정신, 힘든 투쟁을 마다하지 않는 의지력, 강한 복수심, 이런 것들이 모두 한데 모여 터져 나오는 계기가 되었던 것이다. 이런 장칭의 특징들은 어린 시절부터 형성되어 온 것이다.

장칭은 극단적 입장을 주장한 적도 있고 온건한 입장을 주장한 적도 있었다.[114] 1966년 가을, 즉 문화혁명의 초기 단계에서도 장칭은 온건한 입장을 주장한 적이 있었다. 하지만 극단적 입장이든 온건한 입장이든 장칭의 정신 세계에 철학적 뿌리를 둔 입장은 아니었다. 1967년 말 마오쩌둥이 문화혁명의 원래 원칙에서 후퇴함에 따라 장칭은 침울해졌다. 장칭이 지향하던 정치적 목표가 부정되었기 때문이 아니었다. 군대가 권력

---

* 류사오치는 문화혁명을 도저히 이해할 수 없다고 말했다. 외교부장 천이는 "만약 내가 문화혁명을 지도하게 된다면, 문화혁명 자체가 없어질 것이다."라고 말했다.

의 중심부에 밀고 들어오면서 자신의 권력이 약화될 수밖에 없음을 알 았기 때문이다.

장칭이 군복을 입은 모습은 인민해방군 장군이라기보다 옷가게 앞 쇼윈도에 세워놓으려고 모델에게 군복을 입힌 것처럼 보였다. 그렇다면 장칭은 린뱌오 류의 '좌익적' 전사가 아니라 실제로는 '우익적' 관료였단 말인가? 그렇지는 않다. 장칭은 좌익도, 우익도 아니었다. 장칭은 굉장한 공연인 문화혁명을 연기하고자 그런 의상을 입었을 뿐이었으므로 우스꽝스럽게 보였을 수도 있다. 하지만 장칭에게 그런 것은 아무 상관이 없었다. 왜냐하면 장칭은 누구보다도 더 확실하게 무대 의상은 단지 무대 의상일 뿐이라는 사실을 알고 있었기 때문이다. 공연이 끝나고 무대 조명이 꺼지면 얼굴에 칠한 분장은 닦아낼 수 있다. 장칭에게 중요한 것은 예술이 아니라 자기 삶이었다.**[115]

문화혁명이 볼썽사나운 모습으로 진행됨에 따라 많은 그림자가 장칭

** 장칭의 개인적 감정이 문화혁명을 이해하는 열쇠라는 필자의 주장을 믿기 힘들다고 생각하는 사람이 있을 것이다. 하지만 다음 네 가지 논점을 생각해보기 바란다. 첫째, 베이징 당국은 당시 문화혁명의 목적이 부르주아와 그 사상들을 몰아내는 데 있었다고 말한다. 하지만 장칭이 그런 차원에서 자신의 입지를 확보했다는 것은 불가능한 일이다. 장칭은 정치적 사상에 대한 지식 수준이 너무 낮았기 때문이다. (물론 부르주아 척결이 문화혁명의 목적이었다는 베이징 당국의 공식 주장이 일정한 의미가 있다고 가정할 때 이야기다.) 둘째, 장칭은 문화혁명 기간 중 자신의 적들이 각종 악행을 저질렀고 잘못된 정치 사상을 주창하고 있다고 비난했다. 하지만 장칭의 비난은 대부분 사실에 근거하지 않은 허위였다. 이것은 장칭이 몰락하기 전에 이미 서구 연구자들이 확실하게 입증한 바 있다. (그리고 지금 장칭이 몰락한 뒤로 베이징 당국은 문화혁명 기간에 장칭이 수행한 비난과 공격이 일부가 아니라 전부 허위라고 주장한다. 물론 이런 주장을 다 믿을 수는 없다.) 셋째, 장칭이 성인이 된 후의 삶을 살펴보면, 사물에 대한 매우 주관적 관점, 자신의 정당성을 증명하려는 엄청난 집념, 복수에 대한 욕망으로 점철되어 있다. 넷째, 장칭이 문화혁명 기간의 연설에서 자기 삶을 언급한 내용, 장칭이 몰락한 뒤로 발굴된 갖가지 개인적 발언, 장칭 전기를 쓴 위트케에게 그녀가 들려준 이야기를 보면 공공 정책보다는 질병, 옷, 가족, 사진 따위의 사적 관심사와 적들에 관한 내용이 많다. (위트케는 주로 '공식 기록'을 토대로 문화혁명 기간 중 장칭의 역할을 서술할 수밖에 없었다고 전기에 썼다. 이는 전혀 놀라운 일이 아니다. 장칭이 문화혁명 기간에 대해 위트케에게 한 이야기는 너무 편향되어 있어서 그 기간의 중국 정치사를 조리 있게 기술할 자료로 쓸 수 없었다.)

의 얼굴에 드리웠지만, 그래도 1960년대가 저물면서 장칭은 중국의 최고 지도자 가운데 하나라는 공식적 권력을 쥐게 되었다. 중국 전체에서 확연하게 눈에 띄는 높은 위치였다. 1950년대 장칭이 누구의 눈에도 띄지 않는 미미한 존재였던 데 비하면 엄청난 지위 상승이라고 할 수 있다.

1969년 4월 제9차 중국공산당대회가 인민대회당에서 열렸다.[116] 마오쩌둥은 이 대회가 문화혁명의 '성과'를 가시화하는 '단결'의 대회가 될 것이라고 선언했지만, 물밑에서는 새롭게 힘을 얻은 군대와 여전히 힘을 가진 좌익 집단 사이에 긴장 관계가 지속되고 있었다. 이러한 긴장 관계를 사람들은 '카키색 군복'과 '헬리콥터'* 사이의 투쟁이라고 불렀는데, 마오는 두 집단 사이에서 마음을 정하지 못하고 왔다갔다했다. 하지만 마오는 자신에게 가장 가까운 헬리콥터이며 그의 삶에서 골칫거리이자 수호신인 장칭을 정치국원으로 만들어주었다. 21명으로 구성된 중국공산당 정치국 사상 최초의 여성 국원이었는데, 이로써 장칭은 중국의 최고 통치 집단에 들어갔다.

"성공했다고 제정신을 잃지는 마시오."[117] 마오쩌둥은 장칭에게 그렇게 편지를 쓴 적이 있었다. 사실 마오는 장칭의 행동에 격노한 적이 여러 번 있었다. 마오의 머릿속 한구석에는 자기 부인을 공식적인 고위직에 앉힌 것이 실수라는 불안감이 있었다. "남편이 장으로 있는 조직에 부인을 고위 관리직으로 앉히는 것을 나는 기꺼이 받아들인 적이 없다."[118] 라고 마오는 얼마 뒤 있었던 비공식 회합에서 언급했다. 이 언급은 린뱌오의 부인인 예췬을 두고 한 말이었다. (예췬 역시 당 정치국에 임명되었다.) 하지만 마오는 이 말을 할 때 장칭을 염두에 두었을지도 모른다. 겉으로 마오는 장칭이 정치국원으로 임명되어서는 안 될 것이라고 분명히 말했다. 하지만 저우언라이 등은 계속 일을 진행하여 그녀를 정치국원에 임명해버린다. 왜냐하면 그들은 마오가 내심 장칭이 정치국에 있기를 바

---

* 문화혁명 때 좌익들이 자신의 능력에 넘치는 높은 자리에 빠르게 올라간 것을 조롱하는 의미로 덩샤오핑이 쓴 표현이다.

란다고 생각했기 때문이다. 저우언라이의 추측이 정확했을지도 모른다. 그는 분명 자신이 정확하게 상황을 파악하고 있다고 믿었을 것이다.[119]

어느 날 장칭은 베이징 북서쪽에 있는 향산공원(香山公園)에 갔다.[120] 희귀한 식물의 묘목을 구해서 중난하이에 있는 정원에 옮겨 심으려는 생각으로 간 것이었다. 이날 오후에 벌어진 일을 통해 우리는 1960년대가 끝나 가던 시점에 장칭의 정치 방식 그리고 더 나아가서는 전반적인 중국의 정치 방식이 부패하였고 연극적이었으며 중세 가부장주의의 요소가 있었다는 것을 알 수 있다.

장칭은 그때 정치국원이었으므로 당연히 그 지역의 고위급 당 관료의 수행을 받았다. 그밖에 많은 경호원과 보조 요원도 따라갔다. 그날 장칭이 향산공원에 간 것은 순전히 개인적 업무 때문이었지만, 그래도 그 지역의 최고 간부인 왕리가 나왔다. 그는 훗날 극좌파로 몰려 숙청당한다. 장칭 일행이 도착하자 왕리는 불상을 보여드리겠다고 나섰다. 장칭은 자신의 정원을 더 멋지게 꾸미기 위해 온 것뿐이라고 이 혁명 동지에게 단호하게 말했다. 하지만 왕리는 오백나한 상이 굉장하다고 말했고 장칭은 내키지 않는 발걸음을 향산공원 내 녹운방(綠雲舫)으로 옮겼다. 그곳에 도착하자 왕리는 모아놓은 갖가지 불상을 자랑스럽게 장칭에게 보여주었다. 마오쩌둥에게 300퍼센트 완전 충성을 과시하는 왕리와 그의 동료들이, 향산공원에 오는 산보객들의 계몽을 위해 끌어모아 놓은 미신·악습의 우상들로 이루어진 대단한 전시물이었다. 수많은 불상이 있었고 그 앞에는 신선한 음식이 제물로 놓여 있었다. 쑨원의 모자와 옷도 있었다. 그리고 놀랍게도 마오쩌둥의 흉상이 새롭게 만들어져 있는 것이 아닌가?

장칭은 종교적 사당에 마오쩌둥의 상이 있다는 데 분노했다. (어쩌면 묘목을 구하려던 원래 계획이 방해를 받아서 화를 낸 것인지도 모른다.) 장칭은 즉시 절에 있는 마오쩌둥 관련 물건들을 모두 치우라고 지시했다. 그 다음 장칭은 연극의 한 장면 같은 모습을 연출했다. 불상 앞에 놓은 음식을 모조리 돈을 치르고 사서 공원에 놀러온 사람들에게 나누어주라고 지시한 것이다. 구세주 역할을 스스로 떠맡은 모습이었다. 그런 말을 하는 장칭의 얼굴은 웃음으로 가득했지만, 쉰여섯 중년 여성의 피로감을 숨길 수는 없었다. 아랫사람들은 황급히 밥과 고기와 떡을 한 접시씩 들고 깜짝 놀란 소풍객들에게 들이밀었다. 장칭은 "드세요, 드세요." 하고 큰소리로 외치고 있었다.

문화혁명을 통해 일정한 정치 의제와 등장인물이 형성되었으며, 조지 오웰의 소설에 나올 법한 정치 공작 개념들이 탄생하였고, 이런 의제와 공작 개념들 때문에 중국은 1970년대가 꽤 흘러가버린 시점까지도 정치 투쟁에서 헤어나지 못한다. 또한 문화혁명이라는 연극적인 정치 무대에서 빛나는 스타로 등장한 장칭의 존재 역시 1960년대가 1970년대에 물려준 가장 강력한 유산이었다.

그러나 장칭이 상대해야 했던 인물, 즉 마오쩌둥은 정말 특별하게 변화무쌍한 성격의 소유자였다. 문화혁명이 뜻대로 흘러가지 않는 시점이 되자, 마오는 왕리에게 이렇게 고함쳤다. "아마도 내가 장칭과 천보다를 처형해버려야겠군! 캉성은 외국으로 쫓아버려! 천이를 불러서 문혁소조 조장으로 앉히고 쉬샹첸과 탄전린*을 부조장 시키면 되겠네. 그래도 안 된다면, 외국에 나가 있는 왕밍하고 장궈타오라도 불러야겠지. 만일 꼭 필요하다면 미국인들과 소련에 도움의 손길을 청하는 것은 어떨까?"[121] 여전히 지휘봉은 손오공 역할을 하는 마오쩌둥의 손에 있었다. 장칭의 책무는, 도저히 예견할 수 없는 마오의 움직임이 어떤 리듬을 타고 있는지 세심하게 살펴내는 일이었다.

---

* **탄전린**(譚震林, 1902~1983) 국공내전 기간 중 공산당 인민해방군 제3방면군 부정치위원을 지냈으며, 중화인민공화국 수립 후에는 군 지휘관이자 공산당 정치가로 활동했다. 문화혁명에 비판적인 입장을 취했으나 직접적인 탄압은 받지 않았다.(역주)

6장

여제의 꿈

—

1970~1976

1971년 9월 린뱌오, 비행기 추락 사고로 사망.

　　10월 중화인민공화국이 서방과 화해 분위기를 조성하면서 중국을 대표하여 국제
　　연합에 가입. 이때까지 중국을 대표하던 대만은 국제연합에서 퇴출되었음.

1972년 2월 닉슨 미국 대통령 방문.

1973년 4월 마오쩌둥이 덩샤오핑을 복권시킴.

　　여름 제10차 당 대회에서 장칭의 급진파와 저우언라이의 온건파가 대립.

1974년 장칭의 주도로 비림비공운동 전개.

1975년 1월 저우언라이, 중국의 국내 정책 목표로 농업·공업·국방·과학기술의 현대화(4개
　　현대화) 제시. 4개 현대화 계획은 1970년대 말부터 덩샤오핑에 의해 본격 추진됨.

1976년 1월 저우언라이 사망. 후임으로 화궈펑이 임명됨.

　　4월 톈안먼에서 저우언라이 총리를 추모하는 집회가 열림. 저우언라이를 위해 가져
　　다놓은 꽃과 깃발 등을 정부에서 모두 치워버리자 분노한 군중이 폭동을 일으킴.

　　9월 마오쩌둥 사망.

　　10월 총리 화궈펑의 지시로 장칭을 비롯한 '사인방' 체포.

나는 정치적 젊음을 영원히 유지하고 싶다. - 장칭

남자가 인류 역사에 공헌한 것은 겨우 한 방울의 정액뿐입니다. - 장칭

장칭의 취향에 맞는 사람은 거의 없어. 딱 한 사람 장칭 자신뿐이지.[1]
- 마오가 말한 장칭, 1974년.

1971년 초 어느 날 저녁 장칭은 이화원에 갔다. 이화원은 100년 전 서태후의 거처였던 유명한 곳이다. 장칭은 이화원 안에 있는 식당 겸 공연장인 청리관에서 믿을 만한 측근 몇 사람과 저녁 식사를 했다. 장칭은 역사적 의미가 있는 곳을 좋아했다. 고풍스러운 분위기가 물씬 풍기는 실내 장식, 묵직한 식탁, 식탁 위에 깔린 금빛 덮개를 그녀는 좋아했다. 식탁들 맞은편의 야외 공연장은 과거에 서태후를 위해 경극이 공연되던 장소다. 이날 저녁 요리사들은 장칭을 위해 향기로운 닭고기 요리와 호수에서 잡은 개구리같이 생긴 생선 요리를 준비했다.

저녁을 먹은 다음, 장칭은 일행과 함께 쿤밍호(昆明湖) 주변 밤 안개 서린 오솔길을 산책하다가 문득 걸음을 멈추었다. 배운전(排雲殿) 벽에 위에서 아래로 글자가 크게 새겨져 있었다. "마오 주석의 책을 읽으라. 그의 가르침에 귀를 기울이라(讀毛主席的書聽毛主席的話)." 높이가 2미터 가까운 거대한 크기의 글귀였다. 별다른 문제는 없어 보였다. 이념적 성격의 말을 흰색과 붉은색으로 큼지막하게 써놓은 것은 당시 중국에서는 어디서나 흔하게 볼 수 있었기 때문이다. 하지만 장칭은 그 자리

에 꼼짝 않고 서서 몹시 화난 표정을 짓고 있었다. 그 구절은 분명 인민해방군의 모범 병사로 유명한 레이펑(雷鋒)의 것이지만 글씨는 린뱌오가 쓴 것이 아닌가? 마치 이 글귀를 린뱌오가 말한 것처럼 보이게 하지 않았는가? 장칭은 화가 났다. 그 못 믿을 인간은 자신의 명성을 높이는 데 마오의 이름을 이용하고 있지 않은가? 마오쩌둥은 벌써 여러 차례 아내에게 린뱌오가 그런 짓을 하고 있다고 말했다. "주석의 힘은 문자뿐이구나." 장칭은 주위 사람들이 다 듣도록 중얼거렸다. 린뱌오가 자기 글씨를 저렇게 노골적으로 과시하는 것은 정치적 도전이라고 암시한 것이었다.

거처로 돌아오는 승용차 안에서 장칭은 불쾌한 기분이 휩싸였다. 진리가 솟아 나오는 샘에 경의를 표할 때, 린뱌오가 어째서 '마오쩌둥'이라고 하지 않고 집요하게 '마오쩌둥 사상'이라고 하는지 이제 이해가 가기 시작했다.[2] 장칭이 탄 리무진이 경적을 울리며 사람들을 길에서 쫓아내며 달리는 동안 장칭은 불길한 생각에 잠겼다. 마오쩌둥의 절대적 권위는 그가 죽은 뒤에도 존속할 것이며 새로운 인물에게로 넘어갈 것이다. 그 인물이 바로 린뱌오 자신이라고 인민들에게 암시하는 것이 아닌가? 차가 중난하이에 도착했을 무렵에는, 그녀의 교활한 정적인 린뱌오가 쓴 마오의 글귀가 중국 각지에서 휘날리는 섬뜩한 모습이 장칭의 머릿속에 꽉 차 있었다. 왜 나 장칭의 필체면 안 되는 거지?*

마오가 죽기 전 마지막 몇 년 동안 장칭은 스스로 도저히 이해할 수 없을 정도로 심한 공포와 아첨과 증오의 대상이 되었고, 자신의 미래에 오직 두 가지 길밖에 없지 않을까 우려하면서 살았다. 그중 하나는 중국의 최고 지도자로서 마오를 대신함으로써 그녀가 평생토록 투쟁해온 바대로 마침내 한 남자의 소유물이라는 위치에서 탈출하여 아무런 제한 없이 자기 자신을 표출하는 것이었다. 또 다른 길은 남편의 등에

---

* 중국에서는 인민들이 정치 지도자들의 필체를 잘 아는데, 필체를 복사해서 널리 유포하기 때문이다. 이것은 중국에서는 통치술의 하나다.

올라타 터무니없이 높은 곳까지 벼락출세한 인물로 매도당해 사람들에게 내팽개쳐지는 것이었다.

마오쩌둥의 동료 가운데 일부는 마오가 영원히 죽지 않고 살까 봐 두려워했다. 일부는 마오가 너무 일찍 죽을까 봐 공포에 질려 있었다. 린뱌오는 첫 번째 부류였고 장칭은 두 번째 부류였다. 장칭은 마오가 살아 있지만 약한 존재로 남아 있기를 바랐다. 마오쩌둥의 충실한 해석자로 경쟁하던 두 사람은 이렇게 마오가 언제 죽는 것이 좋을지를 두고 생각이 달랐다.

린뱌오는 세계에서 가장 큰 군대의 총사령관이었지만 수줍음 타는 소년 같았다. 얼굴은 기분 좋게 웃을 때를 제외하고는 침울하고 소심해 보였다. 린뱌오는 군사 전략가로서는 뛰어났지만 다른 분야에는 폭이 좁았다. 정치적으로 그는 중국 역사상 흔히 볼 수 있는 음모와 보복의 정치술에 능했다.

장칭과 린뱌오는 성격이 매우 다른 인물이었지만 문화혁명을 통해 단단히 연결되어 있었다. 그러나 1970년대에 들어서면서 두 사람의 관계는 조금씩 변하기 시작한다. 중국 전체가 이제 때와 장소를 가리지 않고 마오쩌둥의 시대가 종말로 치닫고 있다는 의식으로 가득 차 있었다. 1969년 제9차 당 대회 이후 장칭과 린뱌오가 한 행동은 모두 마오의 뒤를 이어 후계자가 되고픈 희망에 근거를 둔 것이었다. 장칭과 린뱌오는 서로를 이용했다. 처음에는 순조로웠고 두 사람 모두 큰 성공을 거두었다. 마오가 권력의 정점에서 이들을 돌보아주었기 때문이다. 하지만 1970년대가 시작되면서 마오쩌둥이 후계를 생각하는 리어 왕 같은 입장을 취하자 두 사람이 서로를 이용하는 방식은 점차 충동적이고 불안해졌다. 이제 중국 정치는 불신의 더러운 웅덩이가 되어버렸고 베이징의 정치 권력은 분열되기 시작했다. 장칭은 린뱌오와 비교해서 한 가지 유리한 점이 있었다. 장칭은 남편이 계속해서 바람을 피운 것을 참아 왔고 이제 마오는 그 대가로 장칭의 활동에 커다란 지지를 보내고 있었던 것

이다.[3]

라이벌 린뱌오의 최후

마오쩌둥은 어느 날 프랑스 작가이자 정치가인 앙드레 말로(André Malraux)에게 이렇게 말했다. "프랑스의 드골이나 나 같은 사람에게는, 후계자가 없지요."[4] 자기 자신을 신과 같은 존재로 여기는 마오의 이런 태도 때문에 그의 대리인이 되는 사람은 누구나 위험에 빠졌다. 벌써 1960년대에 류사오치가 겪었듯이, 1970년대에 들어와 린뱌오는 2인자라는 위치가 유죄 선고를 받고 감옥에서 지내는 것과 다를 바 없다는 것을 깨달았다. 장칭은 늙은 노인의 의심 많은 태도가 자신에게 이롭다는 것을 알았다. 마오가 앙드레 말로에게 한 말은 어쩌면 후계자가 될 만한 사람들을 모두 축출한 뒤 결국에는 아내에게 계승권을 주어 대리자로 만들고 그녀를 통해 자신의 생명을 상징적으로 연장하는 길을 택하겠다는 말이 아닐까?

마오쩌둥이 린뱌오의 견해라든가 성격이라든가 지도자의 능력을 의심한 것은 장칭이 린뱌오와 손을 잡고 연합하기 시작할 때부터였다. "그자의 생각 가운데 어떤 것은 상당히 불편하군."[5] 마오는 1966년 봄에 회의가 끝난 뒤 장칭에게 말했다. 그 회의에서 린뱌오는 겉으로는 마오를 칭송하면서 사실 마오를 정치보다 높은 공간으로, 무력한 성인의 대열로 올려버리겠다고 희망하는 듯한 발언을 했다. 바로 그 회의 직전인 1월, 린뱌오의 아내 예췬은 장칭과 휴양 도시 쑤저우에서 대화를 나누었다.[6] 예췬은 강인한 여자이긴 했지만 장칭처럼 재주가 있거나 왕광메이처럼 기품 있는 여자는 아니었다. 예췬은 장칭에게 남편 린뱌오가 건강이 나빠서 혁명에 더 크게 기여하지 못해 안타까워한다고 말했다. 아마도 오직 장칭만이, 병마에 오래 시달렸던 그녀만이 린뱌오의 심정을 잘 헤아릴 수 있었을지도 모른다. 장칭은 그의 심정을 잘 이해하고 있으며 건강이 나쁜데도 린뱌오의 공헌은 엄청나게 크다고 말했다.

마오쩌둥과 린뱌오. '전쟁의 천재'로 불렸던 명장 린뱌오는 1969년에 마오의 후계자로 공인되었지만 2년 후 쿠데타 계획을 세웠다 실패하고 의문의 죽음을 맞는다.

장칭은 쉰아홉 살인 린뱌오가 상당히 젊은 축에 속한다고 강조했다. 이런 식으로 마오의 후계자가 될 수도 있다는 강한 암시를 준 다음, 장칭은 린뱌오가 마오에게 얼마나 소중한 존재이며 린뱌오가 마오의 생각을 얼마나 깊이 잘 이해하고 있는지 침이 마르도록 칭찬했다.

이 대화를 나눈 바로 몇 주일 뒤, 린뱌오가 장칭을 중국 인민해방군 문화 담당 고문에 임명했다. 장칭과 린뱌오는 서로 정치적으로 도움을 주기 시작했으며 예췬은 새로운 친구의 열광적인 후원자가 되었다. (예췬은 장칭이 연설하는 동안 17번이나 "장칭을 보위하라保衛江靑!"고 외친 적도 있었다.)[7]

장칭과 린뱌오는 힘을 합쳐 류사오치에 대항했다. 장칭은 또 인민해방군 안에 있는 주자파를 색출하는 운동을 벌여 린뱌오가 정적들을 숙청하는 데 도움을 주었다. 장칭이 예췬에게 말했다. "미운 사람이 있으면, 나에게 알려만줘요. 그들을 잡도록 도울게요."[8]

린뱌오는 보답으로 건조한 미소를 가볍게 띤 채로 장칭을 "우리 당의 탁월한 여성 동지"라고 말하곤 했다.[9] 그는 장칭을 제9등급 장교에서 제5등급 장교로 승진시켰다. (5등급은 상당히 높은 등급이다. 제1등급은 마오쩌둥 한 사람이었으며, 제2등급도 린뱌오 한 사람이었다.) 린뱌오는 기밀 문건에서 이렇게 말했다. 마오라면 이렇게 일일이 자세하게 말하지 않았을 것이다. "과거에는 장칭의 건강이 좋지 않아서 모든 사람이 그녀를 제대로 이해하지 못했다. 이제 문화혁명 시대에 이르러 우리는 그녀가 수행할 수 있는 중요한 역할과 뛰어난 창조성을 깨달았다."[10] 장칭의 집무실에서는 이것을 고쳐라 저것을 시작하라는 식의 문건이 줄줄이 나왔다. 그 문건마다 린뱌오의 '완전히 동의함.'이라는 서명이 있었다.

예췬은 장칭과 공군사령관 우파셴 사이에서 다리 역할을 했다. 우파셴은 장칭이 권력을 행사하는 데 필요한 비행기와 총과 병력을 제공했다. 예췬은 마치 애완견처럼 장칭을 따랐다. 예췬은 멀리 동북 지역의 모피를 군 수송기관을 동원해 장칭에게 선물하였고, 장칭이 영웅적인 장면에 걸칠 수 있도록 육군, 해군, 공군의 제복을 제공했다. 둘의 관계를 관찰한 한 사람은 이렇게 말했다. "장칭을 위해서라면, 예췬은 땅바닥에 몸을 던져 말똥을 먹고 나서 참 맛있는 크림 케이크라고 말했을 거예요."[*][11]

린뱌오는 어느 날 동료 황융성(黃永勝)에게 솔직하게 털어놓았다. "1965년 이후 나는 B-52(린뱌오는 미군 폭격기를 마오쩌둥의 별명으로 불렀다)의 뒤를 따랐고 장칭과 손을 잡았다네. 류사오치와 덩샤오핑이 쥐어준 뤄 장군의 힘을 빼앗기 위해서였지.(뤄루이칭 장군은 문화혁명에서 최초의 고위급 희생자가 되었다.)"[12]

마오쩌둥의 후계자로서 린뱌오는 안절부절 못했다. 위대한 인간이 사망할 때까지 조용하게 기다리는 것이 현명한 전략이었겠지만 린뱌오는 그러지 못했다. 마오쩌둥이 느끼기에, 린뱌오는 군대의 힘을 과시하고 돌아다녔으며, 국가의 공식 수반이 되려고 조심성 없이 책략을 폈다. 또 닉슨 대통령에게 문을 열려는 마오쩌둥의 계획에 반대했으며, 대체적

---

* 일부 중국인 제보자들이 말하는 장칭과 린뱌오의 염문설은 장칭이 예췬과 계속 친밀하게 협조한 사실을 보면 신빙성이 없는 것으로 판단된다.

으로 봤을 때 마오의 죽음이 얼마 남지 않았다는 것을 일깨우는 행동을 자주 하여 마오를 짜증나게 했다.

1970년에서 1971년 초반 사이의 기간 동안 마오쩌둥과 린뱌오의 관계는 불편한 관계에서 험악한 관계로 변해 갔다. 그에 따라 장칭과 린뱌오의 관계 역시 멀어지기는 했지만, 그렇다고 완전히 끝나지는 않았다. 장칭은 아직 린뱌오에게서 완전히 등을 돌릴 수 없었다. 두 사람은 이제까지 서로 막대한 도움을 주고받았으며, 문화혁명 때 무너뜨린 '주자파'가 재기하여 자신들의 패배를 설욕하지 못하도록 힘을 합쳐 투쟁해야 했기 때문이다. 그뿐 아니라 만일 린뱌오가 마오쩌둥의 후계자가 되는 날이면, 마오와 달리 장칭은 린뱌오 밑에서 일해야 할 것이다. 이제 장칭과 린뱌오의 경쟁 관계는 분명하게 보였다. "이제 문화혁명은 장칭과 린뱌오 사이의 권력 투쟁에 불과합니다."[13] 당시 통찰력 있는 한 지식인은 사석에서 그렇게 말했다. 혹시라도 마오쩌둥과 린뱌오가 마지막 결전을 벌인다면 당연히 린뱌오를 비난해야 한다는 것을 장칭은 너무나 잘 알고 있었다. 여러 가지 이유로 장칭은 점차 많은 중국인들과 마찬가지로 린뱌오가 마오쩌둥을 계승할 만한 패기가 부족하다고 느끼기 시작했다.[14]

1971년 봄이 되어 마오쩌둥과 린뱌오는 이제는 돌이킬 수 없는 대결로 들어섰다. 항상 쇼가 진행될 수 있도록 만들어주는 무대 감독 역할을 하는 저우언라이는 마오의 결정적인 협력자가 되었다. 이 싸움은 린뱌오가 이끄는 군대의 힘, 문화혁명 지도자로서의 명성, 또한 중국을 이끌 차기 지도자로 마오쩌둥이 선택한 인물이라는 중국공산당 당헌의 규정**에 맞서는 것이었기에 이기기가 쉽지 않았다. 아직까지 장칭은 린뱌

** 1969년 제9차 중국공산당 당 대회에서 린뱌오가 모택동의 후계자라는 구절이 당의 최고 규약인 '중국공산당 장정(章程)'에 공식적으로 삽입되었다. 삽입된 구절은 "林彪同志是毛澤東同志的親密戰友和接班人"으로 "린뱌오 동지는 마오쩌둥 동지의 친밀한 전우이며 후계자다."라는 뜻이다.(역주)

오와 그의 추종자들과 맺은 관계를 버리지 않았다. 린뱌오가 마오쩌둥의 후계자가 되기를 바라지는 않았지만 서로를 이용하는 위선의 게임은 아직 완전히 끝나지 않은 상태였다.

"어려운 전환점에서 항상 장칭 동지께서 도와주셨지요. 저는 그것에 대해 너무나 많이 감사하고 있어요." 4월 29일 예췬이 장칭에게 말했다. 이때는 이미 마오쩌둥과 린뱌오가 서로 대화를 나누지 않은 지 오래였다. 장칭은 마오의 정식 후계자와 아직 선을 유지하고 있었다. 5월 2일 장칭은 예췬에게 전화를 걸었다. "부주석 린뱌오 동지를 만난 지 꽤 오래 되었군요. 린뱌오 동지가 시간이 된다면 제가 찾아뵙고 싶군요."[15] 린뱌오는 끝났다는 마오의 확신을 장칭은 아직 공유하고 있지 않았을 수도 있다.

장칭은 린뱌오를 찾아가 그가 개인 사진을 촬영하도록 설득하기까지 했다.[16] 4년 전 뒷마당의 화로에서 자신의 과거가 담긴 자료를 태워버렸던 린뱌오의 저택에 가서 장칭은 린뱌오가 의자에 앉아 마오의 《선집》을 들고 읽는 자세를 취하도록 했다. 린뱌오는 모자를 벗은 채였는데, 이것은 극히 이례적인 일이었다. 린뱌오는 대머리를 감추려고 꼭 모자를 쓰곤 했다. 이 사진들이 흡족했던지 그는 7월과 8월의 〈인민화보〉와 〈해방군화보〉에 사진을 싣는 것을 승인했다. 사진을 설명하는 짧은 글은 장칭이 직접 썼다. "지칠 줄 모르는 학습자."

8월이면 마오쩌둥이 던진 그물이 린뱌오의 목을 차츰 조여 오고 있을 때였다. 린뱌오는 장칭에게 마오의 직무 일부를 떠맡으라고 권하는 메시지를 보냈다. "그 일이 당신의 건강에 약간 부담을 주더라도 말입니다."[17] 같은 달, 장칭은 1930년대에 살았던 항구 도시 칭다오를 여행했다.[18] 여기에서 린뱌오는 장칭에게 모든 편의를 제공했다. 고위급 장교가 직접 장칭을 위해 자동차 문을 열고 닫아주었다. 장칭은 자동차로 칭다오 시내를 돌고 옛날 자주 가던 곳에서 사진을 찍었다. 칭다오 강당에서는 마오의 초상화 옆에 린뱌오의 초상화를 새로 만들어 걸어놓는 행사를 열었다. 사실 그 두 남자는 지금 최후의 대결에 온힘을 다하고 있는 중이었다.

9월 8일이면 이제 린뱌오와 예췬 부부의 목숨이 마지막에 이르른 때였다. 예췬은 허베이성의 바닷가 휴양지인 베이다이허에서 장칭에게 전화를 걸었다. 린뱌오 측근들은 여기에서 휴가 겸 곧 있을 린뱌오 딸의 약혼식 축하 모임을 한다는 구실로 모여 남쪽 거점인 광둥성에서 새로운 정부를 수립하려는 준비를 하고 있었다. 예췬은 침착하게 말했다. "린뱌오 동지가 인사를 보냅니다. 건강을 잘 돌보시랍니다." 예췬은 아주 좋은 수박을 몇 통 보내겠다고 장칭에게 말했다. 초가을이면 장칭이 그런 수박을 매우 좋아하는 것을 예췬은 알고 있었다. "린뱌오 부주석께 너무 걱정하지 말라고 전해주세요." 이 놀라운 전화 통화에서 장칭이 마지막으로 한 말이다.*

9월 12일 늦은 오후 장칭은 이화원 안에 있는 자신의 별장에서 몇 시간 동안 쉬었다. 그때 가벼운 먹을거리 가운데 린뱌오 부부가 보내온 수박이 네 통 있었다. "부주석이 이 수박을 보내주셨어요." 장칭은 이화원 직원들과 수박을 나누어 먹으면서 쾌활하게 말했다. (장칭이 차가운 수박을 싫어해서 실온에 그대로 보관했다 먹었다.) "여러분에게도 한 조각씩 드리겠습니다. 이것은 부주석이 우리에게 보이는 배려의 상징이에요."[19]

그로부터 몇 시간 뒤, 베이다이허에서 총격전이 벌어졌다. 그리고 중국 공군 소속 트라이던트 수송기가 린뱌오와 예췬과 몇몇 추종자를 싣고 급히 비상 이륙했다. 두 시간 반 뒤 그 비행기는 몽골에 추락했다. 추락한 비행기 안에 생존자는 없었다. 린뱌오와 예췬은 그렇게 죽었다. 린뱌오의 탈출 소식을 들었을 때 마오쩌둥은 저우언라이에게 이렇게 말

---

* 1970년과 1971년 내내 장칭의 측근인 장춘차오와 야오원위안은 린뱌오에게 훨씬 더 적대적인 태도를 보였다. 어쩌면 예췬이 장칭에게 지나치게 아첨해서 예췬이 의도한 대로 장칭이 린뱌오를 별로 의심하지 않았는지도 모른다. 어쩌면 린뱌오를 안심시키려고 장칭이 린뱌오와 가까이 지내도록 마오가 조치를 취했는지도 모른다. 장칭은 정치 전략가로서 높은 점수를 받고 있지는 않았다.

했다. "비는 내려야 하고 여자들은 시집을 가야 하지. 모두 어쩔 수 없는 일이야. 그냥 가도록 내버려두게."[20] 4년이 지난 뒤 마오쩌둥은 이렇게 말했다. "만약 린뱌오가 도망가지 않았다면, 우리는 그를 죽이지는 않았을 것이다."[21] 남편에 비해, 장칭은 린뱌오의 임박한 종말을 거의 알고 있지 못했던 것이다.

중국에서는 겉보기에 그럴듯하게 꾸미는 것이 진실하게 행동하는 것과 비교할 수 없을 정도로 훨씬 중요하다. 몇 달이 흐른 뒤에 장칭은 린뱌오가 마치 평생 동안 자신의 적이었던 것처럼 묘사한다. 12월의 어느 저녁, 겨울이면 장칭이 기분 전환을 위해 자주 찾아가는 광저우의 어느 별장이었다. 여기서 장칭은 남부 도시의 활발한 분위기에서 술을 마시기도 하고 (홍콩에서 만든 영화를 여기서 구하는 것은 어렵지 않았다) 정원에서 편안한 저녁 산책을 즐기기도 했다.

장칭 일행은 개인 업무와 의료 업무를 담당하는 직원뿐만이 아니었고, 국가의 주요 지도자라는 신분에 걸맞게 정치적 측근도 몇 명 있었다. 그들 중 많은 이들이 젊고 급진적이고 자유분방했다.

저녁 식사로는 닭죽, 장칭이 건강을 위해 꼭 챙겨 먹는 생선찜, 남부 친구들이 장칭에게 성적 욕구를 유지하는 데 필요하다고 권한 비둘기 요리가 나왔다. 저녁을 마친 뒤 장칭은 '도가 지나친 자' 이야기를 하기 시작했다.[22] 린뱌오는 황제가 되려 했을 뿐 아니라 바로 장칭 자신을 박해하려고 온갖 짓을 다했다! "내 음식에 독을 넣은 사실을 아나요? 아마추어 시절 내 영화를 망치려고 괴상한 붉은색으로 현상하라고 영화제작사에 지시를 내린 것은 알고 있나요? 1971년 봄 린뱌오가 조종하는 사람들이 너무나 괴롭힌 나머지 마오쩌둥과 내가 중난하이 거처에서 나와 호텔방에서 살았던 것은 아는지요?"

말을 하면서 장칭은 몸을 굽혀 발목을 주물렀다. 린뱌오의 음모로 정신적으로 고통 받았을 뿐 아니라 몸도 엉망이 되었다고 이야기했다. 수많은 밤을 잠 못 이루고 고통 받아서 그렇지 않아도 약한 심장에 무리가 갔다고 장칭은 거의 들리지 않는 작은 목소리로 말했다. 두 눈은 먼 곳을 응시하고 있었다. 주석에게 맞서 음모를 꾸민 사람들 가운데 린뱌오가 간악하고 상스러운 사람이었다고 강조했다.

이것은 그야말로 장칭의 진면목이 과시된 공연이었다. 배우로서 뛰어난 연기력과 건강 염려증 환자의 정서를 잘 버무린 훌륭한 공연이었다.

그렇게 장칭은 린뱌오와 관련된 진실을 왜곡했다. 하긴 모든 사람이 그렇게 했다. 하지만 이렇게 진실이 왜곡되는 상황에서도 바뀌지 않는 것이 있었는데, 바로 진실의 원천, 바로 당의 권력 중심이었다. 이제 마오쩌둥이 죽으면 엄청난 권력을 손에 쥘 수 있기에 권력을 향한 경쟁은 더욱더 파렴치하게 진행되었다. 장칭은 아직 확실하게 의미를 깨닫지 못하고 있었지만, 린뱌오가 추락한 뒤 이제 장칭에게 가장 중요한 것은 저우언라이가 막 절정에 오르리라는 사실이었다. 저우언라이가 없었다면 마오쩌둥은 어쩌면 제2인자였던 린뱌오를 이기지 못했을지도 모른다.[23] 무대 감독이던 사람이 이제 총감독이 되기 위한 길에 들어선 것이다. 저우언라이는 장칭의 앞길에 놓인 또 다른 장애물이었다.

측천무후의 길을 따라

중국 전통에서 볼 때 자신이 완벽한 개별성을 가졌다고 주장할 수 있었던 자들은 중국 사회를 한 단계 끌어올리는 사명을 지녔다고 주장하는 예외적인 사람들뿐이었다.[24] 그것도 오직 남자들만 그랬을 뿐, 여자는 아니었다. 자기 주장이 강한 장칭은 그런 한계에 구애받지 않는 여성이었던 것 같다. 하지만 장칭을 싫어하는 사람들 대부분은 장칭을—이 시점에 이르러서도—그저 마오 주석의 말썽 많은 아내 정도로 여겼다. 장칭이 나름의 뚜렷한 생각으로 유교 전통의 틀 안에서 자신의 위치를 보고 있다는 사실을 아는 사람은 많지 않았다. 장칭은 자신이 중국의 통치자가 되기 위한 훈련 과정을 거치고 있다고 생각했기 때문에 자기 표현 행위가 정당화된다고 믿었다. 그녀는 4천 년 중국 역사의 관점에서 자기 자신을, 중국 인민에 대한 자비로운 통치와 자기 실현이라는 두 개의 문제가 내면에서 하나의 목적으로 융합된 그런 여성으로 인식하기 시작했다.

홀로 설 수 있는 여성이 되기 위해 장칭은 오랜 세월 무진 애를 썼다. 이것은 관행에 반하는 일이었다. 그녀는 드디어 자신을 속박하던 족쇄를 날개로 바꾸었다. 영웅의 지위를 향해 홀로 날아 올라가는 자신을 위해 장칭은 역사에서 관행을 찾아낼 수도 있었다. 중국 역사에 그런 여성이 전혀 없었던 것은 아니다. 그 여성은 마침내 중국의 최고 지도자라는 공식 직책까지 차지했던 것이다.

1,300년 전 노리개 신분에서 출발하여 정치가로 변신한 측천무후는 장칭과 닮았다. 강인하고 아름다운 측천무후는 후궁으로 들어갔는데, 이는 중국 역사에서 여자가 권력으로 다가갈 수 있는 유일한 길이었다. 훗날 측천무후는 러시아의 예카테리나 여제 같은 막강한 군주가 되었다.[25]

측천무후가 아직 당 태종의 후궁으로 있을 때였다. 태자가 아버지 태종을 알현하러 왔다가 잠시 화장실에 갔다. 화장실에서 일을 보고 곁방으로 나오니 금으로 된 대야에 물을 담아 들고 아버지의 후궁이 태자를 기다리고 있는 것이 아닌가. 잠시 후 화장실 곁방의 긴 비단 의자에서 장차 황제가 될 젊은이는 아버지의 가장 매력적인 후궁과 사랑을 나누고 있었다고 한다.

태종은 곧 죽었고 관습에 따라 후궁들은 비구니가 되어 절로 보내졌다. 황제 자리에 올라 고종이 된 태자는 무후를 잊지 않고 있었다. 고종은 이미 정식 황후가 있었다. 이전까지 후궁으로 있던 우귀인이 정비 자리로 올라섰던 것이다. 하지만 고종은 핑계를 내어 무후가 있는 절을 찾아갔고, 핑계를 하나 더 내어 무후를 궁으로 돌아오게 하여 작은 직책을 주었다. 물론 당시 규정을 모두 어긴 일이었다.

측천무후가 권력을 향해 내딛는 첫걸음을 묘사한 영국의 역사학자

C. P. 피츠제럴드의 글을 보면, 1,300년 뒤인 1937년 란펑이 옌안에 도착했을 때 모습과 약간 공통점이 있다. "무후는 …… 첫 번째 큰 행동을 취한다. 즉 황궁으로 돌아온 일이다. 그 다음 무후가 할 일은 황제에게 계속 사랑을 받는 것, 그래서 장차 황위를 이을 아들을 생산하는 것, 현재 황후를 쫓아내는 것이었다."

측천무후는 긴 의자 위에서 훌륭한 솜씨를 보인 덕분에 여기까지 왔지만, 국가의 일을 도모하는 데도 역시 훌륭한 솜씨를 보였다. 전해지는 바에 따르면 무후는 자신의 갓난아기를 침대에서 목 졸라 죽인 다음, 황후가 죽였다고 황제에게 고했다. 황제로서는 마침 듣고 싶었던 고발이었을 것이다. 절에서 불러들인 후궁인 측천무후는 마침내 황후 자리에 올랐다. 당시 중국을 제패하고 있던 위대한 당나라의 당당한 황후가 된 것이다. 란펑이 허쯔전을 밀어낸 것과 비슷한 점이 있는 이야기다.

측천무후는 아들을 넷 낳았고 또 자신의 영향력이 커지는 데 반대하는 나이 많은 대신들을 차례로 제거했다. 측천무후는 곧 황제까지 압박한다. 유약한 인물인 고종은 육체적 에너지가 많지 않았는데 그 한정된 에너지마저 여자들에게 쏟았다. (황제가 품은 여자들 중에는 측천무후의 여동생과 조카딸도 있었다.) 당시 당나라는 한반도에서 고구려와 벌이는 전쟁을 어려운 여건에서 수행해야 했고, 과거제를 실시하여 새로운 인재를 등용해야 했으며, 조정에 반대하는 적들을 모두 제거해야 했는데, 이 모든 일을 사실상 측천무후가 지휘했다.

측천무후가 남편인 고종 황제에게 압도적 영향력을 행사할 수 있었던 또 다른 이유는 엄청나게 강하고 기이한 남편의 성욕을 서슴없이 충족시켜주었다는 점이다. 공식 사관들의 기록에 따르면, 측천무후는 "황제의 뜻에 맞추려고 자신의 몸을 더럽혔으며 치욕을 감수했다."고 한다. 이와 유사하게, 장칭이 마오쩌둥을 사로잡을 수 있었던 큰 이유는 마오가 여전히 허쯔전의 남편이었던 시기에, 즉 결혼하기도 전에 적극적으로 마오를 유혹했기 때문이다.

고종 황제가 신하를 접견할 때면 측천무후는 황제와 같은 단 위에 옥좌를 놓고 앉았다. 여자는 정치에 개입해서는 안 된다는 전통을 형식적으로나마 존중하는 의미에서 휘장을 내려 앞을 가렸다고 한다. 공식 역사 기록도 이런 상황을 있는 그대로 전하고 있다. "나라의 최고 권력 전부가 무후의 손에 들어갔다. 삶과 죽음, 상과 벌이 무후의 말에 따라 결정되었다. 천자는 의자에 손을 모으고 앉아 있었으며, 그렇게 앉아 있는 것이 자신이 할 수 있는 전부였다." 마오쩌둥이 늙고 쇠약해짐에 따라 장칭의 역할이 어떻게 달라졌을지를 짐작하는 데 이런 역사 기록이 얼마간 도움이 되지만, 683년 고종 황제가 죽은 다음에 벌어진 일들은 마오가 죽은 뒤의 상황과 큰 차이가 있다.

　　당나라 고종이 죽었을 때 측천무후는 쉰아홉 살이었다. 측천무후는 죽은 황제의 아내로서 영예롭게 뒤로 물러나 사라져야 마땅했다. 하지만 측천무후는 권력 투쟁을 멈추지 않았다. 측천무후는 친아들인 황태자를 두 명씩이나 폐위했으며, 실질적으로 최고 권력을 행사하다가 공식적인 최고 권력자가 되려 했으며, 그 일에 반대하는 자들을 제거했다. 결국 690년 측천무후는 중국의 황제가 되었다. 진정한 천자(天子), 즉 하늘의 아들의 자리에 오른 천녀(天女)라고 부를 수 있을 것이다. 중국 역사상 최초의 여성 황제였다.

　　측천무후는 자신에게 금륜대성신황제(金輪大聖神皇帝)라는 칭호를 부여했으며 나라 이름을 주(周)로 바꾸었다. 당나라 역사에 짧은 공백이 생긴 것이다. 하지만 측천무후가 죽은 뒤 다시 당나라 조정이 회복되었다. 장칭의 문화혁명 시절에 지식인들이 그랬던 것처럼, 당시 불교 승려들은 이제까지 남성에게만 허용되던 자리에 여성이 올라간 것을 고상한 방식으로 정당화하는 데 열심히 붓을 놀렸다. 승려들은 《대운경(大雲經)》이라는 경전을 만들었다. 《대운경》은 무후가 중국 땅에 내려온 가장 커다란 축복이며, 사실은 명계(冥界)의 지배자인 염마(閻魔)가 이 세상에 보낸 미륵보살이라고 밝히고 있다.

무후는 성적 매력을 무기로 삼아 권력을 손에 쥐었는데, 이번에는 (여기서는 장칭보다 한 수 위다) 권력을 활용하여 멋진 남자들을 계속 자신의 침실로 끌어들였다. 자신을 보필하는 여인들에게 우선 남자를 '시험'해보는 방법으로 무후는 강한 남자를 계속 찾았다. 무후는 장역지, 장창종 형제를 잠시 동안 곁에 두었다. 20대의 미소년인 그들은 70대의 무후를 기쁘게 해주었다.

이러한 남성 행각으로 통치 말기에 어려움이 좀 더 심해지기는 했지만 측천무후가 정치를 소홀히 하는 일은 거의 없었다. 제국의 정치 체제에 항상 음모의 그림자가 짙게 드리워 있었고 모든 결정 뒤에 항상 황권 계승의 문제가 숨어 있었다는 문제점은 있었지만—두 가지 특징은 공산당 치하에서도 중국 독재 체제의 특성으로 고스란히 남았다.— 측천무후는 성공적으로 중국을 통치했다. 측천무후는 81세에 사망했고, 이로써 여황제 단 한 명으로 이루어진 주나라는 끝이 나고, 당나라가 부활했다. 측천무후가 황후가 된 후 섭정을 거쳐 황제 자리에 올라 사실상 중국을 통치한 기간은 50년에 이른다.

이제까지 장칭은 중국 역사에 별 관심이 없었지만, 측천무후의 일생과 업적을 열심히 공부하는 한편으로 황제의 옥좌 가까이에서 활약했던 여인들도 관심 있게 공부했다. 이 주제와 관련된 책들이 장칭의 서재에 쌓이기 시작했다. 장칭에게 절대 충성을 바치는 측근들은 여러 필자들을 동원하여 글을 쓰도록 손을 썼다. 이제까지 역사에서 그저 성적 욕망과 권력욕에 사로잡힌 여자로 묘사되었던 측천무후가 사실은 '반유교적' 여성이며 따라서 '진보적' 여성이었다고 주장하는 글들이었다. 장칭은 이따금 아랫사람에게 말했다. "여자도 황제가 될 수 있어. 공산주의 아래에서도 여성 지도자가 나올 수 있어."[26] 장칭은 마오쩌둥의 주치의에게, 영국이 중국만큼 봉건적이지 않은 이유는 바로 "영국이 종종 여왕의 통치를 받기" 때문이라고 말하기도 했다.[27]

하지만 장칭 앞에는 엄청난 장애물이 있었다. 철칙이라고 할 만한 두 가지 인식 때문이었다. 여성이 중국의 최고 통치자가 되는 것은 가당치 않다는 인식이 첫째요, 정치의 전면에 나서서 명예로운 역할을 수행할 수 있는 여성은 있을 수 없다는 인식이 두 번째였다. 태곳적부터 내려온 진리 앞에 모든 중국 여성은 고개를 숙이고 절대 복종하는 것이 당연했다.

측천무후가 황제 자리에 오른 것은 사실이지만, 그것은 오직 한 번뿐이었던 예외적 사건이었으며, 무후는 오직 폭력과 색욕을 무기로 옥좌에 오른 것으로 여겨졌다. 중국의 역사 책에 따르면 황후들은 독자적 정치인의 길을 스스로 삼가는 것이 미덕이었다. 황제의 부인이 이런저런 명목으로 권력을 휘두른 경우에는 사악한 여인이나 나라에 큰 폐해를 끼친 여인으로 평가받았다. 그렇기 때문에 베이징 지식인들이 자기들끼리 대화를 나누면서 장칭을 측천무후에 비유할 때에는 욕설의 의미였던 것이다.

왕조 시대에 황궁은 외부와 완전히 분리된 독자적 세계였다. 작은 도시만 한 이곳에서 남성 주민은 단 한 사람, 황제뿐이었다. (환관들은 남자로 치지 않는다.) 여성들이 엄청나게 중요한 경우도 있었다. 황제의 여자로서, 황제의 뒤를 이을 왕자를 생산한다는 점에서 그러했다. 하지만 여성들은 오직 황제나 황제의 후계자와 맺는 관계 안에서만 의미가 있었다. 중국 역사를 보면, 황후는 남편을 잘 보필한 것으로 칭송받으며, 후궁들은 그들 특유의 방식으로 헌신적으로 황제를 도와 황제가 업적을 쌓고 나라가 번영하도록 노력한 것으로 칭송받는다.

"여성들이야말로 진정한 혁명가들이다. 남성들은 공공연한 폭력 행사를 억제하는 추상적 장애물들을 구축해놓았다. 반면, 여성들은 힘이 약하기 때문에 물리적 힘의 한계를 강제당하면서 살아왔고, 그래서 여성들은 그런 장애물의 가치를 마음 깊은 곳에서부터 거부한다."[28] 측천무후의 일생을 기록한 현대 전기 작가의 말이다. 그러나 중국 정치사에 등장하는 여성들은 비록 마음 깊은 곳에서는 정식 법률이나 도덕적 관행 따위가 남성들의 도구에 불과하다고 느끼더라도, 실제 행동에서는 법률이나 도덕적 관행이 영원한 진리라고 믿고 준수하는 모습을 반복하여 보여주고 있다.

하지만 이따금 다른 부류의 여성이 등장한다. 매우 드물기는 하지만 그들은 역사에 매우 뚜렷한 자취를 남긴다. 이 여성들은 남성의 노리개라는 자신의 위치를 분명하게 그렇다고 인정함으로써 진정한 혁명가가 된다. 이 여성들은 허위와 위장에 대해 너무나 잘 알고 있으며, 독재가 무엇인지도 잘 안다. 남성들이 여성들 위에 군림하며 아픈 매를 때리는 것을 직접 경험했기 때문이다. 이런 남성의 독재는 사회 전체 위에 군림하는 독재가 남녀 관계에 반영된 것이다. 이런 보기 드문 영혼은 자신의 불만을 비밀로 하기를 거부한다. 이런 여성은 여성 정치인이 국가 권력의 최정상에 당당하게 서는 것을 막으려는 허위와 위장을 쓸어버리기를 바란다. 큰 소리로 버럭 외치면서 궁정에서 여자는 오직 후궁의 거처를 차지할 수 있을 뿐이라는 식의 잘못된 굴레를 부수어버리려 도전한다. (이런 행동을 한다고 하여 이 여성이 일반적으로 여성 전체를 대표하여 행동하는 혁명가라는 의미는 아니다. 그녀는 자기 개인의 만족을 목표로 삼아 행동하는 것이다.)

측천무후가 그런 여성이었으며, 장칭 역시 그런 여성이었다.

하지만 여성의 권력 쟁취는 오로지 남편이나 아들을 매개로 삼아 달성할 수밖에 없었다. 중국 역사를 보면 실제 몇몇 여성이 이런 방식으로 사실상 최고 권력을 손에 쥐었다. (공식적인 최고 권력을 획득한 여자는 측천무후뿐이었다.) 이 여성들은 황태후로서 앞에 휘장을 치고 사실상 최고 권력을 행사했다. 남편이나 아들이 아프거나 미쳤거나 혹은 너무 어린 경우였다. 아마도 이 정도의 권력 행사가 1970년대 초 마오쩌둥의 생애가 끝나 가던 시기에 장칭이 기대할 수 있는 최고의 위치가 아니었나 싶다.

장칭은 여태후(呂太后) 역시 긍정적으로 평가하기 시작했다. 기원전 206년 한(漢)나라를 세운 고조 유방(劉邦)이 죽자 유방의 부인 여태후는 후궁의 몸에서 태어난 왕자를 독살하고 왕자의 생모는 손과 발을 잘라 죽였다. 유약한 아들인 혜제가 일찍 죽자 여태후는 손자들을 황제에 앉히고 16년간 중국을 다스렸다. 여태후는 나라를 그리 훌륭하게 다스리지는 못했다. 여태후가 죽자 관료들과 장군들이 여씨 집안 사람들을 몰살한 다음, 질서 있고 일반적으로 용인될 수 있는 남성 정치 권력을 복구했다.

여태후는 일가 친척을 등용했는데, 장칭이 1960년대에 리나와 마오위안신을 활용한 것과 비슷하다. 여태후는 남편의 후궁 두 명에게 매우 신경을 썼는데, 이것은 장칭이 허쯔전(그리고 허쯔전의 딸 리민)과 양카이후이 가족들에게 많은 불만을 품었던 것과 비슷하다. 장칭의 견해에 따르면—역사 분야에서 그녀의 견해란 사실 그다지 권위가 없지만—여태후의 잔인함은 다음 세 가지 요인으로 상쇄될 수 있다. 세 요인 모두 1970년대 장칭 자신의 경우와 꼭 맞아떨어졌다.

첫째, 여태후는 남편인 황제가 기원전 195년에 사망한 뒤 중국이라는 거대한 국가를 안정되게 이끄는 데 충분할 정도로 능력과 용기를 갖추고 있었다.

둘째, 여태후는 방탕한 여자가 아니었다. 중국인들은 방탕한 여자에 관한 글을 읽는 것을 무척 좋아하며 그런 여자는 매우 나쁜 여자라고 믿는 경향이 있다. 여태후는 유방과 오랜 세월 같이 살았으며 권력을 잡을 당시에는 이미 나이가 많아서 남자에게 관심이 그리 많지 않았다. 따라서 여태후를 음탕한 정치인으로 몰아붙여 비난하는 것은 옳지 않다.

셋째, 한나라 왕조가 힘겹게 존속하면서 발전하는 과정에서 여태후는 남편 곁에서 전쟁의 고초를 같이 겪으면서 지도자로서 자질을 이미 검증받았다.

여러 황태후 가운데 가장 최근에 활동했으며 장칭 시대 일부 중국인들이 직접 겪은 사람이 바로 서태후였다. 1835년에 태어나 1908년에 죽은 서태후는 청나라 함풍제(咸豐帝)의 후궁 신분으로 낳은 아들이 황제의 유일한 아들이어서 황후가 되었다. 1861년 함풍제가 죽은 뒤로 거의 50년 동안 서태후는 사실상 권력을 손에 쥐고 음모와 살인과 여러 정치 세력의 균형을 맞추는 뛰어난 감각으로 나라를 다스렸다.

서태후는 시동생인 순친왕을 내세워 자신의 자의적 통치 방식에 반대하는 원로 대신들의 반대를 물리쳤다. 마치 장칭이 마오쩌둥의 조카인 마오위안신을 내세워 자신의 영향력을 축소하려는 나이 많은 공산당 간부들을 공격한 것과 비슷했다. 서태후는 자신의 아들을 황제에 앉힌 이후에도 아들을 확실하게 통제했다. 그 황제가 동치제(同治帝)다. 동치제가 젊은 나이에 죽자 서태후는 순친왕의 아들인 조카를 황제 자리에 앉히는데, 그가 광서제(光緖帝)다. 하지만 광서제가 서태후에게 반대하는 개혁 세력에 동조하는 움직임을 보이자 서태후는 곧바로 의욕적인 젊은 황제를 감금해버렸다. 서태후의 통치는 독재적이었지만 상당히 효율적이었다. 그리고 매우 뛰어난 인재 몇몇을 보좌역으로 곁에 두었다. 서태후는 측천무후처럼 남자에게 시간을 쏟다가 정사를 제대로 돌보지 못하는 일은 없었다. 만약 서태후가 없었다면 청나라는 1911년 훨씬 이전에 망했을지도 모른다.

장칭은 서태후의 사고방식과 통치 방식에 깊은 관심을 보였다. 하지만 서태후를 공공연하게 칭송하는 것은 불가능했다. 서태후는 서양의 침입을 막지 못했을 뿐 아니라 중국공산당이 장렬하게 파묻은 중국의 봉건 체제를 대표하는 인물이었기 때문이다. 바로 어젯밤 싸운 적 가운데서 우리 편의 모범을 뽑을 수는 없었다.

옛 중국에서 여성이 최고 권력을 얻는 게 거의 불가능한 일이었다면 여성이 일정한 정치적 역할을 수행하고 후세 사람에게 칭송받는 것은 아예 불가능한 일이었다. 황후가 실권을 잡고 국사를 잘 처리했을 경우에는 더러운 방식으로 성공을 쟁취했다는 평을 듣게 마련이었다. 혹시 국사를 잘못 처리하여 나라가 어려움을 겪으면 황제와 황후 두 사람이 일을 처리했다 하더라도 결국 비난의 화살은 황후에게 돌아갔다.

많은 중국인들의 눈에는, 과거 역사에서 악독한 후궁들이 왕조에 엄청난 재앙을 몰고 왔듯이 마오쩌둥의 아내 역시 공산당 지도층에 큰 해악을 끼치고 있는 것으로 보였다. 상(商)나라의 달기, 주(周)나라의 포사, 당(唐)나라의 양귀비(楊貴妃)가 그런 후궁들이었다. 측천무후나 여태후와 달리 이 여인들은 황제의 총애를 받았을 뿐 정치에 직접 뛰어든 것은 아니었다. 어리숙하게 정치에 관여하여 궁궐 내에서 벌어진 감정 싸움에서는 중요한 역할을 했지만 궁정의 정치 구조 안으로 들어가지는 못했다. 이 여인들은 연인인 황제의 육체적 약점을 이용한 것이며 관료들의 의심과 반대를 상대로 싸운 것뿐이다. 이 여인들은 남자에게 의존적이었으며 미숙한 정치 아마추어였을 뿐이다. 이들은 자신의 파멸을 불러왔을 뿐 아니라 국가 전체에도 큰 재앙을 불러일으켰다.

중국인들은 이미 모든 일이 역사 속에서 일어났다고 믿기에 장칭이 달기, 포사, 양귀비의 발자취를 따라가고 있다고 생각했다. 마오쩌둥 역시 중국 역사에서 왕조를 개국한 첫 황제의 발자취, 즉 정력적으로 정사를 돌보는 한편으로 아내의 비현실적인 저주를 잠재우느라 애쓰고 있다고 보았다.

하지만 장칭은 그런 후궁과는 다른 인물이었다. 남편 곁에서 정치 아마추어로서 조언하는 후궁도 아니었고 그저 자기 쾌락에 빠지기 좋아하는 여자도 아니었다. 무대 위의 직업은 잊은 지 오래였다. 장칭은 지금 정치 경력을 화려하게 쌓아 나가는 중이었으며 중국의 최고 지도자, 즉 공산당 주석이 되려는 야심을 품고 있었다. 장칭은 비단으로 몸을 감싼 채 인생을 즐기려고만 하고, 궁중 안의 삶에 지겨워 남편의 관심을 끌기 위해 희한한 계획을 짜내며, 집무실에서 일하는 남편을 침대로 끌어오기 위해 갖은 애교를 떠는 여자가 아니었다.

그렇다면 장칭은 여태후 같은 인물이었을까? 아들을 앞세워 출세하려는 여성 정치인인가? 물론 그 대답도 '아니오'다. 1966년 이후 장칭은 엄청난 권력과 영향력을 구축했지만 중요한 한 가지가 없었다. 점차 유

1971년 중국을 방문한 베트남의 레주언 국가주석이 장칭과 함께 무용극 〈홍색낭자군〉을 관람한 뒤 배우들과 인사를 나누고 있다.

교식 궁정처럼 운영되는 공산당 최고 지도부 내에서 중요한 것은 아들이었다. 권력으로 나아가기 위해 아들이 하나 있으면 참으로 좋으련만, 장칭에게는 아들이 없었다.

"1971년 내가 다시 만났을 때는, 목소리가 좀 달라져 있었어요."[29] 1969년에 장칭을 만난 뒤 2년 만에 다시 만났던 어느 사람의 회고다. 장칭은 전에는 목소리가 아름답고 당당했으며, 천천히 자신 있게 말했다. 하지만 이제는 "목소리에서 무엇인가 긴장되고 답답한 느낌이 들었어요." 1960년대 후반에 정치적 시련을 겪으면서 장칭은 냉정함을 잃은 것이다. "작은 회오리 바람처럼 빠르게 장칭이 방에 들어왔어요. 몸은 계속 움직이고 있었죠. 장칭은 목소리가 컸고 지나치게 명령조였어요. 앉았다가 일어나고 또 앉았어요. 따뜻한 물수건을 달라고 해서 얼굴을 닦았습니다. 이어 손을 닦더니 팔꿈치를 닦더군요. 계속해서 목을 닦더니 겨드랑이까지 닦았습니다. 마치 밭일을 하고 들어온 사람 같았어요."

"연극에 대해 물었더니 장칭은 엉뚱하게도 자신의 병 이야기를 늘어놓았습니다. '혁명의 지속'의 의미를 물었더니 이 사람은 자신에게 어떻게 나쁘게 행동하고 있으며 저 사람은 자신에게 어떻게 나쁘게 행동하고 있다고 이야기하더군요." 같은 사람의 회고다.

미국 대통령 린든 존슨은 대화를 나누면서 자신의 몸을 여기저기 보여주는 것으로 유명했다. 존슨 대통령이 자기 배에 있는 상처를 보여준 것은 유명한 일화다. 장칭도 존슨과 마찬가지로 단순하면서도 직설적인 사람이었다. 아니 존슨보다 한 술 더 떴다. 장칭은 자신의 몸을 철학적 진실을 설명하는 핵심 축으로 생각하는 것 같았다. 장칭은 가끔 입을 벌리고 부러진 이를 보여주곤 했다. 어떤 남자(실은 아버지였다)가 이를 부러뜨렸다는 것이다. "인류의 절반인 여성이 이렇게 고통 받고 있다는 것이 정말 참혹하다고 생각하지 않으세요?" 부러진 이를 보여주면서 장칭은 그런 질문을 던졌다. 장칭은 또 셔츠를 들어올려 개에게 물렸다는 허리에 난 작은 상처를 보여주곤 했다. "혁명의 적들은 어디에나 있지 않나요?" 장칭이 그렇게 물었다.

장칭은 이제 홀로 설 수 있는 정치인이 되었다. 특별한 종류의 정치인이었다. 중국에서 정치는 '경제' 더하기 '지역' 더하기 '총'이다. 하지만 장칭의 경우에는 경제적 이익 집단도 지역 기반도 거의 없었다. 상하이 지역을 배경으로 꼽을 만했지만 그것마저도 너무나 허약했다. 장칭의 힘은 개인적인 것이었다. 정치적 다수를 차지하는 지역 배경도 없었고, 자신의 영향력 아래 있는 군대도 없었고, 산업 생산 시설도 없었다. 지지층은 없었고, 추종자들이 있을 뿐이었다. 한 인물이 다른 인물과 역사적으로 어떻게 연결되어 있는가, 또는 경제 정책을 둘러싼 싸움이 앞으로 어떻게 전개될 것인가 같은 질문에 대해 장칭은 별로 아는 것이 없었다. 야심 찬 젊은이를 발탁하는 능력, 당 지도부에서 어느 부부가 파탄에 이르렀는지를 감지하는 능력, 이런 분야에서 장칭은 천재적 능력을 발휘했다.

측천무후의 남편인 고종이 점차 힘을 잃어 가던 시기에 측천무후의 역할은 이렇게 기록되어 있다. "궁정 사람들은 이미 측천무후가 일을 진행하는 데 이제까지처럼 단순히 황제에게 영향력을 행사할 수 있는 중요한 통로 역할을 하던 것을 뛰어넘어 확고한 판단 능력으로 다른 사람의 복종을 엄격히 요구하는 여주인 역할을 하기 시작했다는 것을 알아차렸다."[30] 장칭 역시 이제는 마오쩌둥에게 영향력을 행사하는 통로 역할을 뛰어넘었으며, 새롭게 확대되고 있는 정치 공작을 지휘하는 엄격한 여주인이었다. 과거 장칭은 마치 충실한 아내이자 아마추어 홍보원처럼 마오쩌둥의 《선집》을 나누어주는 모습을 자주 보였으나, 이제는 그런 모습을 볼 수 없었다.

측천무후와 마찬가지로, 장칭은 기존 고위 관료들에게 적대감을 느꼈으며, 그들을 견제하기 위해 젊은 하급 관료들을 등용했다. 이런 행동을 함으로써 두 여인은 권력의 최상부로 올라가는 과정에서 뜻하지 않게 혁명적 변화를 일으켰다. 중국의 역사 전통을 고려해보면 두 여인이 권력을 추구하는 과정은 험난할 수밖에 없었다. 모든 여건이 여성의 권력 추구라는 생각 자체를 차단하고 있었다. 두 여인은 낡은 세계의 편견에 맞서 새로운 세계를 불러들일 수밖에 없었다. 그들의 유일한 희망은 가장 능력 있고 똑똑한 새로운 인재를 발굴하는 길뿐이었다.

장칭은 오랜 세월 동안 마오쩌둥이라는 고압적인 최고 권력자의 아내로서 많은 고통을 겪었다. 이것은 엘리너 루스벨트의 입장과 유사했다. 1970년대 들어 장칭은 약간 보복을 할 수 있었다. 1940년대에 엘리너 루스벨트가 한 행동과 유사했다. 당시 백악관에서는 아주 맛없는 요리를 대통령의 식사로 올리기 시작했다. 이것은 엘리너 루스벨트의 "도덕적 명분이 있는 조용한 복수"였다고 한다.[31] 어느 전기 작가의 말이다. "맛없는 식단 때문에 그녀의 남편이 기분이 안 좋았다고요? 그럼 엘리너는 그 남편과 같이 살면서 기분이 항상 좋았던 것 같습니까?" 장칭의 '조용한 복수'는 두 가지 형태로 나타났다. 첫째, 장칭은 마오쩌둥의 권위를 빌려, 자신을 싫어하는 관료들을 못살게 굴고 자신에게 충성스러운 관료들을 출세시켰다. 문화혁명 때 희생된 고위급 관료 가운데 절반은 장칭의 개인적 적이었다. 또한 새로이 등장한 강력한 극좌주의 집단의 절반이 장칭의 사람이었다.

둘째, 장칭은 결혼 생활에서 '동등한 자유'를 누릴 권한을 행사하기 시작했다. 마오쩌둥이 바람을 피운다고 해서 자신을 완전히 절망적 상태로 빠뜨리는 것은 장칭 스타일이 아니었다. 엘리너 루스벨트 역시 남편이 루시 머서(Lucy Mercer)와 바람을 피운다고 해서 남편과 결별을 선언하는 스타일이 아니었다. 1937년 릴리 우가 등장했을 때 허쯔전은 그렇게 했다. 하지만 장칭은 마오의 전처보다 관용적이고 상황 판단이 빠른 여자였다. 장칭과 마오쩌둥의 결혼은 이제 정치적 성격을 띠었다.

그렇지만 사소한 복수는 했다. 1970년대에 들어 장칭은 남녀 관계 영역에서 '조용한 복수'를 실행에 옮겼던 것이다. 이즈음 마오쩌둥의 사생활에서 가장 중요한 여성은 눈이 커다랗고 순진하게 생긴 후난성 출신의 장위펑이었다. 식당차 종업원과 열차 정보 통보원의 일을 하던 열일곱 살의 장위펑이 마오의 눈에 띤 것은 벌써 10년 전 일이다. 1960년 그녀는 마오의 전용 열차에서 일하게 되었다. 1970년에 그녀는 중난하이의 직원이 된다. 그리고 1974년에 '기밀 비서'라는 직책을 얻는다. 대략 1973년부터는 만일 장칭이 마오와 이야기를 하고 싶으면 장위펑을 반드시 거쳐야 했다. 아마도 그 앙갚음으로 장칭은 멋진 탁구 챔피언 좡쩌둥(莊則棟, 1940~)과 공개적으로 탁구 시합을 하곤 했던 것 같다. (이에 대한 보상이었는지 좡쩌둥은 곧 국가체육위원회 주임으로 고속 출세했다.)[32] 마오쩌둥은 노쇠해 가고 있었던 반면, 장칭은 더욱 원기가 넘치는 모습이었다. '조용한 복수'를 조금 한 것은 어쩌면 자연스러운 일이었는지도 모른다.

1974년이 되면 장칭은 상당히 대담한 모습을 보인다. "어째서 여자는 남자 첩을 둘 수 없는 거죠?"[33] 여름에 톈진에서 여성 청중 앞에서 장칭은 그렇게 말했다. "측천무후는 남자 애인을 두지 않았습니까?"(당시 청중이었던 어느 여성 관료는 얼마 후 집에 남자 친구들을 불러 만나기 시작했다. 남편은 감히 항의하지 못했다. 그 남편이 훗날 필자에게 말해준 것이다.)

마오쩌둥과 장칭은 이성에 대한 취향이 달랐다. 노년의 마오는 똑똑하거나 유명한 여자를 쫓아다니지 않았다. 그저 예쁘고 순진한 여자를 좋아했다. 한편 장칭은 단순히 육체적 즐거움을 넘어서는 흥분을 주는 남자 친구를 좋아했다. 장칭은 피아노 연주자, 탁구 선수, 떠오르는 젊은 작가 등을 좋아했다. 마오는 근원적인 것들을 향해 관심의 폭을 좁혀 가고 있었고, 장칭은 여전히 자신의 삶을 더 넓히려 하고 있었다.

더 높은 지위에 올라가고, 음모와 폭력을 매개로 집권하고 몰락한 중국 황후들을 자세하게 공부하면서, 장칭은 신변 안전에 크게 신경을 쓰게 되었다. 한번은 헬리콥터가 중난하이로 날아와 공격할지 모른다는 소문이 떠돌아 공포에 떨었다.[34] 어쩌면 헬리콥터가 한밤중에 갑자기 (8341부대라고 부르는) 궁궐 수비대가 어리둥절해 있는 사이에 하늘로부터 공격해 오지 않을까? 장칭의 방으로 폭탄을 떨어뜨릴지도 모르고, 헬리콥터에서 특공대원이 내려올 수도 있었다. 그들이 장칭을 끌어내 헬리콥터에 태워 고문실로 끌고 가서 어쩌면 측천무후가 개발한 고문만큼이나 무서운 고문을 할지 모르지 않는가?

장칭은 그런 헬리콥터의 공격을 저지하기 위해 자신이 거처로 쓰던 집 위에 '특별 장비'를 설치하면 어떨까 하고 생각했다. 아랫사람들에게 이런 걱정을 드러내는 것조차 꺼려했던 장칭은 이를 공개적으로 말하지 않고 경호대장을 불렀다. 경호대장은 캉성이 선택하여 보내주었는데, 캉성의 공작 방식을 잘 알고 있었다. 장칭은 경호대장에게 자신이 무엇을 우려하는지 암시를 주었다. 장칭은 아무 말 하지 않고 손가락을 들어 천장을 가리켰다가 손가락으로 자신의 가슴팍을 찔렀다. 무대 위에서 공연할 경극 감독의 동작이라고도 볼 수 있었지만 경호대장은 곧 무슨 말인지 알아들었다. '반(反)황후' 집단이 군대 내부에 있어 장칭이 집에서 자는 동안 습격해 죽여버리기로 맹세했다는 소문을 경호대장도 틀림없이 벌써 알고 있었을 것이다.

경호대장은 우아한 자태를 뽐내는 기와지붕을 면밀히 조사하고 회전판이 달린 기관총들을 은밀하게 구입했다. 절을 수리하는 데 배정된 자금을 이쪽으로 돌렸다. 헬리콥터 공격은 끝내 일어나지 않았다. 하지만 8341부대에는 기관총 담당 부서가 새로 설치되었다. (이 기관총 부서는 장칭이 몰락하고 몇 년이 흐른 뒤에 해체되었다.)

장칭은 한동안 몸이 좋지 않아 여러 종류의 약을 먹어야 했다. 오랜 궁중 음모의 역사에서 그래왔듯이 장칭은 고위직에 있는 정적의 명령으로 누군가 자신에게 이상한 약을 주고 있는 것이 아닌가 의심하기 시작했다.*[35]

간호사는 어느 날 밤 장칭에게 평소 먹던 수면제를 건네주었다. 장칭은 아무 말 없이 받아 먹었다. 30분이 지난 뒤 장칭은 벨을 울려 간호사를 불러서는 왜 수면제를 주지 않느냐고 했다. 간호사는 이미 드셨노라고 대답했지만 장칭은 그렇지 않다고 주장해서 결국 두 번째 알약을 받아냈다. 다음 날 아침 장칭은 너무도 기운이 없어서 손발을 꼼짝할 수가 없었다. 다른 아랫사람을 불러들인 장칭은 간호사가 분명 린뱌오 잔당의 비밀요원이며 수면제를 과도하게 먹여 자신을 죽이려 하고 있음에 틀림없다고 이야기했다. 보조 간호사가 그 이야기를 듣고 말도 안 된다는 식의 반응을 보이자, 장칭은 옆에 있던 가위를 들고 보조 간호사를 위협했다. 장칭은 간호사를 오래 '조사'하도록 지시했고 간호사는 조어대 제17호 별장에서 조사를 받은 뒤 간호사 자격을 박탈당했다.[36]

절대 권력은 인간성을 자세히 보여주는 확대경이다. 측천무후의 전기를 쓴 작가의 말이다. "절대 군주는 엄청나게 크고 굴곡이 심한 거울 앞

---

* 소련 쪽 소식통에 따르면, 옌안 시절 마오가 왕밍을 살해하려 했을 때 장칭이 마오를 도왔다고 한다.

에서 다양한 자세를 취하고 있는 배우와 같다. 배우의 동작 하나하나는 엄청나게 왜곡되어 비친다."[37]

공산당이 정권을 잡은 후 중국은 많은 변화를 겪지만, 정치 지도자들의 모습이 보통 인간의 차원을 넘어서는 큰 모습으로 비추어지는 현상은—때로는 영웅적 모습으로, 때로는 악마적 모습으로—유교 질서에서나 마오쩌둥 질서에서나 마찬가지였다. 이런 현상은, 허황된 자부심을 지닌 자기 중심적인 소수 엘리트가 중국 인민에게 강요한 음모의 결과가 아니었다. 1970년대의 중국은 100년 전의 중국과 비교해서 그렇게 많이 발전한 사회가 아니었다. 정치 지도자를 신적 존재로 보려는 보통 사람들의 태도는 여전히 그대로였다.

이런 상황을 이해하면, 장칭이 자기 자신을 인식하는 방법을 파악하는 데 유용하다. 장칭의 정치 참여는 처음부터 자기 표현 활동의 일환이었기 때문이다. 1970년대 초반이 되자 중국 공산주의 왕국에서 장칭의 미소는 엄청난 풍년을 의미하게 되고 장칭의 찡그린 얼굴은 지진을 의미하게 되며 장칭의 우유부단은 관료들의 복지부동으로 이어졌다.

정치적 개념들이 미리 만들어져 잘 짜맞추어진 모습인 〈인민일보〉를 읽어보면, 개인적 취향이나 욕망, 희망, 공포 등은 중국 정치의 최고 지도부에서는 아무런 의미도 없는 듯 보인다. 하지만 실제로는 바로 그런 개인적 감정이 거의 모든 것을 결정했다. 남성의 경우보다 여성이 더 심했는데, 그 이유는 여성의 지위가 더 불안했기 때문이다.

측천무후는 고양이를 훈련시켜 앵무새들과 한 우리에서 조화롭게 살게 만든 데 자부심이 컸다. 이는 고양이에게 항상 맛있는 것을 배불리 먹게 해줌으로써 가능했다.[38]

장칭이 키운 원숭이는 측천무후의 고양이처럼 장칭에게 점점 더 중요해졌다. 여러 사람들과 점점 더 많이 부대끼면서 장칭은 점점 더 원숭이를 좋아하게 되었다. 원숭이에게 비단옷을 입혔고 최고급 먹이만 주었으며, 다른 사람들이 광둥성에 있는 자신의 정원 오솔길을 걸을 때 갑자기 원숭이가 튀어나와 사람들을 놀래도록 훈련시켰다. 1970년대 중반이 되면, 이 원숭이에게 얼마나 아첨을 떠느냐가 아랫사람으로서 장칭에게 충성하는 정도를 가늠하는 리트머스 시험지였다. 저녁 때 정원을 산책하다가 갑자기 어깨 위로 원숭이가 뛰어내렸을 때, 과연 얼마나 침착하고 쾌활하게 행동하는가가 그 사람의 정치적 올바름의 지표로 여겨졌다.[39)]

유권자들에게 책임을 지지 않는 권력은 스스로 타락할 뿐 아니라 절대 권력자를 마치 버릇없는 어린애처럼 만들어버린다. 권력자는 자기 자신의 인격을 마치 우주처럼 크게 생각하게 되어 자신의 판단 이외에는 누구의 판단도 받아들이지 않으며 누구의 비판도 허용하지 않으며 누구와도 타협하지 않는다.

권력의 맛을 본 장칭은 이제 세계를 논하든지, 자신의 동료 이야기를 하든지, 정책 이야기를 할 때, 모든 것을 자신이 지도자로 있는 작은 마을 수준으로 줄이고 단순화해서 이야기하기 시작했다. 소련인들은 골치 아픈 이웃으로서 공기를 더럽히고 틈만 나면 이쪽 담장 안에 있는 닭을 훔쳐 가는 믿을 수 없는 사람들로 취급했다. 저우언라이는 믿음직스러운 아저씨로서 언제든 무엇이든 잘 아는 사람이었다. 린뱌오는 저 아래 거리에 사는 옛 애인인데 아직도 린뱌오 친구들이 마을 광장에서 자신의 험담을 하고 있으며 마을 연극 동호회에서 자신의 활동을 방해하는 것처럼 묘사했다. 야오원위안은 절대 말썽을 피우지 않는 충실한 심부름꾼이었다. 마오쩌둥은 항상 그녀가 보호를 청하는 아버지 같은 존재였지만, 가끔 도저히 이해할 수 없는 행동을 했고 때로는 장칭이 마음속에 품은 소중한 계획에 갑자기 반대 의견을 내놓곤 했다. 주변 헛간에 사는 '인민'들은 장칭이 마을 촌장의 부인으로서 행세하는 데 옆에서 무대를 꾸며주는 장식품에 불과했다.

원인이 중국의 전통적 독재 체제에 있든, 아니면 장칭이 여자로서 출세하기 위해 투쟁했다는 점에 있든 장칭의 개인적이면서 자의적인 정치는 대단히 부정적인 결과를 가져왔다. 혁명은 배신당했으며, 인민들은 얌전한 양떼처럼 무시당했고, 국가는 중요한 경제 개발에 나서지 못하고 그저 공산당 최고 지도층 내의 쓸데없는 요식 절차에 에너지를 허비했다.

어느 날 저우언라이는 마오쩌둥의 거처를 방문했다. 마오의 주치의들이 그의 폐와 심장에 있는 문제를 해결하려고 어떤 의료적 시술을 시행하려고 했는데 마오가 끝내 거절했기 때문이다. 저우언라이는 마오를 설득하려고 했다. 그는 장칭에게 함께 가자고 권했다.[40] 아무래도 같이 이야기하는 편이 마오에게 긴급한 필요성을 인식시킬 것이라고 생각했던 것이다. 마오는 소파에 앉아 머리를 뒤로 젖히고 눈은 감고 힘겹게 숨을 쉬고 있었다. 저우언라이는 마오가 몹시 아프다는 것을 알고 있었지만, 장칭은 잘 모르는 것 같기도 했고 아니면 알고 싶지 않은 것 같기도 했다. 저우언라이는 방 안에 있던 네 번째 인물인 리즈수이(李志綏) 박사에게 마오의 병을 치료하려면 어떤 조치가 필요한지 다시 한 번 설명해보라고 말했다. 그러나 마오는 박사가 처방해주는 이런 저런 약들을 두고 중얼거리면서 불평을 하기 시작했다. 기다렸다는 듯이 장칭은 리즈수이가 전부터 이런 약 처방으로 마오를 독살하려 했다고 말했다. 마오는 그녀의 의견에 동의하는 듯했다. 장칭은 더욱 기세가 올라 리즈수이에게 말했다. "방에서 나가요. 이제 당신은 여기서 더는 장난질을 칠 수 없어요."

리즈수이는 문을 향해 걸어갔다. 갑자기 마오가 말했다. "나가지 마시오!" 마오는 자신의 등 뒤에서 주치의를 공격하려 한다고 장칭을 비난했다. 그는 낮은 목소리로 크게 말했다. "모든 약 처방을 중지하시오." 주치의가 처방해주는 양약뿐 아니라 장칭이 제안하는 전통 중국 약제도 포함하는 이야기였다. "누구든 나에게 약을 먹이려고 하는 사람은 이 방에서 나가시오." 세 사람은 아무 말도 하지 못하고 가만히 있었다. 그다음 마오는 폭탄과도 같이 충격적인 말을 꺼냈다. 그는 저우언라이에게 말했다. "내 건강이 정말 안 좋아. 도저히 살 수 없을 것 같군. 이제 모든 것이 당신에게 달렸소." 이 말을 들은 저우언라이는 주석은 곧 회복할 것이며 계속 이끌어줄 수 있다면서 마오의 말을 부인했다. 두 사람의 대화를 들으면서 장칭은 점점 더 큰 공포를 느꼈다. 마오는 저우언라이에게 침울하게 말했다. "더 살 수가 없소. 내가 죽은 다음 당신이 모든 일을 챙겨야 하오. 이걸 나의 유언으로 하지." 바짝 얼어붙은 저우언라이는 앉아 있던 의자에 두 다리를 바짝 당겨 붙이고 두 손을 자신의 무릎 아래 집어넣었다. "이제 모두 나가시오." 마오가 말했다. 분노에 가득 찬 장칭은 정치국 회의를 소집할 것을 요구했고 그녀의 요구대로 회의가 열렸다. 회의에서 그녀는 강력한 반(反)저우언라이 노선을 취했다. "주석은 건강하십니다. 왜 당신은 주석이 당신에게 권력을 이양하도록 강제하십니까?" 장칭은 저우언라이에게 분노에 찬 목소리로 쏘아붙였다.

"아주 사악한 여자"

"심지어 마오쩌둥 동지조차 자신의 개인적 삶을 사람들에게 노출하지 않았습니다."[41] 중국의 전 외교부장 황화(黃華, 1913~2010)는 자신을 방문한 사람에게 짜증 섞인 목소리로 말했다. 1972년 장칭이 매우 특별한 자기 노출의 행동을 한 것을 두고 한 말이었다. 재능이 뛰어나고 의지가 굳은 중국사 연구자 록산 위트케는 베이징과 광둥에서 장칭과 여러 날을 같이 보내면서 장칭의 인생관, 중국혁명에 관한 견해, 장칭 자신에 관한 이야기를 듣는 대담*을 진행했다. "당신 앞에서 나 자신을 완전히 해부해서 보여드릴게요." 장칭은 미국 학자에게 기분 좋은 목소리로 말했다. 이런 태도는 중국 전통에서나 공산당 관행에서는 보기 힘든 것이었다.**[42]

---

* 이 1972년 대담 자료를 바탕으로 하여 록산 위트케는 5년 뒤인 1977년에 장칭의 전기를 출판한다.(역주)

황화가 마오쩌둥을 두고 한 말은 정확하지 않다. 마오는 1930년대에 에드거 스노에게 자신의 개인적 삶에 대해 많은 이야기를 했으며 그 뒤로도 조금 덜 공개적이긴 했지만 그런 기회가 여러 번 있었다. 하지만 전 외교부장이 "심지어 마오쩌둥 동지조차"라고 말할 때는 더 깊은 의미가 있었다. 이런 민감한 영역에서는 오직 마오쩌둥만이 가능하다는 의미다. "다른 사람은 안 되고 오직 마오쩌둥만이 개인적 삶을 노출할 수 있다."라고 말했다면 더 솔직한 표현이었을 것이다.

그런데 감히 장칭이 자기 자신을 노출했던 것이다. 다시 한 번 장칭은 허용될 수 있는 경계선을 넘어섰다.

이것은 '새롭게 태어나는 장칭'이었다. 이제 장칭은 자신의 적들을 무시하고, 중국의 정치 관행을 부정하고, 유감스럽게도 장칭 자신의 과거에 대한 진실을 부정하는 새로운 인물상을 제시했다. 장칭은 마오쩌둥에게 록산 위트케와 작업하는 것을 승인해 달라고 요청하지 않았다. 마오쩌둥이 거절하리라는 것을 미리 알았던 것이다. 지금 장칭은 마오를 넘어서려 하고 있었다. 마오쩌둥의 아내인 장칭을 내세우는 것이 아니라 이제 마오의 추종자이되 정치인으로 완성된 장칭을 내세우고 있었다. 장칭은 위트케와 만나면서 마오쩌둥 이야기는 많이 하지 않았다. 자신이 마오와는 다르며 마오보다 한층 낮은 수준의 혁명가라고 말했지만 동시에 마오와 나란히 싸우는 혁명가임을 강조했다. 마오쩌둥 곁에서 많은 것을 배웠으며 이제는 마오의 노쇠한 손으로부터 이 왕국을 물려받

** 중국의 여성 지도자들은 자신의 개인적 삶을 이야기하는 일을 무척 어려워한다. 최근에 그들을 면담한 능숙한 인터뷰 진행자 두 사람은 다음과 같이 말했다. "어느 날 인터뷰에서 우리는 무려 네 번이나 우리의 관심사가 정치적 분석이 아니며 그녀 자신의 이야기임을 상기시켰다. 네 번 모두 여성 지도자는 환하게 미소를 지으면서 우리 요청을 무시했고 그저 혁명과 중국과 여성 일반에 관한 이야기를 계속했다. …… 이런 겸손은 어쩌면 단순히 예절이나 정치적 신중함에서 비롯된 태도라고 설명할 수 있다. 하지만 좀 더 깊은 의미를 찾을 수도 있다. 사회주의 이념은 모든 사람들, 즉 남녀를 불문하고 자기 자신에게 관심이 쏠리도록 해서는 안 된다는 중국의 오랜 전통을 더욱 굳건하게 만들었다. 게다가 여성들은 남성들보다 겸손했고, 스스로 자신의 가치를 무시하는 행동을 편안하게 여기는 것 같았다."

을 준비가 잘 되어 있는 인물이라고 암시하였다.

이것은 장칭의 옛 모습이기도 했다. 수밍, 윈허, 란핑 모두 자신을 표현하고 싶어 했고 자신의 방식을 다른 사람이 이해해주길 바랐으며, 스스로의 규칙을 정하는 독립적 인간이라는 사실을 다른 사람이 알아주길 바랐다.

장칭은 문화혁명 기간 동안 옛날 자신이 장제스 쪽 사람들과 접촉했던 흔적을 모두 없앴다. 혹은 그러길 희망했다. 그랬기 때문에 장칭은 이제 1972년에 자신을 10대 때부터 자본가를 증오한 공산주의 투사로 새롭게 그릴 수 있다고 생각했다. 위치웨이가 자신을 어린 정치 활동가로 출발할 수 있게 도와주었다는 기록, 그리고 자신의 매력과 자존심 때문에 탕나가 여러 번 자살 소동을 벌였다는 기록 등을 역사에서 삭제해버린 (혼자 그렇게 생각한 것이지만) 장칭은 이제 자신이 오직 마오쩌둥한 남자만을 알았던 여자이며 그의 '조력자'로서 장차 마오쩌둥의 사업을 이어받을 수 있는 인물이라는 생각을 마음껏 위트케에게 강요할 수 있었다.

장칭은 상하이 시절 기록을 많이 파괴해버려서 생긴 공백을 위트케 앞에서 채울 수 있게 되었지만, 자신의 마음과 머리에서 나오는 진실된 이야기는 하지 않았다. 첫 번째 남편 페이밍룬은 말할 것도 없고 두 번째와 세 번째 남편 이야기도 인터뷰에서는 전혀 하지 않았다. 측천무후, 여태후, 서태후의 이름 역시 전혀 언급하지 않았다. 자신의 인생에서 중요했던 남자들과 그녀의 꿈에서 중요했던 여자들도 모두 빠졌다. 마치 스테이크가 빠진 스테이크 정식 같았다.

물론 마오쩌둥은 장칭이 외국인 앞에서 탕나나 측천무후 이야기를 하는 것을 달가워하지 않았을 것이다.*[43] 하지만 그것보다 마오쩌둥은 이 대담 자체를 싫어했으며, 장칭이 대담을 했다는 것 자체를 맹비난했

---

* 이 논점을 제시하자 탕나는 이렇게 대답했다. "내 이름을 언급하지 않은 것은 그것 때문만은 아니었을 겁니다. 장칭은 나를 대한 방식이 부끄러웠던 것입니다!"

다. 장칭의 사적인 욕심이며 공허할 뿐이라는 것이다. 또한 이런 식의 대담을 하는 것은 여황제가 되려는 시도라고 생각했다. 장칭이 '국가 기밀'을 누설했는지는 분명하지 않다. (중국에서는 전화번호조차 국가 기밀이 될 수 있다.) 그런 비난은 진짜로 큰 죄목에 비하면 아주 사소하다. 장칭은 최고 정치 권력을 손에 넣고 싶다는, 여성으로서는 감히 넘볼 수 없는 욕망을 누설했던 것이다.

장칭이 위트케에게 국공내전 시기 전투 이야기를 한 것은 별 문제가 아니었다. 마오쩌둥이 음식에 특별한 취향이 없으며 그저 앞에 놓인 음식을 먹을 뿐이라는 발언도 별 문제가 아니었다. 장칭은 위트케에게 사진을 주면서 붉은 펜으로 서명했는데 이는 중대한 범죄였다. 옛 중국에서 붉은색은 황제가 쓴 글씨를 상징했다.

장칭이 자기를 드러내는 행동을 하고 있을 때— 중국 문화에서는 매우 위험한 행동이다.—베이징에 있는 일부 고위급 당 관료들은 장칭이 덫으로 걸어 들어가고 있다고 기뻐했을까? 어찌됐든 장칭은 양심에 아무런 거리낌이 없었다. 장칭은 위트케와 면담을 하기 전에 저우언라이 총리에게 자문을 구했다. "한 시간 정도 대화를 나누면 충분할 것임." 저우언라이는 그렇게 문서로 대답했는데, 장칭은 이 충고를 무시했다(지시는 아니었다). 장칭과 위트케의 대담이 계속 이어지자 저우언라이는 장칭에게 "다른 주제는 이야기하지 말고, 예술과 문학 이야기만 나눌 것."이라는 충고를 보내 왔다. 장칭은 화가 났다. 저우언라이가 보내온 문건을 손에 들고는 멀리 있는 저우언라이에게 소리쳤다. 그 문건을 들고 온 아랫사람이 옆에 있는 상태였다. "내가 하는 일에 간섭하지 마시오! 정말 대단한 용기군. 감히 나를 포위하고 공격하다니!"[44]

장칭은 이 미국인에게 자신이 어떻게 전투적이면서 동시에 여성적일 수 있는지 보여주었다. 또 젊지만 경험 많은 학자인 위트케에게 부르주아 관념을 극복할 수 있는 방법을 '충고'했으며, '연꽃잎'을 어떻게 끓여 먹으면 소변을 잘 볼 수 있는지 가르쳐주었다. 장칭은 자신과 위트케

모두 인생에서 '숭배' 대상을 찾을 수 있었다는 점을 흐뭇하게 여겼다. 위트케가 바로 이 중국의 여성 지도자에게서 자신의 '스승(老師)'을 발견했다는 말을 했을 때 장칭은 마치 구름 위를 날아가는 듯한 황홀감을 느꼈을 것이다.

위트케는 광둥성에 있는 장칭을 만나러 비행기를 탔는데 비행기 바닥에 비단이 깔려 있었다. 예전에 장제스의 부인 쑹메이링도 비단을 자신의 권력의 상징으로 사용했다. 남성들은 장칭에 대해서나 쑹메이링에 대해서나 '지나치다'고 생각했다. 어느 날 저녁 식사 자리에서 장칭은 위트케에게 '치마'가 든 상자를 선물로 주면서 이렇게 말했다. "나는 치마를 좋아해요. 여름철에는 치마가 편하죠."⁴⁵⁾ 장칭은 어떻게 공산주의자이면서 동시에 제멋대로 구는 황후로 행동할 수 있었을까? 수많은 사람을 제거하는 일에 협력한 사악한 여인이면서, 동시에 매력적인 대화 상대로서 수다를 떨고, 사진을 찍고, 옷 이야기를 할 수 있었을까? 그것은 장칭이 권력의 중심에 있었기에 주위 환경의 영향을 덜 받으면서, 공산주의의 대의명분과 자신의 성격 사이에서 자기 정체성을 확립할 수 있었기 때문이다. 장칭의 반항심은 아버지가 어머니를 공격하는 모습을 보면서 생겨났는데, '자본가'와 '지주'에 대한 계급 투쟁을 장칭은 자신의 개인적 반항심과 연결 지었던 것이다. 어린 시절부터 여성이라는 사실에 정당성을 부여하려 애써 온 장칭은 중국공산당의 최고 권력을 손에 넣는 것이 자신이 여성으로서 승리하는 길이라고 확신했다.

1973년 여름에 개최된 제10차 당 대회는 장칭이 이끄는 과격파와 저우언라이가 이끄는 온건파 사이에 무승부로 끝났다. 마오쩌둥은 자신의 발 아래서 벌어지는 투쟁에 별 관심 없이 언짢은 표정으로 깊은 생각에 잠겨 있었다. 마오쩌둥은 린뱌오를 대체할 새로운 계승자를 아직 낙점하려 하지 않았다. 대신에 린뱌오와 대결 과정에서 반좌파적 논리에 설득되어 덩샤오핑을 다시 정치 무대로 복귀시켰다. 장칭은 마오쩌둥의 처사가 못마땅했다. 장칭과 덩샤오핑은 아마도 중국공산당 지도자 가운데서도 기질이 극단적으로 달랐다. "그는 반혁명을 이끄는 늙은 두목이야."[46] 혁명의 여황제는 짜증 섞인 목소리로 그렇게 말했다. 덩샤오핑은 이렇게 말했다. "장칭은 아주 사악한 여자야. 말로 묘사하기 힘들 정도로 사악하지."

하지만 장칭은 마치 운명에 순응하는 여인처럼 행동했다. 역사가 자신을 추락시킨다 하더라도 장칭은 모른 척하면서 즐거이 그 역경을 받아들일 태세였다.

일본 마쓰야마 발레단이 인민대회당에서 공연을 할 때 그들을 접견한 일은 장칭에게 기억할 만한 저녁이었다.[47] 지난 수십 년의 세월이 주마등처럼 눈앞을 스쳐 갔을 것이다. 1930년대 상하이에서 장칭은 일본인 방문객들에게 일본 정부가 중국을 파괴하지 말도록 압력을 넣어 달라고 부탁한 적이 있었다. 오늘 인민대회당에서는 장칭이 수억 명의 중국인을 대신해서 일본 방문단을 접견하고 있었다. 일본인들은 장칭에게 매우 겸손한 태도로 인사하면서 중국 관객들이 자신들의 공연에 호의적 반응을 보이기를 조심스럽게 바라고 있었다. 얼굴에 미소를 가득 띤 장칭은 발레단 단장에게 풍경 사진을 한 장 건넸다. 사진을 자세히 본 발레단원들은 유명한 사진임을 알아차렸다. 루산의 선인동굴을 '리진(李進)'이라는 사람이 찍은 것이며 마오가 뒷면에 열정적인 시를 쓰고 '리진을 위하여'라고 서명한 사진이었다.

장칭은 과장된 동작으로 펜을 쥐고는 사진 뒷면에 '江青攝(장칭이 촬영했음)'이라고 썼다. 아주 대담한 행동이었다. 중국에서 글을 좀 아는 사람들은 오랜 세월 동안 마오쩌둥의 이 시를 알고 있었다. 하지만 남녀의 애욕을 다룬 이 시의 주인공인 리진이 실제 누구인가는 비밀이었다. 중국과 일본 사이에 우정이 넘치는 기분 좋은 저녁에 장칭은 세상을 향해 바로 자신이 리진이라고 알려주기로 작정했던 것이다. 멋진 사진을 찍은 사람이 바로 황제의 사랑의 대상이기도 한 장칭 자신이라는 선언이었다.

1974년 봄 마오는 장칭에게 편지를 썼다. "우리 서로 만나지 않는 게 좋겠소. 당신은 오랜 세월 동안 내가 말한 많은 것을 실행에 옮기지 않았소. 그러니 당신과 더 만나서 무엇 하겠소?"[48]

결혼은 또 다른 단계에 이르렀다. 1973년에 장칭은 중난하이에서 이사를 나와, 조어대에 있는 큼직한 저택에 입주했다. 마오는 장칭의 오만 방자함에 화가 치민 나머지, 앞으로 장칭이 마오를 만나러 오고 싶을 때는 먼저 문건을 작성해서 보내야 한다고 지시한 적도 있었다. 마오가 1974년에 쓴 편지는 계속된다. "당신은 그런 자들 가운데 한 사람이오. 큰 문제는 절대 의논하는 법이 없고, 오로지 사소한 문제에 대해 매일매일 정보를 보내오는 사람들 말이오." 위트케와 대담을 강행함으로써 장칭은 마오쩌둥의 눈 밖에 난 것이다.

두 사람의 결혼이 어떤 상태에 있는가는 분명 중국 정치에서 가장 중요한 요소였을 것이다. 하지만 이 결혼이 완전히 끝난 것은 아니었다. 왜냐하면 남편이든 아내든 여전히 이 결혼은 개인적으로나 정치적으로 큰 무게를 지니고 있었기 때문이다.

1960년대에는 이 결혼이 중요한 의미가 있었다. 두 사람의 기대가 맞아떨어졌기 때문이다. 마오쩌둥은 장칭이 필요했고 장칭은 마오쩌둥의 필요에 따라 생겨난 정치적 기회를 활용함으로써 이익을 볼 수 있었다. 1970년대가 되면서 두 사람은 이제 단일한 정치 팀으로 활동하지 않았다. 마오쩌둥은 군림하고 있었지만 통치하지는 않는 상태였다. "내 몸은 병 투성이입니다." 마오는 오스트레일리아의 고프 휘틀럼(Gough Whitlam) 총리를 만났을 때 그렇게 말했다. "이제 신과 만날 약속을 해놓은 상태지요."[49] 이렇게 긴장이 풀린 정치 상황에서 장칭은 독자적인 세력을 형성했다. 장칭은 실제로 마오의 몇몇 충고를 "실행에 옮기지" 않았다. 마오쩌둥 사후의 세계를 염두에 두었던 장칭은 이제 남편의 성공을 위해 자신을 희생해야 하는 충실한 아내 역할은 그만두기로 했던 것이다. 하지만 여전히 마오와 장칭은 구조적으로나 정서적으로 서로 묶여 있었다.

마오쩌둥이 항상 장칭이나 좌파들의 의견에 동조한 것은 아니었다. 하긴 그 자신의 의견에 항상 스스로 동조한 것도 아니었다. 그러나 분명 마오는 우파들을 미워했다. 문화혁명은 성공적으로 끝나지 못했다. 하지만 마오는 그 사실을 인정하려 하지 않았으며 문화혁명 기간에 희생된 사람들을 용서하거나 복권시키려 하지 않았다.

중국 정부가 1980년대에 내놓은 공식 주장은 마오쩌둥이 1970년에 이르러서는 장칭과 그 휘하의 극좌파 인물들의 내막을 "꿰뚫어보았으며" 장칭 일당과 린뱌오 일당이 "한통속"이었음을 알게 되었다고 하지만, 별로 설득력이 없다.[50] 1970년이 지난 뒤에도 마오쩌둥은 장칭과 그 휘하의 극좌파 인물들과 많은 일을 같이 했다. 그들을 제거하고 저우언라이나 덩샤오핑 같은 사람들에게 미래를 맡기려고 했다면 린뱌오가 실각한 직후가 가장 좋은 시기였다. 하지만 마오쩌둥은 그렇게 하지 않았다. 저우언라이에게 의지한 것은 사실이지만 그에게 기꺼이 의지한 것은 아니었다. 덩샤오핑은 여전히 시골 유배지에 방치되어 있는 상태였다.

장칭이 독자적으로 힘을 과시하자 마오쩌둥은 짜증이 났다. 하지만 결정적 불쾌감을 느낀 것은 아니었다. "장칭은 여기저기 참견하지 않는 것이 없어요." 마오쩌둥이 남쪽의 휴양 도시에서 외국의 정치 지도자들을 접견하는 동안 장칭이 수도 베이징에서 여러 가지 눈에 띄는 활동을 하고 있을 때, 마오가 외국인들 앞에서 한 말이다. "어딜 가든 사람들에게 말을 많이 하지요. 여하튼 그녀가 하는 말은 자기 생각일 뿐입니다."[51]

그해가 끝나 갈 무렵 마오는 측근에게 이렇게 말했다. "장칭은 무모한 야심을 품고 있어." 이것은 그리 새삼스러운 발견은 아니었다. 마오는 여전히 장칭의 손목을 한 차례 내려치는 정도로 가볍게 꾸짖고 있었다. 마오는 그 자리에서 한마디 더했다. "장칭은 공산당 주석이 되고 싶어 하지."[52] 누구도 감히 입에 올리지 못하는 말을 처음으로 마오가 입에 올렸다. 하지만 마오는 장칭의 야심을 완전히 꺾어버릴 수 있는 결정적 조치를 취하지 않았다.

당시에 기묘한 정치 운동인 비림비공운동*이 진행되고 있었다. (비판의 대상인 한 사람은 2년 반 전에 죽은 사람이며, 또 한 사람은 2,500년 전에 죽은 사람이다.) 각 정파가 정치적 목적에 유효하다 싶으면 아무 포도주나 마구 집어넣는 포도주병 같은 운동이었다. 장칭은 '공자'를 마치 문화혁명 이전에 왕성했던 모든 정치적, 지적 세력을 통칭하는 말로 취급했다. 문화혁명이라는 폭풍우를 지나면서 달성한 성과물을 확고하게 만드는 것이 자신의 정치인 이미지를 굳건하게 하는 일이라고 보았던 것이다. 저우언라이는 공자를 비판하는 정치 운동에 반(反)린뱌오라는 수식어를 덧붙이는 약삭빠른 조치를 취한 다음, 린뱌오의 '좌익적 오류'를 강조했다. 반린뱌오 연합을 확고하게 하는 것은 저우언라이의 입지를 다지는 데 꼭 필요했다. 마오쩌둥의 태도는 분명치 않았다. 장칭 일파를 지지하는 발언을 하다가 온건파를 달래는 발언을 하기도 했다. ("이제는 안정을 되찾을 때입니다."[53] 마오는 1974년 말에 선언한다.) 마오는 지금 높은 산 위에 앉아 산 아래에서 호랑이들이 서로 싸우는 것을 바라보고 있을 뿐이었다.

장칭에게는 마오쩌둥의 흔들리는 마음에서 나오는 신호의 의미를 정확하게 읽어내는 것이 중요했다. 1973년 말에 마오는 저우언라이에게 냉랭한 태도를 보였는데, 장칭은 저우언라이 총리를 간접적이지만 공개적으로 비판할 수 있다고 판단했다. (예를 들어 후진적이며 엘리트주의적 '공자 숭배자'라고 비판했다.) 하지만 1974년 말쯤 장칭은 마오와 긴 편지를 주고받은 뒤로[54] 반(反)저우언라이 입장에서 한 발 물러서지 않으면 안 되었다. 장칭은 마오의 뜻을 약간 잘못 읽었던 것이다. 그러나 장칭은 마오에게 자신이 "너무 한가롭다"고 불평했다. 정치적으로 더 많은 책임

---

* 비림비공(批林批孔)은 비림정풍(批林整風) 운동과 비공(批孔) 투쟁을 합친 말이다. 린뱌오(林)를 공자(孔)의 사상과 연결 짓고, 두 인물로 대표되는 중국 사회의 봉건적 측면에 대한 인민 대중의 비판을 촉구한 운동이었다.(역주)

1974년 기차 안에서 비림비공운동의 구호를 외치는 청년들. 장칭은 사망한 린뱌오와 공자를 결부시켜 두 인물이 상징하는 봉건주의와 수정주의 노선을 비판하는 운동을 추진했다.

을 달라고 요청하는 대담한 발언이었다. "공부를 하시오."라는 말이 마오의 답변이었다.

다시 한 번 장칭은 일과 여자로서 동시에 성공하는 것이 무척 어렵다는 것을 깨달았다. 상하이 시절에는 불안정한 상태이긴 했지만 두 방면에서 동시에 성공을 거두었다. 그 뒤로 오랜 세월 동안 장칭은 그저 마오의 아내였을 뿐 아무 존재도 아니었다. 문화혁명이 전개되는 동안 장칭은 다시 일을 하게 되었을 뿐만 아니라 결혼 생활도 화목했다. 하지만 이제 장칭은 결혼을 잃고 말았다. 장칭은 중국에서 두 방면 모두에서 성공하는 것은 처음부터 불가능한 일이 아닌가 하고 생각했을 것이다.

반(反)저우언라이 투쟁

1966년은 장칭에게 큰 의미가 있던 해였는데, 8년이 흐른 1974년 후반기에 들어서서 장칭은 다시 한 번 매우 활발한 공적 활동에 나섰다.[55] 장칭은 어느 곳이든 방문했고 누구든 만났다. 장칭은 편지를 쓸 때 비림비공운동 본부장이라는 직함을 썼다. 당시 뜨겁게 진행되던 정치 운동의 지휘자임을 말해주는 직함이었다. 베이징에서 중국의 정치 지도자 모임이 있을 때면 장칭 이름이 맨 먼저 언급되었다. 당시 마오쩌둥은 8개월 동안 베이징을 떠나 있었는데, 이에 따라 장칭이 중국 정부의 중심축인 것처럼 보였다. 관료들이 항상 눈치를 살펴야 하는 최고 지도자 역할을 장칭이 수행하고 있었다.

장칭이 1964년에 경극 개혁을 시작했으므로 1974년에 10주년을 맞이하여 이를 기념하는 가운데 장칭은 마치 성인 같은 대접을 받았다. 〈인민일보〉는 장칭을 "마오쩌둥 사상의 해석자"라고 불렀다. 듣는 사람의 등골을 오싹하게 하는 이 호칭은 전에는 류사오치, 린뱌오처럼 마오의 후계자로 추정되는 인물에게만 붙였다. 장칭은 지시(指示)를 작성하여 내려보냈다. 지시란 비유하자면 로마 바티칸 교황청의 교황 선언문 같은 문건이다. 장칭은 또 중국의 '국가 지도자'로서 키프로스 대통령, 토고 대통령, 모리타니아 대통령 등 여러 외국 정부 수반을 접견했다. 장칭은 마오쩌둥을 대신하여 그들을 환대하면서 중국의 영광과 부담을 요약 설명해주었다.

텔레비전을 켜면 항상 장칭의 얼굴이 나왔다. 밝은 빛을 바라볼 때는 환한 미소가, 어두운 곳을 쳐다볼 때는 심각한 표정이 텔레비전에 비쳤다. 신문을 펼치면 항상 장칭의 활동이 보도되었다. 장칭이 급히 문제를 해결하는 모습, 사람들에게 호소하는 모습, 조사 방문을 나간 모습이 언제나 등장했으며, 중산복과 바지를 입고 매우 진지하게 일에 매달리는 사진도 같이 실렸다.

"공공 행사에 너무 자주 모습을 드러내지 마시오." 마오쩌둥은 중국

1974년 10월, 장칭이 중국을 방문한 포울 하틀링 덴마크 총리 내외와 함께 공연을 즐기고 있다. 1974년 후반부터 장칭은 국내 정치는 물론이고 외교 부문에서도 적극적으로 활동하기 시작했다. 마오쩌둥은 중국의 수장처럼 행동하는 장칭에게 자제하라고 경고하기도 했다.

남부의 산중에 머물면서 장칭에게 이렇게 촉구했다. "서류를 받는 것마다 지시를 적지 마시오. 또 소수의 측근 내각을 만들어놓고 뒤에서 조종하는 행동도 그만두시오." 시끄러운 정치 싸움에서 벗어난 것은 마음이 편해서 좋았지만 노쇠한 황제는 여전히 현 상황을 면밀하게 관찰하고 있었다. "당신은 많은 사람을 기분 상하게 하고 있소. ……"

중국의 국영 보도 매체는 마치 큰 나무에서 뻗어 나온 수많은 가지와 같다. 여러 보도 매체에 여태후를 칭송하는 글들이 갑작스럽게 많이 실리기 시작했다. 한나라의 첫 번째 황제였던 유방, 그러니까 남편이 죽은 뒤 여태후는 남편의 뒤를 이어 뚜렷한 목적을 견지하면서 남편의 유지를 계승한 것으로 묘사되었다. 장칭이 우러러본 또 다른 여성 정치인은 측천무후였는데, 중국 언론에서 당시 측천무후에 대해 쓴 것을 보면 마치 장칭에 대해 쓴 것 같다. "삶과 죽음, 상과 벌, 이 모든 것이 측천무후의 말에 따라 결정되었다. 천자는 두 손을 모으고 옥좌에 앉아 있을 뿐이었다. 궁궐 안 사람들과 온 나라 사람들은 두 사람을 '두 성인'이라고 불렀다."[56]

당시 베이징 시민의 회고다. "그해 여름, 우리는 영화와 텔레비전에서 장칭이 외국 손님과 만나는 것을 보았는데 퍼머 머리였죠. 당시만 하더라도 중국에서는 퍼머 머리가 범죄 행위였습니다. 하지만 이때 이후 퍼머 머리가 허용되었고 많은 여인들이 퍼머 머리를 했습니다."[57]

마오쩌둥이 베이징을 떠난 뒤 장칭은 중국 정권의 사실상 제2인자로 높이 날고 있었다. 장칭은 다음과 같은 대담한 시를 하나 쓰고 직접 찍은 사진을 하나 첨부하여 〈중국 사진(中國攝影)〉 잡지의 편집자에게 보냈다. 시는 산을 노래한 것이었고 사진은 높이 솟아오른 산봉우리를 찍은 것이었다. 시에서는 이 산이 높고 아름다우면서도 온화한데 남들에게 제대로 평가받지 못하는 것으로 묘사했는데, 바로 장칭을 가리키는 것이었다! 문학적 가치는 별로 없어서, 문학상을 받을 만한 작품은 못되었다.

> 강을 내려다보고 있는 높은 산봉우리(江上有奇峰)
> 산봉우리 모습은 안개 속에 가려지고(鎭在雲霧中)
> 그 봉우리를 쳐다보는 이 거의 없어라(尋常看不見)
> 아주 가끔 봉우리의 웅장함이 안개 사이에 나타날 뿐(偶爾露峥嶸)[58]

여기서 '강'은 장칭의 이름에서 장(江)이다. 옌안에서 장칭이라는 새로운 이름을 지을 때 (란핑이란 이름 대신에) 당나라 시대의 시에서 그 이미지를 따왔는데, 이 4행시는 그 시를 본뜬 것이었다. 당나라 시의 한 행에 장칭의 이름 두 글자가 모두 들어 있었다. 그 행은 다음과 같다. "강상수봉청(江上數峯靑, '강 위의 뭇 산봉우리들만 푸르구나')" 훗날 장칭의 비판자들이 4행시의 '안개'는 마오쩌둥을 가리키는 것이라 했지만, 어찌되었든 장칭이 아직 자신이 제대로 된 평가를 받지 못하고 있다는 심정을 이 시에 담아 전달하려 했던 것은 사실인 것 같다. (위트케는 장칭이 이 시를 마오쩌둥이 자신을 위해 써준 것처럼 이야기해서 그런 줄로만 알았다!)

장칭은 〈중국 사진〉의 편집자에게 이 시와 사진의 작가 이름을 자신의 고향인 주청 부근에 있는 유명한 산 이름을 따서 가명으로 해 달라고 말했다. 가명도 알 만한 사람은 다 알 수 있도록 해두었던 것이다. 안개를 뚫고 잠시 길을 더듬다 보면 분명 그들은 장칭의 시라는 것을 알 것이다. 다만 이름을 밝히면 너무나 노골적으로 자신의 허영심과 야심이 드러날 것 같아서 이렇게 했던 것이다.

장칭은 중국의 거대한 문학적, 정치적 전통 속에 자신을 자리매김하고 싶어 했던 것이다. 특히 측천무후가 큰 역할을 하여 기틀을 세운 당나라 시대 전통을 자신과 연결하고 싶어 했다. 중국 지식인들은 옌안에서 장칭과 마오가 결혼할 당시 장칭이란 이름이 당나라 시에서 따왔다는 것을 알고 있었다. 따라서 장칭은 이 시를 발표함으로써 자신이 중국혁명의 위대한 인물과 오랜 세월 긴밀한 관계에 있는 동반자라는 것을 상기시켜주고 싶었던 것이다. 그 위대한 인물의 삶이 얼마 남지 않았으며 누군가가 대체해야 한다는 점도 일깨우고 싶었는지 모른다.

이렇게 〈중국 사진〉에 시와 사진을 보냈던 장칭은 갑자기 시와 사진을 다시 돌려보내라고 요청했다. 그 다음 다시 마음을 바꾸어 시와 사진을 다시 잡지사로 보냈다. 장칭은 무려 다섯 번에 걸쳐 시와 사진을 보냈다가는 다시 가져갔다. 마치 생선을 한 마리 잡은 고양이가 어디다 숨겨야 할지 계속 망설이는 것 같았다. 결국 장칭은 시와 사진을 잡지에 싣지 않기로 했다.

창사에서 돌아온 마오쩌둥이 이 계획을 비판했는지도 모른다. 하지만 더 개연성 있는 설명은 장칭이 불안해져서 마음을 바꾸었던 것 같다. 아무리 확신이 넘쳤다 하더라도 장칭은 여전히 남자만의 세계인 정치판에서 혼자 힘으로 헤쳐 나가야 했다. 또한 여자 황제가 되려는 시도는 장칭 자신뿐 아니라 중국공산당 역사에서도 (그리고 다른 어느 나라의 공산당 역사에서도) 없었던 일이다. 여하튼 장칭이 시와 사진을 싣지 못하게 되었다는 것은 지뢰밭 한가운데를 걷고 있었다는 방증이었다. 이 지뢰밭은 정치적으로나 심리적 의미에서나 무척 위험했다.

마오쩌둥이 아직 중국 남부에 머물던 어느 날 주요 일간지 〈광명일보(光明日報)〉에 '고독한 분노'라는 제목으로 긴 정치적 글이 실렸다. 법가(法家)를 대표하는 한비자(韓非子)가 2,200년 전에 쓴 글이었다.[59] 하지만 〈광명일보〉에서 달아놓은 서문과 함께 이 글을 읽은 독자들은 1974년 현재 마오쩌둥을 둘러싼 중국 최고 지도층이 무척 위험한 상태에 놓였음을 지적한 글이라는 것을 분명하게 알 수 있었다.

한비자는 거짓과 분파 싸움에 깊이 빠져 있는 어느 나라를 논하면서 결국 이 나라가 무너지고 말 것이라고 경고했다. 황제는 열심히 아첨하는 주위 신하들과 '배신하려는 대신들'과, 특히 '어떤 중요 인물'에게 잘못 인도되고 있었다. 특히 이 '중요 인물'은 '악당들'과 '무능력자들'을 정부 고위직에 앉히고 있었다. 이 글은 황제를 이런 식으로 대하는 것은 '엄청난 범죄'이며 황제가 '중요 인물'이 나라를 어지럽히도록 내버려두는 것은 '큰 실수'임을 지적하고 있었다.

베이징 시민들은 7월 23일자 〈광명일보〉를 손에 넣으려고 한바탕 소동을 벌였다. 도대체 (이 신문이 주장하는) 마오 체제를 파멸로 몰아가고 있는 '중요 인물'이 누구인가를 두고 의견이 분분했다. 중국 언론에서 종종 그러하듯이 이 기사 서문에서도 그저 '린뱌오류'의 악당들이라는 점만 지적했다. 그 악당은 3년 전에 죽지 않았던가? 그렇다면 누가 오늘의 악당인지를 독자들은 각자 나름대로 추론해보는 수밖에 없었다. 저우언라이와 장칭 두 사람 가운데 하나가 틀림없었다. 두 사람 모두 2인자 자리를 노리는 경쟁자이며, 정치계는 두 사람을 중심으로 하는 두 진영으로 나뉘어 있었다. 도대체 누가 누구를 공격하는 것일까?

몇 시간 지나지 않아 7월 23일자 〈광명일보〉는 갑자기 회수되어 불태워졌다. 같은 날짜의 〈광명일보〉가 다시 배포되었는데, 2면에 있던 '고독한 분노'는 사라지고 그 자리에 별 의미 없는 베이징 현지 소식을 전하는 기사 다섯 개가 인쇄되어 있었다. 혹시 장칭이 저우언라이를 공격했던 것인가? 하지만 총리는 이미 지난 봄부터 병원에 입원해 있었고 그가 암을 앓고 있다는 것은 모든 사람이 아는 사실이었다. 저우언라이는 쇠퇴해 가는 세력이었다. 만약 실제로 저우언라이가 공격 대상이었다면, 반장칭 세력은 7월 23일 〈광명일보〉 제2면을 엄청나게 빠른 속도로 다시 만들어냄으로써 자기 세력의 힘을 과시했던 것이다.

어쩌면 이 글은 장칭을 겨냥했던 것인지도 모른다. 장칭이 바로 '중요 인물'로서 마오 체제를 파멸로 몰고 가는 사람일 수도 있었다. 장칭은 저우언라이, 덩샤오핑 등 그녀보다 관료적 성격이 짙은 사람들과 마오 사후 계승을 둘러싸고 투쟁을 벌이고 있지 않았던가?

〈광명일보〉 소동이 일어나고 얼마 지나지 않아, 장칭은 베이징대학과 칭화대학에 있는 자신의 지지자들을 만나는 모임에 참석했다. 모임에서는 비림비공운동에서 어떤 글을 선택하여 활용하는 것이 좋은가를 두고 마치 유대 학자들이 옛 경전인 《탈무드》 한 구절을 놓고 외부인은 도저히 알 수 없는 난해한 토론을 벌이는 것과 비슷한 장면을 연출했다. 장칭은 토론 중에 글을 하나 소개했다. 외국인 기자가 베이징에서 자기 소속의 언론 매체에 송고한 기사를 다시 중국어로 번역한 것이었다. 장칭은 모인 사람들에게 큰 소리로 읽어주었다. 외국 기자의 글을 빌려서 자신이 공개적으로 발언하지 못하는 의견을 간접적으로 전달한 것이었다. "중국에서 진행되는 현재 투쟁은, 저우언라이로 대표되는 온건파와 장칭으로 대표되는 급진파 사이의 투쟁이다."[60] 번역문을 내려놓고 장칭은 토론이 진행 중인 방을 한번 주욱 둘러보았다. 장칭의 표정은 카나리아를 잡아채서 우적우적 씹고 있는 고양이처럼 보였다. 장칭은 지금 저우언라이를 상대로 한바탕 싸워야 한다는 것을 잘 알고 있었다. 장칭은 이런 싸움이 주는 쾌락을 좋아했다. 게다가 '급진파'란 호칭이 특히 마음에 들었다.

"저우언라이는 주석을 대신할 날이 오기를 학수고대하고 있지." 장칭은 동료에게 신경질적 목소리로 말한 적이 있었다. 이 말은 곧 마오쩌둥의 귀에 들어갔다. 어느 날 저녁 네팔 국왕을 만난 뒤, 마오쩌둥은 측근과 대화하던 중에 장칭과 저우언라이 사이의 긴장을 입에 올렸다. "주석이 되기를 학수고대하는 것은 저우언라이가 아니야. 내 아내지."[61]

1973년 11월, 장칭은 친외국적인 태도와 일반적 자유주의 경향을 이유로 저우언라이를 날카롭게 비난했다. 그녀는 심지어 저우언라이에 대한 저항이 중국공산당 역사에서 "11번째 노선 투쟁"의 형태를 취해야 한다고까지 이야기했다.[62] 다음 달에 마오는 장칭의 저우언라이 비판 가운데 일부를 받아들였다. 하지만 이런 의견 차이가 공산당 역사에 있었던 10가지 거대한 투쟁과 ─ 가장 최근의 투쟁은 마오와 린뱌오의 투쟁이었다. ─ 동등한 정도로 심각하다는 장칭의 주장은 물리쳤다.

장칭이 저우언라이에게 품은 적대감은 '흑화(黑畵)'를 둘러싼 싸움에서 표면화되었다.[63] 장칭은 저우언라이 총리가 인민대회당과 베이징의 큰 호텔들과 다른 공공장소를 '불건전한' 예술품과 가구로 장식하도록 허용했다고 비난했다. 장칭은 야오원위안의 도움을 받아 현재 상황을 파악하여 보고하라고 했고, 공작조를 조직하여 베이징 시내 여기저기에 파견했다. 공작조는 저우언라이가 국제 감각으로 꾸미고자 했던 각종 건물과 시설에서 700여 점에 달하는 예술품과 장식품을 압수했다. 장칭은 '혁명적' 그림과 조각품, 양탄자를 대신 배치하기 시작했다. 압수한 물건 200개를 한 군데 모아 '흑화 전시회'를 열었다.

그 다음에는 뮤지컬 영화인 〈정원사의 노래(園丁之歌)〉를 둘러싸고 소동이 벌어졌다.[64] 지혜로운 교사 두 명이 청소년들을 빛과 정의로 인도한다는 내용의 영화였다. 한창 떠오르던 후난성 출신 정치인 화궈펑이 영화 제작을 격려했으며 많은 관객들이 호응했다. 이 영화는 교사들을 영웅으로 묘사했으며, 고통스러운 과정을 거쳐야만 아름다운 꽃을 피울 수 있다는 메시지를 담고 있었는데, 두 가지 모두 중국에서는 많은 사람이 기꺼이 받아들이는 관념이다.

하지만 1973년 여름 어느 날 밤 장칭은 장춘차오, 야오원위안과 함께 〈정원사의 노래〉를 보고는 화가 폭발했다.

"그 영화는 제목부터 잘못 되었어요." 세 사람이 영화를 본 뒤 늦은 밤 식사를 하면서 장칭이 선언했다. "도대체 어떻게 정원사가 학교 선생이 될 수 있죠?" 생선찜을 젓가락으로 건드리는 둥 마는 둥하면서 장칭은 코웃음을 쳤다. "공산당 인재여야 학교 선생이 될 수 있는 거 아닙니까!" 특히 장칭을 기분 나쁘게 하는 노래가 영화에 나왔다. 노래는 이렇게 시작한다. "문화가 없이, 어떻게 우리가 혁명의 큰 책임을 떠맡을 수 있나요?" 장칭은 노래 가사가 문화혁명을 은근히 간접적으로 공격한다고 보았다. 그것은 사실이었다. 왜냐하면 문화혁명 때 문화는 비웃음의 대상이 되어 학교 바깥으로 쫓겨났고 선생들은 돼지에게 먹이를 주라고 시골로 쫓겨났기 때문이다.

이 영화는 정말 그들 모두를 직접 공격하는 것이 아닐까? 그들의 정치 권력에 도전하는 것이 아닐까? 장칭은 말을 계속했다. "영화의 전체 배경 자체가 특이해. 세상에, 심지어 여교사가 남자 교사의 좋은 점을 이야기하더라고!" 같이 있던 장춘차오와 야오원위안이 속으로 어떻게 생각했는지는 모르지만, 여하튼 장칭이 보기에 그런 식으로 영화가 전개되는 것은 앞으로 자신이 지배하게 될 왕국에서 도저히 '전형적' 삶의 방식으로 용인할 수 없었다.

장칭의 측근 사이에 〈정원사의 노래〉와 관련하여 편지와 전화가 여러 차례 오갔다. 그런 일이 있은 뒤, 1974년 봄에 대중 인쇄물에 〈정원사의 노래〉를 비판하는 글이 약 100여 편이나 실렸다. 이 글들에서는 장칭이 저녁을 먹으면서 장춘차오와 야오원위안에게 했던 이야기의 논점들을 다시 반복하고 강조하고 화려하게 꾸미고 있었다. 장칭 휘하에 있었던 문필가의 가명은 추란(初瀾)이었는데 그는 이 영화가 "수정주의적 교육 노선을 칭송하는 노래를 불렀다."고 비판했다.

하지만 장칭의 공격은 원하는 대로 순탄하게 진행되지 못했다. 이 영화가 제작된 후난은 마오쩌둥의 고향이었다. 여기서는 화궈펑이 막강한 세력을 과시하고 있었으며, 창사로부터 장칭에 대한 반격이 시작되었다. 당시 마오쩌둥은 창사 근처의 휴양소에서 오랫동안 머물고 있었는데, 1974년 어느 추운 겨울날 저녁 그가 영화를 한 편 보고 싶다고 말했다. 창사에서는 〈정원사의 노래〉를 현지 영화 제작 산업의 성공작으로 꼽고 있던 터라 마오쩌둥에게 보여줄 영화로 그 영화를 선택했다. 당시 마오쩌둥은 피곤에 지쳐 있었고 문건들을 읽는 것이 지겨웠다. 그는 영화를 재미나게 감상했고, 박수를 쳤다. 그런 마오쩌둥의 모습을 본 약삭빠른 후난의 관료가 말했다. "마오 주석님, 이 영화는 지금 비판받고 있습니다." 마오는 자애로운 눈길로 영화실 내부를 주욱 훑어보았다. "무슨 비판 말이오? 이 영화에서 무엇이 잘못되었는지 한번 이야기해보시오. 내 생각에는 좋은 영화 같은데."

마오쩌둥이 한밤중에 내뱉은 이 한마디는 마치 폭탄처럼 장칭의 머리를 때렸다. 장칭은 후난에서 반격 공작을 꾸민 자를 색출해내 그에게 추궁했다. "당신이 주석께 〈정원사의 노래〉를 보게 했지?" 장칭은 화가 부글부글 들끓고 있었다. "당신이 이 끔찍한 영화를 주석께 강요했어." 하지만 후난성 관료들과 베이징의 반장칭 관료들은 마오쩌둥의 발언을 효율적으로 활용했다. 장칭은 더는 공격을 계속할 수 없었다.

"장춘차오가 이런 문화적 사안을 책임지고 있죠." 문화부장이 전화를 걸어 〈정원사의 노래〉에 대한 지침을 문의하자, 장칭은 느린 어조로 말했다. "그 사람은 이 영화를 나보다 좋지 않게 여기더군."

"마오 주석을 대신하여"

장칭은 자신을 항상 안개에 가려 있는 장엄한 봉우리라고 여겼는데, 이런 자기 인식은 곧 항구 도시인 톈진에서 모습을 드러낸다. 여태후가 당시 한나라 수도 장안을 싫어해서 틈만 나면 떠나 있었듯이, 베이징에 반감이 있던 장칭도 곳곳에 근거지를 만들어놓고 그곳에 머물기를 좋아했다. 항저우에는 호숫가에 사과빛으로 장식한 별장이 있었고, 광저우에는 난초 정원이 붙은 저택이 있었으며, 상하이에는 과거 '프렌치 클럽'이었던 곳이 근거지가 되었다. 그밖에 '모범 마을'도 하나 갖고 있었다. 1927년 장칭이 지난을 떠나 대도시로는 처음 방문했던 톈진 외곽에 위치한 샤오진좡(小靳庄)이 그 모범 마을이었다.[65]

중국의 정치 지도자들은 종종 이런 모범 지역 공동체를 만들기를 좋아한다. 이는 의례와 통제를 나라 전체의 구체적 발전보다 우위에 두는 상징적 행동이다. 샤오진좡에서 장칭은 과시적 의례와 확실한 통제의 모습을 시범적으로 보이면서 자신의 모습을 드러냈다. 왕광메이 역시 (장칭에게 제거되기 전) 자신만의 장소가 있었다. 예췬 역시 (린뱌오가 1971년 마오쩌둥과 대결 끝에 죽기 전) 자신만의 장소가 있었다. 농부의 일손을 돕기 위해 군인들이 버스를 타고 들락날락하는 샤오진좡은 장칭의 장소였으며, 여기에서 장칭은 군중 문화의 진수를 보여주기도 하고 어떻게 하면 예술을 기반으로 하는 삶을 만들어 나갈 수 있는가 시범을 보여주기도 했다.

"마오 주석께서 여러분께 인사를 보내십니다." 장칭은 첫인사를 건네곤 했다. 장칭이 탄 차가 마을에 도착하면 600명의 마을 주민이 모두 나와 영접했다. "저는 마오 주석과 당 중앙위원회를 대신하여 왔습니다." 장칭은 늘 이렇게 말했다. 놀라운 표현이었다. 장칭은 이미 당 중앙에서 나온 사람이라는 지위가 있는데, 그 위에 권력 중심부 두 개를 더 언급함으로써 자신의 권력 기반과 권위를 한층 막강한 것으로 표현했다. 샤오진좡에서 지도적 지위에 있는 농부들은 장칭과 연결된 덕분에 많은 혜택을 누렸다. 그들은 커다란 둥근 식탁을 가운데 두고 식사를 같이하면서 장칭이 "샤오진좡은 내 마을입니다."라고 말하면 아주 좋아했다. 그들 일부는 장칭이 다음과 같이 말할 때도 그 의미를 잘 파악할 수 있었다. "여기는 당 중앙의 마을이기도 합니다."

장칭은 촌로들에게 마을을 운영하면서 여성들에게 더 많은 권한을 주어야 한다고 강연했다. 밀을 심은 밭에서는 농부들이 경극의 아리아를 부르기도 했다. 10대 소녀들은 공자의 썩은 관념에 저항하는 것이 어떤 과정을 거쳐 옥수수 재배에서 옥수숫대 크기를 키울 수 있는지에 관한 어색한 시를 짓기도 했다. 샤오진좡 주민들은 만일 그들이 모범적인 혁명 공연 예술 작품에 등장하는 영웅들의 생활 방식을 따른다면 이 마을이, 나아가서는 나라 전체가 정의롭고도 행복해질 것이라는 이야기를 늘 들었다.

장칭은 베이징에서 선물을 가져왔다. 모든 주민에게 밀짚 모자를 하나씩 주었으며, 상품 샘플로 밀 알곡을 나누어주었고, 여성들에게는 머리핀을 선물했다. 그러면서도 장칭은 마치 무척 예민한 성격의 예술가처럼 굴었다. 장칭이 잠자리에 들 때쯤이면 근처에 있는 닭, 오리 등 가금류와 가축들은 모두 우리에 가두도록 했다. 장칭이 아주 작은 소리에도 잠을 설치기 때문이었다. 또한 가죽으로 테두리를 두르고 푹신하게 헝겊을 대어 특별 제작한 화장실 의자를 꼭 가지고 왔다.

장칭은 밭일을 거들기도 했는데, 그럴 때면 열정을 과시하기도 했지만 오만함을 보이기도 했다. 장칭은 소매를 걷어붙이고 머리카락은 헝클어진 채로 아주 열심히 일했는데, 입으로는 자신이 얼마나 이런 육체노동을 좋아하는지 계속 떠들었다. 이렇게 잠깐 동안 매우 열심히 일한 다음, 장칭은 곧 완전히 녹초가 되었다고 불평했다. 여기 오기 전에 베이징에서 주석께 밤마다 서류를 읽어 드리느라 잠을 제대로 자지 못했다고 푸념을 늘어놓았다. "여러분들 진짜 농부가 하는 것처럼 저는 도저히 할 수가 없네요!" 하지만 장칭은 마을의 사진 촬영 기사가 자신의 과업을 다 마치기 전에는 절대 밭을 떠나는 일이 없었다.

장칭은 어설프지만 연극을 하고 있었던 것이다. 장칭의 눈에 농부들은 자신들의 삶을 꾸려 나가는 것이 아니라 그녀를 여자 황제로 만드는 연극을 위해 동원된 배경 인물에 불과했다.

어느 날 장칭은 큰 기대를 안고 샤오진좡을 떠나 톈진항으로 갔다.

근처 도시인 다강(大港) 해안의 석유 시추 사업 기지를 시찰하기 위해서였는데,[66] 충실한 측근 두 명이 톈진에서 기다리고 있었다. 국가대표 탁구 선수 출신인 좡쩌둥은 장칭이 권력의 자리에 오르는 동안 만난 여러 남자 친구들 중 하나였으며 지금은 국가체육위원회 주임이었다. 멋지게 맞춰 입은 바지와 반짝반짝 빛나는 검은 가죽 구두, 머리 역시 평소처럼 완벽하게 손질하고 있었다. 체육위원회 일은 석유 시추 업무와는 관련이 없었지만, 장칭은 그를 불렀다. 위후이융*은 장칭과 동향인 음악가로 문화부장이었는데, 장칭이 수족처럼 부렸으며 석유에 대해서는 아무것도 모르는 사람이었다. 중국에서는 운동 분야 사람들과 예술 분야 사람들이 항상 서로 가깝게 지냈는데, 두 사람 모두 장칭에게 충성을 바쳤다.

장칭이 오늘 방문한 이유는 온건파와 급진파가 경제 개발과 외국 개입 문제로 논쟁을 벌이고 있었기 때문이다. 저우언라이와 덩샤오핑은 장칭에게 그저 이념적 발언만 많이 할 뿐 실제 경제에 관련된 행동을 전혀 취하지 않는다고 비판하고 있었다. ("장칭은 화장실 변기 위에 앉아 있기는 하지만 아무것도 아래로 떨어뜨리는 것이 없다." 덩샤오핑은 무척 거칠게 장칭을 비판했다.) 장칭은 인민들에게 자신도 정부의 외화 지불 상태 같은 데 관심이 있음을 보여주고 싶었던 것이다.**

두 번째 방문 이유는 이 경제활동 특별지역의 사회와 문화 수준이 어느 정도인지 조사하려는 것이었다. 측근 한 사람이 장칭에게 말한 대로 어쩌면 이 특별지역이 중앙의 통제에서 벗어나고 있는지 모른다는 의심이 들었던 것이다.

장칭이 다강 해안의 제2 시추 기지에 올라간 것은 눈부시게 태양이 빛

---

* **위후이융**(于會泳, 1925~1977) 중국의 예술가. 공산당 정치가. 문화혁명 시기에 장칭과 적극적인 협조 관계에 있었고, 1976년 사인방 사건에 연루되어 체포되었다. 이듬해인 1977년에 자살했다.(역주)
** 얼마 후 장칭은 비공개 모임에서 다음과 같이 말했다. "덩샤오핑은 우리 원유를 모두 …… 헐값에 팔아 넘겼습니다. 그는 낮은 수준의 애국자도 못 됩니다."

나는 여름 아침이었다. 장칭은 기분이 아주 좋아 보였다. 쾅쩌둥의 옆구리를 쿡쿡 쑤시면서 지난 주에 무얼 했는지 물어보는가 하면, 문화부장에게는 아직 문화부 사람들이 알지 못하는 반뎡샤오핑 유머를 말해주면서 즐거워했다. 하지만 이 문화 예술 부문 보헤미안들이 석유 일꾼들과 직접 대화를 나누기 시작하자 분위기가 곧 어두워졌다.

"저를 위해 혁명가를 하나 불러주십시오!" 장칭은 중년의 작업부에게 밝은 목소리로 요청했다. 그 남자는 차려 자세로 장칭 앞에 서 있었다. 손에는 렌치를 들고 있었고 얼떨떨한 얼굴에는 기름이 덕지덕지 묻어 있었다. 하지만 그 남자는 무슨 노래를 불러야 할지 전혀 알지 못했다.

"생산뿐이구먼, 혁명은 없어." 장칭은 인상을 찌푸리면서 두 수행원에게 낮게 중얼거렸다. 장칭이 계속 물어본 결과 석유 시추 기지를 통틀어 혁명모범극 작품들에 나오는 노래 하나를 부를 능력이 있거나 부르고 싶어 하는 사람이 아무도 없었던 것이다!

"여성 노동자를 좀 만나보고 싶군요." 장칭이 말했다. 안타깝게도 여기에는 여성이라고는 한 사람도 없었다. 석유 개발 회사의 혁명위원회* 위원장 입을 통해 이 사실을 들은 장칭은 벽력같이 고함을 쳤다. 두 수행원 역시 빙글빙글 웃던 얼굴이 갑자기 냉랭해졌다. "어째서 여성 노동자가 없단 말이죠?" 장칭은 얼음처럼 차가운 목소리로 질문을 던졌다. 석유 관계자는 침착하게 실제 상황을 설명했다. 석유 탐사 시설은 새로 건립한 것이며 일차적으로 구할 수 있었던 노동자들은 우연히도 모두 남자들뿐이었다는 것이다. "남자가 할 수 있는 일이라면 여자도 할 수 있습니다." 장칭은 모인 사람들에게 다시 한 번 주의를 환기시켰다.

장칭의 말은 곧 법이었다. 그 다음 주가 되자 네 명의 여성이 석유 시추 시설에서 일하게 되었다. 장칭이 방문했을 때는 이 시설에 화장실이 없었다. 남자들은 그저 난간 끝에서 바다를 향해 볼일을 보았다. 그런

---

* **혁명위원회** 문화혁명 시기에 각 도시 지역의 정부, 농촌 인민공사, 대학, 기타 기관들을 지도하기 위해 설치된 소집단.(역주)

데 이제 여자가 들어오게 되자 따로 숙소를 마련해야 했을 뿐 아니라 화장실도 새로 만들어야 했다. 여자 화장실이 생김에 따라 물론 남자 화장실도 필요해졌다.

석유 개발 회사 혁명위원회 위원장은 혼자서 조용히 장칭에게 욕을 퍼부었다. 남자 노동자들은 웃었다. 네 명의 여성 노동자는 3개월 후 모두 회사를 떠났다.[67]

톈진 주민 가운데 '그 옷'을 입을 준비가 되어 있던 사람은 거의 없었다. 갑자기 그 옷은 의류 상점 여성복 코너에 등장했다. 절반쯤은 옛날식이고 절반쯤은 현대식인 옷이었다.[68] 절반쯤은 중국식이고 절반쯤은 서양식이었다. 하지만 누구도 예전에는 보지 못한 형태의 옷이었다. 당나라 시대에 입었던 옷을 기본으로 하여 옷의 윗부분은 몸에 딱 붙고 옆부분에 옛날식 지퍼를 달았다. 옷깃은 중국식으로 조그맣게 붙여놓았고 치마는 서양식으로 풍성하게 만들었다. 허리는 타이트하게 조였고 소매는 보통 셔츠처럼 어깨 부분에 붙였다. "중국과 서양이 결합한 형태죠(中西結合)."**라고 장칭은 자신이 고안해낸 옷을 이렇게 설명했다. 장칭은 당시 서양 것을 무척 비판했지만 이 옷을 디자인할 때는 서양 것을 좀 넣는다고 해서 개의치 않았다. 1974년은 장칭이 서양 음악이 '퇴폐적'이라고 비판했으며, 이탈리아의 유명한 모더니즘 영화감독 미켈란젤로 안토니오니(Michelangelo Antonioni)를 '로마에서 온 광대'라고 비판했고, 미국 문화를 '불건전하다'고 비판하던 때였다. 장칭은 중국 여성의 모습에 자부심의 신선한 상징을 하나 더 추가하고 싶었던 것이다.

이 옷은 한 벌에 20위안에 판매되기 시작했다. (훗날 다른 몇몇 도시에서는 더 비싸게 판매되었다.) 장칭의 미래가 불확실한 것만큼이나 미래가 불확실한 이런 옷을 사려고 일 주일 내지 이 주일치 월급을 투자할 여성은 거의 없었다. 특권층의 폐쇄된 공간 안에서 오랫동안 살아온 장칭

** 옛날 지난에서 장칭이 다니던 산둥실험극원에서 동양과 서양의 것을 섞어서 만든 학습 과정을 똑같은 명칭으로 불렀다.

은 이 옷이 얼마나 비싼지 가늠하지 못했다. 이 옷을 선전하기 위해 장칭은 문화계 관료들에게 지시하여 엄청난 양을 구입해 공공행사에 정부 일꾼으로 출석하는 여성들에게 입히도록 했다. 톈진에서는 텔레비전 아나운서와 음악회 연주가, 고급스러운 국가 기관에 근무하는 여성들에게 종래의 바지 정장 차림을 벗고 이 옷을 입으라는 지시가 내려왔다. 아시안 게임에 참가하러 이란으로 간 중국 대표단의 여자 선수들과 외국으로 공연을 떠나는 여성 예술인 역시 이 옷을 입었다. 하지만 일반 상점에서는 판매율이 무척 저조했다. 이 문제를 해결하기 위해 장칭은 할부제를 허용해서 4위안만 계약금으로 내면 옷을 살 수 있게 했다.

여성들에게 국가에서 지정한 옷을 입도록 하는 곳은 아마도 하늘나라 아니면 지옥뿐일 것이다. 지상에는 그런 곳이 없다. 혹시 어딘가 있었는지도 모르지만, 여하튼 중국 땅에서는 힘들었다. "아기한테 젖을 주려면 옷을 완전히 다 벗어야 해요." 한 여성이 불평했다. 중국에서는 아이에게 젖을 줄 때 윗옷을 올리고 가슴을 드러내 젖을 주었다. "옷감이 너무 많이 듭니다." 다른 여성의 불만이다. "그걸 입으면 자전거를 탈 수도 없고, 탁구도 칠 수 없어요." 여성들은 서로에게 "넌 언제쯤 장칭 옷을 입을 거냐?" 하면서 서로 놀리거나 불평불만을 털어놓았다. 열대성 기후인 남부 중국에서는 이 옷을 입으면 더워서 도저히 견딜 수 없었다. 몸에 달라붙는 윗부분와 펑퍼짐한 치마는 숨 막혀 죽기에 안성맞춤이었다.

이 옷을 받아들인 여성 가운데 어떤 사람은 옷감을 달리하거나 장식품을 달아 변화를 주기도 했다. 항상 특이한 개성을 드러내야 직성이 풀리는 여성들은 검은색 벨벳으로 옷을 만들거나 작은 유리구슬 장식을 달아 새로운 느낌을 주거나 과감하게 2.5센티미터 높이의 굽을 단 구두를 신는 모험을 감행하기도 했다. (중국에서 2.5센티미터 구두 굽은 프랑스 파리에서 12.5센티미터 높이의 굽을 다는 것과 맞먹는 과감한 행동이었다.) 일부 여성들은 이 옷을 좋아했고, 일부 여성들은 싫어했으며, 많은 여성들은 어리둥절해했다. 하지만 이 옷을 보고 놀라지 않은 여성은 없었다.

"관심을 끌고 싶은 것이죠." 한 베이징 여성의 말이다. 이것이 바로 핵심이다. 장칭은 어린 시절에 이복 오빠가 입던 헌 윗옷와 바지를 물려 입었다. 장칭에게 옷은 그저 입을 것이 아니라 자유라고 하는 더 큰 주제에 연결되어 있었다. 옷과 머리 모양을 통해, 장칭은 자기 자신을 분명하게 표현하고 싶었던 것이다.

중국의 전통적인 고급 문화와 공산주의 문화 모두 현란함을 바람직하지 않게 여긴다. 그런데 장칭이 끝내 버릴 수 없었던 것이 이런 현란함이었다. 군모 위에 스카프를 둘러 잘생긴 턱 아래 멋지게 묶고, 추운 날긴 코트를 입을 때는 날씬한 허리를 과시하듯 허리띠를 멋지게 묶었다. 이런 행동이 마오쩌둥 왕국에 큰 충격을 준다는 사실을 장칭이 과연 몰랐단 말인가?

일부 중국 여성은 장칭이 정치 세계에서 정상에 서는 것을 보고 마치 자기 일처럼 즐거워했다. 마치 영국 여성 일부가 마거릿 대처가 총리로 선출된 것을 기뻐하는 것과 마찬가지였다. 하지만 어떤 중국 여성들은 장칭이 보통 여성들과 다른 길로 들어섰다고 생각했다. 장칭은 이 옷을 보급하는 과정에서 남성들이 독점하고 있는 정치계에서 자신의 위치가 얼마나 불안한지를 간접적으로 보여준 것이 아닐까?

한 중국 여성은 이렇게 안타까워했다. "장칭이 조금만 겸손했더라면 훗날 그렇게까지 거칠게 비판받지 않았을 것이고, 여성 비하적 비판도 받지 않았을 거예요."

장칭은 '국가 지도자' 역할을 맡고 있어 중국을 방문하는 외국 귀빈을 접견할 권한이 있었다. 장칭은 1974년 9월 20일 필리핀 마르코스 대통령 부인 이멜다를 만났다.[69] (장칭보다 당 서열과 국가 서열이 더 높은 리센녠도 접견 행사에 참석했지만 아무런 발언도 하지 않았다.)

그 다음 이틀 동안 장칭은 이멜다를 문화 행사와 공장 등에 활기차게 안내했다. 필리핀 미인대회 여왕 출신인 이멜다 덕분에 장칭은 내면에서 불꽃이 튀는 듯 몹시 기분이 좋았다. 두 사람 모두 현재의 위치를 쟁

취하기 위해 격렬하게 싸워야 했던 강한 여성들이었다. 두 여자는 긴장을 풀고 마음 놓고 이야기를 나눌 상대를 만난 것처럼, 아마도 여자의 몸으로 힘겹게 뚫고 들어온 남자의 세계에 대해 나눌 말이 많았던 모양이다.

장칭의 내면에는 항상 잔소리 많은 중년 여인과 수줍음 많은 소녀가 같이 있었다. 장칭은 마음만 먹으면 시장통에서 생선을 파는 여인네처럼 거친 모습을 보여줄 수 있었다. 하지만 장칭은 버찌를 먹을 때 절대로 그냥 입에 넣고 우물우물 씹어서 씨를 내뱉는 거친 모습을 남에게 보여주지 않았다. 반드시 작은 칼로 씨를 조심스럽게 파낸 다음에야 버찌를 입에 넣었다. 밑바닥에서 극심한 고생을 하며 성장한 소녀였지만, 지금은 누군가가 도와야지만 신발을 신는 여자가 되어 있었다.

이멜다 마르코스와 시간을 보내게 되자, 장칭은 자기 성격의 두 측면을 있는 그대로 드러내도 된다는 편안함을 느꼈던 모양이다. 자신이 막강한 권력자라는 사실을 분명하게 의식하면서도 마음 편한 시간을 보낼 수 있었다. 당시 필리핀은 대만의 장제스 정권과 외교 관계를 맺고 있었으며 베이징 정부와는 외교 관계가 없었다. 하지만 장칭은 이런 사실을 전혀 개의치 않았다. 이멜다 마르코스를 마주하고 보니 장칭은 정말 자신이 되고 싶은 여인의 모습을 마치 거울 속에서 보는 듯 느꼈던 것이다. 이멜다는 막강한 권력을 갖고 있으면서도 매력이 넘쳤다. 이멜다는 정치적 성공을 이루면서 여성으로서의 성공을 희생시키지 않았던 것이다.

9월 23일 오후 장칭은 이멜다에게 중국 방문 일정을 연장할 수 있겠느냐고 물었다. 장칭은 그날 저녁 극장 공연 행사 계획을 알리고 이멜다에게 좀 더 중국에 머물러 달라고 요청했다. (이멜다를 중국에 초청한 사람은 저우언라이 총리였지만 장칭은 전혀 개의치 않았다.) "내일 깜짝 놀라게 해 드릴 일이 있거든요." 장칭은 작은 소리로 웃었다. 이멜다는 체류 기간을 연장하기로 동의했다.

1974년 9월 중국을 방문한 이멜다 마르코스와 장칭. 장칭은 막강한 권력을 지니고 있으면서 여성으로서 삶을 포기하지 않은 이멜다에게 감명을 받았고, 이멜다 역시 장칭에게 매료되었다.

다음 날 아침 9시, 장칭과 이멜다는 톈진으로 가서 군중 100만 명의 환영을 받았다. 외교부 부부장 한녠룽(韓念龍, 1909~2000)은 마치 심부름하는 소년처럼 열심히 뛰어다니면서 두 여자를 모셨다. 마오쩌둥의 친척이면서 외교부 고위 관료였던 왕하이룽도 따라와서 곁에서 돕기도 하고 두 여자의 언행에 감탄하는 척해주는 역할을 수행했다.

"제 생각에는 장칭이 우리에게 보여주고 싶었던 게지요." 당시 이멜다 일행이었던 사람은 훗날 이렇게 말했다. "한 여성 정치인이 다른 여성 정치인에게 그 도시에 얼마나 많은 추종 세력을 거느리고 있는지 보여주고 싶었겠죠." 장칭은 이때 왕광메이를 떠올렸을 것이다. 12년 전 인도네시아 수카르노 대통령 부인의 상대역으로서 자신을 한껏 과시했던 왕광메이를 의식했을 것이다. 장칭이 외국 국가원수 부인과 함께 중국 각지를 여행하는 것은 이번이 처음이었다. 장칭은 이멜다를 '자신의 마을'인 샤오진좡에도 데려감으로써 이번 기회를 최대한 활용했다. 샤오진좡은 보통 마을이라기보다는 문화 축제 장소로 변모해 있었다.

농부들은 노래하고 춤추면서 두 여성 방문자들 앞에서 정치적 전투성을 연출했다. 가축 우리와 옥수수 밭과 밀가루 생산 공장을 둘러보는 사이, 장칭은 이멜다에게 자신이 지난 여름 톈진에서 했던 연설 내용을 요약해서 설명해주었다.[70] "이멜다 여사께서는 알고 계시나요? 중국 고대사의 측천무후가 자신과 나이가 같은 남자보다 더 힘이 셌다는 것을요? 봉건 시대의 위대한 여성 정치인 여태후에 대해선 들어보신 적이 있나요?"

마닐라로 돌아가면서 이멜다는 장칭이 이제까지 듣던 대로 '급진적 이데올로그'가 아니며, 사실은 막중한 책무를 성공적으로 수행하면서도 "말하는 태도가 부드럽고, 매우 여성스러운" 인물이라고 느꼈다. 한편 이멜다의 샤오진좡 방문으로 '장칭의 마을'은 전국적인 명성을 얻게 되었다. 이멜다를 중국에 초청한 것은 저우언라이였지만 장칭이 이멜다를 독차지해버렸던 것이다.

장칭은 권력을 갖고 유희를 즐기고 있었다. 장칭은 군중 속으로 들어갈 때는 군중을 관객으로 보았고, 정치를 논할 때에는 자기 휘하에 있는 젊고 야심 있는 보헤미안들이 대화 상대였다. 그러나 장칭은 권력을 어떻게 사용해야 하는지 몰랐다. 군사 문제, 행정 업무, 이해관계의 면밀한 계산, 이런 일에는 머리를 어떻게 써야 하는지 몰랐다.

덩샤오핑과 대결하다

조어대는 호수를 중심으로 그 주변에 여러 개의 독립된 별장이 점점이 배치되어 있었으며, 조어대 주변은 높은 벽으로 외부인의 호기심 어린 눈길을 막고 있었다. 장칭은 중난하이에서 사실상 이사를 나왔으며 급진파 인물로 구성된 '상하이방(上海幇)'의 좌장 역할을 하고 있었다. 장칭은 조어대를 사적, 공적 업무의 본부로 삼았다. 제10번 별장은 생활 주거지였고, 제17번 별장은 집무실이었다.

독재 국가들뿐만 아니라 많은 민주 국가를 보더라도 어느 나라나 여러 정치 분파가 있으며 이들은 각각 생활 습관과 즐겨 모이는 장소가 따로 있다. 뿐만 아니라 자주 가는 식당이라든가 클럽도 따로 있으며 서로 사정을 봐주며 부정부패를 일삼는 작은 연결망도 따로 둔다. 장칭이 지배하고 있던 조어대는 특별히 사악한 모습은 아니었지만 나름대로 스타일은 있었다. 권력이 점점 커지고 아랫사람 수가 늘어남에 따라, 장칭에게는 점점 꼭 필요한 것들의 숫자가 늘어나는 만큼 도저히 참을 수 없는 것들의 숫자도 늘어났다.

장칭은 아침에 일어나면 우선 일기예보를 들었다.[71] 대단히 상세한 내용이어서 거의 여객기 조종사에게 필요한 일기예보 같았으며 장칭처럼 오전 시간을 침대에서 서류를 읽으면서 보내는 사람에게는 쓸모없는 것이었다. 여전히 바람과 소음과 광선이 장칭의 주된 걱정거리였다. 장칭은 각 방의 온도와, 조어대 정원의 각 지점별 온도는 물론 바람의 속도와 세기, 그날 태양 광선의 세기를 확인했다. 장칭은 달걀 두 개, 토스트 두 쪽, 약간의 버터로 구성된 서양식 아침 식사를 침대에서 즐겼다. 잠옷을 입은 채로 문서를 읽고 메모를 쓰는 일이 끝나면 큰 소리로 외쳤다. "나 지금 일어나!" 이 말이 끝나기 무섭게 아랫사람들이 모두 달려나와 장칭이 씻고 입고 화장하는 길고도 까다로운 업무를 시중들었다. 목욕물이 조금이라도 뜨겁거나 차가우면 장칭은 누군가가 자기를 죽이려 한다고 지적했다. 화장실에는 홍콩의 영화 잡지가 매월 최신호로 채워졌다.

장칭은 아침에 생각에 잠겨 있는 것을 방해받으면 싫어했다. "대장님, 안녕히 주무셨습니까?" 어느 날 새로 온 젊은 호위병이 장칭에게 소리쳐 인사했다. 장칭은 엄청나게 화를 냈다. 장춘차오가 달려와 호위병에게 훈계했다. "대장님은 국가의 중대사를 깊이 생각하는 중이시다. 그런 분을 자네가 방해하면 어떻게 하나?"

장칭은 대규모 연회를 피했다. 인민대회당에서 진행되는 엄숙한 행사는 너무나 의례가 많고 시끄럽고 사람이 많았다. 조어대에서 벌어지는 작은 모임은 장칭이 마음대로 통제할 수 있지만 그런 큰 모임은 마음대로 할 수가 없었다. 게다가 인민대회당 주방에서 요리하는 음식은 대부분 건강에 아주 해롭게 느껴졌다. 또 식당에서 일하는 사람들은 시끄럽게 접시들을 부딪치며 음식을 치우는 것 같았다.

기분이 나면 장칭은 당이 '근검 절약'을 요청하며 '특권'을 행사하지 말도록 요구한다면서 아랫사람들을 불러 점심이나 저녁 식사를 같이 했다. 대부분 중국인은 국물을 후루룩 소리를 내면서 마시며, 마지막 남은 음식을 먹을 때는 젓가락으로 그릇을 긁는 소리가 요란하다. 장칭은 이런 소음을 도저히 견디지 못했다. 아랫사람들 가운데서도 하급자들은 장칭의 신경을 거스르지 않으려고 숨을 죽인 채 먹다 보니 결국 식사 시간이 끝나면 부엌으로 가서 주방장에게 음식을 한 접시 더 달라고 부탁하곤 했다. 시끄러운 부엌에서 마음 놓고 허기진 배를 채우려는 것인데, 주방장은 곧 무슨 말인지 알아듣고 음식을 내주었다. 그러면 사람들은 왁자지껄하게 희한한 여주인에 대한 농담을 재미나게 주고받으면서 양껏 음식을 먹었다. 장칭은 춤추기를 좋아했지만 아랫사람들이 춤추는 행사를 마련하기는 쉽지 않았다. 여왕님도 즐기고 방을 가득 메운 신하들도 즐길 수 있는 행사가 되기는 힘들었다. 과연 누가 감히 여왕님과 춤추려고 하겠는가? 나이 든 신하들이 뚱뚱한 부인들과 같이 참석한다면 누가 세련된 춤 솜씨를 자랑하는 장칭의 자만심을 만족시킬 만큼 능숙한 춤 상대가 될 수 있단 말인가?

조어대에서 어렵사리 무도회가 열릴 때도 아랫사람들은 장칭의 건강 상태와 자존심 사이에서 균형을 맞추느라 진땀을 흘렸다. 저녁 시간 내내 춤을 추면 장칭은 끝난 뒤 완전히 지쳐버렸다. "내가 그렇게 춤을 많이 추면 안 되는 줄 몰랐단 말이야?" 장칭은 아마도 안락의자에 완전히 늘어진 채로 스타킹을 벗으면서 간호사를 야단칠 것이다. 하지만 만일 장칭에게 춤을 청하는 멋진 남성이 너무 적으면 결과는 더욱 심각했다. 신하들은 지휘 계통에서 분명한 신호가 오지 않으면 감히 여왕에게 춤을 청하지 못했다. 그러므로 신호를 보내기 위해 아랫사람들은 여주인의 마음과 몸 상태를 주의 깊게 관찰하고 있어야 했다.

베이징 요인들이 모두 모여 춤을 추는 경우에는 잘 닦아놓은 나무 바닥에 하얀 밀가루를 뿌리는 관습이 있었다. 나이 많고 몸이 둔한 당 간부가 넘어져서 발을 삐거나 엉덩이뼈가 부서지는 것을 막으려는 것이었다. 장칭은 이것이 정말 못마땅했다. 밀가루를 뿌려놓으면 어떻게 사뿐사뿐 날렵하게 춤을 출 수 있단 말인가? 늙은 할머니 같은 덩잉차오나 '산속의 보아디케아' 캉커칭 수준으로 자신을 끌어내려야만 한단 말인가? 장칭의 아랫사람들은 하얀 밀가루 뿌리기를 선호하는 다른 지도자의 아랫사람들과 사전에 많은 공작과 계획을 세워 밀가루를 뿌리지 않도록 노력했다. 하지만 그 시도가 실패하면, 장칭은 춤추기를 거부하고 집으로 돌아가버렸다. 집에 가서 영화를 보는 게 낫다는 것이었다.

어느 날 장칭은 덩샤오핑(1973년 복권된 후 국무원 부총리였다)과 〈맨발의 의사(赤脚醫生)〉와 관련하여 힘겨운 싸움을 벌였다. (장칭은 이런 초짜 의사가 혁명의 아름다운 꽃이라고 생각했던 반면, 덩샤오핑은 제대로 훈련받은 의사가 나오면 이들은 사라져야 한다고 생각했다.) 힘든 하루 일정을 끝낸 장칭은 이제 집에서 천천히 영화를 보는 좀 더 입맛 당기는 계획을 세웠다.[72) 장칭은 얼마 전 영국의 첩보 영화 〈자칼의 날〉이라는 영화를 보았는데 마음에 들었다. 오늘은 유고슬라비아 영화 〈사라예보에서〉를 보기로 했다. 속도감 있게 전개되는 스릴러 영화라는 이야기를 들었다. 막강한 힘을 지닌 부총리와 한바탕 붙은 날에 제격인 영화다. 장춘차오와 야오원위안과 같이 보는 것도 괜찮겠다고 장칭은 생각했다. 두 사람 사무실에 전화를 걸어 알아보니 두 사람은 이미 그 영화를 보았다고 했다. 장칭은 혼자서 영화를 본 후 간호사와 포커를 치고 잠자리에 들었다.

다음날 아침 장칭은 장춘차오와 야오원위안 모두 그 영화를 보지 않았다는 사실을 알았다. 두 사람 사무실의 비서들이 자신에게 전날 밤 거짓말했다고 장칭은 무척 화를 냈다. 장칭은 두 비서를 '반혁명분자'라고 부르면서 마오 주석의 경호 책임자이자 보안 기관 수장으로서 정치국에서 권력 서열이 상승하고 있던 왕둥싱에게 이야기하여 두 비서를 체포하도록 조치하는 데 거의 성공했으나 결국 그렇게 하지는 않았다. 추측컨대 거짓말을 한 사람은 비서들이 아니라 장춘차오와 야오원위안이었을 것이다.

교육 정책에서 장칭은 종종 좌익의 우위를 유지하는 데 성공했다. 동북 지역에 있던 마오위안신의 도움과 장칭의 비서 셰징이(謝靜宜, 1935~)의 협조를 통해 장칭은 교수와 부교수들을 대상으로 하는 깜짝 시험을 실시할 수 있었다. 학생들에게만 시험을 요구해 온 이들에게 이번에는 그들 자신이 시험을 치르도록 한 것이다. 장칭은 613명의 상위급 대학 교수진을 겨냥한 매복 공격을 계획했다. 시험에 관해서는 아무 말도 하지 않은 채 이들을 차량 20대에 태워 한 건물로 데려가서 갑자기 시험을 보게 한 것이다. 그러자 장칭이 보기에 매우 커다란 의미가 있는 결과가 나왔다. 약 9퍼센트의 교수들만 시험에 통과했고 나머지 91퍼센트가 낙제점을 받았던 것이다. 장칭과 그녀의 지지자들은 이미 상당히 오래전부터 교수들이 "붉은 색(紅)"이 아니라고 확신하고 있었다. 이제 장칭 측은 교수들이 "전문가(專)"도 아니라는 증거를 확보했다.

1975년과 1976년에 걸친 중국의 정치 전쟁에서 가장 강력한 무기는 어떤 발상이나 계획에 대해 마오쩌둥이 직접 손으로 쓴 승인서였다. 이 전쟁에서 각 전투는 상당 부분 마오가 한 말을 이렇게 해석하는가 저렇게 해석하는가 하는 양상으로 전개되었다. 마오쩌둥의 입에서 "국민 경제를 전진시키라."라는 말이 떨어졌다고 하자. 덩샤오핑 측근들은 즉시 행동을 개시하며 평범한 마오의 말이 마치 황제의 공식 명령이나 되는 것처럼 보이도록 노력한다. 그러나 장칭은 잘라 말한다. "마오 주석께서는 그런 말을 절대 한 적이 없어요. 말도 안 되는 소문이에요. 보나마나 그 소문 만들기의 대가(덩샤오핑)가 만든 겁니다."[73]

종종 중국 정치인들은 외국인들이 '소문'을 너무 중요하게 생각한다고 비난한다. 중국 지도자들의 비정치적 감정에 쓸데없는 관심을 가지고 아무런 상관없는 영역에 들어가려 한다는 것이다. 하지만 실상을 보자면 중국 정치는 바로 이 소문에 의해 작동한다. 중국 정치의 세력 판도가 원한, 가족 관계, 다른 비정치적 감정에 영향을 받는 것도 같은 맥락에서 이해할 수 있다.

우선 은근히 빗대서 하는 비난이라든가, 막연한 연관 관계에 따라 추정되는 죄상이라든가, 혹은 감시망을 통해 수집한 더럽고 잡다한 정보들이 모인다. 이런 정보들이 '보고회'라는 공식 모임이나 비공식적 네트워크를 통해, 분명히 비난받을 수 있는 사실로 변조되어 정적을 향해 던져진다. 이때 정적이 반격을 제대로 하지 못할 취약한 상대임을 우리 편은 이미 알고 있다. 이 상황에서 가장 중요한 정보는 정적이 누구를 충실한 부하로 두고 있으며, 또 누구에게 충실한 부하인가 하는 것이다. "개를 때리기 전에 우선 개의 주인이 누구인가 알아보라."라는 중국 속담도 있다.

최초의 비난 공격이 성공적이다 싶으면 그 다음은 강력한 집중 공격을 퍼부으며 언론 매체가 움직이기 시작한다. (처음에는 권력층에서 구체적으로 지휘하지 않는다.) 결국 적이 쓰러지면 그 적이 사실은 어린 시절부터 악한 사람이었다고 몰아붙인다. 오랜 세월 마오쩌둥의 '비서' 역할을 한 것이 장칭에겐 큰 자산이었다. 더할 나위 없는 위치에 있으면서 정보를 수집한다든지 비난하는 소문을 퍼뜨릴 수 있었던 것이다.

그 무렵 '두 가지 노선 투쟁'이 시끄럽게 진행되고 있었다. 그러나 이것은 보통 사람들에게는 마치 라틴어로 진행되는 미사처럼 아무 의미가 없었다. 예를 들어 이런 것이다. "예술과 문학에서 새로운 작품이 풍요롭게 생산되고 있는가?" 이런 질문이 던져지면, 장칭은 "그렇다"고 주장하고 덩샤오핑 측은 "아니다"라고 주장했다. "국제 경제와 관계를 맺는 것이 중국에 이로운가?"라는 질문이 던져지면, 장칭 측은 "아니다"라고 주장하고 덩샤오핑 측은 "그렇다"고 주장했다. 마치 미국에서 조지프 매카시 상원의원이 '공산주의'라는 말을 쓴 것처럼 장칭은 '자본주의'라는 말로 적들을 공격했다. 덩샤오핑 측은 '교조주의'라는 말로 장칭을 비판했다. 하지만 이런 말은 별다른 의미가 없었다. 중요한 쟁점은 하나였다. 마오쩌둥의 손에서 권력이 떨어질 때 과연 누가 그 권력을 잡는가였다. 1975년 장칭의 움직임은 대부분 이렇게 결정적 순간이 왔을 때 세력 균형에 영향을 끼칠 여러 요직에 어떤 사람을 심어 두는가 또는 어떤 사람은 절대 안 되는가에 관한 것이었다.

이런 장칭의 조치 가운데 일부는 지극히 합법적 행동이었다. 예를 들어 덩샤오핑이 인민해방군 총참모장이 되는 것을 저지하려 한 것이나, 병상에 누운 저우언라이를 대신하여 장춘차오를 국무원 총리 자리에 앉히려고 시도한 것들이다. 하지만 이런 합법 행동 말고, 음모도 있었고, 심지어 폭력도 서슴지 않았다. 그러나 중국에서 이런 차이는 큰 의미가 없다. 합법적 방법이라 해도 비합법적 방법과 마찬가지로 철저한 비밀의 장막에 가려 있었고 전혀 통제되지 않은 상태였다. 따라서 독재 체제의 정치 과정에서는 각 정치 세력이 아무런 절제나 통제 없이 무한 투쟁을 벌일 수 있었다.

5천 명의 관중이 지켜보는 가운데 장칭은 인민대회당으로 걸어 들어가고 있었다. 장칭의 오른쪽에는 리처드 닉슨 미국 대통령이 환하게 미소 짓고 있었으며 왼쪽에는 옅은 보랏빛 옷을 입은 영부인 패트 닉슨이 있었다. 저우언라이 역시 같이 들어왔지만 한두 걸음 뒤에서 따라 들어왔다. 오늘 저녁 〈홍색낭자군〉 공연의 주관자는 장칭이었기 때문이다. 장칭은 미국인들에게 알려지지 않은 사람이었는데, 몇 년 전부터 마오쩌둥과 저우언라이가 구축해 온 미국과의 우호 관계에 적대적인 사람으로 인식되고 있었다.

장칭은 유쾌하면서도 다소 오만한 태도를 보였다. 그런 태도가 상황에 적합하다고 여겼을 것이다. 닉슨 대통령이 너절한 부르주아라는 것을 장칭은 잘 알고 있었다. 하지만 남편 마오쩌둥이 닉슨의 방문이 중

1972년 2월 24일 밤. 장칭이 중국을 방문한 닉슨 미국 대통령과 함께 〈홍색낭자군〉을 관람하고 있다. 훗날 닉슨은, 온화하고 유머를 아는 마오쩌둥이나 저우언라이와 달리 장칭은 말에 가시가 돋아 있어 함께 있는 것이 불편했다고 말했다.

국에 이로운 일이라고 믿고 있었으므로 장칭은 최선을 다해 책무를 다할 생각이었다. 동시에 장칭도 자신의 견해를 조금은 닉슨 대통령에게 분명하게 밝히고 〈홍색낭자군〉이 국제적 명성을 얻을 수 있도록 최선을 다할 생각이었다. 장칭은 딱딱한 느낌을 주는 바지 정장 차림이었다. 저우언라이의 부인 덩잉차오 역시 똑같은 복장으로 몇 줄 뒤에 앉아 있었다. 하지만 장칭은 말끔하게 빗어 넘긴 머리에 당당한 태도, 대화를 할 때나 관중의 환호에 답할 때 고개를 한껏 뒤로 젖히는 모습 등에서 덩잉차오를 비롯한 다른 중국 여성과 확연하게 다른 느낌을 주었다.

"대통령께서는 왜 이제까지 중국을 방문하지 않으셨나요?"[74] 1950년 대와 1960년대 미국에서 반중국 그룹의 지도자격 인물이었던 닉슨에게 질문을 던지는 장칭의 목소리에는 가시가 있었다. 닉슨 대통령에게는 다행스럽게도 마침 무대 위에서는 한 소녀가 이제 막 포악한 지주들과 영웅적 투쟁을 벌이기 시작했다. 닉슨은 무대에서 진행되는 요란한 투쟁에 열중하는 척하면서 대답을 피했다. 잠시 후 무대 위가 조용한 장면으로 전환되자, 장칭은 이번에는 자신이 좋아하는 미국의 급진적인 작가 이야기를 꺼냈다. "저는 미국 소설가 존 스타인벡(John Steinbeck)을 참 좋아하는데 대통령께서는 싫어하시나요? 잭 런던(Jack London)의 죽음에는 많은 의혹이 있는데 대통령께서는 그가 자살한 진짜 이유가 무엇이라고 생각하시나요?" 잠시 후 이번에는 닉슨이 물었다. "지금 보고 있는 작품의 극작가, 작곡가, 감독의 이름이 무엇인가요?" 장칭은 닉슨에게 인자한 미소를 지으면서 이 작품은 '군중 창작'이라고 답했다. 닉슨은 겸연쩍게 미소 지었다.

1972년 2월에 있었던 닉슨 대통령의 중국 방문은 마치 한 편의 잘 짜인 경극 같았다. 장칭은 여러 사람이 한꺼번에 등장하는 것이라든가 지겨운 협상이라든가 또는 외국 기자들과 꼬치꼬치 문답을 나누는 것에는 어울리지 않았다. 장칭이 닉슨 대통령 부부를 만난 것은 이날 저녁 단 한 차례뿐이었다. 자신의 무용 가극 중 하나를 이들에게 소개하러 나온 장칭은 이날 저녁 중심 인물이 되었다. 닉슨 대통령 일행의 나머지 일정은 모두 저우언라이의 업무였다.

"장칭은 의심할 바 없는 성공을 거두었더군요." 닉슨이 나중에 말했다. "선전 목적이 분명한 작품을 만드는 데 성공했습니다. 이 작품은 관중들을 즐겁게 하기도 했고 관중들에게 영감을 불러일으키기도 했습니다." 닉슨이 작품을 즐겁게 감상했다는 말을 듣고 장칭은 기분이 좋았다. 자신의 작품이 이런 부르주아를 감동시킬 힘이 있다는 이야기가 아닌가?

장칭이 국제 관계 이야기를 할 때면 때로는 감상적이었다가 때로는 소름이 끼칠 정도로 무서웠다. 또 어떤 경우에는 고상한 세계 시민주의적 우호 정신을 이야기하지만 자리가 바뀌면 곧 맹목적인 중국 제일주의 애국자가 되었다. 장칭이 왜 이렇게 모순적인 태도를 보였는가를 이해하는 열쇠는 간단하다. 지식이 빈약하고 주관주의에 빠져 있었기 때문이다. 외국 방문단을 한번 만나면 장칭의 세계관이라고 하는 좁은 스크린은 꽉 차버렸다. 장칭에게 흐루쇼프의 '거만함'이라든가 이멜다 마르코스의 '우아함'처럼 단 한 사람의 방문자가 주는 영향력은 십 년 동안 외교관들이 꾸준하게 '주고받는' 외교 문서보다 훨씬 더 큰 무게를 지녔다.

인도와 중국 사이에 국경 분쟁이 벌어졌을 때 장칭은 이때 전쟁의 핵심 의미를 한 인도 병사 이야기에서 찾았다. 그는 평생 저축한 돈을 갖고 있다가 전투 중에 잃어버리자 히말라야 산중에 주저앉아 울고 있었다. 한 중국 병사가 그 지갑을 주워 인도 병사에게 전달되도록 했다.[75] 인도 병사는 너무나 기뻤다. 중국 측이 자애로운 것이다. 왜냐하면 전쟁의 대의명분에서 분명히 중국 측이 정의롭다고 확신하기 때문이었다.

장칭은 마르크스주의 용어를 사용하여 적들을 '간첩'이라든가 '제국주의자'라고 불렀다. 그러면서 자신의 말이 어떤 연쇄 반응을 일으켜 무서운 결과를 낳을지 알지 못했다. 국민당 정부의 고위 지도자였던 리쭝런(李宗仁)이 미국으로 망명(1949년)했다가 1965년 중화인민공화국으로 귀국했을 때 장칭은 그를 '외국 간첩'이라고 불렀다. 장칭은 리쭝런과 그의 부인을 좋아하지 않았고 대만과 미국에 거주하다 돌아온 이 사람을 저우언라이가 적극적으로 '환영'하는 모습도 싫었다. 장칭이 부주의하게 심한 언사를 사용함으로써 일련의 사건이 일어났고 리쭝런은 결국 예상보다 이른 죽음을 맞게 되었다.[76]

캄보디아의 시아누크 공이 방문했을 때 인민대회당에서 연회가 열렸다.[77] 이 자리에는 대부분의 중국 정치 지도자들이 참석했는데, 평소와 달리 장칭도 참석했다. 인간적 매력이 넘치는 시아누크 바로 옆에 앉은 장칭은 즐거운 시간을 보내야겠다고 마음먹은 듯했다. 자신이 오늘 참석한 것을 충분히 활용해도 될 것이라고 판단했던 것이다. 장칭은 많이 웃었고 농담도 많이 했다. 덕분에 원래 유쾌한 성격의 시아누크는 더 유쾌한 기분이 되었다. 요리가 하나씩 나올 때마다 장칭은 자리에서 일어나서 귀빈 식탁에 앉은 캄보디아 인사들 한 명 한 명을 향해 축배를 들자고 권했다. 술은 독주인 마오타이였다. 당시 참석했던 어느 대사의 회고다. "연회가 끝날 때쯤 되었을 때에는 장칭은 똑바로 서 있지도 못했습니다." 시아누크는 장칭에게 매혹당했다.

장칭은 마오타이를 좋아하지 않았다. 하지만 그날은 술을 이용하여 자신을 동료보다 높은 곳에 자리매김하고 또 중국과 캄보디아 관계에서 중심 인물로 떠오르려 했던 것이다. "이제까지 마오타이로 건배를 제안한 중국 여성은 (마오쩌둥의 통역사였던) 낸시 탕*이 유일했습니다." 앞에 언급한 대사의 말이다. "나중에 저우언라이는 직접 그녀를 비판했습니다." 장칭은 선을 넘어 행동했으며, 자신의 존재를 각인시켰고, 중국 정치 지도자 집단에 우연히 끼어 있는 수동적 인물이 아니라는 점을 과시한 것이다. 어쩌면 그 대사가 결론짓듯이, 장칭은 현재 무너지고 있는 마오쩌둥 왕국에서 "자신의 지위가 상승하고 있음을 널리 알릴 수 있는 기회로 생각하고 그렇게 행동"한 것이 아닌가 싶다.

미국 뉴욕에 소재한 코닝유리제작사(社)는 중국의 '제4 기계제작부'와 컬러 텔레비전 브라운관 제작에 관련된 사업을 진행하고 있었다. 대표단은 업무를 마친 뒤 미국으로 돌아가면서 해당 부서 간부들에게 아름다운 유리 달팽이 세트를 선물로 주었다. "달팽이 세트는 어디 있죠?" 장칭은 이 이야기를 듣고 곧바로 소리쳤다. "나에게 가지고 오세요. 그걸 전시해야겠어요." 당시 저우언라이와 덩샤오핑이 추진하던 국제 경제 협력 증진 정책에 적대적이었던 장칭은 코닝유리제작사의 선물을 적들의 목을 조르는 데 이용할 수 있지 않을까 생각했던 것이다. "이 선물은 우리를 모독하고 있습니다." 장칭은 조어대로 달려온 관료들에게 설명했다. "그들의 계략은 우리가 달팽이처럼 기어가고 있다고 말하고 싶은 것이죠." 장칭은 유리 달팽이 선물 세트를 한 개도 빠짐없이 당시 베이징에

---

* **낸시 탕**(Nancy Tang, 1943~) 본명은 탕원성(唐文生). 미국에서 태어났다. 1966년부터 마오쩌둥의 영어 통역관으로 활동하면서 장칭과 자주 접촉했다. 낸시는 그녀의 미국 이름이다.(역주)

설치되어 있던 '미국연락사무소'**에 반환하고 컬러 텔레비전 브라운관 제작 사업을 끝장내버리겠다고 공언했다.

해당 부서 관료들은 깜짝 놀랐다. 유리 달팽이의 의미를 성급하게 해석한 장칭도 문제였지만, 미국 사회에서 그런 선물의 의미가 무엇인지 제대로 아는 사람이 없는 것도 문제였다. 혹시 정말로 미국인들이 우리 중국을 모독하려 한 것은 아닐까?

저우언라이는 조사 작업을 시작했고, 각종 서류가 정신없이 바쁘게 날아다녔다. 중국에 우호적인 홍콩 소재 사업가에게 자문을 구했다. 최종 보고서 내용이다. "조사의 결론은 미국에서는 달팽이가 예술적 조형물의 대상이 되는 것으로 밝혀졌음. ······ 아무런 악의도 숨어 있지 않다고 판단됨."

장칭은 저우언라이와 덩샤오핑에 대한 적개심과 엄청난 무지로 이런 어처구니없는 일을 벌였던 것이다. 장칭은 크게 당황했다. 시끄럽게 소동을 부릴 목적으로 보관하던 달팽이 세트를 조용히 반환하고, 이 사안과 관련하여 자신이 주고받은 편지들을 모두 수거하여 없애려고 했다.

장칭은 종종 외국에 적대적으로 보였다. 장칭은 서양 문화의 '퇴폐성'과 '음란성'을 자주 입에 올렸다.[78] 장칭은 중국의 다칭(大慶) 유전에서 '외국 장비'를 사용하는 것은 중국 공업의 '체면을 깎는 일'이라고 주장했다. 장칭은 석유를 외국에 수출하는 것은 "국제 경제 위기가 중국 인민에게 영향을 끼치는 기회가 될 것이며 제1세계와 제2세계를 살리기 위해 제3세계를 해치는 것"이라고 주장했다.[79]

물론 중국 정치계에서 정치인들이 서로를 "나라를 팔아먹는 자"라고 비난한다든지 "외국과 부적절한 관계를 맺고 있다"고 비난하는 것은 항상 있는 일이다. 하지만 정책 토론에서 장칭이 분명히 고립주의, 민족주

** **미국연락사무소** 정식 명칭은 'U.S. Liaison Office in the People's Republic of China'였다. 1973년에 설치되어 미국과 중국 간 외교·통상 업무를 수행했고 1976년에 미국과 중국이 정식 외교 관계를 수립함에 따라 주중 미국대사관으로 승격되었다.(역주)

의 편에 서 있었다는 것은 누구도 부인할 수 없는 사실이다.

장칭은 이런 배외주의를 대표하기에는 적당치 않은 인물이다. 생활 습관을 살펴보아도 피아노 연주라든가 영화 감상 취미라든가 옷을 입는 취향이라든가 또는 사회 전통에 반항하는 것을 보면 장칭을 전형적인 중국인이라고 말하기는 힘들다. 하지만 장칭은 설교하기를 좋아했고 야심이 있었다. 이 둘이 한데 어우러져 권력 투쟁에 뛰어들면서 결국 배외주의 사상을 갖게 되었던 것이었다. 서방에 대해 알고 있던 약간의 지식을 토대로 다른 사람에게 이런저런 행동 양식을 강요하기를 좋아했으며, 마오쩌둥의 민족주의를 자신의 권위의 상징으로 받아들여야 했던 장칭은, 결국 1930년대 상하이 시절부터 익숙했던 국제적 감각과 개방적 사고방식을 버리고 배타적 국수주의자가 되었다.

장칭의 행동에는 일관성이 없었다. 장칭은 서방의 '음란물'을 격렬하게 비난했지만 중국의 오래된 소설 《금병매》는 아주 좋아했다.[80] 하지만 장칭처럼 자기 중심적이며 야심 있는 인물에게 (게다가 '친서방'적인 저우언라이, 덩샤오핑과 경쟁 관계에 있는 사람에게) 일관성이란 그다지 중요한 것이 아니었다. 일관성은 관료들에게 맡기면 그만이다. 그들은 일관성 이외에는 별로 중요한 것이 없으니까.

어느 날 베이징 서쪽 향산 호텔의 화려한 방에 중국 외교관 중 영사 이상 직위에 있는 사람들이 모두 모였다. 중요한 연설을 듣기 위해 외교부의 책상을 떠나 공책을 손에 들고 모였던 것이다. 검은 옷을 입고 엄숙한 표정을 지으며 연단에 다가와 연설문을 무거운 동작으로 연설대에 올려놓은 인물은 다름 아닌 장칭이었다.[81]

장칭이 외교 정책 연설을 하다니! 쓴웃음을 감추려 애쓰는 외교관도 있었지만 동시에 걱정하는 외교관도 있었다. 비림비공운동 기간 동안 이미 외교부의 정상적 업무에 괴상한 '간섭'이 많이 들어왔다. 마오쩌둥이 베이징을 떠난 것이 벌써 8개월 전이다. 이제는 장칭의 말을 들어야 한다. 도대체 장칭은 무슨 생각을 하고 있을까?

장칭은 방 안 가득 조용하게 앉아 있는 외교부의 정예 관료들을 천천히 둘러보고는 안경을 약간 고쳐 쓰면서 살짝 미소를 지었다. 우선 일보 후퇴한 뒤 이보 전진이라는 잘 쓰는 전술을 구사하여 연설을 시작했다. "외교 문제에서 저는 문외한입니다." 가볍게 양 어깨를 들썩하며 장칭은 솔직하게 불안감을 토로했다. "정말 많은 면에서 저는 여러분에게 배워야 합니다." 그 다음 장칭은 권위의 칼을 뽑아 외교관들의 몸통을 찌르며 꼼짝 못하게 만들었다. "저는 단지 주석님으로부터 배운 것을 여러분에게 전달할 뿐입니다. 여러분도 잘 아시다시피 주석님께서는 무척 바쁘십니다. 따라서 주석님으로부터 구두 메시지를 받아 여러분 앞에 내놓는 것이 당원으로서 의무인 것입니다."

　말도 안 되는 이야기였다. 당원으로서 장칭의 의무 중에 주석에게 메시지를 받아 외교부에 전달하는 의무는 없었다. 하지만 이미 장칭은 청중을 완전히 장악했다. '구두' 메시지란 말은 앞으로 장칭이 언급할 내용이 문서상 기록 이상이라는 의미였기 때문이다.

　장칭은 마오의 세계관에 관해 상투적인 문구들을 나열했다. 이 세계는 지금 유동적 상태다. 오직 투쟁만이 어둠에 맞서는 빛의 최종 승리를 가져온다. 중국은 "부유하고, 흰 피부에, 몸집 큰 친구들"을 원하는 것이 아니다. 중국은 "가난하고, 검은 피부에, 몸집 작은 친구들"을 구하고 있다. 혁명의 "대폭풍"이 이제 곧 닥쳐올 것이다. 그 대폭풍에 대비를 하면서, 중화인민공화국의 특명전권대사들은 "이름뿐 아니라 실제 자질에서 붉은색"이어야 할 것이며 외교 활동을 하면서 조금 더 혁명적 전투성을 과시해야 할 것이다.

　장칭은 약간의 외교 정책 문건을 읽었을 뿐이지만 지금 마오쩌둥보다 더 마오쩌둥다운 발언을 하려고 안간힘을 쓰고 있다. (자신이 이끌었던) 비림비공운동을 자신이 거의 아는 것이 없는 국제 관계로 연결시킴으로써 자신의 힘을 외교 정책 영역에까지 확대하려는 공공연한 시도였다.

　성경 문구에 찰싹 달라붙는 것이 성경 공부에 가장 좋다는 것을 아는 주일학교 학생처럼 장칭은 마르크스주의 텍스트를 근거로 삼아 헨리 키신저(Henry Kissinger)를 비난했다. "그의 기본 관점은 부르주아의 계급 이익에 한정되어 있습니다." 중국은 지금 미국이 필요하다는 마오쩌둥의 결정은 잠시 잊어도 좋았다. 중국의 국내 정치에서는 계급 분석이라는 수류탄을 몇 개 집어 이리저리 던져놓는 것이 안전한 싸움 기술이다. 마오가 최근 키신저에게 짜증을 내고 있다는 것을 장칭은 알고 있었다. 게다가 키신저는 저우언라이의 친구지, 장칭의 친구는 아니었다.

"경각심을 높이십시오." 장칭은 유교의 도덕적 관점에 서서 외교관들을 훈계했다. "감정에 치우치지 마십시오." 평생을 감정에 휘둘리며 살아온 여자의 입에서 나오는 말이었다. 여하튼 향산 호텔에서 하루 종일 진행된 모임의 핵심은 장칭이 이제 외교 이론 분야에서도 세력을 과시하게 되었다는 점이다. 장칭이 확실한 권위를 내세우며 발언할 수 있을 만한 권능을 마오쩌둥으로부터 부여받았던 것이다. 실제 그런 권능을 부여받았는지 여부는 알 수 없다. 하지만 중요한 것은 '부여받았다'는 다른 사람들의 인식이었다.

연설 가운데 한 부분에서 장칭의 눈이 매섭게 빛났다. 맥락에서 동떨어진 발언이었다. 장칭은 외교관들이 외국에 주재할 때 그들을 향해 발사되는 '설탕 바른 총알' 이야기를 하기 시작했다. 이 표현은 마오가 유혹에 대해 이야기할 때 쓰는 용어였다. 장칭은 자신의 적에 대한 이야기를 시작했다. 대외무역부장으로 일하다가 여자 문제로 비판받아 낙마한 인물 이야기였다. "바이샹귀(白相國)는 아름다운 여자의 모습을 한 독뱀의 유혹을 이기지 못했습니다."

마오쩌둥을 비롯한 다른 정치 지도자들은 몰락한 동지의 여자 관계를 이렇게 자세하게 이야기한 적이 없었다. 하지만 장칭의 흥분된 마음속에는 개인적 차원의 잘못과 정치적 과오의 구별이 있을 수 없었다. (바이샹귀는 아마도 린뱌오 추종자였을 것이다.) 자신의 과거를 되돌아보면 이런 '독뱀' 노릇을 했던 때가 한두 번 있었을 테지만 장칭은 그런 과거는 이미 다 잊은 모양이었다. 권력자 자리에 올라선 장칭은 승자와 패자밖에 없다는 간단한 정치 게임을 하고 있었다. 자기 편은 모두 좋은 사람이요, 반대편은 모두 나쁜 사람으로 취급했다.

장칭이 말하는 방식은 과거 중국의 전통적 통치자가 말하는 방식과 비슷하다. 외국인은 우리가 피할 수 없는 악이요, 따라서 그들은 활용은 하되 신뢰는 할 수 없는 존재라는 사고방식이다. 중국에게 중국 밖의 세계는 그저 몇 가지 도움될 만한 사항을 선택할 수 있는 바깥 공간이라는 정도였다. 장칭은 입으로는 마오쩌둥의 말을 빌려 이야기하고 있지만, 자신의 내면과 중국의 전통에 깊게 뿌리박혀 있는 권위주의와 편협한 생각은 감출 수 없었다.

"나는 이제 늙었소"

마오쩌둥은 엄청난 권력을 누리고 있었지만 한 가지 힘은 지니고 있지 못했다. 자신이 이제 죽어 가고 있다는 결론을 주위 사람들이 내리지 못하도록 막을 수 있는 힘이었다. 마오쩌둥은 자신이 쓰고 있는 왕관을 탐하여 손을 과감하게 뻗은 자들에 대해선 칼을 들어 그 손가락을 잘라버릴 수 있었다. 마오는 자주 그렇게 행동했으며, 베이징의 권력 중심지에는 항상 공포가 감돌았고 황제 곁에 머무는 적은 수의 사람들은 점점 더 폐쇄적이 되었다. 마오는 이제 몸이 무척 약해지고 죽음이 다가옴을 절감하게 되면서 최고위급 동지들을 점점 더 불신하게 되었다. 마오쩌둥은 가장 가까운 측근들인 개인 비서들, 개인 호위 부대인 제8341부대, 가족에게 의지하기 시작했다. 마오쩌둥이 아내를 비롯한 친척들에게 의지하게 된 시기는, 역설적이게도 가족 내부의 불화가 과거 어느 때보다 심각한 시기였다.

마오쩌둥과 허쯔전 사이에서 태어난 딸 리민이 결혼하고 나자, 장칭은 자신의 딸인 리나와 리민 사이에 분명한 경계선을 긋는 데 성공했다. (허쯔전은 여전히 상하이의 정신질환자 보호소에서 살고 있었다.) 리나가 고위직에 올라 활동하고 있었던 바로 그때, 리민과 남편은 1960년대에 '반혁명분자'로 낙인이 찍혀 감옥에 들어가게 되었다. 마오쩌둥은 장칭이 딸 리나를 앞장세우는 데 반대하지 않은 것 같다. 리민을 힘들게 하는 것 역시 반대하지 않은 것 같다.

마오의 첫째아들의 아내였던 류쑹린에게는 장칭과 마오가 정반대로 대했다. 류쑹린은 다시 결혼했고 류쑹린과 남편인 공군장교 양(楊)은 마오와 계속 연락하고 있었다. 한편 장칭은 이들 내외가 중난하이를 방문하는 일이 없도록 신경을 곤두세웠다.

류쑹린의 새 남편은 아내보다 훨씬 어렸는데, 장칭은 그가 죽은 마오의 첫아들 대신으로 마오 집안에 들어오려는 야심을 품고 있다고 믿었다. "양과 류쑹린의 나이 차이가 너무 많아요." 한번은 장칭이 마오쩌둥 앞에서 이렇게 말했다고 한다. "정치적 목적이 없다면 그런 두 사람이 진정으로 함께 살 수가 없을 거예요." 장칭의 말이 맞는지도 모르겠다.

린뱌오가 사망하고 얼마 지나지 않은 어느 날 류쑹린과 남편이 상하이 수비부대에 잡혀 들어왔다. 두 사람은 따로 마오쩌둥과 장칭 관계에 대해 무엇을 알고 있느냐는 심문을 받았다. 훗날 류쑹린은 이 조사가 장칭과 관련되어 있었고 장칭이 직접 지휘했다고 주장했다. 조사 목적은 마오쩌둥이 장칭에게 비판적인 말을 하는 것을 두 사람이 얼마나 알고 있는가 하는 것이었다.

류쑹린은 새 남편에게 한 번도 마오쩌둥이 장칭을 어떻게 생각하는지 말한 적이 없다고 답변했다. 가난한 농민 출신인 새 남편은 황제의 집안일이라는 고차원적 (혹은 저차원적) 문제에 관심이 없다고 주장했다. 40일 동안 심문이 계속되었는데, 양은 아무 말도 하지 않았으며 류쑹린은 일반적 이야기만 중얼거릴 뿐 상하이 수비부대 조사자들에게 만족할 만한 답변을 주지 않았다. 직물 노동자 출신인 왕훙원(王洪文)은 문화혁명 기간에 크게 떠오른 잘생긴 인물이었다. 장칭이 왕훙원에게 이 사안을 이야기하자, 왕훙원은 심복 부하를 두 사람이 잡혀 있는 곳으로

서둘러 파견했다. "당신들이 이 사안에 대해 알고 있는 것을 모두 적어 자백서를 제출하시오." 왕훙원의 부하가 두 사람에게 경고했다. "그러지 않으면 당신들은 영원히 여기서 나가지 못할 거요." 거의 5개월이 지난 뒤 두 사람이 석방되었다는 발표가 나왔다. 두 사람이 무엇인가 서류를 작성했던 모양이다.

마오의 둘째아들 마오안칭은 양카이후이가 낳은 자식으로 정신질환을 계속 앓았다. 마오안칭은 류쑹린의 여동생인 사오화와 안정된 결혼 생활을 했으며 장칭은 이들 부부와 만나지 않았다.[82] 1970년 사오화는 베이징 제301호 병원에서 아기를 낳았다. 장칭은 이 일로 둘째아들 내외와 마오 집안 사이에 새로운 관계가 형성되지 않을까 우려했다. 장칭은 공군참모총장 우파셴의 도움을 받아 사오화가 머물던 제301호 병실 주위에 경계병을 배치하여 외부와 사실상 격리하는 조치를 취했다. 새로 어머니가 된 젊은 여인은 훗날, 이때 병실 전화가 끊겼으며 친정집 전화번호마저 바뀌어버렸다고 진술했다. 아기 아버지였던 마오안칭은 그때 또 한 번 정신질환이 심해졌는데, 70일 동안이나 병원에서 아무런 소식이 없자 아내와 아기가 죽었을 것이라고 믿었다고 한다! 마오쩌둥은 아들의 일에 전혀 신경을 쓰지 못할 정도로 바빴을까? 아니면 그 정도로 아팠을까?

한편 장칭의 이복 언니인 리윈루는 1960년 초에 중난하이에서 나와 아들 왕보원과 함께 칭화대학 구내에서 살기 시작했다.[83] "리나와 리민이 성장함에 따라 마오 집안에서 리윈루가 할 일이 없어졌죠." 칭화대학에서 리윈루와 이웃하며 살았던 사람의 회고다. 한편 함께 살 때 리윈루가 장칭을 지나치게 떠받들어 항상 긴장이 감돌았던 것을 감안하면 아마도 마오쩌둥은 리윈루가 떠나는 것을 반겼을 것이다.

칭화대학 구내에 살면서 리윈루는 장칭의 활동을 위한 조용한 연락 담당관 역할을 했다. 대학 구내에 집을 마련하여 아들 왕보원과 함께 살았는데, 왕보원은 류쑹린이 소련에 공부하러 떠날 때 함께 소련에서 유학했고 지금은 칭화대학 러시아어 교수다. 칭화대학에서는 왕광메이를 괴롭힌 유명한 사건이 있었고, 그 이후에는 상하이 급진파에 충성하는 칭화대학의 극좌파 그룹 활동이 진행되었다. 이런 상황에서 리원루는 이복 여동생을 위해 나름대로 자신이 할 수 있는 일을 하여 도움을 주었던 것으로 보인다.

마오쩌둥 조카인 마오위안신은 서른두 살에 중요한 정치적 인물로 떠올랐다는데, 그는 '장칭 큰어머니'를 지도자로서 존경하였다. 그는 '하얼빈 군사공과대학'을 졸업하고 선양을 중심으로 하는 군관구의 상급 지휘관으로 성장했다. 마오위안신은 경제적으로 앞선 만주 지역에 있으면서 상하이 급진파에게는 주요한 연합 세력으로 움직이고 있었다.

1973년 장칭이 각 학교에서 탈문혁 노선에 저항하는 '반조류(反潮流)' 운동을 시작했을 때 마오위안신은 랴오닝성 선전부장으로서 큰 도움을 주었다. 이 운동이 진행되는 가운데 한 소년이 영웅으로 떠올랐다. 소년은 시험에서 답안 쓰기를 거부했고, 시험 제도와 책을 교재로 학습한다는 사고방식 자체를 공격하는 편지를 썼다. 그의 이름은 장톄성(張鐵生)이었다.* 장칭은 소년의 투쟁 정신을 높이 샀고 ("나의 자기 주장은 황소보다 더 강하다."라고 소년은 선언했다.) 소년은 장칭의 비관료주의적 지휘 방식을 좋아했다. 마오위안신은 장톄성 같은 사람들을 장칭이 이끄는 '권력을 장악한 지식인' 집단에 끌어들였다.

측천무후에게도 능력 있고 야심 있는 조카가 있었다. 조카 무승사(武承嗣)는 자신이 측천무후의 황태자라고 생각했다. 큰어머니와 조카

---

* 이 일로 장톄성은 관영 언론에서 '백지 답안의 영웅'이라는 칭호를 받았고, 문화혁명을 주도하던 장칭 일파에게 찬사를 받으며 문혁 후반기의 영웅으로 떠올랐다. 문화혁명 초기에 중국의 학생들은 홍위병으로 편성되거나 낙후된 농촌 지역으로 내려가 육체 노동에 종사하게 되었다. 그러다 1960년대 말과 1970년대 초에 다시 학교가 활성화되기 시작했고 특히 1973년에는 대학 입학 시험이 부활했다. 장톄성 역시 5년간 농촌 인민공사에서 일했고, 그러는 동안 따로 공부할 시간은 없었다. 그는 답안지 뒷면에 쓴 '존경하는 지도자 동지께'라는 제목의 편지에서 집단의 이익을 저버리고 학습을 진행할 수 없어 답안을 쓸 수 없었다고 했다.(역주)

1968년 라오닝성 혁명위원회 부주임이 된 마오쩌둥의 조카 마오위안신(앞줄 왼쪽). 야심 있는 정치인이었던 마오위안신은 1960년대에 장칭의 충실한 조력자가 된다.

는 한동안 서로를 잘 활용했다.[84] 장칭과 마오위안신 사이도 마찬가지였다. 장칭은 마오위안신을 황태자로 생각했다. 마오위안신은 마오쩌둥으로부터 멀어져 갔다. 마오가 자신을 소원하게 대했기 때문이었을 수도 있었고, 또는 이제 큰아버지는 침몰해 가는 배 같은 신세며 '장칭 큰어머니'의 지도력에 흥분을 느꼈을 수도 있다. 훗날 베이징 지도부는 장칭에게 온갖 부정적 평가를 내리지만, 장칭이 정치적 지도력 면에서 나름의 자질이 없었더라면 마오위안신처럼 능력과 경험 있는 사람이 장칭에게 충성을 바치지는 않았을 것이다.

리나가 1965년 베이징대학을 졸업할 때 마오쩌둥은 특유의 불길한 구절을 담은 편지를 보냈다. "장래에 너는 여러 가지 슬픔에 시달릴 것이며 많은 고난을 겪게 될 것이다. ……"[85] 사실이었다. 리나는 비록 〈해방군보〉와 베이징 시 당국에서 높은 지위를 차지하고 있었지만 점차 말이 없어지고 우울한 모습으로 변했다. 그렇게 빨리 출세한 젊은 여성은 적당한 남편을 구하기 어려운 법이다. 게다가 마오쩌둥과 장칭의 딸이었으니 사정이 더욱 심각했다. 서른이 다가오면서 리나는 이제 어떤 남자도 자신과 결혼하려 하지 않을 것이라고 걱정하기 시작했다. 유일한 방법은 훨씬 아래쪽으로 눈을 돌려 남편으로 맞이하는 길뿐이었다.

문화혁명이 퇴조기에 접어들면서, 리나는 높은 자리에 있으면서 여러 가지 어려움을 겪었고 급기야는 시골로 내려가 다른 관료들과 재교육을 받아야 하는 신세가 되었다. 거기에서 리나는 농민을 남편으로 맞이했다. 마오쩌둥은 별로 상관하지 않았지만 장칭은 실망했다. 장칭은 딸 리나가 엄마처럼 야심 있고 독립적인 사람이 되어야 한다고 생각했다. 리나가 출세하는 데 도움을 줄 수 있으면서도 꼭 복종하지 않아도 되는 그런 남편을 만나기를 원했다. 하지만 리나는 이미 장칭과 다른 세대의 여성이었고, 장칭과 달리 야심이 없었다. 리나는 뚱뚱했고 넓적한 얼굴에 베이징대학을 다닐 때도 그다지 눈에 띄는 활동을 하지 못했다. 어머니가 자꾸 등을 떠미는 것은 견디기 힘든 일이었다. 차라리 아버지처럼 무관심한 것이 좋았다. 어머니 장칭의 열정은 부담스러웠다.

리나는 이제 딸아이를 하나 둔 어머니가 되었고 건강도 별로 좋지 않았으며 이런저런 이유로 결국은 〈해방군보〉와 베이징 시의 고위직을 떠났다. 장칭은 리나에게 남편과 이혼하라고 말했다. 어머니 눈에는 너무도 합리적인 이런 제안에 리나는 아예 관심을 보이지 않았다. 아버지 마오쩌둥은 딸이 출세에 관심이 없다는 것에 대해서 별다른 불만이 없었다. 모녀는 이혼 문제로 네 차례에 걸쳐 긴 말다툼을 했다. 당시 장관급 인사 중에 아내가 죽은 사람이 있었는데 장칭은 딸이 그 자리에 들어가기를 바랐다. 리나는 결국 농민 남편과 이혼했지만 홀아비가 된 고위 관료와는 결혼하지 않았다. 그러는 사이, 리나는 정신분열증 진단을 받았다. 이복 오빠인 마오안칭과 마찬가지로 리나 역시 이제 남은 평생을 정상적인 사회 밖에서 지내야 할 운명에 놓인 것이다.

장칭은 상하이 동료인 왕훙원에게 높은 직위를 주라고 마오쩌둥을 졸랐다. 그 일을 추진하는 데 중간에 마오의 친척인 왕하이룽을 세웠다.

왕하이룽은 당시 외교부 부부장 자리에 있었다.

"왕훙원은 완전히 장칭의 손아귀에 들어 있더군요." 두 사람을 자주 만났던 외국 공산당 지도자의 회고다. "한번은 나를 주빈으로 초청한 연회가 열렸죠. 왕훙원이 건배를 제안하는데, 그게 다 장칭이 신호를 주어서 하는 것이었죠. 왕훙원의 옆구리를 툭툭 치는데 아주 편안해 보였습니다." 그 방문자는 연회를 떠날 즈음 두 사람이 아주 친밀하다는 인상을 받았다. "왕훙원과 장칭이 남녀 관계가 있지 않을까 의심스러울 정도였습니다."[86] 왕훙원은 젊고 충성스러웠다. 여기에 마오쩌둥의 공식 승인까지 받게 되어, 자신의 시대가 본격적으로 시작될 때 주요한 각료로 쓸 수 있을 것이라고 장칭은 생각했던 것이다.

장칭은 조어대의 제10번 별장으로 왕하이룽과 마오쩌둥의 영어 통역사인 낸시 탕을 불렀다.[87] 두 사람은 항상 붙어 다녔고 몸이 아픈 마오 곁에서 공식 지위보다 훨씬 더 큰 영향력을 행사하고 있었다. 장칭은 두 여성을 통해 마오쩌둥에게 의견을 전달하려는 것이었다. 비록 사이가 소원해진 아내이지만 그 아내는 지금 현재 병약해진 남편에게 조심스럽게 왕훙원에게 전국인민대표대회 부위원장 자리를 주기를 바란다고 청원했다. 이런 높은 지위를 주어야, 왕훙원이 이미 지니고 있는 공산당 부주석 자리와 격이 맞는다는 논리였다. 이렇게 함으로써 젊고 유능한 사람에게 큰 격려를 보낼 수 있을 것이며, 지금 저우언라이가 지휘하는 국무원 곳곳에서 요직을 차지하고 있는 덩샤오핑 사람들이 장차 장난질을 하지 못하도록 하는 조치가 될 것이라고 주장했다.

어쩌면 장칭이 두 여자를 중개자로 선택한 것이 잘못이었는지 모른다. 두 젊은 여성은 마오의 말이라면 무조건 복종하는 사람들이었고, 장칭에게는 특별한 마음이 없었다. 장칭은 '최고 지위의 여성'으로서 다소 오만하게 느껴졌으며 이따금 마오쩌둥이 장칭에 대해 불평을 털어놓는 것을 들었기 때문이다. 마오쩌둥은 장칭의 청원을 거절했다. 마오는 이때 어쩌면 장칭 자신도 고위급 국가 직위를 갖고 싶어 한다고 생각했느지도 모른다.

어느 날 장칭은 정부 관료 회의를 몇 건 마치고 난 뒤, 무척 불쾌한 심정으로 집에 돌아왔다. 병원에 있던 저우언라이가 잠시 밖으로 나와 이 회의들에 참석하여 주도권을 장악했던 것이다. 장칭은 왕하이룽과 낸시 탕을 다시 한 번 조어대로 불렀다. 조어대의 자기 근거지에 앉아서 장칭은 다시 한 번 중난하이의 근거지에 있는 남편에게 또 다른 의견을 전달하고자 했다. 많은 정치 지도자들이 현재 우파 쪽으로 기울고 있으며 자신을 계속 공격 대상으로 삼고 있다는 말을 마오쩌둥에게 전달하라는 것이었다.

왕하이룽과 낸시 탕은 장칭의 메시지를 마오쩌둥에게 전달했다. 마오쩌둥은 그가 신뢰하는 두 여인에게 중얼거렸다. "장칭의 취향에 맞는 사람은 거의 없어. 딱 한 사람 장칭 자신뿐이지." 마오의 심정을 항상 잘 알아주는 왕하이룽이 뻔한 질문을 던졌다. "주석님은요?" 마오는 자기보다 훨씬 어린 이 여성들에게 속마음을 순순히 털어놓았다. "오, 장칭은 나를 존경하는 마음이 없어." 당시 모든 사람의 마음속에 크게 자리했던 마오 사후 문제에 대해, 마오 역시 걱정하고 있다는 속내까지 드러냈다. "장차 장칭은 모든 사람과 다툴 거야. …… 내가 죽은 다음, 장칭은 큰 소동을 피울 거야."

한번은 마오가 후난성 창사에 머물고 있는데 왕훙원이 비행기를 타고 내려가서는 저우언라이의 '야심'과 덩샤오핑 때문에 생기는 위험, 장칭 휘하인 상하이 급진파들의 다른 우려 사항에 대해 마오쩌둥에게 한참 동안 이야기한 적이 있었다.[88] 왕훙원은 저우언라이 총리가 사실은 그렇게 아픈 것이 아니며 그저 병원에 앉아 덩샤오핑의 세력을 강화시킬 궁리를 하고, 마오쩌둥의 소중한 계획들을 저지할 계획이나 짜면서 하루를 보내고 있다는 식으로 장칭이 시킨 대로 이야기했다. 또 장춘차오를 총리 자리로 올릴 때가 되었다고 주석께서는 생각하시지 않으시냐는 질문을 던졌다.

마오쩌둥은 이에 동의하지 않았다. 마오는 그때 이미 장칭과 세 부하를 '상하이 4인조(上海四個人)'라고 부르기 시작했고, 그들이 자신에게 압력을 가하고 있다고 느끼고 있었다. 죽어 가는 사람은 누군가가 자신에게 압력을 가하고 있다고 느낄 때 가장 저항적인 태도가 되게 마련이다. 마오가 왕훙원을 더 높은 자리로 올리지 않은 것은 너무도 당연한 일이었다.

장칭은 여전히 자신만의 고유한 정치 영역을 확보하지 못하고 있었으며, 마오쩌둥의 권위에 의존하는 처지에 있으면서도 다소 고압적인 수를 쓰곤 했다. 사실 장칭은 다른 사람들이 자신을 마오쩌둥과 완전히 하나인 것으로 인식해주길 바랐다. 그러나 고압적인 태도로 말미암아 마오쩌둥은 장칭에게 기분이 상하곤 했다.

점점 더 상하이 4인조에게 의심을 품게 된 마오쩌둥은 급진적 생각에 동조하는 천융구이*라고 하는 농민 출신 정치가에게 말했다. "혹시 자네가 조어대에 가게 되면 사인방이 오인방이 되지 않도록 조심하게."[89]

직원, 여행, 숙소 등에 필요한 비용 대부분은 국가 및 당 예산으로 충당했지만 장칭은 여전히 의상과 사진 촬영 장비에 그때 그때 급하게 쓸 돈이 필요했다.[90] 마오쩌둥은 돈 문제로 신경을 쓰지 않았다. 책의 인세 덕분에 마오쩌둥은 돈이 넉넉했다. 하지만 장칭은 가끔 돈이 궁할 때가 있었다. 그래서 마오쩌둥은 장칭에게 수만 위안에 상당하는 자금 계좌를 열어주었다. 한데 그 돈을 꺼내 쓰려면 마오쩌둥의 여비서인 장위펑에게 이야기하도록 조치해놓았다. 장위펑은 이 방식으로 장칭이 어떻게 돈을 쓰고 있는지 철저하게 파악하고 있었다.

어느 날 저녁 자금 계좌에서 돈을 뺀 다음 장칭이 장위펑에게 변명하듯 말했다. "장위펑 양에게는 이 돈이 큰 액수로 보이겠죠. 하지만 내 입

---

* **천융구이(陳永貴, 1915~1986)** 농민 출신의 중국공산당 정치가. 산시성(山西省) 다자이(大寨)라는 마을에서 농업 개혁에 앞장선 공로로 유명해졌고 당 정치국원에까지 올랐다. 덩샤오핑의 경제 개혁이 시작되는 시점에 당 요직에서 물러났다.(역주)

장에서는 이 정도 돈으로 제대로 된 생활을 유지하기는 쉽지 않아요."

장칭은 마오쩌둥 조카인 마오위안신이 자금 회계를 맡아주었으면 했다. 조카는 큰어머니를 잘 이해하는 사람이었기 때문이다. 하지만 마오쩌둥은 이 사안이 장위펑의 손에서 떠나지 않기를 바랐다. 마오쩌둥도 마오위안신을 좋아하기는 했지만 조카가 큰아버지만큼이나 큰어머니와도 상당히 가깝다는 것을 잘 알고 있었다. 반면 장위펑은 마오쩌둥 한 사람에게만 충성하고 있었으므로 그녀에게 맡기고 싶어 했다. 1975년 1월 장칭은 마오쩌둥과 더 멀어졌고 그 때문에 돈 문제로 상당히 곤란해졌다. 그래서 장칭은 장위펑에게 편지를 쓸 수밖에 없었다. "8천 위안을 인출하여 써도 되겠습니까?" 장칭은 조명기구와 비싼 사진 장비를 구입하느라 돈을 꾸었다고 이유를 댔다. 장칭이 마오의 '비서'에게 쓰는 말은 장칭이 평소에 잘 쓰는 어투인, 한편으로는 관대하면서도 한편으로는 강한 태도를 보이는 것이다. "나는 이 장비를 신화사에 선물했습니다. 돈을 받지 않고 말입니다." 물론 정부 통신사에 장비 대금을 청구할 수도 있지만 그러지 않았다는 것이다. 국가와 당의 이익을 최우선으로 생각한다면, 중차대한 업무를 수행하는 데 필요한 이런 장비 대금을 내라고 하는 것은 적절하지 않다는 주장이었다.

"그래서 애초에 빌렸던 8천 위안을 갚아야 합니다." 장칭은 점잖게 설명했다. 자신이 이 돈을 꼭 갚아야 하는 것은 아니지만(일반 사람의 약 10년치 월급에 해당하는 엄청난 금액이다.) "돈을 갚아야 마음이 편하겠습니다." 그러니 자신의 자금 계좌에서 8천 위안을 인출하여 보내 달라는 이야기였다. "혹시 8천 위안을 인출하는 것이 불가능하다면 주석께서 한가할 때 8천 위안을 그냥 나에게 보내 달라고 말해주세요."

장칭은 8천 위안 전부를 받아내지는 못했다. 1975년 봄과 여름에 걸쳐 장칭은 마오쩌둥에게 거의 돈을 받지 못했다. 마오쩌둥은 덩샤오핑을 점점 더 좋게 보기 시작했다. "나는 이제 늙었소. 여든하나요. 그리고 건강이 좋지 않소." 마오쩌둥은 장칭에게 편지를 보냈다. "하지만 당신은 나에게 일말의 자비심도 보여주지 않는구려." 마오는 이 편지에서 평소에 거의 입에 올리지 않던 저우언라이의 사생활을 언급한다. "저우언라이 부부가 나는 정말로 부럽소."[91]

마오쩌둥의 마지막 경고

헤이룽장성 다칭에 있는 유전에서 일하는 '왕(王)'이라는 노동자가 강한 의지력과 정치적 전투성으로 '왕철인(王鐵人)'이라는 별명을 얻어 유명해졌는데, 장칭은 이 노동자 이야기를 영화로 만들자고 제안했다. 하지만 영화가 완성되었을 때 장칭은 이 영화 〈개척자〉를 좋아하지 않았다.[92] 영화에서는 질서 존중, 합리적 계획, 당의 절차 존중 같은 분위기가 물씬 풍겼다. 모두 장칭이 싫어하는 것들이었다. '혁명적 낙관주의'를 보여주는 장면도 별로 없었는데, 그나마 "하늘을 집으로 삼고 땅을 침대로 삼자!"는 외침마저 '우파'들이 놀리는 장면에 삽입되었다.

더 심각하게 문제가 되었던 것은 주인공이 관료들을 비판하는 발언을 하는 가운데, "관료들은 마치 말 많은 늙은 아줌마 같아서, 당신 귀에 대고 하루 종일 깨갱거린다."는 대사였다. 야오원위안은 1975년 2월 25일 편지에서 장칭에게 다음과 같이 썼다. 주인공이 말한 관료가 "거의 완벽하게 장칭과 똑같은 모습"이라는 것이었다. 이에 장칭은 이 영화를 10개 조목으로 비판하도록 시켰고, 1975년 봄 영화는 상영이 중지되었다.

하지만 영화 각본을 쓴 작가의 반격이 시작되었다. 각본가 장톈민(張天民)은 마오쩌둥과 장칭의 불화를 이용했다. 그는 마오쩌둥에게 이 영화를 변호하는 편지를 썼다. "이 영화에는 크게 잘못된 것이 없다."는 것이 요지였다. 편지를 읽은 마오쩌둥은 장톈민의 편지에 "영화를 배포하도록 추천함."이라는 의견을 휘갈겨 썼다. 마오는 사실 이 영화를 보지 않았다. 하지만 그가 겨우 알아볼 정도로 한두 마디 휘갈겨 쓴 문장은 절대 무오류성을 지니고 있었다. "완벽을 요구하는 것은 좋지 않음."이란 말도 덧붙였다. 아내의 지나친 열정에 늙은 남편이 한마디 쏘아붙이는 격이었다.

"할머니에게 누명을 씌우는 거야." 장칭은 장톈민이 마오쩌둥에게 보낸 편지에 대해 이렇게 잘라 말했다. "하지만 이 할머니는 조금도 겁나지 않아." 편지가 오가고, 전화가 오가고, 한밤중에 회의가 소집되는 소동이 벌어졌다. 장춘차오, 야오원위안, 문화부장 위후이융을 비롯한 수십 명이 소동에 뛰어들었다. "기술적으로 어려운 용어들이 너무 많아." 장칭이 영화를 비평하는 말이었다. "장면과 장면의 연결이 좋지 않은 부분이 너무 많아요." 게다가 이 영화에서는 "마오쩌둥 사상이 잘못 해석된 부분도 있어요." 하지만 슬쩍 지나가면서 하는 대사인 "말 많은 늙은 아줌마"라는 말이 핵심 사안이었다.

장칭이 거느린 정치 집단이 열심히 노력했지만 역시 마오쩌둥을 이길 수는 없었다. 장칭은 후퇴했다. 9월이 되어 장칭이 산시성 다자이(大寨) 모범 마을에서 연설을 할 때 이렇게 말했다. "내가 그 영화에 의견을 제시한 것은 사실이지만 영화를 비판한 10개 논점은 내가 만든 게 아닙니다."

이렇게 뒤로 물러서면서 장칭은 캉성처럼 자신의 감정을 숨기지 못했다. 어느 큰 모임석상에서 많은 관중을 앞에 두고 장칭은 소리친 적도 있었다. 관중 가운데에는 영화 각본을 쓴 장톈민도 있었다. "세상에, 이것은 나에 대한 모함입니다! 바로 장톈민이 주석에게 편지를 썼습니다." 장칭은 점차 자신의 진짜 걱정거리를 드러내기 시작했다. "이 사람 뒤에는 반드시 지지자가 있을 것입니다. 진짜 나쁜 짓을 꾸미는 사람들이지요." 장칭은 손가락을 들어 장톈민을 가리켰다. "당신은 몇 살입니까?" 장톈민은 점잖게 마흔여섯 살이라고 대답했다. "아직 어린 아기군요. 그런데 나를 모함하려고 했어요? 자, 오늘은 이 할머니가 한두 가지 가르쳐주어야겠군요."

"주석에게 편지를 써서 나를 비판하라는 아이디어를 누가 주었지요?" 장칭은 독기에 찬 목소리로 물었다. 관중이 가득 찬 강당 안이었다.

"아무도 그런 적 없습니다." 장톈민이 대답했다.

"그렇다면 주석에게 잘못했다는 편지를 또 쓰세요. 정말 그러는 게 좋을 거예요. 주석에게 편지를 쓸 정도로 담대하면 한번 더 써봐요. 지난번 편지에서 거짓말을 했다고 주석에게 말하세요!"

조어대 제17별장에서는 뜨거운 토론이 벌어졌다. 장칭은 이번 소동에서 자신의 역할을 정당화하려 애쓰고 있었다. "장톈민은 사실 편지를 두 통 썼어요." 마치 승리자가 된 듯한 기분으로 장칭이 말했다. "편지하나는 주석에게 갔는데, 주석은 아무런 답변을 하지 않았죠. 그래서 장톈민은 또 한 통의 편지를 덩샤오핑에게 보내서 주석에게 전달해 달라고 부탁한 거죠." 장칭은 드디어 자신을 겨냥한 이 부당한 음모의 뿌리를 발견했다는 것이었다. "주석이 그런 말도 안 되는 평을 하도록 강제한 사람이 바로 덩샤오핑이라는 이야깁니다!"

마오쩌둥은 이미 장칭이 너무 말이 많다고 느끼고 있었다. 그해 초 마오쩌둥은 "좀 더 많이 할 것 3개와 좀 더 적게 할 것 1개(三多一少)"에 관해 마치 옛 시처럼 깔끔하게 몇 구절 쓴 적이 있다. 극좌파에 대해 심기가 불편하다는 것을 보여주는 내용이기도 했다. "저우언라이는 좀 더 휴식을 많이 취해야 함. 덩샤오핑은 좀 더 일을 많이 해야 함. 왕훙원은 좀 더 공부를 많이 해야 함. 장칭은 좀 더 말을 적게 해야 함.*"[93]

하지만 장칭은 마오의 측근에서 상당한 힘을 행사하고 있었다. 마오는 1974년 초부터 거의 시력을 잃었고 베이징대학 문학부 강사인 루디(蘆荻)와 정기적으로 만나고 있었다. 루디가 중국의 고전을 읽어주면 마오는 그것을 음미하고 논평하는 만남이었다. 어느 날 루디는 녹음 테이프를 하나 들었는데 거기에는 장칭이 《수호지》를 논평한 말이 녹음되어 있었다. 루디는 그 내용이 마오쩌둥의 견해에서 벗어나 있다고 생각했다. 루디는 장칭의 비서인 셰징이에게 자신의 생각을 말했다. "만일 주

---

* 마오쩌둥이 지적한 '三多一少'의 원문은 다음과 같다. "周恩來應多休息, 鄧小平應多工作, 王洪文應多學習, 江青應少說話."(역주)

석이 이 녹음 테이프 내용을 알게 되면 심장마비를 일으키실 거야." 장칭은 루디의 이러한 말을 용납하지 않았다. 1975년 가을부터 루디는 중난하이 출입이 금지되었다.[94]

어떻게 보면, 장칭은 린뱌오가 낙마한 이후 당연히 중국 정권의 제2인자라고 볼 수 있었으며 언젠가 마오쩌둥의 뒤를 이을 가능성이 있었다. 그러나 다른 한편에서 보자면, 장칭은 최고 지도자의 아내라는—장칭은 자신을 남편의 '팔'이라고 표현했다.[95]—매우 제한적 속박에 묶여 있는 한 여자에 불과했다. 제2인자가 자신의 독자적 이미지를 구축하는 것은 어려운 일이다. 게다가 그 제2인자가 누군가의 아내라고 하는 점은 비단 중국에서뿐 아니라 어느 나라에서도 더 큰 어려움을 초래할 것이다. 마오쩌둥이 죽고 나면 결국 비판이 시작될 것이고, 그에 대비해 여러 이슈에 대해 독자적 입장을 지금부터 확립해 나가야 할까? 아니면 결국 어쩔 수 없이 남편의 지목으로 최고 정치 지도자 지위가 자신에게 올 것이라는 가정 아래, 남편에게 충실한 아내이며 모범적인 마오주의자 모습을 견지해야 할까?

장칭은 남편의 '팔'로 남았다. 만일 장칭이 마오의 결점에 대해 조심스럽게라도 입을 열고, 남편이 때로 얼마나 자신을 힘들게 했는지를 말했다면 마오쩌둥이 이끄는 공산당 체제의 권위주의가 어떤 방식으로 여성의 억압과 연결되어 있는지를 여성들에게 호소하는 것이 되었을 것이다. 이런 주제는 자신의 일생을 통해 장칭 스스로 너무도 잘 알고 있는 것이었으므로, 마오 사후의 마오 비판 조류를 무사히 타고 넘어갔을지도 모른다. 물론 확실하게 장담할 수는 없다. 여하튼 장칭은 그런 방향으로는 움직이지 않았다. 장칭은 계산이 덜 정확했고, 먼 미래를 내다보는 시야가 좁았으며, 자신의 자아에 대한 집착에서 자유롭지 못했고, 남편에게 너무 충성스러웠다. 측천무후와 비교할 때 그랬다는 말이다.

장칭의 귀에는 틀림없이 주위에서 나오는 수많은 비판의 말이 맴돌았을 것이다.[96] 장칭의 역할은 오직 마오 주석을 돌보는 것뿐이야! 어째서 수많은 여성 동지 가운데 오직 장칭만이 세상 온갖 것에 한마디씩 자신의 의견을 내는 거지? 저 여자는 집에 가서 살림이나 하면 안 될까?

마오쩌둥이 죽음을 향해 한 발짝씩 걸어감에 따라 봉건적 전통의 장롱 안에서부터 과거의 귀신들이 줄줄이 나오기 시작했다. 이제 모든 중국인들은 장칭을 볼 때마다 중국 역사에 흔히 등장하는 음모를 꾸미는 황후의 모습을 보기 시작했다. 1970년대 중반, 장칭은 독자적인 인간으로서 새로운 독립성을 확보해보려고 했다. 상하이 시절 예술계에서 탕나의 부인으로서 그런 독립성을 과시한 적이 있지 않은가? 하지만 보수적인 중국의 여론은 장칭에게 독자적인 인간으로서 독립성을 부여하지 않았다. 예술계하고는 너무나 달랐다. 장톈민에게 장칭은 자신을 '할머니'라고 부르면서 이 할머니는 조금도 두렵지 않다고 선언한 적이 있었다. 하지만 자기 자신을 '할머니'라고 인정해야 하는 바로 그 사실이 장칭에게 치명적 슬픔을 안겨주었다.

"사인방이라는 것을 만들지 마시오."[97] 마오쩌둥은 장칭에게 1975년 중반에 그렇게 말했다. 사인방은 장칭의 상하이 동료 세 명을 가리키는 말이었다. (4인조를 빗대 유행하는 농담이 있었다. "장칭의 머리, 장춘차오의 속임수, 왕훙원의 다리, 야오원위안의 입."*) 마오쩌둥은 정치국 전원회의 석상에서 음모적 방법과 극좌적 견해를 거론하며 아내를 직접 비판했다. 장칭은 상처 받고 분노했지만 자아 비판서를 썼다. 훗날 장칭은 좀 더 동정적인 청중 앞에서 이야기한다. "단결을 저해하고 싶지 않기 때문에 모든 비난을 나 혼자 감당했던 것입니다."[98]

장칭은 마오쩌둥이 자신을 비판하면 덩샤오핑이 그것을 무기로 삼아 상하이 급진파를 파괴하려 한다고 보았다. (장칭이 덩샤오핑을 공격하는 것과 똑같은 방식으로 이쪽을 공격하리라는 짐작, 즉 거울 영상 효과라고 할

---

* 중국어 원문은 다음과 같다. "江頭, 張手, 王腿, 姚嘴."(역주)

수 있다.) "주석은 양쪽을 모두 비판해 왔습니다." 장칭은 지적했다. 정확한 지적이다. "하지만 덩샤오핑은 절대 자신과 자신의 친구가 받은 비판은 언급하지 않습니다. 주석이 우리, 특히 나를 비판하는 것은 항상 과장하여 언급하고 있습니다."

장칭은 덩샤오핑에게 험담을 퍼붓는 것을 도저히 멈출 수 없었다. 장칭은 자신을 지지하는 사람들 앞에서 말했다. "우리 중국에는 국제 자본주의 첩자가 한 명 있습니다. 바로 덩샤오핑이죠." 하지만 장칭은 곧 한 가지 사실은 인정했다. "그런데도 우리 주석은 덩샤오핑을 보호하고 있습니다."[99]

마오쩌둥은 충돌의 도가니 뚜껑을 꾹 누르고 있었다. 마오는 아마도 언젠가 덩샤오핑이 혹은 더 훗날 화궈펑이 장칭과 협조 관계를 유지하는 날이 올 것이라고 희망했는지도 모른다. (덩샤오핑과 화궈펑 모두 그렇게 하려고 일정 기간 노력했다.)

어느 날 장칭은 다자이로 가서 정치 집회를 연속해서 열기로 결정했다. 당시 산시성의 다자이 모범 마을에서는 정치 집회가 자주 열렸고 최고 지도자들은 정치 연설을 열심히 했다. 마오쩌둥을 만족시키고 마오쩌둥 사후를 걱정하는 보통 사람에게 자신들의 존재를 알리려는 목적이었다. 다자이 마을은 산시성의 산이 많은 지역에 위치한 곳인데, 장칭은 기차를 타고 100명이 넘는 수행원과 함께 갔다. 장칭은 외부 방문객들이 머무는 초대소에 빛이 새어 들어오지 못하게 창문에 모두 검은 커튼을 치도록 했고, 새로 단 형광등 소리가 너무 시끄럽다고 다 치우게 했다. 또한 자신이 머무는 동안 마을에 자동차가 들어오지 못하도록 금지해줄 것을 요청했다.

현지 주민과 관계를 과시하기 위해 장칭은 근처에 있는 '후토산(虎頭山)'에 가서 방공호를 건설하는 작업을 하기로 했다. 카메라 촬영기사를 대동하고 나간 장칭은 5분 동안 직접 땅을 팠다.

"나는 매일 비난받고 있습니다!" 다자이 마을에서 한 연설에서 장칭은 그렇게 외쳤다. "아마도, 진정한 공산주의자가 아니겠죠? 만일 누구도 당신을 비난하지 않는다면?" 장칭의 연설을 들으려고 중국 각지에서 영화인들과 젊은 좌파 지식인들이 다자이까지 모여들었다. 엄청난 비용이 들었지만 장칭은 그 덕분에 자신에게 매우 호의적인 청중 앞에서 자신의 고통을 드러내면서 동시에 강력한 투지를 보여주었다. "요즘 베이징에서는 엄청난 투쟁이 벌어지고 있습니다. 하지만 여러분이 잘 아시다시피 저는 두렵지 않습니다. 이 늙은 할머니는 비난받는 것 따위는 전혀 두려워하지 않습니다!"

장칭은 청중에게 자신이 지지하는 정책을 요약해 설명했다. "문화혁명 과정에서 생산된 예술과 문학에 대해 지금 수정주의자들과 일부 군인들이 비열한 공격을 퍼붓고 있지 않습니까? 그렇게 하라고 하세요. 하지만 아, 저는 그런 공격을 볼 때마다 욕을 하지 않을 수 없습니다. 이 저격수들은 그야말로 깡패 자식들입니다."

"지금 당에는 온건파와 좌파가 있습니다."라고 장칭은 선언했다. 그녀는 멋진 제스처를 쓰면서 한 팔을 위로 높이 치켜 올리더니 다시 팔을 구부려 집게손가락으로 자신의 코를 건드렸다. "그리고 바로 제가, 부족한 사람입니다만, 좌파의 지도자입니다." 다자이에서 진행된 정치적 투쟁의 축제는 공식적으로는 농업 문제를 토론하는 자리였다. 덩샤오핑, 화궈펑 등이 연설했는데, 일반에게 알리기 위해 연설문이 출판되었다. 하지만 책상 위에 올라온 장칭의 연설문을 읽은 마오쩌둥은 경멸 섞인 목소리로 화를 냈다. "전혀 쓸모없음." 마오는 연설문 여백에 그렇게 썼다. "엉뚱한 소리를 하고 있음. 출판하지 말 것."[100]

그럼에도 불구하고 장칭은 이따금 마오의 지지를 받았다. '경험주의'에 반대하는 좌파 운동이 진행되던 어느 날, 마오는 중요한 기획 회의에 참석하도록 장칭을 소환했다. 그러나 장칭이 제시하는 아이디어에 화가 난 마오는 이 책 저 책을 집어 들어 그녀에게 던지기 시작했다. 장칭은 겁을 먹었고 마오의 의료진은 그가 심장마비를 일으키지 않을까 우

려했다.[101]

그때 캉성은 베이징의 병원 침대에 누워 있었다. 캉성은 비서를 보내 왕하이룽과 낸시 탕을 오도록 했다. 마오의 곁에 있으면서 특별한 정보를 접하는 젊은 두 여성은 당시 엄청나게 높은 사실상의 지위를 누리고 있었다. 두 여성은 보안 문제와 더러운 술책에서 타의 추종을 불허했던 사람의 병상 곁으로 갔다. (두 사람의 주장에 따르면 캉성에게 가기 전, 마오쩌둥의 허락을 받았다고 한다.) 캉성은 자신이 곧 죽을 것이며, 그 전에 마오쩌둥에게 이야기하고 싶은 마지막 한 가지 중요한 문제가 있다고 말했다.

"장칭과 장춘차오는 과거 공산당의 배신자였소." 힘들게 숨을 몰아쉬며 캉성은 두 여자에게 말했다. "장춘차오의 배신에 관한 서류를 장칭이 내게 보여준 적이 있소." 장칭의 경우에는 캉성 자신이 잘 알고 있다고 말했다. 1930년대 장칭이 장제스 세력과 어떻게 협조 관계를 맺었는지 캉성 본인이 정황을 알고 있었다. 캉성은 두 여성에게, 마오쩌둥에게 이 모든 것을 보고하기 전에 장칭과 장춘차오의 정치적 부패에 대해 더 자세한 사항을 알려줄 두 사람을 만나보라고 했다. 한 사람은 우중자오란 인물로 1930년대 상하이에서 지하 활동을 했으며 지금은 베이징에 있는 박물관에서 일하고 있다는 것이었다. 다른 한 사람은 왕관란으로 쉬밍칭, 즉 '쉬 언니'의 남편이었다. 쉬 언니는 장칭의 상하이 시절 친구로서 시안을 거쳐 옌안으로 여행할 때 동행했던 사람이다.

장칭과 캉성은 동향 사람이라는 연결고리로 얽힌 관계였다. 두 사람은 긴 세월 동안 은밀하게 서로를 도우면서 가까우면서 밀접한 관계를 유지해 왔다. 하지만 당시 중국 정치를 더러운 시궁창으로 빠지게 했던 음모와 불신과 배신과 부패의 힘 앞에 두 사람의 관계 역시 파괴되고 말았던 것이다. 캉성은 장칭이 마오의 계승자가 되지 못할 것이라고 믿었고, 이런 행동을 함으로써 죽은 뒤 자신의 명성을 보호하고자 했다.

캉성과 장칭은 성격이 대조적이었다. 캉성은 거짓말과 조작과 살인을 밥 먹듯이 자행하는 인간이었다. 권력을 조작하고 관리하는 차가운 성격의 캉성은 자신이 나쁜 짓을 하고 있다는 것을 잘 알았다. 장칭은 자존심을 보호하고 지키는 데 너무 열중하느라 권력을 관리하는 차가운 인간이 될 수는 없었다. 장칭은 자신의 공격을 받고 몰락하는 사람들이 당연히 죗값을 받는 것이라고 믿어 의심치 않았다.

장칭은 자신을 남들 앞에서 표현하고 싶어 했고, 자신의 정당함을 증명해 보이고 싶어 했으며, 또 자신을 업신여기는 자들에게 복수하고 싶어 했다. 그런 장칭의 행동은, 권력을 극대화하기 위해 철저하게 계산된 행동을 했던 캉성에 비하면 어린아이처럼 순진했다. 순진했다고는 하지만 장칭은 다른 곳을 쳐다보지 않고 목적을 향해 온 힘을 다해 전력 질주했다. 캉성이 수단과 방법을 가리지 않고 권력 확대라는 오직 하나의 목적을 추구한 것과 성격은 다르지만, 파괴력 면에서는 뒤지지 않았다. 캉성은 주위의 모든 사람을 이용했으며, 심지어 마오쩌둥까지 이용했다. 하지만 장칭은 많은 사람을 이용할 정도로 정치적으로 영리하지 못했다. 대부분의 경우 장칭은 남들에게 이용당하는 편이었다. 마오쩌둥뿐 아니라 다른 사람들에게도 장칭은 자주 이용당했다.

왕하이룽과 낸시 탕은 이런 위험한 일을 자신들이 맡아도 괜찮을지 겁이 났다. 그래서 캉성이 말한 두 사람을 만나러 가기 전에, 우선 관료 조직상 자신들의 상관인 외교부장 차오관화와 그의 아름다운 아내이며 마오쩌둥에게 영어를 가르치기도 하고 대화 상대가 되어주기도 하던 장한즈*를 찾아가 이 문제를 의논하기로 했다. 1975년 어느 더운 여름날 저녁 두 여자는 외교부장 저택을 방문했다. 이런 그들의 행동은 캉성의 입장에서 보면 실수였다. 외교부장과 그 부인은 장칭을 좋아하고 존경하는 사람들이었다. 부부는 젊은 두 여인의 질문에 적당하게 둘러대는

---

* **장한즈(章含之, 1935~2008)** 마오쩌둥의 영어 교사였으며 닉슨 미국 대통령이 1972년 중국을 방문했을 때 통역을 맡아 유명해졌다. 외교관으로 일하던 중 1973년 차오관화와 결혼했다.(역주)

대답을 하면서 그들의 불안을 친절한 말로 달래주었다. 외교부장은 캉성이 말한 두 인물에 대해 전혀 아는 바가 없다고 말했다. 1930년대 장칭의 사생활이 다양하고 복잡했다는 것은 어느 정도 알고 있지만, 장칭이 정치적 배신 행위를 했다는 데 대해서는 전혀 아는 바가 없다고 대답했다.

외교부장과 영리한 부인 입장에서 본다면, 이는 현명한 대응이었다. "남편과 저는 왕하이룽과 낸시 탕에게 캉성의 말을 마오 주석에게 전달하지 말라고 했어요." 훗날 장한즈는 이렇게 말했다. "우리의 관점은 이랬어요. 만일 캉성이 정말로 주석에게 할 말이 있다면 캉성 자신의 비서에게 말하여 심부름을 시키면 되지 않는가라고요. 아무것도 모르는 젊은 두 사람에게 자신의 말을 전달하라고 하는 것은 우리로서는 이해하기 힘들다고 말해주었어요."

왕하이룽과 낸시 탕 역시 훗날 이렇게 말했다. 당시 당의 상층부 인사들은 "장칭 문제를 끄집어내 문제 삼겠다."는 분위기가 전혀 아니었다고 느꼈다는 것이다. 하지만 동시에 장칭이 "정치 무대에서 멀리 떨어져 있어야 한다." 그리고 "마오가 죽은 뒤 장칭은 격리되어 여생을 마쳐야 할 것이다."라고 당의 상층부의 많은 사람들이 생각하고 있었다는 것이다. 여하튼 두 여성은 일단 이 다이너마이트같이 위험한 문제를 다른 사람에게 더 언급하지 않고 자신들만 알고 있기로 마음을 정했다.[102]

덩샤오핑은 장칭을 대하는 마오의 태도를 죽어 가는 캉성보다 더 잘 이해하고 있었다. 1975년 4월과 5월에 마오가 장칭을 비판한 이후, 정치국 회의는 덩샤오핑이 주관하게 되었으며 아마도 덩샤오핑은 장칭의 힘을 약화시킬 수 있는 직접적인 권력을 갖게 되었을 것이다. 하지만 덩샤오핑은 마오가 장칭을 숙청하려는 생각은 없고 다만 그녀를 통제하려는 의도만 품고 있다고 이해했다. 캉성은 그런 마오의 생각을 잘 알지 못했다.

저우언라이의 죽음

1976년 1월 중국에 슬픈 날이 왔다. 저우언라이가 일흔여덟의 나이에 암으로 세상을 떠났던 것이다.[103] 항상 곁에서 도움을 줄 것 같던 인물이 사람들의 곁을 떠난 것이다. 추운 날씨인데도 검은 꽃매듭과 노란 꽃매듭으로 장식한 천으로 덮은 저우언라이의 관이 옮겨지는 것을 100만 명이 넘는 사람들이 조용히 지켜보았다. 저우언라이 총리가 마오쩌둥보다 먼저 죽은 것은 중국에는 불행한 사건이었다. 마오가 죽었을 때 저우언라이가 살아 있었더라면 좀 더 평온하게 일이 진행되었을 것이다. 한편 저우언라이가 죽자 마오는 이 기회를 틈타 왼쪽으로 갑자기 기울었고 이 때문에 중국 정치는 좌우의 극한 대립 양상을 띠게 되었다.

장칭과 저우언라이는 오랜 세월 동안 친분을 유지했지만 린뱌오가 죽은 이후 갑자기 경쟁자 관계로 변했다. 1940년대와 1950년대 저우언라이는 장칭을 겸손하면서도 매력 있는 여인으로 인식했다. 하지만 그 이후로 장칭은 측천무후같이 강인하면서도 계산적인 인물로 변모했다. 예전에 장칭이 모스크바 병원에서 암을 앓고 있을 때 저우언라이는 자신의 직무가 명령하는 것보다 훨씬 더 많은 노력을 기울여 장칭을 돌보았다. 마오쩌둥이 시키지 않았는데도 저우언라이는 장칭의 기분을 좋게 해주기 위해 여러 면으로 노력했다. 하지만 저우언라이가 암과 싸우는 동안 장칭은 무심했다.

좀 더 적나라한 진실을 말하자면, 저우언라이의 죽음은 아마도 마오쩌둥에게는 긴장을 풀 수 있는 상황이 되었고, 장칭에게도 엄청나게 긍정적 사건으로 인식되었다. 저우언라이가 죽고 얼마 뒤에 장칭은 추종자들과 만나 이렇게 말했다. "나는 새장 속에 갇혀 있던 사람입니다. 이제 새장 밖으로 나왔고 마음껏 말할 수 있게 되었어요."[104]

장칭은 저우언라이가 죽고 몇 시간 후에 병원에 왔다. 장칭이 보인 건방진 태도에 옆에 있던 다른 지도자들은 기분이 상했다. "내가 아끼는 작은 차오.(小超, 我親愛的)" 장칭은 저우언라이의 부인 덩잉차오를 이렇

1976년 1월, 저우언라이가 사망하자 그를 추모하기 위해 텐안먼 광장으로 모여든 인파. 석 달 후인 4월 4일, 청명절을 맞아 베이징 시민들은 다시 한 번 저우언라이를 추모하기 위해 모인다. 이때 장칭은 광장의 화환과 헌시를 모두 치우라고 지시했고 이에 분노한 인민들은 폭동을 일으켰다.

게 불렀다. 저우언라이가 죽어 누워 있는 침대 쪽으로 눈길도 돌리지 않은 채였다. 장칭이 덩잉차오를 이렇게 부르는 것을 보고 모든 사람이 깜짝 놀랐다. 심지어 옆에 있던 의사와 간호사들도 놀랐다. 이것은 저우언라이만이 아내에게 쓸 수 있는 아주 친밀한 호칭이었기 때문이다.

아흔 살인 주더 장군은 문화혁명 때 불명예스러운 대접을 받았으나 최근 명예를 회복한 상태였다. 주더는 장칭이 저우언라이 침대 옆에서 모자를 벗지 않는 것을 보고 도저히 참을 수가 없었다. 저우언라이 병실에 있던 당 지도자들이 하나둘 떠나고 난 뒤, 곁방에서 주더 장군은 장칭에게 화난 목소리로 따지듯 물었다. "세상에, 그대는 이미 사람들에게 충분히 해를 끼치지 않았소? 당신이 해를 끼친 것은 사람들뿐이 아니오, 중국혁명에도 이미 충분한 손상을 끼치지 않았소?" 주더는 화가 잔뜩 나서 옛날 이야기까지 꺼냈다. "옌안에서 당신과 마오쩌둥이 어느 날 밤 나에게 찾아오지 않았소? 그때 뭐라고 했소? 결혼을 승낙해 달라고 하며 절대로 정치에는 관여하지 않겠다고 말하지 않았소?" 장칭은 아무 대답도 하지 않았다. 중국혁명의 늙은 영웅은 장칭에게 이렇게 말했다. "당신은 인간도 아니오."[105]

저우언라이의 관은 베이징 자금성 내 서편에 있는 호화로운 건물 안에 모셨고 당 지도자들은 저우언라이에게 마지막 예를 표하기 위해 모여들었다. 수백만 명의 시청자가 텔레비전 중계로 이 장면을 지켜보았다.[106] 미망인 덩잉차오는 속속 도착하는 고위 관료들을 맞았다. 덩샤오핑이 저우언라이의 관에 다가가자 덩잉차오는 애정 어린 태도로 인사를 나누었다. 덩잉차오는 장칭에게는 딱딱한 태도를 보였다. 장칭은 저우언라이의 관에 다가갔다. 이번에도 역시 모자를 벗지 않은 채였다. 중국의 모든 인민이 지켜보는 가운데, 장칭은 죽은 이에게 명백한 결례를 범하고 있었다. 중국 동북부 선양에서는 한 병사가 이 모습을 보고 화가 나서 의자를 텔레비전을 향해 던져버렸다. 광둥성에서는 군중들이 북경로(北京路)에 설치되어 있는 텔레비전으로 이 광경을 보고는 소리치기 시작했다. "그 여자를 두들겨 패라! 그 여자를 두들겨 패라!"

이때 텔레비전을 보고 있던 시청자들은 알아차리지 못했지만 장칭 가까이 있었던 사람들이 발견하고 경악을 금치 못한 세부 사항이 하나 더 있었다. 장칭은 겉에는 엄숙한 분위기의 검은 코트를 입었지만 코트 아래에는 진홍색 블라우스를 입고 있었다!

장칭과 덩샤오핑은 본격적으로 정치 투쟁을 시작했다. 당시 베이징의 봄은 소문과 공포와 후회가 넘쳐났다. 장칭은 덩샤오핑보다 두 가지점이 유리했다. 첫째, 저우언라이의 죽음으로 온건파가 약해진 점. 둘째, 마오쩌둥의 마음 상태가 1975년과는 완전히 달라졌다는 점이었다. 마오쩌둥은 덩샤오핑과 그의 정책에 공공연하게 적개심을 표현하기 시작했으며 아내인 장칭에게 우호적인 태도를 보이기 시작했다.

장칭과 측근들은 덩샤오핑이 저우언라이를 이어 총리 자리에 임명되는 것을 저지했다.[107] 대신 온건파는 장칭의 측근 장춘차오가 총리 자리에 오르는 것을 막았다. 결국 타협안으로 마오쩌둥 사람인 화궈펑이 총리직 대행으로 임명되었다. 화궈펑은 다른 후보들보다 능력은 처질지 모르지만 적의 수는 적었다. 심지어 장칭의 요리사조차 마오쩌둥이 이번 만큼은 '아주 똑똑한 결정'을 내렸다고 말했다고 한다. 화궈펑은 붙임성 좋은 사람이었지만 장칭은 아직 그를 어떻게 대해야 할지 갈피를 잡지 못했다. 하지만 1975년에 비하면 장칭은 정치적으로 훨씬 더 강한 입장에 있었다. 장칭이 마오의 후계자가 될 것이라는 가능성이 다시 한 번 부각되었다. 지지자들과 만난 자리에서 장칭은 "나를 대상으로 삼는 투쟁의 맹공격"[108]은 이제 기본적으로 과거사가 되었다고 선언했다. 장칭은 대담하게도 덩샤오핑을 '파시스트'라고 부르기 시작했다.[109]

이제 중난하이를 방문하는 사람들은 장칭이 마오의 거처에 사람들이 출입하는 것을 관리 감독하고 있음을 발견했다. 장칭은 이제 마오의 거처 곁에 있는 자신의 옛 거처에서 많은 시간을 보내기 시작했다. 마오위안신은 선양에 있는 고위직을 사임하고 사실상 마오쩌둥의 비서실장 노릇을 하면서 중난하이를 거의 떠나지 않고 있었다. 마오위안신은 장칭의 영향력을 더 키워주었다. 장칭과 마오위안신은 이제 전화 통화 내역을 감시하기 시작했고 어떤 문제건 가능한 경우라면 반(反)덩샤오핑적인 관점을 첨가했다. 또 그들은 서류 흐름에서 눈을 떼지 않았으며 마음에 들지 않는 통역사를 좀 더 말을 잘 듣는 통역사로 교체했다.

장칭은 마오의 초청으로 중국을 다시 방문한 닉슨 미국 대통령 부부를 극장으로 안내했다.[110] 지난번과 달리 이번에는 저우언라이가 곁에서 장칭의 주인공 노릇을 방해하지 않았다. 그날 밤 공연 프로그램에는 〈타이완 사람들은 우리의 형제〉라는 곡이 있었다. 대만을 '해방'시키겠다는 베이징 정부의 결의가 담긴 곡이었다. 이 곡의 연주가 끝나자 장칭은 자리에서 벌떡 일어나 열렬히 박수를 치기 시작했다. 닉슨 부인도 같이 일어나 박수를 쳤다. 하지만 닉슨 대통령은 (아마도 가사 내용을 어느 정도 이해했던 것 같다) 살짝 일어나는 시늉만 하고는 자리에 다시 앉았다. 남편의 행동을 곁눈으로 본 대통령의 부인도 얼른 자리에 앉아버렸다. 장칭은 계속 박수를 치며 크게 웃고 있었다.

3개월 뒤 텐안먼 광장에 있는 기념탑 위에 시 한 수가 걸렸다. 얼핏 보기에는 알쏭달쏭한 내용이었지만 시의 의미는 분명했다.[111]

> 아무개 여사, 당신은 정말 제정신이 아니군요.(某女士眞瘋狂)
> 여황제가 되는 것이 당신의 야망(妄想當女皇)
> 이 거울을 들어서(給你個鏡子照一照)
> 자신의 모습을 한번 보세요.(看你是個啥模樣) ……
> 윗사람을 기만했고 아랫사람 역시 속이는군요.(欺上瞞下跳得歡)
> 하지만 좋은 시간이란 결코 오래 지속되지 않죠.(好景終不長)
> (후략)

수만 명의 인파가 이 시가 걸려 있는 '인민영웅탑' 주위를 걸어다녔고 장칭을 공격하는 이 시를 의아한 눈으로 쳐다보았다. 이때는 죽은 이들을 기억하는 축제 기간이었고 저우언라이에게 화환과 헌시를 바치는 행동은 석 달 전에 저우언라이가 죽은 뒤로 급격하게 강력해진 극좌파 인물들에 대한 무언의 항의 표시였다.

이때 내걸린 여러 시 가운데에는 마오쩌둥을 비난하는 것도 있었고 ("진시황의 지배는 이제 끝났다") 중국이 앞으로 어디로 나아갈 것인가를 걱정하는 시도 있었다. 하지만 특히 흥미로운 것은 장칭에게 분노에 차서 개인적 공격을 퍼붓는 시들이었다. 검은 글자로 큼직하게 쓴 시는 이렇게 말하고 있었다. "과거와 마찬가지로, 황제는 미인에게 잘못 걸려 현혹되고 말았다." 장칭의 과거 이름과 지금 이름을 이용하여 조롱하는 시 구절도 있었다. "저우언라이의 기억을 강물이 씻어 내리지 못하도록 하라." (강은 '장칭'의 '장'이다. 이 시구에는 중국에서 화를 불러오는 여인을 뜻하는 '화수禍水'란 표현도 있었다.) 이날 행사에서 한 연설에서는 마오의 전처인 양카이후이의 이름도 언급되어 칭송의 대상이 되었다. 이 역시 장칭에 대한 공격이었다.

장칭은 이날 중난하이의 자신의 거처에 앉아 톈안먼 광장에서 벌어지는 상황을 계속 보고받으면서 불안해하고 있었다. 하지만 사태가 얼마나 심각한지 잘 모르고 있었다. 사람들이 여자 통치자라는 생각에 품은 반감에 장칭이 특별하게 할 수 있는 일은 없었다. 하지만 저우언라이를 공격하는 장칭 자신이 얼마나 큰 위험에 처하게 될지에 대해서는 그 위험성을 과소평가하고 있었다. 그리고 화궈펑 총리와 다리를 놓는 데도 실패하였다.

저우언라이를 추모하는 이 기간 동안 중국 인민들은 특별한 모습을 보였다. 자전거를 훔치는 사람이 없었다. 이 기념탑에 가까이 다가가면 인민들은 담뱃불을 껐다. 톈안먼 광장을 지나가는 버스를 탄 사람들은 버스가 광장을 지날 때 서로 눈길을 피했다. 어쩌면 그때 바로 중국 정치에서 하나의 독립적 요소로 여론이라고 하는 것이 비로소 탄생했는지도 모른다. 하지만 장칭의 정치적 판단은 편협했다.*[112] 장칭은 여론을 이해하는 능력이 원래부터 깊지 않았을뿐더러, 오랜 기간 동안 최고 권력층 내부에서 음모적 투쟁만 하다 보니 여론을 전혀 생각하지 않게 되었고, 그저 그런 대중들의 감정은 모두 권력층이 조작하는 것이라고 여

---

* 측천무후는 도전을 받았을 때 넓은 안목으로 냉철한 절제력을 발휘했다. 하지만 장칭에게는 그런 자질이 없었다. 한 학자가 아주 훌륭한 기예를 발휘하여 측천무후의 남자 관계와 정치적 지도력을 준엄하게 비판하는 글을 작성했는데 그 글이 측천무후에게 전달되었다. 측천무후가 물었다. "이 글을 쓴 사람이 누구인가?" 반(反)측천무후 집단의 일원인 어느 학자라는 대답이 왔다. 측천무후가 말했다. "대신들이 참으로 잘못하고 있소. 이렇게 능력 있는 사람을 요직에 등용하지 않고 푸대접을 하고 있다니." 장칭은 측천무후처럼 자기 자존심을 절제하고 냉정함을 보일 수가 없었다.

겼던 것이다. 장칭은 현명하지 못한 결정을 내렸다. 사람들이 영웅탑에 갖다놓은 화환과 헌시를 모두 제거하라고 지시했던 것이다. 분명히 장칭은 마오쩌둥의 동의를 얻은 뒤 이런 지시를 내렸을 것이다.

장칭이 이런 지시를 내리자, 잔뜩 흥분했지만 그래도 질서정연하게 진행되던 축제는 볼썽사나운 폭동으로 바뀌었다. 4월 5일에 일어난 소란은 14시간 동안 계속되었고 수십만 명의 사람들이 참여했다. 자동차들이 불탔고 사람들이 폭행당했으며 부상자가 많이 나왔고 사망자까지 있었다. 장칭은 비록 자주 '인민'과 자신의 관계를 이야기했지만 인민을 그저 장난감이나 어릿광대 정도로밖에 생각하지 않았다. 인민은 필요에 따라 정치 무대 위에서 이리로 혹은 저리로 옮기는 존재에 지나지 않았다. 그런데 지금 이 장난감과 어릿광대가 마치 인간 흉내를 내어 스스로 움직이고 말하고 생각하려고 하지 않는가? 이미 정치적으로 충분히 불명예를 당하고 있던 부총리 덩샤오핑은 사실 톈안먼 광장에서 벌어진 사태와 아무런 관련이 없었지만, 장칭이 생각해낼 수 있었던 것은 오직 덩샤오핑뿐이었다.

패닉 상태에서 열린 중국공산당 정치국 회의에서 장칭은 적극적으로 강력한 조치를 취해야 한다고 주장했다. 마오쩌둥은 참석하지 않았다. 마오는 집에 앉아 예쁜 젊은 여성과 이야기를 나누고 있을 뿐이었고 정치적 동료는 거의 만나지 않았다. 하지만 조카 마오위안신을 통해 덩샤오핑을 모든 직책에서 해임시키자는 제안을 전해 왔다. '만장일치'로 덩샤오핑의 해임이 결정되었다. 장칭은 보좌진을 다 집합시켜 마오타이 술과 땅콩과 돼지고기 볶음을 먹으며 축하하는 자리를 열었다. 축배를 들며 그녀는 이렇게 말했다. "우리는 승리했습니다. 잔을 듭시다. 앞으로 나는 항상 때릴 준비가 되어 있는 몽둥이가 되겠습니다." 이로써 덩샤오핑은 마오쩌둥의 후계자 후보에서 완전히 제외되었다. 그렇다고 장칭이 후계자 후보로 확정된 것은 아니었다. 인민들의 항의 행동이 자신의 미래에 얼마나 불길한 징조인지 장칭은 아직 깨닫지 못하고 있었다.

장칭의 적은 겁을 집어먹고 고개를 숙였다. 정책의 방향이 장칭에게 유리한 쪽으로 흘러가고 있었다. 문화계 관료들이 장칭에게 불려갔고 문화혁명 10주년을 기념하는 다양한 무대 예술 공연이 기획되었다.[113] 칭화대학에는 장칭을 따르는 집단과 장칭의 이복 언니가 활동하고 있었는데, 이들이 전면에 나서 이 대학에서는 교과 과정에 측천무후와 여태후의 업적을 다룬 새로운 역사학과 강의를 개설하도록 결정했다.[114]

장칭은 외국 지도자를 만나 접대하면서 오만한 태도를 보였다. 1974년 장칭이 최고조에 올라 있을 때와 비슷한 분위기였다. "장칭은 ……연회에 참석한 다른 간부들에게 이것저것 엄청나게 많은 것을 명령하고 지시하더군요." 뉴질랜드 총리였던 로버트 멀둔(Robert Muldoon)의 회고다. 장칭과 동료들과 함께 축구 경기를 관전하고 난 뒤에 멀둔 총리는 이렇게 말했다. "왜 장칭이 사람을 들들 볶는 잔소리꾼이라는 명성을 얻었는지 한눈에 알 수 있었습니다."[115]

갑자기 캉성이 장칭을 비난했다는 보고서가 마오쩌둥 책상 위에 올라왔다.[116] "지난 여름 우리는 장칭 동지와 장춘차오 동지를 음해 공작하는 소문을 들었습니다." 장한즈는 마오에게 보내는 뒤늦은 보고서에 그렇게 썼다. "이제 저는 이 모든 것이 덩샤오핑이 직접 조작한 것이라고 생각합니다." 외교부장 부인의 설명이었다. 장한즈는 이제 이 민감한 메시지를 마오 주석에게 전달할 안전한 포장 방법을 찾았던 것이다. 중국 정치에서 더러워진 세탁물을 빨아주는 세탁기에서 덩샤오핑은 이제 가장 더러운 세탁물들이 쌓여 있는 곳에 떨어진 신세였기 때문이다.

장한즈는 자신이 알고 있는 이야기를 남김없이 보고했다. 캉성이 죽음을 맞이하여 장칭의 등에 칼을 꽂음으로써 역사에서 자신의 이름을 보호하려고 했던 것 등을 보고했다. (캉성은 1975년 12월 사망했다.) 장한즈는 왕하이룽을 가볍게 비판하면서 보고서를 마무리지었다. "이 모든 소동은 결국 조용하게 가라앉았습니다. 하지만 우리는 어느 날 인민대회당에서 열린 연회에서 한 노인이 힘겹게 걸어가고 있는 것을 보았습니다. 왕하이룽이 마침 곁을 지나가더군요. 그래서 저는 저 노인이 누구냐고 물었습니다. '그가 바로 우중자오예요.'라고 답하더군요. 왕하이룽이 일부러 그 노인을 연회에 참석시킨 것이 아닌가 하는 생각을 지울 수가 없었습니다."

이때 장한즈가 마오쩌둥에게 제출한 보고서는 내용이 상당히 왜곡된 것이기는 했지만 한 가지 사실은 분명했다. 마오쩌둥의 가장 가까운 측근이자 장칭의 가장 오래된 동료가 죽음을 앞두고 장칭이 과거 배신자였다는 말을 분명하게 했다는 사실이다. 하지만 마오쩌둥은 별로 신경을 쓰지 않았다. 그는 이 다이너마이트를 한쪽으로 치워놓았다. 캉성의 폭로에 대한 조사는 실시되지 않았다.

외교부장 부인은 장칭에게 가서 모든 이야기를 낱낱이 고해바쳤다. "어디를 보나 그자는 린뱌오보다 더 나쁜 사람이군요." 장칭은 장한즈에게 그렇게 말했다. "가족 같은 사람에게 이런 배신을 당하니 정말 기가 막힐 노릇이군요."

캉성이 날린 독화살이 장칭을 맞히지 못한 가장 주요한 이유는 물론 마오쩌둥의 달라진 태도 때문이었다. 마오쩌둥은 이제 많은 쟁점에서 좌편향적 경향을 보였으며 파킨슨병이 진행되면서 38년간 곁에 둔 아내 장칭에게 상당히 애틋한 마음을 품게 되었다.

저우언라이는 죽어버렸고, 덩샤오핑은 실각했으며, 무엇이든 주는 대로 감사하게 받는 화궈펑은 평범한 인물이었다. 이렇게 되자 마오쩌둥은 자신의 진정한 후계자가 될 사람이 없다는 생각을 다시 하게 되었다. 그 대신 자신을 죽지 않는 존재로 영속화할 사람으로 장칭에게 다시 마음이 쏠렸다. 장칭은 항상 문제를 일으키고, 심지어 많은 사람에게 미움 받는 사람이 아닌가? 늙은 마오의 기분은 때로는 침울하고 때로는 엉뚱하게 변화했다. 마치 옛 이야기에 나오는 원숭이가 신통력으로 온 세상을 농락했듯이, 지금 마오쩌둥은 신하들을 모두 속여 넘기며 기뻐했으며, 오로지 자신이 도와준 덕분에 (마오는 그렇게 믿고 싶었다) 모든 것을 손아귀에 넣은 여배우 출신의 고집스러운 아내에게 거대한 나라를 넘겨주면 그것도 재미있지 않을까 하는 엉뚱한 생각을 하고 있었다.

마오쩌둥은 '바바오산 혁명공묘(八寶山革命公墓)'에 자신과 아내가 같이 묻힐 묘지 터를 결정했다.[117] 몇 차례 같이 가서 부부는 묘지 터를 둘러보았다. 1976년 여름 마오는 장칭에게 마치 작별의 시 같은 느낌이 나는 시를 한 수 보냈다. 시는 이렇게 시작한다. "당신은 부당한 대우를 받았소. 오늘 우리는 두 개의 세상을 향해 서로 다른 길로 걸어가고 있소. 당신도 나도 평화롭기를 바라오."

"지난 10년의 투쟁 속에서 나는 혁명의 산봉우리에 도달하려 노력했소." 특유의 음울함과 자기 비판적 분위기를 풍기면서 마오는 문화혁명을 언급했다. "하지만 나는 성공하지 못했소. 그러나 그대는 산봉우리에 오를 수 있을 게요." 장칭에게 보내는 마오의 마지막 시는 개인적인 것이었지만, 마오는 정치적 문제 역시 빼놓지 않고 언급했다. 장칭이 태도를 바로잡아 최고 지도자가 되기를 바라는 마음이 있으면서도 그렇게 하지 못하리라는 우려도 담겨 있었다. "만일 당신이 실패한다면 당신은 끝없는 나락으로 떨어지고 말 것이오. 몸은 산산이 부서지고 뼈는 마디마디 부러질 것이오."[118]

그해 여름 어느 날 장칭을 제외한 정치국원 모두가 마오가 누워 있는 침대 옆으로 모여들었다.[119] 마오는 겨우 말을 할 수 있을 정도였고 모든 사람은 이것이 마오가 참석하는 마지막 정치국 회의가 되리라고 느꼈다. "장칭을 도와서," 숨을 헐떡이며 마오가 겨우 말했다. 서로 치열한 싸움을 하고 있던 정치국원들은 귀를 쫑긋 세우고 마오가 미래에 관해 내리려는 지침을 들으려고 몸을 앞으로 숙였다. 하지만 마오의 말은 곧 힘이 빠지고 뭐라고 중얼거리는 소리가 되고 말았다. 장춘차오와 왕훙원은 마오가 그때 "붉은 기를 들고 가도록."이라고 말했다고 주장했다. 그렇게 되면 공산당 주석 자리를 장칭이 계승하라는 말이 된다. 하지만 옆에서 마오의 마지막 말을 들은 온건파들의 주장은 달랐다. "장칭을 도와서 그녀의 과오를 교정하도록."이라고 마오가 말했다는 것이다. 이렇게 되면, 예젠잉과 리셴녠 등의 해석대로 마오가 장칭의 노선과 행동을 비판한 것이 된다.

가장 개연성이 큰 설명을 택한다면, 아마도 마오쩌둥은 장칭의 야심에 모호한 태도를 보이긴 했지만 그렇다고 완전히 적대적 감정은 품지 않았다는 설명이다. 마오는 그날 모임에서 이렇게 말하기도 했다. "내 의견은 우리나라에 대통령직 같은 제도는 맞지 않다고 봅니다." 마오는 노년층, 중년층, 청년층, 이렇게 세 부분으로 이루어진 권력 핵심부가 필요하다고 말했다. "여기에 장칭이 포함될지 말지는 정치국이 결정할 문제요." 이것이 원래 마오가 말하는 방식이다. 무슨 말을 하는지 분명치 않으며, 어떤 입장을 취하는지 분명치 않고, 그렇다고 완전히 어떤 의견을 반대하지도 않는다.

6월에 마오가 두 번째 심장마비를 일으킨 뒤 장칭은 중난하이에 돌아와 거주하기 시작했다. 여기서 그녀는 장위펑이 마오에게 행사하는 영향력과 상대해야 했다. 마오가 수입 영화를 보는 것이 좋겠다고 건의한 것은 사실 장칭 자신이었지만 이제 그녀는 밝은 빛이 마오의 눈에 해롭다고 생각하여 영화를 보지 말아야 한다고 말했다. 하지만 장위펑은 동의하지 않았고, 장위펑의 의견이 받아들여졌다. 장위펑과 마오는 여러 홍콩 영화를 보았다. 하지만 장칭이 마오를 만나러 올 때면 장위펑은 영화 상영 장치를 치워버리곤 하였다.[120]

어느 날 장칭은 베이징에서 자신의 지지자들이 가득 찬 기관 세 군데를 돌면서 방문하는 일정을 세웠다.[121] 비서진에는 이 방문 행사가 모두 언론에 보도되도록 조치하라고 지시했다. 장칭은 마오쩌둥을 대신하여 국가적 우려의 시기에 자신이 인민과 함께하고 있음을 보여주려 한 것이다. 검은 옷을 차려입고, 큰 걱정을 안고 있지만 그래도 당당한 태도를 유지하는 장칭은 어느 모로 보나 국가 최고 지도자 부인으로서 손색이 없었다. 우선 베이징대학을 방문한 다음, 신화사 인쇄소에 들렀다가 칭화대학으로 향했다. 장칭은 중국의 미래 희망을 이야기했다.

그날 오후 베이징의 한 언론인이 기사를 하나 작성했다. 제목은 "장칭, 마오 주석 및 당 중앙위원회의 대표로서, 수도의 인민들을 위로 방문함"이었다. 국가의 언론 기관에 통제권을 갖고 있던 야오원위안도 이런 과대 보도 기사를 승인할 수는 없었다. 장칭의 비서진은 이 기사가 〈북경일보〉에 게재되도록 백방의 노력을 다했다. 〈북경일보〉 편집국원들은 기사 송고 내용이 지나치게 감상주의적, 과시주의적인 데 질색해서 계속 게재를 지연시킨 결과 결국 기사 마감 시간을 넘겨 이 기사는 자연스럽게 무로 돌아가고 말았다.

"지난 여름 여기에 와서 여러분들을 보고 싶었습니다." 장칭은 톈진으로 가는 길에 샤오진좡에 들러 농민들에게 말했다. 이들은 이미 오래 전부터 장칭이 지휘하는 문화 행사에 열심히 참여해 온 청중이었다. "하지만 사람들은 내가 그렇게 하지 못하도록 했지요." 이제는 자유로워졌다고 장칭은 큰 소리로 외쳤다. 하지만 이야기 내용은 자유로운 상태와는 거리가 멀었다. "나는 여러분들에게 이런저런 문서를 보내지 않습니다." 장칭은 농민들에게 말했다. 이들이 베이징에서 벌어지는 정치 싸움의 세부사항에 관심이 있을지 의문이었다. "하지만 사람들은 제가 여러분에게 비밀자료를 보냈다고 비난하고 있습니다. 이런 비난은 범죄 행위입니다."

장칭은 마을에서 며칠간 쉬었다. 아마도 베이징에서 얻은 긴장을 풀려 했을 것이다. 장칭은 먹는 것에 까탈스럽게 굴었고 요리사들은 수도 베이징까지 가서 톈진에서는 구할 수 없는 재료를 구해 와야 했다. 저녁이 되면 장칭은 종잡을 수 없는 연설을 했다.

"덩샤오핑은 나를 지옥에 보내려고 하고 있어요!" 장칭은 소리쳤다. "그는 흐루쇼프보다 훨씬 더 나쁜 인간입니다! 그자는 왕관을 쓰고 싶어 하고 있어요. 그는 황제가 되려 하고 있습니다!"

자신의 정적과 벌이는 이 거울 이미지 전투에서 장칭은 자신이 가깝게 여기는 몇몇 기관이 마치 덩샤오핑의 방해 공작 대상이었던 것처럼 말했다. "문화부(그녀의 예술 계획), 체육위원회(탁구 챔피언이며 그녀의 충실한 젊은 남자 친구인 좡쩌둥이 수장으로 있는 곳), 샤오진좡(당장 앞에 있는 청중을 언급하는 것은 항상 현명한 행동이다), 이 기관들과 마을은 모두 덩샤오핑의 탄압에 시달려 왔습니다."

"현재 나는 정치국에서 '1인 단위'입니다. 홀로 서 있는 것이지요." 농민들은 조용히 듣고 있었다. 이 말이 무슨 뜻일까? "정부의 직책이 배분될 때를 보면, 그들은 나를 어떻게 처리해야 할지 모릅니다. 그들은 단지 나를 받아들이는 도리밖에 없지요." 여자인 자신이 정치국이 볼 때에는 도저히 감당할 수 없는 인물이라는 뜻이다. "엄청난 남성 중심주의가 그곳을 지배합니다." 장칭은 큰 소리로 외쳤다.

마오가 죽어 가고 있는 베이징 상황과 샤오진좡 상황을 번갈아 언급하면서 장칭은 이 마을에서 정치 행사나 문화 행사를 할 때 여자가 아니라 남자가 토론을 주재하는 것을 비난했다.

장칭은 이제 드디어 가장 핵심을 이야기하면서 마르크주의의 옷을 입힌다. "생산 영역에서 여성은 근본적 위치를 차지하고 있습니다. 왜냐하면 노동력이 생산의 기본적인 힘이고, 바로 모든 노동력은 여자로부터 태어나기 때문입니다." 장칭은 지금 생식(生殖)에 관한 사실들을 정치 권력에 관한 마르크스주의 이론으로 바꿔놓고 있는 것이다. 병원에 누워 있는 여인이야말로 바로 인류 역사를 탄생시키는 사람이라는 이야기다. "남자가 인류 역사에 공헌한 것은 겨우 한 방울의 정액뿐입니다." 장칭의 결론은 다음 말이었다. "남성들은 자리를 비켜야 하며, 이제부터는 여성들이 일을 관리하도록 해야 합니다."[122]

"내가 여기에 온 것은 수정주의적 오류를 바로잡기 위해서입니다." 장칭은 9월 2일 다자이 마을의 황량한 야산에서 이렇게 선언했다.[123] "나는 마오 주석의 비서입니다. 주석의 손 안에 들어 있는 것은 모두 제 손 안에 있습니다."

다자이는 좌익주의의 요새로서 빈곤을 덕으로 칭송하던 곳이다. 이런 곳에 장칭은 일곱 대로 구성된 차량 행렬을 끌고 왔으며 승마를 즐기기 위해 말 네 필을 끌고 왔다. 이것은 경외심을 불러일으키는 광경이었다. (하지만 돌이켜 생각하면 오만한 행동이었다.) 장칭을 잘 아는 사람이 볼 때, 장칭은 한편으로는 지금 코앞에 최고 권력의 향기가 풍기고 있어 기분이 매우 고조된 상태라고 말할 수 있다. 아니면 완전히 반대로, 이제 장칭은 자신의 운이 다했다는 것을 알고 마지막으로 위세를 떨쳐보고 싶었다고도 할 수 있다.

"내가 만든 방공호는 어떻게 되었죠?" 전해에 자신이 시작해놓은 것을 가리키는 말이었다. 장칭에게는 안된 일이지만, 지극히 현실적인 다자이 마을 사람들은, 후토산의 깊은 골짜기에는 작은 동굴이 많아서 방공호가 필요없다고 결론짓고 장칭이 만들어놓은 방공호를 돼지우리로 만들었다는 것이다. "내 방공호를 파괴해도 좋다고 누가 말했습니까?" 장칭의 목소리는 산중의 사슴과 토끼가 놀랄 정도로 컸다. "내 방공호를 파묻어버리라고 명령한 사람은 보나마나 덩샤오핑이겠죠?"

"우리는 덩샤오핑을 만난 적도 없어요." 장칭을 안내하던 여인이 기어들어가는 목소리로 답했다.

장칭은 몹시 기분이 상했다. 몇 분 뒤 장칭은 그 여인에게 복수를 할 수 있었다. 장칭은 물도랑을 파기 위해 곡괭이를 들었다가 잠시 일을 하고는 곧 피곤해져서 뒤로 물러났다. "꼭 돼지가 땀 흘리는 것같이 내가 땀을 흘리고 있네요. 누가 다른 사람이 나서세요." 아까 장칭을 안내하던 마을 여성이 앞에 나서서 곡괭이를 잡았다. "당신은 안 돼요." 장칭이 날카롭게 말했다. "당신은 나를 대신하기에 적절한 사람이 아니에요!"

마을 상점에서 장칭은 필요도 없는 물건을 너그러이 은혜를 베풀 듯이 많이 구매했다. 그 다음 상점 점원들에게 한마디 하고 싶다고 했다. "종이 한 장을 꺼내서 거기에 여러분의 부모 이름을 쓰세요." 대부분의 사람들이 아버지 이름을 먼저 썼다. 이를 본 장칭은 잘못된 일이라고 지적했다. 장칭은 원시 중국의 모계사회 이야기를 하며, 그때는 사람들이 어머니를 존경했고 아버지 이름은 알지도 못했다고 가르쳐주었다. "그때는 여성이 권력을 잡고 있었죠." 장칭은 자랑스럽게 말했다. "항상 여러분의 어머니 이름을 먼저 생각하세요. 그리고 아버지의 지배에 반항하세요."

마오쩌둥의 유언과 쿠데타 실패

1976년 9월 5일 저녁 9시 30분 다자이 마을의 장칭 거처에 전화벨이 울렸다. 베이징의 화궈펑이었다. 마오쩌둥이 혼수 상태에 빠졌으니 즉시 베이징으로 돌아오라는 전화였다.[124] 침대에 든 상태였지만 장칭은 일어나서 짐을 쌌다. 비행기를 타러 스자좡으로 가는 기차를 기다리면서 장칭은 브리지 게임을 했고 활달하게 주위 사람과 대화를 나누었다. 훗날 공식 기관은 이를 무정한 태도였다고 비난했지만 사실 초조함의 표시였다.

스자좡에서 비행기를 타고 베이징에 돌아온 장칭은 중난하이에 도착하자 겁에 질리고 탈진한 상태로 침대에 쓰러졌다. "나는 아무것도 두렵지 않아." 장칭은 몇 번이나 다짐하듯 그렇게 중얼거렸다. 하지만 장칭은 공포에 싸여 있었다.

마오가 사망하기 전 몇 주일 동안 장칭의 행동을 보면 약간 제 정신이 아니었던 것 같은 느낌이 든다. 긴장이 높아지면서 그녀는 점점 더 신경이 날카로워졌다. 마치 칼날 위에 서 있는 듯한 느낌을 받았던 것 같다. 그 옛날 측천무후가 잠시 동안 느꼈을 법한 것이었다. 즉 여자 황제가 되기 위해 위로 치고 올라갈 것인가 아니면 아래로 추락하여 창녀의 신분으로 내려갈 것인가의 갈림길에 서 있는 느낌이었을 것이다. (공산주의 사회에서는 아마도 프롤레타리아 영웅을 타락시킨 반혁명적 여성으로 비난받는 것이 창녀가 되는 것과 비슷한 신세가 되는 것일 것이다.)

측천무후처럼 장칭도 터무니없이 큰 야망을 지닌 것처럼 보일 수 있었다. 그러나 바로 그 측천무후처럼 또는 여태후나 중국 역사에 나타났던 다른 여성 정치인들처럼 엄청난 장애물을 넘어서서 예속—혹은 더 심하게 치욕—으로부터 자기 자신을 구할 수 있을지도 몰랐다. 계속 붙잡을 만한 남편이나 아들이 없는 궁중 여인들 가운데 대부분이 예속 혹은 치욕을 겪어야 했다. 이런 불안감 때문에 장칭은 마오가 아프다는 사실을 극구 부인하려 했다. 장칭은 마오가 앓는 병이 그저 기관지염이라고 고집하면서, 의사들에게 이렇게 말했다. "당신들은 모든 걸 안 좋은 쪽으로만 말하는군요." 그녀는 의사들이 잘못된 정치적 태도를 지니고 있다고 말했다. "바로 이렇기 때문에 주석이 의사들이 이야기하는 것은 3분의 1만 받아들여야 한다고 말씀하신 거예요."

어느 정도, 장칭은 이미 황제의 미망인으로서 섭정 권한이 있었다. 황제는 무능력자가 되어 침대에 누워 있었고 장칭은 많은 사람 눈에 황제의 정치적 그림자로 여겨졌다. 물론 경쟁자는 있었다. 다른 후계자 후보는 화궈펑이었다. 마오쩌둥이 화궈펑을 선택한 이유 하나는 그가 죽은 아들인 마오안잉과 닮았기 때문이었다고 한다. 한번은 장칭에게 참으로 경악할 만한 사건이 있었다. 뉴질랜드 총리 멀둔과 대담한 직후, 마오쩌둥은 화궈펑에게 종이 한 장을 내주었다. 종이 위에는 마오쩌둥이 쓴 글귀가 있었다. "그대가 책임을 맡고 있으니 내 마음이 편하오." 그뿐 아니라 덩샤오핑도 경쟁자로 남아 있었다. 비록 형식적으로는 정치적으로 낙마했지만 여전히 군대 내에 강한 영향력을 갖고 있었으며, 극좌파를 증오하는 모든 사람들의 구심점 역할을 할 수 있는 사람이었다.

장칭은 황제의 미망인으로 섭정 지위에 있었고, 화궈펑은 아들을 대리하는 역할, 덩샤오핑은 광야에서 기회를 노리는 반항아였다.

마오쩌둥의 거처에는 엄청난 슬픔으로 지극히 무거운 분위기가 감돌았다. 아랫사람들은 주석을 위해 눈물을 흘렸지만 그 눈물은 동시에 자신들의 서글픈 처지를 생각하며 흘리는 눈물이기도 했다. 정치국 사람들이 한 사람씩 다녀갔다. 마오의 거처에서 마지막으로 순번을 서는 것이었다. 그들의 검은 슬픔의 망토 안에서는 조용한 정치 공작이 진행되고 있었다. 특히 장칭은 견디기 힘든 긴장감을 느꼈다. 마치 두개골을 누군가가 강철 집게로 집는 느낌이었다.

장칭은 도움을 줄 사람이 더 필요하다고 요청했다가는 곧 마음을 바꾸어 사람들이 주위에 너무 많아 못 견디겠다고 말했다. "확실한 직무가 없는 사람은 모두 나가세요!" 장칭이 소리쳤다. 부름을 받고 들어오던 사람들은 이런 말에 어리둥절할 뿐이었다. 장칭은 마오가 누워 있는 침대 방에 들어가서 마오의 등을 문질러주고 팔다리를 조금씩 움직여주었다. 마오의 몸에 활석 가루를 뿌려 땀을 흡수하게 했다. 장칭이 이날부터 사흘 동안 한 행동을 두고, 비판자들은 훗날 이런저런 비판을 한다. "주석을 침대에서 반대로 몸을 돌리도록 해서는 안 되었습니다." 한 의료진은 그렇게 비난했다. "장칭이 그렇게 할 때 주석의 얼굴 빛이 푸른색이 되었다가 자주색이 되었다가 했거든요." 장칭은 또 슬픔에 찬 비서들에게 황당한 말을 했다고 한다. "여러분들은 기분을 좀 좋게 하도록 노력해야 합니다."

장칭의 행동이 무척 불안정했다는 것은 사실이다. 장칭은 어찌해야 좋을지 몰랐다. 자신이 마오를 위해 해줄 수 있는 일은 아무것도 없었으며, 게다가 자신의 정치적 미래를 위해 할 수 있는 일도 없었다. 마오가 이제 곧 죽을 것이라는 사실에 장칭이 '득의만만'했다는 것은 말도 안 되는 비난이다. 화궈펑이나 덩샤오핑과 비교해볼 때, 장칭은 마오가 더 오래 살아주기를 바랐다. 내일이면 과연 어떤 일이 벌어질지 불안했기 때문에 장칭은 지극히 불안정한 행동을 보였던 것이다.

9월 8일 저녁 장칭은 더욱 불안해지는 마음을 추스를 수 없어 신화사로 갔다. 심복 몇몇과 신화사 안에 있는 지하 회의실에 갔다. 지진에도 무너지지 않는 비상용 회의실이었다. 그곳에서 신화사 기자라든가 편집인 등을 이 사람 저 사람 호출했다. 통신사 내부에 자신을 모함하려는 외부 세력이 조종하는 '공작원'이 있다고 생각해서 이런 방식으로 앞날을 대비하여 자신을 위해 일해줄 수 있는 '지지자'를 확보하려 했던 것이다. 하지만 이는 아무 의미도 없을뿐더러 스스로 위신을 깎는 위험한 행동이었다.

장칭은 별다른 성과를 거두지 못하고 중난하이로 돌아왔다. 밤늦은 시각이었지만 장칭은 잠자리에 들 수 없었다. 모든 장소에 불이 환하게 밝혀져 있었다. 의료진은 말없이 삼삼오오 둘러서 있었다. 정치국원들 대부분이 와 있었다. 마오쩌둥의 두 딸과 조카 마오위안신도 와 있었다. 하지만 살아 있는 유일한 아들 마오안칭은 오지 않았다. 그에게 아버지 소식을 알리지 말도록 장칭이 지시해놓았던 것이다. 마오안칭의 정신 상태가 불안했기 때문이다. 정치적 움직임에 항상 촉각을 곤두세우고 있는 언론인들은 이미 그 다음날 내보낼 기사를 준비해놓고 있었다. 다음날 기사 제목은 이렇게 정해졌다. "마오 주석은 이 세상을 떠나셨다."

마오의 몸에서 생명의 빛이 서서히 꺼지는 것을 보고 화궈펑은 왕둥싱 쪽으로 몸을 돌려 말했다. "장칭 동지와 베이징에 있는 정치국원들에게 당장 이곳으로 오라고 전하시오!" 마오가 숨을 거두자 장위펑은 "이제 저는 어떻게 되는 거죠?"라고 말하며 흐느껴 울기 시작했다. 그러자 장칭이 방을 가로질러 다가와, 팔을 장위펑의 어깨에 두르고 울지 말라고 달래면서 말했다. "이제 나를 위해 일하면 되지." 장위펑은 당장 눈물을 그치고 환하게 미소를 지으며 말했다. "장칭 동지, 정말 감사합니다." 장칭은 마오의 방 안에 모인 의사들과 경호원들에게 말했다. "자, 모두 힘든 시간을 보냈을 겁니다. 여러분 모두에게 감사 드립니다." 그러고는 간호사에게 자신이 상중에 입을 검은 실크 드레스를 다려놓으라고 지시했다. 이후 며칠 동안 장위펑은 장칭의 지시 사항을 의료진에게 전달하는 것으로 자신이 장칭을 상관으로 받아들였음을 분명히 했다.

관 주변에 놓인 수많은 화환 가운데 국화와 푸른 이파리로 만든 큰 화환이 하나 있었다.[125] 거기에는 이런 글귀가 적혀 있었다. "존경하는 큰 스승 마오쩌둥 주석을 추모하며, 당신의 학생이며 전우였던 장칭."* 저우

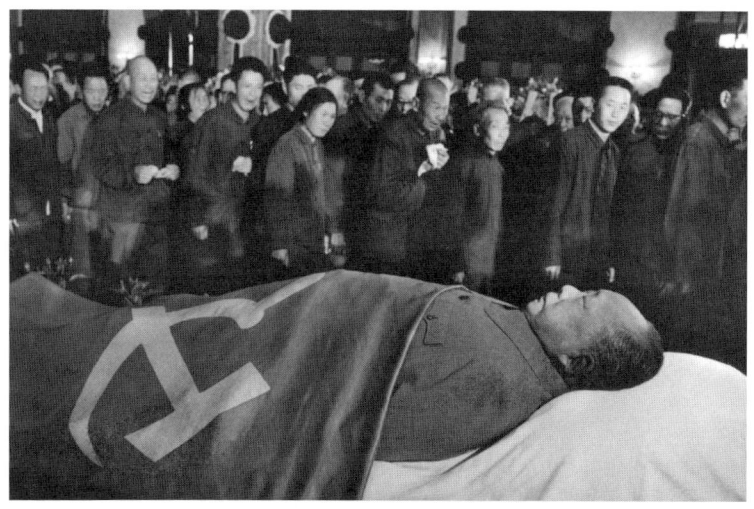

1976년 9월 12일, 마오쩌둥의 시신이 인민대회당에서 공개되었을 때 그를 애도하러 온 사람들이 오열하고 있다. 마오는 바바오산 혁명공묘에 묻히기를 바랐으나, 이후 벌어진 후계 투쟁에서 승리한 화궈펑 일파가 그의 시신을 방부 처리해 영묘에 보존하기로 결정한다.

언라이가 죽었을 때 덩잉차오는 아내로서 남편을 추모했다. 하지만 장칭은 그렇게 하지 않았다. 장칭은 단 한 번도 자신을 단순히 마오쩌둥 부인으로만 생각한 적이 없었다. 중국의 옛 전통에서 미망인은 날개가 하나밖에 없는 새에 비유되곤 했다. 장칭은 그런 식의 사고방식은 도저히 받아들일 수 없었다. 장칭은 마오를 같이 일했던 동지 자격으로 추도했다.

장칭은 이 화환을 자기 손으로 직접 만들었다. 몇 시간 동안이나 가위로 꽃을 자르고 꽂으면서 하염없이 울었다. 장칭의 측근들은 아마도

---

* 여기에 마오안칭, 리민, 리나, 마오위안친(마오안칭의 아들), 마오위안신의 이름이 추가되어 있었다. 이 이름 목록을 둘러싸고 장칭과 다른 가족들 사이에 논란이 있었다. 마오위안신의 이름을 추가하는 것에 대해 다른 가족은 반대했지만 장칭이 고집을 부려 승리했다. 마오안칭의 아들 이름을 추가하는 문제에서는 장칭은 반대했지만 다른 가족들, 특히 마오안칭의 아내 사오화가 적극 주장하여 승리했다. ("존경하는 큰 스승 …… 전우였던 장칭"의 중국어 원문은 다음과 같다. "深切悼念敬愛的導師毛澤東主席, 您的學生和親密戰友江靑." 괄호 안은 역주)

이런 일을 할 시간에 장칭이 앞으로 화궈펑이나 덩샤오핑 등과 싸울 수 있는 칼을 날카롭게 가는 편이 현명하리라고 생각했을지 모른다.

다음 주 톈안먼 광장에는 100만 명의 군중이 모여들었다. 거대한 군중이 조용히 지켜보는 가운데 마오쩌둥 장례식이 거행되었다. 높은 전함 같은 연단에 장칭이 천천히 걸어 올라갔다. 이목구비가 뚜렷한 하얀 얼굴은 말끔하게 다려 입은 쑨원복(인민복)과 잘 어울렸다. 화궈펑이 연설문을 천천히 읽는 동안 장칭은 정면을 응시하고 있었다. 연설문 주제는 마오쩌둥의 위대함과 덩샤오핑의 사악함이었다. 장례위원장을 맡은 왕훙원은 화궈펑이 읽고 있는 연설문을 보기 위해 몸을 기울였다. 지난 밤 정치국 회의에서 열띤 토론 끝에 합의된 연설문 내용을 화궈펑이 정확하게 읽고 있는가를 확인하려는 듯한 몸짓이었다.

마오 생전에는 장칭이 정치국 회의가 열리는 곳에 입장하면 모든 사람이 기립했으며 회의실이 조용해졌다. 그러나 마오가 죽은 뒤에는 장칭이 입장해도 아무런 변화가 없었다. 하지만 장칭과 장칭의 친구들에게 힘이 아주 없었던 것은 아니었다. 정치국원 가운데 40퍼센트가 장칭을 지지하는 편이었다. 중국의 중요한 공업 지대인 상하이와 만주의 상당 부분이 극좌 진영에 속해 있었다. 중국의 11개 군관구 가운데 대여섯 개 정도 역시 극좌 진영이었다. 게다가 마오쩌둥의 아우라는 다른 누구보다 장칭이 이어받고 있었다.

마오쩌둥의 죽음 후 한 달 동안 장칭의 적수는 화궈펑이었다. 하지만 장칭은 진짜 적수가 덩샤오핑 세력이라는 것을 잘 알고 있었다. 장칭은 첫 번째 조치로 화궈펑에게 전화해서 정치국 상무위원회를 즉시 소집하자고 제안했다. "무슨 일 때문입니까?" 화궈펑이 물었다. "지금 말씀드릴 수가 없어요."[126] 장칭이 잘라 말했다. 회의가 소집되자 장칭은 덩샤오핑을 중국공산당에서 완전히 퇴출하자는 제안을 했다. (덩샤오핑은 당시 '유예 기간'이란 명목으로 당원증을 보유하고 있었다.) 하지만 장칭의 제안은 채택되지 않았다.

1976년 9월 18일, 마오쩌둥의 장례식이 거행되었다. (왼쪽부터) 마오쩌둥이 후계자로 낙점한 화궈펑, 장례위원회 위원장을 맡은 왕훙원, 장춘차오, 장칭이 보인다.

장칭의 제안이 부결된 것은 당시 형성되어 있던 극좌파와 중도좌파 연합이 1976년 기간 동안 약화되었다는 경고였다. 중도좌파 세력은 공안 부장 왕둥싱이라든가 천시롄(陳錫聯, 1915~1999) 같은 군사 지휘자들이었다. 이들은 마오쩌둥이 사망한 뒤 중국의 정세가 우파 쪽으로 기울 것이라고 예상하고는 화궈펑과 힘을 합치기 위한 조치를 하나씩 실행에 옮기고 있었다. 화궈펑은 당시 실세 없는 임시 대리인에 불과했지만 상당한 권력을 쥐고 있었다. 중도좌파는 군 주류 세력에게도 접근했고, 주변 지역에서 힘을 키우면서 훗날을 준비하고 있던 중도파에게도 접근했다.

장칭은 마오쩌둥이 남기고 간 서류를 정신없이 뒤졌다. 마오의 '비서'였던 장위펑이 이를 막으려 했지만 마오위안신이 장위펑을 제지했다. 장칭이 꼭 찾아내고 싶어 했던 서류는 두 가지였다. 첫 번째는 1971년 린뱌오 사건 때 마오가 작성한 문건이었는데, 그 안에 장칭을 비난하는 말이 들어 있을지도 모른다는 생각이 들었기 때문이다.[127]

두 번째는 마오가 남긴 마지막 지시의 원문이 담긴 서류였는데, 그 지시는 대략 "이미 결정된 방침에 따라 처리하라."[128]라는 문구였다. 장위펑은 왕둥싱에게 전화로 지금 벌어지고 있는 일을 보고했다. 그러는 사이 장칭과 마오위안신은 서류를 몇 개 찾아내 봉투에 넣어 마오의 침실을 떠났다. 그 직후 장칭과 화궈펑은 심한 말다툼을 했다. 장칭은 이때 화궈펑에게 소리쳤다. "당신은 지금 나를 제거하려 하는군. 이것이 마오 동지가 당신에게 베푼 친절에 대한 보답인가요?"

양측은 조용히 군 세력을 모으고 있었다. 장칭은 허베이성 바오딩(保定)으로 가서 제38군 지휘관들을 만났다. 마오위안신은 동북 지역에 있는 군대 1만 명을 베이징으로 오도록 명령했다. 상하이 민병대는 장칭 편이었다. 양측은 승리했을 경우 발표할 문건을 준비했다. 장칭 측의 〈당과 인민에 대한 호소문〉에서는 화궈펑을 '반당 인물'로 호칭했고 장칭을 당 주석, 장춘차오를 총리로 지명했으며 부록으로 새로운 여성 당 주석의 '공식 초상 사진'이 첨부되어 있었다.

양측이 회의석상에서 만나 서로 대립된 의견을 논할 때면 때로는 침울한 분위기가, 때로는 거친 분위기가 연출되었는데, 회의의 주제는 대부분 마오쩌둥이 남긴 말에 대한 논의였다. 특히 "이미 결정되어 있는 방침에 따라 처리하라."라는 문장이 문제였다. 이 문장을 마오쩌둥이 남겼다고 주장하는 사람은 오직 극좌파 인물들뿐이었다. 다른 모든 사람은 마오쩌둥이 그런 글귀를 쓴 적이 없다고 주장했다. 화궈펑, 예젠잉, 왕둥싱 등은 마오쩌둥이 "과거 방침에 비추어 처리하라."라고 썼다는 것이다. 이는 훨씬 느슨한 의미를 갖는 말이며 장칭 측이 주장하는 대로 마오쩌둥이 죽기 전 마지막 순간에 구체적 원칙을 세운 일이 없다는 이야기였다. (마오쩌둥의 장례식 날 위의 구절은 누구도 연설문에 올리지 않았다. 화궈펑이 연설문을 읽을 때 왕훙원이 초조한 태도로 화궈펑의 손에 들린 연설문을 어깨 너머로 본 것은 이 구절을 찾기 위해서였다.)

"그 구절 가운데 세 글자는 가짜요!"* 화궈펑이 장칭에게 소리쳤다. "당신과 마오위안신이 적어 넣은 것이오!"[129]

"당신은 정말 엄청난 거짓말쟁이군." 장칭의 대답이다. "당신에게 그렇게 큰 도움을 준 사람에게 이렇게 불충할 수 있단 말이오?"[130]

이렇게 되자 장칭은 이 논의를 공개적으로 진행하기 시작했다. 자신의 영향력을 활용하여 대중매체에 사람들의 눈에 잘 띄는 방식으로 글이 발표되도록 조치했다. 글의 필자는 '량샤오(梁效)**'로 되어 있었는데 이는 장칭이 애용하는 집필자 그룹의 이름이었다.[131] 이 글에서는 "이미 결정되어 있는 방침에 따라 처리하라."가 마오가 죽기 전 마지막으로 남긴 메시지였음을 주장했다.

화궈펑과 예젠잉과 왕둥싱 (광둥성 근처의 온천에서 칩거하던 덩샤오핑 역시 자신의 견해를 표명했음에 틀림없다.) 등은 이 글이 발표된 것을 보고 몹시 분노했다. 세 사람은 천시롄 장군과 리셴녠 부총리와 함께 10월 5일 오전, 베이징 외곽에 위치한 총참모본부에서 5인 비밀회의를 열었다.[132] 회의에서는 이 글의 도전, 선양의 군 부대와 제21군과 제38군의 움직임, 장칭 측의 권력 확대 계획을 논의했다. 회의가 열린 다음 날 장칭 측은 창사에서 대규모 군중 집회를 열어 "새로운 수정주의 노선의 우두머리, 화궈펑" 비판을 계획했다. 5인은 과감한 행동이 필요하다고 결론지었다.

불리한 상황을 뒤집기 위해서라면 무엇이라도 하겠다는 듯이 장칭은 마오의 저술과 자기 자신을 연결 지으려고 노력했다. 그녀는 마오를 돌보던 의사들과 간호사들을 불러 마오의 《선집》을 같이 공부했다. 그러면서 여기 실린 마오의 글 가운데 몇 편은 사실 자신이 쓴 것이라고 말했다. 또 장칭 측은 "이미 결정되어 있는 방침"이라는 이해하기 힘든 구절이 들어 있는 문건을 제시했다. 이 문건이야말로 사실상 진정한 마오

---

* 사인방은 마오쩌둥의 유언이 "이미 결정된 방침에 따라 처리하라(按旣定方針辦)"였다고 주장했고, 화궈펑 측은 "과거 방침에 비추어 처리하라(照過去方針辦)"였다고 주장했다. 세 개의 한자가 다르다는 것을 알 수 있다.(역주)

** '梁效'의 중국어 발음은 '량샤오'로 '兩校'의 발음과 같다. 문화혁명 기간에 많은 사람들이 집단적으로 글을 써서 그 집단의 이름으로 발표하곤 했는데, 그 가운데 베이징대학과 칭화대학 출신들이 자신들의 그룹 이름을 '兩校' 즉 '두 개의 학교'라 했고 이를 마치 사람 이름인 것처럼 유머러스하게 부른 것이 바로 '梁效'였다.(역자)

의 "유언장"이며 장칭에게 중국을 통치할 확실한 권한을 부여하고 있다는 것이 그들의 주장이었다.

아직 장칭 측 군부대 이동은 분명한 방향을 정하지 못한 상태였다. 하지만 예젠잉과 화궈펑은 분명한 군사 조치를 실행에 옮겼다. 만리장성과 장베이(張北) 부근에는 보병부대 하나와 전차 사단 두 개를 배치하고, 베이징 교외에는 또 다른 중국 육군 군단에 동원 명령을 내렸다. 광둥의 군사 지휘관은 2개 사단 병력을 즉시 베이징으로 공수하여 파견할 수 있도록 만반의 준비를 해놓으라는 명령을 받았다. 제8341부대는 긴급 과제 수행에 관련한 설명을 들었다. 쉬스여우(許世友, 1905~1985)라는 남부 중국의 군사 지휘관은 동료들과 회의를 하던 중 책상을 주먹으로 치면서 이렇게 말했다. "여러분이 저 여자를 체포하지 않겠다면 나는 부대를 이끌고 북쪽으로 이동하겠소!"[133]

이제 중국 정부는 정통성을 거의 상실했다. 두 개의 쿠데타가 준비 중이었다. 중요한 것은 과연 어느 편이 먼저 치고 나오는가였다.

10월 4일과 5일에 걸친 밤 시간에 화궈펑은 정치국 회의를 소집했다. 중난하이에서 개최된 회의에서 극좌파는 현재 공석 중인 직책에 자기 사람들을 임명할 것을 제안했다. 장칭을 당 주석으로, 장춘차오를 국무원 총리로, 왕훙원을 전국인민대표대회의 의장으로 임명하자는 제안이었다. 비밀리에 새롭게 형성된 5인의 연합 세력은 애매한 태도로 이 제안을 경청하고 있을 뿐이었다. 이제 일 주일 뒤면 바로 이 제안을 근거로 삼아 극좌파가 '국가 권력을 침탈'하려 했다고 비난할 수 있다는 것을 마음속으로 다짐하고 있었다. 정치국 회의는 특별한 결론 없이 끝났다. 다음 날 저녁, 토론을 계속하기로 결의하고 일단 산회했다.

10월 6일 저녁, 장춘차오 일행이 중난하이 회인당(懷仁堂)에 도착했다. 마오《선집》출판에 관해 논의하기로 한 정치국 회의에 참석하기 위해서였다. 장춘차오가 데리고 온 부하들은 밖에서 기다리라는 지시를 받았다. 장춘차오가 혼자 회의실 안으로 들어오자 화궈펑은 그의 체포를 선언했고 장춘차오는 별다른 저항 없이 체포되었다. 잠시 후 왕홍원이 도착했다. 똑같은 선언을 들은 그는 반항했지만 결국 몇 대 얻어맞고 바닥에 쓰러졌고 수갑이 채워졌다. 역시 이 회의에 참석할 예정이었던 야오원위안은 나타나지 않았지만 잠시 뒤 그 역시 자택에서 체포되었다. 장칭은 나타나지 않았다. 화궈펑과 예젠잉은 시계를 보았다. 더 지체할 수 없었다. 그들은 왕둥싱에게 전갈을 보내 즉시 오도록 했다.

한 시간 뒤 일군의 오토바이와 군 지프차가 베이징 동물원 부근의 텅 빈 거리를 질주하고 있었다. 지프차 안에는 왕둥싱이 앉아 있었고 세 명의 부하에게 회색 담장 한가운데 높은 철대문을 손으로 가리켰다. 장칭이 머물고 있던 관위안(官園) 별장이었다. 왕둥싱은 불안한 마음을 달랠 길이 없었다. 감회가 밀려와 지금 이런 임무를 수행하는 것이 아무래도 나쁜 짓인 것 같았다. 특별 임무를 수행하기 위해 제8341부대 제37중대에서 대령 한 명과 대위 두 명이 선발되었다. 특수공작원 세 명은 이미 자신의 임무를 숙지하고 있었고 주저 없이 지프차에서 뛰어내렸다. 철문을 지키고 있던 보초 두 명에게 다가가 상부 명령서를 제시하자 보초는 즉시 세 장교에게 초병 임무를 양도했다. 그들은 불이 꺼져 캄캄한 별장으로 조심스럽게 들어갔다. 이미 건물 내부 설계도를 숙지하고 있어 그들은 어느 방을 습격해야 하는지 잘 알고 있었다. 고무 운동화를 신은 그들은 고양이처럼 소리 없이 방으로 들어가 전등 스위치를 더듬어 켰다. 그와 동시에 화려하게 장식된 침실 안으로 뛰어들었다. 자동연발소총은 침대 방향을 향하고 있었다.

마치 호랑이 한 마리가 툭 튀어 일어나듯 장칭은 놀라서 일어나 앉았다. 눈은 분노에 불타고 있었고 잠옷은 이리저리 흐트러져 있었다. "꼼짝 마!" 군인 셋이 한꺼번에 소리쳤다. 짧은 침묵은 역사의 무게를 갖고 있었다. 곧 장칭은 침대에서 미끄러지듯 내려와 바닥에 주저앉아 큰 소리로 흐느껴 울기 시작했다. 장칭의 흐느낌에 아랑곳하지 않고 대령은 거칠게 말했다. "당신은 체포되었소!" 눈물로 범벅이 된 얼굴을 대령에게 향한 장칭은 이렇게 말했다. "주석의 몸이 아직 식지 않았는데 너희들은 벌써 쿠데타를 자행한다는 말인가?"[134]

쿠데타는 화궈펑이 주동했다. 장칭의 쿠데타는 시작되지도 않았다. (한편 덩샤오핑은 광둥성 근처에서 전화기 옆에 앉아 기다리고 있었다. 누가 누구를 제거했는지 그 결과를 듣고자 함이었다.)

장칭은 인민과 나름대로 관계를 유지하고 있었지만 그들은 관객이었을 뿐, 이렇게 막상 필요할 때는 아무런 도움도 되지 않았다. 샤오진좡 마을에 방문하는 정도의 활동은 적들이 정치적으로 조직하는 활동에 비하면 아무것도 아니었다. 예젠잉을 비롯한 온건파, 마오쩌둥 아들 노릇을 하던 화궈펑, 왕둥싱을 비롯한 과거 좌파 세력은 일시적이나마 노년, 장년, 청년 세 부문이 힘을 합쳐 과감한 행동을 실행에 옮겼고 결국 성공을 거두었다.

마오쩌둥이 살아 생전 장칭에게 했던 말은 정확했다. "장칭은 종이호랑이야. 한 번 때리면 그냥 찢어져버릴 거야."[135]

지프차 안에서 왕둥싱은 얼굴을 두 손에 파묻고 있었다. "여러분은 제 말을 믿지 못할 겁니다." 그는 훗날 어느 비밀 회의에서 이렇게 말했다. "장칭의 체포를 준비하는 동안 저는 몹시 괴로웠습니다. 장칭에게 배은망덕한 짓이라는 생각을 지울 수가 없었습니다."

장칭 가족은 장칭과 운명을 같이하게 되었다. 한 무리의 병사들이 리나를 체포하러 갔고 리나는 곧 어머니와 마찬가지 신세가 되었다. 한편 리나의 이복 언니인 리민은 헬리콥터가 수직 상승하듯 상황이 호전되었다. '나쁜 여인'이 모함했던 전처 소생이었기 때문이다. 마오쩌둥 조카 마오위안신 역시 체포되었고 거칠게 다루어졌다. 그는 '큰어머니'에게 너무 가까이 접근했던 것이며, 마오쩌둥이 살았더라면 적절한 선에서 비난을 막아주었겠지만 큰아버지는 이미 죽은 몸이었다. 칭화대학에 거주하던 장칭의 이복 언니 리윈루는 아들 집에서 체포되어 어디론가 끌려갔다. 그 이후로 칭화대학 교정에서 리윈루를 본 사람은 없었다.

1976년 10월, 장칭이 실각한 뒤 광저우 거리에 장칭과 장춘차오, 야오원위안, 왕훙원 등 '사인방'을 비판하는 내용의 그림이 등장했다.

　장칭을 조롱하는 만화가 신문에 갑자기 실리기 시작했다. 장칭 이름은 이제 보통 붓으로 쓰이지 않았고 뼈로 그려졌다. 예순두 살의 미망인은 이제 마녀처럼 그려졌다. 혀는 불쑥 튀어나오고 왼손에는 진리를, 오른손에는 거짓을 붙잡고 있었다. 장칭은 거울 앞에서 뒤에 꼬리가 달리고 입술을 음탕하게 내밀고 공연을 앞두고 서양식 무대의상을 뽐내면서 서 있는 모습이었다. 내일이면 여자 황제가 될 사람이라고 칭송하던 사람들도 이제는 장칭을 쥐새끼로 묘사했다. 또 어떤 사람들은 베이징 거리를 행진하며 이렇게 소리치면서 조금도 부끄럽게 생각하지 않았다. "장칭의 몸에 1만 개의 칼을 꽂아라!" 이 사람들은 그 여자를 38년 동안 아내로 삼아 같이 살았던 남자의 사진을 높이 들고 그에게는 맹목적 충성의 구호를 외쳤다. 장칭에게는 《서유기》에서 삼장법사를 현혹했던 요괴인 '백골정(白骨精)'이란 별명이 붙었다.[136)

　광둥성에서는 장칭이 측천무후 전기를 손에 들고 호화로운 안락의자

장칭의 권력욕을 묘사한 만화. 장칭의 손에 들린 종이에는 "여자도 황제가 될 수 있다."고 씌어 있고, 그녀의 두 눈에는 측천무후처럼 황제의 관을 쓴 자신의 모습이 그려져 있다.

에 앉아 읽고 있는 모습을 그린 만화도 등장했다.[137] 한편에는 다른 책들도 흩어져 있었다. '홍콩 미용실 안내서'라든가 '소련 정치 쿠데타 해설서' 등의 제목이 써 있었다. 권력의 자리에서 추락한 여인에게 중국인들은 세 가지 비난을 한다. 첫째 야심이 있었다는 것, 둘째 자신을 아름답게 꾸며 남자들을 잘못된 길로 유혹했다는 것, 셋째 중국의 외부 적과 연결되어 있다는 것이다.

마오쩌둥의 큰아들 마오안잉의 미망인 류쑹린도 할 말이 있었다. "장칭은 마오 주석과 결혼 생활 내내 주석을 죽이려고 했습니다." 마오안칭의 아내 사오화는 이렇게 보고했다. "마오안칭을 정신병으로 몰아간 것은 바로 장칭입니다." 허쯔전이 낳은 딸 리민은 모든 중국인들 앞에서 장칭이 '반혁명분자'였음을 폭로했다.[138] 마오쩌둥의 먼 친척인 왕하이룽은 장칭을 비난하는 군중 시위대 앞에 서서 행진했다. 〈인민일보〉에는 마오의 전처 양카이후이에게 보내는 찬사가 계속 실렸다.[139]

승자들이 모든 것을 차지했다. 심지어 마오쩌둥의 시신까지도 차지했다. 마오쩌둥 시신은 이미 정해놓은 바바오산 혁명공묘에 옮겨지지 않았다. 인원수가 크게 줄어든 새로운 중국공산당 정치국 회의에서는 새로운 결정을 내렸다. 영묘를 세우고 그 안에 마오의 시신을 영구히 진열하기로 한 것이다. 의사들은 논의 끝에 포름알데하이드 처리법을 생각해냈다. 허파, 폐, 위, 신장, 창자, 간, 방광, 췌장, 담낭, 비장을 제거하였고, 필요할 때마다 더 많은 포름알데하이드를 펌프질로 채워 넣을 수 있도록 마오 시신의 목에 튜브를 설치했다. 마오가 남긴 정신적 유산에서 하루 빨리 벗어나야 한다는 강박관념과 함께, 이런 강박관념을 은폐하기 위해서라도 마오쩌둥의 시신은 곁에 확실하게 남겨 두어야 했다. 그렇게 해야 새로운 후계자들, 특히 화궈펑의 허약한 자신감이 조금이나마 보충되었다. 마오의 시신을 바바오산에 매장하기를 바랐던 장칭이 체포되면서 그 여파로 정치적 신격화를 위해 마오의 시신을 미라로 만든다는 결정이 내려졌던 것이다. 남편인 마오쩌둥을 불멸불사의 영원한 존재로 만듦으로써 마오의 아내가 그를 승계할 수 있다는 관념 자체를 원천적으로 봉쇄한 것이다.

7장

재판정의 마담 마오

—

1977~1991

1978년 덩샤오핑의 주도로 경제 개혁 시작.

1979년 중국-베트남 전쟁 발발.

1980년 2월 전 국가주석 류사오치 명예 회복.

　　　11월 최고인민법원 특별법정에서 '린뱌오·장칭 반혁명 집단'에 대한 재판 시작(이른

　　　바 '사인방 재판').

1981년 1월 장칭이 사형을 선고받음. 2년간 집행유예.

1983년 장칭, 종신형으로 감형.

1984년 덩샤오핑, 대외 개방과 경제 특구 건설을 제기.

1985년 인민공사 해체.

1989년 톈안먼 사건(6월 4일)을 비롯한 대중의 민주화 요구를 무력으로 진압함.

1990년 장쩌민, 주석 취임.

1991년 5월 장칭 자살.

나는 공격을 당하면 절대 물러서지 않아요. 내 인생에서 내가 자랑스럽게 여기는
게 있다면 바로 이것이에요.
- 장칭이 탕나에게 보낸 편지(1937년)

노라 : 어느 편이 옳은지 꼭 알아내야겠어요. 이 세상이 옳은지, 아니면 내가 옳
은지……
- 입센,《인형의 집》

덩샤오핑은 매국노, 파시스트다!
- 장칭

중국인의 절대 다수는 감옥에 갇히면 자신이 죄가 없어도 죄를 인정해
버린다. 하지만 장칭은 그러지 않았다. 장칭은 자신의 죄를 결코 인정하
지 않았다. 진정으로 자신이 죄가 없다고 믿었기 때문에, 심문자들이 고
압적인 태도로 질문을 던지고, 정부와 인민 전체가 들고일어나 일제히 조
롱하는 것을 보고 참을 수 없는 모독을 느꼈다. 처음 몇 달간 수감 생활
은 그래서 분노와 절망의 시간이었다. 40년 전 상하이에서 장제스 감옥
에 갇혔을 때와 비교해볼 때 지금 덩샤오핑 감옥이 훨씬 고통스러웠다.
"그곳에 인간이라고는 없습니다." 장칭이 있었던 베이징 인근 친청감
옥(秦城監獄)*에 수감되었던 사람의 회고다. "그곳에는 염라대왕과 힘없

---

* '친청감옥'은 중국의 정치범들이 수용되는 교도소이다. 다른 교도소가 중국 사법부의 관
할 아래 있는 것과 달리, 이곳은 공안부가 관장한다. 처음에는 국민당 출신 정치인들이 수
감되었으나 문화혁명 등을 거치면서 많은 공산당 고위 간부가 수감되었다.(역주)

는 작은 귀신들만 살고 있을 뿐입니다."[1] 수감자들은 철저하게 격리된 1인용 감방에 들어갔다. 치약은 지급되지 않았는데, 치약 튜브를 삼켜 자살하는 자가 있었기 때문이다. 장칭은 1977년 말 절망한 나머지 감방 벽에 머리를 찧어 스스로 목숨을 끊으려고 했다.

마르크스주의 관념에 따르면 자살은 혁명을 방해하는 것이다. 하지만 장칭은 그런 데 전혀 신경 쓰지 않았다. 그런 관념은 마치 어느 여인의 침실에 남편 아닌 다른 남자가 문지방을 넘으면 스스로 목숨을 끊어 마땅하다는 유교 윤리와 마찬가지로 장칭에게 아무런 의미가 없었다.

그러나 교도소 당국은 감방 벽을 고무판으로 씌워버렸고 감방 벽에 구멍을 뚫고 감시하여, 장칭의 자살 시도를 막았다.[2]

얼마 뒤 장칭의 심리 상태가 호전되었다. "장칭은 세심한 보살핌을 받고 있으며 식사도 잘하고 있습니다."[3] 덩샤오핑이 외국 방문객에게 이렇게 밝힌 게 1979년이었는데, 이 말은 사실인 것 같다. 장칭이 매일 배급받는 식사는 1원 50전어치였는데 보통 중국인의 2배 내지 3배에 이르는 식비였다. 생선과 고기와 우유도 식사에 포함되었는데, 친청감옥 기준에서 최고급 식단이었다. 아침 식사는 쌀죽과 만두였고, 점심과 저녁에는 두 가지 음식과 수프가 배급되었다.

장칭은 만두를 좋아했다. 안에 채소가 들어간 달짝지근한 것도 좋아했고 고기만두도 좋아했다. 하루는 장칭이 고기만두 두 개를 훔치는 것을 간수가 적발했다. 한밤중에 출출할 때 먹으려고 장칭이 소맷자락에 슬그머니 만두를 집어넣은 것이다. "당장 꺼내놓으시오!" 감시하던 간수가 소리쳤다. "정해진 양만 집을 수 있소." 장칭은 만두를 내놓았다. 잘못을 들켜서 겸연쩍은 표정이었다.[4]

한동안 장칭은 신문을 읽는 것이 허락되었다. 심지어 《사인방의 죄상》이라는 세 권짜리 책도 읽었다. 이 책은 1977년 공산당 엘리트 사이에 배포되었는데, 1978년 2월 장칭은 중국공산당 중앙위원회에 이 책이 완전히 거짓말이라는 편지를 보냈다.*[5]

재판 전 조사 기간에 조사관은 장칭에게 수감 생활이 어떠냐고 물었다. 장칭은 "잘 먹고 잠도 잘 잡니다."라고 대답했다. 장칭은 흥미로운 말을 한마디 덧붙였는데, 고대 중국 역사와 관련된 내용이었다. "매일 새벽 닭이 울면 나는 칼을 꺼냅니다. (옛 중국의 유명한 장수가 나라를 잃고 나서 나라를 되찾기 위해 매일 준비했다는 고사가 있는데 거기서 인용한 문구다.) 나는 나 자신을 건강하고 기운 찬 상태로 유지하기 위해 노력합니다. 앞으로 언젠가 처형장으로 갈 때 똑바로 걸어가야 하니까요."

어느 날 창문을 검은 커튼으로 가린 승용차 한 대가 베이징 시내에서 출발하여 '금지 지역, 외국인 출입 금지'라고 쓰인 팻말을 지나 친청감옥의 육중한 철대문 앞에 멈추었다. 검찰 관료 몇 명이 자동차에서 내려 강철로 만든 가시 철조망과 고압선이 설치된 긴 교도소 담벼락을 걸어 장칭에게 다가갔다. 장칭은 매일 하는 태극권을 하고 있었다. 태극권은 몸을 단련하고 마음을 안정시키기 위해 마치 뱀처럼 유연하게 몸을 움직이는 중국 고유의 운동이다.

"나를 수감한다고?" 장칭은 벌컥 화를 냈다. 검찰 관료들이 장칭에게 이제부터 법적 지위가 달라진다고 복잡한 관료적 용어를 사용해서 설명하고 난 직후였다. "나는 여기에 4년 동안 갇혀 있었소. 그 사이 아무런 법적 수속도 진행되지 않았소." 관료들은 장칭에게 친청감옥은 임시 구치소에 불과하다고 말했다. (이런 말은 장칭을 이미 오래 전에 정식으로 기소하든지 아니면 석방해야 한다는 당연한 사실을 은폐하기 위한 것이다.) "당신들에게 확실하게 말할 수 있소. 여기는 임시 구치소가 아니고 분명히 교도소요." 장칭이 항의했지만 아무 힘도 없었다. "나는 범죄자가 아니오." 장칭은 회색빛 옷을 입은 방문자에게 덧붙여 말했다. "나는 정치

---

* 재판 기간 중 장칭은 수감 생활을 불평하지 않았다. 하지만 1980년 신문을 읽지 못하게 되자, 장칭은 불만을 터뜨렸다. (10명의 피고들이 서로에 관해 어떤 태도를 갖고 있는지를 장칭이 신문에서 읽어 숙지하는 것을 막기 위해 당국은 신문 읽기를 금지했다.) "지주도, 부유한 농민도, 반동분자도, 위험분자도 다 신문을 읽을 수 있는데, 어째서 나는 안 되는가?" 장칭은 이렇게 항의했다.

적 수감자요." 이런 항의에 관료들 얼굴에 보일 듯 말 듯한 미소가 스쳤다.[6]

오늘 관료들의 방문으로 법적 지위가 달라졌다는 통보를 받고 나서야 비로소 장칭은 자신이 완전한 형식을 갖춘 재판을 받게 된다는 사실을 알게 되었다. 재판 형식을 빌려 경극을 공연하는 셈이었다. 문화혁명 기간에 희생된 사람들을 위한 일종의 복수가 될 연극이었다.

"나는 이제 정치국원이 아니오." 장칭은 관료에게 말했다. "나는 단지 마오쩌둥의 아내일 뿐이오. 그리고 또 다른 역할을 하나 맡게 되었군. '피고'라는 역할 말이오. 이 단어는 다른 뜻은 없겠지. '피고', 즉 기소를 받은 사람일 뿐이오."

검찰 관료 일행이 떠난 뒤, 장칭은 그들이 주고 간 서류를 훑어보았다. 사인방을 언급한 내용을 보니, 왕훙원이 첫 번째, 장춘차오가 두 번째로 나열되어 있었고 장칭은 세 번째였다. "왜 내가 첫 번째가 아니지?"[7] 장칭은 간수들에게 그렇게 소리쳤다고 한다.

감옥에 갇힌 '악녀'

마오쩌둥 시대의 끝에 장칭은 체포되었다. 1980년 장칭의 재판이 시작될 무렵, 중국은 이미 덩샤오핑 시대에 들어섰으며, 화궈펑이 잠시 통치하던 과도기는 이미 사람들의 기억에서 빠른 속도로 잊혀졌다.

1976년 10월에 체포한 뒤 1978년 어느 시점까지 장칭을 담당한 사람은 화궈펑과 왕둥싱이었다. 화궈펑이 지휘관이었고 왕둥싱이 집행관 역할을 맡았다고 할 수 있다. 이 기간에 화궈펑은 장칭과 두 번 대면했다. "죄를 인정하고 이제 올바른 사람으로 다시 출발하시지요." 죽음을 앞둔 마오쩌둥이 그저 평범한 인물이어서 선택했던 단조로운 성격의 남자는 장칭에게 그렇게 권고했다. "나를 감히 석방한다고?" 장칭이 날카롭게 대꾸했다. "나를 석방해보시오. 그럼 반 년 안에 당신들 일당을 완전히 제거해버릴 테니." 화궈펑은 잠시 말을 못하다가 겨우 안정을 찾고

작은 거인 덩샤오핑. 문화혁명 동안 장칭 일파로부터 주자파로 비판받아 고초를 겪었던 덩샤오핑은 1978년 말 명실상부한 중국의 최고 지도자가 되었다.

이렇게 대답했다. "만일 당신이 석방된다면 사람들은 당신을 공격할 거고, 반 시간도 못 되어 당신의 몸은 갈가리 찢길 겁니다."

또 다른 대면 기회에 화궈펑은 대담한 말을 하기도 했다. "자신의 과오를 인정하는 것이 당이 당신에게 부여한 과업입니다. 또한 당신은 당신이 하는 모든 말에서 마오쩌둥 주석을 보호할 의무가 있습니다."[8]

1978년 말이 되면 화궈펑은 정치적 입지가 약화되고, 왕둥싱은 숙청당한다. 이제 장칭 사건을 맡은 사람은 덩샤오핑의 우군이며 41년 전 옌안에서 장칭이 루쉰예술학원에 들어가려 할 때 면접관이었던 천원이었다. 천원이 1979년과 1980년 사이 장칭 사건을 담당했다. 문화혁명 당시 장칭의 적수였던 베이징 시장 펑전은 장칭이 수감된 교도소에 갇힌 적이 있었다. 그 펑전이 1980년 여름, 장칭을 심문하는 역할을 맡았다. 이러한 모든 조치와 인물들 뒤에는 덩샤오핑이 있었다. 장칭은 덩샤오핑이 준비하고 계획한 화려한 복수의 연회에 내놓은 요리 재료였다.

엄숙한 느낌을 주는 검은색 바지 정장을 입은 장칭은 특별검사 사무실에 놓인 나무 책상 앞으로 다가섰다. 양옆에는 젊은 병사 둘이 서 있었다.[9] 그들은 흰 장갑을 끼고 있었다. 나무 책상 위에는 두꺼운 서류 뭉치가 놓여 있었다. 장칭에 대한 기소 내용을 담은 기소장이었다. 책상 맞은편에는 검찰 측 서기가 두 명 앉아 있었다. 장칭의 입가에는 체념의 분위기가 감돌았지만 입술은 여전히 싱싱한 젊음을 유지하고 있었다. 장칭은 때로 약간씩 뒤로 기울어지는 듯했지만 대체로 안정된 자세를 유지했으며 큼직한 두 발은 녹색 카펫 위에 단단하게 자리 잡았다. 검사는 장칭의 '죄'를 요약해서 설명했다. 검사를 바라보는 장칭의 눈길은 마치 대학교 2학년 학생이 말도 안 되는 논문 주제를 들고 와서 설명하는 모습을 참을성 있게 바라보는 대학교수의 눈길이었다.

장칭은 책상 위로 몸을 숙이고 안경을 벗었다. 호위병이 흰 장갑을 낀 손으로 서류 뭉치를 잡고 있었다. 장칭은 큼직한 글씨로 서류에 이름을 썼다. 중국에서는 명칭이 대단히 중요하다. 장칭을 비롯한 피고들을 위해 다음 명칭이 결정되었다. '린뱌오·장칭 반혁명 집단'. 장칭은 상하이의 동료 3인과 엮인 것뿐 아니라 린뱌오의 군대 동료 5인과도 엮였다. (이 군인들은 이미 9년째 감방에 있었다.) 한 사람 더 천보다도 엮었다. 그는 마오쩌둥의 보좌관으로서 마오와 린뱌오 연합이 굳건하고 진실하다고 확신했던 어리석은 사람이다.

장칭은 서명한 기소장 한 부를 집어들어 둘둘 말아 왼손에 들었다. 마치 영화 잡지를 한 권 말아 손에 든 것 같았다. 오른손으로 가볍게 머리를 만지고는 조용히 법을 집행하는 자가 할 말을 기다렸다.

"그녀는 시종들이 볼 때 자신을 아주 잘 관리하고 있는 것처럼 보였다."[10] 측천무후의 전기를 쓴 사람의 말이다. 예순여덟 살에도 외모를 잘 가꾸고 있었다는 말이다. "그래서 시종들은 측천무후가 늙어 가고 있다는 사실을 잘 알아차리지 못했다. 그녀는 진한 화장을 했을 뿐 아니라 원래 자태가 고와서 늙어 가는 모습을 잘 알아차릴 수 없었다." 예순여섯의 장칭도 그랬다. 장칭은 얼굴을 잘 관리했고 머리와 옷매무새를 신경 써서 갖추었으며 다른 사람들에게 일거수일투족을 관찰당하는 것이 직업인 여배우의 동작을 취했다. 남성들이 법의 허울을 이용하여 정치 게임을 하고 있었다면, 유일한 여성인 장칭은 연극적 재능을 발휘하여 허무한 정치 게임의 무의미함을 보충하고 있었다.

이때는 추운 겨울날이었다. 이날 장칭이 이렇게 훌륭하게 외양을 갖춘 것은 어쩌면 이 재판이 마지막 무대 출연이라는 것을 알았기 때문인 것 같다. 장칭은 이미 몸과 마음이 지칠 대로 지쳤다. 건강도 좋지 않았고 친구도 없었다. 그러나 장칭은 지금 펼쳐지는 드라마의 이 순간을 최대한 활용해야 한다고 느꼈다. 지난 4년 동안 장칭에게는 관객이 없었다. 이제 장칭에게는 어마어마한 관객이 있었고 관객들은 매우 흥미로운 시선으로 자신을 쳐다보고 있었다. 장칭은 진짜 자신의 모습을 보여주려고 하고 있었다.

정치인가 아니면 무대 공연인가? 장칭은 수십 년 동안 이 둘 사이를 왔다 갔다 하면서 위험한 게임을 했다. 장칭이 일찍이 산둥성과 상하이에서 공산주의 조직에 들어간 것은 배우로서 경력을 쌓으려고 노력하던 때였다. 장칭은 여배우로서 매력과 능력을 활용하여 옌안 지도부의 중심으로 파고들었다. 장칭은 결국 권력을 손아귀에 쥐었고 권력을 활용하여 1960년대에 무대 공연 관계 인사들을 처벌했다. 잠시 동안 관심의 대상에서 멀어졌던 그녀에게 이제 현재의 권력자들이 관심을 돌리기 시작했다. 장칭은 이제 마지막 공연을 맞이하여 자신의 가치를 다른 사람에게 증명하고자 했다.

국선변호인이 필요한가 하는 질문이 장칭에게 던져졌다.[11] 나이 들고 묵직한 여인의 목소리로 장칭은 그 문제에 대해 자신의 생각을 이야기했다. 국선변호인을 선임하여 자신을 대리해 법정에서 질문에 답하도록 하고 싶다고 대답했다. 다만 자신이 요구하는 바를 국선변호인이 정확하게 따르면서 변론을 진행해야 한다고 장칭은 강조했다. 특히 1969년에 개최된 제9차 당 대회와 1973년에 개최된 제10차 당 대회 때 채택된 일련의 결정들이 당시 최고 정책의 합당한 표현이었음을 인정해야 하며, 국선변호인이 자신을 변호할 때 이것을 논리의 출발점으로 삼아야 한다는 주장이었다.

그런 조건을 받아들인 상태에서 장칭을 변호할 수 있는 법률가는 없었다. 그 두 당 대회가 올바른 결정을 내렸다고 선언하면, 특별재판부의 기본 가설을 부정하는 것이 된다. 두 당 대회의 정당성을 인정하면 '범죄'와 '정치적 과오'의 구별이 분명해질 것이다. 그런 구별이 존재하지 않는다는 것이 특별검사부의 핵심 전제였다. 재판부 측은 장칭이 도저히 받아들일 수 없는 요구를 하고 있다고 반응했으며, 장칭은 그럴 줄 알았다는 식으로 대응했다. 결국 장칭은 국선변호인 없이 스스로를 변호하게 되었다. 자신이 내린 지침을 따라 변호해주지 않는다면 그런 변호사는 '더러운 사기꾼'에 불과하다고 주장했다.

장칭의 죄목을 논술하고 장칭이 그에 대해 인정 여부를 진술하는 기소 사실 확인 수속은 세 번째 만남에 가서야 정상적으로 진행되었다. 첫 번째와 두 번째 만남에서 장칭이 검사 앞에서 '부적절한 언동'을 해 그 모습을 담은 필름을 대중에게 공개할 수 없다고 결정했기 때문이다. "도대체 그걸 내가 어떻게 알아요?" 검사의 질문에 장칭은 이런 식으로 칼칼하고 퉁명스럽게 대답했다. 하지만 결국 1980년 11월 20일에는 일이 순조롭게 진행되었다. 장칭은 검사의 말을 주의 깊게 들었고 점잖게 행동했으며 욕설을 퍼붓지 않았다.

사전에 장칭과 재판부장 사이에 양해가 이루어진 덕분이었다. 재판부는 재판 과정을 길게 끌지 않을 것이며 재판이 매일 계속될 경우 장칭이 베이징 교외의 형무소까지 오랜 시간 자동차로 왔다 갔다 하지 않고 베이징 시내에서 숙박하도록 한다고 약속했다. 그 대신 장칭은 재판 과정을 방해하는 것을 자제하겠다고 약속했다.

여배우 특유의 낭랑한 목소리 뒤에는 장칭의 논쟁적 성격이 숨어 있었

1980년 11월에 시작된 '린뱌오·장칭 반혁명 재판'에 출두한 장칭.

다. 장칭은 아직 기소 내용에 확답할 수 없다고 말했다. 자세하게 읽고 내용을 검토할 만한 시간이 없었다는 것이다. 게다가 이제까지 대충 살펴본 부분만 보더라도 그 뜻이 분명하지 않다는 것이다.

장칭은 자신이 분명하게 이해한 대목이 하나 있는데 그 대목이 무척 불만스럽다고 따졌다. 어떻게 린뱌오와 연결시키느냐고 하면서, 장칭은 펜을 꺼내 그 대목에 이렇게 적었다. "나는 동의하지 않음."[12]

검사가 몇 가지 사항을 알려주었다. 하지만 장칭은 인정하지 않았다. "지금 말한 것 가운데 대부분을 알아듣지 못하겠습니다." 말은 그렇게 했지만 장칭의 말투는 별로 듣고 싶지 않다는 듯한 태도였다.

형무소로 돌아온 장칭은 독방에 앉아 베이징 권력자들이 자신의 정치 경력을 어떻게 이해하고 있는지 천천히 공부할 수 있었다. 기소장의 복잡한 내용을 치우고 핵심만 보자면, 장칭은 두 가지 '범죄'를 저질렀다는 것이다. 첫째, 장칭이 정치 지도자들, 지식인들, 인민들을 '탄압'했다는 것이고, 둘째, 장칭이 당과 국가 권력 '찬탈'을 기도했다는 것이다.

"피고 장칭은 1974년 가을 덩샤오핑이 부총리가 되는 것을 막으려

베이징 공안국 강당에서 열린 재판에서 피고이자 증인인 왕훙원이 장칭에게 책임을 돌리는 발언을 하고 있다. 장칭은 '피고인'이라고 적힌 팻말 옆 피고석에서 한때 충실한 동료였던 왕훙원이 배신하는 모습을 눈을 크게 뜨고 노려보고 있다.

고 음모를 꾸몄습니다." 11월 26일 특별재판이 시작되었다. 재판관 35명과 특별 방청객 600명이 줄을 맞추어 정연하게 앉아 있었다. 재판 장소는 '정의로'에 있는 공안국 강당이었다. 수수한 검은색 정장을 입은 장칭은 침착한 태도를 유지했다. 새장처럼 만든 피고석의 창살 사이로 장칭의 손이 보였다. 긴장을 풀기 위해서인지 찬찬히 손가락을 폈다 오므렸다 움직이고 있었다. 장칭은 감정을 잘 다스리고 있었다. 장칭이 재판에 임하는 행동 원칙은 위엄과 정당성이었다. 첫 번째 기소 내용은 쉽게 부인할 수 있는 것이었다. 정치 투쟁과 범죄는 다르다는 것을 인민들은 잘 알고 있지 않은가!

증인 한 사람이 증언석에 섰다. "당신에게 창사에 가서 마오 주석에게 덩샤오핑과 저우언라이의 활동을 보고하라고 지시한 사람이 누구입니까?"[13] 침울한 표정으로 남자가 대답했다. "장칭이 그렇게 하라고 시켰습니다." 증인은 왕훙원이었다! 장칭보다 32살 적은 왕훙원은 자신의 미래를 위해 장칭에게 등을 돌리기로 결심하고 모든 기소 사실을 인정했다. 한때 멋진 풍모를 자랑하던 왕훙원은 이제 그때 모습은 찾아보기 힘들었다. 두 어깨는 축 처지고 머리는 짧게 깎았으며 잘생긴 얼굴에는 작은 강아지 같은 겁먹은 표정만 남아 있었다.

장칭은 과거 젊은 추종자가 진술하는 모습을 잠자코 지켜보았다. 이
따금 고개를 좌우로 천천히 우아하게 돌리곤 했다. 하지만 곧 장칭은
긴장하는 몸짓을 보였다. 몸을 앞으로 숙이고 귀에 꽂은 이어폰을 손으
로 눌러 증인의 음성을 더 잘 들으려 하면서 큰 눈으로 왕훙원을 노려
보았다. 왕훙원이 증언하고 있을 때 장칭은 화장실에 가야겠다고 큰소
리로 재판관에게 요청했다. 잠시 쉬는 시간이 끝난 뒤 모두들 자리를 잡
았으나 왕훙원은 증인석에 없었다. 아직도 왕훙원을 자신의 부하라고
생각하는지 장칭이 소리쳤다. "그는 어디 있는 거야?" 신경질적인 목소
리였다. "왕훙원 그자는 어디 있는 거냐고?"

장칭이 덩샤오핑과 저우언라이를 음해하는 활동을 했다는 증거로,
마오쩌둥이 죽기 전 마오 곁을 지켰던 젊은 여비서 장위펑의 증언 기록
이 낭독되었다. 마오가 창사에 머물 때 왕훙원이 찾아와서는 마오에게
하는 이야기를 젊은 여비서가 옆에서 들었다는 것이다. 장위펑은 1970
년대 마오가 가까이한 여성으로, 마오의 지시로 장칭이 마오의 돈을 꺼
내 쓰는 과정을 통제하는 일을 맡아 처리하기도 했다. 사인방이 마오쩌
둥에게 압력을 넣었다는 장위펑의 증언 기록을 검사가 낭독했다. 장칭은
몸을 꼿꼿이 세우고 정면을 응시하고 있었다. 하얀 얼굴과 꼿꼿한 자세
는 동상처럼 보였다. 아마도 마오의 젊은 애인이 직접 재판정에 나오지
않도록 하는 것 역시 장칭과 재판부장이 양해한 사항이었을 것이다.

얼마 후 낸시 탕과 왕하이룽이 증인석에 나왔다. 마지막 몇 년간 마
오의 가장 가까운 측근으로 일했던 여성들이었다. 두 여성의 증언을 들
으면서 장칭은 점잖게 행동하기로 한 약속을 조금씩 깨기 시작했다.
"우리는 처음부터 사인방의 계략을 알아차렸습니다." 낸시 탕이 말했다.
장칭이 갑자기 눈을 깜빡거리고 입술을 꼭 다물었다. 고개를 한쪽으로
약간 기울이고 시선은 천장을 향하면서 무엇인가 생각하는 듯했다. "마
오 주석은 장칭에게 매우 화가 난 상태였습니다." 왕하이룽이 말했다.

그때까지 꼼짝 않고 듣기만 하던 동상이 더 참지 못하고 한마디 했다. "할 말이 있소!" 장칭이 소리쳤다. 하지만 재판부장은 장칭에게 발언을 허락하지 않았다.

"저 여자들은 쥐새끼 두 마리야." 장칭이 중얼거리는 소리는 누구나 다 들을 수 있을 정도로 컸다. "쥐새끼 두 마리가 배 두 척 사이를 열심히 왔다 갔다 한 거지."[14]

수석 재판관 쩡한저우(曾漢周, 1917~2001)가 장칭에게 물었다. "당신은 1974년 10월 17일 저녁(왕훙원이 창사에 가기 전날) 장춘차오, 야오원위안, 왕훙원을 조어대 제18별장으로 불렀습니까?"

"아니오."

"뭐라고요?"

"아니라고요. 나는 전혀 모르는 일입니다."

"그 모임에서 당신들은 무엇을 논의했습니까?"

"그런 모임에 대해 아무것도 아는 바가 없는데, 무슨 논의를 했는지 어떻게 말합니까?" 장칭은 수석 재판관을 딱하다는 듯이 쳐다보았다. 장칭은 아직 침착함을 잃지 않았고 되도록 점잖은 말씨를 쓰려고 애썼다. 하지만 재판관 측이 제시하는 대로 순순히 협조하지는 않았다. 미리 준비한 시나리오대로 재판을 진행하려는 재판부는 장칭이 침착하면서도 확고하게 협조 거부 의사를 보이자 몹시 곤혹스러워 보였다.

왕훙원의 얼굴에 약간 걱정스러운 표정이 스쳤다. 그는 자신의 죄를 인정하면서 두 가지 점을 염두에 두었다. 첫째 사인방이 권력을 잡는 일은 앞으로 다시는 없을 것이라는 점, 둘째 그가 더 많은 것을 시인할수록 처벌이 약해질 것이라는 예측이었다. 하지만 장칭이 이렇게 완전히 죄를 부인하자 재판정에는 새로운 분위기가 감돌기 시작했다. 왕훙원은 자신이 택한 전술이 도덕적, 정치적으로 과연 현명한 것인지 갑자기 불안해졌던 것이 아닐까?

특별재판정에서 그리 멀지 않은 곳에 최고위급 인사를 위해 마련한 조그만 방에서는 덩샤오핑이 텔레비전 모니터로 재판 모습을 지켜보았다. 장칭이 덩샤오핑의 부총리 임명을 막았다는 혐의는 재판부에는 별로 중요한 문제가 아니었다. 아마도 덩샤오핑이 개인적 만족감을 느낄 수 있도록 검사 측이 기소 내용에 포함했을 수도 있다. 덩샤오핑 시대를 맞이하여 장칭이 큰 곤욕을 치르고 있지만, 과거로 거슬러 올라가면 두 사람이 항상 적대 관계에 있었던 것은 아니다. 덩샤오핑은 장칭보다 현명하게 처신했지만, 장칭은 덩샤오핑에게 신중하지 못하게 행동했다. 뾰족하게 생긴 덩샤오핑 머리를 두고 장칭은 이렇게 말한 적이 있었다. "머리통이 그렇게 생기면 높은 직위에 올랐을 때 관모가 머리 위에 제대로 올라가 앉아 있겠어요?"*15)

일반적으로 피고들은 재판 과정에서 점잖게 행동하려고 노력한다. 누구나 죽음을 두려워하고 관용을 바라기 때문이다. 하지만 점잖게 행동하면 관용을 바랄 수 있다는 논리는 권력자들이 어느 정도 합리적이라는 전제가 있어야 성립 가능하다. 장칭은 그런 전제가 성립하지 않는다고 생각했던 것이다. 중국 공산주의 세계에서 권력은 한번 빠지면 헤어날 수 없는 집착의 대상이라는 것, 진실이라든가 감정 따위는 아무런 의미가 없다는 것을 장칭은 잘 알고 있었다. 완전한 거부만이 유일한 선택이었고 장칭은 완전한 거부를 실행에 옮길 만한 용기가 있었다. 장칭은 덩샤오핑이 자신을 처형하지는 못할 것이라고 생각했다. '파시스트 난쟁이'가 감히 마오쩌둥 부인을 죽인다고? 게다가 장칭은 죽음을 두려워하지 않았다. 장칭은 이렇게 말한 적이 있다. 적들 앞에서 몸을 낮추고 비굴하게 사는 것보다는 죽는 게 낫다고.

장칭에게 더는 정치적 미래가 없었기에 거부 전략을 택했다고 하는 사람도 있다. 하지만 지난 60년 동안 한결같았던 장칭의 성격을 볼 때 이런 거부는 장칭이 선택할 수 있는 유일한 행동 방식이었다. 장칭이 받

---

* 옛 중국 관리들이 쓰는 모자는 매우 정교하게 제작되었고 균형을 잘 맞추어 써야 했다.

아들일 수 있는 확고한 현실이란 자신의 삶과 의지뿐이었다. 현실 세계는 오직 자신이 주관적으로 받아들이는 세계일 뿐이었다. 자신에게 어울리지 않는 행동을 강요받거나, 자신과 화해할 수 없는 관점을 강요받으면 장칭은 마치 물 밖으로 끄집어낸 물고기처럼 치열하게 반항했다. 장칭은 주위 여건의 불합리성을 최후에는 반드시 이겨낼 수 있다고 확신하는 사람이었다.

특별재판 과정에서 장칭은 끝까지 굴복하지 않았다. 장칭은 홀로 서 있었다. 전 남편 탕나에게 훗날 내가 물었다. 장칭이 모든 혐의를 부인하는 것을 보고 놀라지 않았느냐고. 탕나는 대답했다. "전혀 놀라지 않았습니다. 장칭은 마오를 사랑했어요. 그렇기 때문에 절대로 자신의 죄를 인정할 수 없었던 겁니다."[16]

최후의 투쟁

1980년 12월 3일 오전 장칭은 재판정에 걸어 들어왔고 옷매무새를 고친 다음, 머리를 한번 만지고는 의자에 앉았다. 검사들과 증인들 앞에는 차를 담은 컵이 하나씩 놓여 있었고 컵에는 뚜껑을 덮어놓았다. 하지만 장칭 앞에는 마이크만 여러 개 놓여 있었다. 재판이 정식으로 시작되기 전, 장칭은 몸을 돌려 방청석을 둘러보았다. 초록색 옷을 입고 노란색 스카프를 두른 여인이 장칭을 바라보고 있었다. 두 여인의 시선이 잠시 마주치는 듯했다. 왕광메이였다.[17]

"피고 장칭은 왕광메이 동지가 미국인들을 위해 일하는 간첩이라는 것을 어떻게 알게 되었습니까?"

"우리 정부 신문에서 그렇게 말했습니다." 장칭의 얼굴은 애써 담담한 표정을 짓고 있었지만 목소리는 굳어 있었고 입술은 불안한 듯 꿈틀거렸다.

검사들은 류사오치를 '박해하여 죽음에 이르게' 하고 그 아내를 12년간 감옥에 가두어 두었던 주동자가 장칭이었음을 열심히 역설했다. 장칭은 자신이 갖고 있는 기소문 사본을 움켜쥐었다. 장칭은 감옥에 있으면서 기소문 사본에서 류사오치와 왕광메이 부분의 여백에 이렇게 썼다. "류사오치와 왕광메이를 파멸로 몰고 간 특별 그룹 지휘자는 저우언라이였다."

증인들이 한 사람씩 나와 장칭에게 비난의 화살을 날렸다. 그 가운데 류사오치의 요리사였던 하오먀오도 있었다. 그는 6년간 징역을 살았다. "나도 한마디 진술하고 싶습니다!" 장칭의 쉰 목소리가 강당 전체를 울렸다. "현재 당 중앙위원회 위원 대부분과 정부 지도자의 대부분, 당신 장화(江華, 1907~1999)(현 특별재판부장), 이 모든 사람들이 당시 류사오치를 서로 많이 비판하려고 경쟁할 정도였지. 만일 내가 유죄라면 당신들 모두는 어떻게 되는 겁니까?"

"입 다무시오, 장칭." 한 판사가 소리쳤다. "입 다무시오, 장칭." 나머지 판사 여섯 명이 입을 모아 소리쳤다.

검사 측은 당시 류사오치와 왕광메이 가택을 수색하여 그들에게 불리한 자료를 찾아내는 작업을 한 배후 지휘자가 장칭이라는 강력한 증거를 제시했다. 재판부장 장화가 말을 하려는 것을 저지한 장칭은 안경을 벗어 비스듬하게 한 손에 걸친 채로 재판관들에게 질문을 던졌다. "그 가택 수사가 무엇이 잘못되었다는 겁니까? 대답해보세요. 이미 지금쯤이면 바로 이 장칭의 가택 역시 매국노들이 철저하게 수색했을 거 아닙니까?" 장칭은 계속했다. "여하튼 '네 가지 옛것(四舊)'*를 척결하려면 (1966년 당 중앙위원회에서 결정된 정책) 당연히 가택 수사를 집행할 수밖에 없습니다. 혁명적 행동이죠."

녹음 테이프를 틀자, 재판정 사람들 모두 입을 다물고 귀를 기울였

---

* 문화혁명 시기인 1966년 8월에 마오쩌둥은 홍위병들에게 '사구(四舊)' 즉 '낡은 사상, 낡은 문화, 낡은 풍습, 낡은 습관'을 타파하라고 지시했다. 그 여파로 중국 전역에 걸쳐 파괴와 탄압의 운동이 일어나서 각종 문화재, 서적, 예술품이 파괴되고 학술과 문화 각 부문의 많은 인물들이 탄압당했다.(역주)

다. 권력의 최정상에 있던 장칭의 목소리를 들으려는 것이었다. "나는 지금 여러분께 말씀드릴 수 있습니다." 녹음 테이프 속의 장칭은 공연 예술가 집회에서 큰 소리로 외치고 있었다. "류사오치는 썩을 대로 썩은 엄청난 반혁명분자입니다. …… 그는 1천 번 죽음을 당해야 합니다. 1만 번 칼로 찔러야 합니다."

"피고 장칭은 녹음 테이프 내용을 분명하게 들었습니까?"

"아니오, 잘 듣지 못했습니다."

잡음이 가득한 녹음 테이프를 다시 돌리자 재판정 사람들은 모두 다시 한 번 문화혁명 기간 때의 소리를 들어야 했다. 당시는 장칭이 하는 말은 무조건 옳던 시대였다. 장칭은 이어폰을 손으로 누르고 자세히 자신의 목소리를 들었다. "네, 정말 제 목소리군요."

하지만 장칭의 다음 진술은 재판부로서는 듣고 싶지 않은 것이었다. "류사오치와 왕광메이, 두 사람의 추종자들을 체포한 것은 당시 당국자의 결정에 따른 것이었습니다. 그 사람들이 이후 그렇게 오랫동안 감옥에 갇혀 있던 것은 나하고는 아무 상관이 없습니다."

재판정의 긴장이 고조되었다. "네, 내 이름이 일부 문서에 서명되어 있는 것은 사실입니다." 장칭이 계속 말했다. "하지만 마오쩌둥 주석과 저우언라이 총리가 최종 인가했습니다. 어째서 당신들은 그 두 사람을 감싸고 도는 거죠?" 장칭이 류사오치와 왕광메이를 공격할 때 마오가 이를 저지하려고 했다는 증거를 검사 측은 전혀 제시하지 못했다.

검사 황훠칭(黃火靑)이 나섰다. 1954년 제정된 '전국인민대표대회법' 제36조에 따르면 대의원들은 인민대회 전체나 상임위원회의 결정 없이는 체포되거나 재판에 회부되지 않는 면책권이 있다는 것을 검사가 지적했다.[18] 그렇다면 장칭이 무슨 권한으로 류사오치와 왕광메이에게서 신체의 자유를 박탈했는가 하는 것이 검사의 질문이었다. 장칭은 의자 뒤로 깊숙이 앉아 머리를 약간 위로 치켜세우고 있었다. 혼자 콧노래를 부르고 있는 듯한 모습이었다.

다음날 〈인민일보〉에는 이 재판에 대한 보도기사가 실렸다. "반혁명 사건의 수괴인 장칭은 이 나라와 인민에게 엄청난 해악을 끼친 불길한 별이었다. 이 불길한 별은 12월 3일 오전 9시 두 명의 여성 호송관에 의해 인민법정 앞에 끌려나왔다. ……"[19]

불길한 별이었든 무엇이었든 '10명의 재판' 과정에서, 진정 한 사람의 인간으로서 진술한 사람은 장칭뿐이었으며, 자신에게 제기된 사실 관계에 진솔한 반응을 보인 사람 역시 장칭이 유일했다.

재판이 12월 두 번째 주로 연장됨에 따라 검찰 측에 대한 장칭의 인내심이 점점 약해져 갔다. 검찰 측이 질문했다. "피고는 캉성과 협조하여 당 중앙위원회 위원 가운데 반대자 명단을 뽑고 가능한 시기에 그들을 당 중앙위원회에서 제거하기로 의논하지 않았던가요?"[20] 장칭이 대답했다. "사실 관계 진술은 맞습니다만, 그 의미는 왜곡하고 있군요. …… 중차대한 문제를 논의할 당 중앙위원회가 소집될 경우 그런 예비 작업을 수행하는 것은 지극히 정상적이고 또 합법적입니다."

한 여성 재판관이 소리쳤다. "당시 피고는 당 중앙위원회 위원도 아니었잖습니까?"

"보세요. ……" 장칭이 설명하기 시작했다.

"어떻게 그것이 정상적일 수가 있죠?" 재판관은 분노에 찬 목소리로 계속 물었다. "또 어떻게 그것이 합법적일 수가 있습니까?" (여성 재판관이 계속 큰 소리를 치자 장칭은 근엄한 동작으로 천천히 귀에서 이어폰을 떼어냈다.)

"나에게 말할 기회를 준다면 설명하지요. 나는 그때 중앙문화혁명소조의 일원이었습니다. 당시 그 조직은 당 중앙위원회와 동등했습니다." 장칭의 적들조차 훌륭한 답변이었다고 인정하지 않을 수 없었다.

장칭의 1930년대 상하이 생활이 거론되었다. 검찰 측이 질문했다. "피고는 정췬리, 그러니까 장칭과 탕나의 결혼식에서 들러리를 서준 친구와 부인인 황천의 자택을 수색하여 어떤 자료를 찾아내도록 지시하지 않았습니까?" 장칭이 대답했다. "먼저 그 자료라고 하는 것들을 보고 싶군요. …… 그 자료를 수색하는 작업에 내가 관여했는지 안 했는지는 그 다음에 이야기할 수 있겠습니다." 어떤 부모가 자기 딸을 얕보고 함부로 비난했다가 그 딸이 당당하게 자신을 변호하는 분위기의 문답이었다.

장칭이 말을 계속했다. "당신들은 한 번은 사진 이야기를 하고, 또 잠시 뒤에는 공책 이야기를 하고, 또 잠시 뒤에는 편지 이야기를 하는군요. 도대체 무엇을 말하는 건지 혼란스럽군요."

검사 측이 이번에는 1930년대 장칭의 활동이 '반혁명적'이었다고 언급하기 시작했다.[21] 장칭은 마치 한 마리 곰처럼 몸을 잔뜩 웅크린 채 검사 측 좌석을 노려보고 있었다. 잠시 뒤 장칭이 소리쳤다. "도대체 반혁명적 행동이란 게 뭡니까?" 강당 전체가 울리도록 장칭은 큰 목소리로 말했다. 검사 측은 대답하지 않았다. 지금 다투고 있는 사항은 정치적 문제가 아니라 란핑이란 이름으로 살았던 장칭의 사생활 문제였기 때문이다.

정쥔리의 미망인 황천이 재판정에 들어섰다.

"아 황천!"* 장칭은 작은 목소리로 황천을 맞이했다. 남편 정쥔리 감독은 1969년 감옥에서 사망했다. 미망인 황천이 증인석에 앉았다.

"나는 당신과 말하고 싶지 않아요." 황천은 장칭에게 차갑게 말했다. 그리고는 잠시 입을 다물고 앉아 있었다. "당신은 란핑이었죠, 아닙니까? 그리고 분명히 말씀드리지만 1930년대를 어떻게 살았는지는 당신 스스로 잘 기록해놓았지 않습니까? 그것을 지워버릴 수는 없는 겁니다."

"당신이 우리 가족을 파멸로 몰아넣고, 또 남편을 죽음으로 몰아넣은 이유는," 황천은 재판정이 아니라 장칭에게 말하고 있었다. "우리가 1930년대에 당신이 어떻게 살았는지 잘 알고 있었기 때문이죠. 또 당신

---

* 장칭이 이때 사용한 중국어 표현은 '阿黃'으로 영어로 'Huang, honey'라고 번역할 수 있는 다정하고 친근한 표현이다.

이 찾으려고 했던 그 편지(장칭이 탕나에게 보낸 편지) 때문이죠. 오, 당신은 정말 잔인한 사람이에요!" 황천은 말을 잇지 못했다.

장칭은 상하이 지방 사투리로 답변했다. 부드러운 목소리였다. "황천, 정말 나는 알지 못하는 일이에요."

전 공군참모총장 우파셴이 증인석에 나왔다. 그는 늙고 힘없는 모습으로 온갖 후회와 참회의 말을 재판정에 쏟아냈다. 1966년 10월 상하이 예술인들의 집을 수색하는 일을 자신이 실행에 옮겼다고 진술했다. 다른 군인 출신 피고들과 마찬가지로 우파셴은 완전히 기가 죽었으며 법정이 요구하는 모든 것을 그대로 인정했다. "장칭이 가장 주요한 범죄자인 주범입니다." 우파셴이 결론을 내렸다. "저는 공모자입니다. …… 저는 지금 제 자신을 증오합니다."

장칭은 자신이 상하이 수색 작전을 주도했다는 것을 부인했다. 하지만 증거는 압도적으로 장칭에게 불리했다.

작가 랴오모사가 재판정에 들어서자 잠시 사람들이 웅성거렸다. 그는 상하이 시절 장칭의 친구였다. 장칭은 잠시 그의 집에 살기도 했지만 훗날 그와 다투기도 했다. 랴오모사는 문화혁명 때 '적의 첩자'로 비판받아 8년 동안 감옥에 있었다. 랴오모사는 자신이 고통 받은 사실과 류런(劉仁)이란 사람이 고통 받은 사실이 연관되어 있다고 진술했다. 류런의 미망인은 바로 특별재판정에서 판사석에 앉아 있는 판사였다.

"당신과 패거리들은 온갖 종류의 범죄를 무수히 저질렀습니다." 랴오모사가 장칭에게 말했다. "그 죄의 수는 사람의 머리털보다 더 많습니다." 작가는 잠시 안경을 벗고 눈물을 닦았다. "베이징 사람들은 당신을 뼛속 깊숙이 증오합니다."

장칭은 드디어 자기 통제력을 잃었다. "거짓말 그만 하시오!" 장칭이 자리에서 벌떡 일어났다. 랴오모사가 눈물로 호소하는 것, 그 광경을 보고 재판정 사람들 사이에 감정적 반응이 퍼져 나가는 것, 판사인 류런의 미망인에게 교묘하게 감정적으로 호소하는 랴오모사의 행동을 본 장칭은 더는 참을 수가 없었다.

"앉으시오!" 남성 재판관이 소리쳤다. "피고는 발언권이 없소!"

"나는 스스로 방어할 권리가 있습니다." 장칭은 자신의 가슴을 가리키며 항의했다. "게다가 나는 당신의 원래 모습을 폭로할 권리도 있지." 랴오모사를 손가락으로 가리키며 장칭이 외쳤다. "저 사람은 '삼가촌(三家村)*에 속해 있지 않았습니까?"

"멈추시오. 피고는 발언을 멈추시오." 재판관 하나가 크게 소리쳤다. 그때 랴오모사는 한 손으로는 앞쪽의 난간을 계속 치고 다른 한 손은 주먹을 꼭 쥐고 장칭을 향해 "입 닥치시오!"라고 소리쳤다. 랴오모사는 눈물을 흘리고 몸을 부들부들 떨면서 증언을 계속했고 장칭은 증언 중간 중간에 "간첩!"이라든가 "수정주의자!"라고 고함을 질렀다.

"반대합니다!" 재판관이 장칭에게 소리쳤다. "피고는 발언할 수 없습니다!"

"계속 반대해보시오." 장칭이 받아쳤다. 이제 완전히 흥분한 상태였다. "나는 이렇게 발언하고 있지 않습니까? 당신이 도대체 뭘 어떻게 할 수 있겠소?" 장칭은 머리를 뒤로 젖히고 껄껄 웃음을 터뜨렸다.

"당신은 지금 새로운 범죄를 저지르고 있소!" 재판관이 소리쳤다. 다른 재판관들도 같이 소리쳤다. "장칭은 계속 범죄를 저지르고 있습니다."

"말도 안 되는 소리! 당신들은 지금 저런 배신자들과 악질분자들(랴오모사 같은 사람)을 여기로 끌고 와서 엉터리 주장을 맘껏 퍼붓게 하고 있지 않소?" 장칭은 자기 뜻을 강조하기 위해 귀를 손으로 쳤다. "저런 사람들의 말을 듣고 싶지 않아요! 나는 질문할 게 있습니다!"

재판정은 아수라장이 되었다. 간잉이라는 여성 재판관은 장칭이 죄를

---

* 문화혁명 직전 시기에 공산당 정부의 정책과 마오쩌둥의 독단을 비판하는 글을 발표했던 지식인들을 가리킨다. 우한, 랴오모사, 덩퉈, 판진 등이 여기에 속했다. 판진은 장칭의 두 번째 남편 위치웨이의 아내였다.

장칭이 재판정에서 소란을 피우다 제지당하고 있다. 텔레비전에서 재판 과정을 지켜본 중국인들은 장칭의 기백에 놀랐고, 장칭이 재판정에 퍼붓는 욕설에서 통쾌함을 느꼈다.

계속 짓고 있다고 소리쳤다.

"도대체 네가 죄라고 하는 게 뭐야?" 장칭은 여성 재판관을 향해 소리쳤다. "이 나쁜 년."

수석 재판관인 쩡한저우는 얼굴이 새빨개졌다. 그는 장칭을 재판정에서 끌어내라고 지시했다. 두 명의 여성 호송관이 장칭의 어깨를 잡았다. 장칭은 두 여자를 몸으로 밀쳤다. 하지만 곧 팔을 붙잡혀 엉거주춤한 자세로 재판정에서 끌려 나갔다. 방청석에서는 박수가 터져 나왔다.

정당성과 위엄을 보이려던 장칭의 계획은 완전히 무너졌다. 다섯 번에 걸친 재판에 너무 지쳐버렸던 것이다. 여성 재판관 두 명은 장칭에게 특히 적대적이었으며 증인들이 장칭에게 적대적 증언을 할 때 방청석에서 박수가 터져 나오는 것을 전혀 제지하지 않았다. 장칭을 가장 뼈아프게 모욕한 사람은 랴오모사였다. 장칭의 인생에서 가장 민감한 시기인 1930년대 지인이며 1933년 경제적으로 곤궁했을 때 장칭을 도와주었던 사람이다. (그렇게 함으로써 장칭이 남자에게 의지하여 살았던 것을 다시

한 번 뼈아프게 상기시켜주었다.)

재판이 진행되어 12월 중순에 이르자, 장칭은 10인의 재판에서 가장 주목받는 존재가 되었으며 중국 정부에 충격파를 던졌다. 이 과정에서 장칭은 재판부와 매우 적대적인 대립 관계를 형성했다. 원래 이런 재판에서는 재판관들이 피고들의 유죄를 선언하기 전에 피고들이 스스로 유죄임을 선언하는 것이 보통이다.

장칭은 공산주의 역사에 한 획을 그었다. 공산 국가의 재판에서 모든 피고는 원래부터 유죄이며 피고는 검사 측 기소 내용을 모두 인정하게 되어 있다. 당은 권력의 담당자일 뿐 아니라 진리의 수호자이기도 하다는 오만한 신화를 보존해야 할 필요가 있기 때문이다. 그렇기에 1930년대 모스크바에서 벌어진 재판에서 피고들은 모든 기소 내용을 스스로 인정했던 것이다. 실제 피고들이 죄가 있든 없든 무조건 그랬다.

개인의 도덕적 최고 권위를 인정하는 공산당은 하나도 없다. 진리는 항상 변한다. 하지만 진리의 원천(즉 당을 말한다)은 변하지 않고 고정되어 있다. 그러므로 당이 자기 자신을 공식적으로 비난했을 때 만일 유죄를 인정하지 않으면 그는 혹은 그녀는 더는 공산주의자가 아니라는 논리다.

가톨릭 교회에 고해성사가 필요한 것처럼 공산주의에도 자백이 필요하다. 왜 공산당이 약속한 지상낙원이 아직도 지구상에 도래하지 않고 있는가? 또는 신자에게 왜 이 세상은 이렇게 죄악에 가득 차 있는가? 이런 질문이 나올 때 과연 교회 권위의 중심에서는 어떤 대답을 내놓을 수 있겠는가? 지상낙원이 도래하는 것을 끝없이 방해하는 자들, 즉 배신자나 죄인들이 있다는 것을 사람들에게 보여주는 수밖에 다른 도리가 있겠는가? 그래서 죄를 고해성사하는 것이 꼭 필요한 것이다.

하지만 장칭은 자백하지 않았다. 역사의 수호자를 자처하는 자들에게 장칭은 자신의 판단력을 내맡기지 않았다. 장칭은 한 개인으로서 도덕적 최고 권위를 보유하고 있음을 끝까지 고집했다.

공산주의는 역사가 항상 전진한다고 본다. 마치 에스컬레이터와 같아서 그 안의 개인이 어느 방향으로 걸어가든 상관없이 역사는 계속 발전한다. 역사 진행의 책임을 맡은 존재는 당이다. 그런데 이 여자는 에스컬레이터에서 뛰어내렸다. 다양한 평가가 있을 수 있겠지만 한 가지 확실한 것은 장칭이 별로 훌륭한 공산주의자가 아니었다는 점이다.

재판정 바깥 사람의 평가를 살펴보면, 장칭은 이 경기에서 몇 점을 얻었고 (덩샤오핑이 예상했던 것보다 많은 점수를 얻었다) 몇 점을 잃었다. 중국인들은 대부분 이 재판을 별로 진지하게 바라보지 않았다. 엄청난 권력자들이 한순간에 무너지는 것을 보고 중국인들은 처음에는 신기하고 어리둥절했다. 하지만 곧 대수롭지 않은 것으로 생각하고 조롱과 야유를 보냈을 뿐이다. 하지만 장칭의 기백은 탄성을 불러일으켰다. 장춘차오는 마치 점술사가 헝클어진 꼴을 하고 아무 말도 못하는 형국이었다. 군인 출신 피고들은 예순쯤 되는 구두닦이 노인들이 울먹울먹하는 꼴이었다. 야오원위안은 몸이 좋지 않다고 계속 끙끙거렸다. 이들에 비한다면, 장칭은 할 말을 다하면서 자존심을 지킬 줄 아는 당당한 모습이었다. 저녁 때 텔레비전을 보면서 잠시 즐거운 마음으로 시청할 수 있는 대상이었으며 장칭이 고집을 피우는 모습은 꽉 막힌 상자처럼 답답한 공산주의 체제 안에 불어오는 한 줄기 신선한 바람이었다.

하지만 공산당 정부는 어린이들은 순종하게 만들 수 있었다.[22] '이화원' 근처 숲 속으로 100여 명의 소학교 아이들이 소풍을 간 적이 있었다. 가방을 어깨에 메고 요리 냄비를 들고 땔감도 한 무더기씩 들었다. 점심 식사를 준비하느라고 부산스러운 어린이들에게 선생님은 호루라기를 크게 불어 주의를 집중하도록 했다. 아이들은 앙상한 겨울 나무에 큰 그림 몇 개를 기대놓은 것을 볼 수 있었다. 사인방을 만화로 그려놓았는데, 장칭은 쥐새끼로 그렸다. 교사 한 명이 앞으로 나서 아이들에게 장칭의 죄를 설명해주었다. 아이들은 각자 메고 온 가방에서 돌멩이와 흙이 가득 든 작은 종이 봉지를 꺼내 그림을 향해 힘껏 던졌다. '쥐새끼' 그림에 돌맹이나 흙 봉지가 맞을 때마다 아이들은 기뻐 환호성을 질렀다.

"나는 굴복하지 않는다"

"텔레비전에서 내 모습이 어땠지?" 장칭은 간수들에게 랴오모사의 증언 도중 일어났던 대소동에 대해 물었다. 간수들은 무슨 말인지 몰라 멍하게 쳐다보았다. "뭐라고? 텔레비전을 보지 않았다고? 나를 지키는 것이 당신들 직무 아닌가? 어떻게 안 볼 수가 있지?" 장칭은 다음번 재판을 기다리면서 마오쩌둥을 방패로 삼기로 결심했다.

다음번 재판은 지연되고 있었다. 어째서 장칭이 계획대로 협조하지 않았는가, 과연 어떻게 할 것인가를 두고 정치국이 토론을 벌이고 있었기 때문이다. 몇몇 정치국원들은 장칭의 거부 행동이 보수적인 노인층에는 부정적 느낌을 준 것이 사실이지만 젊은이들에게는 좋은 인상을 준 것 같아 우려된다고 했다. 덩샤오핑과 화궈펑은 여러 정책 문제에서도 이견을 보였지만 장칭을 다루는 문제에서도 의견을 달리했다. 재판은 12월 23일이 되어서야 다시 시작되었고 이로써 이 재판의 클라이맥스를 장식하는 마지막 일 주일이 시작되었다. 이 공판 장면은 텔레비전에 거의 방영되지 않았다.

장칭은 공안국 강당에 입장하여 긴 통로를 걷기 시작했고, 두 명의 여성 호송관이 장칭의 양팔을 잡으려고 했다. 지난번 이들이 자신을 붙잡고 당기고 한 데 몹시 화가 났던 장칭은 팔을 뿌리쳤다. "지난번에 왜 내 머리카락을 잡아당겼지?"[23] 장칭이 쏘아붙였다. 두 호송관을 밀쳐내고 장칭은 고개를 높이 들고 혼자서 새장 같은 피고석으로 가서 앉았다.

"장화 재판부장, 질문 하나 해도 되겠습니까?" 장칭은 금속테 안경 너머로 재판부장을 쳐다보았다. 재판부장은 깜짝 놀란 듯 잠시 동안 말을 하지 못했다.

"좋습니다. 질문해도 됩니다."

"이 장소는 지금 재판정입니까, 아니면 벌을 주는 장소입니까?" 마치 증인 반대 신문을 하러 나온 변호사 같은 목소리였다. "지난번 호송관들이 내 팔꿈치를 비틀었습니다. 그때 부상을 입어 지금 나는 오른팔을 들 수가 없습니다." 장칭은 왼손을 들어 오른팔 위에 가볍게 놓았다. 몇몇 재판관들은 자리를 고쳐 앉으며 불안한 몸짓을 보였다. "한 가지 더 있습니다. 나는 재판부장인 당신과 약속한 대로 재판정을 존중하는 태도를 지키고 있습니다. 하지만 당신은 내가 발언하는 것을 허락하지 않고 있습니다. 발언을 방해하고 있죠. 재판부에서 하는 행동을 보면, 이제 조금 있으면 재판정 내에 박수를 요청하여 나를 공격하는 무기로 사용할 것 같군요."

"장칭, 내 말을 들으시오."

"잘 듣고 있어요!" 하지만 말하는 투로 봐서는 더는 들을 것도 없다는 태도였다. 늙은 여인의 목소리가 분명했지만 장칭의 목소리에는 자신의 삶 전체가 들어 있는 듯 힘차고 여성스러웠으며 다양했다. 천천히 말하면서 전체적으로 성조가 조금씩 올라갔다 내려갔다 하면서 이따금 변화를 주어서 주목을 끌었다. 장칭은 위엄 있는 부인의 풍모를 과시하고 있었다. 고개를 양쪽으로 가볍게 움직였고, 발을 편안하게 앞으로 쭉 뻗고 의자에 깊숙하게 기대앉았다. 하지만 이따금 한숨을 쉴 때면 아직 젊은이 같았고 옆에서 본 얼굴 모습은 여전히 젊은 여인의 느낌이 남아 있었다. 말을 할 때면 오른손을 일정한 리듬으로 반복하여 위에서 아래로 내리쳤다

"당내에는 당신들로서는 도저히 알 길이 없는 여러 가지 일들이 있습니다." 장칭이 말했다. "당신들이 지금 불만을 표시하는 일들은 당시에 공산당이 했던 일들입니다. 당신들은 그 모든 것을 내 등에 올려놓는군요. 세상에…… 마치 내가 머리가 셋이고 팔이 여섯 개여서 무슨 기적이라도 행하는 거인인가요? 나는 공산당 내 여러 지도자 가운데 하나일 뿐입니다. 게다가 나는 마오쩌둥의 바로 곁에 있던 사람입니다! 나를 체

포하고 이렇게 재판에 끌고 오는 것은 바로 마오쩌둥 주석을 모독하는 것입니다!"

장칭이 마오쩌둥 이름을 언급할 때마다, 재판관은 발언을 중지시키려 했다.

"나를 발언하지 못하게 한다면, 이 의자에 진흙으로 빚은 부처상을 올려놓고 나 대신 피고로 삼지 그래요?" 장칭은 얼음같이 차가운 미소를 얼굴에 띠었다.

자신은 그런 흙으로 만든 부처상 역할은 하지 못하겠다는 선언이었다. "나는 38년간 마오 주석의 아내였습니다. 전쟁터(1940년대 말 국공내전을 가리킨다)로 마오와 함께 들어간 유일한 여성이 바로 납니다." 방청석에서 웃음이 터졌다. 장칭은 몸을 돌려 소리쳤다. "당신들 모두는 그때 어디에 누워 있었지?" 더 많은 웃음이 터져 나왔다. ('누워 있다'는 표현이 마치 장칭이 마오 곁에 누워 있던 것을 가리키는 것 같아 사람들이 놀랐던 것이다.)

요란스러운 언동을 하고도 장칭은 어떻게 무사할 수 있었을까? 때로는 피고인 장칭이 마치 재판정의 지휘자처럼 보일 때도 있었다. 그런 일이 어떻게 가능했을까? 장칭이 마오쩌둥의 미망인이었기 때문이기도 하고 일부 진실을 말했기 때문이기도 했다. 당시 정치 지도자들은 어느 정도 죄의식을 느끼고 있었다. 자신들이 마오쩌둥에게 위선적인 행동을 하고 있다는 사실과 재판 과정에서 진실을 은폐하고 있다는 것에도 죄의식을 느꼈던 것이다. 그래서 최고 지도자들은 장칭을 완전히 침묵시키지 못했고 그저 조롱하는 것으로 만족할 따름이었다.

장칭의 폭탄 선언이 이어졌다. "내가 한 가지 이야기하지요." 쥐 죽은 듯이 조용한 재판정 안에서 장칭이 다시 입을 열었다. "마오쩌둥이 화궈펑에게 주었다는 그 문장, '그대가 책임을 맡고 있으니 내 마음이 편하오(你辦事, 我放心)', 그 문장을 쓴 날의 일입니다." 장칭은 강당 전체를 둘러보았다. 카메라 불빛이 장칭의 안경에 집중되었다. "그 문장이 마오쩌둥이 쓴 문장의 전체가 아닙니다. 더 있었지요. 몇 글자를 더 썼습니다. '의문 사항이 있으면 장칭에게 물어라.(有問題, 找江靑)'였습니다."*

"나는 독자적인 정치 지침 노선이 없었습니다." 재판정은 이제 완전히 조용해졌다. "나의 행동은 오로지 마오쩌둥의 노선과 당의 노선을 따랐던 것뿐입니다." 장칭은 큰 숨을 들이키고는 강당을 구석구석 천천히 둘러보았다. "지금 당신들은 죽은 남편이 남긴 빚을 살아 있는 미망인에게 갚으라고 요구하는 것입니다. 여러분 모두에게 말합니다. 마오 주석의 빚을 이렇게 갚는 것은 저에게 행복이며 또 영광입니다."

장칭의 재판은 일정 부분 마오쩌둥에 대한 재판이기도 했다. 중국공산당은 마오의 실수를 모두 사인방에게 돌리는 편리한 해결 방법을 택했다. 하지만 장칭은 자신의 행동은 마오쩌둥의 지시에 따른 것이었다고 말함으로써 그런 해결 방법의 허점을 폭로했다.

당시 마오쩌둥의 판도라 상자가 아직 열리지 않은 상태였다고 생각하는 사람이 있었다면, 이제 장칭의 도전으로 상자가 확실하게 열린 것이었다. 장칭의 발언으로 사인방이 아니라 오인방이 존재했다는 이론이 더 설득력을 얻게 되었다. 장칭이 중국 정치 체제를 '파시즘'이라고 모욕할 때, 장칭은 마오 문제 이상의 것을 건드리고 있었다. 마오를 비롯한 많은 중국공산당 지도자들이 건설한 중국 정치 체제 자체를 공격하는 것이었다.

재판부가 정성스럽게 꿰맞추어 짜놓은 천에 장칭이 마구 구멍을 내자, 또 다른 천을 하나 꺼내올 수밖에 없었다. "중국 인민들은 잘 알고 있습니다." 장원이라는 검사는 며칠 뒤 재판정에서 다음과 같이 진술했다. 공산당 최고 지도자로부터 하달된 문장이 분명했다. "문화혁명 기간

---

* 우리는 아직도 사실 관계를 명확하게 알 수 없다. 마오쩌둥이 과연 짧은 문장을 썼는지 아니면 긴 문장을 썼는지, 게다가 여기서 마오가 "책임을 맡다"라고 한 것이 어떤 뜻인지도 확실하게 알 수 없다. 당시 중국 정부 관점에서 이 기간을 가장 상세하게 기록한 '中發 24 號' 문건에서도 마오가 화궈펑에게 주었다고 하는 (짧은) 문장을 그대로 복사하여 싣지 않았다는 점은 놀라운 일이다.

중 인민들의 고통에 …… 마오 주석이 책임이 있다는 것을 잘 알고 있습니다. 그리고 린뱌오와 장칭 등 반혁명 도당의 정체를 파악하지 못한 데도 마오 주석은 책임이 있습니다."

덩샤오핑은 마오의 말에서 몇 개를 떼어내 장칭을 공격했다.

"마오 주석은 자주 장칭의 본모습을 폭로했고 장칭의 주장을 반박했습니다." 검사가 말했다. "예를 들어 마오 주석은 이렇게 말했습니다. '장칭은 나를 대신해서 말하는 것이 아니다. 장칭은 오직 자기 자신의 의견을 이야기할 뿐이다. ……'"

장칭은 이런 말을 듣고 도저히 참을 수가 없었다. "당신들은 파시스트야! 당신들은 장제스의 국민당원들이야!" 장칭이 소리쳤다. "당신은 검은색을 흰색이라고 부르고 있군. 당신들은 계란 속에 뼈가 있다고 하는 사람들이야."

"나는 당신을 경멸해." 장칭은 쩌렁쩌렁 울리는 목소리로 소리쳤다. "당신은 덩샤오핑에게 자신의 힘을 다 팔아먹는군. 오, 덩샤오핑은 분명 당신을 승진시켜주겠지? 장원 검사 당신에게 덩샤오핑이 200위안 정도 주겠군."

여검사 하나가 장원 검사를 변호하기 위해 나섰다. 평소 장칭은 남성보다 여성에게 더 화를 냈다. 이번에도 마찬가지였다. "세상에, 당신은 전혀 예쁘지가 않군." 장칭은 여성 검사를 조롱했다. "사실을 말하자면 당신은 돼지만큼이나 못생겼어!"

또 한바탕 소동이 일어났다. 장칭은 마지막으로 이렇게 소리쳤다. 자신의 신념을 표현하는 말이었다. "나한테는 하늘도 소용없고 법도 소용없다!(나에게 법을 강요할 수 없다.)" 누군가 종을 울렸고, 다시 한 번 장칭은 재판정에서 끌려 나갔다. 방청석에서는 박수가 터져 나왔고 재판관들은 창백한 얼굴로 무표정하게 반대편 벽만 바라볼 뿐이었다. "반란은 정당하다!(造反有理)" 끌려 나가면서 장칭은 소리쳤다. "덩샤오핑이 이끄는 수정주의자들을 타도하라!" 재판정 사람들은 모두 당황했다. 장칭은 다시 소리쳤다. "나는 죽을 준비가 되어 있다!"

재판정에는 다시 질서가 찾아왔다. "장칭은 기소장에 적힌 기소 사실의 틀 안에서 자신을 변호할 기회를 스스로 포기했습니다." 수석 재판관 쩡한저우가 말했다. "그 대신 토론이라는 허울을 이용해 반혁명적 발언을 했습니다."

〈인민일보〉에는 장칭의 발언이 보도되지 않았다. 신문 기사에서는 그저 장칭의 죄목을 다시 한 번 열거하고 처형을 촉구한다는 이야기만 실렸다. "여자 황제가 되겠다는 10년의 꿈은 이제 끝났다." 신문 기사 내용이다. "볼썽사나운 행동으로 우리는 장칭이 다시 복귀할 수 있다는 봉건적 꿈에서 아직 깨어나지 못했다는 사실을 알 수 있을 뿐이다. 어쩌면 장칭은 회개하지 않은 채 죽음을 맞이할지 모른다. 장칭이 그러고 싶다면 우리로서는 어쩔 수 없다."[24]

재판 심리가 끝났고 장칭의 시련도 끝났다. 중국공산당 좌익은 자신들의 어리석은 행동 때문에 이렇게 무너져 내렸다. 덩샤오핑은 문화혁명당시 고초를 겪었던 사람들을 위해 복수를 한 것이었다. (그 덕분에 화궈펑을 제치고 정치적 입지를 강화했다.) 이 재판은 마오쩌둥의 유산을 안정적으로 계승하려는 어설픈 시도였다. 하지만 이번 재판의 주인공은 덩샤오핑이나 다른 인물이 아니라 바로 장칭이었다.

장칭은 정치적 악당도 아니고 영웅도 아니었다. 장칭은 자신을 있는 그대로 보여주었기 때문에 주인공이 될 수 있었다. (다른 사람들은 그러지 못했다. 아무 말 없이 입을 다물고 있던 장춘차오는 예외일 수도 있다.) "이 세상과 나, 어느 쪽이 옳은 거죠?" 노라 역을 맡아 연기할 때 장칭은 그런 질문을 던졌다. 장칭은 자기 자신이 가장 소중했으며 자신이 옳다는 것을 확신했다. 그래서 장칭은 공산주의 체제를 재판대에 올려놓았던 것이다. 장칭은 공산주의 체제에 특별히 '찬성'하는 것도 아니고 특별히 '반대'하는 것도 아니었다. 공산주의 체제와 장칭은 서로 다른 목표를 추구했다. 장칭은 인민들에게 공산주의 체제의 단점을 드러내려 한 것은 아니었다. 다만 장칭이 자신의 진실을 지키고자 몰두했기 때문에 결과적으로 공산주의 체제가 인민들 앞에 생생하고 확연하게 드러났던 것이다. 황제의 아내가 그만 입을 열고 말았던 것이다. 황제가 벌거벗고 있다고.

장칭이 미친 것인가? 아니면 공산주의 체제가 미친 것인가?

"나는 오랫동안 장칭을 증오해 왔어." 재판을 지켜본 중국인이 친구에게 작은 소리로 말했다. "하지만 이제 그 증오가 조금 덜해지는 것 같아."[25] 장칭의 반항적인 몸짓은 공산주의 체제에 냉소적이던 많은 중국인에게 공감을 불러일으켰다. 장칭이 재판정을 향해 모욕적 언사를 퍼부을 때 사람들은 즐거워했고, 그것은 바로 공산주의 정치 체제에 대한 작은 보복 행위였다. 공산주의의 힘에 눌려 수동적 인간으로 자라난 젊은 세대는 공산주의 이전에 성장한 장칭의 공격적 몸짓을 보고 개인의 의지를 저렇게 과시할 수 있다는 것을 알게 되었다.

고대 중국의 이야기가 있다. 늙은 스님이 젊은 스님에게 절 바깥 생활을 보여주기로 했다.[26] 두 스님이 바깥에 나가 돌아다니는 동안, 젊은 스님은 지나가는 젊은 여인들을 한 사람 한 사람 뚫어지게 쳐다보았다. 늙은 스님이 충고했다. "저 동물들을 쳐다보지 말거라. 저것들은 사람을 잡아먹는 호랑이니라." 절에 돌아와서 늙은 스님은 제자에게 바깥 세상에서 제일 아름다웠던 게 무엇이더냐고 물었다.

"단연코 사람 잡아 먹는 호랑이들이 가장 아름다웠습니다!" 젊은 스님이 대답했다.

중국공산당의 늙은 스님이었던 덩샤오핑은 젊은 세대와 바로 이런 문제를 안고 있었다. "저 동물을 쳐다보지 마시오."라고 덩샤오핑은 장칭을 가리키며 주의를 주었던 것이다. 하지만 많은 중국인은 장칭을 열심히 쳐다보고 있었다.

중국 여성들은 장칭의 고난을 보고 한숨을 쉬었을지 모른다. 일찍이

1981년 1월 25일, 장칭이 피고석에서 최종 심의 결과를 듣고 있다. 이날 장칭은 사형선고를 받았으나 2년의 집행유예 기간이 주어졌다.

장칭만큼 높은 위치에 올라간 여성은 중국공산당에 없었다. (다른 나라 공산당 역시 마찬가지다.) 장칭은 4천 년 중국 역사에서 가장 힘 있는 여성으로 몇 손가락 안에 꼽혔다. 그렇지만 역시 여성이었기 때문에 차별을 받을 수밖에 없었다. 일생을 통해 주부 역할을 뛰어넘으려 애썼던 장칭은 결국 주부 입장에서 재판을 받았다. 여성으로서 마땅히 해야 할 역할을 뛰어넘었기에 남편을 잘못된 길로 인도했다는 비난을 받았던 것이다.

재판정에서 많은 사람이 '자본주의'를 입에 올렸지만 모든 사람이 실제 신경 썼던 것은 자본주의가 아니라 봉건주의였다. 장칭은 잘못된 사상('반혁명') 때문에 벌을 받고 있는 것이 아니었고 사회적 역할을 제대로 수행하지 않아 벌을 받고 있는 것이었다.

정치국이 장칭에게 내릴 선고를 합의하는 데 거의 한 달이 걸렸다. 재판관들은 아무런 판단 권한이 없었으므로 모두들 원래 위치로 돌아갔다. 심지어 몇몇 재판관들은 외국 여행을 떠났다. 장칭의 선고가 심의 중인 기간이었는데도 말이다!

장칭의 전성기 때 고초를 겪었던 전 베이징 시장 펑전이 선고심 결과를 장칭에게 알려주는 역할을 맡았다. "기소 내용 전부에 대해 유죄임, 사형선고……." 장칭은 '사형'이란 단어를 듣자마자 펑전에게 소리쳤다. "혁명을 진전시키는 것은 범죄가 아니오!" 아마도 장칭은 자신이 당장 처형장으로 끌려가는 줄 알았던 모양이다. 하지만 펑전은 아직 선고심 결과 전체를 말하지 않은 상태였다. "…… 피고가 앞으로 어떤 태도를 취하는가 보기 위해 2년간 집행을 유예함……."

덩샤오핑은 원래 사형선고를 내려야 한다고 주장했다. 하지만 동료들은 불안해했고 죄의식에 빠져 있었다. 그래서 타협점을 찾은 것이다. 만일 '마오쩌둥의 개'를 처형한다면 중국군, 마오쩌둥 추종자, 극좌파 잔당들이 큰 소동을 벌일 우려가 있었다. 불편한 진실을 말하는 장칭의 입을 막으려고 사형시켰다는 뒷소문이 퍼질 우려도 있었다. 장칭을 순교자로 추앙하는 사람이 생길 수도 있었다. 무엇보다도 정치 지도자들은 자신들도 장칭과 마찬가지로 마오쩌둥이 잘못된 결정을 내렸을 때 반대 의사를 표명하지 못했다는 것을 알고 있었던 것이다. 어떻게 그 잘못을 이유로 마오쩌둥의 미망인을 처형할 수 있단 말인가?

1981년 1월 25일, 피고 열 명은 특별재판정에 다시 나와 각자의 새장과 같은 피고석에 서서, 마치 담장에 죽 늘어선 가축 같은 모습으로 최종 심의 결과가 공표되는 것을 들었다. 장춘차오는 장칭과 마찬가지로 사형선고와 집행유예를 선고받았다. 두 사람을 제외한 나머지 피고에게는 가벼운 처벌이 내려졌다.[27)]

일 주일 뒤 펑전은 장칭을 만나러 친청감옥에 왔다. 장칭은 회고록을 쓰고 싶으며 덩샤오핑과 화궈펑을 직접 만나고 싶다고 요구했다. 펑전은 국무원에서 그 문제를 심의해보겠다고 답했다.* 펑전은 장칭에게 육체 노역이 형에 수반되어 반드시 해야 하는 필수 사항이라고 설명했고, 장칭은 보통 수인들이 하는 육체 노역 대신 헝겊으로 인형을 만드는 일을 하겠노라고 답했다. 펑전은 국무원에서 반대하지 않는다고 답했다.[28)]

"장칭은 사흘에 한 개씩 인형을 만들어냈습니다." 친청감옥 관계자의 말이다. "인형은 보기가 좋았습니다. 바느질을 하면서 장칭은 혼자서 콧노래를 불렀습니다. 라디오로 뉴스 듣기도 좋아했고요. 식사 시간이면 장칭은 다른 여성 수인들과 즐겁게 담소를 나누었습니다."

펑전은 외부 세계를 안심시킬 필요가 있다고 느꼈다. "장칭은 계속 살아 있을 것이며 우리는 장칭에게 계속 음식을 제공할 것입니다. 한 사람을 먹여 살리는 것은 그리 어렵지 않습니다."

1981년 후반부를 지나 1982년에 들어서면서 장칭은 이전처럼 순종적이지 않았다. 한 달에 한 번 자아 비판문을 쓰는 것이 의무였는데 장칭

---

* 1981년에 장칭은 덩샤오핑과 최소한 한 차례 만났다. (화궈펑은 권좌에서 물러났다.) 장칭이 회고록같이 상당히 긴 분량의 원고를 작성했다는 증거는 어디서도 찾을 수 없었다.

은 이를 거부했다. (왕훙원은 다른 교도소에 있었는데 정해진 분량보다 더 많이 자아 비판문을 써냈다.) 장칭은 감방 벽에 도전적 문장을 낙서했다. "내 머리가 잘려 나간다 해도 나는 두렵지 않다." 간수들은 낙서를 지우고 다시는 쓰지 말라고 경고했다. 그 다음날 장칭은 똑같은 문장을 벽에 썼다. 예쁜 헝겊 인형에 장칭은 자기 이름을 수놓기 시작했다.[29] 이제까지 장칭이 만든 인형은 일반인에게 판매되었는데 이제는 창고에 보관했다.

펑전이 말했다. "장칭은 여전히 우리 인민의 정치적, 이념적 적으로 행동하고 있습니다."[30]

베이징과 산둥성에 장칭이 감방에서 썼다는 유인물이 나돌기 시작했다.[31] 장칭은 유인물에서 문화혁명을 옹호했으며 자신이 항상 마오쩌둥의 지시를 따랐다고 주장했고 덩샤오핑이 이끄는 공산당은 지금 방향을 잃었으며 자신이 곧 복귀하여 중국을 구하겠노라고 했다. 1982년 제12차 당 대회를 앞두고 여름 동안 준비가 진행되었다. 이때 장칭은 당 중앙위원회에 편지를 보냈다. "나는 당 대회에서 연설하고 싶습니다. 나는 덩샤오핑, 후야오방(화궈펑의 후임으로 당 지도자가 된 인물)과 함께 당의 노선, 방향, 정책을 놓고 토론하고 싶습니다. 그렇게 하지 못한다면 죽을 때 눈을 감지 못할 것입니다."[32]

장칭은 덧붙였다. "만약 덩샤오핑이 이 토론을 거부한다면 그는 겁쟁이이며 수정주의자입니다. 나와 토론하는 것만이 덩샤오핑이 진정한 공산주의자임을 증명하는 길이 될 것입니다." 오랜 옛날 탕나에게 글을 써 보내던 란핑의 모습 그대로였다. "만약 당신이 이 결점들을 고치지 않는다면, 당신이 한때 내 애인이었다는 사실을 말할 자격이 없어요." 하지만 장칭은 아무런 답장을 받지 못했다. 제12차 당 대회가 열리던 한 주일 동안 장칭은 인형을 만들고 성명서를 몇 개 쓰면서 감방에 앉아 있어야 했다.

1983년 1월, 장칭의 사형 집행 유예 기간인 2년이 지났다. 후야오방과 평전은 1982년 장칭이 반항적 태도를 보이고 있다고 공개적으로 발언한 적이 있었다. 하지만 공산당은 (법이 정하는 바에 따라!) 장칭의 태도를 판정하는 조사를 실행했다고 발표했다. "장칭은 명확한 형태로 교정에 저항하지는 않았다."[33] 장칭이 참회한 것은 아니었다. 하지만 참회하지 '않은' 것도 아니었다는 말이다. 이런 방식으로 중국 정부는 마오쩌둥의 미망인을 처형하는 것을 교묘하게 피하면서, 장칭의 형량을 사형에서 종신형으로 감형했다.

사실 장칭은 그때 이전과 마찬가지로 반항적 태도로 일관했다. "나는 아무것도 후회하지 않는다." 장칭은 간수에게 말했다. "나는 내가 처음부터 의도했던 것을 결국 완수해냈다고 생각한다."[34]

장칭은 아무것도 후회하지 않는다고 말했지만, 사실 아무 희망도 없었다. 이따금 장칭은 도전적 비판을 했다. 간수에게 그런 말을 하든, 아니면 정치국에 있는 과거 동료에게 글을 쓰곤 했다. 중국이 지금 파멸의 길로 가고 있으며 덩샤오핑이 책임을 져야 한다는 내용이었다. 그러나 교도소 담장 바깥 세상은 사정이 달랐다. 덩샤오핑은 상당히 인기가 있었으며 중국 해방 35주년이 되는 1984년에는 개혁 정책이 완전히 자리를 잡아 마오쩌둥 시대에서 성공적으로 탈피한 것으로 평가받고 있었다. 장칭의 반항적 태도는 조금 누그러진 듯했다.

"장칭은 상당히 잘 생활하고 있습니다." 홍콩 기자 질문에 공안부 관료가 대답했다. "그들이 우리(문화혁명 때 희생자들)를 다룬 것처럼 장칭을 (사인방의 다른 사람들도) 다루지 않습니다. 장칭은 책과 신문을 읽을 수 있으며 라디오와 텔레비전도 시청할 수 있습니다."[35]

1984년 봄 리나가 찾아왔다. 리나는 이제 마흔다섯에 이혼한 지 오래되었는데, 감옥에 있는 어머니에게 찾아와 새로 결혼하기로 했다고 말했다. "그 남자는 네가 누군지 알고 있니?"[36] 장칭이 물었다. 결혼 상대자인 군인 왕징칭(王景清)이 가족 관계를 잘 알고 있다는 리나의 말에 장칭은 흐릿한 미소를 지으며 말했다. "너는 이제 두 개의 신분을 가졌구나. 위대한 혁명의 스승인 마오쩌둥의 딸이지만, 동시에 가장 큰 반혁명분자인 장칭의 딸이네."

　장칭이 과거에 딸 리나의 결혼에 이런저런 관여를 했던 것은 그리 좋은 결과를 낳지 못했다. 장칭은 다시 한 번 너그러운 마음으로 말했다. "다음에 올 때는 그 사람을 데리고 오렴." 장칭은 기분이 들떴다. "우리 함께 식사라도 하자꾸나!" 장칭의 딸이었기에 리나는 힘든 세월을 보냈다. 하지만 장칭이 지배하던 시기보다 덩샤오핑이 지배하는 시기에 리나는 더 잘 지냈다. 남편이 될 왕징칭은 마오쩌둥의 경호를 맡았던 '중앙경위국'에서 근무한 적이 있었다. 과거 당 중앙위원회 판공청 주임으로서 중앙경위국을 관장했던 양상쿤이 두 사람이 결혼할 때 과자 한 상자와 침대 시트 한 세트를 선물했다. 양상쿤은 1988년부터 1993년까지 중화인민공화국 국가주석을 지낸다.[37]

　1984년 장칭은 덩샤오핑과 동료들에게 처음으로 몇 마디 긍정적 평가를 했다. 8년 전 체포된 이후 처음으로 보인 긍정적 반응이었다. "덩샤오핑과 후야오방은 합리적인 사람들이야."[38] 장칭은 한평생 적수인 덩샤오핑과 덩의 후계자로 지목받은 인물에 대해 그렇게 말했다. "내가 그들에게 편지를 쓰면 그들은 꼭 답을 해주거든." 장칭은 딸 리나를 통해 합리적인 사람들에게 뜻을 짐작하기 힘든 요청을 한 가지 한다. "나는 이제 너무 늙어 아무것도 할 수가 없습니다. 그러므로 이제 형의 나머지 기간을 교도소 바깥에서 보내고 싶습니다. 마오 주석께서는 누구도 오랫동안 감옥에 두는 것을 원하지 않았습니다." 이것은 놀라운 요청이었으며 장칭은 마치 여전히 자기 자신이 최고 지도자의 아내인 것처럼 조건을 하나 추가했다. "만일 석방된다면 나는 중난하이 안에 있는 과거의 거처 가운데 하나에 살고 싶습니다. 그곳은 공기가 신선하거든요."

　이 요청에 정치 지도부는 두 가지 상반된 반응을 보였다. 일부 의견에 따르면, 장칭을 가택 연금 형태로 붙잡아 두려면 자기 집이나 베이징의 다른 주거 지역에 연금하는 것보다 중난하이가 더 안전한 방법이라는 것이었다. 외부에 나가 살게 되면 장칭은 또 자신이 하고 싶은 이야기를 맘껏 시험해볼 것이며 외부로부터 공격을 받을 위험에 처할 것이라는 이야기다. 다른 지도자들은 장칭을 정치권 중심부에 두는 것은 너무나 위험한 일이라고 주장했다. 마치 "호랑이를 산 속에 풀어놓는 것"과 마찬가지라는 것이었다.

어쩌면 이런 요청은 장칭이 공적 생활에서 새로운 역할을 하려고 하는 첫 번째 시도였는지도 모른다. 그런 가능성을 완전히 배제할 수는 없다. 하지만 진실에 가까운 설명은 아마도 장칭이 실제로 자신이 노쇠했음을 느꼈다는 이유일 것이다. 장칭은 덩샤오핑 정권이 앞으로 상당 기간 안정적으로 유지될 것이라고 판단했던 것 같다. 한편 중난하이에서 살고 싶다고 특별히 지정한 것은 장칭 특유의 비현실적 감성 표현이 아닌가 싶다.

장칭의 요청은 거부되었다. 하지만 1980년대 후반부에 들어 장칭은 많은 시간을 감옥 밖에서 보내게 된다. 아마도 1984년과 1985년에 후야오방이 그런 결정을 내리지 않았나 싶다. 하지만 장칭이 거처를 이동한 양상은 확실하게 알 수 없다. 1984년 5월부터 장칭이 친청감옥에 거의 있지 않은 것은 사실인 것 같다. 장칭은 인후암에 걸렸음을 알게 되었고 암과 다른 질병 치료를 위해 정기적으로 외부 병원에 다녔다. '푸싱(復興) 병원', '공안병원', '제301호 일반병참부병원'에 다녔다. 한편 다른 교도소로 이송되었을 수도 있고, 리나의 거처에서도 일정 기간 살았는지도 모른다.

장칭은 하루하루 살아갔고 한 주일 두 주일, 한 달 두 달 삶을 이어갔지만, 덩샤오핑 시대의 역사와는 상관없이 시간이 정지된 상태의 삶이었다. 중국은 끊임없이 변화하고 발전하는 중이었지만 장칭은 제자리에서 있었다. 감옥에 갇힌 수인이 그렇듯이 말이다. 장칭은 이때 인생에서 가장 많은 책을 읽은 것 같다. 장칭이 모아놓은 장서는 1만 권에 달했는데 딸 리나가 보관했다. 리나는 책들을 책장에 가지런히 넣지 않고 높이 쌓아 보관했는데 이중에서 골라 어머니에게 가져갔다. 1980년대 후반으로 들어서면 덩샤오핑의 인기가 점차 시들해지고 1986년과 1987년 사이에 정치 지도부 사이에 내분이 일어나 원래 후계자로 지목했던 후야오방이 실각하고 자오쯔양(趙紫陽)이 후계자가 된다. 이런 정치 상황 변동에 따라 장칭은 반항적 기질이 조금 살아나는 듯했다.

어머니와 딸은 자주 말다툼을 했고 리나의 남편 왕징칭은 옆에서 모녀가 서로에게 불평불만을 쏟아내는 것을 어리둥절하게 쳐다보는 일이 많았다. 한번은 장칭이 리나에게 정치 지도자들에게 편지를 하나 대신 써 달라고 부탁했다. 생활 여건을 개선해 달라는 요청이었는데, 딸 리나는 거절했다. 장칭은 딸의 거절에 너무나 화가 나서 먹고 있던 수박 한 쪽을 방바닥에 내팽개치며 소리쳤다. 딸 부부가 들고 온 수박이었다. "너까지 나한테 신경을 안 쓰는구나. 정말 무정하네!" 장칭은 사위인 왕징칭을 딸보다 좋아하는 듯했다. 특히 사위가 자신과 같이 서예 애호가라는 사실에 기뻤다. 사위가 붓글씨를 쓰면 딸은 곁에서 아무 말 않고 무관심하게 있었던 반면, 장칭은 사위의 붓글씨 쓰는 모습을 흥미롭게 바라보곤 했다.[39]

이따금 장칭이 완전히 자유의 몸이 되었다는 소문이 퍼지곤 했지만 사실이 아니었다. 주중리*는 인맥이 넓은 사람이었으며 리나를 통해 장칭과 연락을 취할 수 있었던 작가였다. 1988년 10월 주중리가 자신의 거실에서 나에게 말했다. "장칭이 석방되었다는 소문은 사실과 달라요. 장칭은 여전히 감옥에 있어요. 하지만 필요할 경우 언제든지 병원에 갈 수 있죠."

장칭이 공개적으로 언급되는 경우는 정치적 비난과 외설적 소문이 묘하게 혼합되어 작성되는 글에서뿐이었다. 중국 정부가 허용하는 언론 기사에 이따금 그런 글이 실렸다. 1970년대 여자 황제가 되려고 노력하

* **주중리**(朱仲麗, 1915~) 저술가. 중국공산당 초기 지도자 왕자샹(王稼祥)의 부인이다.(역주)

던 시기에 장칭이 조어대에 있는 자신의 거처 제17호 별장에 '네 명의 미소년'을 두고 밤마다 즐거운 시간을 보냈다는 식의 글이었다.[40] 중국 사회에서는 보통 용인되지 않는 외설적인 글이 장칭의 정치적 추락 덕분에 공개적으로 용인되고 있었다. 여하튼 인민들이 장칭을 음탕한 여자로 인식할수록 장칭을 마오쩌둥이 실수한 원인으로 삼는 중국 정부의 공식적 입장이 더 신뢰받았다. 중화인민공화국 내의 다른 모든 것과 마찬가지로, 이런 음란한 이야기 역시 정치적 목적에 사용되었던 것이다.

1988년 가을 어느 날 오후 푸싱병원의 환자들은 갑자기 군대 차량과 호위병들이 병원 근처에 몰려드는 것을 보았다.[41] 며칠 뒤 〈중국청년보〉에는 장칭이 푸싱병원에서 치료받고 있다는 짤막한 기사가 나왔다. 기사에서는 또 장칭이 이제 감옥에서 나와 가택 연금 상태에 있음도 언급했다. 장칭에게 특별한 감정을 싣지 않고 중립적 형태로 기사화한 것은 드문 일이었다. 하지만 바로 그 다음 날 언론과 출판을 담당하는 정부 부서로부터 다시는 이 소식을 여타 언론 기관이 보도하지 말도록 하는 지침이 내려왔다. 이 소식은 〈중국청년보〉에 한 번 보도된 뒤 다시는 보도되지 않았다. 덩샤오핑은 장칭이 감옥이 아니고 푸싱병원이나 공안병원 또는 다른 장소에 있음을 널리 알리고 싶지 않았던 것이다.

장칭의 건강은 계속 나빠졌다. 체포된 뒤 12년의 세월이 흘렀지만 과거 장칭을 지지하던 사람들이 정계 복귀를 요구하는 움직임은 전혀 없었다. 1988년 12월 마오쩌둥 탄생 95주년 기념일이 돌아왔다. 장칭은 그날을 기념하기 위해 가족만의 추모 모임을 갖고 싶다고 요청했지만 거부되었다. 그 소식을 듣고 장칭은 수면제 50알을 삼켰고 곧 발견되어 괜찮았지만 이제 수면제를 받을 수 없었다.[42] 마오쩌둥 탄생 95주년 기념일에는 마오의 가족 일부가 공개석상에 나타났다. 매우 드문 일이었다. 리나, 리민, 마오안칭(세 명 모두 어머니가 다르다) 세 사람은 배우자와 아이들을 데리고 톈안먼 광장에 있는 마오쩌둥 묘소를 방문했다. 장칭은 빠져 있었다.

덩샤오핑의 권위는 1989년 민주화 운동이 일어남에 따라 도전을 받았다. 하지만 덩샤오핑을 비판하는 세력은 장칭으로 대표되는 과거 문화혁명 세력이 아니었다. 서구의 영향을 받은 젊은이들이 덩샤오핑의 비판자였다. 시대가 완전히 바뀐 것이다. '마오 주석의 혁명 노선'은 이제 언급되지 않았다. 마르크스주의를 진지하게 생각하는 사람은 거의 없었다. 젊은이들은 미국에 있는 자유의 여신상 모조품을 만들어 세웠고, 한 사람은 장안로의 큰 도로에서 탱크를 막아섰다. 그런 모습이 새로운 정치 운동의 상징이 되었다. 이렇게 도시에서 민주화 운동이 시작되자 1989년 3월 말 장칭은 가택 연금에서 다시 교도소로 돌아가게 되었다. 덩샤오핑은 폭발적인 성격의 '반혁명분자'가 아무 문제를 일으키지 않도록 미연에 방지하고자 했을 것이다. 목에 생긴 암을 치료하기 위해 장칭은 교도소와 병원 사이를 작은 회색 밴을 타고 오갔다. 의사들은 목 안의 일부분을 절개하는 수술을 권했지만 장칭은 거절했다. 혹시라도 말을 못하게 될까 봐 겁이 났던 것이다.

장칭과 덩샤오핑은 1989년 위기의 의미를 두고 견해를 달리했다. 덩샤오핑이 볼 때, 학생들의 민주화 운동은 문화혁명과 비슷한 '소동'일 뿐이었으며 정부의 첫 번째 과제는 민주화 운동을 신속하게 진압하는 것이었다. 그러지 않으면 유토피아를 향해 무작정 달려가는 세력이 '개혁'과 '개방'의 성과물을 파괴할 것이라고 우려했다. 장칭 역시 학생들이 '혁명적'이기보다는 자유주의적 성향을 띠고 있다는 것을 알았다. 하지만 장칭은 자유주의가 인기를 얻게 된 데에는 덩샤오핑의 책임이 있다고 보았다. 덩샤오핑이 '마오 노선을 변경'했으며 '온갖 종류의 서구 사상'이 중국에 들어오게 방조했다고 보았다. 1989년 6월 4일 베이징에서 시위 진압으로 많은 사람이 죽었을 때 장칭은 '학생들을 살해'했다며 덩샤오핑을 비난했다. 장칭 자신과 마오쩌둥은 베이징 거리에서 군중을 살해하도록 군대에 지시를 내린 적이 없다고 지적했다.

1989년 6월 4일 이후 그해가 끝날 때까지 장칭은 교도소에 있었다.

장칭은 털 스웨터를 짜기도 하고 책과 신문을 읽기도 하고 텔레비전을 보기도 했다. "간수들은 이따금 장칭이 이상한 웃음을 짓고 있는 것을 보았다."[43] 장칭에게 적대적인 기사 보도 내용이다. "간수가 기분이 어떤가를 물어보면 장칭은 입술을 쑥 내밀고는 이상한 말을 했다. 예를 들어, '이것은 마오 주석의 혁명 노선이 아니야.' 같은 말이었다."

마오쩌둥 미망인은 여전히 중국 정치에 그림자를 드리우고 있었다. 덩샤오핑 정권의 정통성에 대한 마오쩌둥의 의미가 항상 문제가 되었기 때문에 장칭은 언제라도 덩샤오핑과 동료들의 입지를 흔들어놓을 수 있었다. 장칭은 두 가지 주장을 할 수 있었다. 첫째는 장칭이 마오의 노선을 충실하게 따랐다는 것, 둘째는 1980년대에 덩샤오핑이 마오의 노선에서 이탈했다는 것이었다. 덩샤오핑은 장칭에게 마오의 모든 잘못을 뒤집어씌웠지만 여전히 마오쩌둥의 통치 방식은 중국 정치 체제 내부에 많은 문제로 남아 있었다. 진정한 의미의 선거가 없기 때문에 정부는 인민들의 눈에 정통성이 없는 것으로 인식되었으며, 따라서 정통성을 만들기 위해 정치 패배자에게 이념적 공격을 계속해야 했다. 정치적 충돌이 생기면 다양한 의견과 이해의 상호작용으로 보는 것이 아니라 신념의 충돌로 여겼다. 결국 패배자는 범죄자가 되는 것이다. 이리하여 국가 최고 지도자가 되는 유일한 길은 치열한 권력 투쟁의 길밖에 없었다.

1989년 11월이 되자 민주화 운동을 하던 학생들은 이제 위축되거나 죽거나 투옥되거나 외국으로 망명을 떠났고, 전체주의 통치 체제는 다시 부드럽게 돌아가기 시작했다. 공산당은 장칭을 다시 가택 연금 상태로 전환했다. 소식을 들은 장칭은 중난하이 내에 있는 마오쩌둥의 옛집으로 돌아가든지 아니면 조어대에 있는 자신의 본거지인 제17호 별장으로 돌아가고 싶다고 했다. 요청이 거부당했다는 소식을 들은 장칭은 두 손을 목에 대면서 목을 졸라 마치 자살이라도 할 것 같은 몸짓을 했다고 한다. 당 중앙위원회 판공청에서는 장칭에게 주선교(酒仙橋) 거리에 있는 2층짜리 건물을 제공했다. 장칭은 입주 간호사를 한 명 두게 되었고 매주 한 차례씩 공안병원에 가서 진료를 받게 되었다.

1990년 초여름 잡지 〈화야(華亞)〉에 장칭 기사가 실렸다. 기사에서 장칭은 문화혁명에서 자신의 역할을 여전히 후회하지 않으며, 다시 마오쩌둥이 조금 인기를 얻게 되자 현 정부가 마오의 혁명 노선을 따르지 못하고 있으며 덩샤오핑은 '수정주의와 장난치고'[44] 있다고 발언했다. 마오쩌둥에 대한 일반의 그리움에 편승해서 장칭은 자신이 마오의 가장 충실한 추종자였음을 과시하여 대중의 신뢰를 얻으려고 했던 것이다. 정부 고위 관직에 있는 사람이라면 매우 놀랄 일이지만, 장칭은 텔레비전에서 〈홍등기〉라든가 〈사가빈〉 같은 '혁명 가극'이 다시 방영되는 것을 보고 "깊이 감동했으며 크게 기뻤다"고 말했다.[45] 두 작품 모두 장칭이 1960년대와 1970년대 초 공연 예술을 책임지고 있을 때 매우 애착을 보였던 작품이다. 장칭은 딸 리나에게 여러 번 혁명 가극의 비디오테이프를 얻어 달라고 부탁했고 비디오를 보면서 흘러간 영광의 날들을 추억했다고 한다.

〈화야〉 보도에 따르면 장칭은 책을 쓰려는 의지가 강했으며 거기에 대해 물어보면 '묘한 웃음'을 터뜨리면서 "두고 보면 알게 된다!"는 식의 말을 했다고 한다. 하지만 분명한 것은 장칭이 무엇을 쓴다 해도 정부 당국이 압수하는 것을 피하기는 점점 더 어려워졌다는 것이다. 1990년에 장칭은 딸과의 관계로 힘들어했다. 딸 부부는 점점 더 장칭을 찾아오지 않았다. 장칭을 한 번 만난 뒤 사위는 이렇게 말했다. "장모는 이제 다리가 그렇게 민첩하지 않아요. 걸을 때면 벽을 짚어야 몸을 가눌 수 있죠. 하지만 피부는 희고 머리는 아주 짙은 검은색입니다."[46]

장칭은 자신의 잘못을 전혀 후회하지 않았다. 1990년 7월에 작성된 〈인민일보〉 기자들만을 위한 비밀 문건에는 장칭이 여전히 정치적 상황 전개와 정치인에게 깊은 관심을 갖고 있다고 써 있다. "장칭의 야심은 아직 사라지지 않았다."[47] 문건에서 내린 결론이다. 장칭을 감시하기 위해 여성 호위병들이 배치되었는데 그들에게 이렇게 말했다고 한다. "앞으로 10년을 기다리면 너희들은 마오 주석의 혁명 노선이 다시 살아나고 진정한 혁명가들이 권력을 다시 잡는 모습을 보게 될 거야."

'노라'의 죽음

1991년 3월 15일 장칭은 고열이 나서 공안병원으로 옮겨졌다.[48] 다른 환자와 마찬가지로 병원 입원 등록 양식을 작성하면서 이름을 리룬칭(李潤靑)이라고 적었다. 이는 마오와 결혼 생활을 회고하는 행동이었다. 룬은 마오쩌둥이 젊은 시절에 썼던 자(字) '룬즈(潤之)'에서 따온 것이었다. (리는 장칭의 처녀 시절 성이었고, 칭은 장칭의 두 번째 글자다.) 3월 18일이 되자 열이 내렸고 장칭은 며칠 새 몸무게가 약간 줄었다. 장칭은 병원 내의 치료소로 옮겨졌다. 이곳은 침실과 화장실과 거실로 이루어져 있었다. 목을 수술하자는 제안을 다시 하자 장칭은 조소 어린 말로 거절했다. "프롤레타리아 혁명 투사를 당신네들이 정성스럽게 치료할 것 같지 않아!"

몸도 마음도 약해진 장칭은 마오쩌둥을 자주 그리워했다. 장칭은 베개 옆에 마오의 글을 두었으며 재킷과 셔츠에도 마오 배지를 달았다. 1991년이면 중국에서도 마오 배지는 골동품 취급을 받았다. 침대 옆 탁자에는 중난하이에서 마오와 함께 아침 산책을 하는 사진을 올려놓았다. 아침마다 장칭은 첫 일과로 마오의 시를 읽거나 《마오쩌둥 선집》을 읽었다. 청명절에 장칭은 톈안먼 광장에 있는 마오쩌둥 시신을 보러 가고 싶다며 딸 리나에게 흰 종이 리본을 갖다 달라고 했다. 마오쩌둥에게 바칠 화환을 직접 만들겠다는 것이었는데, 요청은 모두 거절당했다.

회고록을 빨리 써야 한다는 강박관념이 머리를 짓눌렀고 매일 아침 마오의 글을 읽은 뒤 장칭은 작은 책상에 펜과 종이를 놓고 앉았다. 역시 버릇대로 간호사에게 장칭은 지금 쓰려고 하는 역사를 바로잡는 원고의 제목을 무엇으로 하면 좋을까 이것저것 물어보았다. "마오 주석의 충실한 군인이 어떨까? 아니면 마오쩌둥 사상에 바친 일생은 어때? 아니면 좀 더 대결적인 이런 제목은 어떨까? 수정주의를 타도하고, 새로운 세상을 만들자!"

5월 10일 장칭은 주위 사람을 놀라게 했다. 이제까지 쓴 회고록 원고를 찢어버렸던 것이다. 그러고는 취선교 거리에 있는 집으로 되돌려보내줄 것을 요구했다. 하지만 그 요구는 받아들여지지 않았다. 5월 12일 딸 부부가 소식을 듣고 걱정이 되어 찾아왔지만 장칭은 만나기를 거절했다. 그 다음 날 5월 13일 장칭은 자신이 보던 〈인민일보〉 제1면에 다음과 같이 크게 썼다. "역사상 기념비적인 날" 그날은 1966년 5월 13일 정치국 회의의 25주년이 되는 날이었다. 그날 마오쩌둥과 장칭을 비롯한 몇몇은 새로운 전투적 정치 노선을 확정했고 장칭이 막강한 문화혁명소조를 이끌도록 임명되었던 것이다.

그날 장칭은 다음의 글을 썼다. "20년이 넘는 세월 동안 인민은 마오 주석의 영도 아래 국민당 반동분자들을 물리쳤으며 혁명의 승리를 쟁취했다. 오늘날 혁명은 덩샤오핑, 펑전, 양상쿤 등의 수정주의 도당에게 도둑맞았다. 주석은 류사오치는 제거했지만 덩샤오핑은 제거하지 못했으며 바로 이 누락 때문에 인민과 국가에는 끝없는 재앙이 떨어졌다. 마오 주석, 당신의 제자이자 전우였던 제가 이제 당신을 만나러 갑니다." 장칭이 남긴 마지막 글이었다.

5월 14일 새벽 1시 30분 간호사는 장칭의 침실에서 나와 쉬러 갔다. 새벽 3시경 몸은 쇠약해지고 마음은 침울한 상태였던 장칭은 침대에서 기어 나와 화장실로 갔다. 손수건 몇 개를 묶어 둥그런 올가미를 만들어 화장실 욕조 위를 가로지르는 철제 봉에 매달았다. 이불과 요와 베개를 쌓아올린 위에 올라가 손수건으로 만든 올가미를 잡아 목에 끼운 다음 발을 찼다. 새벽 3시 30분 간호사가 들어와 장칭이 욕조 위에 매달려 있는 것을 발견했다. 다른 간호사들과 의사들이 달려왔지만 이미 때는 늦었다. '백골정'이라고 불리던 여인, 여배우, 정치인, 예술계 지도자, 마오쩌둥의 충실한 아내였던 장칭은 일흔일곱 살에 그렇게 죽었다. 시신 무게는 47.5킬로그램이었다.[49] 약 두 달 전인 3월 15일 병원으로 옮겨질 때보다 8킬로그램이 가벼웠다.

그날 오후 리나는 병원으로 오라는 소식을 들었다. 사망 확인서에 딸 리나가 서명했다. 딸이 선택한 것인지, 공산당 중앙위원회 판공청 관료들의 강력한 권고에 따른 것인지 모르나, 리나는 어머니의 장례식을 거행하지 않기로 했다. 당시는 톈안먼 사건 2주년이 다가오던 시기였으며 베이징 시내에 긴장이 고조되고 있었다. 사망한 지 사흘 뒤인 5월 18일 장칭의 시신이 화장되었다. 리나는 그 자리에 없었으며 장칭과 마오의 친척 누구도 그 자리에 있지 않았다. 리나는 어머니 재를 담은 단지를 보내 달라고 요청했다. 중국인들이나 전 세계 사람들이나 아직 장칭의 죽음 소식을 알지 못했다.

리나는 정신적으로 크게 충격을 받은 것 같았다. 한번은 마오를 닮은 것으로 유명한 영화배우 구위에(古月)가 영화 〈최후의 충돌〉을 시바이포(西柏坡)에서 촬영하고 있었는데 리나가 촬영장을 방문했다. 그녀는 일곱 살 때 부모와 함께 이곳에서 살았던 적이 있다. 장칭의 딸은 구위에를 만나고 싶다고 했다. 그녀는 구위에의 손을 꼭 잡고 이렇게 말했다. "당신의 손은 아버지의 손과 똑같이 크고 부드럽군요." 이 말을 들은 배우는 깜짝 놀랐고 심지어 마음이 불편하기까지 했다. 대화를 나누던 끝에 리나는 배우를 끌어안고 갑자기 눈물을 흘리기 시작했다. 구위에는 이렇게 회고했다. "나는 그때 정말 놀랐습니다. …… 나도 울었고, 거기에 있던 모든 사람들이 눈물을 흘렸습니다. 결국 나는 그녀에게 말했습니다. '이해합니다'라고."[50]

소식은 외국 언론에 의해 세계에 알려졌다. 〈타임〉지는 6월 10일자에서 장칭이 "스스로 목을 매달아" 죽었다고 이름을 밝히지 않은 '베이징 소식통'이 전했다고 보도했다. 기사가 인쇄되기 전 이 소식이 외부에 알려진 것은 6월 1일이었다. 자살 이유는 목에 생긴 암 때문이 아니었을까 하는 추측도 같이 보도되었다. 며칠 뒤인 6월 4일 중국 정부는 〈타임〉지에 보도될 내용의 핵심을 다시 확인해주는 발표문을 내놓았다. 조롱하는 듯한 어조의 발표문 전문은 아래와 같다.

'신화사'는 린뱌오 반혁명 도당의 주동자인 장칭이 5월 14일 이른 새벽 자살을 기도하여 사망했음을 알게 되었다. 장칭은 의료적 치료를 위해 가석방 중이었다. 장칭은 1981년 1월 최고재판소 특별법정에서 사형선고를 받고 2년간 집행유예를 받았으며 정치 권리의 종신 박탈을 선고받았다. 1983년 1월 (사형)선고가 종신형으로 전환되었다. 1984년 5월 4일 이후 치료를 위해 가석방되었다.

덩샤오핑은 종종 지금의 중국 정치가 마오 시대보다 '정상적'이 되었다고 자랑했다. 하지만 이런 발표문을 냄으로써 그의 자랑이 완전히 허울에 불과하다는 것이 밝혀졌다. 네 문장으로 구성된 발표문은 우선 발표 시기가 너무 늦었을 뿐 아니라 내용이 어처구니없이 부적절했다. 오직 장칭의 최근 법적 상황과 의료적 상황만 말하고 있는 것이다. 장칭의 일생을 요약하여 설명해주는 것도 없었으며, 고위직을 맡았다는 사실과 38년 동안 마오쩌둥의 아내였다는 것도 발표문에는 없었다. 〈인민일보〉 뒤쪽 면에 실린 이 기사를 읽은 어린 학생은 아마도 이 여인이 마오쩌둥의 부인이라는 사실조차 알아내지 못할 것이다.

이 발표문도 어쩌면 영영 나오지 않았을지도 모른다. 〈타임〉지에 장칭 사망 기사가 곧 게재된다는 사실을 알고 서방 기자들이 중국 정부에 끈질기게 질문 공세를 펴자 그때서야 겨우 이 발표문이 나왔던 것이다. 중국 정부가 중요한 보도 가치가 있는 사항에 대해 끝까지 공식적으로 말을 하지 않고 한참 시간이 흐른 뒤 그 사항이 조금씩 외부에 알려지는 것은 이번이 처음은 아니다. 서방에서 뉴스라고 생각하는 것에 대한 중국공산당의 태도는 보통 "어째서 그것을 누설해야 하는가?"였다. 뉴스가 발표되는 것은, 첫 번째 그 소식을 배포해야 할 적당한 이유가 있을 때, 둘째 중국 외부의 언론 기관을 통해 어차피 알려질 것이라는 압력이 증가할 때다. 공산당이 일부러 〈타임〉에 이 소식을 흘렸을 가능성도 충분히 있다. 그렇게 함으로써 이 소식이 외부에 알려질 때 분산되고 별로 충격적이지 않은 형태로 조금씩 퍼져 가게 할 수 있기 때문이다.

일단 중국 정부가 장칭의 죽음을 발표할 의사가 있었다고 가정한다면, 이렇게 몇 주일이나 발표를 연기한 데는 정치적 이유도 있을 수 있고 또 실제적 이유도 있을 수 있다. 우선 6월 4일 이전에는 도저히 마오의 미망인이 죽었다는 사실을 발표할 적당한 때가 아니었을 것이다. 장칭이 인민들에게 인기가 없었다는 것은 주지의 사실이다. 하지만 인기 없는 자가 인기 없는 자를 가장 잘 알아보는 법이다. 1991년 덩샤오핑은 이제 과거의 사람이었고 겨우 현재 권력에 매달려 있었다. 중국인들은 덩샤오핑이 이제 그만 사라지기를 간절하게 바라고 있었다. 덩샤오핑과 동료들은 5월 중에 장칭의 자살 소식을 알리면 톈안먼 사건 2주년을 맞이하여 반정부 세력들이 다시 한 번 뭉칠 수 있는 계기를 제공하게 될 것을 우려했던 것이다.

다른 설명도 가능하다. 훗날 홍콩의 어느 신문이 보도한 바에 따르면, 공안부 내부 정보에 근거하여 이렇게 발표가 늦어진 것은 죽음이 과연 자살인지 아니면 다른 이유가 있는지를 조사할 필요가 있었기 때문이었다는 것이다. 신문 기사 내용이다. "정부 최고 지도자들은 조사가 완료될 때까지 사망 소식이 알려지지 않도록 지시했다."[51] 발표가 지연된 또 다른 원인은 어쩌면 정부 최고 지도자들 사이에서 이 죽음을 사실 그대로 발표할지 아니면 병으로 죽었다고 하며 사실을 은폐할 것인지를 두고 토론이 벌어져 시간이 흘러갔다는 설명도 있다.

그런데 왜 하필이면 바로 6월 4일에 장칭의 죽음이 발표되었을까? 바로 2년 전 민주화 운동 세력을 무참히 밟아버린 그날이 아닌가? 이 날짜를 선택한, 혹은 이 날짜를 피할 수 없었던 사연이 있었을까? 이 날짜를 택함으로써 덩샤오핑은 혹시 어떤 종류의 '반란'도 중국 정부의 강철 같은 의지 앞에 무너지고 말 것이라고 널리 알리고 싶었던 걸까? 아니면 당시 덩샤오핑 사후를 놓고 세력 다툼이 벌어지는 와중에 누군가 그날을 택함으로써 덩샤오핑이 오른쪽(민주화 세력)뿐 아니라 왼쪽(마오쩌둥 사상)에도 적대 세력이 존재하고 있음을 보여주려고 했던 것인가? 아니면 그 날짜에 발표문이 나온 것은 아주 단순한 이유 때문이었을지도 모른다. 중국 외교부와 워싱턴, 다른 서방 국가 수도의 중국 대사관에는 장칭의 사망 소식에 대한 문의가 쇄도하고 있었다. 더는 발표를 지연할 수 없었던 중국 정부는 6월 4일 오후 11시가 되자 민감한 날짜가 거의 지나갔으므로 이제 발표문을 내도 좋다고 생각했을지도 모른다.

공식 발표문에서 장칭이 1984년 5월 4일 이후 가석방 상태였다고 서술한 것은 어떤 이유에서 그렇게 썼든 사실과 다르다. 그 날짜에서 3개월 뒤에 중국 법무부 대변인, 루젠은 장칭이 그해 초 교도소를 떠나 가택 연금을 요청한 것이 기각되었다고 발표한 바 있다.[52] 1988년에는 여러 번에 걸쳐 관영 언론에서 장칭이 여전히 형을 살고 있다고 보도하기도 했다.[53] 1991년 1월 중국의 어느 신문은 장칭의 근황을 밝혔다. "장칭이 수감된 곳은 20제곱미터의 작은 방이며, 특별한 창문이 설치되어 있다. 빛이 들어가는 이 창문으로 간수들은 안을 관찰할 수 있으나 장칭은 밖을 볼 수 없게 되어 있다."[54] 장칭이 교도소와 병원, 가택 연금 상태를 오가며 복잡하게 이동했다 하더라도, 여하튼 1984년 5월 4일부터 가석방 상태에 있었다는 발표문 내용은 사실이 아니다.

그렇다면 왜 이렇게 단 네 문장으로 이루어진 짧은 발표문에서 두 번씩이나 장칭이 가석방 상태였다는 것을 강조했을까? 이것은 장칭의 죽음을 둘러싼 상황을 설명하면서 중국 정부가 지나치게 자기 방어적 태도였음을 말해준다. 〈인민일보〉가 이 발표문을 보도하면서 내세운 제목을 보면 더욱 그러하다. "가석방 상태에서 치료받고 있던 장칭이 자신의 주거지에서 자살하다." 어쩌면 장칭이 중국 정부를 강하게 도발한 나머지, 그녀의 처리 문제를 두고 위기 상황이 발생했는지도 모른다. 장칭의 유서가 존재한다고 일본의 잡지 〈주간문춘(週刊文春)〉이 보도했다. 하지만 이는 유서라기보다는 장칭이 1991년 봄에 당 지도부에게 보낸 항의 편지였다. "그는 세계에서 가장 큰 거짓말쟁이입니다." 장칭은 덩샤오핑에 대해 그렇게 썼다. "그는 모든 사람을 기만했습니다. 마오 주석을 포함해서 말입니다. 그는 권력을 잡자마자 모든 것을 다 바꾸어버렸습니다." 장칭은 자신의 오랜 적수인 덩샤오핑에게 직접 모욕적 언사를 던지면서 이렇게 덧붙였다. "당신이야말로 피고입니다! 당신은 결코 편안한 죽음을 맞이하지 못할 것입니다!"

혹시 이런 장칭의 비난에 덩샤오핑이 분노했고, 또 죽은 마오쩌둥의 명성이 올라감에 따라 자신의 인기가 하락하는 것이 두려웠으며, 장칭이 혹시라도 덩샤오핑의 당내 활동 가운데 더러운 측면을 (예를 들어 1973년 권력을 다시 잡기 위해 마오쩌둥에게 아첨한 일) 전 세계에 알리지 않을까 두려워한 것일까? 그래서 덩샤오핑이 장칭의 살해를 지시했던 것이 아닐까? 이런 설명은 중국의 유명한 망명 투쟁가인 옌자치*가 주장한 바다.[55] "마오의 노년기에 덩샤오핑이 어떻게 마오의 신임을 얻게 되었는지 그 과정을 지켜본 가장 훌륭한 증인이 바로 장칭입니다." 옌자치의 설명이다. 하지만 살해 증거는 없다. 어쩌면 중국 정부의 자기 방어적 태도는 정부 측이 장칭의 자살 의도를 미리 알고 있었기 때문이 아닐까? 장칭이 자살하도록 여건을 조성하는 것은 가능했다. 심지어 당국자가 장칭에게 자살 시도를 할 수 있는 상황을 만들어주고 도구를 마련해주었다고도 볼 수 있다.

장칭은 일찍이 1930년대 탕나와 다투다가 자살을 이야기한 적이 있었다. 그리고 1976년 체포된 이후 깊은 절망감에 빠져 자살 시도까지 한 적이 있었다. 1984년 9월 마오쩌둥 묘소에 참배하고 싶다는 요청이 거부당하자 장칭은 목구멍 속으로 젓가락을 밀어넣으려 했다. 하지

---

* 옌자치(嚴家其, 1942~) 정치학자로 활동하다가 1989년 톈안먼 사건 이후 외국으로 망명하여 중국의 민주화 운동을 계속하고 있다.(역주)

만 주위 사람이 붙잡아서 숨이 멎는 지경까지 가지는 않았다. 1986년 5월에 장칭은 자신의 상황에 절망한 나머지 양말을 몇 개 묶어 올가미를 만들어 목에 둘렀다가 주위 사람에게 발견된 적도 있었다. 그러나 장칭 성격으로 볼 때 자신이 이 세상에서 사라지면 덩샤오핑이 상당히 자유로워지는데 그렇게 했을 것 같지가 않다. 장칭의 자살은 목에 생긴 암이나 고립감, 딸과의 다툼이 원인이었을 것 같다. 자신을 감시하고 감독하는 사람들의 행동에 충격을 받고 낙담하여 자살을 시도했을지도 모른다. 뿐만 아니라 어쩌면 장칭은 이제 덩샤오핑이 배신하여 버린 마오쩌둥의 혁명 노선을 지킨 순교자로서 생을 마감하고 싶었는지도 모른다. 한편 우울이 깊어지고 마오쩌둥에 대한 충성심에 불탔던 나머지 장칭은 자신의 개인적 이유와 정치적 이유를 하나로 묶어 결국 중국이나 자신에게 더는 아무 희망이 없다고 결론지었을지도 모른다.

중국 정부는 공식 발표문만으로는 장칭의 죽음에 관련된 각종 의문을 잠재울 수 없었다. 정부 측은 질병 치료를 지나치게 강조하는 내용을 발표문과 다른 언론 기사에 많이 실었는데, 이것은 장칭의 자살이 건강 상태 때문이었다는 것을 지나치게 강조한다는 인상을 주었다.

마오쩌둥의 계승자가 되려 했던 사람들은 누구도 자연스러운 죽음을 맞이하지 못했다. 류사오치는 사실상 홍위병에게 맞은 것이 거의 확실한 죽음의 원인이었다. 린뱌오는 살해당했거나 혹은 비행기 추락이라는 공작 조치로 사망했다. 장칭은 스스로 목숨을 끊은 것으로 되어 있다. 이 모든 경우에 중국의 공산주의 정치 체제는 직접 혹은 간접적으로 책임이 있었다. 옌자치의 말을 따르자면, "덩샤오핑이 자신의 적에 대해 개방적이지 못했고 또 관대하지 못했기 때문에 장칭이 죽었다."는 것이다.[56]

〈인민일보〉와 다른 주요 신문들은 장칭의 사망 소식을 잘 보이지 않는 곳에 게재했다. 하지만 〈경제일보〉나 〈법제일보(法制日報)〉 같은 덜 강경한 성향의 신문에서는 제1면에 실었다. 혹여라도 장칭이 중국공산당과 마오쩌둥의 충실한 지지자였다는 생각을 인민들이 하게 될까 봐 그랬는지, 우선 장칭의 사망 발표문에서 마오쩌둥 이름을 완전히 없앤 다음, 며칠 동안 걸쳐 신문과 방송에는 마오쩌둥과 그의 사상을 칭송하는 목소리가 넘쳐났고[57] "덩샤오핑이 마오의 진정한 제자다!"라는 구호가 매우 자주 강조되었다. 마오쩌둥이 두 번이나 덩샤오핑을 숙청했다는 사실, 특히 두 번째 숙청은 마오의 죽음 바로 몇 달 전이었다는 사실은 전혀 언급되지 않았다. 또 가장 오랜 기간 동안 마오와 가장 가까운 거리에서 지냈던 사람이 바로 장칭이라는 사실을 부정하려는 듯, 〈공인일보(工人日報)〉는 장칭의 죽음이라는 기회를 이용하여 마오의 전처였던 허쯔전의 고상한 정신에 대한 기사를 실었다.[58]

재미있는 사실 하나는, 장칭의 죽음이 발표되고 며칠 안 되어 장칭에 관한 많은 책들이—바로 현재 이 책의 제1판을 중국어로 번역한 것을 포함하여—창고에서 나와 사적으로 운영되는 작은 서점들의 판매대에 놓이기 시작했다는 것이다. 하지만 베이징 공산당위원회 비밀 문건에 따르면, 이 책들은 곧 판매대에서 사라졌으며 당시 베이징에서 공연되고 있던 마오쩌둥식 '혁명 가극' 몇 편 역시 공연이 중지되었다고 한다.[59] 흥미로운 사실은 같은 주간에 베이징의 여러 장소에 16개나 되는 구호가 내걸렸는데 모두 지금은 폐기된 '마오 주석의 혁명 노선'을 지지하는 구호였다고 한다. 베이시쓰(北西四) 소학교 교문에는 '마오 주석의 혁명 노선 승리 만세!'라는 구호가 걸렸다. 중국역사박물관 벽에는 마오의 측근이었던 정치 지도자들이 모두 특수한 정황에서 죽음에 이른 것을 시사하는 구호가 걸렸다. "가오강*, 류사오치, 린뱌오로부터 후야오방과 장칭까지 공산당에 의해 너무나 많은 비극이 벌어졌다!"[60]

이 모든 것은 덩샤오핑이 우측(민주 세력) 비판 세력만 있는 것이 아니고 좌측(문화혁명을 찬양하는 유토피아 세력) 비판 세력도 있음을 잘 보여

---

* **가오강(高崗, 1905?~1954)** 국공내전과 항일 전쟁에서 크게 활약한 군 지휘관이자 공산당 정치가. 마오쩌둥에게 큰 신뢰를 받았으나, 의문스러운 상황 속에서 자살했다. (역주)

주는 증거라 할 수 있다. 두 적대 세력에 대해 덩샤오핑은 법과 질서를 중시하는 권위주의 통치 방식으로 대처하고 있었지만 양측의 비판 세력이 완전히 누그러졌다고 생각하는 사람은 아무도 없었다.

정치 공작의 톱니바퀴는 계속 돌아갔다. 중국 신문 가운데 스탈린주의 성격이 좀 약한 신문인 상하이의 〈해방일보〉는 6월 8일 장칭의 죽음에 대해, 어느 정도 내용이 있는 유일한 논평을 실었다. "이 나쁜 여인은 스스로 목숨을 끊었지만, 죽음이 그녀의 죄를 씻어주는 것이 아니라는 것은 두말할 필요도 없다." 논평은 장칭이 마오의 아내였다는 사실은 물론이고 마오의 이름조차 언급하지 않았다. 1960년대 장칭이 '폭압적 통치'를 자행할 때 많은 사람들이 '유일한 항의 방식'으로 자살을 택했다고 하면서, "물론 장칭의 죽음은 그런 성격의 죽음이 아니다."라는 제한을 달았다. 또한 이 논평에는 공산당 내부에 갈등이 있음을 시사하는 문단도 하나 있었다. "다리가 100개인 송충이는 한 대 때린다고 완전히 죽는 것이 아니다." 덩샤오핑 시대의 새로운 노선을 받아들이지 않는 사람들이 아직도 공산당 내에 있다는 이야기다. 장칭을 히틀러와 비교하여 〈해방일보〉 기자는 이렇게 썼다. "히틀러가 자살한 지 40년이 지났지만 여전히 옛 나치 추종자들이 있으며 또 새로운 나치 추종자들도 있다." 경제 발전 제일주의 관점인 상하이 정치 세력이 이 논평에서 극좌파가 여전히 왕전*이나 펑전 같은 옛 마오주의자의 모습으로 중국공산당 내부에 잔존하고 있음을 비판하고 있는 것이다.

그러나 장칭이 스스로 목숨을 끊은 1991년은 그녀가 정치적 재판에서 "반혁명 범죄"로 유죄 판결을 받은 1981년과는 전혀 다른 시대였다. 장칭의 사망 소식을 들은 중국 젊은이들이 보인 반응은 그저 어깨를 한 번 으쓱하는 것이 전부였다.

수십 년 전 장칭은 상하이 출세작이었던 〈인형의 집〉에서 다음과 같

---

* **왕전(王震, 1908~1993)** 중국공산당 정치가. 당 중앙위원, 국무원 부총리 등을 거쳐 1988년에서 1993년까지 국가 부주석을 역임했다.(역주)

은 노라의 대사에 매료되었다. "나는 어느 편이 옳은지 꼭 알아내야겠어요." 좌절감에 빠진 노라가 외쳤다. "이 세상이 옳은지, 아니면 내가 옳은지……." 자살을 앞둔 순간에 아마도 장칭은 노라의 질문에 대한 대답을 찾았을지도 모른다.

장칭은 매우 강한 성격의 개인주의자였으며, 따라서 누구와 결혼을 했든 주위 사람들에게 강한 영향을 끼쳤을 것이다. 하지만 마오쩌둥이 없었다면 장칭은 그렇게 높은 정치적 위치에 올라가지는 못했을 것이다. 장칭의 운명을 결정지은 가장 큰 요인은 결국 마오쩌둥을 오랫동안 충실하게 보좌한 경력이었다. 이런 이유로 장칭은 아마도 죽을 때 어느 정도 성취감을 느꼈을 것이다. 이는 중국공산당 상부의 정치 소용돌이를 살았던 사람으로서는 드문 경우다. 장칭이 왜 재판 때 자신의 죄를 인정하지 않았을까를 놓고 전 남편 탕나와 프랑스 파리에서 토론하던 도중, 탕나가 이렇게 말했다. "장칭은 마오를 사랑했어요. 그렇기 때문에 절대로 자신의 죄를 인정할 수 없었던 겁니다."

장칭은 자신의 가능성을 크게 현실화했으며 그녀의 인생은 드라마로 가득하다. 산둥성 농촌 지역에서 목수의 딸로 태어난 작은 소녀는 시골에 그냥 남아 있지 않았다. 거기 남았더라면 닭과 돼지를 키우고 그 지역 남자와 결혼해서 1949년 해방 후 어쩌면 그 남편은 인민공사의 당서기 정도가 되었을지 모른다. 하지만 장칭은 큰 꿈을 꾸었고 도전했으며 문을 힘차게 두드렸고 때로는 문을 꽈당 닫았다. 그래서 중국 정치의 최고 높은 곳에 이르렀던 것이다.

1930년대 상하이 무대 예술에 관해 장칭이 1937년에 쓴 〈우리의 삶〉은 강한 의지력의 가치, 여배우의 창조성, 정신과 영혼의 독립성에 대해 전투적 자세로 쓴 글이었다. 그 글에서 장칭은 젊은 여배우들에게 충고하면서 자신이 사회와 정치라고 하는 큰 무대에서 사용했던 방법을 권장한다. "자신의 정신과 신체 둘 다를 사용할 것이며, 자신이 처한 다양한 상황에 맞추어 때로는 정신을 때로는 신체를 사용한다." 장칭은 항상 '1인 단위'로 움직이던 여성, 자신의 자아가 최고의 가치였던 여성, 모든 사람이 동일한 가치를 지향하는 사회에서 홀로 우뚝 선 모습을 자랑하던 여성이었다. 그녀는 세계의 관심을 집중시키는 방법을 알고 있었다. 그 이유가 좋은 것이든 혹은 나쁜 것이든.

| 에필로그 |

　여러 나라의 비평가들이 1984년에 나온 이 책의 초판에 대해 여러 가지 점에서 칭찬을 해주었다. 이 책을 통해서 인간으로서 마오쩌둥과 정치인으로서 마오쩌둥이 어떻게 연결되는가를 더 잘 알게 되었다는 평을 들었으며, 중국의 공산주의 정치 시스템이 중앙 집권적이며 책임 소재가 불분명한 권력을 휘두르는 어두운 측면이 있음을 밝혔다는 점도 인정을 받았다.

　하지만 비판도 있었다. 이 책이 지나치게 성(性), 가족 간 다툼, 개인적 욕망에 중점을 두었다는 비판이었다. 나는 그런 비판은 여전히 받아들이지 않고 있다. 중국 최고 지도자들의 개인적 차원의 변덕이 중국 정치에 직접적인 영향을 끼쳤다는 증거는 매년 더 많이 나오고 있기 때문이다.*

　이 책 내용 가운데 몇 가지 추문과 같은 주장에 대해 의심을 표명한 논평가들도 있었다. 예컨대 1970년대에 마오쩌둥의 여비서인 장위펑이 마오와 가까운 남녀 관계였다는 나의 주장이 의심을 받았다. 하지만 바로 이 장위펑이 1988년이 되자 어둠 속에서 나와서 사람들 앞에 그 모습을 드러냈다. 이때쯤이면 마오의 인간적인 약점을 공개적으로 이야기하는 것이 가능해졌다. 그녀는 자신이 마오쩌둥의 개인적 삶에서 어떤

---

* Ross Terrill, *Mao: A Biography*, 1999 edition, Stanford University Press에 인용된 마오쩌둥에 관한 저술들을 보라.

특별한 역할을 하였는지를 밝힌 몇 편의 글을 발표했다.*

중국의 관료를 위시한 일부 논평가들은 나의 장칭 전기에서 그녀가 '악한 여인'이라는 명명백백한 사실을 내가 은폐하고 있으며 그녀의 잘못된 행동을 공산당 시스템과 중국의 전통 때문이라고 지나치게 강조하고 있다고 비판했다. 하지만 1989년 베이징의 학살 사건이 일어난 뒤 이 비판은 설득력을 잃었다. 볼썽사나운 개싸움같이 서로 죽고 죽이는 정치 투쟁이 중국에서 완전히 '과거의 일'이 되었다고 일부 사람들은 말한다. 하지만 나는 그렇지 않다고 본다. 1986년과 1987년 학생 시위 이후 덩샤오핑은 자신의 후계자로 지목했던 후야오방과 충돌했다. 덩샤오핑은 후야오방을 제거하고 자오쯔양을 후계자로 삼았지만 다시 1989년 민주화 운동 기간에 다시 자오쯔양과 충돌했다. 1989년 6월 4일의 참사가 벌어진 후 그 충격이 가라앉은 지금의 중국 정치 상황을 보면 마오쩌둥 시대와 덩샤오핑 시대에 무엇이 달라졌는지 알 수가 없다. 악당과 영웅이 서로 자리를 바꾸었을 뿐, 정치 무대의 시나리오는 바뀐 것이 없다.

마오쩌둥 시대나 덩샤오핑 시대나 모두 현 정권이나 노선에 정치적으로 반대하는 시민들은 곧바로 범죄자 취급을 받았다. 1989년 톈안먼 광장의 민주화 운동을 이끈 학생들은 '반혁명분자'로 낙인찍혔다. 1976년 마오가 죽은 뒤 장칭이 반혁명분자로 불린 것과 같다. 1991년 죽었을

---

* Zhang Yufeng(장위펑), in *Yanhuang Zisun*(염제와 황제의 후손). 또한 타이완에서 출판된 *Mao Zedong he tade nu ren*(마오쩌둥과 그의 여인들)도 보라. 이 책에서는 장칭을 포함하여 마오가 선택한 아내들보다 장위펑이 마오의 감정적 삶에서 더 큰 자리를 차지했다고 주장하고 있으나 필자가 보기엔 이것은 무리한 주장이다. 1989년 즈음이면 서방의 주요 신문에서 장위펑을 "마오의 애인"이라고 칭하는 것이 통상적인 일이 되었다. 1989년 4월 11일자 *Christian Science Monitor*를 보라. 마오의 성격을 다룬 책들 가운데 가장 흥미로운 것들은 다음 책들이다. Dong Bian et al. eds., *Mao Zedong he tade mishu Tian Jiaying*(마오쩌둥과 그의 비서 톈자잉), 1989; Quan Yanchi, comp., *Zouxia shentan de Mao Zedong*(제단으로 간 마오쩌둥), 1989; Guo Jinrong, *Mao Zedong de huanghun suiyue*(마오쩌둥 최후의 날들), 1990.

때 다시 한 번 장칭은 그 호칭으로 불렸다.

　이상한 일이지만, 중국의 공산주의자들은 정치 지도자의 삶을 그린 전기를 외국인 혹은 외국에 망명한 중국인에게 쓰도록 한다. 이것은 하나의 전통이다. 에드거 스노는 마오쩌둥의 젊은 시절과 중년 시절 이야기를 《중국의 붉은 별》에서 묘사하였고 중국의 군사 영웅 주더(朱德)의 삶은 아그네스 스메들리가 쓴 전기에서 묘사되었다. 이 전통은 리즈수이의 《마오 주석의 사생활》에 이르러서는 혹독한 비판으로 방향을 튼다. 공산주의자들은 지도자들의 삶을 베일로 가리는 것을 선호한다. 그러다가 외국의 작가가 그 지도자의 삶에 어떤 사실 관계를 주장하면 그제서야 그 사실을 뒤늦게 인정할 뿐이다. 이런 과정을 나는 장칭 전기를 통해 다시 한 번 경험했고 또 마오쩌둥 전기의 경우에도 경험했다. 예를 들어서 나는 장칭 전기에서 마오가 장칭과 결혼하고서 한참 시간이 지난 뒤인 1950년대 어느 시점에 전처 허쯔전과 재회한 적이 있다고 썼다. 어떤 중국인들은 나의 이런 주장을 어처구니없는 이야기라고 비판하기도 했다. 하지만 1985년 이후 바로 그런 재회를 자세하게 묘사한 글들이 나타나기 시작했던 것이다. (예를 들자면 상하이의 〈문회보〉 3월 10일자)

　내가 쓴 책을 스스로 돌이켜 볼 때 장칭의 자기 완성을 향한 심리적 충동을 묘사하면서 남녀 관계 측면을 지나치게 많이 강조하지 않았나 싶은 생각이 든다. 장칭이 남자를 사귈 때는 욕망보다는 그 남성과 동등한 차원에서 친구가 될 수 있다는 충족감에 의해 추동된 것이다. 장칭은 자신의 삶을, 전통적인 '여성의 역할'이라고 하는 상자 속에 갇히기를 거부한 인생이라고 스스로 자부했다. 따라서 예를 들자면 위안무즈와 함께 야릇한 파티를 한 에피소드보다, 쉬이신과 같은 연극 무대의 멋진 남성들과 같이 시간을 보낸 것에서—이런 경우 그 남성들과 연애 관계는 갖지 않은 것이 보통이다.—장칭은 자신의 모습을 더 잘 드러낸다. 그리고 우리가 분명히 기억해야 할 일은 장칭이 여성으로서 가장 큰 역할을 수행한 것은 마오쩌둥과 부부 관계를 유지했을 때라는 사실이다. 마오에게는 가장 중요한 시기였던 옌안 시절에 그는 가정적인 만족을 누렸으며 그 기반 위에서 마오는 자신의 주의와 에너지를 일본군과 장제스를 격파하는 데 쏟을 수 있었으며 그의 생에서 가장 훌륭한 글과 책을 쓸 수 있었던 것이다.

제1판에서 나는 이렇게 잘못 예언했다. "이 책의 내용에서 날짜라든가 사실 관계 하나 정도를 골라내서 공개하는 경우는 있을지 몰라도, 앞으로 장칭의 삶 이야기는 공산주의 중국에서는 결코 공개적으로 출판되지 않을 것"이라고. 하지만 즐거운 놀람이 있었다. 1989년 봄 베이징을 방문했을 때, 책방에서 이 책의 중국어 번역본을 발견했던 것이다. 제목은 '장칭정전(江青正傳)'이었다. 그 책의 서문을 보니 이 작품에 논쟁점이 있기는 하지만 중요한 작품이라는 말이 써 있었다.

하지만 유감스럽게도 나의 예언은 절반밖에 틀리지 않았다. 나의 책은 중국 정부의 검열관에 의해 무참하게 부분 삭제되어 있었고 번역본은 일부 중국인만 구입할 수 있었다. 원서의 대략 20퍼센트 정도 분량을 삭제한 채 번역이 되어 있었는데, 출판사 이름은 '세계지식출판사(世界知識出版社)'였다. 이 번역본은 나의 출판 동의를 받은 적이 없다. 또한 부분 삭제는 장칭을 나쁘게 묘사한 부분은 남겨 두고 그외의 부분은 가능한 한 많이 잘라낸다는 원칙에 따라 진행된 것같이 보였다. 역사적 중요성 같은 것은 고려의 대상이 된 것 같지 않다. 예를 들어 본서에는 이제까지 알려지지 않은 마오쩌둥과 릴리 우 사이의 연애 사건을 다룬 부분이 있다. 이는 허쯔전과의 결혼 생활이 붕괴하는 데 기여한 중요한 사건이었다. 하지만 이 부분은 삭제되고 없었다. 짐작컨대 릴리 우가 아니라 장칭이 마오와 허쯔전 결혼의 파국의 원인이라고 중국 인민들이 믿고 있는 편이 더 좋다고 중국공산당이 판단하였음에 틀림없다.

내가 쓴 마오쩌둥 전기의 중국어 번역본은 일반인들이 구입할 수 있도록 일반 서점에 있었지만, 장칭 전기는 '내부' 독자만 볼 수 있도록 되어 있었다. 중국 출판계의 미궁과도 같이 복잡한 구조 속에 이런 구분이 예전부터 존재한다는 사실을 잘 알고 있었지만 그래도 책의 원저자로서 이 규정이 어떻게 시행되는지 직접 알아보고 싶었다. '왕부정(王府井) 서점'의 2층에서 나는 '내부' 독자를 위한 방이 따로 있다는 것을 발견했다. 그 방에는 논쟁적 성격을 띤 인물들의 전기물도 있었는데 그중에 전 국방부장인 린뱌오의 전기도 있었고 또 나의 장칭 전기 번역본 역시 노란색과 검은색 표지를 두르고 여러 권이 높이 쌓여 있었다. 그 가운데 두 권을 집어 들고 구입하려고 하자 점원이 내게 물었다. "이 책을 구입해도 좋다는, 소속 기관의 허가증이 있습니까?" 나는 그런 허가증이 없다고 대답했다. 그러자 점원은 내게 어느 기관 소속이냐고 물었고 나는 외국인이고 사실 그 책의 원저자라고 답했다. 점원은 자신의 상관에게 문의해야 한다고 잠시 어디를 갔다 오더니 돌아와서는 이 책을 판매할 수 없다고 답했다. 책의 원저자라 해도 안 된다는 이야기였다!

1989년 6월 4일 베이징 대학살 이후 이 책은 중국의 서점에서 사실상 완전히 사라졌다. 그리고 또 다른 번역본이 다른 출판사에 의해 그 원고가 완성되었는데 그 번역본은 거의 삭제되지 않은 판본이었다. 하지만 공산당 선전부에서 출판을 정지시켰고 결국 출판 허가를 내주지 않았다. 내가 쓴 마오쩌둥 전기는 열심히 판매되고 있었고 언론에도 언급이 되었지만 장칭은, 그리고 그녀에 관한 출판물은 다시 한 번 뜨거운 감자처럼 누구도 건드리기를 싫어하는 존재가 되었다. 덩샤오핑 정부는 장칭에 대한 왜곡된 설명, 특히 마오쩌둥과 장칭의 관계에 대한 왜곡된 설명을 계속 유지하고 있었던 것이며 이는 덩샤오핑이 지배하는 중국에서 자행되는 정신적 탄압 정책의 상징이라고 볼 수 있겠다.

하지만 그후 3년 동안 변화가 있었다. 내가 지은 마오쩌둥 전기의 출판사인 허베이인민출판사는 베이징의 출판사가 장칭 전기를 마음대로 이곳저곳 삭제한 데 크게 낙심한 나머지, 새로운 번역자를 찾아 완전한 번역을 목표로 작업을 시작했다. 아, 그러나 다시 정치가 개입했다. 1992년 나는 베이징에서 선퉁(沈彤)을 만나게 되었다. 톈안먼 민주화 운동의 지도자였던 그는 외국으로 망명했다가 과감하게 다시 모국으로 귀환한 사람이다. 그는 민주주의에 대한 연설을 하기로 예정되어 있었는데 바로 그 전날 밤에 체포되었고 나는 24시간 내에 중국에서 추방당했다. 내가 선퉁을 "뒤에서 조종"하고 있지 않았는가 하고 중국의 경찰과 언론 매체는 물었다. 혹시 내가 부르주아 민주주의 사상을 중국으로 들여오지 않았냐는 소리다.

허베이인민출판사는 딜레마에 빠졌다. 상업적으로 보아 이 번역 작업은 녹색 신호를 받았지만 정치적으로는 빨간 신호가 들어왔다. 마오쩌둥 전기를 번역하여 이 출판사는 상당한 돈을 벌었다. 하지만 나는 선퉁과 친분이 있다는 사실로 인해 "중국의 통합과 안정을 훼손한" 사람이 되었고 그런 사람이 지은 장칭 전기를 판매한다는 것은 난처한 일이 된 것이다. 또한 공산당 선전부 쪽에서 역시 좌익 정치 바람이 불어오고 있었다. "잘못된 전기물은 이제 금지"라고 하는 것이 신화사 통신이 1993년 당의 정책을 요약하면서 내보낸 보도문의 제목이었다. 앞으로는 "정확하고 진지하며 건전한"[1] 전기물만 허용될 것이라고 했다. 국가신문출판총국에서 지적한 바에 따르면 1992년 한 해 동안 37건에 달하는 무가치한 전기 서적이 허가 없이 출판되었다고 했다.

하지만 일 년 만에 상황이 바뀌었다. 중국이 베른저작권협약에 가입했다. 1993년 5월 허베이인민출판사와 나는 《장칭전전(江靑全傳)》의 출판 계약서에 서명했고 곧 책이 나왔다. 이번에 삭제된 곳은 단 한 곳이다. 젊은 시절의 장칭이 상하이에서 보드카를 사랑하는 친구들과 파티를 했고, 그 다음 날 아침에 일어나보니 자신이 벌거벗고 있었으며 자신의 배에 립스틱으로 누군가가 "다음번에는 조심하시오. 엄청난 술꾼에게." 라고 써놓았다는 에피소드만이 삭제되었던 것이다. 출판사 사람이 나에게 말해준 바에 따르면, 그 글씨를 쓴 위안무즈의 아들이 바로 나의 책 출판 허가권을 갖고 있는 베이징의 신문출판총국에서 근무하고 있다는 것이었다! "그것만 아니면 이 일화도 넣을 수 있었을 것입니다."라고 그는 말했다.

중국어판 서문에 나는 다음과 같은 글을 썼다.

과거 장칭의 삶은 흑과 백 두 가지 색깔로만 다루어졌다. 그녀는 반혁명 분자였으며 또한 중국의 역사에 종종 등장하여 남자를 잘못된 길로 끌고 가는 사악하기 그지없는 여자들 가운데 하나로 취급되었다. 하지만 이제 중국 사람들은 마오쩌둥 후기 시대에 계급 투쟁이 지나치게 부풀려졌으며 중국의 전통은 좋은 것이든 나쁜 것이든 사회주의에 의해 완전히 뿌리뽑혀지지 않았다는 것을 알고 있다.

내가 이 책을 쓰면서 채택한 방법은 "사실로부터 진실을 찾는다", 즉 '실사구시(實事求是)'의 방법이었으며, 목표는 장칭의 삶과 활동에 대한 객관적인 서술이었다. 이것보다 조금이라도 수준이 낮은 자세를 취한다면, 환상은 배격되고 말보다 실천을 중시하고 중국 인민의 구체적인 복지가 첫번째 관심사인, 덩샤오핑의 개혁 시대를 사는 독자들을 만족시키지 못할 것이다.

실제로 장칭은 많은 사람들에게 해를 끼쳤으며 이미 오래전에 땅 속에 묻어버렸어야 했던 계급 간 전쟁이라는 공허한 정치를 살아 있게 만든 사람이다. 그러나 그렇다고 하여 그녀가 다른 사람들의 이야기를 왜곡했던 것과 마찬가지로 그녀의 이야기를 우리가 왜곡할 수 있다는 것은 아니다. 사실 우리가 장칭의 이야기를 사실에 근거하여, 또 법에 의거하여 다루는 것은 우리의 명징한 사고를 위해서도 중요한 일이다. 1960년대와 1970년대에 '권력을 찬탈'한 사람은 장칭만이 아니었다. 정치적 의견 불일치가 곧 '반혁명'이며 범죄와 동등하다고 게으르게 규정하는 것은 이제 완전히 시대에 뒤떨어진 사고방식이다.

신분의 고하를 막론하고 법에 의한 통치라는 원칙을 적용하는 것은 중국의 장래에 대한 커다란 도전이다. 모든 사람에게 알려져 있는 규칙에 근거한 공정한 분위기가 확보될 때만이 공공의 복지를 위해 정치 권력이 사용될 것이며 인권이 확보될 것이며 기업이 번창할 것이며 정치 지도자가 다른 사람으로 교체될 때에도 안정된 정치 체제를 유지할 수 있을 것이다. 나는 믿는다. 중국이 그렇게 찬란한 미래를 향해 움직여 가고 있다고. 번영되고 자유로우며 정의로운 미래를 향해서 말이다.

새로운 세대에게 장칭은 관심을 끄는 인물이 되었다. 이 여인은 다른 사람들을 희생시켰고 결국에는 다른 사람들에 의해 철저하게 매도당했다. 이러한 장칭의 인생 역정은 중국이 한때 발견했다가 결국 상실하고 만 이상들이 겪어 온 운명을 상기시켜주는 우화가 아닐까?

소련공산당 역사가 1980년대 후반 그리고 1991년 이후 더 확실하게 공개되었듯이 앞으로 언젠가 중국공산당의 역사도 공개될 날이 올 것이다. 그렇게 된다면 장칭은 이제까지처럼 그녀의 악한 점만으로 평가되는 것이 아니라 마오쩌둥을 수십 년간 충실하게 보좌했던 역할로 평가될 것이며, 이제까지 장칭의 죄로 알려진 것 가운데 일부가 마오쩌둥의 죄였다는 것이 밝혀질 것이며, 또한 장칭의 죄도, 마오쩌둥의 죄도 아니고 공산주의 시스템 자체의 죄라는 것도 밝혀질 것이다. 공산주의라고 하는 체제가 사라질 때 비로소 장칭의 생애의 참모습이 거짓과 비밀의 장막으로부터 해방되어 우리 앞에 나타날 것이다. 왜냐하면 공산주의를 넘어선 정권만이 마오쩌둥의 생애와 그 유산을 사실에 바탕한 경험적인 입장에서 다룰 수 있기 때문이다.

"《장칭전전(江靑全傳)》의 저자에게 편지를 쓰기 위해 펜을 든 나의 손은 부들부들 떨리고 있습니다." 선양(瀋陽)에 사는 어느 열렬한 독자가 나에게 보낸 편지 구절이다. 그녀는 단정한 한자로 쓴 편지와 함께 자신의 사진을 한 장 보냈다. 군복을 본떠 만든 제복을 입고 찍은 문화혁명 시기의 사진이었다. 장칭의 흉내를 내고 있었던 것이다. 정말 흥미로운 일이다! 마오처럼 장칭도 다시 유행을 탈 것인가? 만일 장칭의 복귀가 실제로 일어난다면 그 원인은 정치적인 것만은 아닐 것이다. 마오쩌둥의 바람기에 고통받은 그녀에 대한 동정심, 여론 조작용 재판에서 모든 혐의를 부인한 그녀의 용기에 대한 존경심, 나름대로 멋도 있고 정신도 살아 있는 그녀에 대한 과장된 열기가 젊은이들 사이에 발생하고 있다는 것 등이 장칭 복귀의 원인이 될 것이다.

1998년 8월, 보스턴에서
로스 테릴

이 후주 부분에서 두 권의 '비공인' 장칭 전기를 각각 특정한 이유에서 인용하였다. 그중 대만에서 출간된 *Jiang Qing waizhuan*(江靑外傳)은 저자가 라오룽(老龍)으로 되어 있는데, 라오룽이란 인물은 실제로 국민당 정부 법무부 조사국에서 일했던 룽윈찬(龍雲燦)이다. 이 책의 내용 가운데 장칭이 칭다오와 상하이에 살던 시절의 이야기는 신빙성 높은 자료를 포함하고 있다. 주산(珠珊)이 저자로 되어 있는 *Jiang Qing yeshi*(江靑野史)의 실제 저자는 중국공산당 정권의 고위 간부였던 왕자샹(王稼祥)의 미망인인 주중리(朱仲麗)이다. 왕자샹은 옌안 시절의 장칭을 잘 알았으며 또한 장칭이 1950년대 초에 모스크바에 체류할 당시 소련 주재 중국 대사를 지내기도 했다. 1988년 베이징에서 주중리는 필자에게 "내가 바로 《江靑野史》에 나오는 그 의사입니다."라고 말했다.

추이완추가 쓴 글들(후주에서 Cui I, II 등으로 표기)은 *Jiang Qing qianzhuan*(江靑前傳), Hong Kong, Tian di, 1988에 수록되어 있으나, 이 책의 인용은 Baixing banyue kan 판에서 가져온 것이다.

《장칭》 초판본에서 내가 "위치웨이의 가까운 친척"이라는 표현으로 지칭했던 사람은 위치웨이의 숙부인 위다웨이였다. 초판 출간 후 위다웨이는 사망하였고 이제 그의 이름을 밝혀도 된다고 생각한다. 또 초판에서 나는 1930년대 장칭이 상하이에 살던 시기에 그녀에 관한 중요한 정보를 제공한 사람을 "탕나와 가까운 정보 제공자"라고 썼는데, 이 부분도 마찬가지다. 그 사람은 바로 1930년대에 장칭의 남편이었던 탕나 본인이었다. 나는 1982년 파리에서 탕나를 만났고 그때 탕나는 사흘 저녁을 함께 보내면서 장칭과 함께 살던 시절 이야기를 들려주었다. 당시에는 그와 나눈 대화의 출처를 밝히지 않기로 했다. 하지만 1989년에 탕나가 사망했으므로 이제 출처를 밝힐 수 있게 되었다.

약어 설명

Cui I, II, III, etc.	Cui Wanqiu, "Shanghai suiyue hua Jiang Qing," a series of articles in *Baixing banyue kan*, Hong Kong, nos. 16, 1/16/82 and after, each fortnight, ending 8/16/82 (no. 12).
Ih. I	Kichinosuke Ihara, "Kosei no saisho no jinsei," in *Tezukayama daigaku ronshu*, 3/1976
Ih. II	Ihara, "Shanhai jidai no Kosei," ibid., 5/1976
Ih. III	Ihara, "Kosei⋯ Shanhai kara Enan e," ibid., 4/1977
Ih. IV	Ihara, "Mo Ko kekkon mondai, 1," ibid., 5/1977
Ih. V	Ihara, "Mo Ko kekkon mondai, 2," ibid., 7/1977
Ih. VI	Ihara, "Mo Ko kekkon mondai, 3," ibid., 9/1977

Ih. VII	Ihara, "Enan jidai no Kosei," ibid., 1/1978
Ih. VIII	Ihara, "Kosei to Enan sei fu," ibid., 4/1978
Ih. IX	Ihara, "Kosei no chosei: Senhoku tensen," ibid., 7/1978
Ih. X	Ihara, "Goju nendai no Kosei," ibid., 9/1978
Ih. XI	Ihara, "Kosei no bunkaku junbi, 1," ibid., 9/1980
Ih. XII	Ihara, "Kosei no bunkaku junbi, 2," ibid., 12/1980
Ih. XIII	Ihara, "Gendai chugoku no kogo-Kosei jiden," Rekshi koron, 12/1976
Ih. XIV	Ihara, "Witke to Kosei," Mondai to kenkyu, 3/1978

* 출간일과 연속 간행물의 호수는 다음 예와 같이 표기했다.

6/1972	1972년 6월(월간지)
5/7/81	1981년 5월 7일
2-4, 1968	Volume 2, number 4, 1968

주석에 등장하는 참고 문헌

A Great Trial in Chinese History, Beijing, 1981

Australian Journal of Chinese Affairs

Beijing Dashen, Taipei, 1981

D. Klein and A. Clark, *Biographic Dictionary of Chinese Communism*, Cambridge, Mass., 1971

China Quarterly

Chinese Law and Government, Armonk, New York

Roxane Witke, *Comrade Chiang Ch'ing*, Boston, 1977

Current Background (U.S. Consulate General, Hong Kong)

Dagong bao(《大公報》), Hong Kong

Far Eastern Economic Review

Foreign Broadcast Information Services

Zhou Yurui(周榆瑞), *Hongchao renwu zhi*(《紅朝人物誌》), New York, 1973

Issues & Studies, Taipei

Jiang Qing—Mao's Wife, Taipei, Asian Peoples' Anti-Communist League, 1970

Zhang Ganping(張贛萍), *Jiang Qing de choushi yu yanwen*(《江青的醜史與艷聞》), Hong Kong, 1969

Ding Wang(丁望), *Jiang Qing jianzhuan*(《江青簡傳》), Hong Kong, 1967

Jiang Qing tongzhi lun wenyi(《江青同志論文藝》), Beijing, 1968

Lao Long, *Jiang Qing waizhuan*(《江青外傳》),, Taipei, 1974

Zhu Shan(珠珊), *Jiang Qing yeshi*(《江青野史》), 2 vols., Hong Kong

Zhong Huamin, *Jiang Qing zhengzhuan*, Union Research Institute, Hong Kong, 1968

Joint Publications Research Service

Lishi shenpan(《歷史審判》), Beijing, 1981

Mao Zedong sixiang wansui(《毛澤東思想萬歲》), 3 vols., identified by date

Mingbao yuekan(《明報月刊》), Hong Kong

New China News Agency(신화사)

New York Times(NYT)

Peking Review (later, Beijing Review)

People's Daily(《人民日報》)

Li Zhisui, *The Private Life of Chairman Mao*, New York, 1995

Qishi niandai(《七十年代》), Hong Kong

Red Flagi(《紅旗》) (in Chinese)

Edgar Snow, *Red Star over China*, New York, 1961 (Grove Press)

Selected Works of Mao Zedong, 5 vols, in English, Beijing, 1965~1977

Sirenbang yanxing lu(《四人幫言行錄》), Hong Kong, 1978

Survey of China Mainland Press

What's Happening on the China Mainland, Taipei

Zhanwang(《展望》), Hong Kong (fortnightly)

Zhengming(《爭鳴》), Hong Kong (monthly)

Zhongbao(《中報》), Hong Kong

Zhonggong shouyao shilue xubian(《中共首要事略續編》), Taipei, (entry on 장칭)

프롤로그

1) 이 재판의 묘사에 관한 자세한 출처 제시는 8장의 주석을 보라. 여기에 기록된 사항은 주로 다음 출처에 근거하고 있다. *Beijing Dashen*, Taipei, 1981; *Zhengming*, Hong Kong(monthly), *nos. 19 (5/1/79), 40 (2/1/81)*; *Lishi shenpan*, Beijing, 1981; TV Tape; *Mingbao yuekan*, Hong Kong, 12/19/80.

2) 중국의 어느 고위급 외교관이 필자(로스 테릴)에게 한 말이다. Washington, DC, 7/8/81.

3) Roxane Witke, *Comrade Chiang Ch'ing*, Boston, 1977, 50. (출처의 내용을 다른 표현으로 바꾸었다.)

4) *Issues & Studies*, Taipei, 6/1980.

5) "개인적 특성은……"과 "모두 지나간 일……"은 베이징에서 중국 관리 두 명이 필자에게 한 말이다. June 3 and 23, 1982.

6) E. Masi's *China Winter*, x.

1장 집을 나온 '노라'

1) Roxane Witke, *Comrade Chiang Ch'ing*, 55.

2) 장칭의 출생과 고향인 주청에 대해서는 다음 자료를 참고했다. *Qiaobao yuekan*, Hong Kong,

no. 3: 55ff(출생지와 날짜 등 세부 사항이 적힌 1950년 서류의 복사본을 손에 든 장칭의 모습이 실려 있다.); *People's Daily*(in Chinese), 4/27/77, 5/18/77; Pei Mingyu to Ross Terill, Taipei, 2/28/82; *Guangming ribao*, 4/28/77; *Mingbao yuekan*, Hong Kong, 11/1979; Roxane Witke, *Comrade Chiang Ch'ing*, 45; Chen Suimin's *Mao Zedong yu Jiang Qing*, 83ff.; *Xin guancha*, Beijing, no. 1, 1981; Zhong Huamin(Zhao Cong) to Ross Terill, Hong Kong, 11/22/82; Ih. I, 35ff; ibid., 36~37쪽에서는 산둥 지역의 고참 당원들과 가진 몇몇 면담에 근거하여 수밍이 오늘날 '칭저우'라고 불리는 곳에서 태어났다고 결론짓는다. 이런 혼란이 생긴 까닭은 캉성의 삶에 관련된 최근의 새로운 자료에 따르면(*Xin guancha*, nos. 1, 3, 1981) 당시 현의 경계선에 변화가 있었기 때문이었던 것 같다. (위에 언급된 '칭저우'는 저본에 Qingzhou라고 되어 있으며 '靑州'로 추정되나 정확한 정보는 확인하지 못하였다.─역주)

3) 가족과 관련된 기록에는 엄청난 왜곡이 가해졌다. (상당히 신빙성이 있다고 인정받는 자료들에서조차 장칭의 출생 연도가 1910년, 1912년, 1913년, 1914년, 1915년으로 저마다 다르게 기록되어 있다는 점에서 왜곡이 얼마나 심한지 짐작할 수 있다.) 이 책에 내가 기록해놓은 수밍의 어린 시절은 서로 내용이 모순되지 않는 다양한 자료에서 뽑아내 엮어 그려낸 것이다. 전반적으로 보아 애매한 점은 다음과 같다. 몇몇 중국인 정보원(대부분 중국 땅 바깥에서 나온 증언이기는 하나)에 따르면, 장칭이 태어날 당시 그녀의 이름은 '롼수밍'이었다고 한다. 장칭의 어머니 성씨가 '리'였으며 장칭이 태어난 뒤 가정 불화가 심했던 상황에 비추어볼 때 수밍은 외가 쪽에 더 끌렸고, 부모가 모두 사망한 뒤 그녀는 한동안 지난 시에서 할아버지와 함께 살았다는 것이다. 그러나 *People's Daily*(in Chinese)를 비롯한 다른 베이징의 출판물에서는(이 출판물들은 이전에 내세우던 의견의 방향을 갑자기 아무렇지도 않게 바꾸는 경우는 종종 있지만 사실 관계를 바꾸는 경우는 드물다.) 장칭의 아버지 이름이 '리더원'이었다고 서술하고 있다. 이 책의 주인공 장칭 스스로도 그녀의 성씨가 '리'라고 진술하곤 했다.

이러한 모순을 평가할 때 우리는 다음의 사실을 명심해야 할 것이다.

① '롼'이라는 성씨에 관한 정보는 장칭 고향의 정보원에게서 오랜 기간에 걸쳐 나온 것이라 쉽게 무시할 수 없다.

② 베이징에서 나온 공식 자료들은 장칭의 기질을 설명할 때 계급적 근거를 제시하려는 경향이 강하다. 따라서 불안정한 가정 환경에서 형성된 심리적 토대를 평가 절하하거나 심지어 일부러 무시하는 경향이 있다.

③ 이 책의 주인공 장칭 스스로 자기 인생에서 일어난 여러 일들을 명백하게 왜곡하는 모습을 보였다.

어쩌면 수밍은 롼씨 가문과 리씨 가문 양쪽과 모두 관련이 있는지도 모른다. 장칭의 아버지와 어머니의 관계는, 장칭 자신이 (개인적인 자존심과 정치적 이미지를 고려해서) 말한 것이나 중국의 공식 기관들이 (장칭의 도덕적 결함이 계급적 성격에서 비롯되었다는 점을 분명하게 하려는 의도에서) 서술한 것보다 더 복잡한 관계였는지도 모른다. 어쩌면 장칭은 아버지의 공식적인 자식이 아니었을지도 모른다. 즉 리더원이 아니라 어머니가 일하던 집의 '롼'이라는 성씨의 남자가 친아버지였을 수도 있다. 하지만 증거가 충분하지 않기 때문에 이 책에서는 이런 추측을 확실하게 제시하지 않았다.

4) 중국의 공식 자료들은 장칭 아버지의 부를 과장한다. (그는 '지주' 계급이었으며 '120무(畝)의 토지'를 소유했고 집에는 '방 14개와 곳간 6채'가 있었으며, 그의 아버지, 즉 장칭의 친할아버지는 '100무가 넘는 토지를 소유한 지주'였다는 것이다. *People's Daily*(in Chinese), 5/18/77) 한편 장칭은 가족의 가난을 과장했다. (아버지는 '극심한 가난' 속에 살았으며 "우리는 가난했고 먹을 것도 거의 없었다."는 것이다. Roxane Witke, *Comrade Chiang Ch'ing*, 47) 구두 진술에 기댄 일부 중국

자료 역시 장칭 가족이 가난했다고 서술하고 있다. Ding Wang, *Jiang Qing jianzhuan*, Hong Kong, 1967, 12; Edgar Snow, *Red Star over China*, New York, 1961(Grove Press), 522도 보라. 중국 정부가 서술한 장칭의 생애를 보려면 다음 자료를 참고하라. *Zhongfa*, Beijing, 10/1977— *Pantu Jiang Qing de lishi zuideng*.

어느 정보원은(Pei Mingyu to Ross Terill, Taipei, 2/28/82; *Mingbao*, 2/15/77도 보라) 장칭의 아버지가 교양 있고, 친절하며, 단정한 외모의 소유자였다고 칭찬했다. 하지만 93세였던 그는 어쩌면 수밍의 외할아버지에 대한 기억을 이야기했을 수도 있다. 수밍은 이따금 다른 사람들이 외할아버지를 자신의 아버지인 것처럼 생각하도록 행동했던 것으로 보인다(Ih. I, 43).

장칭이 사망하고 몇 년 뒤 어느 베이징의 관변 소식통은 장칭의 어머니가 장칭 아버지의 '작은 부인'이었다고 서술했다(*Xin guancha*, no. 1, 1981).

5) M. C. Yang's *A Chinese Village*, 124-125. 여자 아이가 태어나면 곧바로 살해하는 풍습은 남자 아이를 살해하는 것보다 훨씬 더 널리 퍼져 있었다. 다음 자료를 보라. Marian J. Levy, *The Family Revolution in Modern China*, 226.

6) *Qiaobao yuekan*, no. 3: 55.

7) Wang Tingshu to Ross Terill, 2/23/82; Ihara's interviews with Zhang, Luo(Ih. I, 40); Zhou Yurui, *Hongchao renwu zhi*, New York, 1973, p. 232. 각주: Li Zhisui to Ross Terill, Cambridge, Mass., 10/7/94.

8) Wang Tingshu to Ross Terill, Taipei, 2/23/82. 중국 속담에 "작은 발과 눈물 바다"라는 말이 있다는 것도 참고하라(Smedley, ed., *Portraits of Chinese Women in Revolution*, 35). 지난 시의 경우, 시 정부의 통계에 따르면 1929년에 20~30퍼센트의 여성이 전족을 했다고 한다(*Jinan shi zheng yuekan*, 10/1929, 138).

9) 원허의 이복 언니에 대해서는 Ih. I, 39; 칭화대학에서 사람들과 한 필자의 인터뷰, 6/1982; Roxane Witke, *Comrade Chiang Ch'ing*, 52(여기서 장칭은 이복 언니를 마치 친언니인 것처럼 언급했다).

10) Roxane Witke, *Comrade Chiang Ch'ing*, 48. 1936년 어느 상하이 잡지에 실린 다음의 기사 내용을 고려해볼 때 수밍이 말하는 부러진 이빨 사건에 의문을 제기하는 사람들이 있을 법하다. 기사의 제목은 "란핑, 쑤저우에서 치아를 잃고 피를 흘리다"였으며 란핑(당시 장칭의 이름)이 영화 〈늑대산의 핏자국〉의 야외 촬영 도중 "잠시 부주의한 사이 앞니 두 개가 부러졌다."는 내용이 있다(*Dian sheng*, 9/25/36, 986).

11) 베이징에 거주하는, 정보에 밝은 어느 고참 공산당원의 말이다.

12) *People's Daily*(in Chinese), 4/27/77. 첩은 사회적으로 배척당하기만 하는 존재는 아니었으며 한 집안에서 일정한 지위를 차지할 수 있었다(Levy, 201). 수밍의 삶에서 그랬던 것처럼 모녀 관계가 그렇게 중요한 의미를 갖는 것은 매우 특수한 경우였다(Levy, 201, 183).

13) Roxane Witke, *Comrade Chiang Ch'ing*, 49; *Qiaobao yuekan*, no. 3; *Mao Zedong yu Jiang Qing*, 84; Lao Long, *Jiang Qing waizhuan*, Taipei, 1974, ch. 1.

14) Roxane Witke, *Comrade Chiang Ch'ing*, 49.

15) *People's Daily*(in Chinese), 5/18/77.

16) 이 인터뷰를 진행한 사람은 록산 위트케다. 그녀는 장칭과 매우 특별한 인터뷰를 진행했는데, 그 인터뷰 내용은 이 책 전체에 걸쳐 계속 인용된다.(Roxane Witke, *Comrade Chiang Ch'ing*, 47~48) 정체를 확인할 수 없는 몇몇 중국인 제보자의 진술에 따르면(예컨대 Zhu Shan, *Jiang Qing yeshi*, 2 vols., Hong Kong, 1-2), 이때 장칭의 어머니가 일했던 여러 집들 가운데 하나가 바로 캉성의 집이었다고 한다(캉성의 원래 성씨는 '장'이었다). 캉성은 훗날 중국공산당의 지도급 인사가 되어 장칭

의 정치적 동지이자 보호자 역할을 하며, 문화혁명 때는 사악한 모사꾼이라는 평가를 받았다. 장칭과 캉성이 과연 실제로 그렇게 처음 만났는지는 확인할 길이 없지만, 여하튼 두 사람이 만난 곳은 주청이며 서로 가까운 곳에 살았다고 한다. 훗날 두 사람은 중국공산당의 최고위 지도자 집단에서 매우 드물게 보이는 서로에 대한 충실함을 보여준다(*Xin guancha*, nos. 1, 3, 1981을 보라).

17) 산동 지방에는 늑대가 거의 없다. 한편 아동 심리 분석에는 늑대가 매우 자주 등장한다. 또한 장칭의 어린 시절 회상에서 그런 것처럼 어린아이들이 악몽을 꿀 때는 적대감과 충돌의 상징으로 이빨이 자주 등장한다. 장칭이 진술하는 것만큼 과연 늑대와 이빨이 그녀의 어린 시절에 실제로 그렇게 큰 역할을 했는지 의심해볼 만하다.

18) 지난으로 이사 간 것에 대해서는 Zhong Huamin, *Jiang Qing zhengzhuan*, Union Research Institute, Hong Kong, 1968, 12ff.; *Qiaobao yuekan*, no. 3: 56; Lao Long, *Jiang Qing waizhuan*, Taipei, 1974, 3ff.

19) D. Buck's *Urban Change in China*, 171.

20) 윈허라는 이름은 장칭 자신이 술회하듯 주청에서 그녀에게 붙여졌을 수도 있고, 다른 정보원의 주장대로 그녀의 할아버지가 붙였을 가능성도 있다. 장칭은 "리진이라는 이름으로 사회에 나섰다."고 말하지만(Roxane Witke, *Comrade Chiang Ch'ing*, 45) 이 주장을 뒷받침하는 다른 증거는 없다. 무게 있고 남자 이름 같은 이 '리진'이라는 이름은 장칭의 삶에서 훨씬 나중 시기에 등장한다. 장칭은 1949년 이후 산동 지역을 방문할 때 리진이라는 이름을 쓰면서 여행했다.

   리칭윈이란 이름이 에드거 스노의 책(*Red Star over China*, New York, 1961(Grove Press), 459)에 등장하는데, 스노가 책을 쓰기 위해 정보를 수집한 것은 1930년대였다. 리칭윈이란 이름은 또 Ching Ping and D. Bloodworth, *Heirs Apparent*, 6에도 등장하는데 이 정보는 고위급 인사들과 밀접한 어느 여성으로부터 나온 것이라고 한다. 리칭윈이란 이름은 Lao Long, *Jiang Qing waizhuan*, Taipei, 1974에도 나온다. 한편 왕탕수는(to Ross Terrill, 2/23/82) 그가 장칭과 학교 친구였을 당시 윈허라는 이름은 전혀 들은 적이 없다고 말했다. 장이즈 등의 증언에 관련한 사항은 Ih. I, 38-39를 보라. 베이징의 *Zhongfa*에 따르면 장칭은 어린 시절 리융우라는 이름도 사용했다고 한다.

21) 윈허의 학교 생활에 관해서는 왕탕수와 필자가 나눈 대화(2/23/82)를 보라.; 이름에 관해서는 다음 자료들을 보라. *Qiaobao yuekan*, no. 3; Wang Xuewen in *Feiqing yuebao*, Taipei, 9/1974, 484; Ding Wang, *Jiang Qing jianzhuan*, Hong Kong, 1967, 1; *Feiqing yuebao*, 6/1967; Zhong Huamin, *Jiang Qing zhengzhuan*, 12. 윈허의 외할아버지 이름이 무엇이었는지는 여러 가지 설이 있다. 수 년 뒤 윈허가 추이완추와 이야기하던 중 리쯔민이라는 이름의 학교 관리를 언급하는데 어쩌면 그것이 할아버지의 이름일지도 모른다(Cui VII, 17; Ih. I, 38).

22) 장칭은 자신이 어머니와 함께 톈진에 2년간 머물렀다고 말했다(Roxane Witke, *Comrade Chiang Ch'ing*, 52). 하지만 이것은 사실일 가능성이 적다. 만일 그녀가 1927년에서 1929년까지 톈진에서 지냈고 그 기간 동안 학교를 다니지 않았다면, 그녀가 8년 내지 9년간 학교 교육을 받았다는 널리 알려진 사실(*Wansui*, 1969, 7/28/68)이 성립할 수 없다. 또한 장칭 어머니와 장칭 아버지 집안이 사이가 나빴다는 것을 고려할 때, 장칭 어머니가 전 남편의 딸 집에서 2년 동안 살았다는 것은 믿기 힘든 사실이다. 더욱 믿기 힘든 것은, 장칭의 이복 언니 부부가 지난에 이사 와서 장칭 모녀와 함께 살았다고 장칭이 서술한 것이다. 장칭 모녀가 당시 장칭 어머니의 친정 부모와 살고 있었다는 점을 감안할 때 위와 같은 일이 실제로 있었다고는 믿기 힘들다. (Cui I, 22도 보라.)

23) 장칭 어머니가 1928년 혹은 1929년에 사망했음을 전하는 많은 정보 가운데 다음과 같은 것들이 있다. *Qiaobao yuekan*, no. 3; Ding Wang, *Jiang Qing jianzhuan*, Hong Kong, 1967, 1; Zhong

Huamin, *Jiang Qing zhengzhuan*, 13. 원허가 어머니에게 돈을 보냈다는 이야기는 Roxane Witke, *Comrade Chiang Ch'ing*, 55, 56에 있다. 또 1936년에 그녀는 곧 남편이 될 사람(탕나)에게 편지를 쓰면서 어머니를 언급한 적이 있다. (Jiang Qing to Tang Na, in *Xinbao banzhou kan*, San Francisco, 10/6/79)

24) A. Smedley's *Portraits of Chinese Women in Revolution*, 8. 지난 시 당국에 등록되어 있는 창녀가 수백 명이었으며 등록되지 않은 창녀 역시 수백 명이었다. 과거 시험 때가 되면 현의 전 지역에서 수험생들이 몰려들어 지난 시의 숙박업소에 머물렀는데, 이때 매춘 행위가 특히 활발하게 진행되었다. 어떤 과거 시험 감독관은 이런 현상을 크게 우려한 나머지 많은 창녀들을 체포하여 농민에게 신붓감으로 팔아버렸는데, 이때 신부의 몸값을 몸무게에 따라 당시 돼지고기의 매매 가격과 똑같은 기준으로 매겼다고 한다. (*Jinan yuekan*, 9/1929 and 10/1929; Buck, 37)

25) *Mao Zedong yu Jiang Qing*, 85; Zhong Huamin, *Jiang Qing zhengzhuan*, 14ff.; *Xin guancha*, no. 1, 1981; Kosuke Wakuta, *Watashiwa no chugokunin*, 105-106; Zhang Ganping, *Jiang Qing de choushi yu yanwen*, Hong Kong, 1969, 7-8. 훗날 장칭은 연설하다가 주제에서 다소 벗어나면서 산둥의 '불법적인 극단들'을 언급한 적이 있다(*Wei renmin li xin gong*, 11). 당시 원허의 실종에 대한 다른 설명은 다음 자료를 보라. *Zhonggong renming lu*, Taipei, 750; Ih. I, 44.

26) 지난 시의 원허에 대해서는 다음 자료들을 보라. T. Minora's article in *Asahi Weekly* (in Japanese), 4/2/76; Si Ma Zhang Feng's article in ibid., 11/5/76; Zhong Huamin(Zhao Cong) to Ross Terill, Hong Kong, 11/22/82. 원허의 행동이 얼마나 당돌했는지 알려면 보통 소녀들의 행동을 묘사한 다음 자료를 보라. M. C. Yang, 63, 128.

27) 원허의 외모에 대해서는 *Feiqing yuebao*, 6/1967, 65; *Qiaobao yuekan*, no 3; Pei Mingyu to Ross Terill, Taipei, 2/28/82.

28) 장칭의 결혼과 이혼 등을 포함해 지난에 밀려든 새로운 진보적 사상의 물결에 관해서는 1920년대 초에 지난에서 학교를 다닌 추이완추의 술회(to Ross Terill, San Francisco, 12/31/81, 3/5/82), 그리고 Zhong Huamin의 술회(to Ross Terill, Hong Kong, 11/22/82)에 근거하고 있다.
당시 지난 시장의 연설문을 비롯한 자료에서 우리는 (여성 인권을 비롯한 일반적인 사회 평등에 관하여) 개혁 분위기가 있었다는 증거를 찾을 수 있다. 이런 분위기가 원허에게 영향을 끼쳤다. (*Jinan yuekan*, 9/1930, 170-175 등). 또한 당시 산둥 지역을 무대로 한 소설 *Xuan feng*(《旋風》)도 보라. 이 소설에 등장하는 팡샹첸이란 인물은 러시아의 선례가 촉발한, 당시 논란거리였던 개혁 조치들에 대해 친구에게 자랑스럽게 이야기하고 있다. 팡샹첸은 다음과 같이 말한다. "러시아가 10월혁명을 거친 이후 사회 혁명은 완성되었다. 모든 사람이 일하고, 모든 사람이 밭을 갈고, 모든 사람이 밥을 먹을 수 있고, 모든 사람이 평등하고 자유롭다. 결혼과 이혼의 자유도 있다. 만일 당신의 부인이 당신과 어울리지 않으면 빨리 이혼하고 새 부인을 얻으라. 국가는 보육원을 설립했다. 어린아이가 태어나면 곧바로 보육원으로 보내라. 당신은 아이를 돌보지 않아도 되며 그 아이와 아무런 관계를 맺지 않아도 된다! 만일 당신이 병이 든다면 국가가 설립한 병원에서 무료로 치료해줄 것이다. 당신이 노쇠하면 국가가 설립한 양로원이 죽을 때까지 당신을 돌보아줄 것이다. 러시아의 인민은 이미 모든 것을 이룩하였다!" (From T. Ross's translation, entitled *The Whirlwind*, 87.)

29) 이 학교에서 원허가 생활한 모습에 대해서는 다음 자료들을 참고하였다. Wang Tingshu to Ross Terill, Taipei, 2/23/82; and Wang's "Jiang Qing shi wo lao tongxue," *Da cheng*, Hong Kong, no. 87, 2/81, and a similar article in *Dao bao fang fen*, no. 6. 다음 자료도 보라. Cui II, 23-24; Ih. I and XIII and XIV; *Mao Zedong yu Jiang Qing*, 85ff.; Roxane Witke, *Comrade*

Chiang Ch'ing, 53–55; Zhong Huamin, *Jiang Qing zhengzhuan*, 16; Ding Wang, *Jiang Qing jianzhuan*, Hong Kong, 1967, 1 (노라 역할); *Dalu guancha*, 1/1973, 59. 가장 자세한 묘사는 Ih. I, 46ff.에 있다. Ihara(49)는 원허가 왕팅수의 첫사랑이었을지도 모른다고 생각했는데 나 역시 어느 정도 동의한다. 왕팅수는 원허의 성적 매력을 강렬하게 기억한다. 우루이엔은 왕보성 교수의 부인이었다. 당시 학생들이 매달 받던 용돈은 6위안(왕팅수의 회고)이거나 그보다 적었다(Roxane Witke, *Comrade Chiang Ch'ing*, 53).

30) 훗날 장칭은 자신의 전기를 쓴 위트케에게 이 소녀가 위산의 여동생이었다고 말했다(Roxane Witke, *Comrade Chiang Ch'ing*, 53). 그러나 왕팅수는 이 소녀가 왕보성의 여동생이라고 강력하게 주장했다(Ihara to Ross Terill, Osaka, 1/25/82).

31) Ding Wang, *Jiang Qing jianzhuan*, Hong Kong, 1967, 3; Ding Wang to Ross Terill, Hong Kong, 11/24/82; Cui XI, 35; Lao Long, *Jiang Qing waizhuan*, Taipei, 1974, 15ff.; *Zhonggong shouyao shilue xubian*, Taipei, 130; *Dagong bao*, Hong Kong, 11/20/80; Xu Zhuancheng's *Chao dan yu shuiguo*, 190; Zhang Ganping, *Jiang Qing de choushi yu yanwen*, Hong Kong, 1969, 10ff.; *Qiaobao yuekan*, no. 3; Pei Mingyu to Ross Terill, Taipei, 2/28/82; Zhong Huamin to Ross Terill, Hong Kong, 11/22/82; *Xin Zhongguo renwu zhi*, Taipei, 272; *Shinjitsu-bo*, Kobe, 5/15/76. 한 자료(Zhou Yurui, *Hongchao renwu zhi*, New York, 1973, 232)에는 이 젊은 남편이 장씨라고 나와 있는데 지주 장씨의 집과 혼동한 것으로 보인다. 한편 또 다른 자료(Zhu Shan, Jiang Qing yeshi, 2 vols., Hong Kong, 1–2)에서는 지주 장씨 집안의 아들(캉성)이 소녀 시절 장칭과 인연이 있었다고 주장한다.

32) Wang to Ross Terill, Taipei, 2/23/82. 왕팅수는 당시 자신이 알던 원허의 경제 사정을 근거로 이렇게 추정한 것이다. 그는 원허와 페이밍룬의 결혼에 대해선 알지 못했다.

33) *Women in China*, ed. M. Young, 182.

34) 원허와 페이밍룬의 가정은 부모의 형제 자매까지 한 집에 거주하는 '확대 가족'은 아니었다. (이런 가정 구성은 주로 상류 계급에 한하여 존재했다.) 그들의 가정은 부모 집에 그 아들이 가정을 이루고 산다는 의미에서 '대가족'이었다(see Levy, 55).

35) 칭다오에 대한 설명은 다음 자료에 근거했다. Buck, 173 등. 지적인 분위기에 대해서는 다음 자료에 근거했다. *Dalu wenti yanjiu ji*, no. 103, Taipei, 423ff.

36) 원허와 자오타이머우에 대해서는 다음 자료에 근거했다. Wang Tingshu to Ross Terill, Taipei, 2/23/82; Zhou Yurui, *Hongchao renwu zhi*, New York, 1973, 232–33; Ih. XIII and XIV(장이즈에게 제공받은 자료); 당시 칭다오대학의 교직에 있었던 셴중원은 원허가 학생이 아니라 도서관 직원으로 있었다고 확인해주었다(Xu Kaiyu's *Our China Trip* — a private publication, 114). 장이즈의 말에 따르면(Ih. XIV) 장칭은 위트케와 나눈 대화에서 자신이 칭다오에서 행한 혁명적 활동을 과장하여 말했다고 한다. *Zhongyang ribao*, Taipei, 3/13/67도 보라.

37) 원허와 위치웨이에 관해서는 다음 자료에 근거하였다. Zhou Yurui, *Hongchao renwu zhi*, New York, 1973, 233; Yu Ta-wei to Ross Terill, Taipei, 2/24/82; Edgar Snow, *Red Star over China*, 459; *Dagong bao*, Hong Kong, 10/31/80; *Zhu Shan, Jiang Qing yeshi, 2 vols., Hong Kong*, 2ff.; Cui III, 35ff.; *Jiang Qing — Mao's Wife*, Taipei, Anti-Communist League, 1970, p. 14; Lao Long, *Jiang Qing waizhuan*, Taipei, 1974, 34ff; *Xin guancha*, no. 1, 1981; Ih. I; *People's Daily*(in Chinese), 2/13/58(위치웨이는 1932년에 입당했다); *Zhanwang*, Hong Kong(fortnightly), no. 342: 26(천보다는 장칭이 "9월 18일 사건" 때 "혁명에 가담"했다고 말했다).

38) Nym Wales's *Notes on the Chinese Student Movement*, 36. J. Israel and D. Klein, *Rebels and*

Bureaucrats, 135도 보라.

39) Nym Wales to Ross Terill, 5/8/81.

40) 훗날 원허는 "리다장에게 돈을 지불"해야 했다고 말했다. 리다장은 당시 칭다오의 고위급 당 간부였다(Roxane Witke, *Comrade Chiang Ch'ing*, 68). 이것은 위트케가 짐작하듯이 당원이 되기 위한 비용 지불이었던 것 같다. 하지만 어떤 부적절한 행동으로 인한 벌금이었을 가능성도 있으며 단순한 당비였을 가능성도 있다. 원허는 자신이 당비를 낼 때 어느 정도 차별을 받았다고 묘사했다.

41) Edgar Snow, *Red Star over China*, 459. 스노에 따르면 숙부의 도움으로 석방되었다고 위치웨이가 자신에게 말했다고 한다. 타이베이에서 위타웨이는 나에게 이 이야기가 정확하다고 확인해주었다. *Xin zhongguo renwu ji*의 '위치웨이' 표제어 아래 내용을 보면 위치웨이가 체포될 때 장칭 역시 체포되었다고 기록되어 있으나 이는 착오다.

42) "평온함의 이면에는 정복된 불행이 항상 숨어 있게 마련이다." 이것은 엘리너 루스벨트가 자주 쓰던 인용문이다. 엘리너의 성장기에 대해 서술된 다음 구절은 원허의 성장기에도 적용될 수 있을 것이다. "(어린 시절의 고난에 대한) 그런 자세한 기록은 실패를 일일이 '설명'해주는 트라우마로 이용될 수 있다. 하지만 엘리너 루스벨트는 '성공'을 거두었다. 그 모습은 여러 측면에서 볼 때 멋진 모습이었지만 또 다른 측면에서 본다면 비극적인 함의를 품고 있었다."(J. Erikson in *Daedalus*, spring 1964, 792)

2장 상하이의 스타

1) Roxane Witke, *Comrade Chiang Ch'ing*, 55.

2) 상하이 도착은 다음 자료에 묘사되어 있다. Zhou Yurui, *Hongchao renwu zhi*, New York, 1973, 234; Cui III, 36ff.; Roxane Witke, *Comrade Chiang Ch'ing*, 69; *Zhonggong shouyao shilue xubian*, Taipei, 131:Ih. II, 41(장이즈 등의 출처에 근거하고 있다); Zhong Huamin, *Jiang Qing zhengzhuan*, 19; *The Vladimirov Diaries*, 83. 원허와 쑤둥산에 대해서는 H. Tsuji in *Kinema Jumpo*, 4/1977 and 5/1977; *Gongfei renzhi*, Taipei, 887; Lao Long, *Jiang Qing waizhuan*, Taipei, 1974, 108ff. 원허는 완라이톈을 싫어했지만 그에게서 상하이 사람들과 접촉하는 데 도움을 받은 것으로 보인다(Cui III, 36).

3) (각주) Ross Terill's *Flowers on an Iron Tree*, 47.

4) Kang Jian to Ross Terill, San Francisco, 3/5/82.

5) 상하이의 여성 운동과 당시 상하이의 상황에 대해서는 Lin Yutang(林語堂), *My Country and My People*(《我國土我國民》), 146ff., 그리고 M. B. Young, ed.: *Women in China*의 Leith가 쓴 에세이 등을 참조하였다.

6) 1903년에 상당히 안락한 가정에서 태어난 어느 여성의 회고담을 참고하라. "내가 태어난 봉건적인 구식 가정의 가족들은 나에게는 그저 어둡고 끔찍한 기억으로 남아 있을 뿐이다. 그리고 나는 그들에게 무서운 악몽이었다. …… 한번은 그들이 나를 어떤 부자와 결혼시키려고 강제로 침실에 가둔 적이 있었다. 그들의 목적은 나로 하여금 바로 그들 자신과 같은 족속을 더 생산하게 하려는 것이었다."(Smedley's *Portraits*, 26)

7) 톈한과 그 남동생에 관해서는 Roxane Witke, *Comrade Chiang Ch'ing*, 70ff.; 필자가 탕나와 나눈 대화(1982년 10월 18일에서 20일까지 파리에서); Cui III, 37.

8) 장칭이 1933년 봄에 어떤 의도를 지니고 있었는지 장칭 자신이 말한 내용에 의문을 제기할 수 있는 근거는 많다. 위치웨이가 베이징으로 간 뒤 장칭과 칭다오 공산당 조직의 관계는 가깝지 않았다. 만

일 칭다오의 당 조직이 장칭을 남쪽으로 보냈다면 그녀가 술회한 대로(Roxane Witke, *Comrade Chiang Ch'ing*, 70ff.) 상하이에서 "당과 접촉"하는 데 큰 어려움을 겪었을 리가 없다. 또한 이 새로운 도시에서 그녀의 당원 자격을 "갱신"할 필요도 없었을 것이다. 또 장칭이 상하이에서 처음 접촉한 사람들, 특히 완라이톈과 스둥산은 공산당원이 아니라 예술계 인사들이었다. 좌익 인사 가운데 장칭이 처음 접근을 시도한 사람은 톈한이었는데, 이것은 공산당 활동에 참여하기 위한 논리적인 접촉 순서가 아니었다. 장칭은 저우양(문화 방면에서 중요한 공산당 인사)과 초기에 만났을 때 자신이 공산당원으로 받아들여질 수 있다는 말을 들었다고 주장했다. 하지만 장칭의 말이 사실이라면 그녀가 나중에 말하듯이 이후 4년 동안 자신이 정치적으로 "혼란에 빠졌으며", 공산당과 "접촉"하기 위해 애써야 했다는 것은 말이 되지 않는다. 그리고 장칭이 1934년에 자신과 당의 관계를 술회하는 것을 보면 그가 당시 당의 행정 절차를 잘 몰랐음을 알 수 있다. 1930년대의 장칭을 저우양이 어떻게 보았는지는 *Qishi niandai*, Hong Kong, 9/1978에 실린 흥미로운 인터뷰를 보라.

9) 훗날의 공식적인 중국 자료에는 쉬이융이 배신자가 되었다고 쓰여 있다. 이것은 아마도 그녀가 장칭과 관련이 있었기 때문인 것 같다(Ihara to Ross Terill, Osaka, 11/5/82; *People's Daily*, 4/27/77). 어쨌거나 그녀는 1934년 가을에서 1935년 초 사이에 상하이에서 체포되어 국민당원 손에 고초를 겪게 된다(Zhu Shan, *Jiang Qing yeshi*, 2 vols., Hong Kong, 10).

10) *Dagong bao*, Hong Kong, 11/1/80.

11) 돈에 관해서는, Zhou Yurui, *Hongchao renwu zhi*, New York, 1973, 232; Roxane Witke, *Comrade Chiang Ch'ing*, 75.

12) *People's Daily*(in Chinese), 11/27/80.

13) Roxane Witke, *Comrade Chiang Ch'ing*, 74; *Dagong bao*, Hong Kong, 1/28/81.

14) 필자가 탕나와 나눈 대화(1982년 10월 18일에서 20일까지 파리에서); Cui III, 36; Roxane Witke, *Comrade Chiang Ch'ing*, 72.

15) Roxane Witke, *Comrade Chiang Ch'ing*, 78.

16) 국민당이 지배하던 상하이에서 조직적인 반대 활동은 비록 위험하긴 했지만 가능했다. 하지만 1949년 이후 상하이가 공산당 지배 아래 놓이자 그런 조직적인 반대 활동은 사실상 불가능해진다. 그 차이에 대해서는 *Flowers on an Iron Tree*, 34ff. 장칭의 민족주의적 감정에 대해서는 *Sirenbang yanxing lu*, Hong Kong, 1978, 69; Ih. III, 16ff.

17) Kang Jian to Ross Terill, San Francisco, 3/5/82. 다음 자료도 보라. Radio Moscow, 3/31/67, program on Jiang Qing(중국어).

18) 장칭은 '좌익교육가연맹'(左翼敎聯)이 자신을 베이징으로 파견했다고 술회했다. 하지만 이 말은 받아들일 수 없다. 베이징에 도착한 뒤 장칭이 수행한 당의 과업은 아무것도 없었다. 만일 상하이에서 장칭이 겪은 '곤경'을 해소하려는 것이 목적이었다면 어째서 그녀가 원래 당 활동을 시작했던 칭다오로 돌려보내지 않았을까? 장칭은 베이징에 가면 "당과 접촉"할 수 있다고 확신했다고 말했는데, 당시 약간 더 자유로웠던 상하이에서도 힘들었던 당과의 접촉이 어떻게 상하이보다 긴장된 분위기였던 베이징에서 가능할 것이라고 생각했을까?

정쿤리의 아내인 황천은 장칭이 상하이에 있던 동안 "그녀의 전 남편"과 관계를 지속하고 있었다고 술회했다. 만일 그렇다면 그 남자는 위치웨이였을 것이다(*Now*, London, 12/5/80). 또한 Vladimirov(82)는 1934년에 장칭이 위치웨이와 함께 베이징에 있었던 것으로 묘사했다. 그리고 일본 정부 측 자료인 *Junbu tewu jiguan*에는 위치웨이가 1930년대 중반에도 "리윈허와 결혼한" 관계였다고 서술되어 있다. (이 정보는 멜버른대학의 주하오란이 제공한 것인데 그는 이 서류를 직접 보았다고 한다.) (Roxane Witke, *Comrade Chiang Ch'ing*, 101; Cui III, 34도 보라.) 한편, 위치웨이가 상하이에서 공연 예술계 사람들과 함께 시간을 보냈다는 것도 확인된 사실이다(J. Israel and D. Klein, *Rebels and Bureaucrats*, 73). 웨이자오창이 쓴 권위 있는 회고록(*Dagong bao*, Hong Kong, 11/1/80)에는 원허가 베이징에서 위치웨이의 아이를 가졌다고 서술되어 있다. *China Quarterly*, no. 31에 실린 주하오란의 글을 보라.

19) 원허의 체포와 왕팅수의 관계에 관해서는 Roxane Witke, *Comrade Chiang Ch'ing*, 88: Wang Tingshu to Ross Terill, Taipei, 2/23/82.

20) *Dagong bao*, Hong Kong, 11/1/80.

21) 원허의 체포와 투옥에 관해서는 이 두 번째 설명이 더 신빙성 있어 보인다. 이유는 두 가지다. 첫째, 장칭의 일생을 두고 공산당 측과 국민당 측의 설명은 많은 부분에서 서로 어긋나는데 이 투옥 시기 만큼은 (장칭 본인의 설명과 큰 차이를 보이지만) 양측의 설명이 대부분 서로 일치하고 있다. 둘째, 많은 세월이 지난 뒤 장칭은 상하이에서 겪은 체포와 투옥과 석방에 관련된 모든 증거를 찾아내 없애려고 매우 열심히 노력했다는 점이다. *Mingbao yuekan*, Hong Kong, 10/1979, 47의 서술은 국민당 측 자료에 근거를 둔 것인데 여기에 따르면 공산당 자료에 근거를 둔 모든 서술이(예를 들면 Zhu Shan, *Jiang Qing yeshi*, 2 vols., Hong Kong, 4-6) 그러하듯이, 장칭이 자백했던 것으로 되어 있다. (다음 자료를 보라. Cui III, 34, V, 36: Ih. XIV, 18.)

22) 니시 세이코의 발언은 Ih. III, 28. 장칭의 애국적 발언은 *Sirenbang yanxing lu*, Hong Kong, 1978, 69.

23) 우선 순위에 변화가 있었음을 보여주는 분명한 증거는 훗날 그녀가 탕나에게 보낸 편지에서 발견된다.) 그녀는 탕나가 속한 영화의 세계를 거부하면서 자기 자신은 탕나와 달리 또 다른 세계를 알고 있고 있으며 그녀 삶에는 또 하나의 단계가 있었다고 썼다. 그리고 이제 와서 돌이켜보니 연기자 생활보다 그쪽 세계를 더 좋아했던 것 같다고 썼다.

24) 란핑이 '리'라는 성을 버린 것이 그녀가 감옥에서 석방될 때 정황에 대한 죄의식과 전혀 연관이 없다고 할 수는 없을 것 같다. 장칭은 위트케(129)에게 묘한 말을 한 마디 했다. '리'라는 성씨를 가지고 있을 때 장칭 자신이 "정치 분야에서 오명을 뒤집어썼다."는 말이다. (다음 자료도 보라. Edgar Snow, *Red Star over China*, 522: Zhou Yurui, *Hongchao renwu zhi*, New York, 1973, 235.) '핑'은 또한 어떤 식물을 지칭하는 글자일 수 있고, 완라이톈이 그 식물이 문학적으로 풍요롭고 힘찬 이미지를 지니고 있다는 것을 염두에 두었을 수도 있다.

25) 이 리허설의 묘사는 추이완추가 필자에게 직접 들려준 이야기다(San Francisco, 12/31/81): 또한 Cui VI에 실려 있다.

26) 축구선수 '리'에 대한 묘사는 Zhang Ganping, *Jiang Qing de choushi yu yanwen*, Hong Kong, 1969, 356ff.

27) 노라 배역에 관해서는, Cui VI and VII: 탕나: 추이완추 부부(1982년 3월 5일, 샌프란시스코): Zhou Yurui, *Hongchao renwu zhi*, New York, 1973, 235: Roxane Witke, *Comrade Chiang Ch'ing*, 102, 497: "노라의 해"라는 표현은 Cui VII, 35: Zhao Dan's *Yinmu zhuangzao*, 17을 보라. 자오단이 쓴 회고문 "Remembering the Strict Teacher and Debater in Arms Zhang Min"(*Zhan di*, Beijing, 3/1980,8)의 행간을 읽으면 자오단이 란핑의 연기에 대해—노라 배역뿐 아니라 다른 배역들 역시 존경심을 품고 있었음이 분명하다. 또 1980년도에 쓴 이 글에서 란핑의 이름을 직접 언급하지 않은 것은 그녀에 대해 좋은 감정을 품고 있음을 보여주는 것이다. 만일 그녀의 이름을 직접 언급했다면 그녀가 맹공격당하는 결과를 초래했을 것이다.

28) 장경에 관해서는 Roxane Witke, *Comrade Chiang Ch'ing*, 102-103.

29) 우메이에 관해서는 *Dagong bao*, Hong Kong, 12/15/80("Wu Mei yu Lan Ping").

30) "멘퉁 영화제작사는…"은 필자가 탕나와 나눈 대화(1982년 10월 18일에서 20일까지 파리에서); "눈으로 먹는 달콤한 아이스크림"은 J. Leyda's Dianying, 102.

31) Su Fei to Ross Terill, Beijing, 6/20/82.

32) Kang Jian to Ross Terill, San Francisco, 3/5/82.

33) Zhang Ganping, *Jiang Qing de choushi yu yanwen*, Hong Kong, 1969, 93ff.

34) (각주) J. Leyda's *Dianying*, 64.

35) Chen Jiying to Ross Terill, Taipei, 2/27/82; *Jiang Qing — Mao's Wife*, 10; Ih. III. 장칭 자신이 위트케(107)에게 "온갖 종류의 악의적 별명과 정치적 중상모략이 따라붙었다."고 말한 적이 있다.

36) 황천은 유명한 감독인 자신의 남편 정쿤리가 1936년도에 란핑을 자신에게 소개해주었다고 말했다. 이것은 란핑이 당시 사교계에서 큰 성과를 거두고 있음을 보여주는 흥미로운 사례다. (*Now*, London, 12/5/80).

37) 추이완추와 란핑의 관계에 대해서는, Cui VII, 36ff.; 추이완추가 필자에게 해준 이야기, San Francisco, 11/28/82. 추이완추와 중국청년당의 관계에 대해서는, Cui III, 37, and *Minzhu chao*, vol.31,no.8; 14ff. Cf. *Zhu Shan*, Jiang Qing yeshi, *2 vols.*, Hong Kong, 6; *People's Daily*(in Chinese), 4/27/77. 콴링위에 대해서는, *Mingbao*, 5/8/77와 그 뒤 며칠간의 발행분. 탕나는 란핑이 경극 노래를 부를 줄 모른다고 말했고 추이완추는 부를 줄 안다고 말했다.

38) 란핑과 탕나의 만남에 대해서는, 필자가 탕나와 나눈 대화(1982년 10월 18일에서 20일까지 파리에서); *Dian sheng zhou kan*, 5/19/39, under the heading "A Secret Kept for Three Years"(이 글은 *Mingbao yuekan*, Hong Kong, 12/1976에 "Jiang Qing de jiu wen"이라는 제목으로 재수록되었다.); Zhou Yurui, *Hongchao renwu zhi*, New York, 1973, 236. 멘퉁의 내부 상황에 대해서는 Lao Long, *Jiang Qing waizhuan*, Taipei, 1974, 116ff.; Cheng Jihua, I, 239.

39) *Mingbao yuekan*의 해설자는 란핑이 〈자유정신〉에서 '주요한 역할'을 맡았다고 했다. 하지만 이것은 *Dian sheng zhou kan*의 설명이나 다른 자료의 관점에서 볼 때 불확실하다. 하지만 Ihara는 자신이 1981년도에 상하이를 방문했을 때 도서관에서 본 옛날 영화 잡지에서 〈자유정신〉 광고를 발견했고, 거기 란핑의 사진이 있었다고 했다.

40) *Dagong bao*, Hong Kong, 11/1/80에 따르면 란핑 역시 〈탈출〉에서 작은 역을 맡았다고 한다. (J. Leyda's *Dianying*, pp. 100, 400도 보라.) 홍선이 비판한 영화가 〈Shanghai Express〉였을 가능성도 있다.

41) (각주) Leyda, 381.

42) 이 다툼은 란핑의 글 "Wo wei shemma he Tang Na fen shou" (*Mingbao yuekan*, Hong Kong, 10/1977)에 묘사되어 있다. 아구이의 이야기는 *People's Daily*(in Chinese), 12/24/80에 다시 수록되었다. (탕나의 이름이 직접 언급되지는 않았지만 여기에 나오는 남자는 분명 탕나였다.)

43) 1936년 3월 8일의 상황은 "Wo wei shemma …"와 Roxane Witke, *Comrade Chiang Ch'ing*, 104-105에 서술되어 있다. 장칭은 위트케에게 자신의 삶을 이야기하면서 당시 탕나와 자신 사이에 있었던 일들을 마치 정치적, 사회적 위기였던 것처럼 꾸몄다. (자신은 사적인 행동 때문이 아니라 정치적 신념 때문에 '매도당했다'고 그녀는 말했다.) 장칭은 탕나라는 이름을 위트케에게 단 한 번도 언급하지 않았다.

44) 추이완추의 말은, Cui XI, and Cui to Ross Terill, San Francisco, 12/31/81.

45) Chen Jiying to Ross Terill, Taipei, 2/27/82.

46) 이 결혼식에 대해서는, *Dian sheng shou kan*, 10/30/36 (*Mingbao yuekan*, Hong Kong, 12/1976을 보라.); *Zhonggong shouyao shilue xubian*, Taipei, 131; Zhou Yurui, *Hongchao renwu zhi*,

New York, 1973, 236; 필자가 탕나와 나눈 대화(1982년 10월 18일에서 20일까지 파리에서); Lao Long, *Jiang Qing waizhuan*, Taipei, 1974, ch. 10에 있는 전반적인 서술. 또한 *Dian sheng zhou kan*, 5/25/39; *Dagong bao*, Hong Kong, 11/1/80. 이하라가 자신의 추측에 의거하여 서술하였던 것은(II, 53ff.) 이제 고려할 필요가 없게 되었다.

47) 두 번째 파티에 대해서는, *Dagong bao*, Hong Kong, 11/1/80.

48) "미치기 일보 직전"이라는 표현은 *Mingbao yuekan*, Hong Kong, 10/1977; Roxane Witke, *Comrade Chiang Ch'ing*, 122에 있는 "자살 일보 직전"이라는 표현과 비교가 된다.

49) Zhou Yurui, *Hongchao renwu zhi*, New York, 1973, 236.

50) 위안무즈의 발언에 대해서는, "Jiang Qing xiegei Tang Na de 'jue qing shu'"(이 글은 원래 *Tao bao*, Beijing, 6/30~7/1/37에 실렸다.), Xinbao banzhou kan, 10/6/79.

51) *Zhanwang*, Hong Kong(fortnightly), no. 159: 23.

52) (각주) Ih. III, 16~17.

53) Zhong Huamin, *Jiang Qing zhengzhuan*, 24; *Dagong bao*, Hong Kong, 10/16/80도 보라.

54) 지난에서 벌어진 사건에 대해서는, *Dagong bao*, Hong Kong, 10/16/80, 11/1/80; *Xin Zhongguo renwu zhi*, Taipei, 272; 란핑이 탕나에게 보낸 편지; *Zhongyang ribao*, Taipei, 3/13/67; Cui XI; Ih. II, 65ff(이 자료는 이때 탕나의 자살 시도가 완전히 진지한 것은 아니었다는 약간의 증거를 제시한다. 란핑은 자신이 북쪽으로 가기 전에 탕나가 자살을 기도했다고 말했지만 당시 상황을 시간 순으로 살펴보면 그렇지 않은 것으로 보이며, 란핑이 상하이를 떠난 바로 그 행동이 탕나를 절망에 몰아넣었던 것으로 보인다. 당시 란핑이 지난뿐 아니라 톈진에도 갔다고 말하는 사람들이 있으나 이것은 확인되지 않았다. 편지 전달에서 정췬리가 한 역할에 대해서는 *People's Daily*(in Chinese), 12/10/80를 보라.).

55) 이 편지의 내용은, *Xinbao banzhou kan*, 10/6/79.

56) "올해는 란핑에게 독서의 해", Ih. III, 18.

57) 영화계에서 장칭의 활동은, *Dianying gushi*, Shanghai, 1/1981; *Dagong bao*, Hong Kong, 11/1/80; Zheng Yongzhi to Ross Terill, Taipei, 2/27/82; Zhong Huamin, *Jiang Qing zhengzhuan*, 20ff.; Ding Wang, *Jiang Qing jianzhuan*, Hong Kong, 1967, 3ff.; Cheng Jihua, 1, 611 and passim; Wang Tingshu to Ross Terill, Taipei, 2/23/82. 공산당과 국민당 측의 관례적인 설명에서는 연기자로서 란핑의 재능이 무시되지만, 그녀를 여러 차례 본 사람들의 의견에 따르면 그녀는 매우 재능이 있었다고 한다. Hisakazu Tsuji in Kinema Jumpo, 5/1977; Kang Jian to Ross Terill, San Francisco, 3/5/82; Su Fei to Ross Terill, Beijing, 6/20/82. 1937년 5월이 되면 심지어 장경까지도 란핑의 능력을 칭찬하게 된다(Cui VII, 36).

영화계에서 란핑의 삶에서 탕나가 어떤 역할을 하였는지는 Xu Zhuancheng's memoir in *Huaqiao ribao*, New York, 9/27/80에 술회되어 있다. *Dagong bao*, Hong Kong, 10/16/80에도 있다.

58) 새금화 관련 일화는 다음 자료에 근거하고 있다. *Nie hai hua*(1906); H. McAlevy, ed., *That Chinese Woman*(1959); *Shouhuo*, Shanghai, 3/1980 (Wang Ying에 대해서); *Guangming ribao*, 3/12/66; Zhu Shan, *Jiang Qing yeshi*, 2 vols., Hong Kong, 7; *Dagong bao*, Hong Kong, 10/16/80.

59) 탕나와 란핑의 충돌에 대해서는, *Xinbao banzhou kan*, 10/6/79.

60) Cui to Ross Terill, San Francisco, 12/31/81.

61) *Lian Hua Pictorial*라는 잡지에 실린 란핑의 글, Xinbao banzhou kan, 10/6/79.

62) (각주) Roxane Witke, *Comrade Chiang Ch'ing*, 138.

63) 란핑이 장민과 '공개적인 동거'를 했음은 *Mingbao yuekan*, Hong Kong, 12/1976에 보도되었다. 또한 Zhong Huamin, *Jiang Qing zhengzhuan*, 22–23; Zhou Yurui, *Hongchao renwu zhi*, New York, 1973, 236–237; Dian Sheng zhou kan, 5/25/39; *Dagong bao*, Hong Kong, 11/1/80; *Zhanwang*, Hong Kong(fortnightly), no. 159; *Zhonggong shouyao shilue xubian*, Taipei, 133; Zheng Yongzhi to Ross Terill, Taipei, 2/27/82 (Ih. III, 14ff.도 보라.) 장민의 아내에 관해서는, 'Heirs Apparent, 3; *Dagong bao*, Hong Kong, 11/1/80. 장민은 1937년도에 아내와 이혼한 것으로 보인다. *Shi bao*, Shanghai, 6/15/37의 영화 소식 부분을 보라.

64) Su Fei to Ross Terill, Beijing, 6/20/82.

65) Roxane Witke, *Comrade Chiang Ch'ing*, 131

66) 〈우리의 삶〉, "Women de sheng huo," *Guangming zazhi*, 2/25/37, *Zhanwang*, Hong Kong(fortnightly), no. 366에 재수록; *Mingbao yuekan*, Hong Kong, 4/1974.

67) 훗날 장칭은 스타니슬라프스키의 연기론을 공격하는 데 앞장선다. *Chedi pipan Si Dan Ni 'tixi'*, Shanghai, 1971를 보라.

68) (각주) 잉그리드 버그먼의 말은 *International Herald Tribune*, 8/31/82을 보라.

69) 탕나의 말(1982년 10월 18일에서 20일까지 파리에서 필자와 나눈 대화).

70) Roxane Witke, *Comrade Chiang Ch'ing*, 423.

3장 마오쩌둥의 연인

1) Roxane Witke, *Comrade Chiang Ch'ing*, 449.

2) 이때 강가에서 벌어진 상황은, Jack Chen, *Inside the Cultural Revolution*, 157, and Chen to Ross Terill, San Francisco, 3/5/82.

3) Zheng Yongzhi to Ross Terill, Taipei, 2/27/82. 란핑이 옌안에 가기 전에 충칭에 갔다는 이야기는 수십 차례 언급되었다. 하지만 지금은 그런 일이 없었다는 것이 분명하게 밝혀졌다(탕나에게서 필자가 들은 이야기); Roxane Witke, *Comrade Chiang Ch'ing*, 145; *Xingdao ribao*, Hong Kong, 1/30/77; Zhu Shan, *Jiang Qing yeshi*, 2 vols., Hong Kong, ch. 2; Cui I; *Zhongyang ribao*, Chongqing, 9/15/39 – 영화 Zhonghua ernu에 대한 세부 사항이 적혀 있으나 란핑의 이름은 없다.) 충칭에서 란핑을 목격하였다는 천지잉의 주장은 무시해야 할 것이다. (to Ross Terill, Taipei, 3/2/82) 만일 란핑이 전시의 충칭에서 영화 작업이 무척 어려울 것이라고 우려했다면 그녀의 걱정은 정확했다. Kang Jian은 "작업 조건과 생활 여건 그리고 단체 숙박 등 여러 상황이 힘들었습니다."라고 말했다. (Kang Jian to Ross Terill, San Francisco 3/5/82.) 또한, Leyda, 118.

4) 위치웨이에 대해서는, Chen Ran (Warren Guo) to Ross Terill, Taipei, 2/25/82; Cui III.

5) 캉성에 대해서는, Xin guancha, no. 1 and no. 3, 1981; Hu Yaobang speech, in *Issues & Studies*, Taipei, 6/1980.

6) 쉬 언니는 (초기 이름은 쉬이융Xu Yiyong, 나중 이름은 쉬밍칭Xu Mingqing) 사인방을 공격하는 내부 문건에 광범위하게 언급되었다. 심지어 그녀가 손으로 쓴 글씨까지 복사하여 소개되었다. 사인방을 공격하는 *People's Daily*(in Chinese), 4/27/77 기사에도 그녀가 언급되었는데 그녀는 '반역자'라고 지칭되었다. Chen Xuezhao's *Yanan fangwen ji*, 81도 보라. 나는 주산이 쓴 *Jiang Qing yeshi*에 기록된 쉬밍칭의 활동 묘사가 대체로 정확하다고―그녀에 대해 지극히 악의적인 편견이 보이지만―믿을 만한 근거를 갖고 있다. (이 책에서 그녀는 천란잉Chen Lanying이라는 인

물로 등장한다. 14) 쉬 언니 건에 관한 사후 평가를 보려면 *People's Daily*(in Chinese), 2/11/82를 보라. Zhu Shan, *Jiang Qing yeshi*, 2 vols., Hong Kong, ch. 2에 기록되어 있는 대로 란핑이 옌안에 도착한 직후 쉬 언니의 남편 왕관란의 소개로 다른 여러 사람과 함께 마오쩌둥과 짧게 만날 수 있었다는 이야기는 충분히 가능성이 있는 이야기다.

7) 승마에 대해서는, Roxane Witke, *Comrade Chiang Ch'ing*, 146을 보라. 측천무후의 승마에 대해서는, *Asahi Weekly*(일본어), 4/2/76.

8) Roxane Witke, *Comrade Chiang Ch'ing*, 146.

9) 장궈타오의 말은, 그가 쓴 *The Rise of the Chinese Communist Party*, II, 552을 보라. 오랜 세월이 흐른 뒤 장칭은 당시 뤄촨에서 옌안으로 이동하는 차량 행렬 중에 그녀가 탄 차량 바로 뒤에서 마오 역시 차를 타고 이동하고 있었다는 사실을 "알지 못했다"고 주장했다. (Roxane Witke, *Comrade Chiang Ch'ing*, 146).

10) 란핑이 옌안에 도착한 시점을 1938년으로 서술한 자료가 상당히 많다. Jack Chen, 157; *Mingbao yuekan*, Hong Kong, 12/1976; *Issues & Studies*, Taipei, 10/1980 (정치적 반대자들의 잡지 *Beijing zhi chun*, 3/1979를 인용하고 있다.); Vladimirov, 183; Cheng Jihua's *Dian ying...*, II, 10. 그러나 그녀가 1937년에 옌안에 도착했다는 증거는 무시할 수 없을 정도로 많다. 장칭 자신의 말이 그러하며(Roxane Witke, *Comrade Chiang Ch'ing*, 145), 탕나는 장칭이 1937년 7월 상하이를 출발하여 "곧장 시안으로 갔으며 그 중간에 충칭에 간 일은 절대 없다."고 말하였다.; Ding Ling to Ross Terill, 12/9/81; Zhu Haoran(그의 여동생이 옌안에서 란핑을 보았다.) to Ross Terill, Melbourne, 12/26/81; 장궈타오의 아내 양쯔례가 쓴 회고록(Yang Zilie, *Zhang Guotao funu huiyi*, 333ff.); *Jiang Qing yeshi*에 있는 내용으로, 왕자샹의 아내이며 인맥이 넓었던 주중리가 제공한 정보; 에드거 스노의 *Random Notes on Red China*, 73; *Xin guancha*, no. 1 and no. 3, 1981에 실린 캉성에 관한 새로운 자료; 베이징 당국이 장칭의 실각 이후 그녀의 경력을 서술한 것, 예를 들어 *People's Daily*(in Chinese), 4/27/77; Xiao Ying(蕭英), *Wo shi Mao Zedong de nu mishu*(我是毛澤東的女秘書), 70. 게다가 란핑이 우한과 쓰촨에서 상당한 시간을 보냈다고 주장하는 이야기들을 살펴보면 허점이 많다.

11) 산시성의 농촌 지역에 관해서는, M. Selden's *The Yenan Way*, Snow's *Red Star over China*, Smedley's *Battle Hymn of China*, Nym Wales's *Inside Red China*, 85 and passim.

12) 단순하지 않은 이유에 대해서는, Si Malu's *Dou zheng shibanian*.

13) 심지어 위트케의 책에서조차 란핑의 정치적 지식이 보잘것없었다는 사실이 분명하게 드러난다.(예를 들어, 148-149, 178-179). 캉커칭의 별명이 "산속의 보아디케아(Backwoods Boadicea)"였다는 것은 어쩌면 아그네스 스메들리가 만들어낸 이야기인지도 모른다.

14) 각주 내용은 Zhong Huamin, *Jiang Qing zhengzhuan*, 37. 옌안의 여성들의 상황에 대해서는, "Révolutionnaires au foyer," in Paris_Pékin, no. 2.

15) 주광에 대해서는, Warren Guo to Ross Terill, Taipei, 2/25/82; Ih, VI, 37;*Zhonggong shouyao shilue xubian*, Taipei, 134; *Zhonggong yanjiu*, 5/1973, 51

16) 리푸춘에 관해서는, Guo to Ross Terill, Taipei, 2/25/82. 모스크바에 있던 캉성은 1937년 11월 24일에 이 황토 지역에 도착했는데 아마도 그가 도착하자마자 이 '늙은 여우'에게 란핑이 접근했을 것이다. 캉성은 '쉬 언니'로 하여금 강력한 내용의 증언을 작성하도록 부추겼을 것이다. 이 증언으로 과거의 꺼림칙한 일이 아름답게 장식되었던 것이다. 하지만 당의 조사가 신속하게 진행되는 경우는 드물었다. 란핑의 지위는 몇 달 동안이나 불분명했다. 1938년 초가 되면 캉성은 분명히 란핑을 지원하는 주요한 '산'의 역할을 하였으며 쉬 언니의 증언 역시 그때쯤이면 그 내용이 보강되었을 것이

다. 장칭이 실각하고 난 뒤, 쉬 언니는 장칭을 공개적으로 비난했으며 (*People's Daily*(in Chinese), 2/11/82를 보라.) 그 덕분에 쉬 언니는 상당한 수준으로 복권되었다. 하지만 1977년까지 그녀는 감히 캉성이—이때 그는 이미 악당으로 간주되었다.—1937년과 1938년에 란핑을 위해 증언할 때 자신을 격려했으며 영향을 끼쳤다는 사실을 말할 정도로 과감하지 못했다.

17) Ih. VI, 37–38, 이 말을 한 사람은 Si Malu라고 한다.

18) 장귀타오 아내의 말, *Lianhe bao*, Taipei, 1/31/77.

19) Guo to Ross Terill, Taipei, 2/25/82.

20) Guo to Ihara, 8/16/76 (Ih. VI, 41).

21) 이날 상황은 Zhong Huamin, *Jiang Qing zhengzhuan*, 43–46; Wang Sicheng의 Mao fei Zedong zheng zhuan, Taipei, 7; Zhu Shan, *Jiang Qing yeshi*, 2 vols., Hong Kong, 37–38을 보라. 다음 자료들도 보라. *Xing hua liao yuan*, vol. 6: 36–37 (Liu Wu의 글); *Hongqi piaopiao*, vol. 16: 149ff. (Ma Ke의 글). 이날 마오쩌둥이 당 학교에 방문한 것 그리고 나중에 루쉰예술학원에 방문한 것에 관련된 세부 사항에서 여러 증거들이 서로 충돌한다. Cui, *Jiang Qing qianzhuan*, Hong Kong, 1988, 302–320을 보라.

22) Roxane Witke, *Comrade Chiang Ch'ing*, 153.

23) 루쉰예술학원에 대해서는 Chen Xuezhao의 *Yanan fangwen ji*, 144ff.; Smedley's *Battle Hymn*, 99; H. Forman's *Report from Red China*, 87ff.; 이 학원에 관심이 없다는 말은, Roxane Witke, *Comrade Chiang Ch'ing*, 150.

24) 옌안 영화제작사에 대해서는, Zhong Huamin, *Jiang Qing zhengzhuan*, 31ff.

25) Si Malu의 *Dou zheng shibanian*, 55; *Zhanwang*, Hong Kong(fortnightly), no. 369: 17

26) 천원에 대해서는, Roxane Witke, *Comrade Chiang Ch'ing*, 149.

27) 캉성과 장칭의 관계에 대해서는 Xin guancha, nos. 1 and 3, 1981; *Zhengming*, Hong Kong(monthly), 8/1/80; *Issues & Studies*, Taipei, 10/1980 (*Beijing zhi chun*을 인용하고 있다) and 6/1980 (후야오방의 비밀 연설). 다음 자료들도 보라. *Heirs Apparent*, 4; Zhong Huamin, *Jiang Qing zhengzhuan*, 39; Vladimirov, 100–101; *Kang Sheng si liao ji*, Taipei, 1967, 9 and passim; *Dang dai*, Hong Kong, 9/1980.

캉성과 장칭이 성관계를 가졌다는 것이 중국 정부의 견해다. 후야오방은 1978년에 어느 연설에서 이렇게 말했다. "장칭의 퇴폐와 타락, 그리고 지저분한 성관계는 극도의 불쾌감을 줍니다. 나는 그녀가 캉성과 맺은 지저분한 사적 관계를 도저히 묘사할 수가 없습니다. 우리 모두는 그것을 알고 있으며 그것으로 충분합니다. 거기에 대해서는 더 말하지 마십시오." (*Issues & Studies*, Taipei, 6/1980, 93). 그러나 두 사람이 관계를 가졌다는 확실한 증거는 없다.

28) Guo to Ihara (Ih. VI, 41–42). 쉬이신에 대해서는 다음 자료들도 보라. *Yanan fangwen ji*, 81, 144ff.; Zhong Huamin, *Jiang Qing zhengzhuan*, 41ff.; *Jiang Qing—Mao's Wife*, Taipei, Anti-Communist League, 1970, 11; Ih. VI, 42(쑨웨이스의 운명); *Zhanwang*, Hong Kong(fortnightly), no. 369; *Xin Zhongguo renwu zhi*, Taipei, 273.

29) *Zhanwang*, Hong Kong(fortnightly), no. 354.

30) 란핑의 옌안 생활에 대해서는, *Dian sheng zhou kan*, 5/25/39.

31) 웨일스가 필자에게 해준 말(1981년 5월 8일), 그리고 *Inside Red China*, 276; Ross Terrill, *Mao: A Biography*, 1999 edition, Stanford University Press, ch. 9도 보라.

32) 이 사건에 대해서는, 마오쩌둥의 가족과 가까운 어떤 정보 제공자에게 들었다.

33) 필자가 탕나와 나눈 대화(1982년 10월 18일에서 20일까지 파리에서).

34) (본서 209~213쪽 내용과 관련해) 허쯔전이 시안에 있을 때 상황은 Yang Zilie, op. cit., 333ff를 보라. 허쯔전에 관해서는, *Paris-Pékin*, no. 2: 102-4; *Hongqi piaopiao*, no. 24; *Dong xiang*, Hong Kong, no. 14, 11/1979; Gong Chu의 *Wo yu hongjun*, 142ff.

   (본서 210쪽의 "수정", "꿀"); *Zhengming*, Hong Kong(monthly), 7/1979; Liu Fulan의 *Mao Zedong de mian mian guan*, 62-64; Anna Wang의 *Ich Kämpfte für Mao*. 류췬셴은 릴리 우를 란핑으로 착각했던 것인지 모른다.

   마오쩌둥을 옹호하는 사람들은 그가 허쯔전과 결혼한 시기를 뒤로 미루어놓았다. 그렇게 함으로써 마오가 이전의 아내인 양카이후이가 아직 살아 있던 동안에는 허쯔전과 결혼하지 않은 것으로 보이게 만든 것이다. (Zhu Shan, *Jiang Qing yeshi*, 2 vols., Hong Kong, 40에는 심지어 허쯔전과 결혼한 해를 1933년이라고 주장하고 있다! 그리고 Han Suyin은 1931년이라고 했다. *The Morning Deluge*, 265). 하지만 동시대에 생산된 자료들에서는 이 결혼이 1928년에 이루어졌다고 말하고 있다. (예컨대, Gong Chu의 *Wo yu hongjun*, 142-145), 동시대의 공산당 자료들 역시 마찬가지다. (예컨대, *Suijun xixing jianwenlu*, 94-96에 있는 Xu Menqui의 글).

35) 스메들리-허쯔전-마오-릴리 우 사이의 이야기는 대체로 에드거 스노가 보관하고 있던 "The Divorce of Mao Zedong"이라는 제목의 파일에 의거한 것이다. 이 파일에 그는 "출판하지 않을 것"이라고 표시해놓았다. 필자에게 이 파일을 보여주는 친절을 베푼 사람은 Lois Snow였다. 이 파일의 일부분은 *Chuokoron*, 7/1954에 일본어로 발표되었다. (번역자는 Matsuoka Yoko였다.) 참고한 다른 자료들은 다음과 같다. Wales's *Inside*, 176, 298; Braun, 342; A. Wang, *Ich Kämpfte…*, passim; Wales's *The Chinese Communists*, 250-253; Si Ma Zhang Feng의 *Mao Zedong pingzhuan*, vol. 2: 292ff, and 307ff. 마오는 또한 George Hatem과 그의 부인 Su Fei가 머물고 있던 동굴에서도 릴리 우를 만난 적이 있다. (Braun, 영어판 249).

36) *Battle Hymn*, 122.

37) Braun(343)은 릴리 우가 쓰촨으로 보내졌다고 말했다. *Inside Red China*, LX도 보라. 님 웨일스는 "마오가 스메들리에게 옌안을 떠나라고 명령했다."고 썼다. (*Inside*, XLI과 *The Chinese Communists*, 250ff.). 그녀는 허쯔전이 스메들리를 '증오'했다고 했다. (Wales to Ross Terill, 5/8/81 서신).

38) Guo (Chen Ran) to Ihara, 10/22/74, Ih. V, 59-60.

39) 양쯔례와 마오의 대화에 관해서는, Yang Zilie, op. cit., 338. 당시 시안에 있던 어떤 인물은 허쯔전이 실제로 옌안에 되돌아가지 않으려고 한다고 Liu Fulan(op. cit., 65)에게 말했다고 한다.

40) 란핑이 허쯔전에 대해 한 말은, Roxane Witke, *Comrade Chiang Ch'ing*, 160ff을 보라.

41) 에드거 스노는 바오안(保安)에서 마오와 허쯔전 부부를 방문했다.(*Journey to the Beginning*, 167); *Zhengming*, Hong Kong(monthly), 11/1980, 39에도 인용되어 있는 경호원 Wu의 회고담도 보라. Braun은 1937년 말 마오의 집에서 허쯔전을 보았다. 두 사람은 '격한 논쟁'을 하면서 다투고 있었다고 한다. (343).

42) Roxane Witke, *Comrade Chiang Ch'ing*, 161. 당시 허쯔전의 병이 심각한 것으로 간주되지 않았다는 증거가 있다. (Liu Fulan, 64; Ih. V. 59).

43) Braun, 영어판 249.

44) Roxane Witke, *Comrade Chiang Ch'ing*, Boston, 1977. Guo's *Analytic History of the Chinese Communist Party*, vol. III, 520-521; Guo to Ross Terill, Taipei, 2/25/82.

45) 허이와 그녀의 남편에 대해서는, Zheng Xuejia in *Issues & Studies*, Taipei, 11/1973, 65; Liu Fulan, op. cit., 58; Ih. VI, 57; A. Wang, op. cit.(동맹 수업 거부).

46) 리푸춘, 차이창, 허룽, 각주의 내용에 대해서는, "Révolutionnaires au foyer" in *Paris-Pékin*, no. 2. (각주에 있는 황커궁의 사례는 히스패닉 세계에 있는 사례들과 유사하다. 히스패닉 세계에서는 "명예의 정당한 방어"라는 명목 아래 남자는 자신을 거부하는 여자를 죽인다 하더라도 거의 용서를 받는다. 예를 들어, 브라질의 플레이보이 Raul Fernando do Amaral Street의 재판에 관한 기사를 보라. The Press, 12/1981, 16.) 공산당 치하의 옌안에서 결혼은 권력자들에게 허용된 일종의 사치였다. 이 문제에 관해서는, Jin Dongping's *Yanan jian wen lu*, 151를 보라. 장시 소비에트 시기에 관해서는, Hu Chi-hsi's "Mao Zedong, la révolution et la question sexuelle, in *Revue Française de Science Politique*, vol. 23, no. 1, 1973를 보라.

47) Lu Qiang's *Jinggangshan de yingxiong*, 28.

48) Braun, 343. 이 논쟁 전체에 관해서는, Si Ma Zhang Feng's Mao Zedong pingzhuan, vol. 2: 307ff., and 367ff.; Kang Sheng si liao ji (1967); *Zhengming*, Hong Kong(monthly), 8/1/80 ("Kang Sheng he Mao Zedong"); Braun, 343 (란핑의 당 배경에 대해 보장); *Zhengming*, Hong Kong(monthly), 11/1980, 38-40; *Issues & Studies*, Taipei, 10/1980, 85; *Xingdao ribao*, Hong Kong, 11/4/70; *Xin sheng wanbao*, Hong Kong, 1/26/67; Chen Yongfa, *Yanan de yinyang*, Taipei, 1990, 15.

49) Si Malu to Ihara, 8/26/75, Ih. VI, 50.

50) 캉성이 북을 친 일은 *Xin guancha*, no. 1, 1981: 36을 보라.

51) 캉성이 마오안잉을 이용한 것에 관해서는, *Issues & Studies*, Taipei, 6/1980, 94. 일정 부분 허구로 서술된 Zhang Ganping, *Jiang Qing de choushi yu yanwen*, Hong Kong, 1969, chs. 14-17도 보라. 일부 자료(*Jinri shijie*, vol. 35, no. 7)에서는 저우양이 마오와 장칭의 결합을 확고히 하는데 도움을 주었다고 한다.

52) 스탈린에게 호소했다는 이야기는 *Zhengming*, Hong Kong(monthly), 11/1980을 보라.

53) 전보에 관해서는 *Zhengming*, Hong Kong(monthly), 11/1980, 39를 보라.

54) *South China Morning Post*, 11/27/76.

55) Zhou Jingwen's *Fengbao shinian*, 120

56) E. Rice's *Mao's Way*, 108.

57) 공갈 협박, Roxane Witke, *Comrade Chiang Ch'ing*, 157.

58) Guo, op. cit., 398 (중국어). 에드거 스노가 작성한 문건은 이혼 시기를 너무 일찍 잡았다는 점에서 오류가 있으며 또 허쯔전이 옌안에서 추방되었다고 서술한 부분에서도 오류를 저질렀다. 허쯔전은 자신의 뜻에 따라 옌안을 떠났다.

　　마오가 1938년 1월 허쯔전에게 옌안으로 돌아오라는 내용을 담은 편지를 보냈다는 사실은 당시 그들이 아직 이혼하지 않은 상태였음을 명백하게 보여준다. 또 스노의 문건은 이혼의 이유로 릴리우 사건을 지목했는데 이것 역시 오류다. 실제로 두 사람이 이혼에 이른 것은 마오가 란핑에게 마음을 주었기 때문이었다. 어쩌면 허쯔전이 이미 1937년에 마오에게 이혼을 요구했던 것은 사실일지 모른다. 하지만 마오는 그 요구에 응하지 않았다. 마오가 란핑에게 사랑을 느끼고 그녀와 결혼하기를 원하게 된 시점에서 비로소 마오는 허쯔전과 이혼에 동의했다. Si Ma Zhang Feng(vol. 2: 192)이 주장하듯 만일 허쯔전이―그녀는 고참 간부들과 잘 알았으며 그들의 존경을 받고 있었다.―마오의 아내로 그대로 있었다면 문화혁명이라는 사태가 일어나기 어려웠을 것이라고 보는 것은 상당히 일리가 있는 이야기다. 문화혁명은 고참 간부들을 적대 세력으로 하여 진행되었으며 장칭은 이들 모두를 싫어했다. 란핑이 정치에 관여하지 않도록 한 기간이 정확하게 30년이었는지는 확실하지 않다. 님 웨일스는 그 기간이 25년이라고 했다(*The Chinese Communists*, 252).

59) (각주) *Issues & Studies*, Taipei, 6/1980, 92.

60) *Zhengming*, Hong Kong(monthly), 11/1980; Foreign Broadcast Information Services, 12/29/80.

61) Li Zhisui, *The Private Life of Chairman Mao*, New York, 1995, 397. 캉성이 주요한 직책 세 가지를 동시에 맡게 된 것은 이렇게 그가 마오와 장칭의 관계를 확고하게 만들어준 뒤의 일이었다. 세 개의 직책은 다음과 같다. (역자 : 세 개의 직책은 다음과 같이 영문으로 표기되어 있으나 정확한 번역어는 찾아내지 못했다.) Director of the Central Committee's Work in the Occupied Districts, Chief of the Political Security Bureau, Minister of Social Work in the White Areas (Kang Sheng si liao ji). 요컨대 그는 당 서기국 핵심 부분에서 왕서우다오(王首道, 1906~1996)를 밀어내고 그 자리에 앉은 것이다.

62) D. Barrett's *Dixie Mission*, 64.

63) *Menggu xiaoxi bao*, Monglia, 6/15~29/1974.

64) Roxane Witke, *Comrade Chiang Ch'ing*, 187.

65) Service to Ross Terrill, San Francisco, 8/5/82; 또한 Braun, 영어판, 250.

66) 몇몇 지적인 여성들이 공산당 지도자들과 결혼하기를 꺼렸던 일에 관해서는 *Jiang Qing — Mao's Wife*, 14-15를 보라.

67) (각주) 필자가 탕나와 나눈 대화(1982년 10월 18일에서 20일까지 파리에서).

68) *Inside Red China*, 167.

69) 마오쩌둥과 란핑의 집에 대해서는, Ih. VII, 36-37; Ross Terrill, *Mao: A Biography*, 14; Barrett, 29; *Yanan fangwen ji*, 98-99; *Xing hua liao yuan*, vol. 4: 134ff.

70) 란핑에서 장칭으로 개명한 일에 관해서는 다음을 참조하였다. Zhong Huamin, *Jiang Qing zhengzhuan*, 50-51; Cui I: *Zhanwang*, no. 173; Roxane Witke, *Comrade Chiang Ch'ing*, 155; Ih. XIV, 20; Rice, 106. 장칭은 중국의 고전을 잘 알지 못하였으며 마오의 곁에 나란히 세울 수 있는 이름을 스스로 제안할 만한 위치에 있지 못했다. 과거에 이름을 변경할 때 그녀는 자신보다 좀 더 문학에 조예가 있는 사람의 지도를 받았다. 한편 그녀는 원래 성인 '리'를 완전히 과거의 것으로 하려고 '장(江)'을 택했다고 말했는데, 이것은 이상한 이야기다. 왜냐하면 그녀는 나중에 자신의 딸과 의붓딸의 이름을 지을 때 그들의 성을 '리'로 했기 때문이다.

여기에 언급되는 당나라 시는 전기(錢起)라는 시인의 〈상령고슬(湘靈鼓瑟)〉이라는 작품인데 마오쩌둥이 좋아하는 작품이었다. 마오는 훗날 이 시의 내용을 끌어와 시를 쓰곤 했다. 이 시의 마지막 두 줄은 다음과 같다.

곡은 끝났는데 사람은 보이지 않고(曲終不見人)
강 위의 뭇 산봉우리들만 푸르구나(江上數峰靑)

주중리는 장칭이 시안에서 팔로군 사무실에서 등록할 때 쉬 언니의 조언에 따라 이름을 장칭으로 바꾸었다고 주장한다. 그 시점에 개명을 한 것이 사실이라면 당시 장칭이 보헤미안들과 함께 보낸 상하이 시절의 과거를 삭제해버리려는 의도를 지니고 있었음을 시사한다. 또한 이것은 나중에 왜 란핑에서 장칭으로 이름을 바꾸었는지 질문을 받았을 때 방어적인 태도를 보인 이유를 설명해준다. (만약 마오가 장칭이라는 이름을 주었다면 장칭은 기꺼이 그 사실을 말했을 것이라고 추정할 수 있다.) 그러나 주중리는 마오에게는 지극히 호의적이고 장칭에게 몹시 비판적이었기 때문에, 마오가 장칭에게 이름을 지어주었다는 것을 시사하는 모든 정보를 독자가 알지 못하도록 했을지도 모른다.

71) 가정에서 장칭의 모습에 대해서는, *Zhongguo gongren*, no. 24, 1958; Barrett, 83; Edgar Snow, *Red Star over China*, 460; *Inside Red China*, 75; Vladimirov, 37, 157, and passim; Chen Changfeng's *Gensui Mao zhuxi changzheng*(跟隨毛主席長征), 102; Payne's *Chinese Diaries, 1941-1946*, 355.

72) 장칭은 난니완에 있었던 기간을 과장했는지 모른다. 왜냐하면 1939년 5월 25일 로만 카르멘이 옌안에서 그녀를 목격했기 때문이다. 만일 그녀의 말대로 1월에 황야로 갔다면 그녀가 주장하는 것처럼 6개월을 완전히 그곳에서 보냈다는 말은 앞뒤가 맞지 않는다. (Roxane Witke, *Comrade Chiang Ch'ing*, 168, 171).

73) 옌안 여성들의 임신과 출산에 대해서는, *Paris-Pékin*, no. 2: 97; *Yanan jian wen lu*, 152.

74) 허쯔전의 어린 두 자녀에 대해서는, Dong xiang, 11/1979; Ih. VII, 39ff.; Roxane Witke, *Comrade Chiang Ch'ing*, 165; Zeng Xihe, *He Zizhen*, Beijing, 1997.

75) 리나와 리민이라는 이름은 아기 때 이름 즉 아명이 아니며, 몇 살 정도 되었을 때 붙여진 대명(大名) 혹은 학명(學名)이다. 이들의 아명은 리민의 경우 '자오자오'였고, 리나는 '마오마오'였다. (이 이름들은 *Zhengming*, Hong Kong(monthly), 4/1979에 나와 있다. *Zhonggong shouyao shilue xubian*, Taipei, 125에는 리민의 아명이 '마오마오'였다고 서술되어 있다.)

76) *Zhongguo gongren*, no. 24, 1958; Ih. VII, 41; Zuo Shun-sheng의 *Jin sanshinian jianwen zaji*, 92.

77) Payne's *A Rage for China*, 42ff.

78) 소련 관료들에 대해서는, Vladimirov, 53ff., 293 ("장칭이 곁에 없으면…")

79) Forman의 *Report from Red China*, 178.

80) 의료 계통에 종사했던 이 부부에 관해서는, Ih. VII, 41을 보라.

81) Braun, 344(독일어판); Alley to Ross Terill, Beijing, 6/18/82.

82) Roman Karmen's *God v Kitae*, Moscow, 1941, 108

83) 저우언라이와 장칭의 사고에 대해서는, *Dang dai*, Hong Kong, 9/1980, 55.

84) "배우인 란핑 양이…", "Ye bai he hua an guan zhan ji", in an edition of *Ye bai he hua*, Chongqing, 1943, 서문.

85) 무도회에 관해서는, Service to Ross Terill, San Francisco, 3/5/82; 에드거 스노의 미출간 자료 "The Divorce of Mao Zedong"; Zhang Dongcai의 *Sancho Nosaka and Mao Ze-dong*, 46; Si Ma Zhang Feng, appendix, 556; Forman, 96-97; Barrett, 51; Wales's *Inside Red China*, Book Three; Ih. VII, 53; *Yanan yi yue*, 155-156; Vladimirov, 223. Ihara는 블라디미로프가 쓴 책의 일본어판을 인용했는데(Ih. VII, 53) 이 일본어판에는 중국어판이나 영어판보다 더 풍부한 묘사가 들어 있다. 중국어판이나 영어판에는 Ihara가 이 무도회에 관해 묘사했던 것 전부가 들어 있지는 않다.

86) *Yanan de nu xing*.

87) *Paris-Pékin*, no. 2: 8.

88) "장칭 동지는 우리를…", *Zhongguo gongren*, no. 24, 1958.

89) 공연장 방문에 관해서는, Vladimirov, 103, 215; Payne's *Chinese Diaries*, 352ff.; Ih. VII, 47ff.; *Yanan yi yue*, 59ff.

90) 왕밍의 방문에 관해서는, Dick Wilson's *Mao*, 250.

91) 장즈중에 관해서는, 베이징과 타이페이에서 가족들에게 들은 정보다.

92) 다큐멘터리 영화에 관해서는, Si Malu's *Dou zheng shibanian*, 124. 장칭의 훗날 발언, *Zhanwang*, no. 352; Zhong Huamin, *Jiang Qing zhengzhuan*, 251.

93) 리류뤼에 관해서는, *Zhan di*, 6/1980에 실린 Wang Meilan의 글을 보라. Chen Xuezhao는 리류뤼를 대단히 좋아했으며 아나톨 프랑스(Anatole France)의 작품에서 따온 글귀를 그에게 적용했다. "그토록 고상한 모습을 보이는 사람들을 만나면 나는 좀처럼 지루해하지 않는다(Les hommes qui se montrent tels gentils m'ennuient rarement)." (Yanan fangwen, ji, 100).

94) (두 개의 각주 내용은) Yang Lien-sheng in *Harvard Journal of East Asian Studies*, 1961, 56-57.

95) Vladimirov, 293, 83, 366.

96) 마오쩌둥의 강연에 끼친 영향에 관해서는, *Zhongyang ribao*, Taipei, 5/4/77; Roxane Witke, *Comrade Chiang Ch'ing*, 185.

97) "다양한 의견이…", B. Compton's Mao's China, 4. 블라디미로프는 장칭이 루쉰예술학원에서 "사직" 했다고 했지만, Roxane Witke, *Comrade Chiang Ch'ing*, 173을 보면 그녀가 계속 직무를 수행하고 있었던 것으로 보인다.

98) 이 제목 선택에 대한 논의는 Cheek의 "The fading of the Wild Lilies," *Australian Journal of Chinese Affairs*, no. 11, 1/1984에 있다.

99) Roxane Witke, *Comrade Chiang Ch'ing*, 295.

100) Barrett, 83.

101) Vladimirov, 320.

102) Service to Ross Terill, San Francisco, 3/5/82.

103) Zuo Shunsheng의 *Jin sanshinian jianwen zaji*, 91-92.

104) 충칭 방문에 관해서는 다음 자료들을 보라. *Zhanwang*, Hong Kong(fortnightly), no. 366: 52; *Kuai bao*, Hong Kong, 11/28/65; Ji Jian의 *Mao gong zhengzhuan fenlie neimu*, Taipei, 1969, 268; *Xingdao ribao*, Hong Kong, 6/15/70 (article by Wang Zheng); *Zhonggong yanjiu*, Taipei, 5/1973, 52; *Xingdao ribao*, 1/30/77 (*Jiang Qing zhengzhuan*의 저자 Zhong Huamin 에 의해 나중에 교정되었음); interviews in Ih. VII, 65; Ross Terrill, *Mao: A Biography*, 209-210; Zhang Suchu to Ross Terrill, Cambridge, Mass, Donald Zhang to Ross Terrill, Taipei, 3/1/82; Li Zhisui, *The Private Life of Chairman Mao*, 509.

　　장칭의 충칭 방문은 수십 년간 중화인민공화국의 출판물에서는 전혀 언급되지 않았다. 그러다 재판에서 이슈가 되었을 때 비로소 *People's Daily*(in Chinese), 12/10/80에서 언급된다. '치과 치료' 가 방문 목적으로 서술되었다. 재판을 다룬 중국 언론 보도들을 보면, 장칭은 충칭에 있는 동안 상하이 시절에 알고 지냈던 자오단과 구얼을 만났던 것 같다. (ibid.) 장칭은 1946년에 자오단에게 따뜻한 내용의 편지를 보냈다.

105) 국민당은 (Wang Sicheng, 8-9를 보라) 사진을 합성해 두 딸의 모습이 나온 사진을 공개한다. 하지만 두 딸의 나이를 잘못 명기했으며 딸 하나가 충칭을 떠나 옌안으로 향했다고 잘못 서술했다. 그러나 우리는 이 이야기를 완전히 무시해버릴 수 없다. 마오쩌둥의 성격으로 보나 중국 정치의 성격으로 보나 이 이야기는 어디까지나 확인되지 않은 보도로 규정해야 할 것이다. 실제로 장칭은 후일 장즈중 장군의 투항이 "어쩌면 그렇게 놀라운 것이 아니었을지도 모르죠."라고 말했다. (Roxane Witke, *Comrade Chiang Ch'ing*, 219).

106) 탕나에게 전화하려고 한 것에 대해서는, *Huaqiao ribao*, 9/27/80 (article by Xu Zhuancheng); 필자가 탕나와 나눈 대화(1982년 10월 18일에서 20일까지 파리에서).

107) 마오쩌둥과 탕나가 마주칠 뻔했던 이야기는 탕나에게 들었다.(1982년 10월 18일에서 20일까지 파리에서 탕나와 나눈 대화).

108) Roxane Witke, *Comrade Chiang Ch'ing*, 200; Zhu Shan, *Jiang Qing yeshi*, 2 vols., Hong Kong, 111.

109) "화려한 옷"에 관해서는, *Dou zheng shibanian*, 123.

110) 산시성 북부 전투에 대해서는 다음 자료들을 보라. Roxane Witke, *Comrade Chiang Ch'ing*, 192ff.; Jiang Qinfeng in *Hongqi piaopiao*, 3, 338ff.; Yan Changlin's *The Great Turning Point*, 92-94; Ih. IX, 58ff.; *Zhonggong yanjiu*, 5/1973, 52(정치 지도원이 아니라 정치 보조원). 장칭의 역할이 컸다는 것은 다음과 같은 기이한 사건으로 강조된다. 스탈린은 파리의 공산당원들을 통해 허룽과 장칭이 체포되었다는 소식을 듣게 된다. 그러자 스탈린은 마오쩌둥에게 소련 내에 피신처를 마련해주겠다는 전갈을 보낸다. (Goncharov, Lewis, and Xue, *Uncertain Partners*, Stanford, 1993, 13.)

111) *Beijing Dashen*, Taipei, 1981, p. 83.

112) Si Ma Zhang Feng's *Zhou Enlai pingzhuan*, 346-47.

113) 위산 문제에 관해서는, Wang Sicheng, 8-9; Cui XI, 29-30; Zhang Ganping, *Jiang Qing de choushi yu yanwen*, Hong Kong, 1969, ch. 22.

114) Roxane Witke, *Comrade Chiang Ch'ing*, 53.

115) *Huaqiao ribao*, 9/27/80; 필자가 탕나와 나눈 대화(1982년 10월 18일에서 20일까지 파리에서). Ih. II, 66ff에 탕나의 이후 삶에 대한 서술이 있는데 대체로 부정확하다.

4장 와신상담

1) *Wei renmin li xin gong*, Beijing, 1967, 2.

2) 베이징 도착에 관해서는, *M*, 222ff.

3) "누더기를 입은…", J. Kinoshita in *Sekai*, Tokyo, 9/1963.

4) 장칭이 러시아 여행에서 한 말, Roxane Witke, *Comrade Chiang Ch'ing*, 225.

5) (본서 286~288쪽) 위산과 연애한 것에 대해서는, Yu Ta-wei to Ross Terill, Taipei, 2/24/82; 류야쯔의 역할에 대해서는, Liu, Ih. X, 58-59; "Mo takuto Sono shi to Jinsei," *Bungei Shunju*, 1965; Zhang Dajun, ed., *Zhonggong renming dian*, Hong Kong; 애머시스트호 사건과 장칭의 얄타 여행에 대해서는, *Selected Works of Mao Zedong*, IV, 403, and Roxane Witke, *Comrade Chiang Ch'ing*, 226.

6) (각주) *Dadao Liu Shaoqi: guanyu Liu Shaoqi dangan cai liao de chuli* (Qinghua University, 1967).

7) 이 무렵에 있었다는 마오쩌둥의 문란한 행동을 가장 자세하게 묘사한 구절은 우연히도 장칭의 문란한 행동에 관한 묘사이기도 하다. Cheng Qianwu가 쓴 회고록 *Mao Zedong de qing di*, Taipei, 12/1951에 따르면, 마오는 자신의 보좌진에 속한 '린'이라는 여비서와 밀회를 즐겼고 장칭은 '린'의 애인이던 '위'라는 남자를 사귀었다고 한다. '위'는 당시 중소우호협회의 관리였다. 어느 날 장칭이 '위'와 함께 있었는데 마오가 예고 없이 찾아왔고, 그날로 이 모든 드라마는 끝났다. 장칭은 잽싸게 '위'를 장롱 속에 숨겼지만 마오가 의자 위에 놓인 위의 모자를 보았던 것이다.

8) 쑤페이가 1982년 6월 20일 필자에게 들려준 이야기. 필자가 탕나와 나눈 대화(1982년 10월 18일에서 20일까지 파리에서).

9) 베이징 역의 광경은, 당시 쑹칭링의 보좌역이었던 G. Tannebaum이 1981년 10월 9일 뉴욕에서 필자에게 직접 들려준 이야기다.

10) 사이푸딘에 대해서는, *Mianhuai Mao Zedong*, I, 28~29.

11) 처소에 대해서는, *Peking Review*(later, *Beijing Review*), 9/23/77; Roxane Witke, *Comrade Chiang Ch'ing*, 224; 마오쩌둥의 며느리는 이때 집의 구조가 내부적으로 분리되어 있었다고 말한 적이 있다. *Zhongbao*, Hong Kong, 5/1980, 80.

12) 마오안잉이 장칭에게 한 말, *Zhongbao*, Hong Kong, 8/1980, 10.

13) 양카이후이의 가족에 관해서는, *Peking Review*(later, *Beijing Review*), 10/14/77; BBC, Far East, 5617, B11, 9/17/77.

14) Chen Changfeng, *Gensui Mao zhuxi changzheng*, 85.

15) Zhong Huamin, *Jiang Qing zhengzhuan*, 70ff.

16) 장칭이 일을 구하려고 애쓴 것에 대해서는, 당시 저우언라이 총리의 비서였던 Yang Yizhi의 증언, *New Statesman*, London, 1/20/67; *Lianhe bao*, Taipei, 1/26/67; Xuan Mo in *Zhonggong yanjiu*, 5/1973, 54; *Xin sheng wan bao*, Hong Kong, 2/13/67. 장칭은 저우언라이의 도움에 감사를 표했다. *Wei renmin li xin gong*, 9.

17) Yan Changlin's *The Great Turning Point*, 454~457.

18) 우시 지역 방문에 대해서는, Roxane Witke, *Comrade Chiang Ch'ing*, 226ff.

19) (각주 내용은) Roxane Witke, *Comrade Chiang Ch'ing*, 232; *Jiang Qing tongzhi lun wenyi*, Beijing, 1968, 207도 보라. 영화지도위원회에 대해서는, *People's Daily*(in Chinese), 7/12/50; P. Clark, "Heroes Without Battlefields," Ph. D. thesis, Harvard, 56ff.

20) 우메이에 관해서는, *Dagong bao*, Hong Kong, 12/15/80

21) 자오단과 정췬리에 대해서는, 필자가 탕나와 나눈 대화(1982년 10월 18일에서 20일까지 파리에서).

22) 옌안 시절 경극 개혁 논의에 대해서, *Yanan yi yue*, 123ff.; *Zhanwang*, Hong Kong(fortnightly), no. 342: 27.

23) 메이란팡에 대해서는, *Survey of China Mainland Press*, no. 4089; Ih. X, 69~70; *Survey of China Mainland Press*, no. 3996: 4; *Jiang Qing tongzhi lun wenyi*, Beijing, 1968, 206; *Zhanwang*, Hong Kong(fortnightly), no. 341: 24.

24) 〈청 황궁의 숨은 이야기〉에 대해서는, Zhong Huamin, *Jiang Qing zhengzhuan*, 72ff.; Roxane Witke, *Comrade Chiang Ch'ing*, 234ff.; Yao Wenyuan in *Red Flag*(in Chinese), 1/1967; *Peking Review*(later, *Beijing Review*), 4/7/67; Qi Benyu in *Red Flag*(in Chinese), 5/1967; *Mingbao yuekan*, Hong Kong, 5/1967에 있는 Yao Ke의 글; Ih. X, 69ff.

25) *Selected Works of Mao Zedong*, V, 151.

26) (본서 305~310쪽 내용에 관하여) 무훈에 대해서는, *Selected Works of Mao Zedong*, V, 57~58; *Zuguo yuekan*, 5/1968; Roxane Witke, *Comrade Chiang Ch'ing*, 238ff.

　　"누구도 장칭의 말에…" Ih. X, 81ff.; *Survey of China Mainland Press*, no. 3996: 4; *Dalu wenti yanjiu ji*, no. 103, Taipei, 462ff.; *Jiang Qing tongzhi lun wenyi*, Beijing, 1968, 207;*Red Flag*(in Chinese), 1/1967 (Yao article); Wu Xun lishi diaocja ji, Beijing, 9/1951.

　　Mao's editorial, *People's Daily*(in Chinese), 5/20/51에 실려 있는 마오의 논설문에는 무훈을 비난한 글들의 목록이 실려 있는데 장칭이 쓴 글은 언급하고 있지 않다. (마오 선집에 실린 논설문은 원래 논설문의 요약본이다.) *People's Daily*(in Chinese), 5/20/51, 5/30/51, 6/30/51, 7/23/51도 보라.

〈청 황궁의 숨은 이야기〉와 〈무훈전〉의 비교에 대해서는, *Jiang Qing — Mao's Wife*, 21; Zhong Huamin, *Jiang Qing zhengzhuan*, 78; Ih. X, 83. 타오싱즈의 무훈에 대한 칭송 등의 논점에 대해서는, P. Clark, 79ff.

27) 후베이에 대해서는, Roxane Witke, *Comrade Chiang Ch'ing*, 227ff.; Ih. X, 88ff.

28) 새로운 직책에 대해서는, Roxane Witke, *Comrade Chiang Ch'ing*, 255; Ih. X, 88-89; *Jiang Qing tongzhi lun wenyi*, Beijing, 1968, 183.

29) 판공청 업무의 성격에 대해서는, 베이징에 있는 어떤 익명의 제보자가 들려준 이야기에 따른 것이다.

30) 이때 장칭이 영화지도위원회와 중소우호협회에서 사임한 것은 각각 1954년과 1955년에 가서야 공식화된다. (Zhong Huamin, *Jiang Qing zhengzhuan*, 81-82; *Jiang Qing — Mao's Wife*, 22). 장칭이 자신의 건강 문제를 의사들 탓이라고 비난한 것에 대해서는, Li Zhisui, *The Private Life of Chairman Mao*, 63.

31) 저우양의 발언에 대해서는, *Jiang Qing tongzhi lun wenyi*, Beijing, 1968, 208; *Survey of China Mainland Press*, no. 3996. 저우양과 장칭에 대해서는 다음 자료들도 보라. *Zhanwang*, Hong Kong(fortnightly), no. 341: 24; *Qishi niandai*, Hong Kong, 9/1978.

32) 환영식에 마오와 장칭이 나오는 것에 대해서는, 버마의 어떤 지도자가 1979년 11월 15일 랑군에서 필자와 만났을 때 들려준 이야기다. 또 필자는 1979년 12월 1일에 중국 주재 인도네시아공화국 대사를 지낸 Arnold Mononutu와 만나 이야기를 들었다.

33) 류사오치의 발언, Zhou Yurui, *Hongchao renwu zhi*, 242.

34) 장즈중을 방문한 일에 관해서는, 장즈중의 딸 한 명과 필자가 개인적으로 나눈 이야기에 근거를 두고 있다.

35) 자이쭤쥔의 방문에 대해서는, Zhai Zuojun의 *Zai Mao zhuxi shenbian*, Wuhan, 54. 그리고 *Zhanwang*, Hong Kong(fortnightly), 156, 22-23도 보라.

36) 리류뤼에 대해서는, *Zhan di*, 6/1980.

37) Roxane Witke, *Comrade Chiang Ch'ing*, 256.

38) 실패로 끝난 문화 예술 방면의 시도들에 대해서는, *Jiang Qing tongzhi lun wenyi*, Beijing, 1968, 209; *Survey of China Mainland Press*, no. 3996, 5/25/67.

39) 1950년대 중국 여성에 대해서는, Delia Davin in *Modern China*, 10/1975, 365.

40) *Women in China*, 156ff.

41) 세 가지 부류에 대해서는, S. Leith in *Women in China*, 47.

42) 사적 영역과 공적 영역에 대해서는, D. Munro in *The China Difference*, ed. by Ross Terill, 37ff.

43) 1980년 6월 미국 매사추세츠 주 케임브리지에서 장쑤추가 필자에게 들려준 이야기, 그리고 그녀가 쓴 회고록, *Living in China*, New World Press, Beijing, 1979, 195, 227.

44) 여성 엘리트의 겉모습에 관해서는, Quan Ruxiang to Ross Terill, Cambridge, Mass., 8/1980.

45) Roxane Witke, *Comrade Chiang Ch'ing*, 55.

46) 저우언라이, 류사오치, 그리고 장칭의 러시아 여행에 대해서는, Ih. X, 55-56. Ihara는 이때 장칭이 어떤 외교적 직무를 수행하고 있었을지 모른다는 가능성을 논했다.(Ih. VIII).

47) 소련 체류에 관해서는 대체로 다음 자료들에 의존했다. (*Jiang Qing yeshi*의 저자 주중리는 당시 모스크바 주재 중국 대사의 부인이었다), chs. 10, 15, 16, and passim; and Roxane Witke, *Comrade Chiang Ch'ing*, ch. 10.

48) (각주) *Gongren ribao*, 12/2/80.

49) 천이의 역할에 관해서는, *Mao Zedong de mian mian guan*, 58-64.

50) 이후 서술되는 장칭의 가족 내 갈등 양상은 다음 자료들에 근거하고 있다. 류쑹린과 사오화의 회고 in *Zhengming*, Hong Kong(monthly), 4/1979, 44ff.; *Zhongbao*, Hong Kong, 5/1980 and 8/1980; and Li Zhisui, *The Private Life of Chairman Mao*, 170-171.

51) 마오안잉의 삶과 그의 성격에 대해서는, *Zhanwang*, Hong Kong(fortnightly), no. 156: 22ff; *Renmin wenxue*, 2/1978에 실린 그의 아내 류쑹린의 글; Ross Terrill, *Mao: A Biography*, passim; *Current Background*(U.S. Consulate General, Hong Kong), no. 900: 5ff.; *Gongren ribao*, 7/18/61 (Hao Guanghua가 쓴 회고담); *Peking Review*(later, *Beijing Review*), 10/14/77; D. and N. Milton의 *The Wind Will Not Subside*, 155(1927년 이후의 고생); *Issues & Studies*, Taipei, 5/1980; Rice, 95, 531; L. Pye의 *Mao*, 209, 218; Wang Hebin, *Ziyunxuan zhuren*, 177-182; 마오안잉이 한국에 파병되는 것을 두고 장칭이 한 말, Yan Changlin's *The Great Turning Point*, 452.

52) O. Vladimirov and V. Ryazantsev의 *Mao Zedong*, Moscow, 54.

53) Lin Yutang의 *My Country and My People*, 148.

54) 위트케와 대화를 나누면서 장칭은 마오안잉의 죽음과 관련해서 개인적인 감정을 전혀 내비치지 않았다. 그리고 마오안잉의 아내 류쑹린에 따르면, 사망 날짜가 원래는 1950년 11월 5일인데 장칭은 10월 5일로 잘못 말했다고 한다.

55) 리윈루에 대한 묘사는, 그녀가 마오와 장칭의 집에서 나온 뒤 그녀와 이웃하면서 살았던 사람들로부터 얻은 정보다. 또한 다음 자료들도 보았다. Zhu Shan, *Jiang Qing yeshi*, 2 vols., Hong Kong, passim; the Songlin and Shaohua memoirs.

56) 《홍루몽》에 대해서는, *Survey of China Mainland Press*, no. 3996; Roxane Witke, *Comrade Chiang Ch'ing*, 276ff.; Ih. X, 92ff.; *Selected Works of Mao Zedong*, V, 150-151; *Jiang Qing tongzhi lun wenyi*, Beijing, 1968, 209; Ross Terrill, *Mao: A Biography*, 328(각주); Li Zhisui, *The Private Life of Chairman Mao*, 82.

57) 흐루쇼프에 대해서는, Roxane Witke, *Comrade Chiang Ch'ing*, 262; *Khrushchev Remembers*(Last Testament), 322에 흐루쇼프가 장칭을 '매트리스'라고 불렀다는 이야기가 있다.

58) 마오위안신과 허이에 대해서는, Zhu Shan, *Jiang Qing yeshi*, 2 vols., Hong Kong, 139.

59) 왕보원에 대해서는, Zhu Shan, *Jiang Qing yeshi*, 2 vols., Hong Kong, 194; the Songlin and Shaohua memoirs; Li Zhisui, *The Private Life of Chairman Mao*, 56-57.

60) 마오안칭에 대해서는, *Zhengming*, Hong Kong(monthly), 4/1979; the Songlin and Shaohua memoirs; Wang Hebin, 184; Li Zhisui, *The Private Life of Chairman Mao*, 56-57.

61) 이때 베이다이허에서 있었던 일에 대해서는, Zhang Suchu to Ross Terrill, Cambridge, 6/1980.

62) 린진자이의 방문에 대해서는, *Mao zhuxi de gushi*, by Xu Haidong et al., 93-94.

63) 마오안칭의 상황에 대해서는, *Zhongbao*, Hong Kong, 8/1980; Wang Hebin, 183-186.

64) 마오쩌둥은 편지에서 류쑹린을 지칭할 때 그녀의 또 다른 이름인 Sizhai를 사용했고 딸 리민을 가리킬 때는 '자오자오'라는 아명을 썼다. (*Zhengming*, Hong Kong(monthly), 4/1979).

65) 장칭은 자신이 겪은 개인적인 갈등을 마치 정치 투쟁의 맥락 속에서 일어난 공적인 일처럼 해석하는 습성이 있었다. 다음 이야기는 그런 습성을 잘 보여주는 사례다. 장칭은 자신이 마오안칭의 건강을 악화시켰다는 소문을 퍼뜨린 것이 분노한 가족들이 아니라 장제스 측의 국민당 사람들이었다고 록산 위트케에게 말했던 것이다. (Roxane Witke, *Comrade Chiang Ch'ing*, 164).

66) *Qingnian yidai*, Shanghai, 9/1979.

67) *Dagong bao*, Hong Kong, 7/1/57; Mao Zedong shengping ziliao jianbian, 325; Li Zhisui, *The*

Private Life of Chairman Mao, 165-166; Ross Terrill, *Mao: A Biography*, 279-281. 시에 관해 서는, *Zhanwang*, Hong Kong(fortnightly), no. 356.

68) 쑹칭링의 파티에 대해서는, Tannebaum to Ross Terill, New York, 9/10/81.

69) 네 번째 소련 여행에 대해서는, Roxane Witke, *Comrade Chiang Ch'ing*, 268-270; Zhu Shan, *Jiang Qing yeshi*, 2 vols., Hong Kong, 205ff.

70) 마오쩌둥이 장칭을 만나지 않았다는 각주의 내용은 위트케가 어느 기자에게 했던 이야기다. *Washington Post*, 11/10/75; 1957년 여름에 장칭이 칭다오에서 행한 일들은 *Mao Zedong shengping ziliao jianbian*, 368에 묘사되어 있으며 Ih. X, 98-99도 참고할 수 있다. Li Zhisui(210) 는 장칭이 1957년 4월 모스크바에서 돌아왔다고 서술했다.

71) Zhu Shan, *Jiang Qing yeshi*, 2 vols., Hong Kong, 207-208, 210.

72) 마오쩌둥과 양카이후이의 친척들에 대해서는, *Zhongbao*, Hong Kong, 8/1980; BBC, Far East, 5617, B11, 9/17/77; Mao's *Nineteen Poems*, 1958; Ross Terrill, *Mao: A Biography*, 286-287.

73) *Chinese Law and Government*, Armonk, New York, 1-4, 1968, 39.

74) E. Masi's *China Winter*, 223.

75) (각주) *Zhanwang*, Hong Kong(fortnightly), no. 359: 11.

76) *Wan Sui-1969*, 1/24/64; Roxane Witke, *Comrade Chiang Ch'ing*, 259.

77) *Zhongbao*, Hong Kong, 8/1980.

78) *People's Daily*(in Chinese), 7/1/58.

79) *People's Daily*(in Chinese), 2/13/58.

80) *Jiang Qing — Mao's Wife*, 15.

81) 주더와 무도회에 대해서는, Zhu Shan, *Jiang Qing yeshi*, 2 vols., Hong Kong, 244ff.

82) 별장에 대해서는, 장칭과 가까운 사이였던 정보 제공자에게 들었다.; Julie Nixon Eisenhower의 *Special People*, 178-179.

83) Pearl Buck to Ross Terill, Danby, Vermont 12/26/71.

84) Roxane Witke, *Comrade Chiang Ch'ing*, 449.

85) 난닝에서 마오쩌둥의 행동에 대해서는, Li Zhisui, *The Private Life of Chairman Mao*, 227-229, 260, 287을 보라.

5장 문화혁명의 주역

1) Roxane Witke, *Comrade Chiang Ch'ing*, 270.

2) *Zhongbao*, Hong Kong, 9/1980; Roxane Witke, *Comrade Chiang Ch'ing*, 302; *Survey of China Mainland Press*, no. 3996: 7.

3) 시에 관해서는, *Mao Zedong Poems*, 1976, 40; 장칭의 실수에 관해서는, Chen Chuxin in *Dong xiang*, Hong Kong, 2/1981을 보라. 이 시를 성애의 관점에서 본 것에 대해서는, Zhang Ganping, *Jiang Qing de choushi yu yanwen*, Hong Kong, 1969, 238. 다음 자료도 보라. Zuguo yuekan, 5/1968 (Zhong Huamin의 글); Li Zhisui, *The Private Life of Chairman Mao*, 381-382.

4) 허쯔전과의 만남에 대해서는, Li Zhisui, *The Private Life of Chairman Mao*, 382-384.

5) "나는 의사입니다…", 과거 홍위병이었던 사람이 베이징에서 필자에게 전해준 내용이다.

6) 사진들에 대해서는, *People's Daily*(in Chinese), 9/25~9/30/1962; R. MacFarquhar in *China Quarterly*, no. 46.

7) Ross Terrill, *Mao: A Biography*, 323.

8) *Chinese Law and Government*, Armonk, New York, 9–3, 1976, 117.

9) *Wan Sui* — 1969, 6/16/64.

10) 광둥 방문에 관해서는, *China Youth Daily*, 8/26/61. 장칭과 린뱌오의 연결에 대해서는, Zhou Yurui, *Hongchao renwu zhi*, 244.

11) *Issues & Studies*, Taipei, 8/1978, 94.

12) *Sirenbang yanxing lu*, Hong Kong, 1978, 2.

13) 장칭의 공연 예술 개혁 작업에 관해서는, *Jiang Qing tongzhi lun wenyi*, Beijing, 1968; *Survey of China Mainland Press*, no. 3996; Roxane Witke, *Comrade Chiang Ch'ing*, chs. 16, 17; Zhong Huamin, *Jiang Qing zhengzhuan*, 83–149; Heirs Apparent, 11 and passim; Ding Wang's *Wang Hongwen Zhang Chunqiao pingzhuan*, 5 and passim; *Jinggangshan* (Red Guards), 5/25/67; *People's Daily*(in Chinese), 2/13/77 and 12/24/80. 한편, *China Reconstructs*, 5/1977, 2ff.와 *Jiang Qing shiqi shi daoming de zhengzhi bashou*, Beijing, 5에서는 이 공연 예술 개혁의 주역이 장칭이 아니라고 주장하고 있다.

14) (각주) 춤에 대해서는, Shouhuo, Shanghai, 1/1980, 116ff.

15) 장칭과 커칭스의 연결에 대해서는, Ding Wang's *Wang...*, 171ff.; *Dong xi fang*, Hong Kong, 1/15/81; *Dong xiang*, Hong Kong, 2/1981.

16) 양카이후이 관련 연극에 관해서는, *Dong xi fang*, 1/15/81; *China Reconstructs*, 5/1977, 6.

17) 장춘차오, 야오원위안과 장칭의 연결에 대해서는, *Guangming ribao*, 1/27/77, 1/14/77, 6/18/77; Ding Wang's *Wang...*, 171ff.; *Far Eastern Economic Review*, 10/14/68.

18) 톈한의 연극에 대해서는, Ding Wang's *Wang...*, 172.

19) Zhong Huamin, *Jiang Qing zhengzhuan*, 104.

20) *Survey of China Mainland Press*, no. 3996: 8.

21) Ding Wang, ed., *Zhonggong wenhua geming*, vol. 5: 318.

22) Roxane Witke, *Comrade Chiang Ch'ing*, 419.

23) "증오", "봄", "결심", "절대로…" 차례대로 Roxane Witke, *Comrade Chiang Ch'ing*, 420, 422, 423, 421.

24) Roxane Witke, *Comrade Chiang Ch'ing*, 420ff.

25) Roxane Witke, *Comrade Chiang Ch'ing*, 416.

26) 〈홍등기〉에 대해서는, *Survey of China Mainland Press*, no. 3996: 9ff; Roxane Witke, *Comrade Chiang Ch'ing*, 408ff.; *Zhanwang*, Hong Kong(fortnightly), no. 348: 23ff.

27) "나는 서양 오페라를…", *My House Has Two Doors*, 517.

28) 장칭의 연설에 대해서는, *Jiang Qing tongzhi lun wenyi*, Beijing, 1968, 21ff.

29) 축제 때 일어난 사건에 대해서는, Roxane Witke, *Comrade Chiang Ch'ing*, 311.

30) Zhong Huamin, *Jiang Qing zhengzhuan*, 94.

31) Zhong Huamin, *Jiang Qing zhengzhuan*, 289.

32) 류사오치, 펑전, 덩샤오핑의 말은, Ross Terill's *The Future of China*, 268; *Survey of China Mainland Press*, no. 3996: 6ff.; *Current Background* (U.S. Consulate General, Hong Kong), 842, 12; *Dalu wenti yanjiu ji*, no. 103, Taipei, 495; *Zhonggong shouyao shilue xubian*, Taipei, 140; *Zhongyang ribao*, Taipei, 7/16/67 and 7/17/67.

33) 연회에서 있었던 일은, Roxane Witke, *Comrade Chiang Ch'ing*, 313.

34) 펑전과 류사오치의 말은 홍위병 출신의 어떤 사람이 베이징에서 제보해준 것이다. 다음 자료도 보라. Ding Wang, ed., *Beijing shi wenhua da geming yundong*, 318.

35) 장칭의 무용 개혁의 원천에 대해서는, *Survey of China Mainland Press*, no. 3996; Roxane Witke, *Comrade Chiang Ch'ing*, 425~437; *Jiang Qing tongzhi lun wenyi*, Beijing, 1968, passim; Zhong Huamin, *Jiang Qing zhengzhuan*, chs. X, XI.

36) Ross Terill's *The Future of China*, 269

37) Zhong Huamin, *Jiang Qing zhengzhuan*, 109.

38) Zhong Huamin, *Jiang Qing zhengzhuan*, 123; *Jiang Qing shiqi shi daoming de zhengzhi bashou*, 19.

39) 음악 개혁에 대해서는, *Red Flag*(in Chinese), 5/23/67; Zhong Huamin, *Jiang Qing zhengzhuan*, 124ff.; Roxane Witke, *Comrade Chiang Ch'ing*, 386~390.

40) 바이올리니스트와 저우양의 말, Jun Jing in *Zhongguo wenxue*, no. 3, 1967.

41) (각주) Roxane Witke, *Comrade Chiang Ch'ing*, 392~404; *Jiang Qing tongzhi lun wenyi*, Beijing, 1968, 82ff.

42) Roxane Witke, *Comrade Chiang Ch'ing*, 397.

43) 라디오 가격은 베이징의 어느 방송인이 알려주었다.

44) "이들 작품은 프롤레타리아 문학과…", *Survey of China Mainland Press*, no. 3996; 12; 장칭의 건강에 대해서는, Li Zhisui, *The Private Life of Chairman Mao*, 401.

45) "사람을 고치는…", *Issues & Studies*, Taipei, 1/1979, 108; (마오가 쑨원에 대해 한 말) *Wansui*-1969, 5/20/58.

46) *Survey of China Mainland Press*, no. 418: 3.

47) Roxane Witke, *Comrade Chiang Ch'ing*, 407.

48) 코트, 도서관에 대해서는, Roxane Witke, *Comrade Chiang Ch'ing*, 56, 100. 장칭이 마오를 본뜨는 다른 사례들에 대해서는, Li Zhisui, *The Private Life of Chairman Mao*, 137, 153.

49) "학생", page 325를 보라.

50) 〈해서파관〉에 대해서는 *Wenhui bao*, 11/10/65; 장칭의 *Wei renmin li xin gong*, 11-12; Ding Wang의 *Wang...*, 177ff.

51) 마오쩌둥의 *Poems*.

52) 뤄루이칭에 대해서는, Ross Terrill, *Mao: A Biography*, 345; Roxane Witke, *Comrade Chiang Ch'ing*, 311~312.

53) 군대 직책 임명에 대해서는, *Survey of China Mainland Press*, no. 3996: 5; Roxane Witke, *Comrade Chiang Ch'ing*, 318; *Jiang Qing tongzhi lun wenyi*, Beijing, 1968, 4(린뱌오의 말); *Shi bao*, 8/28/67; Zhou Yurui, *Hongchao renwu zhi*, New York, 1973(246)은 장칭을 마오와 린뱌오 사이의 "연락 장교"라고 불렀다. 마오가 1949년부터 1968년 사이에 행한 대화를 기록한 *Wansui*에 장칭이 대화 상대로 등장한 것은 1966년이 처음이다.

54) S. Schram, ed., *Chairman Mao Talks to the People*, 120.

55) 군중 집회에 대해서는, A. Grey on BBC *Panorama*, 4/18/77.

56) G. Bennett and R. Montaperto, *Red Guard*, 214.

57) K. Heiden's *Der Führer*, 19.

58) Li Zhisui, *The Private Life of Chairman Mao*, 451~452.

59) *Wei renmin li xin gong*, 1; Joint Publications Research Service, 52658, 43.

60) *Issues & Studies*, Taipei, 8/1976, 87; *Zhanwang*, Hong Kong(fortnightly), no. 143: 24ff.

61) *Survey of China Mainland Press*, no. 4172; Heirs Apparent, 15; *Zhanwang*, Hong Kong(fortnightly), no. 311: 13 and no. 339: 17; *Zhonggong shouyao shilue xubian*, Taipei, 151.

62) *Survey of China Mainland Press*, no. 4182: 10, 8. 다음 자료도 보라. *Zhongyang ribao*, Taipei, 7/16/67 and 7/17/67.

63) *Issues & Studies*, Taipei, 4/1981, 100.

64) Tannebaum(쑹칭링의 보좌관) to Ross Terill, New York, 9/10/81.

65) 타오주에 대해서는, *Zhanwang*, Hong Kong(fortnightly), no. 137: 11; Ding Wang, ed., *Dou zheng zhongyang jiguan dangquanpai*, vol. I: 505; Wang Li, *Xianchang de lishi*, 29.

66) 판진에 대해서는, *Zhongguo qingnian bao*, 6/7/66; *Zhonggong wenhua geming*, vol. 5: 411-12; Zhong Huamin, *Jiang Qing zhengzhuan*, 50–52; *Beijing ribao*, 4/16/66; Cui III, 35; D. Klein and A. Clark, *Biographic Dictionary of Chinese Communism*, Cambridge, Mass., 1971, 393; *People's Daily*(in Chinese), 11/30/80; Rice, 274, 550; Yu Ta-wei to Ross Terill, Taipei, 2/24/82.

67) Rice, 448.

68) Li Zhisui, *The Private Life of Chairman Mao*, xx, 93, 146.

69) *Survey of China Mainland Press*,no.216:4; Joint Publications Research Service, 52658, 45–46.

70) 장칭의 영화들이 1950년대와 1960년대에 어떤 상황에 있었는가에 대해서는, Chen Yuantsung to Ross Terill, San Francisco, 3/4/82.

71) *Now*, 12/5/80; 필자가 탕나와 나눈 대화. 장칭은 심지어 옛 라이벌인 왕잉과도 만났다. 1955년의 일이다.(*Shouhuo*, Shanghai, 3/1980, 148ff.); cf. *Zhanwang*, Hong Kong(fortnightly), no. 339: 17.

72) *Jiang Qing tongzhi lun wenyi*, Beijing, 1968, 159.

73) Roxane Witke, *Comrade Chiang Ch'ing*, 159.

74) 양상쿤에 대해서는, Roxane Witke, *Comrade Chiang Ch'ing*, 328; Rice, 273.

75) 아내들에 대해서는, Roxane Witke, *Comrade Chiang Ch'ing*, 336; *Mingbao yuekan*, Hong Kong, 12/1980 (타오주와 덩샤오핑의 아내들): New China News Agency(신화사) dispatch, Beijing, 12/12/80 (쉬샹첸과 녜룽전의 아내들).
　　장칭이 문학 작품에 등장하는 복수에 매료되었던 것에 대해서는, *Nan beiji*, Hong Kong, no. 126: 53, and *People's Daily*(in Chinese), 3/12/77.

76) Zhong Huamin, *Jiang Qing zhengzhuan*, 246.

77) Zhang Ganping, *Jiang Qing de choushi yu yanwen*, Hong Kong, 1969, 359.

78) 정권리 등에 대한 서술은 다음 자료들에 근거하고 있다. Huang Chen's story in *Now*, London, 12/5/80; *People's Daily*(in Chinese), 12/10/80, 12/27/80; *Sirenbang shi dianying shiye de sidi*, Beijing, 199ff.; *Guangming ribao*, 12/10/80; *Dagong bao*, Hong Kong, 12/25/80; Foreign Broadcast Information Services, 12/9/80 and 12/10/80; 장칭 재판에서 공개되어 출석한 사람들에게 배포된 자료 (8장에 붙은 주석들을 보라.) 장칭과 예췬의 관계에 대해서는, *Sirenbang yanxing lu*, Hong Kong, 1978, 8-10.

79) 필자가 탕나와 나눈 대화(1982년 10월 18일에서 20일까지 파리에서).

80) Roxane Witke, *Comrade Chiang Ch'ing*, 328; 홍위병의 인상과 베이징대학 방문의 묘사는 필자

가 그 시기에 베이징대학을 다녔던 두 사람과 인터뷰한 내용에 근거하고 있다. 다음 자료들도 보라. Roxane Witke, *Comrade Chiang Ch'ing*, 297; *Wansui*—1969, 7/28/68.

81) Jiang Qing's Guan yu wenhua da geming, 21

82) *Zhonggong shouyao shilue xubian*, Taipei, 152.

83) 군인들에게 한 연설, Jiang Qing's *Wei renmin...*, 1ff.

84) 고등학생들에게 한 연설, Jiang Qing's *Guan yu...*, 27-28; *Zhanwang*, Hong Kong(fortnightly), no. 137: 11.

85) Camus, Notebooks 1942–1951, 90.

86) Tannebaum to Ross Terill, New York, 9/10/81.

87) 탄의 회고는 어느 베이징 주민의 제보이다.(이름은 바꾸었다.)

88) 베이징대에 다니는 학생 천에 대한 이야기와 장칭의 학교 교정 연설에 대해서는, 과거 베이징대 학생이었던 사람의 증언에 근거한다.(이름은 바꾸었다.) ; Cathy Ye on BBC's Panorama, 4/18/77.

89) 류쑹린, 리민, 마오위안신에 대해서는, *Zhengming*, Hong Kong(monthly), 4/1979; *Zhongbao*, Hong Kong, 5/1980; *Zhanwang*, Hong Kong(fortnightly), no. 340: 26.

90) 리나에 대해서는, Zhu Shan, *Jiang Qing yeshi*, 2 vols., Hong Kong, 280–81; *People's Daily*(in Chinese), 12/10/80; Zhou Yurui, *Hongchao renwu zhi*, New York, 1973, 246; *Zhanwang*, Hong Kong(fortnightly), no. 361:27 and no. 159: 24.

91) 리간칭에 대해서는, *Zhanwang*, Hong Kong(fortnightly), no. 402: 27; Taipei의 Department of Justice의 Inspection Bureau에서 나온 정보; 다음 자료도 보라. Jinan Radio, 11/28/80 (Foreign Broadcast Information Services, 12/23/80).

92) 왕광메이와 장칭에 대해서는, *Zhengming*, Hong Kong(monthly), 12/1979 and 1/1980; Li Tianmin의 *Liu Shaoqi*, Taipei, 5-6 and passim; *People's Daily*(in Chinese), 12/4/1980; R. Baum의 *Prelude to Revolution*, ch. 4; Madame Sukarno to Ross Terill, Jakarta, 6/8/83; *Zhonggong shouyao shilue xubian*, Taipei, 153; W. Hinton의 *Hundred Day War*, 101ff.; Roxane Witke, *Comrade Chiang Ch'ing*, 311, 333–334; R. Alley의 *Travels in China*, 137–139; Zhong Huamin, *Jiang Qing zhengzhuan*, 118ff., 250ff.; *Zhanwang*, Hong Kong(fortnightly), no. 200: 19–20; L. Dittmer의 *Liu Shaoqi and the Chinese Cultural Revolution*, chs. 4 and 5; *Guangming ribao*, 12/4/80; Joint Publications Research Service, Red Guard samples, 8/1/67.

93) (각주) C. P. Fitzgerald의 *Empress Wu*, 32.

94) (각주) *Current Background* (U.S. Consulate General, Hong Kong), no. 848, 2/27/68.

95) Zhong Huamin, *Jiang Qing zhengzhuan*, 235.

96) *Zhengming*, Hong Kong(monthly), no. 26; C. B. Kok의 *Duantou taixia zhi Jiang Qing*, 146.

97) Foreign Broadcast Information Services, 12/4/80, L1. 이 조사 기관의 정식 명칭은 Zhongyang zhuan'an shencha xiaozu(中央專案審查小組, Central Case Examination Group)였다. 이는 Michael Schoenhals가 *China Quarterly*, no. 145: 88ff.에서 밝혔다.

98) *Gongren ribao*, 12/6/80, 2. 마오가 어떤 식으로 장칭을 활용했는지에 대해서는, Shidai piping, Vol. 24, no. 7: 11.

99) 요리사에 대해서는, *A Great Trial in Chinese History*, Beijing, 1981, 41.

100) 류윈뤄에 대한 사항은 그와 안면이 있는 어느 베이징 주민이 제보해준 것이다. *Zhengming*, Hong Kong(monthly), 12/1979, 20ff.도 보라.

101) Joint Publications Research Service, 52658, 39; *Zhonggong shouyao shilue xubian*, Taipei, 153.

102) *Survey of China Mainland Press*, no. 4181: 10. Chen Yongfa, *Yanan de yinyang*, 280도 보라.

103) *People's Daily*(in Chinese), 12/4/80.

104) Roxane Witke, *Comrade Chiang Ch'ing*, 324: Zhong Huamin, *Jiang Qing zhengzhuan*, 290, 294.

105) Zhong Huamin, *Jiang Qing zhengzhuan*, 278.

106) "시간이 없습니다" Zhong Huamin, *Jiang Qing zhengzhuan*, 262. "캉성 동지가…", *Jiang Qing zhengzhuan*, 273.

107) Zhong Huamin, *Jiang Qing zhengzhuan*, 282; *Zhanwang*, Hong Kong(fortnightly), no. 359: 26.

108) 기만에 대해서는 Ross Terrill, *Mao: A Biography*, 320 (1980년 판); Roxane Witke, *Comrade Chiang Ch'ing*, 362, 348, 365. "그녀가 다가오는 것을…", Li Zhisui, *The Private Life of Chairman Mao*, 506.

109) *Survey of China Mainland Press*, no. 4076: 3.

110) Si Ma Zhang Feng's *Zhou Enlai pingzhuan*, 7. Li Tianmin의 *Zhou Enlai*, Taipei, 343.

111) 각주에서 저우언라이에 관한 말은, Ross Terrill, *Mao: A Biography*, 361.

112) 이 한밤중의 회의에 대해서는, *Wansui*—1969, 7/28/68.

113) 각주 내용은, Ross Terrill, *Mao: A Biography*, 354.

114) 장칭의 온건한 입장에 대해서는, Zhong Huamin, *Jiang Qing zhengzhuan*, 146, and postscript; Roxane Witke, *Comrade Chiang Ch'ing*, 317; *Zhanwang*, Hong Kong(fortnightly), no. 272: 11.

115) 각주에서 위트케의 말은, Roxane Witke, *Comrade Chiang Ch'ing*, 317–318.

116) 제9차 당 대회에 대해서는, Schram의 *Chairman Mao Talks to the People*, 283–284; Rice, 467ff; Ross Terrill, *Mao: A Biography*, 367ff.

117) *Zhongyang ribao*, Taipei, 11/4/72; *Zhanwang*, Hong Kong(fortnightly), no. 261.

118) *Chairman Mao Talks to the People*, 298; *Zhanwang*, Hong Kong(fortnightly), no. 356: 23.

119) Zhang Yunsheng, *Maojiawan jishi*, 247–253.

120) 공원에서 있었던 일, Roxane Witke, *Comrade Chiang Ch'ing*, 371.

121) Wang Li, *Xianchang de lishi*, 59.

6장 여제의 꿈

1) 세 개의 인용문 출처는 각각, Roxane Witke, *Comrade Chiang Ch'ing*, 295; *Issues & Studies*, Taipei, 9/1977, 104; Wakuta, 176.

2) 이화원에서 있었던 일은, Roxane Witke, *Comrade Chiang Ch'ing*, 371 (위트케는 "White Cloud Palace"를 언급했지만 이화원 내에 그런 건물은 없다. Pai(排)를 Bai(白)로 잘못 알아들었음에 틀림없다.); 그 식당 겸 공연장에 있던 사람이 제공한 정보. 린뱌오 측 사람들이 린뱌오를 인물로 강조하면서 마오쩌둥의 사상을 강조했던 것은 사실이다. 예컨대, *People's Daily*(in Chinese), 12/3/68 ("부주석 린뱌오의 훌륭한 모범을 따르며 마오 주석의 혁명 노선에 충실할" 필요).

3) Li Zhisui, *The Private Life of Chairman Mao*, 531.

4) C. L. Sulzberger의 *The Coldest War*, 11.

5) *Zhongyang ribao*, Taipei, 11/4/72.

6) Zhu Shan, *Jiang Qing yeshi*, 2 vols., Hong Kong, ch. 23. 다른 경우에도 장칭은 린뱌오의 "영원한 건강(永遠健康)"을 언급하곤 하였다. "*People's Daily*(in Chinese), 12/28/80.

7) Heirs Apparent, 15; *Zhonggong shouyao shilue xubian*, Taipei, 151

8) *People's Daily*(in Chinese), 12/28/80, *Zhongbao*, Hong Kong, 9/1980, 10.

9) *People's Daily*(in Chinese), 12/28/80.

10) *People's Daily*(in Chinese), 12/28/80.

11) 베이징의 어느 제보자; *Sirenbang yanxing lu*, Hong Kong, 1978 , 8.

12) *Issues & Studies*, Taipei, 6/1980, 95.

13) 베이징의 어느 제보자.

14) 마오-린뱌오-장칭의 관계와 린뱌오의 몰락에 관해서는, Ross Terrill, *Mao: A Biography*, 367ff.; *People's Daily*(in Chinese), 11/27/80; *Zhongbao*, Hong Kong, 9/1980; Si Ma Zhang Feng's *Wenge hou de zhonggong*, 170ff.; *Sirenbang yanxing lu*, Hong Kong, 1978 , 8ff.; Zhu Shan, *Jiang Qing yeshi*, 2 vols., Hong Kong, ch. 23.

15) *People's Daily*(in Chinese), 12/28/80 (Yu Youhai의 글).

16) *Sirenbang yanxing lu*, Hong Kong, 1978, 8-9; *Zhongguo she*, 1/1977, 50ff.; *People's Daily*(in Chinese), 5/28/77.

17) Zhu Shan, *Jiang Qing yeshi*, 2 vols., Hong Kong, 273.

18) 장칭의 칭다오 방문에 대해서는, *Sirenbang yanxing lu*, Hong Kong, 1978 , 10.

19) 예천과 장칭의 전화 통화와 수박에 대해서는, *People's Daily*(in Chinese), 12/28/80, Yu Youhai의 글; *Dagong bao*, Hong Kong, 12/29/80.

20) Li Zhisui, *The Private Life of Chairman Mao*, 537; Liaowang, Beijing, 2/6-13/89 (Ji Dengkui의 인터뷰); C. Murphy in *National Review*, New York, 6/8/73.

21) *Issues & Studies*, Taipei, 2/1979, 2 (part of *Zhongfa*, no. 37).

22) 광둥의 저녁 식사 모습에 대해서는, 중국 내의 어느 제보자, 그리고 Zhu Shan, *Jiang Qing yeshi*, 2 vols., Hong Kong, 273. 훗날 장칭은 위트케와 나눈 대화에서 위의 내용 가운데 일부를 다시 반복하여 말한다. (Roxane Witke, *Comrade Chiang Ch'ing*, ch. 15).

23) 린뱌오의 실과과 저우언라이의 관계에 대해서는, Ross Terrill, *Mao: A Biography*, 378, 401-402.

24) 개별성의 주장에 대해서는, J. Hightower in *Journal of the History of Ideas*, no. 22, 1961: 164.

25) 중국 역사에 등장하는 측천무후를 비롯한 다른 여성 정치인에 대해서는, Qu Jianyi의 *Zhongguo lidai nu zhengzhijia*, Jian Ziqing's *Zhongguo lidai xianneng funu pingzhuan*, Taipei, 특히 ch. 55; Nan Gongbo의 *Zhongguo lidai ming nuren*, Hong Kong; L. S. Yang의 "Female Rulers in Imperial China", *Harvard Journal of East Asian Studies*, 1961, 47-61. 영어로 된 좋은 측천무후 전기는 C. P. Fitzgerald의 *Empress Wu*(인용은 pp. 20, 44, 47, 76, 129에서 따왔음). 측천무후의 사랑 이야기에 대해서는, Eric Chou의 *Dragon and Phoenix*(인용은 pp. 27-30). 측천무후와 여태후에 대한 글로 장칭 측을 지지하는 주요한 글들은, 상하이의 좌익 계열 잡지 *Xuexi yu pipan*, 8/1974, 11/1974 (두 편의 글), 1/1975 (두 편의 글); 같은 주제에 대한 글이면서 장칭 측에 반대하는 입장의 글들은, *People's Daily*(in Chinese), 2/8/77; *Guangming ribao*, 2/8/77, 3/20/77, 4/7/77; *China Reconstructs*, 6/1977; *Sirenbang yanxing lu*, Hong Kong, 1978 , 1-3; *Jiang Qing shiqi shi daoming de zhengzhi bashou*, 36 and passim. *Asahi Weekly*(일본어), 4/26/76, 54ff.도 보라.

26) *Sirenbang yanxing lu*, Hong Kong, 1978 , 6-7, 2.

27) Li Zhisui, *The Private Life of Chairman Mao*, 141.

28) Fitzgerald, 109.

29) Han Suyin의 *My House Has Two Doors*, 517; 다른 방문들에 대해서는, *Huainian Mao Zedong*, Hong Kong에 그녀가 쓴 장을 보라.

30) Fitzgerald, 44.

31) J. Alsop's *FDR: A Centenary Remembrance*, 157.

32) 장칭과 캉쩌둥의 관계에 대한 정보는 중국에 거주 중인 3명의 제보에 근거한 것이다. 이들은 정보를 얻기에 좋은 위치에 있는 사람들이다. *Dangdai*, Hong Kong, 2/15/81. 다음 자료들도 보라. 5/28/77, 2; *Issues & Studies*, Taipei, 9/1977, 96 and 2/1979, 97.

33) *My House Has Two Doors*, 609-610.

34) 헬리콥터에 대해서는, *Zhengming*, Hong Kong(monthly), 7/1/80.

35) 각주의 내용은, Wang Ming의 *Mao's Betrayal*, Moscow (영어판), 38ff.

36) 간호사들에 대해서는, *Zhongbao*, Hong Kong, 9/1980; 이 사건을 다르게 서술한 것, 혹은 이 사건은 아니지만 비슷한 사건에 대한 서술은 China Reconstructs, 6/1977, 6에 있다.

37) Fitzgerald, 32.

38) Fitzgerald, 143.

39) 중국 내의 제보자; 또한 *Sirenbang yanxing lu*, Hong Kong, 1978 , 115; Zhu Shan, *Jiang Qing yeshi*, 2 vols., Hong Kong, 224 and passim.

40) 저우언라이와 장칭의 방문에 대해서는, Li Zhisui, *The Private Life of Chairman Mao*, 550, 556.

41) Huang Hua to Ross Terrill, New York, 3/25/74.

42) 각주 내용은 (Brandeis University에 있던) Quan Ruxiang 그리고 (the University of Indiana에 있던) Phillip West와 행했던 개인적 의사 교환에 근거하고 있다.

43) 각주 내용은 필자가 탕나와 나눈 대화(1982년 10월 18일에서 20일까지 파리에서).

44) 위트케의 인터뷰를 중국 정부가 나중에 평가한 글. 여기에는 마오의 반응과 저우언라이의 말이 포함되어 있다. *Zhongfa*, no. 37, pt. 12 (in *Issues & Studies*, Taipei, 5/1979).

45) "충고", "연꽃잎", "숭배", "스승", "치마", Roxane Witke, *Comrade Chiang Ch'ing*, 444, 187, 445, 287.

46) *Issues & Studies*, Taipei, 2/1979, 97.

47) *Zhanwang*, Hong Kong(fortnightly), no. 275: 6.

48) *Qishi niandai*, Hong Kong, 12/1976; *Issues & Studies*, Taipei, 7/1979, 97.

49) Ross Terrill, *Mao: A Biography*, 416.

50) 중국 정부의 주장은, *Zhongfa*, nos. 16, 24, and 37, 모두 1978년과 1979년 사이에 *Issues & Studies*, Taipei에 다시 실렸다.

51) *Issues & Studies*, Taipei, 7/1979, 97; *Qishi niandai*, Hong Kong, 12/1976.

52) *Zhongfa*, no. 24 (in *Issues & Studies*, Taipei, 9/1977).

53) London Times, 12/17/74.

54) 편지 교환에 대해서는, *Issues & Studies*, Taipei, 9/1977, 102ff.

55) 장칭의 1974년 활동에 대해서는, *What's Happening on the China Mainland*, Taipei, 10/31/74; *People's Daily*(in Chinese), 5/18/74, 5/27/74, 7/16/74, 7/31/74, 9/3/74, 9/10/74, 9/20-9/30/74, 10/5/74, 10/20/74; *Red Flag*(in Chinese), 7/1974; Han Suyin in *Huainian Mao Zedong*; *Xuexi yu pipan*, 11/1974 (여태후), and 1/1975 (측천무후); *Issues & Studies*, Taipei,

9/1977, 11/1977, 7/1979, and 7/1981, 23; Ding Wang의 *Wang...*, 27ff.; *Zhengming*, Hong Kong(monthly), 4/1982, 68ff. 비공비림운동에 대해서 장칭은 다음과 같이 말했다. "나는 최선봉에 서서 전투를 지휘했습니다." (*Issues & Studies*, Taipei, 9/1977, 91). Ross Terrill, *Mao: A Biography*, 417ff를 보라.

56) *Xin Tang shu zhuan*, 76, lie zhuan, 1.

57) Tannebaum to Ross Terill, New York, 9/10/81.

58) *Sirenbang yanxing lu*, Hong Kong, 1978 , 6; *People's Daily*(in Chinese), 11/26/76; *Zhongfa*, no. 24 (in *Issues & Studies*, Taipei, 9/1977, 104); Zhongguo sheying, 5/1978.

59) *Guangming ribao*, 7/23/74; *What's Happening on the China Mainland*, Taipei, 9/30/74.

60) *Issues & Studies*, Taipei, 10/1978, 105.

61) "저우언라이는 주석을⋯", *People's Daily*(in Chinese), 11/27/80. 당시 저우언라이의 곤경에 대해서는, *Red Flag*(in Chinese), 4/1974 ("Kong Qiu-The Person"이란 제목의 글은 그에 대한 공격이다.); Kissinger의 *White House Years*, 1059; Ross Terrill, *Mao: A Biography*, 420ff.; *Xin guancha*, nos. 1 and 3, 1981 (장칭과 캉성의 결탁); *Zhongfa*, no. 37, pt. III (in *Issues & Studies*, Taipei, 9/1978). 비림비공운동이 시작되자 장칭은 어느 모임에서 이렇게 외쳤다. "나는 이제 저우언라이 총리를 곤경에 몰아넣었다. 이제 그는 어찌할 바를 모르고 있다." (*Issues & Studies*, Taipei, 9/1977, 91).

62) Wang Nianyi, *Dadongluan de niandai*, 471.

63) *People's Daily*(in Chinese), 5/22/77.

64) *Zhongfa*, no. 37, pt. 8, sect. 4 (in *Issues & Studies*, Taipei, 3/1979); *Issues & Studies*, Taipei, 4/1979.

65) 샤오진촹에 대해서는, *Guangming ribao*, 10/10/74; *People's Daily*(in Chinese), 11/26/76; *Jiang Qing shiqi shi daoming de zhengzhi bashou*, 36; *Zhongbao*, Hong Kong, 9/1980.

66) 석유 기지 방문에 관한 이야기는 톈진에 사는 어느 노동자의 목격담에 근거하였다.

67) 덩샤오핑의 말은 Ross Terill의 *The Future of China*, 268; 장칭이 덩샤오핑과 석유에 대해서 한 말은 *Zhongfa*, no. 37, pt. 10.

68) 이 옷에 관한 서술은 당시 톈진에 살았던 한 여성과 베이징에 살았던 또 다른 한 여성의 말에 근거하였다. 또한 *Eastern Horizon*, 2/1981 and 4/1981; *Sirenbang yanxing lu*, Hong Kong, 1978 , 112; Roxane Witke, *Comrade Chiang Ch'ing*, 291; *My House Has Two Doors*, 609ff.; Wakuta's *Watashiwa no chugokunin*, 174ff.; Li Zhisui, *The Private Life of Chairman Mao*, 586.

69) 이멜다 마르코스의 방문에 대해서는, 당시 필리핀 방문단의 일원이었던 사람이 필자에게 해준 말; *Guangming ribao*, 10/10/74; NYT, 9/30/74 and 12/23/74; *People's Daily*(in Chinese), 9/20-27/74; *What's Happening on the China Mainland*, Taipei, 10/31/74.

70) 장칭의 1974년 6월 톈진 연설, Ding Wang's *Wang...*, 30; *Guangming ribao*, 3/3/77; *Sirenbang yanxing lu*, Hong Kong, 1978 , 6.

71) 장칭의 생활 스타일에 대한 자료는 중국 내에 거주하는 몇 명의 제보자로부터 나왔으며 다음 자료들에 근거하고 있다. *Zhongbao*, Hong Kong, 9/1980; *Sirenbang yanxing lu*, Hong Kong, 1978, passim; Wakuta's *Watashiwa no chugokunin*, 159ff.; Zhu Shan, *Jiang Qing yeshi*, 2 vols., Hong Kong, 229, 236, 235, 215ff.; *Sirenbang yanxing lu*, Hong Kong, 1978 , 112; *Zhengming*, Hong Kong(monthly), no. 13; *Zhongyang ribao*, Taipei, 5/4/77.

72) 영화에 대해서는, *Zhongbao*, Hong Kong, 9/1980. 또한 Jim Mann, *About Face*(Knopf, 1999).

63.

73) "국민 경제 전진"에 대해서는, *Zhongfa*, no. 37, pt. 8 (in *Issues & Studies*, Taipei, 5/1979).

74) RN: *The Memoirs of Richard Nixon*, II, 39. 닉슨 방문에 대한 다른 자료는, Roxane Witke, *Comrade Chiang Ch'ing*, 379, 389; *People's Daily*(in Chinese), 2/21~25/72; NYT, 2/22~26/72.

75) 인도 병사에 관해서는, Roxane Witke, *Comrade Chiang Ch'ing*, 273.

76) 리쭝런에 관해서는, *Li Zongren gui lai*, Changchun, 150.

77) 이 연회에 관해서는, 당시 참석했던 대사가 필자에게 보낸 1982년 2월 25일자 서신 내용에 바탕을 두고 있다.

78) '달팽이'에 관해서는, *Issues & Studies*, Taipei, 5/1979. 자본주의 문화에 대한 장칭의 생각은, Roxane Witke, *Comrade Chiang Ch'ing*, 325, 154.

79) 다칭 유전, 석유 수출에 관해서는, *Zhongfa*, no. 37 (in *Issues & Studies*, Taipei, 5/1979).

80) 《금병매》를 좋아했던 것에 관해서는, Roxane Witke, *Comrade Chiang Ch'ing*, 154.

81) 향산 호텔 연설에 관해서는, *Zhanwang*, Hong Kong(fortnightly), no. 321; Chen Suimin의 *Mao Zedong yu Jiang Qing*, Taipei, 174ff.; Ross Terrill, *Mao: A Biography*, 423ff.

82) (본서 543~545쪽) 리민, 류쑹린, 마오안칭 부부에 관해서는, *Zhongbao*, Hong Kong, 5/1980 and 8/1980; *Zhengming*, Hong Kong(monthly), 4/1979; *Issues & Studies*, Taipei, 5/1980, 91ff.

83) 리윈루에 관해서는 과거 그녀와 이웃이었던 사람들이 필자에게 말해준 것; Zhu Shan, *Jiang Qing yeshi*, 2 vols., Hong Kong, 146, 149~150.

84) 마오위안신에 관해서는, *Issues & Studies*, Taipei, 10/1977, 11/1977, and 1/1979 (장태싱); Zhen, xiang, Hong Kong, no. 28; Ross Terrill, *Mao: A Biography*, 417, 451; *Empress Wu*, 138ff. (무 승사); Li Zhisui, *The Private Life of Chairman Mao*, 12, 458.

85) 마오가 리나에게 보낸 편지에 관해서는, T. Scharping의 *Mao Chronik*, 192. 또한 Zhu Shan, *Jiang Qing yeshi*, 2 vols., Hong Kong, 280~281; Zhen xiang, Hong Kong, no. 28; 16ff. (리나는 어머니에게 접근하려면 마오위안신을 통해야 했다.)

86) Ted Hill to Ross Terill, Melbourne, 12/24/81. (Ted Hill은 호주의 공산당 지도자이다.)

87) 왕하이룽과 낸시 탕에 관해서는, *Issues & Studies*, Taipei, 9/1977.

88) 왕훙원의 마오 방문에 관해서는, *Qishi niandai*, Hong Kong, 12/1976; *Mingbao*, 10/26/76.

89) *Mingbao*, 10/29/76.

90) 돈 문제에 대해서는, *Zhongfa*, no. 24 (in *Issues & Studies*, Taipei, 11/1977); *Zhongbao*, Hong Kong, 9/1980; Roxane Witke, *Comrade Chiang Ch'ing*, 443; Wu Liandeng (과거 가정부) in *Zhongguo tongxun she*, Hong Kong, 11/3/95. 장칭의 월급은 1964년에 120위안에서 1970년 대 중반에는 300위안이 넘는 액수로 올랐다. Shaoshan Mao Zedong tongzhi jinian guan, *Mao Zedong yiwu shidian*, Beijing, 1996, 534~538을 보라.

91) *Qishi niandai*, Hong Kong, 12/1976.

92) 〈개척자〉에 대해서는, *Zhongfa*, no. 37 (in *Issues & Studies*, Taipei, 3/1979).

93) Ross Terill's *The Future of China*, 120.

94) 루디가 필자(로스 테릴)에게 개인적으로 이야기해준 내용이다.

95) *Sirenbang yanxing lu*, Hong Kong, 1978 , 68.

96) 비판의 말에 대해서는, Zhong Huamin, *Jiang Qing zhengzhuan*, 159.

97) *Zhongfa*, no. 37, pt. 2 (in *Issues & Studies*, Taipei, 2/1979).

98) *Zhongfa*, no. 37, pt. 2 (in *Issues & Studies*, Taipei, 2/1979).

99) *Zhongfa*, no. 24 (in *Issues & Studies*, Taipei, 10/1977).

100) 장칭의 다자이 연설과 마오의 반응에 대해서는, *Zhongfa*, no. 37, pt. 6 (in *Issues & Studies*, Taipei, 4/1979); *Mingbao*, 10/27/76; *China Reconstructs*, 2–3/1977; *Sirenbang yanxing lu*, Hong Kong, 1978, 67; *Zhongbao*, Hong Kong, 9/1980.

101) 루디가 필자에게 개인적으로 이야기해준 것이다.

102) 캉성에 관련된 이 사건에 대해서는, *Zhongfa*, no. 24, pt. 3 (in *Issues & Studies*, Taipei, 10/1977); Xin guancha, 2/10/81: 36; Li Zhisui, *The Private Life of Chairman Mao*, 600.

103) 저우언라이의 죽음에 대해서는, Ross Terrill, *Mao: A Biography*, 439ff.; 당시 베이징에 있던 외국 외교관들의 발언: *Qishi niandai*, Hong Kong, 12/1976 (선양의 군인, 광둥의 군중); *Paris–Pékin*, no. 2: 40 ("작은 차오").

104) *Zhongfa*, no. 37, pt. 2 (in *Issues & Studies*, Taipei, 2/1979).

105) *Zhonghua zhoubao*, 12/27/76. 주더와 장칭의 적대감의 배경에 대해서는, *Shidai piping*, Taipei, vol. 24, no. 7: 10.

106) 텔레비전에 나온 장면에 대해서는, *Qishi niandai*, Hong Kong, 12/1976.

107) 덩샤오핑의 패배에 대해서는, Ross Terill의 *The Future of China*, ch. 4.

108) *Zhongfa*, no. 24, pt. 3 (in *Issues & Studies*, Taipei, 10/1977).

109) *Zhongfa*, no. 37, pt. 2.

110) 닉슨 부부에 대해서는, *People's Daily*(in Chinese), 2/24/76; *London Times*, 2/24/76; *Zhanwang*, Hong Kong(fortnightly), no. 339: 16.

111) 톈안먼 사건에 대해서는, Ross Terrill, *Mao: A Biography*, 448ff.; *People's Daily*(in Chinese), 4/8/76; *Qishi niandai*, Hong Kong, 2/1977; *Tiananmen geming shichao*, Hong Kong, 32, 41, 50; *Dagong bao*, Hong Kong, 11/27/78, 2; Li Zhisui, *The Private Life of Chairman Mao*, 612.

112) (각주) *Empress Wu*, 98.

113) *Issues & Studies*, Taipei, 9/1978, 96.

114) *Zhongfa*, no. 37, pt. 6.

115) R. Muldoon's *Muldoon*, 130. 당시 장칭의 핵심적 역할에 대해서는, China Information Service(Taipei), no. 77-881.

116) *Zhongfa*, no. 24, pt. 3 (in *Issues & Studies*, Taipei, 10/1977).

117) *China News*, Taipei, 11/5/75.

118) *Manchester Guardian*, 11/7/76.

119) 침대 곁의 모임에 대해서는, *Mingbao*, Hong Kong, 10/26–30/76; BBC, Far East, 5335, 10/12/76; J. van Ginneken의 *The Rise and Fall of Lin Biao*, 318; *Qishi niandai*, Hong Kong, 2/1977; Si Ma Zhang Feng의 *Wenge hou de zhonggong*, 548ff.; *Guangming ribao*, 12/5/76; *Gongdang wenti yanjiu*, vol. 7, no. 1: 28.

120) 영화에 대해서는, Li Zhisui, *The Private Life of Chairman Mao*, 574, 617을 보라.

121) *Issues & Studies*, Taipei, 11/1977.

122) 샤오진좡 방문, *People's Daily*(in Chinese), 11/26/76; *Issues & Studies*, Taipei, 2/1979, 98;("한 방울의 정액") Wakuta, 176.

123) 장칭의 다자이 방문에 대해서는, *Zhongbao*, Hong Kong, 9/1980; *Zhongfa*, no. 24, pt. 4 (in *Issues & Studies*, Taipei, 11/1977); *China Reconstructs*, 2–3/1977; *Eastern Horizon*, Hong Kong, 3/1977; *Jiang Qing shiqi shi daoming de zhengzhi bashou*, 34ff.; Li Zhisui, *The*

주석 693

Private Life of Chairman Mao, 11, 620.

124) 마오의 마지막 며칠에 관해서는, *Zhongfa*, no. 24, pt. 4 (in *Issues & Studies*, Taipei, 11/1977); *Mingbao*, 11/26–30/76; Ding Wang's *Jiang Qing yu Beijing zhengbian*; *Zhanwang*, Hong Kong(fortnightly), no. 361: 28, and no. 362:11 (화궈펑이 마오의 아들이라는 설); Li Zhisui, *The Private Life of Chairman Mao*, ch. 1, 624, 631.

125) 화환과 장례식에 대해서는, *China Quarterly*, no. 68: 880; E. Masi의 *China Winter*, 98ff.; Ross Terrill의 *Mao: A Biography*, 457.; R. Garside의 *Coming Alive*, 137, 물론 홍콩 공산당 제보자들이 주장하는 것처럼 마오가 죽기 전에 "장례식에서 그녀가 나의 부인이라는 언급을 하지 말라"고 지시했을 가능성도 있다.(NYT, 10/22/76)

126) "지금 말씀드릴 수가‥", *Zhongbao*, Hong Kong, 8/1980, 9. 장칭이 몰락하는 정치적 과정에 대해서는, Ross Terrill의 *The Future of China*, 110ff.; the Wang and Zhang exposés in *Paris-Pékin*, no. 1 and no. 2; *Qishi niandai*, Hong Kong, 12/1976 and 2/1977; *Mingbao* 10/26–30/1976; *Zhongfa*, no. 24 (in *Issues & Studies*, Taipei, 11/1977); *Zhengming*, Hong Kong(monthly), 11/1980, 38ff.; *Gongdang wenti yanjiu*, vol. 7, no. 1: 26ff.; Singko Ly의 *The Fall of Madam Mao*, 326.

127) Li Zhisui, *The Private Life of Chairman Mao*, 21.

128) "이미 결정된 방침에 따라‥", *Zhongfa*, no. 24 (in *Issues & Studies*, Taipei, 11/1977, 105ff.)

129) 장칭과 화궈펑의 논쟁에 관해서는, Ross Terrill의 *The Future of China*, 123.

130) *Zhongfa*, no. 24(in *Issues & Studies*, Taipei, 11/1977)

131) *Guangming ribao*, 10/4/76.

132) 이 다섯 사람은 장칭의 몰락 이후 열린 "승리의 집회"의 지도적 인물들이었다. (*London Times*, 10/25/76).

133) *Mingbao*, 11/3/76.

134) 장칭의 체포에 관해서는, *Zhongbao*, Hong Kong, 9/1980, 18ff.; *Qishi niandai*, Hong Kong, 12/1976; *Paris-Pékin*, no. 2 (왕둥싱의 비밀 연설), no. 1 (장핑화張平化의 비밀 연설); *Mingbao yuekan*, Hong Kong, 11/1976, 3ff.; Ding Wang의 *Jiang Qing yu Beijing zhengbian*; *Le Monde*, 10/21/76 (마오위안신); *Zhengming*, Hong Kong(monthly), 10/1978, 32ff.; *My House Has Two Doors*, 637; *Yangcheng wanbao*, Canton, 2/10/89. 야오원위안이 체포된 장소와 장칭이 자신의 여러 거처 중 어디에서 체포되었는지를 두고 여러 가지 설이 있다. (Li Zhisui, *The Private Life of Chairman Mao*, 635를 보라.)

135) *People's Daily*(in Chinese), 9/8/77.

136) "백골정"에 관해서는 *Jiang Qing shiqi shi daoming de zhengzhi basbou*, 21.

137) Ross Terrill의 *The Future of China*, 114, 130ff.; Masi의 *China Winter*, ch. 5; 중국인 관찰자들과의 인터뷰; *London Times*, 11/19/76.

138) 류쑹린, 사오화, 리민의 말, *Zhongbao*, Hong Kong, 5/1980 and 9/1980.

139) 왕하이룽과 양카이후이에 대해서는, *London Times*, 10/22/76; *People's Daily*(in Chinese), 12/8/76.

7장 재판정의 마담 마오

1) *Lianhe bao*, Taipei, 11/18/80; *Issues & Studies*, Taipei, 6/1979, 112ff. 수감된 장칭에 대해서는,

Zhongbao, Hong Kong, 9/1980; *Mingbao yuekan*, Hong Kong, 12/1980; *Zhengming*, Hong Kong(monthly), 8/1978; *Nanfang ribao*, 11/23/80; *Qishi niandai*, Hong Kong, 12/1980; *Zhongguo renquan*, 2/1979 (Joint Publications Research Service, 73421).

2) 자살 시도에 대해서는, *London Times*, 11/24/76; *Zhengming*, Hong Kong(monthly), 8/1978, 15; *Free China Weekly*, 2/6/77. Roxane Witke, *Comrade Chiang Ch'ing*, 321; R. Witke and M. Wolf, *Women in Chinese Society*, 111ff.; 예일대의 조녀선 스펜스(J. Spence)가 필자에게 준 중국 역사에 나타난 자살에 관한 미발표 원고; Lin Yutang의 *My Country and My People*, 141. 중국의 유명한 작가인 마오둔(茅盾)과 딩링은 각각 1949년 이전 시기에 자살에 관한 글을 썼는데, 이 글들은 1949년 이후 너무 관대한 태도를 취했다고 비판받았다.

3) 베이징의 어느 제보자.

4) 만두에 대해서는, *Nanfang ribao*, 11/23/80, 3.

5) (각주) *Zhengming*, Hong Kong(monthly), no. 19

6) 검찰 관료들과의 대화는, *Zhengming*, Hong Kong(monthly), no. 19.

7) *Zhengming*, Hong Kong(monthly), no. 13, 7/1980, 26; Joint Publications Research Service, 73421.

8) *Zhanwang*, Hong Kong(fortnightly), no. 447; 24; Zhen xiang, Hong Kong, no. 28; *Zhongbao*, Hong Kong, 9/1980.

9) 장칭 재판에 관한 주요한 일반 자료는 다음과 같다: Fujian을 통해서 입수된 이 재판의 시청각 기록(텔레비전 테이프)을 타이페이의 조사국에서 필자가 직접 검토한 것; *Lishi shenpan*, Beijing, 1981; 이 재판에 출석했던 중국인들과 중국 및 미국에서 인터뷰한 내용; *Zhengming*, Hong Kong(monthly), 1/1981; 1980년 말부터 1981년 초 사이의 *Qishi niandai*, Hong Kong; 1980년 말부터 1981년 초 사이의 *Zhongbao*, Hong Kong; *China News Analysis*, Hong Kong, no. 1199; 1981년 11월 20일부터 1981년 1월 25일 선고까지의 *People's Daily*(in Chinese); *Mingbao yuekan*, Hong Kong, 12/1980 and 3/1981; *Issues & Studies*, Taipei, 1/1981 and 6/1981; *Beijing Dashen*, Taipei, 1981; *A Great Trial in Chinese History*, Beijing, 1981. 기소 내용은 영어로는 *Peking Review*(later, *Beijing Review*), no. 48, 1980에 있고, 중국어로는 *Lishi shenpan*, Beijing, 1981, 17ff에 있다. 또한 *China Quarterly*, no. 85도 보라. 장칭과 린뱌오의 연결에 대해서는 *Qishi niandai*, Hong Kong, 12/1980; 대만의 Zhu Lili가 쓴 미발표 논문, *Lin Jiang jituan shenpan de qianyin yu houguo*.

10) Fitzgerald의 *Empress Wu*, 145.

11) 변호인에 관해서는, *Mingbao yuekan*, Hong Kong, 12/1980; *A Great Trial in Chinese History*, Beijing, 1981, 26-27; *People's Daily*(in Chinese), 12/24/80.

12) *Zhengming*, Hong Kong(monthly), no. 40.

13) 창사 사건에 관해서는, *Zhengming*, Hong Kong(monthly), no. 40; *A Great Trial in Chinese History*, Beijing, 1981, 46ff.; TV Tape; Foreign Broadcast Information Services, 11/28/80, L1-L4; *Beijing Dashen*, Taipei, 1981, 25ff.; *People's Daily*(in Chinese), 11/27/80.

14) *Zhengming*, Hong Kong(monthly), no. 40; 19.

15) Si Ma Zhang Feng의 *Deng Xiaoping fuzhi shimo*, 198.

16) 필자가 탕나와 나눈 대화(1982년 10월 18일에서 20일까지 파리에서).

17) 류사오치와 왕광메이에 관한 재판 과정은, Foreign Broadcast Information Services, 12/4/80, 12/5/80, 12/8/80, 12/9/80; *A Great Trial in Chinese History*, Beijing, 1981, 33ff.; TV Tape;

주석 695

Beijing Dashen, Taipei, 1981, 34ff.; *People's Daily*(in Chinese), 12/4/80, 12/6/80; *Issues & Studies*, Taipei, 1/1981 (가택수색).

18) 재판이 법률의 표현이라는 것에 대해서는, *Issues & Studies*, Taipei, 7/1981.

19) "불길한 별…", *People's Daily*(in Chinese), 12/4/80. 흥미롭기도 하고 슬프기도 한 사실은 장칭 재판이 해방 이전 시기의 재판과 닮았으며(Smedley의 *Portraits*, 29를 보라) 새금화의 재판과도 닮았다는 사실이다(*That Chinese Woman*, ch. 17을 보라). 다른 점은, 새금화는 재판관들 앞에 무릎을 꿇고 있어야 했지만 장칭은 의자에 앉을 수 있었다. 또 새금화는 30대였지만 장칭은 60대였다. 하지만 두 재판은 많은 점에서 닮아 있었다. 두 재판 모두 '법의 지배'라는 관념에서 벗어나 있었다. 정치가 재판을 지배했다. 그리고 피고들은, 여자라면 당연히 집에서 살림에 전념해야 하는데 자신의 여성적 매력을 이용하여 공적 생활에서 한 자리를 차지했다는 것으로 비난받았다. 그러나 새금화도 장칭도 당당하게 행동했다. 두 사람의 삶은 일관성이 있었다. 그들은 굴복하지 않았다. 그들은 그림자가 아니라 현실에서 살아 숨쉬는 존재였다.

20) 명단에 관해서는, *A Great Trial in Chinese History*, Beijing, 1981, 51ff.; Foreign Broadcast Information Services, 12/18/80.

21) 황천, 랴오모사, 1930년대 문제에 관해서는, *Beijing Dashen*, Taipei, 1981, 53ff.; *A Great Trial in Chinese History*, Beijing, 1981, 58ff.; *People's Daily*(in Chinese), 12/10/80, 12/13/80; Foreign Broadcast Information Services, 12/8/80, 12/9/80, 12/10/80, 12/12/80, 12/15/80, 12/16/80, 12/18/80; TV Tape. 랴오모사와 장칭 사이의 적개심의 배경에 대해서는, *Dagong bao*, Hong Kong, 1/28/81.

22) 어린이들에 관해서는, *Far Eastern Economic Review*, 11/28/80.

23) "텔레비전에서 내 모습이…", "지난번에 왜 내 머리카락을…", *Zhengming*, Hong Kong(monthly), no. 40.

24) 1980년 12월 23일, 24일, 29일 재판에 대해서는, TV Tape; *Beijing Dashen*, Taipei, 1981, 71ff.; *A Great Trial in Chinese History*, Beijing, 1981, 101ff.; Christian Science Monitor, 12/30/80; *People's Daily*(in Chinese), 12/24, 12/25("여자 황제가 되겠다는 10년의 꿈…"), and 12/30; *Zhengming*, Hong Kong(monthly), no. 19 (Jiang Wen에 대한 불평) and no. 40; *Mingbao yuekan*, Hong Kong, 12/1980; Foreign Broadcast Information Services, 12/23/80, 12/24/80, 12/29/80; *Far Eastern Economic Review*, 1/2/81; *Peking Review*(later, *Beijing Review*), 1/12/81 ("장칭은 기소장에 적힌…"); *Issues & Studies*, Taipei, 6/1981, 44(마오의 말 인용); *Dagong bao*, Hong Kong, 12/30/80.

25) 재판에 출석했던 어느 베이징 주민의 말.

26) 스님 이야기는, *Zhanwang*, Hong Kong(fortnightly), no. 401: 7.

27) 형의 선고에 관해서는, Zhen xiang, Hong Kong, no. 28; TV Tape; *Issues & Studies*, Taipei, 1/1981 and 6/1981; *A Great Trial in Chinese History*, Beijing, 1981, 128ff.; *Beijing Dashen*, Taipei, 1981, 415ff.; *Far Eastern Economic Review*, 1/16/81; *Zhengming*, Hong Kong(monthly), no. 40: 22ff.

28) 수형 생활과 감형에 관해서는, *Zhen xiang*, Hong Kong, no. 28; *Lianhe bao*, Taipei, 8/16/81; *Qishi niandai*, Hong Kong, 3/1981; NYT, 1/24/83, 1/26/83; *People's Daily*(in Chinese), 1/26/83; *International Herald Tribune*, 9/1/82; *Zhongyang ribao*, Taipei, 1982년의 늦여름(필자가 보관하고 있는 신문 스크랩에 날짜가 적혀 있지 않다).

29) "인형", "라디오", "내 머리가…", 인형에 이름을 넣은 것에 대해서는, *Lianhe bao*, Taipei, 8/16/81,

1/26/83, 1/24/83; NYT, 1/24/83.

30) NYT, 1/24/83.

31) 장칭의 유인물 가운데 하나는 "공산당과 전국의 프롤레타리아 혁명 전사들"에게 보내졌다. 필자는 당시 산둥성 지역에서 우편물 사이에 끼워져 있던 유인물 하나를 보관하고 있다.

32) *Zhongyang ribao*, Taipei, 9/26/82.

33) *People's Daily*(in Chinese), 1/26/83; NYT, 1/26/83. cf. *Zhongyang ribao*, T, 1/26/83 and 1/27/83.

34) Wakuta, 203; *Lianhe bao*, T, 1/24/83; *International Herald Tribune*, 9/1/82.

35) Lu Keng, *Fengyun bian huan de Deng Xiaoping shi dai*, 1988, 107-108.

36) *Zhengming*, Hong Kong, no. 79, 5/1984.

37) *Chao liu*, Hong Kong, no. 24, 1/15/89.

38) 덩샤오핑과 후야오방에 관해서는 *Zhengming*, Hong Kong(monthly), no. 79, 5/1984.

39) 수박과 서예에 관해서는, Zhao Wei in *Shincho*, Tokyo, 5/1991.

40) *Chao liu*, Hong Kong, 1/15/89, 중국 본토에서 나온 말을 인용했다.

41) 푸싱병원 관련 사항은 당시 병원 환자 한 명이 제공한 정보와 Ihara가 작성하여 1991년 7월 필자에게 준 문건 "Chronology of Jiang Qing"(일본어)의 정보에 근거했다.

42) 수면제에 관해서는, *Dong xiang*, Hong Kong, 6/1991.

43) *Hainan ribao*, 1/16/91.

44) Uli Schmetzer가 요약한 〈화야〉 기사는 1990년 늦은 5월의 *Knight-Ridder* 송고문에 실려 있다.

45) *Dong xiang*, Hong Kong, 6/1991.

46) *Zhongguo tongxun*, Hong Kong, 9/8/89, 인민해방군 작가인 Jian Ni의 글을 인용하고 있다.

47) *Shukan bunshun*, Tokyo, 6/1991.

48) 장칭이 죽기 전 마지막 두 달에 관해서는, *Dong xiang*, Hong Kong, 6/1991.

49) Kichinosuke Ihara's "Chronology of Jiang Qing."

50) Liu Xiaobo, et al, *Hunshi mowang Mao Zedong: mingjia ping Mao ji*, Hong Kong, 1993, 170.

51) *Hong Kong Standard*, 6/7/91.

52) (Lu Jian) Melbourne Age, August 20, 1984, Mark Baker가 베이징에서 보낸 송고문.

53) *Beijing Review*, 1/19/88; *Jingji ribao*, 3/25/88; *Zhongguo qingnian*, 12/1988.

54) *Hainan ribao*, 1/16/91.

55) *Kaifeng*, Hong Kong, 6/1991.

56) *Kaifeng*, Hong Kong, 6/1991.

57) *Jiefangjun bao*, 6/11/91; 마오쩌둥을 다룬 저술들에 관한 New China News Agency의 1991년 6월 10일자 송고문.

58) *Gongren ribao*, 6/10/91.

59) 책과 가극에 대해서는, *Shukan bunshun*, Tokyo, 6/1991.

60) *Dong xiang*, Hong Kong, 6/1991.

에필로그

1) Geremie Barmé, *Shades of Mao*, 1996, 30.

　한 나라의 역사 속에 큰일을 한 인물이면서도 막상 그 개인적인 세부 사항이 잘 알려지지 않은 사람이 이따금 있는데, 이 책의 주인공인 장칭이 그런 사람이다.

　마오쩌둥의 아내로서, 그리고 문화혁명 기간에 한 일들로 중국 현대사에 큰 획을 그은 인물이면서도 막상 그녀의 삶에 관한 세부 사항으로 들어가면 너무나 불분명한 것이 많다. 왜 그럴까? 아마도 그 책임은 대부분 장칭 자신에게 물어야 할 것이다. 장칭은 자기 삶을 이야기하면서 많은 부분을 숨기거나, 속이거나, 미화했다. 어쩌면 성장기와 젊은 시절의 삶이 너무도 비참했기에 그랬을지도 모른다. 20세기 초 중국 전역이 혼란에 빠져들던 시기에 태어나 자랐다고는 하지만 이집 저집 떠돌아다니며 남의집살이를 하던 어머니가 30살이나 나이가 많은 남자의 작은댁으로 들어가 장칭을 낳았다는, 불우한 출신 배경을 갖고 있었기에 장칭은 자신의 개인적인 세부 사항을 숨기고 싶었을 것이다.

　그뿐인가? 그녀는 십대와 이십대의 많은 시간을 상하이에서 연극과 영화에 출연하는 여배우로 살면서 여러 남성과 사귀고 결혼을 하고 동거 생활까지 했다. 중국 최고 지도자의 아내로서 그런 배경을 가졌다는 것은 그리 자랑할 만한 일이 못 되었다. 게다가 마오쩌둥과 결혼하기까지 과정을 두고도 말이 많다. 혁명가의 아내로서 누구보다 당당한 품성과 자질을 지녔던 마오쩌둥의 세 번째 아내 허쯔전이 남편과 결별할 때 정황이 자꾸만 장칭과 연결되는 점, 즉 장칭이 둘 사이에 끼어들어 허쯔전을 쫓아낸 것이 아니냐는, 텔레비전 통속 드라마에 나올 법한 의혹이 계속 장칭을 따라다녔다.

그럼 장칭의 최후는 어떠했던가? 문화혁명의 주요 지도자 가운데 한 사람이었으면서도, 결국 마오쩌둥이 죽은 뒤 이른바 '사인방' 반혁명 집단의 수괴로 지목되어 재판정에 서고 사형까지 선고받지 않았던가? 결국 그녀는 마오쩌둥의 아내라고 하는 지극히 높은 자리에 올랐지만, 계속해서 자신의 미미한 출신 배경에 관한 루머로 고통받았으며 결국에는 중국 정치를 파국으로 몰고 간 나쁜 무리의 우두머리로 지탄받았다. 그리하여 《서유기》에서 삼장법사를 유혹하려다가 실패한 요괴, '백골정(白骨精)'이란 별명을 얻은 것이다. 장칭은 역사에 의해 철저하게 배격된 여인이었다.

이처럼 역사에서 철저하게 배격당하고 철저하게 비판당한 한 여인의 모습을 새롭게 조명한 것이 바로 이 책이다. 하버드대학 연구 교수로 있는 로스 테릴은 수많은 문헌 자료를 검토한 것은 물론이고 장칭과 관련 있는 여러 인물을 직접 면담하면서 장칭의 초상을 그려 간다. 저자는 장칭과 직접 관계가 있었던 중국인들을 미국, 중국 본토, 대만 그리고 심지어 프랑스에서 만나 이야기를 들었다. 장칭을 만난 적이 있는 버마 정치인을 찾아 랑군에 가고, 일본 오사카에서 장칭 연구자와 만났는가 하면 인도네시아 자카르타에서 정치인을 만나기도 했다. 책상에 앉아서 영어, 중국어, 일본어 등으로 된 자료를 확인하는 것만도 힘들었을 텐데 이렇게 전 세계를 찾아다니면서 사람을 만나는 것은 얼마나 힘들었을까? 한 사람의 인생을 알려면 그 사람에 관해 쓴 글을 전부 읽어야 할 뿐 아니라 주변 사람들의 말도 들어야 한다는 어쩌면 평범한 논리를 철저히 실천에 옮긴 것이다.

사람의 역사 그리고 생활의 역사가 중시되는 시대가 되었다. 경제와 정치의 거대 담론이 아니라 생활과 삶 그리고 여성과 남성의 상호 작용에 많은 사람들이 눈을 돌리기 시작한 것이다. 로스 테릴은 후기에서 "장칭이 여성으로서 가장 큰 역할을 수행한 것은 마오쩌둥과 부부 관계를 유지하였을 때"라고 말하면서, "마오로서는 가장 중요한 시기였던 옌안 시대에 그는 가정적인 만족을 누렸으며 그 기반 위에 마오는 자신의 주의와 정력을 일본군과 장제스를 격파하는 데 쏟을 수 있었으며 그의 생에서 가장 훌륭한 글과 책을 쓸 수 있었다."라고 말한다. 그렇다. 어쩌면 문화혁명의 광기를 선도했던 장칭보다 마오쩌둥의 아내로서 그를 보좌하고 동반했던 장칭의 모습이 더 진실된 그녀의 모습이었는지 모른다. 하지만 역사의 소용돌이는 이 여성을 중국 정치라는 큰 무대 위에 올려놓았고 그녀는 자신을 이 세상에 표현하기 위해 혼신의 연기를 펼쳤다.

마녀 혹은 요괴로 매도당했던 한 여성의 초상화를 저자는 특히 개인적인 측면에 주목하면서 그려 나간다. 최고의 초상화란 그 사람을 있는 그대로 그리되, 보는 사람에 따라 악인으로도 선인으로도 보이게, 또는 바보로도 천재로도 보이도록 그린 초상화라고 한다. 장칭이란 여성이 과연 악녀였는지 아니면 마오 주석의 양처(良妻)였는지, 혁명의 선봉이었는지 반혁명의 괴수였는지, 독자들께서 나름대로 판단하시기 바란다.

이 책의 번역 저본은 아래와 같다.

Ross Terrill, *Madame Mao: The White-Boned-Demon*, Revised edition, Stanford University Press, 1999.

원서 초판은 1984년에 나왔으며 1992년에도 개정판이 나왔다.

이 책의 원서는 두 번에 걸쳐 중국어로 번역되어 아래와 같은 이름으로 출판되었다.

罗斯 特里尔 著,《江青正传》, 世界知识出版社, 1988.

R. 特里尔 著,《江青全传》, 河北人民出版社, 1994.

앞의 책은 원서의 1984년 초판을 번역 저본으로 사용했고, 뒤의 책은 1992년 개정판을 저본으로 사용했다. 원저자가 〈에필로그〉에서 밝힌 바와 같이 앞의 중국어 번역본은 그 내용에 있어 약 20퍼센트가량 의도적으로 번역이 생략된 반면, 후자의 중국어 번역본은 거의 완벽한 정식 번역본이다. 여러 면에서 후자를 더 신뢰할 만하다고 볼 수 있다.

본 번역자는 두 권의 중국어 번역본을 모두 참고하여 인명, 지명, 기관명 등 고유명사의 한자 표기와 주요 인용문의 중국어 원문을 확인했다. 그러나 중국인 번역자들조차 정확한 중국어 표기를 찾지 못한 경우가 있었으며 그런 경우 한국어 번역본에서도 중국어 표기를 할 수 없었다. 이 책은 중국어 외에도 프랑스어, 에스파냐어, 이탈리아어, 인도네시아어 등으로 번역되었는데 그 가운데 본 번역자는 프랑스어 번역본도 일부 참고하였다.

장칭의 일생에는 아직도 확인되지 않은 것이 많다. 특히 그녀의 젊은 시절이 그러한데 이는 장칭 스스로 적극적으로 숨긴 내용이 많으며 또 장칭의 실각 이후 중국공산당 지도부가 왜곡한 부분이 많기 때문이다. 하지만 최근 몇 년간 장칭 일생의 사실 관계가 점차적으로 밝혀지고 있는 바, 본 번역자는 장칭과 중국 현대사를 다룬 영어권과 중국어권 웹사이트, 중국어 백과사전 등에서 관련 자료를 찾고, 앞서 언급한 이 책의 최신 중국어판 등을 두루 검토하여 몇 가지 추가로 밝혀진 사항들을 본문에 역주로 덧붙였다.

이 책을 번역하는 과정에서 장칭을 다룬 다른 연구물들을 찾아보았으나, 국내외적으로 아직까지 이 책에 필적할 만한 본격적인 장칭 전기는 찾을 수 없었다. 다만 예술적 각도에서 장칭의 일생을 다루어 상당한 호평을 받은 작품을 두 편 발견했다. 둘 다 영어로 된 작품이며 국내에 아직 소개되지 않은 것들이지만 참고삼아 언급해 둔다.

중국의 근대사와 여성 문제를 주제로 훌륭한 작품을 쓰고 있는 안치민(Anchee Min)의 소설《Becoming Madame Mao》(2000)는 장칭이 한 인간으로 또 한 여인으로 어떤 삶을 살았는지를 일인칭 시점에서 섬세하고 아름답게 묘사하고 있다. 또한 장칭의 일생을 주제로 한 오페라도 있다. 브라이트 성(Bright Sheng)이란 음악가의 작품으로 2003년에 초연된 〈마담 마오(Madame Mao)〉가 그것이다. 배우 활동, 경극 개혁 등 공연 예술과 밀접하게 연관된 장칭의 일생은 어쩌면 이런 오페라의 형식이 적당한 형상화의 도구일지도 모른다. 이런 창작물의 출현은 장칭의 인간적인 측면을 살펴보면서 중국사의 이면을 들여다보고자 하는 사람이 늘고 있음을 보여주는 것이 아닐까 짐작해본다.

역자의 중국어 실력이 얕고 중국사 지식이 부족하여 번역에 힘이 들었다. 여러 지인의 도움을 받았으나 그들의 이름을 밝히기에는 나의 번역 성과가 너무 미미한 것 같다. 그러나 원저자 로스 테릴의 도움을 받았음은 밝힐 수 있겠다. 책에 등장하는 인물에 관한 정보 그리고 중국어 번역본의 입수 등에서 로스 테릴은 직접 많은 도움을 주었다.

2012년 11월
양현수

1893년　12월 마오쩌둥, 후난성 사오산에서 출생.

1911년　10월 신해혁명 발발.

1912년　1월 중화민국 출범(임시대총통 쑨원). 국민당이 결성되다.

　　　　2월 청의 선통제가 퇴위하면서 청조 멸망.

1913년　군벌 위안스카이가 중화민국 대총통에 취임한 뒤 독재와 전제로 일관하
　　　　다.

1914년　3월 장칭, 산둥성 주청에서 30살가량 차이가 나는 나이 많은 아버지와 첩
　　　　인 어머니 사이에서 태어나다. 어릴 때 이름은 수멍(淑蒙)이었다. 어렸을
　　　　때, 관습에 따라 전족을 했으나 스스로 풀어버렸다. 고집이 세고 자존심
　　　　이 강한 아이였으며, 스스로 타당하다고 인정하지 않는 한 절대 굽히지
　　　　않는 성격은 평생 바뀌지 않는다.

1916년　중화민국 대총통 위안스카이 사망. 제국주의 열강의 지원을 받는 군벌들
　　　　과 혁명파의 대립이 격화되면서 중국 전역이 극심한 혼란에 빠져들었다.

1919년　5월 베이징에서 반제국주의·반봉건 혁명 운동인 5·4운동이 일어나다.

　　　　10월 국민당 재건.

1919년　다섯 살 무렵에 아버지의 폭력 때문에 어머니와 함께 집을 떠나다. 이후
　　　　어머니가 남의집살이를 하면서 어렵게 생계를 유지하다가 1920년대 중반
　　　　에 산둥성 지난에 있는 외가로 들어간다. 소학교에 다니면서 이름을 윈허
　　　　(雲鶴)로 바꾼다.

1921년　7월 중국공산당 창설. 상하이에서 열린 공산당 창립 대회에 마오쩌둥 참
　　　　가.

1924년　군벌과 제국주의를 타도하기 위해 국민당과 공산당이 손을 잡다.(제1차
　　　　국공합작)

1925년　쑨원이 사망하면서 장제스가 후계자로서 국민당을 이끌게 되었다.

1926년　장제스, 국민혁명군의 총사령관이 되어 북벌을 시작하다.

1926~1927년경 어머니와 함께 톈진에 있는 이복 언니 집에 잠시 머물다. 당시 원
        허는 집안일을 했고 학교에는 다니지 않았다.
1927년 4월 장제스가 상하이 노동자 봉기를 무력 진압하면서 1차 국공합작이 결
        렬되다.
        10월 마오쩌둥이 후난성과 장시성의 경계인 징강산에 근거지를 건설하다.
1928년 지난 시의 외가로 돌아오다. 이 무렵 원허의 삶에서 어머니가 사라졌는데,
        재혼을 한 것으로 추정된다. 진로를 결정하지 못한 채 지내던 중 가출하
        여 작은 극단에서 몇 달간 생활한다. 이때 처음으로 무대에 서면서 배우
        의 꿈을 꾸기 시작한다.
1929년 산동성 정부의 후원으로 세워진 예술 전문 학교인 '산둥실험극원'에 입학
        하다. 이곳에서 원허는 처음으로 음악과 연기 등을 전문적으로 배웠다.
        진보적이고 근대적인 사상을 지닌 교수들은 연극을 사회 변혁을 위한 투
        쟁의 도구라고 생각했고, 차별화된 교육 덕분에 학생들은 전통의 굴레와
        개혁의 열망 사이에서 흔들리던 중국의 현실에 눈을 떴다.
1930년 장제스, 1934년까지 이어지는 공산당 토벌 작전을 시작하다.
1930~1931년 정치적 변화로 예산이 삭감되면서 1930년 후반에 산둥실험극원이
        문을 닫다. 원허와 몇몇 친구들은 왕보성 교수를 따라 베이징에 가서 극
        단 활동을 했는데, 원허는 배우로 성공할 길을 찾지 못하고 몇 개월 만
        에 다시 지난으로 돌아온다.
        1930년 말에 부유한 상인 집안의 아들 페이밍룬과 결혼하다. 그러나 원
        허는 배우의 꿈을 버릴 수 없었고 현모양처를 요구하는 봉건적인 결혼을
        견딜 수 없었다. 결국 몇 달 만에 이혼을 하고 예술학교 시절 은사였던
        자오타이머우 교수가 있는 칭다오대학으로 향한다.
1931년 9월 일본 관동군이 만주를 침략하다.(만주사변)
        11월 마오쩌둥이 장시 소비에트(중화소비에트공화국) 건설.
1931~1932년 칭다오대학 도서관 직원으로 일하며 청강생으로 중국 문학과 서양
        문학 등을 공부하다. 이 시기에 명문가 출신의 젊은 좌익 운동가 위치웨
        이와 사랑에 빠져 함께 살기 시작했다(두 번째 결혼). 위치웨이를 통해 원
        허는 공산주의라는 새로운 세계를 만난다.
1933년 2월 위치웨이의 소개로 중국공산당 칭다오 지부에서 공산당에 가입하다.

그러나 얼마 후 위치웨이가 국민당 경찰에 체포되었다 풀려난 후 베이징으로 떠나자 윈허는 홀로 칭다오를 떠나 상하이로 간다. 중국에서 가장 국제화된 도시이자 영화와 연극 등 문화 예술이 호황을 누리던 상하이에서 윈허는 야학교사로 일하면서 좌파 극단에서 배우 수업을 받는다.

1934년 3월 일본의 괴뢰 정권인 만주제국 성립.

가을 윈허, 좌익 활동 혐의로 체포되어 감옥에 수감되다. 훗날 윈허는 자신이 상하이에서 국민당 감옥에 8개월간 수감되었다고 말하지만, 정확한 수감 기간은 알 수 없다.

10월 공산당의 '대장정' 시작. 장시 소비에트에 있던 공산당 홍군 8만여 명이 장제스 군대의 포위망을 뚫고 탈출을 감행했다. 홍군 주력 부대는 1935년 10월 중국 서북부 산시성 옌안에 도착하기까지 약 1만 킬로미터의 거리를 행군했다. 대장정을 통해 마오쩌둥이 확고부동한 공산당 지도자로 떠올랐으며, 중국 전역에 홍군의 영웅적인 투쟁과 공산주의 이념이 널리 알려지면서 수많은 청년들이 공산당에 가입하게 된다.

1935년 1월 마오쩌둥이 쭌이(遵義) 회의에서 공산당 지배권을 확립하다.

봄 윈허, 감옥에서 석방된 뒤 이름을 '란핑(藍蘋)'으로 바꾸고 연기 활동에 매진하다.

여름 장민 감독이 연출한 연극 〈인형의 집〉에서 주인공 '노라'를 맡아 스타가 되다. 이 작품을 계기로 좌파 계열인 덴퉁 영화제작사와 계약을 하면서 영화계로 진출한다. 또 이 무렵 상하이 예술계의 유명 인사인 평론가 탕나와 연인이 된다.

1936년 4월 탕나와 항저우에서 결혼식을 올리다.

7월 불화로 탕나가 자살을 시도하는 등 결혼이 파국으로 치닫다.

여름 덴퉁 영화제작사가 국민당 정부의 압력과 흥행 부진으로 문을 닫는다. 이후 란핑은 롄화 영화제작사와 계약을 한다. 1936년 말에 찍은 영화 〈늑대산의 핏자국〉과 1937년에 찍은 〈노총각 왕〉이 성공하면서 란핑은 영화배우로서 인정받는다.

12월 만주 군벌 장쉐량이 장제스를 구금하고 항일 전선 구축을 위해 공산당과 합작을 요구하는 사건이 일어나다.(시안 사건)

1937년 2월 란핑이 자신의 연기관과 철학을 밝힌 〈우리의 삶〉이라는 글을 쓰다.

여기서 란핑은 배우는 인형이 아니라 극작가나 감독과 동등한 존재이며, 그렇기 때문에 배우는 신체를 단련할 뿐 아니라 자신만의 철학과 의지를 지닌 강인한 사람이 되어야 한다고 강하게 주장했다.

5월 탕나와 이혼하고 장민 감독과 동거하다.

7월 중일전쟁 발발. 상하이의 정치 상황이 악화되면서 영화 산업이 기울자, 란핑은 중국공산당의 근거지가 있는 옌안으로 가기로 결심한다.

8월 시안과 뤄촨을 거쳐 옌안에 도착하다. 이후 몇 달간 당원 자격 회복과 당 학교 입학을 기다린다.

9월 국민당과 공산당이 항일 통일전선 수립.(2차 국공합작)

11월 장칭, 당 학교 입학 허가를 받다.

1938년 봄 옌안에 세워진 루쉰예술학원에서 공부하며 준교사 자격으로 학생들을 가르치다.

8월 루쉰예술학원을 떠나 중국공산당 군사위원회 판공실 비서로 자리를 옮기다. 이때 란핑은 마오쩌둥과 연인 사이였다. 이후 마오쩌둥은 공산당 지도부에 별거 중인 아내 허쯔전과 이혼하고 란핑과 결혼하겠다는 뜻을 밝히고 허가를 요청한다. 당 지도부는 혁명 투사인 허쯔전과 헤어지고 상하이 출신의 여배우와 결혼하겠다는 마오쩌둥의 요청을 쉽게 받아들이려 하지 않았다.

1939년 마오쩌둥과 결혼하다. (두 사람의 결혼 시기가 1938년인지 1939년인지는 확실치 않다.) 장칭은 결혼을 허락받기 위해 앞으로 마오쩌둥을 보살피는 데 전력을 쏟아야 하며, 향후 30년간 어떤 정치 활동도 해서는 안 된다는 조건을 받아들여야 했다. 이 무렵 란핑은 '장칭(江靑)'이라는 새 이름을 쓰고 있었다.

9월 제2차 세계대전 발발.

1940년 딸 '리나'를 낳다.

1941년 12월 태평양전쟁 발발.

1945년 8월 일본의 무조건 항복. 장제스와 마오쩌둥이 당시 국민당 정부가 있던 충칭에서 평화협상을 시작하다. 이때 장칭도 충칭을 방문했다.

10월 국민당과 공산당이 쌍십협정 체결.

1946년 쌍십협정 파기, 국공내전 재개.

1947년 3월 국민당 군대가 옌안을 공격하다. 옌안을 떠난 뒤 내전에서 공산당이
　　　　승리할 때까지 장칭은 마오쩌둥의 비서로서 그를 충실히 보좌했다.

1948년 9월 중국공산당, 총반격을 선언하다.

　　　　12월 인민해방군이 베이징에 입성하다.

1949년 3월 장칭, 마오쩌둥과 함께 베이징에 들어가다.

　　　　4월 질병 치료를 위해 혼자 소련으로 가다.

　　　　5월 장제스와 국민당 요인들이 타이완 섬으로 패주하다.

　　　　10월 마오쩌둥, 중화인민공화국 수립을 선포하다. 이때 모스크바에 있던
　　　　장칭은 11월에 베이징으로 돌아온다.

1950년 2월 중소우호동맹 상호원조조약 조인.

　　　　10월 중국 인민해방군이 한국전쟁에 참전하다. 마오쩌둥의 큰아들 마오
　　　　안잉이 러시아어 통역으로 참전했다가 11월에 폭격으로 전사.

1951년 장칭, 영화 〈무훈전〉을 비판하여 상영을 금지시키다. 장칭은 이 영화가 가
　　　　부장적 권위와 타협적 자세에 기반을 두고 있다고 보았고, '부르주아 개
　　　　량주의'로 가득 찬 쓰레기통이라고 비난했다. 이 문제에서 장칭은 마오쩌
　　　　둥의 지지를 받아 성공했다.

1952년 1951년 말부터 3개월간 후베이성 토지 개혁 팀에서 일하고 돌아온 뒤, 당
　　　　중앙위원회 판공청 비서국장에 임명된다. 그러나 몇 주 뒤 사임한다. 이때
　　　　중소우호협회와 영화지도위원회에서도 물러난다. 초가을부터 약 1년 동
　　　　안 간 질환 치료를 위해 소련에서 지낸다.

1953년 국가 경제 건설 제1차 5개년 계획 시작.

1954년 가을 장칭, 중국 고전 소설인 《홍루몽》을 비판하다. 장칭은 이 작품에 부
　　　　르주아적인 사악한 사상이 깃들어 있다고 주장하였다.

1955년 건강 악화로 방사선 치료를 받다. 7월에 치료를 위해 세 번째로 소련에
　　　　갔다.

1956년 자궁경부암을 치료하기 위해 네 번째로 소련에 가다. 이듬해 봄에 고비를
　　　　넘기고 얼마 후 중국으로 돌아온다.

1957년 5월 마오쩌둥이 백화제방·백가쟁명(百花齊放 百家爭鳴) 제기. 이때 잠시
　　　　동안 지식인들에게 공산당을 비판할 자유가 주어졌지만 6월에 반우파
　　　　투쟁이 시작되면서 중단되었다.

1958년 마오쩌둥이 중국의 경제 성장을 획기적인 수준으로 끌어올리기 위한 '대
        약진운동'을 시작하다(~1961). 농촌에 '인민공사'를 설치해 농민들을 집
        단화하고 공업 분야에서 소련처럼 산업화를 이룩하려 했으나 이 야심찬
        계획은 실패로 끝난다.
1959년 4월 류사오치가 마오쩌둥의 뒤를 이어 국가주석에 선출되다.
        7월 루산 회의에서 펑더화이 등이 대약진운동을 비판했다가 실각하다.
1960년 중국-소련 분열. 소련공산당 서기장 흐루쇼프가 수정주의와 평화 공존
        노선을 채택하면서 세계 혁명 노선을 견지하는 중국과 이념적으로 대립
        하게 된다.
1962년 장칭, 전통 경극을 비판하다. 마오쩌둥과 장칭은 경극이 1920년대 이후의
        영웅적 시기만을 전범으로 삼아야 한다고 규정했다. 그 이전 과거는 '황
        제, 왕, 귀족'의 시대였으므로 새로운 중국의 인민과는 관련이 없다는 것
        이었다. 장칭은 1962~1963년에 걸쳐 1천여 편의 영화와 연극 작품을 검
        토한다. 이 작업은 주로 상하이에서 이루어졌는데, 이후 장칭은 상하이를
        거점으로 삼아 문화혁명을 이끌게 된다. 훗날 사인방이라 불릴 젊은 조
        력자들(장춘차오, 야오원위안, 왕훙원) 모두 상하이 출신이다.
        9월 수카르노 인도네시아 대통령 부인이 중국을 방문했을 때 함께 찍은
        사진이 〈인민일보〉에 실리다. 장칭의 얼굴이 공식적으로 대중에게 공개된
        것은 이때가 처음이었다.
1964년 경극 개혁을 위한 움직임이 본격화되다. 장칭은 공산주의 이데올로기를 고
        취하기 위하여 새로운 연극, 즉 혁명모범극을 만들었다. 장칭의 개혁을 통
        해 황제와 귀족이 아니라 노동자나 병사 등 프롤레타리아가 주인공인 경
        극이 탄생했다. 1960년대에 만들어진 모범극에는 현대 경극 〈홍등기〉, 〈사
        가빈〉, 〈지취위호산〉, 〈기습백호단〉, 〈해항〉 등이 있었고, 발레극으로 〈홍
        색낭자군〉, 〈백모녀〉가 있었다.
        여름 베이징에서 경극 축제가 열리다. 여기서 장칭이 개혁한 작품이 몇 편
        공연되었고, 생애 처음으로 공적 성격을 띤 대중 연설을 했다.
        가을 마오쩌둥과 함께 상하이와 항저우에서 장기간 머물다. 이 무렵 마오
        쩌둥과 장칭의 관계는 협력자 관계로 회복되었다.
        11월 〈문회보〉에 연극 〈해서파관〉을 비판하는 글이 실리다. 이 사건을 계

기로 문화혁명이 촉발된다.

1966년 2월 협력 관계에 있던 린뱌오의 도움으로 인민해방군에서 문화 담당 고문이라는 직책을 얻는다. 군사 직위는 처음으로 얻은 것이었으며, 이 일로 장칭은 마침내 중국 정치 지도부 핵심에 들어간다.

5월 베이징 칭화대학 부속 중학교에서 최초로 홍위병이 조직되다. 중등학교 및 대학에서 만들어진 홍위병 집단은 마오쩌둥에게 충성을 맹세하고 반봉건, 반자본주의를 부르짖으면서 문화혁명의 전위 부대로 활동했다.

5월 문화혁명을 이끌 기관으로 '중앙문화혁명소조'가 만들어지고, 장칭이 부조장에 임명되다.

1967년 2월 상하이 인민공사(상하이 코뮌)가 수립되었으나 마오쩌둥의 반대로 곧 무너졌다.

여름 중국 전역에서 홍위병과 보수 단체, 홍위병 집단 간의 대규모 무력 충돌이 발생하다. 홍위병 내부의 무력 충돌이 격화되자 마오쩌둥은 인민해방군을 투입해 홍위병을 통제하려 했다.

1968년 10월 중국공산당에서 류사오치 제명. 마오쩌둥의 후계자로 공인되었던 류사오치 국가주석은 문화혁명 과정에서 '주자파(走資派)', 반(反)마오쩌둥 세력의 수령으로 비판을 받아 실각했다. 특히 장칭이 류사오치와 그의 부인 왕광메이 숙청에 앞장섰다. 류사오치 숙청 후 린뱌오가 마오쩌둥의 후계자로 등장한다.

1969년 4월 제9차 당 대회에서 장칭이 여성으로서 최초로 정치국 위원이 되다.

1971년 9월 반(反)마오쩌둥 쿠데타를 계획하다가 실패한 린뱌오가 중국을 탈출하려다 비행기 추락 사고로 사망하다.

10월 중화인민공화국이 서방과 화해 분위기를 조성하면서 중국을 대표하여 국제연합에 가입하다. 이때까지 중국을 대표하던 대만은 국제연합에서 퇴출되었다.

1972년 마오쩌둥의 건강이 악화된 데 이어 저우언라이가 4월에 암 선고를 받으면서 마오쩌둥의 후계 투쟁이 치열해진다. 마오쩌둥은 장칭이 공산당 주석 자리를 노린다고 보았다.

2월 닉슨 미국 대통령이 중국을 방문하다. 중국-미국 수교 정상화.

7월 중국을 방문한 미국 역사학자 록산 위트케와 만나다. 장칭은 위트케와 대담을 나누면서 자신을 10대 때부터 자본주의에 반대한 공산주의 투사로 그렸다. (위트케는 장칭이 1976년에 반혁명 집단의 수괴로 체포된 뒤 1977년 미국에서 장칭의 전기 《동지 장칭(Comrade Chiang Ch'ing)》을 펴낸다.)

1973년 장칭과 마오쩌둥의 관계가 악화되면서 따로 살기 시작하다.

여름 제10차 당 대회에서 장칭의 급진파와 저우언라이의 온건파가 대립하다.

1974년 장칭, 비림비공운동을 진두지휘하다. 장칭에게 비림비공운동은 저우언라이를 견제하기 위한 것이었다.

5~6월 마오쩌둥의 지시로 장칭이 상하이 동료들과 함께 정치국 회의에서 자아비판을 하다.

7월 경극 개혁 10주년을 맞아 장칭이 '성인'과 같은 대우를 받다. 〈인민일보〉는 장칭을 '마오쩌둥 사상의 후계자'라고 표현하기까지 했다. 이것은 한때 린뱌오와 류사오치를 부르던 명칭이었다. 그러나 이 무렵 마오쩌둥은 장칭, 왕훙원, 장춘차오, 야오원위안이 파벌을 형성하고 있다면서 훗날 '사인방'이라고 불릴 '상하이 4인조'를 비판했다.

10월 마오쩌둥이 급진파의 반대에도 불구하고 덩샤오핑을 제1부총리로 임명하여 저우언라이 유고시 자동적으로 덩샤오핑이 그 자리를 이어받도록 조치한다.

1975년 마오쩌둥이 정치국 전원회의에서 음모적 방법과 극좌 견해를 거론하며 장칭을 직접 비판하다.

1976년 1월 저우언라이 총리가 사망한 뒤 덩샤오핑과 장칭의 권력 투쟁이 본격화되다. 이때 마오쩌둥은 덩샤오핑이 대표하는 온건파에게 불만을 드러내면서 장칭이 이끄는 급진파에게 우호적인 태도로 돌아섰다. 저우언라이의 후임으로는 화궈펑을 임명했다.

4월 톈안먼 광장에서 저우언라이 총리를 추모하는 집회가 열리다. 저우언라이를 위해 가져다놓은 꽃과 깃발 등을 장칭의 지시로 모두 치워버리면서 분노한 군중이 폭동을 일으켰다.(1차 톈안먼 사건) 그러나 장칭은 이 일의 배후로 덩샤오핑을 지목해 그를 모든 직위에서 물러나게 만들었다.

9월 9일 마오쩌둥 사망. 이후 마오쩌둥의 후계 자리를 놓고 당 지도부가 대립하기 시작했다. 장칭 세력과 화궈펑 세력은 공산당 정치국 회의에서 충돌했을 뿐 아니라, 각각 비밀리에 무장 세력을 준비해놓고 만일의 사태에 대비했다.

10월 4~5일 급진파가 정치국 회의에서 장칭을 당 주석으로, 장춘차오를 국무원 총리로, 왕훙원을 전국인민대표대회 의장으로 임명하자는 제안을 했으나 회의는 결론 없이 끝났다.

10월 6일 화궈펑 총리의 지시로 이른바 '사인방'이 모두 체포되다. 반당·반혁명 집단의 수괴로 체포된 장칭은 친청감옥에 수감되었다.

1977년 　장칭, 감방에서 벽에 머리를 찧어 자살을 기도했으나 실패하다.

1978년 　덩샤오핑의 주도로 경제 개혁이 시작되다.

1980년 　2월 전 국가주석 류사오치 명예 회복.

11월 '린뱌오·장칭 반혁명 집단'에 대한 특별 공개 재판이 시작되다. 48페이지에 이르는 기소장의 핵심 내용은 장칭이 정치 지도자들, 지식인들, 인민들을 '탄압'했으며, 장칭이 당과 국가 권력 '찬탈'을 기도했다는 것이었다. 재판 과정에서 장칭은 기소 내용을 인정하지 않았고, 증인과 재판부를 향해 고함을 치는 등 반항적인 태도를 보였다.

1981년 　1월 기소된 모든 혐의에 대해 유죄가 인정되어 장칭이 사형을 선고받다. 다만 형 집행은 2년간 유예되었다.

1983년 　사형에서 종신형으로 감형되다. 이후 1980년대 중반부터는 질병 치료를 위해 병원과 교도소를 오가며 생활했고 잠시 동안 가택 연금 상태에서 지내기도 했다.

1989년 　덩샤오핑 정권이 대중의 민주화 요구를 무력으로 진압하다.(2차 톈안먼 사건)

1991년 　5월 14일 장칭, 치료를 위해 머물던 병원에서 목을 매 자살하다. 며칠 전 장칭은 쓰고 있던 회고록 원고를 찢어버렸다. 그리고 마지막 글을 남겼다. 그 글의 마지막에는 "마오 주석, 당신의 제자이자 전우였던 제가 이제 당신을 만나러 갑니다."라고 쓰여 있었다.

덩샤오핑(鄧小平, 1904~1997) 중국의 혁명가이자 정치가. 쓰촨성의 부유한 농가에서 태어났다. 1918년에 프랑스로 유학을 가서 1920년대 초 파리에서 공산주의 운동에 가담하였다. 이때 훗날 혁명 동지가 되는 저우언라이, 리리싼 등과 함께 공산주의 이론을 공부했다. 이후 모스크바에서 공부하고 귀국한 뒤 대장정에 참여하였고, 1949년 중화인민공화국 수립 후 당 고위직에 올랐다. 경제 발전을 위해 실용주의 노선을 주장했는데 이 때문에 문화혁명 기간에 자본주의 노선을 추종하는 '주자파(走資派)'라는 비판을 받고 박해를 당했다. 당시 장칭은 덩샤오핑의 '10대 죄상'을 거론하며 그를 "반혁명의 늙은 우두머리"라고 규탄했다. 그러나 1976년 마오쩌둥 사후 장칭 일파가 축출되면서 정계에 복귀해 1980년에 중국의 실질적인 지도자가 되었다.

덩잉차오(鄧穎超, 1903~1992) 평생 동안 공산 혁명과 중국 여성의 해방을 위해 헌신한 여성 혁명가. 저우언라이의 부인으로도 유명하다. 톈진여자사범대학 재학 중이던 1919년 5·4운동이 일어나자 톈진 학생 애국 운동을 주도했다. 1925년 중국공산당에 입당했고 그해 저우언라이와 결혼했다. 장칭과 함께 중국공산당을 대표하는 여걸로 불리는데, '마오쩌둥을 타락시킨 사악한 여자'로 비난받는 장칭과 달리, 덩잉차오는 지금도 중국 인민 사이에서 '큰언니'로 불리며 존경받고 있다.

뤄루이칭(羅瑞卿, 1904~1978) 중국의 군인이자 정치가. 황푸군관학교 출신. 대장정에 참가했으며 1937년 당시 공산당 근거지였던 옌안에서 항일군정대학 정치위원을 맡았다. 1949년 중화인민공화국 수립 후 1958년까지 공안부장을 맡았고, 1959년에 국방부장 펑더화이의 실각 후 국무원 부총리, 인민해방군 총참모장이 되었다. 문화혁명 과정에서 1966년 반혁명 수정주의 집단으로 비판받고 실각했다가 1975년에 복권되었다.

류사오치(劉少奇, 1898~1969) 중국공산당의 주요 이론가이자 정치가. 1959~ 1968년까지 중국의 국가주석이었다. 1920년대부터 노동 운동가로 활동했으며, 중국공산당 창당과 통치 전략 수립에 크게 기여했다. 옌안 시절에 '마오쩌둥 사상'이라는 말을 만들었다. 중화인민공화국 수립 후에는 외교 분야에서 중요한 역할을 수행했다. 1960년대 초 마오쩌둥의 후계자로 공인되었지만, 사회주의 건설에서 마오의 사상과 차이가 있음이 드러났고 결국 문화혁명이 일어났을 때 '주자파'로 규탄받아 숙청되었다.

리셴녠(李先念, 1909~1992) 중국의 정치가. 1926년 홍군의 일원으로 반군벌 투쟁에 참여했고 공산당에 입당했다. 대장정에 참가한 뒤 옌안의 항일군정대학에서 공부하고 홍군 정치위원으로 활약했다. 1938년 말에는 항일 유격전을 펼쳐 항일전의 근거지를 마련했다. 공산당 정권 수립 후에 후베이 지역에서 요직을 두루 거쳤고, 이후 우한 시장, 정무원(현재 국무원) 재정경제위원회 부주임, 재정부장 등을 역임하였다. 1954년에 부총리 겸 재정부장이 되었고, 1956년에 당 정치국 위원에 선출되었다. 문화혁명 기간 중에 자본주의적 성향으로 비판받기도 했으나 저우언라이의 보호를 받아 자리를 지킬 수 있었다. 1983~1988년까지 국가주석을 맡았다.

리푸춘(李富春, 1900~1975) 중국의 정치가. 프랑스 유학 당시 저우언라이 등과 함께 중국공산당 프랑스 지부를 결성했다. 1924년 귀국했고, 1930년대에 대장정에 참여했다. 1949년 중화인민공화국 수립 후 국가계획위원회 부주임, 국무원 부총리 겸 국가계획위원회 주임 등을 역임했다.

린뱌오(林彪, 1907~1971) 스탈린에게 "전쟁의 천재"라는 평가를 받은 중국의 군사 지도자, 정치가. 황푸군관학교에서 저우언라이의 지도를 받았고, 대장정에 참여했다. 1936년 항일군정대학 교장을 역임했으며, 1937년 팔로군 115사단장으로서 일본 관동군을 크게 격파해 유명해졌다. 국공내전을 승리로 이끈 주역이었다. 1959년 루산에서 열린 공산당 정치국 중앙위원회 회의에서 마오쩌둥을 지지하면서 정치국의 2인자로 급부상했다. 마오쩌둥과 함께 류사오치를 실각시키는 데 앞장섰다. 1969년에 제9차 당 대회에서 마오쩌둥의 후계자로 공인되었으나 2년 뒤 반(反)마오쩌둥 쿠데타 계획을 세웠다가 실패하고 의문의 비행기 추락 사고로 사망했다.

마오쩌둥(毛澤東, 1893~1976) 중국의 정치가. 후난성에서 빈농의 아들로 태어나 열여덟 살 때 신해혁명에 참가하였다. 창사 사범학교에 입학했고 졸업 후에는 베이징대학 도서관에서 일하면서 마르크스주의를 접했다. 1921년 중국공산당 창립 대회에 후난성 대표로 참가했다. 1930년대 당 지도부의 일원이 된 후, 중국혁명은 도시 노동자가 아니라 농민이 주축이 되어야 한다고 주장했다. 1934~1936년 대장정에서 공산당 최고 지도자로서 자리를 굳혔다. 이후 장제스와 국공내전에서 승리하고 1949년 중화인민공화국을 세웠다. 1976년 사망할 때까지 중국의 최고 정치 지도자이자 이론가였다.

보구(博古, 1907~1946) 중국공산당 지도자. 본명은 친방셴(秦邦憲). 상하이대학 재학 중 공산주의를 알게 되었고, 1925년 공산당에 입당한 뒤 당의 주선으로 1926년에 모스크바 중산대학으로 유학을 갔다. 1930년 귀국한 뒤 당 중앙위원, 정치국 위원, 공산주의청년단 서기를 지냈다. 1937년에 당 조직부장에 임명되어 당의 인사 업무를 맡았고, 1941년에는 공산당의 통신사였던 '신화통신사'를 맡아 대외 선전에 종사하였다. 1946년 4월, 국민당과의 평화 협상을 마치고 충칭에서 옌안으로 돌아오던 중 비행기 사고로 사망했다.

쑨원(孫文, 1866~1925) 오늘날 대만과 중화인민공화국에서 모두 '국부(國父)'로 추앙받는 중국 공화주의 혁명의 지도자. 1905년 일본 도쿄에서 중국혁명동맹회를 조직했으며 기관지 〈민보(民報)〉를 발행해 민주·공화 혁명을 주창했다. 1911년 신해혁명이 일어나자 귀국해 중화민국 건설에 힘썼다. 1913년 당시 중화민국 총통이었던 군벌 위안스카이를 몰아내기 위해 제2혁명을 일으켰으나 실패하고 일본으로 망명했다. 일본에서 중화혁명당을 조직했고 위안스카이가 사망하자 귀국해 군벌과 투쟁을 벌였다. 1919년 중화혁명당의 이름을 국민당으로 바꾸었고, 1921년 광둥 정부를 수립했다. 1924년에는 중국공산당과 제1차 국공합작에 합의해 당 조직을 개편했다. 삼민주의를 제창하고 전국 통일을 위해 북벌군을 편성했으나 꿈을 이루지 못한 채 1925년 사망하였다.

쑹칭링(宋慶齡, 1890~1981) 중국의 정치가. 쑨원의 부인. 상하이에서 태어나 미국 웨슬리대학을 졸업하고, 1912년 난징 임시정부 대총통 쑨원의 비서가 되었다. 1913년 제2혁명 실패 후 쑨원과 함께 일본으로 망명했고, 1914년 일본에서 쑨원과 결혼하였다. 1925년 쑨원이 죽은 뒤 국민당과 공산당의 연합(국공합작)을 도왔다. 국민당 좌파에 속하여 여동생 쑹메이링(宋美齡)의 남편이자 국민당의 지도자였던 장제스와 대립하였다. 1949년 공산당 정권 수립 후에도 중국에 남았고, 이후 공산당 정부에서 여러 명목상의 지위에 임명되었다.

야오원위안(姚文元, 1931~2005) 중국의 작가이자 정치가. 문화혁명 당시 장칭과 함께 '사인방'의 한 사람이었다. 1948년 중국공산당에 입당했고, 상하이에서 잡지 〈맹아〉의 편집위원 및 〈해방일보〉의 주필을 맡았다. 우한의 역사극 〈해서파관〉을 비판하는 글을 써서 문화혁명의 불길을 당겼다. 1966년 문화혁명소조원으로 임명된 것을 시작으로 문화혁명 기간 동안 당 중앙위원, 정치국 위원 등을 역임하며 승승장구했다. 그러나 마오쩌둥 사후에 1976년 10월 '사인방'의 한 사람으로 체포되었고, 1981년 특별법정에서 징역 20년을 선고받았다. 1996년에 만기 출소하였으며, 2005년에 당뇨병으로 사망하였다.

양상쿤(楊尙昆, 1907~1998) 중국의 정치가. 1926년에 중국공산당에 입당했다. 1927~1930년에 모스크바 중산대학에서 유학했으며, 대장정에 참가하였다. 1945년에 중앙군사위원회 비서장이 되었고, 1945~1965년까지 당 중앙위원회 직속 사무기관인 판공청 주임을 지냈다. 1950년대 초반에 장칭이 판공청 비서국에서 일한 적이 있는데 그때 상관이 양상쿤이었다고 한다. 1966년 문화혁명이 일어났을 때 류사오치, 덩샤오핑과 가까운 개혁파로 분류되어 숙청당했다. 1978년에 복권되었고 1988년 4월에서 1993년 3월까지 국가주석을 지냈다.

예젠잉(葉劍英, 1897~1986) 중국의 군인, 정치가. 1919년 윈난 강무학교를 졸업한 뒤 쑨원의 국민당에 가입했다. 이후 황푸군관학교에서 강의했고 1927년 중국공산당에 입당했다. 대장정 기간 중 예젠잉의 상관인 장궈타오와 마오쩌둥이 진로를 두고 대립했는데, 이때 예젠잉은 마오가 옳다고 생각해 마오의 부대에 가담했다. 항일전쟁 중에는 팔로군 참모장으로서 린뱌오를 도왔다. 1949년 공산당 정권 수립 후에는 당, 군, 정부의 요직을 두루 거쳤고, 문화혁명 기간 중에도 숙청을 피했다. 린뱌오가 실각한 후에는 군의 일인자가 되었고 1982년 당 정치국 상무위원, 1983년 국가 중앙군사위원회 부주석을 지냈다.

왕광메이(王光美, 1921~2006) 문화혁명 때 박해를 받다가 사망한 류사오치의 부인. 1921년 베이징에서 중화민국 고위 관리를 지낸 아버지와 기업가 집안 출신 어머니 사이에서 태어났다. 명문가 출신에다 대학원에서 물리학을 공부한 수재였다. 1940년대에 미국 유학의 기회를 포기하고 옌안에서 혁명 운동에 동참했다. 1948년 류사오치와 결혼했고 1959년 류사오치가 주석직에 오르자 '중국의 제1부인'으로 불리며 대외적으로 중국의 퍼스트레이디로 활동했다. 문화혁명 당시 남편 못지않게 지독한 수모와 고초를 겪었고 1967년부터 1979년까지 12년간 수용소에 수감되었다.

왕밍(王明, 1904~1974) 중국의 정치가. 본명은 천사오위(陳紹禹). 별명인 '왕밍'으로 널리 알려졌다. 모스크바 중산대학을 나와 상하이에서 공산당 활동에 투신했다. 1931년 당시 중국공산당 총서기였던 샹중파(向忠發)가 체포되자 그의 뒤를 이어 당 중앙위원회 총서기로 선출되었다. 1942년 정풍 운동(整風運動)이 벌어졌을 때 마오쩌둥으로부터 교조주의로 몰려 비판을 받았다. 정풍 운동이란 마오쩌둥이 주창한 공산당원의 정치적·사상적·문화적 쇄신 운동이었는데, 이 일을 계기로 마오쩌둥은 당내 지배력을 확고하게 굳혔다. 왕밍은 1956년에 건강 악화로 모스크바에서 요양을 하게 되었는데 이후 사망할 때까지 계속 그곳에 머물렀다.

왕훙원(王洪文, 1935~1992) 중국의 정치인. 문화혁명을 주도한 '사인방'의 한 사람. 일본이 세운 괴뢰국가인 만주국의 수도 신징(현재 지린성 창춘)에서 빈농의 아들로 태어났다. 가난한 집안 형편 때문에 제대로 된 교육을 받지 못했다. 1953년 한국전쟁에 인민지원군으로 참전했고, 휴전 후 상하이 면화 공장에서 간부로 일했다. 1966년 11월 상하이에서 '조반파(造反派, 문화혁명을 지지하는 모임)'를 조직하여 문화혁명에 참여하였다. 문화혁명 기간 동안 공산당 부주석과 정치국 상무위원까지 올랐다. 1976년 10월 반당·반혁명 집단으로 체포되었고, 1980년 특별법정에 제소되어 무기징역을 선고받았다.

우한(吳晗, 1909?~1969) 중국의 작가, 역사가. 1934년 칭화대학을 졸업한 뒤 여러 대학에서 역사학과 교수로 일하며 사회경제사 연구에 매진하였다. 1960년대 초반 희곡 〈해서파관〉을 발표했는데, 이 작품이 마오쩌둥의 펑더화이 숙청을 은유적으로 비판했다는 논란을 불러일으켰다. 우한의 작품은 당시 마오쩌둥의 독단과 인민의 고충을 이해하지 못하는 공산당 정부를 비판하고 풍자하던 많은 작품들 가운데 하나였다. 그러나 1965년 11월 야오원위안이 상하이에서 〈해서파관〉을 강력하게 비판하는 글을 썼고, 이것이 문화혁명의 전조가 되었다. 1968년 투옥되어 이듬해 감옥에서 사망했다.

장궈타오(張國燾, 1898~1979) 중국의 정치가. 베이징대학 재학 중 공산주의를 알게 되었고, 1919년 5·4운동 당시 학생 운동가로서 두각을 나타냈다. 1920년에 중국공산당에 가입했고 1921년 당 정치국 위원으로 선임되었다. 이후 노동 운동을 이끌며 중국공산당에서 핵심 지도부에 들어갔다. 1935년 대장정 중에 8천의 군대를 이끌고 마오쩌둥과 합류했으나 두 사람은 매사에 대립했다. 장궈타오는 마오를 제거하려 했으나 부하인 예젠잉과 양상쿤이 마오에게 음모를 누설하는 바람에 계획이 무산되었다. 마오는 자신의 부대를 이끌고 북쪽으로 향했고, 장궈타오는 나름대로 근거지를 마련하려다가 군사 대부분을 잃고 마오가 먼저 간 산시성으로 이동해서 1937년 430명 정도의 생존자를 이끌고 옌안에 도착했다. 이후 그는 옌안에서 마오의 비판과 경멸의 대상이 되었다. 1938년 4월 공산당 지역을 빠져나와 국민당으로 전향했으며, 1949년 중국공산당이 대륙을 점령하자 홍콩으로 망명했다가 1968년 캐나다로 이주했다.

장쉐량(張學良, 1898~2001) 중국의 군인이자 정치가. 북부 지방 군벌 장쭤린의 아들. 1928년 아버지가 암살된 뒤 군대를 물려받아 만주에서 세력을 키웠다. 1928년 장제스의 난징 정부에 충성을 맹세했지만 1936년 장제스를 구금하는 시안사변을 일으켰다. 장제스가 공산당 토벌에만 신경을 쓰고 항일 투쟁에 소홀한 데 불만을 품은 장쉐량은 장제스에게 내전을 중지하고 일본에 맞서 공산당과 통일전선을 수립할 것을 요구했다. 이 일을 계기로 2차 국공합작이 이루어졌고, 장쉐량은 공산당의 영웅이 되었다. 그러나 장제스는 이 일이 잠잠해지자 장쉐량을 재판에 회부해 장기간 연금했으며 1949년 공산당에게 쫓겨 대만으로 퇴각할 때 그를 끌고 갔다. 줄곧 연금 상태에 있다가 1993년에야 자유를 얻었으며 곧바로 하와이로 떠나 사망할 때까지 그곳에서 지냈다.

장제스(蔣介石, 1887~1975) 중국의 군인, 정치가. 1907년 일본에 유학하여 1909~1911년에 일본군에 복무했다. 1911년 신해혁명 발발 후 중국으로 돌아와 청 왕조 전복을 위한 전투에 참가하였으며, 1913~1916년에는 당시 중화민국 총통이었던 위안스카이에 맞서 싸웠다. 1923년 쑨원에 의해 소련으로 파견되어 군사 교육을 받고 돌아와 황푸군관학교 교장으로 취임했다. 1925년 쑨원이 사망하자 그의 뒤를 이어 국민당의 지도자가 되었다. 1926년 중국 북부 군벌들을 제압하기 위한 북벌을 시작해 1928년에 베이징에 입성하면서 완수하였다. 그해 난징에 국민당이 주도하는 새 정부를 세웠다(난징정부). 이후 20년간 중국의 통치권을 두고 일본, 공산당과 싸웠다. 1949년 공산당에게 밀려 중국 대륙을 내주고 대만으로 건너가 독재 정부를 수립했고, 사망할 때까지 대만 국민당 주석이자 정부 수반을 지냈다.

장춘차오(張春橋, 1917~2005) 중국의 언론인, 정치가. '사인방'의 한 사람이었다. 1930년대 중반 상하이에서 문예 비평을 했고, 중일전쟁이 일어나자 1937년 지난으로 가서 참전했다. 1938년 옌안에서 중국공산당에 가입하였고, 1949년 인민해방군으로서 상하이에 돌아왔다. 1954년에 상하이 〈해방일보〉의 사장 겸 총편집인이 되었다. 1960년대에 들어와 상하이 공산당 선전 분야 고위직에 임명되었다. 장칭의 친한 동료이자 중앙문화혁명소조 부조장으로서 문화혁명을 주도했다. 상하이 지역에서 문화혁명을 이끈 공로로 중앙에 진출하여 여러 요직을 거쳤다. 그러나 마오쩌둥 사후 1976년 체포되어 1981년 사형 선고를 받았다가 형 집행이 2년간 유예되었고, 1983년 무기형으로 감형되었다. 1998년 1월 신병 치료를 위해 가석방되었고, 상하이에서 은둔하다가 2005년 암으로 사망했다.

저우언라이(周恩來, 1898~1976) 중국의 '영원한 총리'로 불리며 오늘날에도 존경받는 공산당 지도자. 장쑤성의 지주 집안에서 태어났다. 톈진의 난카이대학 재학 중에 5·4운동에 참가하여 투옥되었다가 퇴학당했고, 그 후 1920년 프랑스로 유학을 가서 정치학을 공부했다. 1922년 중국공산당 파리 지부를 창설하였고, 귀국 후 1927년에는 상하이 봉기를 지도하는 등 노동자 봉기와 코민 조직, 군사 활동에 앞장섰다. 1936년 혁명군사위원회 부주석으로 대장정에 참가하였다. 항일전쟁 시기에는 국공합작을 유지하는 데 탁월한 정치적·외교적 수완을 발휘했다. 1949년 중화인민공화국 수립 후 1976년 사망할 때까지 27년간 총리를 지냈다(1958년까지는 외교부장 겸임).

주더(朱德, 1886~1976) 인민해방군 건군의 주역이자 초대 사령관을 지낸 중국의 군사 지도자, 정치가. 1930년 홍군 총사령관, 1932년 중화소비에트공화국('장시 소비에트') 임시정부 군사인민위원장을 역임하였다. 1934년 대장정에 참가하였다. 1937년 제2차 국공합작 후 팔로군 총사령관으로서 항일전쟁을 지휘하였다. 1945년 일본의 항복 이후 국민당과 내전이 재개되자, 인민해방군 총사령관을 맡아 수적으로 훨씬 우세한 국민당 군대를 격파하여 대만으로 패주시키는 데 공헌을 하였다. 1949년 공산당 정권 수립 후에는 저우언라이와 함께 마오쩌둥을 도와 새로운 중국 건설에 이바지하였다. 문화혁명 때 비판을 받아 한때 격하되었지만, 린뱌오 실각 후 복권되어 1975년에 전국인민대표대회 상무위원회 위원장으로 선출되었다.

차오관화(喬冠華, 1912~1983) 중국의 외교관. 칭화대학을 졸업하고 일본, 독일, 프랑스에 유학하였다. 항일전쟁 중 귀국하여 중국공산당에 입당했고, 당 기관지인 〈신화일보〉 기자로 근무했다. 1949년 공산 정권 수립 후 판공청 부주임, 정보국장 등을 지냈고, 1964년 외교부 부부장이 되었다. 1971년 국제연합 총회에서 대만이 아니라 중화인민공화국의 중국 대표권이 인정되었을 때 중국 수석대표로 참석했다. 1974년 외교부장에 취임하였다.

천보다(陳伯達, 1904~1989) 중국의 정치가, 사회사상가. 1927년 중국공산당에 가입하고 모스크바 중산대학에서 4년간 수학했다. 소련에서 돌아온 뒤 1937년 옌안의 중국공산당 본부에서 당원들에게 중국 문제를 강의하였다. 마오쩌둥의 정치 비서를 거쳐 1945년 당 제7기 중앙위원회 후보위원이 되었고 이후 여러 당직을 거쳤다. 1966년 문화혁명이 시작되었을 때 중앙문화혁명소조 조장으로 임명되었다. 1969년 정치국 상무위원이 되었으나 1970년에 숙청되었다. 1980년 '린뱌오·장칭 반혁명 집단'의 주범으로 재판에 회부되어 징역 18년형을 선고받았다.

천이(陳毅, 1901~1972) 중국의 정치가. 1919년에 프랑스로 유학을 갔고 1920년 학생 운동 주모자로 소환당한 뒤 충칭에서 공산당 선전 사업에 종사하였다. 1923년 중국공산당에 정식으로 가입했다. 공산당이 정권을 잡은 후 상하이 시장이 되어 중국 동북 지역에서 정치적으로 중요 인물이 되었다. 1956년 정치국 위원, 1958년 외교부장에 임명되었다. 문화혁명 기간에 홍위병으로부터 비판을 받아 1969년 모든 공직을 박탈당했다.

캉성(康生, 1899~1975) 중국의 정치가. 장칭의 고향인 산둥성 주청에서 대지주의 아들로 태어났다. 상하이대학에서 사회학을 공부했으며, 1920년대 중반에 공산당에 입당했다. 이후 상하이에서 노동 운동과 지하 운동을 벌였다. 1933년 모스크바에 파견되어 소련의 보안과 정보 기술을 공부하였다. 1937년 중국공산당 지도부가 있는 옌안으로 돌아와 당 학교에서 공산주의 이론을 강의했다. 문화혁명 시기에는 중앙문화혁명소조 고문으로 활약하였다. 류사오치, 덩샤오핑, 펑더화이 박해에 관여하였다. 1969년 정치국 상무위원, 1973년 당 부주석이 되었다. 1975년 암으로 사망하였다.

캉커칭(康克淸, 1911~1992) 중국의 여성 혁명가. 주더 사령관의 부인이다. 장시성에서 어부의 딸로 태어나, 후에 농가의 양녀가 되었다. 열다섯 살 때 유격전에 참가하였고, 열일곱 살에 주더와 결혼하였다. 1931년 중국공산당에 입당하였고, 대장정 때는 주더와 함께 티베트 고원에서 겨울을 났으며, 옌안에 도착한 후에는 항일군정대학에서 공부했다. 전국인민대표대회 대표, 인민정치협상회의 상무위원, 전국부녀연합회 부주석 등을 지냈다.

커칭스(柯慶施, 1902~1965) 중국의 정치가. 1922년 공산당에 입당했고 중국공산당에서 레닌을 직접 접견한 몇 안 되는 인물 중 하나였다. 1930년대에 중공중앙 비서장의 직무를 맡았다. 공직 생활에서 부침을 겪다가 1954년 이후 상하이의 일인자가 되었다. 〈해방일보〉 사장 겸 총편집인이 된 장춘차오에게 자신의 정치 고문 역할을 맡겼다. 1950년대 말부터 확실하게 마오쩌둥 노선의 지지자로 나섰다. 1960년대 초 장칭과 손을 잡았고 자신의 심복인 장춘차오를 장칭에게 소개했다. 1964년 국무원 부총리가 되었는데, 폐암이 발병해 1965년 사망했다.

펑더화이(彭德懷, 1898~1974) 중국의 군사 지도자. 1928년 2월 중국공산당에 가입했다. 후난성 핑장에서 봉기를 일으켜 공농홍군 제5군을 조직하여 군장이 되었으며, 1934~1935년에 대장정에 참여하였다. 항일전쟁 때에는 주더 밑에서 부총사령관을 지냈다. 항일전쟁이 끝난 뒤 국공내전이 시작되자 서북인민해방군을 맡아 서부의 국민당군을 소탕하였다. 1949년 중화인민공화국 수립 이후 공산당 중앙군사위원회 부주석을 맡았다. 1950년 한국전쟁에 중국 인민지원군 총사령관으로 참전했다. 1954년 이후 국무원 부총리, 국방부장, 당 정치국 상무위원 등을 역임하며 군의 근대화를 추진하였다. 그러나 1959년 마오쩌둥의 대약진운동을 비판했다는 이유로 실각했다.

펑전(彭眞, 1902~1997) 중국의 정치가. 1923년 중국공산당에 입당하였고, 항일전쟁 중에는 당 중앙위원회 북방국 서기로 활약하였다. 1949년 공산당 정권 수립 후에는 당 조직부장, 중앙인민정부 위원 겸 정치법률위원회 부주임을 지냈고, 1951년에 베이징 시장이 되었다. 1960년 중국공산당 대표로 루마니아 공산당 대회에 참가하여 소련의 흐루쇼프와 논쟁을 벌였고, 1961년 스탈린 격하 대회로 알려지는 소련공산당 제22차 회의에 저우언라이와 함께 참석하여 중소(中蘇) 이념 논쟁의 불을 붙였다. 베이징 시장 및 베이징 시위원회 주석으로서 당내에 류사오치 노선의 파벌을 만들었고, 문화혁명이 일어나자 반당 집단으로 몰려 1966년 6월 실각하였다. 1979년 당 중앙위원회 위원으로 정계에 복귀했다.

허쯔전(賀子珍, 1909~1984) 마오쩌둥의 세 번째 부인이었으며, 대장정 시기를 함께 한 혁명 동지였다. 1925년 공산주의청년단(공청단)에 가입했고 이듬해 공산당에 입당했다. 1927년 징강산에서 마오쩌둥과 만나 1928년에 결혼했다. 대장정을 마치고 1936년 옌안에 도착했으나 그해 겨울 허쯔전은 홀로 옌안을 떠났고 1년 후 소련으로 갔다. 장정 당시 입은 총상을 치료하러 간다는 명분이었으나 실은 마오쩌둥과 관계가 나빠졌기 때문이었다. 그 사이 마오쩌둥은 장칭을 만났고 결국 허쯔전과 이혼하고 장칭과 결혼한다. 모스크바에서 동방대학을 졸업한 허쯔전은 1948년 귀국을 허가받을 때까지 소련에 머물러야 했다. 귀국 후에도 계속 상하이에 머물러야 했고, 마오쩌둥이 사망하고 3년이 지난 1979년에야 처음으로 베이징을 방문할 수 있었다. 마오쩌둥과 사이에서 3남 3녀를 낳았는데, 다섯 명이 어려서 죽거나 실종되었고 1936년에 낳은 딸 '리민'이 유일하게 아버지 마오쩌둥 밑에서 자랐다.

화궈펑(華國鋒, 1921~2008) 중국의 정치가. 항일전쟁에 참전하면서 중국공산당에 가입했다. 1949년 중화인민공화국 수립 후 후난성에서 토지 개혁을 지도하여 큰 성과를 올렸다. 1959년 마오쩌둥에게 발탁되어 후난성 위원회 서기로 승진했고, 대규모 관개용 수로 공사를 성공적으로 지휘해 성과를 올렸다. 1971년에 중앙으로 진출했고, 마오쩌둥의 신임을 받아 승진을 거듭했다. 1976년 1월 저우언라이가 사망한 후 국무원 총리직을 대행했고, 4월에 당 중앙위원회 제1부주석 겸 국무원 총리가 되었다. 마오쩌둥이 사망한 후 군부 지도자들과 협력해 장칭을 비롯한 사인방을 축출했지만 얼마 후 그 역시 덩샤오핑 일파에게 실권을 빼앗겼다.

후야오방(胡耀邦, 1915~1989) 중국의 정치가. 1933년 공산당에 가입했고 대장정에 참가하였다. 1950년대에 공산주의청년단 지도자를 맡았다. 1966년 문화혁명이 일어나면서 홍위병의 비난을 받고 실각했다. 그 후 1973년 덩샤오핑이 복권되면서 다시 활동을 시작해 당 중앙위원, 당 중앙조직부장 등을 역임했다. 1980년 2월 정치국 상무위원으로 선출되었으며, 1981년 6월에 문화혁명에서 마오쩌둥의 오류를 비판하고 중국공산당 주석에 선출되었다. 1982년 당 기구 개편으로 중앙위원회 총서기가 되었으나, 1986년 학생들의 민주화 시위를 지원했다는 의심을 받아 1987년에 총서기에서 해임되었다.